历史与博物馆的耕耘

马英民　著

中国社会科学出版社

图书在版编目(CIP)数据

历史与博物馆的耕耘／马英民著．—北京：中国社会科学出版社，2016.3
ISBN 978－7－5161－7777－8

Ⅰ.①历…　Ⅱ.①马…　Ⅲ.①中国共产党—党史—文集②中国历史—现代史—文集③博物馆学—文集　Ⅳ.①D23－53②K260.7－53③G260－53

中国版本图书馆 CIP 数据核字(2016)第 051451 号

出 版 人　赵剑英
责任编辑　郭　鹏
责任校对　邓雨婷
责任印制　李寡寡

出　　版　中国社会科学出版社
社　　址　北京鼓楼西大街甲 158 号
邮　　编　100720
网　　址　http://www.csspw.cn
发 行 部　010－84083685
门 市 部　010－84029450
经　　销　新华书店及其他书店

印刷装订　北京君升印刷有限公司
版　　次　2016 年 3 月第 1 版
印　　次　2016 年 3 月第 1 次印刷

开　　本　710×1000　1/16
印　　张　42.25
插　　页　2
字　　数　738 千字
定　　价　138.00 元

序

在中国国家博物馆——原中国历史博物馆90周年感言中，我曾写了这样两句话：“历史从来是为了今天和明天而总结过去；博物馆从来是为社会和社会发展而服务于公众。”这本论文集就是英民同志多年来敬业好学、勤奋研究近现代历史和博物馆与博物馆学的成果。

在“历史管见”中，著者论述的“党领导下的北方左翼作家联盟”“1932年河北省立第二师范学校抗日救国护校斗争”“敌后武工队”“试论党的抗日两面政策及抗日两面政权”以及“西安事变在河北”等，这些不仅唤起了读者亲切、鲜活的历史感，同时也提高、深化了读者对这许多历史事件重要意义的认识和政策上的理解。

著者论述的另一些主题，如“论陈独秀无产阶级领导权思想的形成及其演化”“彭德怀生平与思想研讨会述评”“中国‘红太阳思潮’研究”“‘文化大革命’时期民众主流意识探析”“台湾地区政党两岸政策研究”等，这些都是十分重大的课题，而且至今仍是政治性十分敏感的课题，这方面的研究、论述都反映了著者追求尊重历史真实的科学态度和理论勇气。

著者着力探讨的一个主题，是对新中国经济史某些事件或问题的研究。如“新中国成立初期党的资本主义工商业政策研究”“保定‘四清’运动”“试述我国农村人民公社整风整社运动”“大跃进运动纵横谈”“当代中国建设史上的创举”等，通过这些研究，审视和阐发了新中国经济建设的一些特点、规律和经验教训。

关于“新中国国防建设浅见”“中国疆域的历史变迁与国防”“新中国国防建设45年的启示”“南沙之战　意义非凡”“试论军民共建社会主义精神文明与新时期人民军队建设”等，这都是些军事专业性很强的问题，反映了人们，尤其是曾经身在军旅的人对国家安危的关注和强军强国的热切期望。

博物馆是公益性的社会文化教育事业，如果说，文化遗产、文化藏品是博物馆建立和运营的物质基础，那么，研究则是博物馆各项功能首要的工作基础。著者关于“论全球化背景下国家博物馆保护和传承民族文化的社会使命”“浅谈藏品大规模搬迁中的安全保护”“简谈《复兴之路》基本陈列讲解培训问题”“如何建设中国历史名人蜡像馆”“关于《中国博物馆》改版的意见”“加拿大博物馆的理念与实践”等，结合多年工作于博物馆的亲身体验，对博物馆及其主要业务进行了较系统的全方位的考察与探索。

陈列展览是博物馆为公众服务，与公众对话交流的主要语言，著者通过“理念 实践 机遇——中国博物馆陈列展览的现状与前瞻”“博物馆展陈信息论”“试谈成功举办展陈的几个问题”“论博物馆展陈的观赏性”“论社会历史类基本陈列改陈”“论革命历史类博物馆展陈的特点”“革命历史类博物馆现代展示理念与手法管窥”“再现中华民族复兴的壮伟画卷——大型主题展览《复兴之路》从军博到国博”等，理论联系实际，剖析典型事例，对博物馆陈列展览，尤其是革命历史类展陈进行了从内容到形式的深入研究；从理念和实践提出了不少新的见解。同时，在改革开放迅速发展的新形势下，对博物馆如何改革创新，也进行了多方面的思考。这一切必将对我国博物馆事业和博物馆学及陈列学研究有所促进，有所增益。希望著者与业界同行继续努力，为建设、完善符合中国国情的博物馆学及陈列学，为我国博物馆事业的繁荣发展，做出更大贡献！

王宏钧

2013 年 11 月于安贞里寓所

（王宏钧，曾任中国历史博物馆研究员、副馆长、党委书记，中国博物馆学会代理事长、国际博物馆协会中国国家委员会主席）

前　言

本书是作者历年撰写的历史学与博物馆学研究论文的选集，内容分为“历史管见”（34篇）和“博物馆探索”（21篇）两个部分。

在历史学研究方面，首先，作者从河北地方党史研究着手，对河北保定地区中共组织的历史进行了全面的梳理，对中国民主革命时期中共北方区委、顺直省委、河北省委及各相关敌后根据地、解放区中共组织所领导的革命斗争，尤其是抗战时期抗日根据地中共组织领导军民对敌斗争的一些重要问题作了研究。其次，作者在地方党史研究的基础上，将视线移向全国，广泛涉猎于中共党史、中国近现代史和新中国成立以来的政治、经济、军事、文化、社会等领域，所撰论文对新中国经济史有较深入的研究。如：新中国成立初期的工商业，“大跃进”运动，农村整风整社，“四清”运动，“三线”建设等，多为较早的探索，在学术界有一定影响。最后，是论文相当篇幅集中于新中国国防建设史研究方面。这是由于作者的博士学位论文即新中国国防建设发展史研究。作者结合学位论文，先后发表了一批“国防—军事”领域相关问题的研究成果，对新中国国防现代化的历程以及国防重大斗争等进行了多侧面的探讨。

作者在系统研究新中国国防建设历史的基础上，力求在国防理论方面有所创见。论文所提出的新中国国防现代化建设的八个“必须”，受到学术界的关注。即：第一，必须摆正国防建设在国家总体建设中的位置，使国防建设的发展符合国家安全需要；第二，必须正确处理国防与政治的关系，按照国防建设发展的内在规律推进国防现代化进程；第三，必须正确处理国家利益与阶级利益和意识形态利益的关系，在国防建设中坚持国家利益至上的原则；第四，必须致力于国防决策的正确制定与实施，使国防建设避免重大失误，保持健康发展；第五，必须明确确定并适时调整国防战略，正确实施对国家防务的全局领导；第六，必须建设全民国防，坚持现代条件下的人民战争；第七，必须以打好边界局部战争为主要目标，加强边海防建设；第八，必须大力开展国防理论研究，促进国防思想现代化。同时，作者强调中国特色国防现代化道路，要在深刻总结中国自己国防建设正反两方面经验的基础上，参考外国的有益经验，从中国实际情况出发，根据中国的政治制度、经济基础、军事实力、国防战略、科技水平、文化传统、外交政策、地理条件等不同特点，确定中国国防建设的类型、模式、目的、目标、规模、途径、步骤、重点、措施、原则等，在把握世界各国国防建设共同规律的基础上，突出中国国防建设的特殊规律。只有这样，才能真正体现中国国防现代化的特色，也才能使中国国防现代化建设保持长期健康发展。

在博物馆学研究方面，其主要内容，一是作者表述了在经济全球化和我国改革开放迅速推进的国内外新形势下，博物馆如何与时俱进，发挥自己的社会功能，实现保护和传承民族文化的社会使命的思考；并以此为出发点，对博物馆的文物保管、陈列展览、宣传服务等基本业务工作作了探讨；对国外博物馆的一些重要理念与实践作了介绍和评析。二是论文主要侧重于对博物馆陈列展览业务的审视和研究，对我国博物馆展陈的历史、现状、存在问题及发展趋势进行了考察与述评。论文理论联系实际，结合对展陈典型个案的剖析和诠释，对博物馆展陈的选题、类型、性质、个性、特色、主题、格局、内容、展品、文物（标本）、体例、文字、艺术、风格、看点、氛围、科技、建筑、环境、互动、布展、制作、宣传、服务等问题作了全方位的研究。着重指出：陈列展览要更新观念，开拓创新，从内容到形式都要与时俱进、科学发展；博物馆展陈要重视并增强观赏性；评判博物馆展陈成败优劣的主要标准，应看其是否个性鲜明、展品充实、看点抢眼、氛围相宜；以信息论指导博物馆展陈实践等。三是论文最大的关注点在于对革命历史类博物馆陈列展览业务的探讨方面。作者曾在中国革命博物馆历任研究人员、陈列部主任、馆长助理兼陈列部主任、副馆长，在工作实践中与革命历史类博物馆及其陈列展览结下了不解之缘，因而对此类展陈多所思索，有感而发，也就更多地发表了一些意见和看法。

关于此类馆展陈的论文主题主要集中于以下三个方面。其一，关于此类展陈的特点。论文着重指出，革命历史类展陈与其他类型展陈相比，在其历史、主题、体系、内容、文物、形式、环境及参考国外经验等方面，均存在着自身的特点或特殊性。只有全面、深入地探讨和认识这些特点和特殊性，才能从此类馆展陈的实际出发，生发出适宜于其生存、发展的展示理念与手法。其二，关于此类展陈的展示理念与手法。此类展陈特别强调以人为本，一切从观众的期望和需求出发，强调陈列展览一定要让观众喜闻乐见。为此，展陈格外重视并尽力营造展示氛围。因为观众来参观展览，不一定记得住太多的事件、人物及文字等，这些内容通过书刊等其他渠道也可接触到。观众来博物馆的直接愿望，主要是来感受身临其境的特定气氛，来感受历史，通过置身特定的历史氛围，在心目中生成对展示信息的深刻而长久的印象，从中达到学习知识、获得启迪及愉悦身心的目的。所以，展陈从内容到形式，从展品到设施，从室内到室外，从陈列到馆舍，从建筑到环境，既要和谐一致、浑然一体，又要突出看点、亮点而富于变化，通过格局、色光、看点、序厅、环境等营造展陈整体及局部氛围。同时，此类展陈强调按照主题要求，在展示艺术上丰富多彩、生动活泼，主要通过做足文物展品文章、放手使用非文物展品、广泛引进科技手段、积极借鉴其他艺术、相应改进内容设计、观众参与优质服务等，真正让观众感到展陈好看、耐看、值得看，从而更有效地使之接受并反馈展陈信息，实现博物馆及展陈的功能。其三，关于此类展陈的发展方向。论文指出，近年来，各地革命历史类博物馆、纪念馆转变观念，开拓前进，借鉴成功经验，勇于探索尝试，致力于实现展示方式的现代化，在改陈改建及新馆建设中刻意求变、求新、求高、求精、求美，不拘一格，中西结合，其规模之大、力度之强、要求之严、投资之多，前所未有，使不少馆从陈列到馆舍，一时间旧貌换新颜。事实证明，这种改革创新之举不仅使革命历史类展陈的表现力、吸引力、感染力和亲和力大为增强，也有效地提升了此类馆的竞争力和生存力。这种在展陈艺术上的创新和发展，是无可非议的，也是应予以重视和支持的。但是，探索创新既需要激情和勇气，也需要冷静和理智。既要敢试敢闯，也不能乱打乱冲。只有坚持科学发展观，不断总结经验教训，将借鉴与创新结合起来，正确处理各方面的矛盾和关系，从国情、馆情出发，着力打造具有个性和特色的精品和品牌，才能找到适宜于此类馆及其展陈生存、发展的广阔道路。

目　录

历史管见

博物馆探索

历史管见

党[1]领导下的北方左翼作家联盟

北方左翼作家联盟（简称“北方左联”），是第二次国内革命战争时期，中共河北省委[2]领导的革命文化组织。它从大革命失败后酝酿、成立，到抗日战争全面爆发前自行解散，并在组织形式改变后继续开展革命活动，前后历时长达十年之久。在长期的斗争过程中，北方左联面对国民党反动派的白色恐怖和文化“围剿”，以青年学生和进步知识分子为主体，联合各界革命群众，在以北平[3]为中心的广大北方地区，英勇反抗国民党的反动统治，积极参加抗日救国的伟大斗争，宣传马列主义和党的方针政策，进行无产阶级革命文学艺术的传播与创作，培养党在政治、理论、思想、文化方面的骨干队伍。北方左联的活动，在北方以至我国革命史、革命文学史上，都占有一定的地位。

北方左联的整个斗争历史，大致可分为四个阶段，即从1927年7月大革命失败，到1930年9月的酝酿、成立阶段；从1930年9月成立，到1933年8月遭受严重挫折前的蓬勃发展阶段；从1933年8月遭严重破坏，到1935年“一二九”运动前的斗争低潮阶段；从1935年“一二九”运动，直到1937年“七七”事变前的后期斗争阶段。本文拟以此四个阶段为序，对党领导下的北方左联的具体发展过程及其主要活动，作一概要的叙述。

---

① 为方便叙述，“中国共产党”全书简称为“党”或“我党”。

② 中共河北省委，在第二次国内革命战争时期先后称北方局、顺直省委、河北省委，曾领导河北、山西、北平（北京）、天津、察哈尔、绥远、热河、河南北部、陕北一部的党的工作［见《周恩来选集》（上卷），人民出版社1980年12月版，第20页注23］。

③ 1928年6月国民党新军阀占领北京后，北京改称北平。

一　北方左联的酝酿和成立

（一）北方左联成立前的北方形势

1927 年大革命失败后，国内形势发生了很大变化。帝国主义直接支持下的以蒋介石为代表的国民党新军阀，取代旧的北洋军阀，在全国范围内建立了反革命军事专政，对外勾结帝国主义，出卖民族利益；对内残酷镇压革命进步力量，对人民实行残酷的剥削和压榨。全国处于一片白色恐怖中，革命转入低潮。中国共产党仍顽强地持续斗争，在斗争中，把马克思主义的普遍原理与中国革命的具体实践相结合，开创了建立农村根据地，以农村包围城市，武装夺取全国政权的唯一正确的革命道路，使全国人民在黑暗中看到了光明和希望。

广大的北方地区，是民族矛盾、阶级矛盾极其尖锐的地区，也是反革命力量比较雄厚的地区，自 1927 年大革命失败以来，还成了帝国主义列强支持下的各派军阀互相角逐和厮杀的战场。1928 年 4 月，蒋介石在英、美帝国主义支持下，打着所谓“继续北伐”的幌子，纠合冯玉祥和晋系军阀阎锡山、桂系军阀白崇禧，发动了驱逐盘踞河北的日本帝国主义支持的奉系军阀张作霖的战争。日本帝国主义为阻止英、美势力的发展，帮助张作霖出兵占领山东省省会济南，切断津浦铁路，并于 1928 年 5 月一手制造了杀伤中国军民一万多人的“济南惨案”。蒋介石为了博得日军的欢心和支持，竟不准国民党军队作任何抵抗，因此而得到日本帝国主义的支持。国民党军于 1928 年 4 月至 6 月，先后进占保定、天津和北京，开始了对北方的统治。1930 年 4 月，北方再次爆发了规模空前的国民党新军阀蒋冯阎大战，使北方这个长期处于各派军阀厮杀的战场更加千疮百孔，广大群众陷于水深火热之中。严酷的社会现实促使知识分子，尤其是青年学生，不得不考虑“中国向何处去”的问题。也正是从现实中，使他们越来越认清了新军阀法西斯统治的实质，逐步破除了对国民党蒋介石反动政权的幻想，日益明确地认识到“只有共产党才能救中国”的真理。这一切，就为党在北方建立、领导进步文化组织，提供了客观的条件和基础。

（二）北方左联的酝酿

北方左联的产生，经过了长期的酝酿过程，终于在 1930 年 9 月正式诞生于北平。

北方重镇北平，是一座著名的文化古城，又是当时全国的文化中心。在党的组织发动下，北平及北方不少城市的大、中学校中的党、团组织纷纷建立。这些组织建立后，有力地领导了进步学生、教师的革命斗争，使之成为反帝反封斗争中一支重要的左翼力量。

1927 年蒋介石叛变革命后，北方青年学生和知识界，曾陷入极大的苦闷中。党在南方创建红军、建立苏区斗争，使北方人民和文化界受到巨大鼓舞。同时，党也日益加强了对北方革命斗争（包括文化界斗争）的领导，从而使北方左翼文艺运动又逐步恢复与发展起来。

1927 年 8 月，中共顺直省委在天津正式成立，担负起领导整个北方革命的任务。1928 年，中央又派陈潭秋、刘少奇、周恩来等来顺直省委，加强对北方工作的领导。[①] 1928 年 7 月、12 月，分别由刘少奇、周恩来主持召开了顺直省委扩大会议，分析北方的形势，制定顺直党的政治路线、组织路线和工作方针。[②] 并由刘少奇主持、制订了北京党的工作计划。[③] 在这一计划中，针对北方“青年学生在政治上虽然感受压迫，没有言论、出版、集会结社自由，学业荒废，对统治者表示不满，然而对国民党汪、陈派还有幻想”的状况，提出加强对学生运动的发动和领导的方针，具体规定了开展学生运动的任务和策略。[④] 在党的正确领导下，学校中党的组织逐渐得到恢复。北平及北方各地的青年学生和革命知识分子，破除对国民党的幻想，认清新军阀反动统治的本质，积极开展了新的文化与政治斗争。在斗争中，北平各普罗[⑤]文艺社团、社会科学研究团体纷纷恢复与建立起来，并逐步走向联合。1930 年二、三月间，由顺直省委宣传秘书胡锡奎领导，组织了北平“普罗文化运动大同盟”。[⑥]“普罗文化运动大同盟”建立后，曾和北平反帝大同盟、青年反

---

① 河北省档案馆、河北省社会科学院历史研究所：《中共河北省党组织历史沿革概述》，1983 年 1 月版，第 13、15 页。

② 同上。

③ 中国人民大学北京党史研究小组：《中共北京地下党斗争史》，北京出版社 1981 年 6 月版，第 114、115 页。

④ 同上。

⑤ 普罗，“无产阶级”一词英文 Proletariat，俄文 Проретриат 音译普罗列塔利亚的简称。

⑥ 胡曲园：《大革命失败后北京大学党组织概况》，载 1983 年 2 月《北京党史资料通讯》第 5 期。

帝同盟、革命互济会、妇女互济会等团体一起，按照顺直省委的指示，于4月发起组织“五一”运动筹备委员会，并于4月22日举行代表大会。[①]之后又多次参加如“七一六”反军阀示威、“八一”示威等运动，[②]在与反动派的激烈斗争中得到了锻炼。北平“普罗文化运动大同盟”的成立及其斗争，是北方左联成立的前奏和预演，为北方左联的成立做了组织上的准备。

1930年3月2日，中国左翼作家联盟在上海正式成立。中国左联坚持以马克思主义为指导，在鲁迅的旗帜下，团结革命作家和文学青年，创办革命文学刊物，宣传无产阶级文艺思想，同国民党反动派和帝国主义展开了英勇的斗争。中国左联的活动，在北方文化界和青年学生中产生了很大的影响。在党的指示下，从1930年4、5月起，北方文化界开始着手筹备成立北方左翼作家联盟。[③]当时从上海左联陆续来到北平的段雪笙、潘训（漠华）、郑纹波、冯毅之、杨纤如等，按照党的指示，在北平进步学生、作家、教员中积极开展活动，先后与辅仁大学学生张鼎和（张璋），燕京大学学生刘尊棋、杨刚，女师大学生谢冰莹（当时任校党支部书记）等取得了联系，进而开展活动，结识了一些名作家、教授，如李霁野、韦丛芜、韦素园、曹靖华、范文澜、孙席珍、台静农、傅克兴（仲涛），并取得了他们的同情和支持。在条件渐趋成熟的情况下，1930年5月，以段雪笙、潘漠华为首成立了北方左联筹备处。[④]筹备处秘书长为李守章。张璋、谢冰莹、刘尊棋、杨刚、孙席珍、台静农、郑纹波、杨纤如、冯毅之等十余人参加了筹备工作。[⑤]在筹备北方左联的过程中，曾在辅仁大学张璋住处、浸水河谢冰莹家、南沟沿北大门里等处，多次召开筹备会议，详细讨论研究了北方左联的理论纲领、行动纲领、成立宣言，以及左联北方组织的命名、成立大会召开的时间、地点和左联执委会组成人选等问

---

① 胡曲园：《大革命失败后北京大学党组织概况》，载1983年2月《北京党史资料通讯》第5期。

② 同上。

③ 杨纤如：《北方左联的成立及其活动》，1985年4月2日《保定党史资料》第26期。

④ 孙席珍：《关于北方左联的事情》，载《新文学史料》1979年8月第四辑；杨纤如：《北方左翼作家联盟杂忆》，载《新文学史料》1979年8月第四辑；杨纤如：《北方左联的成立及其活动》，载1985年4月2日《保定党史资料》第26期。

⑤ 同上。

题。并决定由潘漠华为成立大会起草纲领、宣言等文件。[1]

党直接领导了北方左联的筹备工作，不仅指示上海左联来北平的盟员与北平学生及文化界的党员及时取得联系，积极发起筹备活动，并专门建立了筹备成立北方左联的党的领导机构（即后来北方左联内的“党团”），由潘漠华任书记，冯毅之任组织部部长，张秀岩（哲之）任宣传部部长。[2] 顺直省委及北平市委的成员陈复、胡锡奎、任国桢、肖明、王文正等都领导过北方左联的筹备工作。

1930 年 9 月 15 日，顺直省总行委[3]在给北平行委[4]发出的指示信中，再次指出，要“扩大互济会、反帝同盟、左翼作家联盟等组织，动员支部做这些工作”，并具体规定了发展的人数。在党的具体领导下，经过深入周密的准备，北方左联成立的条件成熟了。

（三）北方左联的成立

1930 年 9 月 18 日下午 2 时，在北平大学法学院一院大礼堂，召开了北方左翼作家联盟成立大会。[5] 出席成立大会的有段雪笙、潘漠华、杨纤如、张璋、谢冰莹、刘尊棋、杨刚、郑纹波、宋之的、张哲之、梁冰、杨子戒等三十余人。[6] 宣布开会后，首先推定赫赫、绣茹、章涨三人组成大会主席团[7]，然后由段雪笙报告北方左联筹备经过。接着，由中共北平市委代表王文正讲话。他在讲话中分析了国内外形势，提出了北方人民和文化界的任务，以及对文化工作者的要求等。随后，美国《新群众社》、北平反帝大同盟、革命互济会的代表相继发表演讲，祝贺北方左联成立。大

---

① 孙席珍：《关于北方左联的事情》，载《新文学史料》1979 年 8 月第四辑；杨纤如：《北方左翼作家联盟杂忆》，载《新文学史料》1979 年 8 月第四辑；杨纤如：《北方左联的成立及其活动》，载 1985 年 4 月 2 日《保定党史资料》第 26 期。

② 孙席珍：《关于北方左联的事情》，载《新文学史料》1979 年 8 月第四辑；《冯毅之来信》，载《左联回忆录》，中国社会科学出版社 1982 年 5 月版，第 841 页。

③ 1930 年 6 月 11 日，中共中央政治局扩大会议通过了李立三提出的“左”倾冒险主义的决议。为了加紧全国暴动的准备，8 月 1 日又决定取消党、团，工会的独立领导机构，合并成立“中央行动委员会”、省“总行动委员会”及各级“行动委员会”。简称“中央行委”“总行委”“行委”。

④ 同上。

⑤ 据《中国左翼作家联盟北平分盟成立》，载 1931 年 1 月 1 日北平出版的《转换》第 2 期。《转换》为北平“鏖尔读书会”机关刊物。

⑥ 同上。

⑦ 赫赫、绣茹、章涨，可能是潘漠华、张秀岩、张璋的化名，待考证。

会通过了北方左联的《理论纲领》《行动纲领》和《成立宣言》。[①] 北方左联的这些文件，都是参照上海左联有关文件制定的。

北方左联的理论纲领是：

> 一、中国左翼作家联盟是负载着中国无产阶级文化的斗争使命的。中国左翼作家联盟北方部无疑的要本着这个理论纲领，适应目前革命形势而去担当一面的战线。
>
> 二、艺术这种观念形态，是基于社会的经济条件的。特定的生产关系形成特定的统治关系，从此而发生特定的统治的艺术；所以阶级性在艺术上的反映是历史的必然，而使艺术成为阶级斗争的武器。我们这个联盟在艺术的反映上是属于无产阶级的；自然这个艺术要作为我们无产阶级的解放斗争的武器。
>
> 三、我们的艺术理论不是和一切流派并列的，而是和整个资产阶级的艺术理论对立的。
>
> 四、根据自己的阶级立场，我们要无情地批判一切反动阶级的文艺理论。
>
> 五、为获得我们的艺术运动的自由，要反抗加于我们的一切政治压迫。
>
> 六、为我们的艺术理论正确发展，必须不断地自我批判，自我教化。
>
> 七、我们对一切虚伪的无产阶级理论（取消派等……）更必须给以严重的打击，暴露其欺骗大众的阴谋行为。
>
> 八、在我们艺术的表现上，我们要直面去奋战，不允许有“避讳”“合法”等观念。
>
> 九、“艺术是属于群众的，它定要在广泛的勤劳大众里面种下深的根基，非使大众理解、爱好不可；更非使结合大众的情感、意象，而把这艺术提高不可。”——列宁。因此，我们为求这艺术实际发展，建立《工农兵通讯》。我们欢迎在工场、农村、军队中的大众们直接地指示一切。

---

① 据《中国左翼作家联盟北平分盟成立》，载 1931 年 1 月 1 日北平出版的《转换》第 2 期。《转换》为北平“麈尔读书会”机关刊物。

十、我们为把握正确的无产阶级的意识，必须反对小资产阶级的意识残余，并置自身于无产阶级的实际斗争生活之中。

一九三〇. 九. 十八[①]

北方左联的行动纲领的要点是：

（一）我们文艺运动目的在求普罗阶级的解放，故必须参加无产阶级所领导的革命斗争——苏维埃政权斗争。

（二）建立工农兵通信，直接与劳苦大众发生密切关系。

（三）建立出版机关，编纂苏维埃丛书及大众读物并参加革命刊物的编辑工作，代发行一切革命的宣传品……[②]

大会通过的提案确定：参加革命互济会工作，通电反对帝国主义进攻苏联及中国苏维埃区与红军，并决定发展组织，打破狭隘方式，欢迎劳苦大众参加。[③]

关于组织机构，大会通过决定，组成执行委员会，负责日常工作，北方左联第一届执委会由段雪笙、潘漠华、谢冰莹、张璋、梁冰、刘尊棋、郑吟涛（纹波）、杨刚、张郁棠、杨子戒等十人组成（其中三人为候补委员）。[④] 北方左联成立大会召开的当天晚上，执委会举行了第一次会议。会上研究了工作分工及编辑出版左翼刊物问题。[⑤] 从此，北方左翼作家联盟正式诞生了。

与上海的全国左联相比，北方左联有着许多自身的特点。首先，北方左联所处的环境比上海更为恶劣，白色恐怖更为严重，各种革命活动更加难以开展；不像上海那样，尚可利用租界条件，进行一些公开、半公开的活动。因而使北方左联从成立起就一直处于更为艰苦激烈的奋战之中。由

---

① 据《中国左翼作家联盟北平分盟成立》，载1931年1月1日北平出版的《转换》第2期。《转换》为北平“鏖尔读书会”机关刊物。

② 同上。

③ 同上。

④ 《中国左翼作家联盟北平分盟成立》，载1931年1月1日《转换》第2期；杨纤如：《北方左翼作家联盟杂忆》，载《新文学史料》1979年8月第四辑。

⑤ 刘尊棋：《关于“北平左联”》，载1984年9月《北京党史资料通讯》第21期。

此，也决定了北方左联的第二个特点，就是由于不愿冒如此大的风险，北方左联参加者中有一定社会地位的知名作家、教授、学者为数很少，除了范文澜、曹靖华、孙席珍、李霁野、台静农、齐燕铭等几个受着掩护不大出面的人以外，主要成分是大、中学校的学生，而不像上海全国左联那样，几乎全由名作家、教授等组成。这样，也就产生了北方左联的再一个特点，就是在斗争的内容和形式上，北方左联更加注重政治斗争，因而盟员也更多地受到了革命的锻炼。文化斗争虽然是北方左联的一项基本活动，但无论在重视程度上，或所取得的成就及影响上，都是与上海左联远不能相比的。这就使北方左联对入盟条件不再在学术文化修养方面有过高要求（如写作、翻译），使参加者更为广泛，扩大了其群众基础。所以，北方左联从成立起就与党的关系更密切，执行党的指示更坚决，把自己的活动和斗争与党的活动和斗争更为紧密地结合了起来。因而，也就更易受到党内思想、路线斗争的影响。这些特点，在后来北方左联的斗争中，表现得非常明显。

北方左翼作家联盟的成立，像空谷足音，冲破了国民党统治以来北方文坛的沉寂空气。在党的领导下，北方左联像无畏的战士，在政治斗争和文化斗争中，呼喊冲杀，勇往直前，成为党的一支得力的革命文化生力军。

二　北方左联的发展

（一）北方左联的组织状况及发展

北方左联成立后，在组织上与上海的全国左联并没有直接的隶属关系，而是直接受中共河北省委（先是顺直省委后为河北省委）领导。因为北方左联总部设在北平，所以河北省委领导下的北平市委也参与了对北方左联的领导。在从成立到1933年8月北方左联这一长足发展的时期内，河北省委及北平市委的任国桢、陈复、胡锡奎、林枫、王德、王一夫、李兆瑞、王荫槐、李铁夫、洪灵菲、刘德承（顾卓新）、王文正、张秀中等，都曾参加过对文化界及北方左联斗争的领导。同样，北方左联的许多负责人，也都在省、市委担任或兼任过重要领导职务。河北省委及北平市委均设立了“文化工作委员会”（简称“文委”），专门领导文化界的工作。1933年5月，根据河北省委的指示，以北方左联为核心，联合各进步文化团体，成立了北方文化总联盟（简称“北方文总”）。并在北方文总中设立了党团（即党组。下同），北方文总党团接受省、市委领导。北方文总即在省、市委文委和文总党团的领导下开展工作，统一组织北方左翼文艺运动的各项活动和斗争。[①]

党在北方左联中也设有党团，[②] 负责统一左联内部党、团员的组织活动和指导左联各项斗争的开展。党团成员一般由书记、组织部部长、宣传部部长等人组成。这一时期北方左联党团的主要负责人先后有段雪笙、潘漠华、陈璧如、张秀岩、陈沂、张秀中等。而北方左联的日常行政工作，则是由北方左联的执行委员会[③]统一布置和进行的。北方左联执委会受省、市委及其文委和北方文总的领导，并在北方左联党团具体指导下开展工作。北方左联执委会由分别负责宣传、理论、出版、秘书等方面的执委组成。从北方左联成立到1933年8月前，北方左联的主要负责人是：

1930年9月—1931年2月，段雪笙、潘漠华。[④]

1931年2月—1931年9月，潘漠华。[⑤]

1931年9月—1932年5月，张秀岩。[⑥]

1932年5月—1932年10月，张秀中。[⑦]

1932年10月—1931年12月，陈璧如。[⑧]

---

① 张磐石：《我所了解的北平左翼文化运动》，载《北京党史资料通讯》1984年9月第21期；郭达：《我所知道的“北平左联”和“文总”》，载《北京党史资料通讯》1984年9月第21期；陈沂：《1931—1932年的北方左翼文化运动》，载《新文学史料》1979年8月第四辑；陆万美：《两届“北平文总”的一些情况》，载《左联回忆录》，中国社会科学出版社1982年5月版。

② 北方左联成立初期，党团和执委会（由选举产生）机构健全，成员分工明确。后随着国民党文化“围剿”的加紧，北方左联组织迭遭破坏，盟员大批被捕、被杀，致使领导机构经常出现不健全、党政合一（由文委或上级党组织指命干部领导）和间断的情况。

③ 同上。

④ 陈沂：《1931—1932年的北方左翼文化运动》，载《新文学史料》1979年8月第四辑；杨纤如：《北方左翼作家联盟杂忆》，载《新文学史料》1979年8月第四辑；陆万美：《迎着敌人的刺刀坚持战斗的“北平左联”》，载《中国现代文学研究丛刊》，北京出版社1980年第一辑；上海师范学院图书馆资料组：《左联盟员谈左联（续）》，载《中国现代文艺资料丛刊》，上海文艺出版社1981年4月第六辑；张大明：《对〈左联成员名单〉（未定稿）的回声》，载《左联回忆录》，中国社会科学出版社1982年5月版。

⑤ 同上。

⑥ 同上。

⑦ 同上。

⑧ 同上。

1933年1月—1933年3月，李二姐。[①]

1933年4月—1933年6月，潘漠华。[②]

1933年6月—1933年8月，李洁（文甫）。[③]

北方左联组织的扩大和发展，首先是从北平一些大、中学校中开始的。北方左联成立后，在北京大学、中国大学、北师大、燕京大学、北平大学法学院、北平大学女师学院、北平大学艺术学院、弘达学院、香山慈幼院等学校，陆续建立了左联小组。[④]

随着斗争的深入，左联小组发展为支部；北方左联盟员数量也有了迅速增长，由开始的三十余人增至上百人。[⑤]

与此同时，本身作为党的外围组织的北方左联，又在进步青年及群众中，发展或领导了大量的“外围的外围”组织。如“文艺研究会”“五四文学研究会”“文艺理论研究会”“大众文学社”“新兴文学社”“鏖尔[⑥]读书会”“青年读书会”“马克思主义文艺理论讨论会”“时事研究会”“国际问题研究会”以及“戏剧研究社”（“剧联”成立前）、“新兴美术研究会”与“普罗画会”（“美联”成立前）、“武术研究社”“书报社”、职教员工会、工农兵通讯委员会，等等。北方左联盟员积极组织这些群众团体，开展革命活动，从中发现进步分子，介绍他们加入左联组织，或径直介绍他们加入党、团组织。此外，北方左联还加强了对具有名望的作家、教授、学者的联系和争取工作。还在工厂、郊区农村中加强了宣传、发动工作，并使北方左联组织迅速发展到天津、保定等北方城市。北方左联组织及其影响的扩大，大量外围群众团体的出现，使北方左联的社会基

---

① 陈沂：《1931—1932年的北方左翼文化运动》，载《新文学史料》1979年8月第四辑；杨纤如：《北方左翼作家联盟杂忆》，载《新文学史料》1979年8月第四辑；陆万美：《迎着敌人的刺刀坚持战斗的“北平左联”》，载《中国现代文学研究丛刊》，北京出版社1980年第一辑；上海师范学院图书馆资料组：《左联盟员谈左联（续）》，载《中国现代文艺资料丛刊》，上海文艺出版社1981年4月第六辑；张大明：《对〈左联成员名单〉（未定稿）的回声》，载《左联回忆录》，中国社会科学出版社1982年5月版。

② 同上。

③ 同上。

④ 杨纤如：《北方左翼作家联盟杂忆》，载《新文学史料》1979年8月第四辑；陈北鸥：《回忆中国左翼作家联盟北平分盟的艰苦斗争》，载《新文学史料》1979年8月第四辑；陈沂：《1931—1932年的北方左翼文化运动》，载《新文学史料》1979年8月第四辑。

⑤ 孙席珍：《北方左联的始末》，载《中国现代文学研究丛刊》，北京出版社1981年第四辑。

⑥ “鏖尔”，英文OUR（我们的）的音译。

础日益深厚起来。

在组织、影响不断扩大的基础上，根据河北省委的指示，1931 年 2 月，北方左联在北平中华门楼上，以聚餐会为掩护，召开了北方左联第一次代表大会。北方左联负责人潘漠华、杨刚、刘尊棋、陈沂、冯毅之、张秀岩等出席了会议，出席会议的还有天津、保定等地的代表。会上，讨论了北方左联盟章，通过了扩大左联支部、发展左联盟员、出版北方左联机关报、筹办大型盟刊及开展工农通信等问题，选举了新的执委会。参加过全国左联的陈沂还在会上介绍了中国左联成立大会的情况，并传达了鲁迅《对于左翼作家联盟的意见》的讲话，使与会者深受鼓舞与教育。会议还决定在天津和保定分别建立北方左联分盟，并逐步把左联组织扩大到北方各地。会后，北方左联将代表大会的情况向河北省委及上海全国左联作了汇报。①

北方左联代表大会的召开，使北方左翼文艺运动及革命斗争开展出现了一个新的局面。按照会议的决定，北方左联在北平的北大、清华、燕京、中国大学及附中、香山慈幼院、平大艺术学院、女子文理学院、弘达学院、二十八中、财政部印刷厂、西城街道等处，相继建立或健全了支部组织。② 左联盟员也增加很快。除大、中学校的学生或青年教师外，一部分作家、教授、记者、医生、印刷工人、人力车夫等，也不断被吸收参加进来。天津由于与北平、上海联系紧密，受进步思想影响早；同时，1927 年 8 月 1 日，中共顺直省委正式成立于天津，随后，中共北方局也于天津成立，从而使天津各界的革命斗争活动有了更快的发展。继上海、北平的左联组织成立之后，在北方左联总部的支持和帮助下，按照党的指示，1930 年冬，天津左联正式成立。③ 虽然天津左联处于各帝国主义及国民党反动派统治力量很强的地区，但由于通过联络员可以就近接受河北省委及

---

① 陈沂：《1931—1932 年的北方左翼文化运动》，载《新文学史料》1979 年 8 月第四辑；陆万美：《迎着敌人的刺刀坚持战斗的“北方左联”》，载《中国现代文学研究丛刊》，北京出版社 1980 年第一辑。

② 据陈沂《1931—1932 年的北方左翼文化运动》，载《新文学史料》1979 年 8 月第四辑；杨纤如《北方左翼作家联盟杂忆》，载《新文学史料》1979 年 8 月第四辑；孙席珍《关于北方左联的事情》，载《新文学史料》1979 年 8 月第四辑。

③ 据孙席珍《北方左联的始末》，载《中国现代文学研究丛刊》，北京出版社 1981 年第四辑；陈沂《1931—1932 年的北方左翼文化运动》，载《新文化史料》1979 年 8 月第四辑；冯润璋《我记忆中的左联》，载《新文学史料》1980 年 1 月第一辑。

北方局的领导，利用“租界”进行活动，这就为天津左联组织的存在与发展提供了有利条件。在天津左联负责人王士钟、王士钧、艾秀峰、王余杞等积极活动下，天津左联组织发展较快，并成为北方左联常设性的支部。同时，也发展或领导了一些外围组织，如“读书会”“学生抗日会”等。保定建党早，力量较强（1922 年建党，1924 年建立保定地委，1930 年建立保属特委），在保定的高等师范、育德中学、第二范师、女二师、第六中学、甲种工业学校及大、中职业学校，都相继建立了党、团组织，加强了党对文化、教育界革命运动的领导。另外，保定紧靠北平，两地历史联系紧密，在北平发生的历次重大斗争，都在保定产生了巨大反响。在北方左联成立前，北平的“鏖尔读书会”（成立于 1929 年夏）等进步文学社团，即已与保定有了直接的联系，并在保定建立了分会。党通过“读书会”等渠道，从北平聘请周永言（幼年）、贺凯（文玉）等北方左联盟员及肖镇青、胡干之、郑志（沙梅）等北平读书会成员来保定从事教学工作，领导进步学生开展左翼文化活动。在保属特委的领导下，1930 年底，在保定建立了北方左联的分支机构。[①] 北方左联盟员徐盈、张寒晖、梁冰等均曾回到保定地区开展左翼文艺活动和发展左联组织。保定左联组织曾发展到定县及泊镇等地。[②] 1931 年 2 月，保定左联组织选派代表出席了在北平召开的北方左联代表大会。会后，保定左联的组织与斗争有了更迅速的发展。山东济南，是中国共产党发祥地之一。在党的领导下，革命运动接连不断。大革命失败后，日本帝国主义为支持奉系军阀对山东的统治，一手制造了震惊全国的“济南惨案”，广大群众和进步文化界无比愤慨，掀起了反抗帝国主义暴行的高潮。国民党军阀韩复榘盘踞济南后，对济南及山东人民进行了残酷镇压，党又领导人民群众掀起了反对国民党军阀血腥统治的斗争。1930 年北方左联成立后和第二年初，曾先后派出李俊民（守章）、杨纤如、郑纹波、潘应人等去济南，开展革命活动，发展左联组织。1931 年 4 月 5 日，在济南大明湖游船上，召开了济南左联（一说为山东左联）成立大会。董秋芳、夏来蒂、姚弟鸿、赵良

---

① 据陈沂《1931—1932 年的北方左翼文化运动》、王禹夫《保定进步团体产生和活动情况》、王冀农《我参加进步团体的情况》、臧伯平《关于保定左联的情况》，载 1985 年 4 月 2 日《保定党史资料》第 26 期。

② 参见《张寒晖传》，《中国文学家辞典》现代第二分册，四川人民出版社 1982 年 3 月版，第 555 页；陈炳《左联在泊师》，载 1982 年 11 月 5 日《沧州革命史料》第一期。

能、霍兰村、朱维志等三十余人出席会议，正式成立了济南左联。山东省立高中、省立一中、省立第四师范、曲阜省立第二师范都有人参加。还曾邀请齐鲁大学老舍参加成立会（因故未能到会）。会上，通过了济南左联的纲领、宣言，制定了工作方针，并决定出版左联刊物《大明湖周刊》。[①] 济南左联成立后，也建立了“读书会”等外围组织，并将左联组织向外地发展。益都（即青州）、泰安等地都先后建立了左联组织（青岛左联活动系由上海中国左联指导的）。[②] 济南左联组织的成立和发展，对济南及山东文化斗争及革命运动的开展，起到了有力的推动作用。与天津、保定、济南左联组织成立的同时，北方左联的影响也迅速扩大到北方其他城市。

1931 年“九一八”事变爆发后，在全国抗日浪潮冲击下，尽管国民党反动政府对革命势力的压制日益加强，北平及北方各地的左联组织仍不可遏止地发展起来。继平、津、保、济建立左联组织之后，1932 年七、八月间，在党的领导和北方左联总部的指导下，以杜德为负责人的太原左联组织在太原正式成立。并积极投入了太原抗日救国斗争的热潮。[③] 随后，张家口、唐山、大名等北方城市也建立了左联组织。各种进步社团更如雨后春笋，纷纷出现。随着左翼文化运动的发展，根据党的指示，北方左联抽出大批骨干，在北平先后组成了“中国社会科学家联盟北平分盟”（简称“北平社联”）、“北平教师联合会”（简称“北平教联”）、“北平世界语者同盟”（简称“北平语联”）以及“北平剧联”“北平美联”“北平音联”等。这些进步组织在北方其他城市也迅速建立起来，在对反动派开展的文化斗争中，常以北方左联为核心，密切联系，共同行动。这些团体的盟员，同时参加两个或更多的进步组织，兼做几个团体的盟员，从而使这些团体之间关系更为密切。按照党的指示，所有这些左翼文化团体都集体加入了反帝大同盟，成为反帝大同盟的团体成员。[④]

为了加强对文化工作的领导，统一北平及北方各地各革命文化团体的行动，使各团体之间的联系与协作进一步密切起来，在河北省委的指示下，于 1932 年 5 月在北平清华大学召开了北方左翼文化团体代表大会，

① 据刘雨轩同志回忆。

② 据山东省委档案馆《山东革命历史档案资料》，山东人民出版社 1982 年 8 月版。

③ 见太原市党史征办室《中共太原地区斗争史料》，第 93 页。

④ 据陈沂《1931—1932 年的北方左翼文化运动》，载《新文化史料》1979 年 8 月第四辑。

成立了北方文化总联盟（简称“北方文总”）。[①] 北方文总的组织大纲规定：“本联盟原则上系以团体盟员为单位，而结成之联盟。”[②] “本联盟之盟员为实现本联盟之斗争纲领，须与本联盟取一致步调；但是绝对保持其批判自由与组织上之独立性。”[③] 北方文总直接受中共河北省委领导，开展北方文化界的革命运动。在北方文总内部设有党团，党团按照河北省委及文委的指示，在北方文总内部开展党的工作。北方文总的行政领导机构为执行委员会，由各左翼文化团体的负责人组成。执委会下设总务、组织、宣传、出版、发行等五个部，全面负责北方文总的日常行政工作。从成立到1933年8月，陈沂、张磐石、肖之亮、陆万美、张秀岩、陈璧如、马致千等都曾负责过北方文总的工作（1933年8月后负责过北方文总工作的还有关文彬、张苏、谷景生等）。[④] 在北方文总领导下的各进步文化团体中，北方左联始终起着核心与骨干的作用。继北方文总成立不久，1932年秋，天津文总、太原文总也相继成立了。[⑤]

北方文总的成立，标志着党对北方革命文化斗争领导的加强，标志着北方左翼文化界的大联合、大团结。也进一步鼓舞和推动了北方左翼文化运动的开展。在北方文总的领导下，北方左联与其他进步文化团体一起，掀起了更大规模的斗争浪潮。

（二）北方左联的政治斗争

由于北方左联中知名作家、教授、学者较少，成员主要是大、中学校的青年学生和教师，因而与全国左联相比，北方左联更注重于政治斗争，革命热情更高，革命态度更坚决。在这一阶段里，虽然河北省、北平市及

---

① 张磐石：《我所了解的北平左翼文化运动》，载1984年9月《北京党史资料通讯》第21期；郭达：《我所知道的“北平左联”和“文总”》，载1984年9月《北京党史资料通讯》第21期；陈沂：《1931—1932年的北方左翼文化运动》，载《新文学史料》1979年8月第四辑；陆万美：《两届“北平文总”的一些情况》，载《左联回忆录》，中国社会科学出版社1982年5月版。

② 见《北平文化总联盟组织大纲》，载1933年5月15日《北平文化》创刊号。

③ 同上。

④ 据陆万美《两届“北平文总”的一些情况》，载《左联回忆录》，中国社会科学出版社1982年5月版；张磐石《我所了解的北平左翼文化运动》，载1984年9月《北京党史资料通讯》第21期；陈沂《1931—1932年的北方左翼文化运动》，载《新文学史料》1979年8月第四辑。北方文总内的党团和执委会的状况及其关系，与北方左联类似。

⑤ 据张香山《天津左联的片断回忆》，载《左联回忆录》，中国社会科学出版社1982年5月版；太原市党史征办室《中共太原地区斗争史料》，第93页。

各地党、团组织曾受到党内“左”倾机会主义的严重影响，并因而不断遭到敌人破坏，但是党对学生运动及文化界革命斗争的领导却并未因此而减弱，而是日益得到了加强。从而使北方左联在反抗国民党反动统治，坚持抗日救国的斗争中，发挥了应有的作用。

从北方左联成立到“九一八”事变前，北方左联的斗争是围绕着反对帝国主义和国民党的反动统治，拥护苏维埃和红军，要求思想文化自由等问题展开的。

北方左联成立后不久，1930 年 11 月 7 日，即俄国十月社会主义革命纪念日，北方左联即按照党的指示，与一些进步团体一起，首次担负起纪念十月革命节活动发起者的任务。他们分别在清华、燕京、中国等大学举行了公开的讲演会，纪念无产阶级革命的这一盛大节日。赴会者十分踊跃，仅中国大学一地就有一千三四百人。讲演热情地介绍了苏联无产阶级革命及其社会主义建设的成就，愤怒地控诉了帝国主义及中国反动统治阶级的暴行。讲演“鼓动力量非常之大，听众极为动容，情绪极为高涨，差不多每一句一鼓掌”。会上公开散发传单，号召“纪念十月革命节”“拥护中国苏维埃和红军”“积极准备武装暴动”“争取苏维埃在中国的胜利”。国民党当局虽派来侦缉队三四十人，但慑于众怒难犯，未敢在会场上公开抓人。①

1930 年下半年，北方党逐步克服了李立三“左”倾冒险主义错误的影响；1931 年初，又纠正了罗章龙分裂党的活动在河北省委中造成的右倾错误。同年四月，河北省委在天津“四八”事件中遭到大破坏后，即将省委机关由天津移往北平，并在中央领导下，迅速整顿了省委及北平市委组织。由于北方文总及北方左联总部均在北平，可以就近接受领导，从而使党对北方左翼文化运动的领导得到进一步加强。1931 年 6 月，由于叛徒告密，河北省委及北平市委再次遭到大破坏。北方左联及各进步文化组织也于同年 5、10 月两次遭到大破坏，但北方党与文化界革命群众没有被敌人的凶狂气焰所吓倒，而是迅速恢复并发展了组织。面对敌人的白色恐怖，仍继续坚持斗争。

1931 年 9 月，发生了震惊国内外的“九一八”事变。民族危机空前严重，民族矛盾上升。地处日本帝国主义侵略前缘的平、津及北方人民，

---

① 据杨纤如《北方左翼作家联盟杂忆》，载《新文学史料》1979 年 8 月第四辑。

时刻面临外敌蹂躏的威胁。中国共产党代表中华民族的利益，号召全国人民起来抗击日军的侵略；而国民党蒋介石却加紧推行“攘外必先安内”“全力剿共”的反动政策，激起了全国各界群众的强烈反对，在全国迅速掀起了一个反蒋抗日救国的怒潮。从“九一八”事变到1933年前，北方左联的政治斗争主要是与其他进步团体一起，通过各种形式，开展抗日救国活动。在这一阶段北方左联发起或参加的重要政治斗争中，影响较大的是1931年12月的北平学生南下示威运动、1932年上半年北平一系列抗日救亡运动和1932年7月保定二师的“七六”学潮。

国民党蒋介石对日本帝国主义的不抵抗主义和对爱国人民的残酷镇压，使北平青年学生极为愤怒。1931年12月，在党的组织和领导下，北平学生发起了一个南下示威运动——去国民党政府南京示威请愿。这一运动很快波及天津、济南、徐州、郑州等铁路沿线城市及全国。大批北方左联盟员参加了这一斗争。北方左联盟员陈沂、薛迅等是南下示威团的重要领导人。在南京，南下示威团和各地赴南京的示威学生一起，向国民党反动政府举行了大示威，并冒着生命危险，捣毁了国民党南京中央党部、国民党政府外交部和“中央日报社”。在北平的左联盟员为支援南下示威团，也与进步学生一起，英勇地捣毁了国民党北平市党部。南下示威斗争打击了国民党反动政权，揭露了蒋介石的反动政策，全国各界人民从中受到了教育和鼓舞，声援了南方苏区军民的反军事“围剿”的斗争。①

1932年上半年，在北平发生了一系列抗日救亡运动，北方左联都曾积极发起和参加。1932年1月爆发的上海十九路军起而抵抗日军侵略的“一二八”抗战，得到全国人民的大力支持。在党的领导下，北方左联与反帝大同盟、学生抗日救国联合会一起，共同发动了北平人民的援沪抗日运动。各大学纷纷组织宣传队、抗日会、救护队及“抗倭义勇军”等，随时准备开赴前线。到2月7日，又召开了纪念“二七”北平群众大会，会后举行了大规模的游行示威，示威队伍多至两千余人，为大革命失败以来所少见。示威队伍冲破军警及侦缉队的封锁，一路上演讲、喊口号、散传单，经骡马市大街、前门大街、西长安街、府右街等重要街道，向群众

---

① 陈沂：《共青团员战斗在南京》，载《红旗飘飘》选编本第四集，中国青年出版社1982年4月版；中国人民大学北京党史研究小组：《中共北京地下党斗争史》，北京出版社1981年6月版，第141—147页。

宣传声援上海淞沪抗战，反抗国民党政府不抵抗政策，及支援工人罢工斗争，要求爱国自由等，教育了群众，揭露了国民党的卖国罪行。继“二七”大示威后，北方左联又先后参加了党领导的“二二五”国际失业斗争日、“三一八”纪念日及“五一”“五四”“五九”“五卅”等示威斗争，使1932年上半年的抗日爱国活动始终处于十分高涨的状态。[①]

1932年六、七月间，保定河北省立第二师范学校的左联盟员和进步学生一起，在保属特委的领导下，开展了一场激烈的争取抗日爱国自由、反抗国民党反动统治的护校斗争，即有名的保定二师“七六”学潮。“九一八”后，保定左联在斗争中快速发展起来。在保定二师，参加党、团和左联、社联、反帝大同盟等组织的学生，占全校学生的百分之八十以上，使保定二师成为保定地区革命运动的中心。因而保定反动当局把二师视为眼中钉、肉中刺。1932年春，保定反动当局先后逮捕宣传抗日救国的二师学生党、团员各一人、左联盟员三人。左联小组长臧金钊被捕后还被解至北平卫戍司令部，经百般拷打后判刑五年。国民党当局的无理暴行激起二师革命学生的极大义愤。在党的领导下，二师左联盟员与广大进步学生一起，很快掀起了反抗国民党反动当局迫害学生的斗争高潮。国民党当局遂下令二师提前放假，撤换进步校长，开除大批进步学生，并将二师改组为“乡村师范”。二师左联及革命学生坚决反对国民党当局这一无理行径，纷纷返回学校，展开了“护校斗争”。反动当局随即派出数百名步兵、骑兵、警察，将学校层层包围达半个月之久。二师护校学生忍受着极度的饥饿，接连粉碎了敌人恫吓、软化阴谋，英勇地守卫在校园内，并千方百计地向校外过往群众及围校兵士宣传党的正确主张，揭露和控诉国民党反动派投降卖国、镇压人民的罪行。到7月6日，穷凶极恶的反动派开始了对爱国学生的大屠杀。屠杀之余，又施以逮捕、摧残、判刑。在这一激烈的斗争中，二师左联盟员始终冲杀在最前列。二师左联书记杨鹤声、左联领导成员刘光宗、左联盟员王慕桓、张树森、赵克咏以及革命学生先后共有13人死于国民党屠刀之下，38人被捕，造成了震惊华北的保定二师“七六”惨案。但是反动派的血腥镇压，并没有使革命群众屈服。相反，在二师学潮的鼓舞下，保定地区的革命斗争更加迅猛地发展起来。就

---

① 据中国人民大学北京党史研究小组《中共北京地下党斗争史》，北京出版社1981年6月版，第147—150页。

在二师学潮被镇压后不久，保定附近的高阳、蠡县一带农村又爆发了著名的“高蠡暴动”，沉重打击了国民党反动派的反革命气焰。①

在同一时期里，天津、济南、太原、张家口等广大北方地区的左联盟员，也都积极投身于抗日救国斗争的洪流中，向国民党卖国政权展开了猛烈的冲击。

1933 年，对于北方左联来说，是关系重大的一年。一方面，由于革命力量已空前发展壮大，斗争规模也越来越大，逐步进入了北方左联革命斗争的全盛时期；另一方面，由于北方左联及各革命团体的斗争，对国民党反动统治日益形成了巨大的威胁，因而反动派的镇压活动也大大强化了。当时北方革命运动所面临的敌人，是非常强大、残暴的。在北平、保定，设立了国民党军委会行营；在河北省和平、津两市，设立了国民党党部。行营下面有军统特务，党部下面有中统特务。同时，日本法西斯有以土肥原贤二为头子的常驻平、津的特务机关。另外还有明的、暗的南北两派的大小汉奸。尤其是 1933 年 3 月，蒋介石北上与张学良、何应钦密谈后，采取了一系列反动措施，强化其在北方的法西斯统治，并把以“杀人魔王”著称的国民党蒋孝先（蒋介石之侄）及其宪兵第三团调至北平驻防，使北方革命形势更为恶化。但是，北方左联和各进步团体在凶恶的敌人面前不是退缩不前，而是在党的领导下，接连掀起一次次规模越来越大的斗争。在这一年里，北方左联所参加或领导的革命活动，以公葬李大钊、慰劳及参加察北抗日同盟军、欢迎国际反战调查团等斗争最具影响。

李大钊于 1927 年 4 月牺牲后，灵柩一直放在宣武门外妙光阁浙寺中，未得安葬。1933 年 4 月，为了实现党和文化界广大群众要求为李大钊烈士公葬，使烈士得到安葬，控诉反动派罪行和教育人民群众的目的，根据中共河北省委及北平市委的指示，北方左联通过北方文总，与革命互济会、反帝大同盟等进步团体一起，共同发起了为李大钊举行公葬的活动，并进一步发展为声势浩大的示威游行，北方左联盟员大都参加了这一斗争。4 月 23 日，近两千人的送葬队伍，跟随李大钊烈士的灵柩由宣武门向西郊的万安公墓前进，一路上高呼“李大钊烈士精神不死！”“打倒日

---

① 据保定地委党史征办室《保定二师“七六”学潮》，载 1983 年 9 月 14 日《保定党史资料》第 15 期；杨士杰《“七六”革命风暴精神永放光芒》，载 1982 年 7 月 6 日《保定日报》；臧伯平《七月的风暴》，载《红旗飘飘》选编本第四集，中国青年出版社 1982 年 4 月版。

本帝国主义!”“打倒国民党!”“共产党万岁!”等口号，并高唱《国际歌》及抗日救亡歌曲。沿途群众越来越多地参加到送葬队伍里来，送葬的规模越来越大，以致西单以北汽车、电车都被堵塞，形成“九一八”以来的最大革命群众示威。送葬队伍在西单、西四为李大钊烈士举行了隆重的公祭，并乘机向群众散发传单和进行演讲宣传。可是正当送葬群众在西四牌楼举行公祭时，国民党最凶残的武装暴徒——蒋孝先的宪兵三团分乘三辆大卡车前来冲击送葬队伍。手无寸铁的北方左联盟员与送葬群众一起，奋起抵抗，遭敌残暴镇压。在这次斗争中，党、团员和左联盟员及群众被捕达数百人，被击伤者为数甚多。但送葬队伍不畏强暴，经过顽强斗争，坚持将李大钊烈士的灵柩安葬在“万安公墓”。①

1933 年初，日本侵略者侵占热河后，继续向华北进攻。在中国共产党的领导和支持下，由共产党人吉鸿昌与爱国将领冯玉祥、方振武等发起，于 1933 年 5 月在张家口正式成立了民众抗日同盟军，进行武装抗日和收复失地的斗争。这一爱国举动得到北方及全国人民的热烈拥护和支援。在河北省委及北平市委的号召和组织下，北方左联的许多负责人和盟员，如潘漠华、冯毅之、王志之、李树芬、黄远征、金湛然、端木蕻良等，与各进步团体盟员一道，挺身前往张家口，参加察北抗日同盟军。潘漠华、王志之等还在抗日同盟军中担负了重要领导工作。他们与前线抗日同盟军将士一起，同日伪军和国民党反动军队浴血奋战。② 同时，北方左联还曾派出慰问团，前往察北前线慰问、宣传。1933 年 8 月 1 日，在张家口召开了华北各界民众救亡大会，北方左联的潘漠华、王志之曾作为北方文总的代表出席会议，并帮助起草了大会宣言等文件。由于去前线慰劳的行动为特务侦知，并跟踪到张家口，所以在到前线慰问、宣传后回到北平时，不少左联盟员遭到逮捕。同时，由于抗日同盟军遭日伪军和国民党军前后夹击，不久而失败，很多北方左联盟员也随之遭受牺牲或被迫走散

---

① 陈北鸥：《回忆中国左翼作家联盟北平分盟的艰苦斗争》，载《新文学史料》1979 年 3 月第四辑；端木蕻良：《回忆郊祭李大钊同志》，载《左联回忆录》，中国社会科学出版社 1982 年 5 月版；陈沂：《1931—1932 年的北方左翼文化运动》，载《新文学史料》1979 年 8 月第四辑。

② 孙席珍：《关于北方左联的事情》，载《新文学史料》1979 年 8 月第四辑；陈沂：《1931—1932 年的北方左翼文化运动》，载《新文学史料》1979 年 8 月第四辑；韩劲风、潘讷(应人)：《潘漠华年谱》，载《漠华集》，浙江文艺出版社 1984 年 9 月版，第 352—353 页；冯毅之：《北方左联回忆》，载《左联回忆录》，中国社会科学出版社 1982 年 5 月版。

于各地。这就使北方左联的力量遭到很大损失。①

1933年8月，由于以法国著名作家巴比塞为首的国际进步组织“反战调查团”，即将由上海来北平，党通知北方文总，要求各左翼团体动员尽可能多的人前往车站迎接；并准备以这次欢迎“反战调查团”为中心，掀起一个新的更大规模的反帝反战高潮。8月4日，北方左联和各进步团体的代表，在北平艺术学院召开“欢迎巴比塞反战调查团北上”筹备会议。由于叛徒告密，全体与会代表均遭逮捕。反战代表团抵达北平车站时，北方左联及各进步团体组织的欢迎队伍，再次为宪、特所大肆抓捕。致使北方左联的组织及斗争的发展，遭受到严重的挫折。②

总之，从进入1933年开始，北方的白色恐怖愈演愈烈。北方左联与各左翼文化团体一起，虽曾一再组织起声势浩大的斗争，给予反动派以沉重的打击，但由于缺乏斗争策略和受党内“左”倾错误的影响，各次斗争先后为狡诈、残忍的敌人所血腥镇压。到8月前，北方左联负责人潘漠华、刘尊棋、台静农、洪灵菲、张璋、李洁等先后被捕或被杀；大多数北方左联盟员或者被捕杀，或者分散至城乡各地，开展更为秘密的斗争。1933年5月至7月，河北省委、北平市委以及党的基层组织又一次遭到大破坏。7月以后，反帝大同盟、北方文总及各进步文化团体亦相继遭敌破坏。从5月起的数月之内，被捕的党、团员及进步群众达千人以上，有四五百人被特务秘密杀害于狱中。同年8月成立临时省委后，组织尚未健全，旋遭破坏。从此，河北省委又由北平移至天津。③ 北方左联的斗争也由高潮转入低潮，进入了极端艰苦的分散斗争时期。

（三）北方左联的文化斗争

正如北方左联的理论纲领所说，北方左联要以文学艺术为武器，对资产阶级和一切反动阶级及其文艺理论进行无情的批判和斗争。文艺战线的斗争，始终是北方左联革命活动的一项基本内容。在从北方左联成立到

---

① 孙席珍：《关于北方左联的事情》，载《新文学史料》1979年8月第四辑；陈沂：《1931—1932年的北方左翼文化运动》，载《新文学史料》1979年8月第四辑；韩劲风、潘讷（应人）：《潘漠华年谱》，载《漠华集》，浙江文艺出版社1984年9月版，第352—353页；冯毅之：《北方左联回忆》，载《左联回忆录》，中国社会科学出版社1982年5月版。

② 据孙席珍《关于北方左联的事情》，载《新文学史料》1979年8月第四辑；方殷《记一次被出卖了的会议》，载《左联回忆录》，中国社会科学出版社1982年5月版。

③ 中共河北省委党史编辑委员会：《中国共产党河北省党史资料初编》，第293页。

1933年8月遭受重大挫折前的这一蓬勃发展的时期内，北方左联冲破国民党反动派的反革命文化“围剿”，以文学艺术为武器，批判各种反动文艺思潮，宣传马克思列宁主义，积极创作无产阶级的文艺作品，有力地揭露和打击了敌人，鼓舞、教育了人民，繁荣了无产阶级的革命文学，培养、壮大了党的理论文化骨干队伍，推动了无产阶级革命文学运动的发展。

在这一时期的文化活动中，北方左联首先注意了学习、宣传马克思列宁主义的革命思想和党的正确的政治主张，批判各种反动的文艺理论和思潮。北方左联由于成员绝大多数是青年学生，因而非常强调学习。各地北方左联组织大都成立了“读书会”，盟员都积极学习和研究马克思、列宁及各种进步著作，学习、研究党的方针政策，并到街道、农村、工厂进行各种形式的宣传。北方左联成立前的北方文坛，长期以来几乎是帝国主义、国民党反动派的走狗胡适派的一统天下。北方左联成立后，积极开展了对胡适派及“新月社”反动谬论的批判；还积极参加了对所谓“第三种人”反动文艺思潮的批判。“九一八”后，北方左联及北方文总通过所办的大量进步刊物，集中揭露、控诉了日军入侵和国民党政府镇压人民的罪行，批判了国民党蒋介石及其御用文人种种投降卖国、镇压人民的谬论，促进了抗日救国斗争的深入开展。

北方左联在这一时期的文化活动中的另一个突出成就和特点，就是注意并强调了文艺的大众化问题。北方左联要求盟员，努力创作反映工人农民及劳苦大众生活与斗争的作品，学习大众化语言，重视对群众喜闻乐见的民间文艺形式的研究和运用，提倡“旧瓶装新酒”，提倡深入到工农兵群众中去，观察他们，了解他们，研究他们，运用现实主义的创作方法，反映他们。北方左联盟员以这种思想作指导，到工厂中与工人交朋友，并先后在北平、唐山、张家口等地设立左联的工人支部或工人通信员。北方左联盟员冯毅之等还和拉洋车工人一起拉洋车，写“洋车夫日记”。北方左联盟员也去农村宣传、学习，到抗日军队中去体验生活。在不断接近和深入工农兵劳苦大众的基础上，北方左联盟员创作或演出了一大批反映工农兵群众生活的作品或剧目。如《人吃人》《活路》《血衣》《瓦刀》《月亮上升》《屠户》《过渡》《血乞丐》《我是一个人》《工场夜景》《二伤兵》《战友》等，受到广大群众欢迎。①

在北方，国民党反动当局对革命文化从一开始就采取了严加限制和恣意摧残的态度。对于出版革命书刊，更是视若洪水猛兽，千方百计地进行压制和破坏、封锁。但在这一时期里，北方左联的文化战士们不避艰险，与敌人斗智斗勇，使敌人防不胜防，堵不胜堵，创办发行了大批进步刊物，使国民党的反革命文化“围剿”政策日益陷于破产。北方左联在此期间创办或与其他进步团体合办的刊物，在北平主要有：

《前哨》，北方左联机关刊物。是北方左联成立后第一次执委会决定编辑出版的，由郑纹波组稿。1931 年 1 月创刊，因故 2 月出版。②

《北方文艺》——《北方文学》，创刊于 1932 年初，始名《北方文艺》，第二期起改名《北方文学》。编辑王志之、谷万川。主要内容为揭露国民党政府破坏抗战，支持十九路军将士奋勇杀敌等。因特务搜查，同年冬出至第三期时停刊。③

《文学杂志》月刊，编辑潘训、陆万美、王志之、谷万川。创刊于 1932 年 4 月 15 日，为北方左联机关刊物，由北平西北书局发行。1933 年 7 月出至第三、四期合刊时被禁。主要撰稿人有王志之、宋之的、谷万川、端木蕻良、李正文、澎岛、孙席珍、曹靖华、朱自清等。全国左联鲁迅、茅盾、丁玲、张天翼等曾予以大力支持并为之撰稿。《文学杂志》是大型文艺刊物，根据鲁迅的意见，内容办得“灰色一些，杂一些”，以应付敌人。该刊以发表创作为主，兼登翻译及理论文章。④ 出刊后，深受文学青年欢迎，“它像沙漠上的绿洲，震撼了当时沉寂的北方文坛”。⑤

《文艺月报》月刊，潘漠华、张磐石、陈北鸥主编。1933 年 6 月创刊，北方左联机关刊物，由北平立达书局发行。1933 年 11 月出至第三期时被查禁。主要撰稿人有李正文、金丁、穆木天、何菲、白晓光、陈北

① 陈北鸥：《回忆中国左翼作家联盟北平分盟的艰苦斗争》，载《左联回忆录》，中国社会科学出版社 1982 年 5 月版；陈沂：《1931—1932 年的北方左翼文化运动》，载《新文学史料》1979 年 8 月第四辑；孙席珍：《关于北方左联的事情》，载《新文学史料》1979 年 8 月第四辑、《北方左联的始末》，载《中国现代文学研究丛刊》1981 年第四辑；王志之：《忆“北方左联”》，载《新文学史料》1979 年 8 月第四辑；陆万美：《迎着敌人的刺刀坚持战斗的“北平左联”》，载《中国现代文学研究丛刊》1980 年第一辑等。

② 同上。

③ 同上。

④ 同上。

⑤ 陈沂：《1931—1932 年的北方左翼文化运动》，载《新文学史料》1979 年 8 月第四辑。

鸥、陈沂等。《文艺月报》是与《文学杂志》约略同时的又一大型文学刊物。内容以发表创作为主，间以论文、评介等。曾载文反对进攻苏联和瓜分中国的帝国主义战争，介绍国际反战作家，提倡工农通信员运动，并同宣传所谓“超阶级的文艺”的“第三种人”进行了尖锐的斗争。《文学杂志》和《文艺月报》，“是北方左联两个堪与上海的大型刊物比美的刊物”（陈沂语）。

《四万万报》，1933 年 4 月创刊，只出一期，第二期起改名《科学新闻》。由北方左联盟员端木蕻良、冯厚生主编。①

《科学新闻》，北方左联机关刊物。1933 年 6 月创刊，由北方左联盟员方殷、端木蕻良、臧云远等编辑。1933 年 8 月出至第四期后被迫停刊。②

《北方文化》，北方文总机关刊物。1933 年 5 月创刊，专门刊载北方文总的宣言、文件等。至同年 8 月被迫停刊。③

《今日》，北方文总刊物。由北方左联盟员郭达主编。1933 年 5 月创刊，同年 8 月出至第三期时被迫停刊。④

此外尚有：《北国》《冰流》《文学通讯》《摩尔宁》《尖锐》《开拓》《北星》《文学前线》《新大众》《文艺小报》《新诗》《艺术信号》《艺术新闻》《文学导报》，等等。⑤

与此同时，北方左联在天津的刊物有通过天津文总办的《天津文化》⑥；在保定，有《在前哨》《朝晖》《清曦》《曙前》《破晓》⑦；在太

---

① 陈北鸥：《回忆中国左翼作家联盟北平分盟的艰苦斗争》，载《左联回忆录》，中国社会科学出版社 1982 年版；陈沂：《1931—1932 年的北方左翼文化运动》，载《新文学史料》1979 年 8 月第四辑；孙席珍：《关于北方左联的事情》，载《新文学史料》1979 年 8 月第四辑、《北方左联的始末》，载《中国现代文学研究丛刊》1981 年第四辑；王志之：《忆“北方左联”》，载《新文学史料》1979 年 8 月第四辑；陆万美：《迎着敌人的刺刀坚持战斗的“北平左联”》，载《中国现代文学研究丛刊》1980 年第一辑等。

② 同上。

③ 同上。

④ 同上。

⑤ 同上。

⑥ 张香山：《天津左联的片断回忆》，载《左联回忆录》，中国社会科学出版社 1982 年 5 月版。

⑦ 据臧伯平《关于保定左联情况》，载《保定党史资料》1985 年 4 月 2 日第 26 期；王冀农《我参加进步团体的情况》，载《保定党史资料》1985 年 4 月 2 日第 26 期；王禹夫《保定进步团体产生和活动情况》，载《保定党史资料》1985 年 4 月 2 日第 26 期。

原，也有以“读书会”的名义编印的《子夜》《榴花》《亚分野》等。

北方左联不仅自己办刊物，还想方设法进入当时一些社会上公开发行的报纸或刊物，以扩大左翼文化的宣传和影响。当时北平的《京报》《晨报》《世界日报》，天津的《大公报》《益世报》《庸报》，济南的《国民日报》《未央》周刊等，都曾多次刊载左联盟员的文章。

（四）北方左联的对外联系

随着北方左联的迅速发展，北方左联与全国左联及东京左联的联系加强了，北方左联在国内外的影响越来越大。全国左联除多次派人来北方帮助建立北方左联组织外，还曾指派上海左联负责人洪灵菲、周扬、冯润璋等指导或来平、津等地视察北方左联工作。[①] 北方左联也曾先后派出陈沂、陆万美等负责人向全国左联多次汇报工作。尤其是全国左联领导人鲁迅，对北方左联始终非常关心，曾多次听取北方左联的工作汇报，对北方左联给予了有力的支持和指导。1932 年 11 月，鲁迅从上海来北平探亲时，在听取了北方文总的负责人陈沂汇报并作了指示后，应北方左联、北方文总及进步团体和人士的邀请，从 11 月 22 日至 28 日，冒着极大的政治风险，先后在北大、辅仁大学、女子文理学院、北师大、中国大学作了五次演说。演说的题目依次是：《帮忙文学与帮闲文学》《今春的两种感想》《革命文学与遵命文学》《再论第三种人》《文学与武力》。这就是有名的“北平五讲”。[②] 鲁迅的讲演使革命学生与北方左翼文艺运动受到巨大鼓舞。全国左联的其他著名作家，也曾对北方左联给予多方支持和帮助。

北方左联还与中国在日本东京的左联组织建立了比较密切的联系，不仅在思想、工作上互相呼应和支持，在人员上也不断相互交流。如东京左联的欧阳凡海、魏猛克、陈北鸥等，回到北平后即参加了北方左联的工作；而北方左联的陈梅雨（梅益）、陈辛仁等东渡后，也参加了东京左联的活动。[③]

---

① 王尧山：《忆在“左联”工作的前后》，载《左联回忆录》，中国社会科学出版社 1982 年 5 月版；冯润璋：《我记忆中的左联》，载《新文学史料》1980 年第一辑。

② 参见孙席珍《关于北方左联的事情》、王志之《忆“北方左联”》、陈沂《1931—1932 年的北方左翼文化运动》。

③ 孙席珍：《关于北方左联的事情》，载《新文学史料》1979 年 3 月第四辑。

北方左联还不断开展了同国外进步文化界的联系，以扩大北方左联的政治影响。北方左联先后同美国《新群众》杂志社、苏联塔斯社、法国哈瓦斯通信社及国际进步人士埃德加·斯诺、史沫特莱等建立了联系，使北方左翼文艺运动的真实情况，不断披露于世界。1933 年 8 月，北方左联和各进步文化团体一起曾以欢迎“巴比塞反战调查团”（实际率团来华的为法国著名诗人伐扬·古久烈和英国的马莱爵士）之机，掀起大规模的反帝反战斗争。左翼文艺运动是一种国际现象，不独中国为然。通过全国左联，北方左联也加强了同世界各国左翼文艺界及“无产阶级革命作家国际联盟”（中国左联是它的一个支部）的联系。

综上所述，从 1930 年 9 月北方左联成立到 1933 年 8 月遭受严重挫折，是北方左联的组织和斗争蓬勃发展时期。在这一时期里，尽管反动派一再残暴镇压、破坏北方左联文化运动的开展，但北方左联却以强大的生命力，冲破敌人的白色恐怖，无论在组织发展上，还是在政治、文化的斗争中，都取得了显著的成就，而日益成长壮大起来。之所以如此，其根本原因是在于北方党对文化界斗争领导的加强。

三 北方左联斗争的低潮时期

从 1933 年 8 月到 1935 年“一二九”运动前的两年多的时间里，是北方左联受压最深的时期。在这一时期中，北方左联面对敌人的疯狂镇压和迫害，在党的领导下，以百折不挠和英勇机智的战斗姿态，始终坚持了抗日救亡和反抗国民党投降卖国、屠杀人民反动政策的斗争，不断粉碎了国民党蒋介石发动的政治和文化的反革命“围剿”。

（一）本时期北方左联所处的险恶环境

1933 年后的北方，是民族矛盾和阶级矛盾激烈斗争的焦点地区。从 1933 年 1 月起，日本帝国主义的铁蹄踏入山海关内，继而侵占热河、察北，威胁平、津；1934 年 4 月，日本外务省发表了独占中国的“天羽声明”，并加紧向中国内地进攻，策动汉奸制造“华北特殊化”，妄图首先将华北五省变为日本殖民地。国民党蒋介石对日本帝国主义的侵略，完全采取屈辱投降政策，先后与日签订了《塘沽协定》《秦土协定》《何梅协定》等卖国协定，将整个华北的军事、政治、经济的控制权完全奉送给日本帝国主义，从而进一步助长了日本帝国主义变中国为其独占殖民地的狂妄野心。

在对日一味屈膝投降的同时，蒋介石卖国政府却坚持其“攘外必先安内”的反动政策，对人民极尽残酷镇压之能事。蒋介石公然发布命令：“侈言抗日者，杀无赦!”明令取缔一切抗日救国团体，妄图彻底扑灭革命运动。对文化界革命活动的迫害和镇压，也空前加剧。他们大肆查封、禁止进步书刊的出版发行，制定了一系列的“出版法”“宣传品审查条例”“图书杂志审查办法”，公然剥夺人民的言论出版自由。同时，他们又网罗一批官僚政客、御用文人，鼓噪一时，妄图独霸文化阵地。当他们的倒行逆施不断遭到失败后，反动派就凶相毕露地大搞文化专制主义和法西斯恐怖政策，疯狂袭击、解散进步文化团体，大批抓捕、监禁、残杀革命学生和进步文化人士，文化界惨遭捕杀的青年学生、进步人士数以千计。

地处北方的平、津等地，反革命力量更加强大，反动统治更加严密，对人民的镇压也更加严酷。在当时的北平，日本特务、国民党宪兵、蓝衣社、“CC”派及明的、暗的南北各派汉奸等邪恶势力，一齐肆虐；并与北方文坛的魑魅魍魉相呼应，穷凶极恶地摧残北方进步力量。尤其是以残杀革命青年闻名的国民党蒋孝先宪兵三团进驻北平后，北方的白色恐怖达到了顶点，青年学生、进步人士横遭摧残，公开与秘密的绑架、杀害更是不绝于闻。反动派还以极其狡诈的手段，采取打入地下党及进步团体机关内部，刺探情报、利用叛徒、登报自首等方式，接连破坏党的组织和外围革命团体，正是在这一极端艰危险恶时期，北方左联的负责人和盟员大批遭逮捕、监禁以至惨遭毒手。由于反复遭敌捕杀及盟员被迫转移外地，北方左联在平、津等北方城市的人数大为减少，北方左联的斗争转入低潮阶段。

但是，也正是在这一时期，党战胜“左”右倾机会主义的干扰，确立了毛泽东同志在全党的领导地位，胜利地完成了长征；并发出宣言和号召，领导全国人民坚持进行抗日反蒋斗争。这就给予了在艰难奋战中的北方和全国人民以极大的鼓舞和力量，使他们坚持同反动派进行前仆后继的激烈搏斗。同时，尽管反动派力量十分强大，但也并非铁板一块。在北方，尤其是平津地区，由于日、汪、蒋及其各派系始终处于纷纭复杂的明争暗斗之中，以致使他们往往难以长期保持对进步势力的全力镇压，从而为革命势力的存在与发展留下了可乘之机。再则，就是在敌人内部，也时有发生同情革命的现象。这就使北方革命力量像扑不灭的野火一样，不停地燃烧下去。在这一时期，北方左联正是在这种极端艰险的阴霾环境中，围绕着坚持反抗国民党投降卖国、镇压人民的法西斯统治，力争左翼文艺运动的存在与发展，积蓄力量，为新的革命高潮的到来创造条件，而在党的领导下，坚定灵活地开展斗争。

（二）北方左联坚持反抗政治迫害的斗争

北方左联在这一时期的艰苦斗争中，坚持反抗反动派的高压政策。首先，坚持了争取左联组织在北方继续存在与发展的斗争。1933 年 8 月，屡受重挫的北方左联再次遭敌大破坏后，在党的指示下，左联盟员张秀中、高敏夫、冯村、段一红、陈辛仁等，随即在北平秘密恢复了北方左联总部的组织，由张秀中任北方左联党团书记，积极开展左联工作。[①] 不久，又秘密建立了北平南城区左联支部。通过这一支部，联系北平师范大学、民国大学、中国大学、师大附中等大、中学校及社会上的进步文艺爱好者和革命青年，继续领导开展北方左翼文化运动。[②]

1934 年 5 月 30 日，北方左联总部组织在北平又遭破坏。北方左联负责人张秀中、高敏夫等及不少盟员被捕入狱。[③] 在敌人疯狂搜捕下，北方左联盟员按照党的指示，大多分散至各地或出走国外。北方左联的领导工作在 1934 年下半年曾出现短期的停顿。但是，就是在环境过于险恶、领导工作间断的情况下，北方左联盟员除极少数消沉者外，绝大多数仍时刻不停地坚持了不屈不挠的分散斗争。

1935 年初，根据党的指示，北方左联又与北方文总、社联、教联等一起，秘密恢复起来，由唐守愚为主要负责人。[④] 同年 5 月，北方左联组织又遭破坏，再次出现了一个短暂的领导工作的停顿期。但很快于下半年又得到恢复，主要负责人为谷景生。[⑤]

---

① 陈辛仁：《北平左联支部的一年》，载《左联回忆录》，中国社会科学出版社 1982 年 5 月版；路一：《忆秀中同志》，载《秀中诗文选》，红旗出版社 1984 年 7 月版。

② 同上。

③ 同上。

④ 据唐守愚《我在北平入党前后的一些情况》，载《北京党史资料通讯》1984 年 2 月第 14 期。

⑤ 据唐守愚《我在北平入党前后的一些情况》，载《北京党史资料通讯》1984 年 2 月第 14 期；张大明《对〈左联成员名单〉（未定稿）的回声》，载《左联回忆录》，中国社会科学出版社 1982 年 5 月版。

在这一时期，在与反动派进行殊死搏斗的过程中，为了使左联组织能够继续存在和坚持斗争，北方左联还采取了“改头换面”“移花接木”等方式，将左联组织或盟员，加入一些“合法”或半公开的团体，秘密或公开地开展革命活动。如1934年，北大的党、团及各进步团体的活动被迫停止后，北大左联的一些成员就按照组织的安排，参加到一个尚能公开存在的“世界语学会”中继续开展活动。在中国大学，则成立了一个名为学生组织、实由左联主持的文艺团体——“绿洲社”。“绿洲社”不仅有余修、张楠、夏英哲、王大彤等左联盟员参加，而且还从中不断把先进分子发展为新的左联盟员。通过“绿洲社”，中大左联团结了一大批爱好文艺的进步青年，保护并壮大了左联组织，推动了革命斗争的开展。对当时尚能公开活动的一些学生及社会团体，如“学生会”“读书会”“研究会”“水灾赈济会”等，北方左联都尽力争取、利用和参加，借以保存自己，积蓄力量，准备迎接新的战斗。

正是在这一时期，由于我党已带领红军胜利完成长征，加强了对全国抗日反蒋运动的领导，党的各级组织经过整顿，逐步克服了过去错误路线的影响。1935年7月，为了加强对北方抗日斗争的领导，根据中央决定，以河北省委为基础，再次成立了北方局，使北方党的工作路线开始发生转变，也使北方人民的革命斗争有了正确的方向。另外，由于1935年5月以来的“华北事变”，及7月国民党政府与日本帝国主义签订卖国的《何梅协定》，致使国民党在平、津的各级党部及大部警宪、特务，包括最凶残的宪兵三团，一齐南撤。使反动派在北方的镇压力量相对减弱，从而使北方左联又获得了较快恢复和发展的机会。

在同一时期，天津、保定、太原等北方城市的左联组织也在极其恶劣的环境中顽强坚持了对敌人的反抗和斗争。保定二师“七六”学潮被镇压后，保定育德中学等学校的左联及各进步组织仍在斗争中继续发展。1934年，在白色恐怖极为严重的情况下，以刘秉彦为负责人的保定育德中学左联组织，成员尚有三十余人之多，并组织了一些左联的外围团体。①

太原左联组织建立后，在1933年初即与山西文总一起遭破坏。负责人杜德也因被通缉而被迫出走，活动陷于停顿。同年秋恢复组织，由李廷

① 据刘秉彦《我所知道的保定左联》，载《保定党史资料》1985年4月2日第26期。

年任党团书记。主要成员有赵石宾、赵树理、高沐鸿等。在山西特委与山西文总（同年8月恢复）领导下，坚持开展革命斗争。由于国民党阎锡山反动势力对革命运动的镇压既残暴又狡诈，而太原党又受王明“左”倾机会主义错误影响严重，所以在这一时期，太原及山西的党和进步力量遭到极大损失。1934年上半年，由于叛徒告密，山西党及左联等革命团体遭到第三次大破坏。大批党和进步组织的负责人，及地下党员和进步团体的成员，遭敌捕杀或被迫出走，左联的革命活动再次陷入停顿。直到1934年暑期省城学生反会考的斗争，左联与各进步团体在太原工委的领导下，采取比较灵活的斗争策略，在失利的情况下适时主动退却，才未遭受严重损失而取得较大胜利。

在这一时期，由于北方的左联组织迭遭破坏，左联盟员被迫分散于各地及出走国外，这就在更大的范围内撒下了革命的火种，使北方左联的影响得到了空前的扩大。如潘漠华、张哲之、端木蕻良等去了天津，段雪笙、张松如、潘应人等去了山东，王志之等去了张家口，冯村去了陕西，陈辛仁、欧阳凡海、张香山、陈北鸥、臧云远、梁梦迴等去了日本东京。这些左联盟员在各地千方百计地进行革命活动，建立了一些左联组织，促进了各地左联组织的发展，也进一步密切了北方左联与各地左联组织之间的联系。

北方左联在使组织不断得到恢复和发展的同时，对日、伪、蒋在政治上的法西斯血腥统治，坚持进行了英勇不屈的反抗和斗争，有力地推动了北方抗日反蒋救国斗争的发展。

北方左联在这一时期的反政治迫害的斗争中，首先是坚持了完全秘密的地下斗争。北方左联盟员曾冒着杀头的危险，秘密涂写标语，散发传单，执行党交给的各种任务。在白色恐怖极其严酷的1934年春季，北方左联还曾在多处分散召开左联五烈士的追悼会。北方左联负责人张秀中还曾在北平南城区左联支部召开的追悼会上讲话，沉痛哀悼烈士，愤怒控诉国民党反动派的罪行，号召继续同反动派斗争到底。① 对当时出现反抗国民党反动统治的群众斗争，北方左联曾积极支持和参加。在北方左联的支持、配合下，北平一些大、中学校，时而发生反对反动校长和痛打特务的事件。

正是通过残酷、长期斗争的磨炼和总结，使北方左联的“左”倾冒险情绪渐趋克服。北方左联盟员不仅在秘密斗争方面，变得更加勇敢坚

① 据路一《忆秀中同志》，载《秀中诗文选》，红旗出版社1984年7月版。

定，尤其在利用公开、半公开的方式进行合法斗争方面，越来越掌握了斗争的策略和艺术。如1935年5月，北方左联广泛联合各界人士，以合法的形式，共同发起人数众多的向何应钦请愿活动。当时，由于日本帝国主义以武力相威胁，向国民党北平军分会代理委员长何应钦提出通牒，要挟中国当局出卖东北和华北的主权。国民党政府竟准备接受日本无理要求，因而引起全国人民的极大愤慨。因此，北方左联（时已恢复组织）即联合各社会团体，向北平国民党当局请愿。并提出六条要求：国民党政府出兵抗日，要求言论、集会自由，反对出卖东北，反对华北自治等。这次请愿活动实际上成为后来“一二九”大规模学生运动的先声和预演。

北方左联在这一时期的斗争中，还采取利用敌人矛盾和社会上各种势力的影响及打入敌人内部等方式，削弱敌人，保护和壮大自己。北方左联曾派孙席珍、吴承仕等到泰山，为隐居的冯玉祥将军讲学。冯对西北国民军旧部如宋哲元、秦德纯等尚有相当影响，从而使他们在对待北方左联及各左翼文艺组织方面，不得不有所顾虑和收敛。对国民党内部的某些开明人士，如国民党北平市党部的许孝炎等，北方左联也多方争取，使其为革命活动提供方便。北方左联还曾按照党的指示，派盟员梁斌等打入敌人内部，并开展党的策反工作。①

在这一时期的艰苦斗争中，由于北方左联盟员的大批被捕，左联盟员在狱中的斗争也构成了这一时期北方左联反政治迫害斗争的重要内容。北方左联盟员在敌人的法庭上、刑场上，义正词严地揭露敌人的无耻罪行，宣传革命思想和党的正确的政治主张，唤起广大群众起来斗争。北方左联负责人潘漠华、张璋以及上海左联派来北方指导工作的洪灵菲，被捕后坚贞不屈，在狱中继续领导反抗国民党反动派的斗争。洪灵菲、张璋惨遭杀害，潘漠华在坚持绝食斗争中壮烈牺牲。北方左联负责人张秀中、李文甫被捕后，均从北平押往南京。他们受尽敌人百般折磨，毫不动摇。张秀中还在铁窗内写下了七十多首慷慨悲壮的感愤诗。② 直到抗日战争爆发后，他们才被释放出狱。保定二师的左联盟员在“七六”学潮中被捕后，分

① 据孙席珍《北方左联的始末》，载《中国现代文学研究丛刊》1981年第四辑；路一《忆秀中同志》，载《秀中诗文选》，红旗出版社1984年7月版。

② 据王铁山《悼念张秀中同志》，载《秀中诗文选》，红旗出版社1984年7月版；上海师范学院图书馆资料组：《左联盟员谈左联（续）》，载《中国现代文艺资料丛刊》，上海文艺出版社1981年4月第六辑。

别被判处二年零八个月至十年的徒刑。他们在狱中曾和各地难友一起，三次进行绝食斗争，挫败敌人种种阴谋，英勇反抗敌人在狱中的残酷迫害，不断取得了斗争的胜利；并用十分巧妙的方式，在狱中办起了一个不定期的刊物《突进》，宣传马列主义，宣传抗日救国，将敌人的监狱变成经受革命考验和学习进步文化的学校。[①]

（三）北方左联坚持反抗文化专制主义的斗争

北方左联在这一时期的文化斗争，同样是艰苦激烈而曲折复杂的。自1933 年下半年以来，北方国民党反动当局秉承国民党南京政府的旨意，加紧文化“围剿”，强令取缔一切进步文化团体，严禁进步书刊出版发行，大肆捕杀进步文艺工作者，使北方进步文化运动受到极大摧残。与此同时，各种腐朽的文艺，却甚嚣尘上；使北方文坛充斥妖风毒雾，一片混乱。尽管环境如此恶劣，北方左联的文艺战士却一时一刻没有停止以文艺为武器，向反动势力进攻。在此期间，北方左联盟员不避艰险，始终坚持以极其秘密的方式，印发传单，涂写标语，出版发行进步书刊。当时先后出版的北方左联主办或支持的秘密刊物，有北平的《理论与创作》《文学导报》《伶仃》及 1935 下半年起出版的北方左联与北方文总的机关刊物、综合性文艺月刊《泡沫》[②]；天津的《当代文学》《新诗歌》《诗歌季刊》[③]；保定的《小小日报》等。[④]

北方左联在以秘密方式坚持文化斗争的同时，也越来越多地利用了合法的方式，如北方左联盟员通过各种合法的座谈会、文艺茶会、读书报告会等形式，从中巧妙地使马列主义思想和党的方针政策得以传播。北方左联在反动派对进步书刊严加禁止、封锁，而使筹办进步报刊日益困难的情况下，更多地采取了利用各地合法报刊，分头向各种社会报刊大量投稿的

---

① 据保定地委党史征办室《保定二师“七六”学潮》，载《保定党史资料》1983 年 9 月 14 日第 15 期；杨士杰《“七六”革命风暴精神永放光芒》，载《保定日报》1982 年 7 月 6 日；臧伯平《七月的风暴》，载《红旗飘飘》选编本第四集，中国青年出版社 1982 年 4 月版。

② 据陈辛仁《北平支部的一年》，载《左联回忆录》，中国社会科学出版社 1982 年 5 月版；路一、金肇野《北平左联南城区支部的情况》，载《北京党史资料通讯》1984 年 9 月第 21 期；路一《忆秀中同志》，载《秀中诗文选》，红旗出版社 1984 年 7 月版。

③ 据张大明《对〈左联成员名单〉（未定稿）的回声》，载《左联回忆录》，中国社会科学出版社 1982 年 5 月版；张大明、王保生《三十年代左翼文艺大事记》，载《左联回忆录》，中国社会科学出版社 1982 年 5 月版。

④ 据刘秉彦《我所知道的保定左联》，载《保定党史资料》1985 年 4 月 2 日第 26 期。

方式，坚持宣传进步思想。尤其值得一提的是，北方左联通过深入工作，还在一些合法报刊上取得了由左联成员组编副刊或担任编辑的机会。这种报纸的副刊，实质上就成了北方左联主办的刊物。北方左联曾先后公开地在北平《北辰报》上办起《荒草》文艺周刊，被查禁后又在《京报》上办起《熔炉》文艺周刊（北方左联盟员俞竹舟、路一、金肇野、洪君实都曾担任过编辑）。在天津《庸报》上办起了《文艺周刊》副刊等。天津左联盟员曹世瑛曾长期担任天津《大公报》编辑，主编《小公园》文艺副刊，使这个副刊成为天津左联盟员发表作品的主要阵地。左联盟员艾秀峰、杨刚、徐盈等都曾在《大公报》工作或担任编辑。

利用合法手段进行文化斗争的另一重要方式，就是与当时的一些卓有名望的社会人士一起创办“同人”刊物，借以扩大左翼文化的影响。在这方面最具代表性的，是北方左联与中国大学著名学者吴承仕合办的大型综合性刊物《文史》与《盍旦》。

1934 年 4 月，在北方左联大力支持与协作下，以吴承仕先生为主编，创刊了大型综合性双月刊《文史》杂志。北方左联成员孙席珍、齐燕铭曾参加编辑工作。全国左联鲁迅、茅盾等均曾为之撰稿。《文史》的出版，使南京反动政府大为惊愕，多次电令北平市政府查封。但吴承仕先生据理力争，拒绝停刊。直到 10 月出至第四期时，特务以南京“CC”派头子陈立夫的手谕相要挟①，刊物才终被反动当局所查禁。北方左联盟员孙席珍等也因此而被捕。

《文史》被禁的第二年，1935 年，在北方左联和吴承仕先生的共同支持和协作下，由中大国学系几位进步教师为核心，又出版了大型综合性半月刊《盍旦》。它发表短篇政论性杂文，针砭时弊，评论国事，力倡抗日救亡。北方左联盟员齐燕铭、管彤（张致祥）负责实际编辑工作。左联盟员曹靖华、孙席珍（时已出狱）、金人、魏猛克、余修、王西彦等，均曾是该刊重要撰稿人。刊名“盍旦”，盍者，何不也。质言之就是：天为何还不亮？该刊约创办于八月，至“一二九”运动前的 11 月出至第七期时被迫停刊。②

---

① 王西彦：《回忆北平作家协会及其他》，载《左联回忆录》，中国社会科学出版社 1982 年 5 月版；孙席珍：《关于北方左联的事情》，载《新文学史料》1979 年 8 月第四辑。

② 同上。

在此期间，北方左联的文化斗争还注意了与上海全国左联及各地左联组织的联系与配合。1935 年，北方左联命金肇野组织办起了“全国木刻版画展览”，展览得到上海全国左联及鲁迅的大力支持和帮助。这次展览不避风险，在各地左联组织和进步团体协助下，在全国重要城市先后展出；并按照鲁迅的意见，特地去上海展出。这次展览，对在全国推动革命的木刻版画运动，起了促进作用。[①] 北方左联还一直保持了与在日本的中国东京左联及其刊物《质文》（原刊名《杂文》）的密切联系，相互稿件往来不断。北方左联还曾与国民党内的民主人士联系，并取得他们对开展革命文化活动的同情与支持。如前述国民党北平市委的许孝炎，就曾为北方左联创办刊物提供了不少方便。另外，北方左联还很注意革命文化活动的国际影响。通过埃德加·斯诺等国际友人、美国《新群众》《亚细亚》杂志等国外刊物，将北方左联及中国人民的革命斗争及受迫害情况，向欧美及全世界的读者和人民，作了广泛的报道和有力的控诉，还将北方左联盟员的作品译给欧美读者，使北方左联及中国人民的革命斗争得到了世界进步力量的广泛同情和支持。[②]

综上所述，在从 1933 年下半年起到 1935 年“一二九”运动前的两年多的时间内，北方左联在极端艰难困苦的奋争中，始终坚韧不拔、灵活机智地反抗了敌人的政治镇压和文化“围剿”。在斗争的方式、方法和策略上，得到了不断的改进和提高。不仅坚持了长期的秘密斗争，而且广泛地开展了公开、半公开的斗争，利用敌人的矛盾，分化瓦解敌人，保护、发展自己，使北方左联以极其顽强的生命力，在北方扎根、生长，使敌人扑灭左翼文化运动的妄想归于破产。

四　北方左联斗争的重新高涨及形式的转变

（一）“一二九”运动和北方左联斗争的重新高涨

1935 年，日军侵略步步进逼，国民党反动政府卖国投降，中国大片国土沦丧，整个华北将沦落敌手，亡国惨祸迫在眉睫。中国共产党率领工

① 据路一、余肇野《北平左联南城区支部的情况》，载《北京党史资料通讯》1984 年 9 月第 21 期；路一《忆秀中同志》，载《秀中诗文选》，红旗出版社 1984 年 7 月版。

② 据孙席珍《北方左联的始末》，载《中国现代文学研究丛刊》1981 年第四辑。

农红军，冲破蒋介石的围追堵截，胜利到达陕北，接近华北抗日前线，号召全国人民奋起抗战。这就使北方及全国各界广大人民群众的抗日爱国热情空前高涨起来。在党的领导和推动下，1935 年 12 月 9 日，被反动派长期压抑的北方爱国学生和人民群众的抗日怒火，终于爆发了。这就是震惊中外的“一二九”运动。

12 月 9 日，北方左联盟员与北平数千名爱国学生一起，冲破国民党政府的恐怖统治，举行声势浩大的抗日救国示威游行。北方左联负责人谷景生，是这一伟大爱国运动的重要领导者之一①；北方左联盟员曹靖华、孙席珍、齐燕铭以及吴承仕老先生等，昂首挺胸走在游行队伍的最前列。② 示威群众愤怒地喊出了“反对华北自治运动”“打倒日本帝国主义”“停止内战一致对外”的口号，并向国民党政府提出了抗日救亡的六个条件：第一，反对所谓“反共自治运动”；第二，公布中日交涉经过；第三，不得任意捕人；第四，保障地方领土安全；第五，停止一切内战；第六，要求言论、集会、结社、出版自由。示威游行队伍在天安门、王府井、东单、西单等处遭到国民党反动军警的棍棒、皮鞭毒打、水龙喷射和大刀砍杀，受伤者五百余人。但爱国学生不畏强暴，同反动军警展开了英勇的搏斗，沉重打击了反动派的嚣张气势。为了反抗反动政府对爱国学生的镇压和迫害，12 月 16 日，北平学生和市民三万多人，在党的领导下举行了更大规模的爱国示威斗争（即“一二一六”运动），再次与反动派的残酷镇压展开了激烈的搏斗。到 12 月下旬，北方左联盟员又同平津等地学联一起，组织“平津学生南下扩大宣传团”，到铁路沿线的丰台、南苑、黄村、固安、卢沟桥、长辛店、良乡、窦店、琉璃河、保定等地及广大农村，宣传抗日救国，使学生运动与民众运动日益结合起来。

“一二九”运动，冲破了日本帝国主义和国民党反动政府对人民实行的法西斯统治，有力地揭露了日本帝国主义吞并中国的阴谋，沉重打击了国民党蒋介石卖国投降的不抵抗政策，广泛宣传了党的抗日主张，获得了北方及全国人民的一致支持与声援。“一二九”运动，是对全民抗战的总动员，是全国抗日新高潮的起点，同时，也是对国民党的文化专制主义的

---

① 张大明：《对〈左联成员名单〉（未定稿）的回声》，载《左联回忆录》，中国社会科学出版社 1982 年 5 月版。

② 据王西彦《回忆北平作家协会及其他》，载《左联回忆录》，中国社会科学出版社 1982 年 5 月版。

致命打击，使国民党反动派的反革命文化“围剿”归于破产。正如毛泽东同志指出的：国民党蒋介石的军事和文化“两种‘围剿’都惨败了。作为军事‘围剿’的结果的东西，是红军的北上抗日；作为文化‘围剿’的结果的东西，是1935年‘一二九’青年革命运动的爆发。而作为这两种‘围剿’之共同结果的东西，则是全国人民的觉悟。”①

“一二九”运动对北方左联及北方左翼文化运动的恢复与发展，起了巨大的推动作用。1936年1月，在新的斗争形势下，党恢复了北方文总的机构，加强了对北方左联及社联、教联的领导。② 北方左联的组织进一步得到恢复和健全，由谷景生、刘曼生（谷牧）、杨采（刘御）等组成左联党团，谷景生为主要负责人。3月，谷景生被捕后，陈落任主要负责人。6月，谷景生出狱，继续担任北方左联主要负责人。③ 从1936年5月起，中共北方局又指派孙席珍、齐燕铭、张致祥、高楚泽等，组成了领导北方左翼文化运动的特别党员小组，加强党领导文化斗争的工作。④ 在党的有力领导下，北方左联组织获得了新的发展。当时在北平恢复和建立左联支部的单位，有中国大学（先后由鲁方明、夏英喆负责）、燕京大学（王洪祺负责）、清华大学、北师大、《榴火文艺》杂志社等。在朝阳大学、北平大学、法商学院、民国大学、东北大学、女子文理学院也先后发展了左联盟员⑤，从而使北方左联的组织迅速扩大起来。在天津、保定等北方城市，左联组织与左翼文化运动也得到了较快的恢复与发展。另外，北方左联与上海、东京等左联组织的联系也加强了。这就使北方左联的斗争及北方左翼文化运动再次进入了一个新的高潮时期。

在这一时期里，在北方左联的斗争中逐渐形成了一个显著的特点，这就是北方左联基本上不再是本组织单独活动，而是与越来越多的进步团体融合在一起，投入了更加广泛的抗日救国革命斗争的洪流。北方左联与纷

---

① 《毛泽东选集》合订一卷本，人民出版社1967年11月版，第662—663页。

② 据陈落《北方左联解散前后回忆点滴》，载《左联回忆录》，中国社会科学出版社1982年5月版；王西彦《回忆北平作家协会及其他》，载《左联回忆录》，中国社会科学出版社1982年5月版；张大明《对〈左联成员名单〉（未定稿）的回声》，载《左联回忆录》，中国社会科学出版社1982年5月版。

③ 同上。

④ 参见孙席珍《关于北方左联的事情》、陈落《北方左联解散前后回忆点滴》。

⑤ 余修：《一九三六年北平左联的情况》，载《北京党史资料通讯》1984年9月第21期；张大明：《对〈左联成员名单〉（未定稿）的回声》，载《左联回忆录》，中国社会科学出版社1982年5月版。

纷出现的民族解放先锋队、学生救国会以及各界救国会紧密结合，公开示威游行、集会演讲、散发传单、书写标语、组织宣传团下乡宣传等，积极投入了抗日救亡斗争；并大量创作抗日歌曲、剧目，到街道、农村和抗敌前线演出。一时《打回老家去》《放下你的鞭子》等抗日戏剧，《救亡进行曲》《五月的鲜花》等抗日歌曲，传遍了华北大地。北方左联还继《泡沫》之后，创办了《浪花》《榴火文艺》《联合文学》《通俗文学》《大风诗刊》《诗歌杂志》《忘川》等刊物[①]，加强革命宣传。

（二）北方左联组织形式的转变和北平作家协会的成立

1936 年 4 月，中共中央派刘少奇到天津主持北方局的工作，进一步加强了党对北方广大人民的抗日救国斗争的领导。在党的正确指引下，北方人民巩固和发展了“一二九”运动的成果，使北方抗日运动始终居于全国的前列。

在北方以至全国革命运动重新走向高涨的形势下，北方左联应以何种组织形式，更好地开展北方左翼文化运动，已成为摆在北方左联面前一个亟待解决的问题。为此，北方左联曾专门派人去上海请示了全国左联。由于 1935 年 12 月，中国左联接到驻国际革命作家联盟代表肖三的来信，按照信中中共驻共产国际代表的指示，为了适应抗日民族统一战线斗争的需要，克服中国左联存在的关门主义、宗派主义及教条主义的缺陷，中国左联于 1936 年 2 月自动解散。全国文总及其所属的各文化团体亦相继解散。随之即以全国左联为基础，积极筹组上海文艺界抗日民族统一战线组织“中国文艺家协会”，于是，北方左联是否解散的问题也提上了议事日程。当时北方左联内部出现了两种意见：一种意见认为，扩大文艺界统一战线是必要的，但北方左联也应继续存在，从中起核心作用，以免领导权旁落；另一种意见则认为，北方左联存在与否只是一个形式问题，在文艺界统一战线中，无产阶级文艺工作者同样需要、也能够起领导和核心作用，也会受到革命群众的支持。而过去北方左联确曾存在“左”的关门主义倾向，若仍然保留北方左联的机构，对吸引更多的外界文艺工作者加入抗日统一战线是不利的。两种意见一时难以统一。后经请示，北方局指示：

---

① 陈落：《北方左联解散前后回忆点滴》，载《左联回忆录》，中国社会科学出版社 1982 年 5 月版；王西彦：《回忆北平作家协会及其他》，中国社会科学出版社 1982 年 5 月版。

北方左联应依照中国左联方式解散，另行扩大组织。根据这一指示，北方左联于 1936 年 6 月自行解散。同时，以北方左联为基础，另行筹组北平作家协会。①

1936 年 11 月 22 日，在北平西单鸿春楼菜馆，以聚餐的方式，正式举行了由七八十人参加的北平作家协会成立大会。大会宣告了北平作家协会（简称“北平作协”）的成立，并通过了宣言、章程、纲领及提案，选举了孙席珍、曹靖华、高滔（齐同）、王余杞、管舒予（张致祥）、李何林、杨丙辰、李辉英、顾颉刚、澎岛、谭丕模等 11 人为委员，杨刚、冯沅君、陆侃如、紫扬、王西彦等五人为候补委员组成的执行委员会。②

在筹组北平作协的过程中，为了纠正宗派主义倾向，扩大革命阵线，北方左联除要求成员全体一致参加北平作协外，曾广泛发出邀请，征集会员，从而使在北平的文艺工作者的绝大多数人，包括不少学术界名流，均加入了北平作协。北平作协成立大会的召开，是北方左联贯彻执行党在文化界抗日民族统一战线政策的重大成就。北平作协以原北方左联为核心，是原北方左联的扩大与发展。北平作协的成立，实现了北方左联组织及斗争形式的根本转变，促成了北方左翼文艺运动的新的高涨。

（三）北方左联的后期活动

伟大的“一二九”运动，使北方左联在斗争形式上由过去的以单独组织活动为主，转变为以与各进步团体联合行动为主。在北方左联正式决定解散并成立北平作协之后，北方左联的斗争就基本上融合于更加壮阔的抗日斗争的洪流之中了。但是，由于北方左联的解散，既没有公开宣布，也没有正式在盟内传达，“只不过在重要成员之间传达了领导方面的决定”。③ 所以，北方左联总部解散后，北方左联的各基层组织的工作仍在

---

① 孙席珍：《关于北方左联的事情》，载《新文学史料》1979 年 8 月第四辑；王西彦：《回忆北平作家协会及其他》，载《左联加快录》，中国社会科学出版社 1982 年 5 月版；张大明：《对〈左联成员名单〉（未定稿）的回声》，载《左联回忆录》，中国社会科学出版社 1982 年 5 月版。

② 参见郭虹、辛坡《北平作家协会成立大会速写》，原载 1936 年 12 月出版的《时代文化》，转载 1979 年 8 月《新文学史料》总第四辑；张大明、王保生《三十年代左翼文艺大事记》，载《左联回忆录》，中国社会科学出版社 1982 年 5 月版；王西彦《回忆北平作家协会及其他》，中国社会科学出版社 1982 年 5 月版。

③ 见孙席珍《关于北方左联的事情》、王西彦《回忆北平作家协会及其他》。

进行。同时，由于北方左联是全体一致加入北平作协，北方左联盟员在北平作协的活动中始终起着主体、中坚与核心的作用，并且北平作协的理论与行动的纲领继承了北方左联的纲领，在斗争的方向、内容及方式上，基本上与北方左联相一致。所以，自“一二九”运动到1937年“七七事变”抗日战争全面爆发前，北方左联组织形式转变后的斗争，包括北方左联决定解散和成立北平作协后的斗争，仍然是北方左联整个斗争历史的一个重要的组成部分，这也是北方左联后期活动的特点。

北方左联的后期活动，主要是在党的领导下，按照党的抗日民族统一战线政策，团结北方文艺界进步团体和人士，与广大革命群众一起，坚持开展以反抗日军侵略、挽救民族危亡和反对卖国投降为主的政治和文化的斗争。这一时期的活动，主要有关于“两个口号”的论争、悼念高尔基和鲁迅以及新旧学联之争等。

1936年北方左联解散前后，在上海，革命文艺运动内部发生了关于“国防文学”和“民族革命战争的大众文学”两个口号的理论性论争，并立即成为北方文艺界注意的中心。到北平作协成立后，曾由孙席珍等主持，召开了几次百余人的大型座谈会，讨论两个口号问题。当时在平、津的重要的作家和文艺工作者，“极大多数都参加了”。讨论结果，虽然大家对鲁迅非常尊敬，也有人赞成鲁迅所支持的“民族革命战争的大众文学”的口号，但是大多数人却认为这两个口号“不妨并存”，甚至更倾向于“国防文学”的口号。认为“国防文学”更有利于抗日救亡斗争新形势的需要，更能动员、团结文化界广大群众，使文艺上的创作活动与国防运动进一步密切地联系起来。北方左翼文化界的这种意见，后由孙席珍归纳概括而写了《关于国防文学的论争》的长文，以丁非的笔名发表于上海《文学界》月刊。① 关于两个口号的论争，虽然使北方左翼文化运动内部出现了分歧，但争论使北方文艺界思想空前活跃，对党的抗日民族统一战线的认识进一步加深，使文艺上的创作活动与国防运动也进一步密切结合起来了。

1936年6月18日，伟大的无产阶级作家高尔基逝世，消息传到中

① 丁非（孙席珍）:《关于国防文学的论争》，载1936年9月10日《文学界》月刊第一卷第四号；孙席珍：《北方左联的始末》，载《中国现代文学研究丛刊》1981年第四辑；陈落：《北方左联解散前后回忆点滴》，载《左联回忆录》中国社会科学出版社1982年5月版；王西彦：《回忆北平作家协会及其他》，载《左联回忆录》，中国社会科学出版社1982年5月版。

国，北方文艺界即由北方左联（当时尚未解散）出面，联合各进步团体，如民族解放先锋队、教育界抗日救亡协会等，共同筹备、组织了较大规模的追悼纪念活动。吴承仕、曹靖华、许德珩、杨秀峰、黄松龄、孙席珍、齐燕铭及从日本回国的陈北鸥、魏猛克、陶然等都参加了筹划，从而使这次悼念活动具有了十分广泛的统一战线工作的性质。经过周密准备，7月，在北平西直门外的东北大学，召开了隆重的高尔基追悼大会。纪念会开得很成功，在北方文化界特别是青年学生中产生了很大影响。大会召开的当天，塔斯、哈瓦斯、路透等外国通信社都拍发了专电，后来苏联《真理报》和美国的《新群众》都刊登了专题报道，在国际也受到了重视。①

继高尔基逝世之后，1936年10月19日，中国伟大的文学家、思想家、革命家鲁迅逝世于上海。消息传来，引起北方和全国文化界巨大的震惊和悲痛。在北方文化界，以新成立的北平作家协会为核心，联合北方文艺社、学生联合会、妇女救国会、世界语编译社等进步团体，共同发起了大规模的追悼鲁迅的纪念大会。大会举行之前，北平各大学纷纷开展了各种形式的悼念活动。一些报刊曾接连发表悼念鲁迅的消息和文章。特别是管翼贤主持的《实报》，每天刊登悼文一篇，差不多连续了两个月。12月，在北平西郊的燕京大学，隆重举行了大规模的追悼鲁迅纪念大会。大会由孙席珍任执行主席，曹靖华向大会作了报告。这次大会开得非常成功，对北方文化界更广泛地联合，起了有力的促进与推动作用。②

1936年12月12日，正当西安学生纪念“一二九”运动一周年大会之后，震惊国内外的“双十二”西安事变发生了。北平作协曾为此聚餐庆贺，开会讨论。当经过我党做出巨大努力，逼蒋抗日并使蒋获释，和平解决西安事变后，尽管开始人们对这一问题如此解决的意义认识不足，还曾展开热烈争论，但经我党对各界群众进行深入的政策教育，终于使大多数群众提高了认识。北平文化界与各界群众一起，分头举行了“西安事变和平解决大会”，进一步扩大了党的统一战线。但是，北平国民党法西斯分子和反动当局，却极力阴谋破坏抗日民族统一战线的建立和扩大。他

① 据王西彦《回忆北平作家协会及其他》，载《左联回忆录》，中国社会科学出版社1982年5月版；陈落《北方左联解散前后回忆点滴》载《左联回忆录》，中国社会科学出版社1982年5月版。

② 同上。

们乘西安事变人心混乱之机，组织了御用的“北平市学生联合会”即所谓的“新学联”，与党领导下的旧学联即“北平市学生救国联合会”相对抗，分裂、破坏学生的革命运动和抗日统一战线。在各大、中学校中，参加北方左联或北平作协的学生，“几乎无一例外地属于旧‘学联’的阵容”，而新学联的参加者却多为特务分子和少数反动、落后的学生。新、旧学联分别得到进步与反动两大社会势力的支持，双方展开了一场激烈、复杂的斗争。这一斗争，成为当时北方文化界斗争的一个焦点。直到1937年“五四”纪念会后，在北平作协及各进步团体、北方左翼文化界广大进步教授、文艺工作者及爱国人士的共同声讨下，新学联及其支持者，如反动教授杨立奎、陶希圣之流，才不得不销声匿迹，停止公开活动。①

除上述各主要活动外，在这一阶段里，北方左联、北平作协与北平学联、民族解放先锋队等进步文化团体一起，还曾开展了新启蒙运动、社会救亡运动及慰劳抗战将士等活动，这些活动对推动抗日救亡运动的发展都起了一定的作用。

“一二九”运动以来，以北方左联、北平作协为核心的北方文化界的文艺活动也更加活跃起来。各种文艺社团大量涌现。继北平作协之后，又成立了北平文艺青年协会。北方左联领导的北平黄河诗歌会还与天津的草原诗歌会、青岛的诗歌出版社、广州的诗歌生活社、上海的联合诗歌杂志社等，共同发起组织中国诗歌作者协会，并编印《诗歌杂志》会刊。② 在北方左联、北平作协的指导和推动下，北方文化界及各大、中学校的文艺社团，如求知学会、文艺社、歌咏团、读书会、壁报和救亡展览会等成批涌现并大力开展各种形式的抗日救亡活动。③ 各种进步报刊，如《大众生活》《北平新报》《大众》《大学文艺》，以及北方各种社会报纸，均载文

---

① 据王西彦《回忆北平作家协会及其他》，中国人民大学北京党史研究小组：《中共北京地下党斗争史》，北京出版社1981年6月版，第188—192页；北京大学历史系《北京大学学生运动史》编写组：《北京大学学生运动史》，北京出版社1979年7月版，第134—136页。

② 见孙席珍《关于北方左联的事情》，载《新文学史料》1979年8月第四辑；张大明、王保生《三十年代左翼文艺大事记》，载《左联回忆录》，中国社会科学出版社1982年5月版。

③ 据路一、金肇野《北平左联南城区支部情况》，载《北京党史资料通讯》1984年9月第21期；北京大学历史系《北京大学学生运动史》编写组：《北京大学学生运动史》，北京出版社1979年7月版，第132、136页。

或开辟副刊、专刊，普遍进行了救亡宣传。[①] 同时，在“国防文学”的旗号下，“国防诗歌”“国防戏剧”“国防音乐”等，也遍地开花，深入人心。抗日歌声，一唱百和，盛极一时。无产阶级革命文艺的巨大鼓舞力日益显现出来。正是在这种革命文艺力量的推动、鼓舞下，北平、天津、保定以及北方广大地区的文艺工作者和革命群众，响应党的号召，以不可战胜的信心和力量，投入了“七七事变”后的艰巨伟大的全面抗日救国战争之中。

综上所述，伟大的“一二九”运动，冲破了帝国主义和国民党反动派政治和文化的黑暗统治，极大地振奋了北方和全国广大人民群众的抗战热情。在党的正确路线指导下，北方左联的斗争又掀起了新的高潮。正是在这一重新高涨起来的抗日洪流中，适应斗争形势的需要，北方左联的组织和活动方式发生了重大变化，即由原来的以本组织单独秘密活动为主，转变为以联合各抗日民众团体开展日益公开的斗争为主；并于 1936 年 6 月自行解散，进而建立起以北方左联为核心的更为扩大而广泛的北方文化界抗日救亡统一战线组织——北平作家协会。

（原文刊于《河北党史资料》1985 年第 2 辑）

① 据路一、金肇野《北平左联南城区支部情况》，载《北京党史资料通讯》1984 年 9 月第 21 期；北京大学历史系《北京大学学生运动史》编写组：《北京大学学生运动史》，北京出版社 1979 年 7 月版，第 132、136 页。

1932 年河北省立第二师范学校抗日救国护校斗争

1932 年夏，在中共保属特委的领导下，河北省立第二师范学校爱国学生，开展了一场激烈的争取抗日爱国自由、反抗国民党反动统治的护校斗争。这一斗争遭到国民党反动派的血腥镇压，即有名的保定河北二师“七六”惨案。

一

河北二师创建于宣统元年（1909 年），位于保定西关，与当时的河北大学、育德中学隔路为邻，校名曾为“府立保定师范学堂”“直隶第二师范学堂”，当地俗称“保定二师”。河北二师实行“官费”，招收的学生多为贫苦劳动人民的子弟，易于接受革命思想。保定靠近平津，早在“五四”运动时期就受到了反帝反封建爱国主义思想和俄国十月革命思想的影响。1922 年，该校成立了学生自治会，同年秋掀起了驱逐反动校长刘续曾的学潮，并取得了胜利。①

1924 年，河北二师建立了中国共产党支部。爱国学生在共产党员、共青团员的带动下，反对反动当局的禁令，提出了“读书自由”的口号，积极研读马克思、列宁著作和宣传俄国十月革命的进步书籍，先后建立了“社会科学研究部”“书报贩卖部”等进步团体，开展了反对盲目崇洋的校长张见庵和驱逐满口封建伦理的校长刘法曾的斗争。他们走出校门，到工厂、农村宣传革命道理，发展党员，建立党组织。1925 年“五卅”运

① 宇斧：《忆“保定二师”及其主要学潮斗争》，载《河北文史资料选辑》第十一辑，河北人民出版社 1983 年 11 月版。

动中，河北二师学生成立“五卅”运动后援会，积极参加了这场反帝革命斗争。[①②]

大革命失败后，1928年春，国民党军阀阎锡山的军队占据保定。河北二师进步学生在党组织的领导下，不屈服于国民党反动派的高压政策，连续开展了驱逐反动校长梁子青、秦万瑞、张陈卿的斗争。[③④] 特别是1931年夏，驱逐了反动校长张陈卿，由比较开明的张腾霄（云鹤）任校长后，将一些思想反动的学生（多系国民党员）开除出校。在党组织的安排下，由学校聘请了共产党员武新宇、周永言、张明及进步人士李苦禅、胡干之等九人来校任教，该校的进步力量进一步增强，党、团组织迅速发展，并先后建立了“反帝大同盟”“左翼作家联盟”“社会科学家联盟”“革命互济会”“少先队”以及“音乐研究会”“美术研究会”“鏖尔（OUR）读书会”“武术社”“书报贩卖部”等进步团体，参加党、团组织及进步团体的占全校人数的百分之八十。当时，中共保属特委多数成员活动在河北二师，该校是保定地区革命活动的中心。[⑤⑥]

二

“九一八”事变，国民党政府实行不抵抗政策，日本帝国主义侵占了中国的东北三省，激起了全国人民抗日反蒋的怒潮。河北二师学生英勇地站在了这一斗争的前列。他们不顾反动当局的镇压，走上街头，利用各种形式声讨日本帝国主义的侵略和国民党政府的不抵抗政策，广泛开展抗日救亡活动。

保定反动当局积极执行国民党政府对日不抵抗、对内镇压革命的反动

① 宇斧：《忆“保定二师”及其主要学潮斗争》，载《河北文史资料选辑》第十一辑，河北人民出版社1983年11月版。

② 杨士杰：《保定二师“七六”革命风暴精神永放光芒》，载《保定日报》1982年7月6日版。

③ 宇斧：《忆“保定二师”及其主要学潮斗争》，载《河北文史资料选辑》第十一辑，河北人民出版社1983年11月版。

④ 马清藻：《回忆河北省立第二师范学校》，存保定地委党史办公室。

⑤ 宇斧：《忆“保定二师”及其主要学潮斗争》，载《河北文史资料选辑》第十一辑，河北人民出版社1983年11月版。

⑥ 臧伯平、梁维周、朱瑞祥、王冀农：《浩气长存》，载保定地委党史办公室编《保定党史资料》1983年9月14日第15期。

政策，搜捕和关押进步青年学生，镇压抵制日货的爱国运动，甚至把爱国群众没收的日货如数退还奸商；禁止进步书刊出版发行，鼓吹“读书救国”，诱迫学生“回到课堂去”，用“大会考”限制学生参加抗日救亡活动；唆使各校的国民党员及国家主义派的反动分子制造谣言，监视、迫害进步学生。面对反动当局的镇压，在中共保属特委的领导下，河北二师爱国学生坚决响应中共中央发出的“抗日救国”号召，在校内和社会上发动群众，开展抗日救亡活动。河北二师爱国学生联络保定市的河北大学、女二师及育德、培德、志存、同仁等中学，建立了保定学联，召开了“保定学生抗战誓师大会”，联合全市爱国学生，印发传单和进步书刊，向保定市各界群众宣传抵制日货，抗日反蒋，举行示威游行、飞行集会，组织“学生军”，利用课余时间出操练武，随时准备开赴抗日前线。[①②]

1932 年 2 月，河北二师党组织派学生刘光宗（共产党员）、苏瑞章（共青团员）去北郊农村宣传抗日救国。二人路经北关六中时，在该校围墙上书写了“全国人民团结起来共同抗日！”“反对国民党的卖国政策！”“中国共产党万岁！”等标语。六中校长黄际蒙派人将刘、苏二人抓进六中，并转送到保定市特种公安局扣押。河北二师学生闻讯后群情激愤，经党组织研究决定，立即举行罢课、游行示威活动，结队直奔市公安局要人。经爱国学生坚决斗争和张腾霄校长出面交涉，反动当局被迫释放了刘光宗、苏瑞章。[③④] 同年 4 月，河北二师学生臧金钊、王金荣、胡志平在保定东关大教场，向东北军士兵宣传抗日救国，又遭逮捕，爱国学生再次投入了营救同学的斗争中。[⑤⑥]

---

① 杨士杰：《保定二师“七六”革命风暴精神永放光芒》，载《保定日报》1982 年 7 月 6 日版。

② 申焕林：《“七六”学潮斗争的回忆》，载保定地委党史办公室编《保定党史资料》1983 年 9 月 14 日第 15 期；《冲出重围购粮记》，载《河北文史资料选辑》第十一辑，河北人民出版社 1983 年 11 月版。

③ 臧伯平：《七月的风暴》，河北人民出版社 1981 年 6 月第一版。

④ 朱韬：《回忆第二师范“七六”学潮》《青春斗志火样红》，载《河北文史资料选辑》第十一辑，河北人民出版社 1983 年 11 月版。

⑤ 申焕林：《“七六”学潮斗争的回忆》，载保定地委党史办公室编《保定党史资料》1983 年 9 月 14 日第 15 期；《冲出重围购粮记》，载《河北文史资料选辑》第十一辑，河北人民出版社 1983 年 11 月版。

⑥ 臧健秋访问录：《在保定二师参加“左联”的活动情况》，载保定地委党史办公室编《保定党史资料》1985 年 4 月 2 日第 26 期。

国民党反动当局在公开镇压爱国学生抗日救国斗争的同时，还暗中煽动和组织河北二师学生中的少数反动分子，监视、收集共产党员和进步学生的活动情况，密报黑名单，寻衅闹事。他们组织了“读书会”，并到天津河北省教育厅“请愿”，声称河北二师“为共匪盘踞”，弄得他们无法读书；造谣说张腾霄校长“通共”，“二师共产党要暴动”，要求省厅迅予查办。①②③

4 月，河北省教育厅在张腾霄校长多次拒绝执行禁止学生一切抗日救国活动、开除进步学生的电令后，派省督学鲁清泉来保定，查封了河北二师。5 月，该校提前放假。接着，登报宣布开除学生五十多名，勒令休学三十多名；撤销张腾霄校长职务，以反动分子肖汉三充任校长，并将该校改组为乡村师范。④⑤ 反动当局一系列的镇压措施激起了河北二师抗日救国护校斗争的爆发。

三

在河北二师未查封前，该校党组织就预料到反动当局要进一步采取镇压行动了。为了对付反动当局的镇压，校党组织决定在暂时接受提前放假命令的同时，留下贾良图、曹金月、杨鹤声、陈锡周、刘光宗、陈建民等六名骨干，组成留校学生代表团，住在市内的大同报馆，密切注意形势的变化。开除学生和撤换校长的决定公布后，中共保属特委根据中共河北省委的指示，派留校学生代表团立即通知回家的同学返校，开展护校斗争。⑥⑦

6 月中旬，返校学生已达五十来人（路远后到的学生被封锁在校外）。

---

① 臧伯平：《七月的风暴》，河北人民出版社 1981 年 6 月版。

② 朱韬：《回忆第二师范“七六”学潮》《青春斗志火样红》，载《河北文史资料选辑》第十一辑，河北人民出版社 1983 年 11 月版。

③ 申焕林：《“七六”学潮斗争的回忆》，载保定地委党史办公室编《保定党史资料》1983 年 9 月 14 日第 15 期；《冲出重围购粮记》，载《河北文史资料选辑》第十一辑，河北人民出版社 1983 年 11 月版。

④ 杨士杰：《保定二师“七六”革命风暴精神永放光芒》，载《保定日报》1982 年 7 月 6 日版。

⑤ 臧伯平：《七月的风暴》，河北人民出版社 1981 年 6 月版。

⑥ 同上。

⑦ 李锡绶访问录：《保定二师“七六”学潮梗概》，此件存保定地委党史办公室。

根据党组织的指示，成立了“护校委员会”，由贾良图任总指挥，曹金月任副总指挥，杨鹤声任委员会主任，刘光宗任宣传股长，冉志恒任总务股长，刘玉林任纠察队长。护校委员会提出了“反对大批开除学生！反对撤换张腾霄校长！反对改组二师学校！”“争取抗日爱国自由！争取读书自由！反对法西斯教育！”“誓死保卫二师！”等口号；向社会各界及北平、天津、上海各地发出了呼吁书，要求声援。①②③

6月20日，反动当局调动五百多名军警，对二师实行武装包围。第二天，当局撤走了包围学校的军警，派国民党清苑县党部书记刘俊士来二师与学生“谈话”。刘原系二师毕业生，他先以校友身份对学生们的处境“深表同情”，接着让学生离开学校，有什么问题事后再派代表去省教育厅谈，并说：“到了省厅，什么问题都好解决……”学生一致表示：二师是我们的学校，我们有权住在这里，省教育厅无故开除学生，撤换校长，查封二师是错误的，必须收回成命，否则我们就只有护校到底，决不离开学校！刘俊士无奈，只好退出学校。④⑤ 次日，反动当局又增派兵力，重新将学校紧紧包围起来。学校西面、北面，有从东北撤退至保定的东北军十四旅的一个警卫营和两个县的警卫队；东面护城河岸，有十四旅的一个骑兵连；保定市公安局一个中队的便衣侦缉队遍布四周；司令部设在二师对面育德中学附设的子弟小学里，形势十分严峻。⑥⑦⑧

面对数百名步兵、骑兵、警察的层层包围，二师学生毫不畏缩。他们紧闭校门，决心在党组织的领导下，团结护校。护校委员会将在校五十多名学生组织起来，用平时练武术的大刀、红缨枪、木棍等作护校武器，沿

---

① 杨士杰：《保定二师“七六”革命风暴精神永放光芒》，载《保定日报》1982年7月6日版。

② 臧伯平：《七月的风暴》，河北人民出版社1981年6月版。

③ 习从真：《保定地区党史回忆录》，载保定地委党史办公室编《保定党史资料》1982年9月1日第2期。

④ 臧伯平：《七月的风暴》，河北人民出版社1981年6月版。

⑤ 朱韬：《回忆第二师范“七六”学潮》《青春斗志火样红》，载《河北文史资料选辑》第十一辑，河北人民出版社1983年11月版。

⑥ 《保属特委工作报告》（1932年8月12日），此件存河北省档案馆。

⑦ 臧伯平：《七月的风暴》，河北人民出版社1981年6月版。

⑧ 保定市人民法院处决“七六”惨案首恶陈贯群《刑事判决书》（54）特刑法字第20号，1954年5月15日；及《布告》（54）特刑布字第1号，1954年7月9日。

学校围墙每隔二三十步设一岗哨，三人一组，站在书桌上警戒。[1][2] 学校被包围后陆续返校的学生无法进入学校，便聚集在二师附属小学做外援工作。

反动当局在武装包围二师之后，为了掩盖其迫害爱国学生的罪行，便封锁消息，制造谣言。为了让社会各界了解事实真相，争取社会声援，护校委员会派学生杨鹤声、曹金月等每天站在书桌上，用喇叭筒向墙外过往群众演讲，揭露反动当局镇压学生抗日爱国斗争的暴行。每当学生讲到国民党政府出卖东北三省，镇压抗日爱国群众时，听众无不动容，有的失声痛哭。护校学生高唱抗日爱国歌曲，许多群众和包围学校的士兵都被感动得泣不成声。[3][4]

为了进一步扩大宣传，学生编印了多种小型传单，包上小瓦片，投向校外和对面育德中学的操场（当时育德中学正招考新生，操场上人很多），或捆在小木棍上射出去。他们还在校内南北操场竖起了四根两丈多高的大杉木杆子，把“争取读书自由！”“争取抗日救国自由！”“反对法西斯教育！”“誓死保卫二师！”等字样用长布条贴到床单上，制成大幅标语，用铁丝吊到木杆顶上去。大标语迎风招展，极为醒目。他们还把粉笔研碎，制成粉浆，跳到围墙外，书写大字标语。保定公安局长李恩培发现后，亲自带领军警擦洗标语，二师学生以砖瓦迎击，保住了标语。[5]

为了限制学生宣传抗日救国，反动当局断绝了二师校外马路上的行人。于是学生把包围学校的士兵当成主要宣传对象。针对包围学校的士兵多是东北人，二师学生反复宣传：“东北沦陷，你们妻离子散，无家可归，应该枪口对外，收复失地！”“学生是为争取读书自由，争取救国自由，反对国民党当局镇压才起来斗争的，你们为什么反来包围我们呢？”“中国人不打中国人，咱们应该一致对外打日本！”并通过与士兵隔墙谈

---

① 宇斧：《忆“保定二师”及其主要学潮斗争》，载《河北文史资料选辑》第十一辑，河北人民出版社 1983 年 11 月版。

② 朱韬：《回忆第二师范“七六”学潮》《青春斗志火样红》，载《河北文史资料选辑》第十一辑，河北人民出版社 1983 年 11 月版。

③ 臧伯平：《七月的风暴》，河北人民出版社 1981 年 6 月版。

④ 申焕林：《“七六”学潮斗争的回忆》，载保定地委党史办公室编《保定党史资料》1983 年 9 月 14 日第 15 期；《冲出重围购粮记》，载《河北文史资料选辑》第十一辑，河北人民出版社 1983 年 11 月版。

⑤ 臧伯平：《七月的风暴》，河北人民出版社 1981 年 6 月版。

家常、交朋友，逐步获得了一些士兵的同情和支持。在爱国士兵的帮助下，校内外党组织、学生之间的联系一直未中断。[①②③]

校外的二师爱国学生在中共保属特委的领导下，深入街道、乡村广泛开展抗日救国宣传活动。他们向保定及外地各界发出呼吁书，要求声援；派人去平、津、沪、宁等地，向社会及报界揭露反动当局的暴行，使河北二师学生抗日爱国护校斗争的消息在各大报纸上屡屡得到披露。[④⑤⑥]

河北二师被武装围困后的第五天（6 月 24 日），校内粮食已经用完，饥饿严重威胁着护校学生，护校委员会召开紧急会议研究对策。根据大家的意见，决定争取外援，请保定学联将大饼等食物，从河北大学后院的高岗上投到二师校内来。会后，刘玉林隔墙与学联、河北大学学生党支部负责人郑丙辰取得了联系（为防敌人听懂，双方用英语对话）。郑丙辰告诉刘玉林，校外已成立了“二师学潮后援会”，学联很快送大饼来，鼓励二师学生要坚持斗争。当天晚上，学联把一卷卷大饼，一包包烧饼从河北大学后院投向二师。有的落到了校外的街上，二师学生们就用绳子拴住一名小同学，放到街里去捡。包围二师的士兵在学生的宣传教育下，装作没看见，照旧打瞌睡。查岗的军官发现后，立即加派岗哨，占据了河北大学的高岗地段，使二师学生依靠外援接济口粮的路子被堵死了。[⑦⑧]

6 月 25 日，校外投来的大饼吃完了，二师学生再次断粮。为了坚持斗争，他们用校内的树叶、野菜充饥。野菜、树叶吃光了，只得忍痛把三条护校的狗杀掉，顶了两天的食粮。在饥饿煎熬的日子里，他们互相关心，互相爱护，每餐每人分半个菜团子、一点儿菜汤，开饭时大家互相推让，年龄大的让年龄小的，身体壮的让身体弱的，都舍不得吃掉。为了战胜围困和饥饿，护校委员会决定突围买粮。这次行动由曹金月负责指挥，二十名身强力壮的学生突围买粮，十名学生掩护，制订了周密的行动计

① 《保属特委报告》（1932 年 6 月 27 日），此件存河北省档案馆。

② 《河北省委致保定特委的指示信》（1932 年 7 月 12 日），此件存河北省档案馆。

③ 臧伯平：《七月的风暴》，河北人民出版社 1981 年 6 月版。

④ 《保定二师风潮演成惨案向平市学联请援》，载北平《晨报》1932 年 7 月 6 日版。

⑤ 杨士杰：《保定二师“七六”革命风暴精神永放光芒》，载《保定日报》1982 年 7 月 6 日版。

⑥ 习从真：《保定地区党史回忆录》，载保定地委党史办公室编《保定党史资料》1982 年 9 月 1 日第 2 期。

⑦ 《保属特委工作报告》（1932 年 8 月 12 日），此件存河北省档案馆。

⑧ 臧伯平：《七月的风暴》，河北人民出版社 1981 年 6 月版。

划。原来，靠二师南边不远有一家小杂货铺，经常出售面粉。6月26日下午六点半，他们悄悄打开南操场角门，手持红缨枪突然冲到军警面前。军警被这突如其来的行动搞得手足无措，连连后退。买粮的学生乘机冲出包围圈，直奔杂货铺，按预定的分工，两人一组，算账的算账，背面的背面，干脆利落地买回了十袋面粉。军警见学生是突围购粮，便拼命追赶，闯进了南角门占据了南操场。学生死死守住南操场与学生宿舍之间的界墙，军警未能闯入校内。①②

此后，反动当局加紧了封锁，二师南边的小杂货铺被查封。不久，买来的面粉快吃完了，护校委员会又组织了第二次突围购粮。先由学生臧伯平做好争取军警的工作，再由学生申焕林化装出校，与校外党组织取得联系，设法购粮。6月30日深夜，申焕林扮作换岗的哨兵，由东北军的一位班长带领，穿过了层层包围。7月2日下午一时，包围二师的士兵正在树荫下打盹，扮作商人的申焕林跟着一辆马车出现在通往二师大门的大道上。负责观望的学生立即报告护校委员会，全校做好了接粮准备。运粮马车来到校门前，哨兵上前阻拦，申焕林扭头便跑，哨兵追赶申焕林，校内学生一拥而出，很快把一车面粉搬进校内，随即关闭校门，申焕林也早跑得无影无踪了。③④⑤

反动当局在对二师学生实行武力恫吓的同时，还不断施展软化阴谋。6月25日，正当校内已经断粮的时候，反动当局以刘俊士为代表，第二次来二师“谈判”。护校委员会提出：不撤军警，暂不谈判，撤了军警，再作商量。并派杨鹤声、刘光宗为谈判代表，准备与反动当局作说理斗争。同时，派刘玉林召集同学，摆开阵势，待刘俊士进校后先给他个下马威。当刘俊士跨进二师大门时，数十名手持红缨枪、大刀的学生一拥而上，将其团团围住，高呼：“反对开除学生！”“反对查封学校！”“打倒陈宝泉（国民党河北省教育厅厅长）！”等口号。谈判中，刘俊士要学生离开学校，并以饥饿、武力镇压相威胁。二师学生怒斥反动当局武装包围学

---

① 《保属特委报告》（1932年6月27日），此件存河北省档案馆。

② 臧伯平：《七月的风暴》，河北人民出版社1981年6月版。

③ 《保属特委工作报告》（1932年7月2日），此件存河北省档案馆。

④ 臧伯平：《七月的风暴》，河北人民出版社1981年6月版。

⑤ 申焕林：《“七六”学潮斗争的回忆》，载保定地委党史办公室编《保定党史资料》1983年9月14日第15期；《冲出重围购粮记》，载《河北文史资料选辑》第十一辑，河北人民出版社1983年11月版。

校、镇压抗日救国运动的罪行，高呼："坚持斗争到底!""决不中途妥协!"刘俊士慌忙退出了二师。[①②③] 保定公安局分局局长王仲民等，也曾多次在围墙外向校内"喊话"，要二师学生退出学校，均被拒绝。[④] 为了瓦解河北二师爱国学生，反动当局派人到各县造谣，说二师学生要造反，被包围快饿死了，诱骗家长速去学校把学生叫回家。不少家长从各县赶来，隔着学校围墙劝说孩子离校回家。二师学生向家长们说明了真相，晓以抗日救国大义，取得了家长的支持。学生陈建民之母说："你们做得对!"并把包围学校的军官痛斥了一顿。[⑤]

在反动当局的软硬兼施均未能使河北二师爱国学生屈服之后，国民党河北省政府和平津绥靖公署下达命令，由驻保定的第十四旅旅长陈冠群亲自指挥，对河北二师无辜爱国学生实行血腥大屠杀。[⑥⑦]

7 月 6 日晨三时半，军警发起了对二师的武装进攻，从北面、西面扒开围墙，机枪、步枪一齐向校内开火。护校学生手执木棍与军警展开搏斗。共产党员、学生张树森被军警用刺刀戳进大腿，倒在血泊中。军警用绳子捆他，他一跃而起，死死咬住敌人的手不放，另一军警向张树森开枪，张当即中弹而死。共产党员张鲁泉、共青团员赵克泳也在搏斗中被杀。其他学生退到护校委员会办公室又被包围，并遭射击。学生冒死突围，共产党员邵春江、马善修又被枪杀，许多学生负伤。大家在学校西南墙角准备突围时陷入层层包围，经拼死搏斗，全部被捕。[⑧⑨⑩]

与此同时，正门外的军警也撞开大门，向校内疯狂地扫射，护校委员

---

① 臧伯平：《七月的风暴》，河北人民出版社 1981 年 6 月版。

② 申焕林：《"七六"学潮斗争的回忆》，载保定地委党史办公室编《保定党史资料》1983 年 9 月 14 日第 15 期；《冲出重围购粮记》，载《河北文史资料选辑》第十一辑，河北人民出版社 1983 年 11 月版。

③ 佟国声访问录：《我对保定二师"七六"学潮的回忆》，存保定地委党史办公室。

④ 朱韬：《回忆第二师范"七六"学潮》《青春斗志火样红》，载《河北文史资料选辑》第十一辑，河北人民出版社 1983 年 11 月版。

⑤ 臧伯平：《七月的风暴》，河北人民出版社 1981 年 6 月版。

⑥ 同上。

⑦ 保定市人民法院处决"七六"惨案首恶陈贯群《刑事判决书》(54) 特刑法字第 20 号，1954 年 5 月 15 日；及《布告》(54) 特刑布字第 1 号，1954 年 7 月 9 日。

⑧ 《中共河北省委为保定惨案告民众书》，《北方红旗》1932 年 7 月 10 日第七期，第 46 页。此件存河北省档案馆。

⑨ 《河北省委为保定惨案紧急通知》(1932 年 7 月 10 日)，此件存河北省档案馆。

⑩ 臧伯平：《七月的风暴》，河北人民出版社 1981 年 6 月版。

会总指挥、共产党员贾良图和共产党员王慕桓中弹倒下。公安局四分局局长王仲民用手枪指着贾良图，狞笑着说："我看你还逞强不?"贾良图横眉怒斥屠杀爱国学生的刽子手，王仲民举枪向贾、王二人连开数枪。贾良图身中四弹，昏死过去，王慕桓当场被杀害。共产党员边隆基在搏斗中腹部被刺刀挑开，肠子流出，仍对敌人骂不绝口。①②③

这场屠杀，爱国学生张树森、张鲁泉、王慕桓、邵春江、马善修、吕清晰（以上均为共产党员）、赵克泳（共青团员）七人当场被杀害，贾良图、陈锡周、边隆基、焦振声、刘东升五人重伤，送到医院后，贾良图、边隆基二人不幸死亡。杨鹤声、曹金月等三十八人被捕。这就是有名的保定河北二师"七六"惨案。④⑤⑥

被捕的爱国学生在狱中继续坚持斗争。他们受尽酷刑，仍坚贞不屈，把法庭变成了控诉反动派罪行的讲坛。在狱中，他们建立了党组织，出版了秘密刊物《突进》，进行了三次绝食斗争，迫使反动当局答复他们的某些要求。反动当局从被捕的爱国学生身上得不到任何东西，便进一步实行血腥镇压。九月初，反动当局以所谓"武装暴动，危害民国"的罪名，将曹金月、杨鹤声、刘玉林、刘光宗等四人判处死刑，并对十七名学生判处两年零八个月至十年的徒刑。⑦⑧⑨

9 月 7 日，爱国学生曹金月、杨鹤声、刘光宗、刘玉林（均为共产党员）被反动当局押赴刑场。路上，他们高唱《国际歌》，高呼"打倒日本帝国主义!""打倒国民党反动派!""中国共产党万岁!"口号，英

---

① 《中共河北省委为保定惨案告民众书》，《北方红旗》1932 年 7 月 10 日第七期，第 46 页。此件存河北省档案馆。

② 《河北省委为保定惨案紧急通知》（1932 年 7 月 10 日），此件存河北省档案馆。

③ 臧伯平:《七月的风暴》，河北人民出版社 1981 年 6 月版。

④ 《保属特委工作报告》（1932 年 7 月 2 日），此件存河北省档案馆。

⑤ 臧伯平:《七月的风暴》，河北人民出版社 1981 年 6 月版。

⑥ 李锡绶访问录:《保定二师"七六"学潮梗概》，此件存保定地委党史办公室。

⑦ 被保定反动当局判刑两年零八个月的 7 人是：李锡绶、王冀农、郭廷芳、韩宝贵、刘东升、梁春辉、臧伯平；判刑十年的是：冉志恒、朱瑞祥、王嘉宾、佟国声、张锡钧、康兆麟、孔德恒、王慕贤、王克己、孙韵樵。

⑧ 臧伯平:《七月的风暴》，河北人民出版社 1981 年 6 月版。

⑨ 朱韬:《回忆第二师范"七六"学潮》《青春斗志火样红》，载《河北文史资料选辑》第十一辑，河北人民出版社 1983 年 11 月版。

勇就义。[①②③]

河北二师学生爱国抗日救国护校的斗争在国民党反动派的血腥镇压下失败了。

四

“七六”惨案的发生，在北方和全国引起了强烈反响。7月8日，中共河北省委发出了《为保定惨案告民众书》，强烈谴责国民党反动当局残暴屠杀爱国学生的罪行，号召全省人民进一步组织起来，掀起抗日反蒋斗争的更大高潮。南方苏区出版的《红色中华报》，对这一事件也及时作了报道和评论。国民党统治区的《民国日报》《华北日报》，北平《晨报》《导报》《大公报》《益世报》《庸报》等报刊也都多次报道。

河北二师抗日救国护校斗争，是爱国青年学生在党的领导下，要求抗日救国、反抗国民党反动统治的一场激烈的革命斗争。斗争的失败，使二师和保定党组织及革命力量遭受了相当的损失。斗争失败的原因，从主观上讲，主要是受王明“左”倾冒险主义的影响，对当时的形势和敌我力量的对比作了错误的估计，片面强调二师革命力量的蓬勃发展，忽视了中国北方国民党反动派正在加紧镇压进步力量，而地处平、津附近的保定正是反动统治严密、反革命力量十分强大的地方；再者，对反动当局利用学生假期武装镇压二师爱国学生未引起应有的重视，及至斗争发生后，党组织虽尽了极大努力，派人赴北平、天津、上海、南京等地呼吁后援，以期迫使国民党反动当局让步，但由于时值暑假，各地学生组织起来的力量不大，未能达到预期目的[④⑤]；在斗争方式和策略上也受“左”倾冒险主义的影响，在取得一定的胜利后，没有及时主动转移，而是采取了硬拼到底的错误做法。

---

① 宇斧：《忆“保定二师”及其主要学潮斗争》，载《河北文史资料选辑》第十一辑，河北人民出版社1983年11月版。

② 臧伯平：《七月的风暴》，河北人民出版社1981年6月版。

③ 保定市人民法院处决“七六”惨案首恶陈贯群《刑事判决书》（54）特刑法字第20号，1954年5月15日；及《布告》（54）特刑布字第1号，1954年7月9日。

④ 《河北省委致保定特委的指示信》（1932年7月12日），此件存河北省档案馆。

⑤ 习从真：《保定地区党史回忆录》，载保定地委党史办公室编《保定党史资料》1982年9月1日第2期。

这次斗争虽然失败了，但它所产生的政治影响却是深远的。它直接打击了国民党的反动统治，在广大群众和包围学校的国民党军队中宣传了抗日救国的道理，揭露了国民党政府的不抵抗政策。它对河北特别是保定地区革命斗争的发展起了一定的推动作用，给 1932 年 8 月爆发的“高蠡暴动”、定县等地的革命暴动以积极的影响。[①②] 特别是这次斗争使不少爱国青年知识分子受到了教育和锻炼，坚定地走上了与工农相结合的道路。护校斗争失败后，他们分赴各地，继续宣传革命，积极开展抗日救亡活动，把革命的火种撒向河北大地。[③]

（原文刊于《河北党史资料》1986 年第 5 辑）

---

① 臧伯平：《七月的风暴》，河北人民出版社 1981 年 6 月版。

② 习从真：《保定地区党史回忆录》，载保定地委党史办公室编《保定党史资料》1982 年 9 月 1 日第 2 期。

③ 杨士杰：《保定二师“七六”革命风暴精神永放光芒》，载《保定日报》1982 年 7 月 6 日版。

西安事变在河北

1935 年“华北事变”后，华北地区时刻面临日寇入侵的危险，河北省更是首当其冲，成为当时各种势力激烈斗争的焦点。

1936 年 12 月，“西安事变”的消息传来，广大民众欢欣鼓舞。12 月 13 日，在北平、天津、保定、张家口的大、中学校学生不顾当局的禁令，奔上街头，散发传单、张贴标语、集会、游行，向群众宣讲西安事变的意义。“北平学生救国联合会”“中华民族解放先锋队”等抗日救亡团体当即通电全国，呼吁“全国上下，不分党派，不分信仰，结成坚强的抗日战线，把华北和西北的力量结成一个坚强的队伍”。14 日，旅平东北各救国团体联合会为西安事变发表宣言，谴责国民党南京政府“土失半壁，降书盈尺”，“朝发睦邻之令，夕张保侨之符，而对于民众爱国运动一再压迫，唯恐不亟”，指出“西安事变要在决定今后之国策，故有从速召开救国会议之必要，以定国是”。北京大学学生会召开全体学生大会，通过五项决议，要求政府采纳张、杨八项政治主张，停止内战，一致抗日。北平文化界进步人士听到“捉蒋”的消息后，欣喜若狂。北平作家协会立即召开讨论会、聚餐会，举杯庆贺，要求除灭元凶，实行全国抗战。天津民先队和进步学生正在静海县演习游击战，听到西安事变的消息，就地召开座谈会支持张、杨的爱国行动。平津救亡团体，民族解放先锋队、东北人民抗日救国联合会等，相继从平、津派出代表奔赴西安，向张、杨表示支持。在西北抗日救国运动的影响和推动下，华北救国联合会等救亡团体也应运而生，使河北地区的抗日力量迅速增长。

在西安事变期间，也有一部分落后或受欺骗的学生和其他群众，加上一些反动人士如胡适、杨立奎、蒋梦麟等，和国民党特务分子搅在一起，大肆攻击、谩骂共产党，要求南京政府“讨伐”张、杨，极力阻挠、破坏群众的抗日活动。于是在群众之间就出现了尖锐、激烈的对立局面。

河北的国民党军政当局虽然对西安事变"至深惊骇"，但对如何解决事变却迟迟不表示态度。以冀察委员会主任宋哲元为首的国民党军政委员一方面要求中央对事变"赐示详情"，避而不谈对事变如何解决的问题；另一方面又一再强调维持治安，对民众支持西安事变的活动严加限制。与此同时，他们还与南京政府，晋、鲁等地军阀，西安张、杨方面以及日本驻平津机关频繁函电或派员往来，观察各方动向。直到1936年12月23日，宋哲元在去济南与韩复榘密商后，才发了一个不痛不痒的宋韩联名通电，谓对西安事变宜"由中央召集在职人员、在野名流，妥商办法，合谋万全无遗之策"。而在蒋获释后，宋哲元、韩复榘等则抢先向蒋发贺电讨好。这表明，河北省国民党军政当局宋哲元、冯治安（河北省主席）、张自忠（天津市市长）等既有使蒋获释，联合张、杨抗日的愿望，又有惧怕招致国民党政府亲日派及日本方面忌恨的隐忧，因而才有对西安事变武力"讨伐"与和平解决问题上的莫衷一是。

驻河北境内的东北军五十三军因与张学良有直接的关系，事变发生后表现得更为小心。虽然广大官兵希望事变和平解决，支持张、杨抗日，但其军长万福麟却不得不向南京表示，"拥护中央到底""以服从命令为天职"。

在绥远前线抗击日伪的傅作义支持张、杨的抗日爱国行动，并登机拟亲赴西安与张、杨共商抗日大计。途中因飞机发生故障，降落在河北易县，旋至保定，经石家庄赴太原。当赶至西安时蒋已被放回南京。

驻河北境内的日本各种机构及伪军方面，对西安事变极为关注。日本政府企图乘西安事变之机，挑起中国内战，指示日本驻中国机构及伪军加紧刺探消息。12月13日（星期日），日本天津驻屯军司令部派出特务机关长刺探情报，并于当晚召集日本军部在华北的所有军事头目，就所获消息、情报，研究至深夜。14日，该司令部又派高级参谋和知连夜到北平，专门向宋哲元探询国民党冀察当局对西安事变所持态度，并从中施加影响，和知于次日即返津复命。日本驻津总领事堀内于十五日匆忙至天津国民党市府，同市府秘书长马彦翀进行长时间晤谈，北平日本大使馆武官附今井武夫，新任天津日本驻屯军部队附松井久太郎及冀察政务委员会日本顾问樱井德太郎、滨田宏等也纷纷出动，会晤宋哲元及北平市市长秦德纯等人，诬蔑共产党，鼓吹反共防共，并公然表示对华北防共"殊愿作进一步之协助，俾中国政情早安定"，等等。在日方授意下，河北境内热河、察哈尔一带的伪军均发表通电，声称与南京合作。“冀东防共自治政府”的殷汝耕也发表了反共“宣言”。日伪在华北各地的特务、汉奸活动猖獗，到处造谣，蛊惑人心。

中共北方局及河北各级党组织坚决贯彻中央抗日民族统一战线的政策，使河北及华北地区的抗日队伍空前壮大。刘少奇及中共北方局在最初得知西安事变的消息后，面对党内许多同志及社会各界群众强烈要求杀蒋和各种社会力量错综复杂的形势，没有急于表态，抓紧收集各方人士的反应，审慎地分析各种社会力量的动向，等待中央的指示。在接到中央十九日发出的和平解决西安事变的指示后，刘少奇同志立即领导北方局及所属各级党组织按照中央要求，在各界群众中开展了深入细致的思想教育工作。北方局特派彭真同志到北平，召集党的会议，提高党员对统一战线的认识，统一党内思想。然后通过北平市委和区委发动全体党员开展群众工作。蒋介石获释后，党通过学生救国会在北平各大、中学校举行了“西安事变和平解决庆祝大会”；“救联”“民先”等抗日救国团体向南京政府及蒋介石致电，庆祝事件的和平解决。1937 年 2 月 15 日，国民党举行三中全会，北平“救联”及“民先”又发起组织包括北平、天津、保定等地学生代表在内的华北学生南下献旗团，向国民党三中全会和蒋介石献旗。国民党三中全会公开接受了中国共产党“停止内战，一致抗日”的主张。

西安事变后，华北局及河北党组织为了建立最广泛的抗日民族统一战线，除了坚决揭露日本特务、汉奸及亲日派的阴谋和谣言外，对一般受欺骗的学生和群众则大力争取。在蒋介石被释放的当天下午，北平国民党反动分子诱迫蒙蔽部分学生成立了一个与中国共产党领导的“北平学生救国联合会”（即“旧学联”）相对抗的“北平学生联合会”（即“新学联”），借以瓦解学生队伍。新、旧学联之间展开了激烈的斗争。党坚持以抗日统一战线政策为指导思想，大力展开对新学联的争取工作。通过欢迎南下向蒋介石献剑的学联学生，邀请新学联学生与旧学联学生一起公祭孙中山，组织新学联学生一道旅行、春游，选举各校统一的学生会，倡导新旧学联统一等，使新学联绝大多数的学生接受了党的抗日统一战线思想，新学联也随之解体，北平学生运动重获统一。

北方局和河北地下党还利用西安事变和平解决的有利时机，大力展开了对驻河北境内的国民党二十九军、五十三军等部队及国民党上层的统战工作；并在上述军队中建立、发展了共产党的组织及各种进步团体，不断提高广大官兵的抗战觉悟。东北军将领吕正操通过参加西安事变，多次与共产党派往西安的周恩来、罗瑞卿等接触，对共产党抗日民族统一战线政策加深了认识。西安事变解决后，他于 1936 年 12 月底返回驻河北的五十三军，不久即加入了共产党。他和军内其他党员一起，宣传西安事变和平解决的意义，宣传党抗日救国的主张，组织进步团体，聚集革命力量，使军内的抗战热情空前高涨。这支部队后来成为华北抗战和开辟冀中平原抗日根据地的中坚力量。

（原文刊于《西安今古》1986 年第 12 期）

敌后武工队

武工队，全称“武装工作队”，因其活动区域主要在敌后，又称“敌后武工队”。武工队是抗日战争时期，在中国共产党领导下，深入敌后开展军事、政治、经济、文化斗争的一种精干的武装组织。它对于反“清乡”“蚕食”和“治安强化运动”，恢复和发展抗日根据地；对于配合我军的攻势作战，实行局部反攻，扩大与发展抗日根据地都发挥了重要作用。

武工队是抗日战争时期根据地军民创造的一种新的对敌斗争的组织形式。它产生于1942年前后的晋察冀抗日根据地。而后被普遍推广于其他抗日根据地。

1941年和1942年，日军采用军事、政治、经济、文化、特务相结合的所谓“总体战”，残酷“扫荡”“蚕食”“封锁”“分割”我华北抗日根据地。每次使用兵力在千人以上的“扫荡”达174次，动用兵力达83万多人。①

为了配合对抗日根据地的“扫荡”，日军在其占领区内大力进行细碎分割和“清乡”。华北日军从1941年3月至1942年10月一年多的时间里，发动了5次“治安强化运动”，妄图从根本上摧毁我华北抗日根据地。

为了粉碎敌人的企图，各级党组织都对如何坚持敌后游击战争进行了深入、认真的研究。1942年1月，中共中央北方分局（编者：归中共中央北方局领导）、晋察冀军区召开的高级干部会议明确提出了向“敌后之敌后”开展游击战争的方针。“五一大扫荡”后，1942年7月15日，八路军副总司令彭德怀指出：“平原地区结束了运动战，进入分散的普遍的

---

① 胡华：《中国革命史讲义》，中国人民大学出版社1980年5月版，第568页。

群众性质的抗日游击战争。”“在敌占区建立小型的秘密武装，直接依靠群众中政治觉悟最高的分子，和得到广大群众的同情是可以存在的。他们可以采取隐蔽的伪装的方式与敌人进行武装斗争。”[①] 1942 年 7 月 28 日，中共中央北方局对冀中工作作出如下指示：“今后冀中总的方针，仍是坚持平原群众抗日游击战争而不变。”“斗争方式，以隐蔽的武装斗争为主，但必须有公开的、小型的、来往不定的武装斗争与之配合。”[②] 1942 年 9 月 11 日，中共晋察冀分局和晋察冀军区在平山县寨北村召开边区党政军高级干部会议（即“寨北会议”）。会议正式确定了“以武装斗争为核心，配合各种斗争，向敌后展开全面攻势，变游击区为根据地，敌占区为游击区，敌进我进，向敌后之敌后伸展的方针”。[③] 这一方针得到了党中央和毛泽东的赞同。随后，党中央向各抗日根据地发出了“敌进我进”“到敌后之敌后去”的号召。

根据中央的指示精神，晋察冀军区冀中军分区在 1942 年 5 月日寇“扫荡”中，将主力部队转移，同时抽调 20 余名干部战士正式组成武装工作队，留在原地区，开展对敌斗争。此后，各分区武工队也纷纷成立。初期成立之武工队，一般人员较少（20 人左右），任务侧重于从军事上打击敌人。随着斗争的发展，武工队的类型也因时期、地域、任务的不同而呈多样。

1942 年 9 月寨北会议后，晋察冀根据地主力部队派出 1/3 到 1/2 的兵力，组成大批武工队，向日军占领区腹地挺进。很快，武工队这一组织形式也为其他抗日根据地所普遍采用。

武工队集党、政、军、群工作于一身，战斗在敌人的心脏，担负着极其艰巨、复杂的任务。①配合主力部队夹击敌人，打乱敌人“扫荡”计划，以减轻敌人对我根据地正面部队的压力。②向日、伪发起强有力的、持久的政治攻势，开展“攻心战”，动摇、分化、瓦解敌人。③开展统一战线工作，团结各界群众一致抗日，发展壮大敌后抗日力量。④发动、组织、武装人民群众，开展广泛的群众性的抗日游击战争，陷侵略者于敌后

---

① 彭德怀：《关于平原抗日游击战争的几个具体问题对魏巍同志的答复》，1942 年 7 月 15 日，载《抗战以来文选》第二集（中册），第 156 页。

② 《中共中央北方局对目前冀中工作的指示》，1942 年 7 月 23 日。

③ 据河北省社会科学院历史研究所等编《晋察冀抗日根据地史料选编》（下册），河北人民出版社 1988 年版，第 538 页。

广大人民的重重包围之中。⑤恢复、建立敌后人民政权，将敌人“挤出去”，使敌占区变为游击区，使游击区变为根据地。⑥恢复、建立党的组织，实现、维护党对敌后抗日斗争的统一领导。

除上述各项主要任务外，武工队还经常承担为边区根据地筹措物资、粮款，为部队搜集、递送情报，护送各方面人员去根据地以及扩充兵员等各项任务。

武工队由于具有人员精干、便于隐蔽、战术灵活、能走善打、寓兵于民、平战结合等特点，因而在残酷的斗争岁月里显示了极强的战斗力和生命力。

总之，敌后武工队以其卓有成效的斗争实践，在敌强我弱的形势下成为我党打击日寇的一把利剑。它的成长历程，在中国共产党的军事斗争史上占有重要的一页。

（原文刊于《军事史林》1987 年第 3 期）

试论党的抗日两面政策及抗日两面政权

抗日战争时期，我党曾在敌占区、游击区实行过一种特殊的政策——抗日的两面政策（或革命的两面政策），并在这一政策的指导下，在敌人统治区域内普遍建立了一种特殊的基层政权——抗日两面政权。这种特殊的政策和政权，对于在异民族极端残酷的统治下保护人民群众的利益，保存、积蓄革命力量，配合根据地军民的对敌斗争，恢复和发展抗日根据地，直至夺取抗日战争的胜利，起了重要的特殊作用。在全面认识总结党领导的抗日战争理论与实践的过程中，不应忽视对党的抗日两面政策及抗日两面政权的考察和研究。

一

党的抗日两面政策是1941—1942年在中国人民抗战处于极端困难的时期正式提出的。这一政策的提出和形成有一个较长的酝酿过程。早在1935年12月的瓦窑堡会议上，党就确定了“团结一切可能反日的力量，建立最广泛的抗日民族统一战线，以战胜日本帝国主义和汉奸卖国贼”的方针。抗日战争爆发后，党又结合战争的实际情况，尤其是敌后残酷斗争的现状，对如何在敌占区更好地贯彻实行党的统一战线方针，不断地进行了探索。1938年2月5日，刘少奇在总结“半年来在华北进行抗日游击战争的经验”时提出，党在敌占区开展抗日民族统一战线的工作，“必须要有一些特殊的方法”。指出：“在日寇后方的人民以及村长区长等，因为完全处在日寇的统治下，没有任何中国军队的保护，他们虽然是不愿意，然而他们不能不在表面上投降日寇。甚至他们不能不去参加日寇所召集的会议，担负日寇所派遣的勤务，敷衍日寇。在日寇的后方，我们不能禁止人民这样做，尤其不能将这样做的人看为汉奸来处罚。游击队只可以要求这样做的人民仍然在暗中秘密地帮助游击队，将日寇的消息送给游击队及帮助游击队购买物品、带路、送信与掩护游击队的宿营行军等。游击队还应该替他们守秘密，不使日寇知道他们帮助游击队，以免他们受到摧残。”并强调：“这一切政策的目的，是为了在游击战争中更广泛地坚持进行民族抗日统一战线，团结更广大的人民，并与中央更亲密地团结起来，在持久战争中去战胜日寇。”[①] 很显然，刘少奇所说的这种“特殊的方法”或政策，就是为了使敌占区人民群众少受摧残，一种可以表面“投降”敌人，而暗中坚持抗日斗争的策略。党的各级组织在这一时期的文件、指示中，也谈到了这一问题并提出了类似的要求。

1940 年 3 月、12 月，毛泽东在《目前抗日统一战线中的策略问题》《论政策》等报告、指示中，系统总结和阐述了抗战以来党领导抗日民族统一战线的经验，提出对反共顽固派、汉奸亲日派等势力实行“革命的两面政策”，最早明确提出了党的抗日两面政策的概念。[②] 此后，在 1941—1942 年，中共中央、中央军委及党和军队领导人多次在文件、指示、决定中阐发了党的抗日两面政策的思想，并将实行这一政策作为敌占区的一般原则提了出来。[③] 按照中央的指示，党的各级组织也相应地作出了有关实行抗日的两面政策的指示和决定。这样，党的抗日两面政策就在全国广大的敌占区内得到了普遍的贯彻实行。

党的抗日两面政策形成的原因，首先在于日本侵略者的大举入侵和大片沦陷区、敌占区的出现。尤其是在各抗日根据地建立后，日本侵略军又于 1941—1942 年集中兵力围攻解放区，对抗日根据地进行大规模“扫荡”“蚕食”，使不少地区重新落入敌手，变为敌占区和游击区。如至 1942 年夏，原晋察冀边区抗日根据地百分之八十以上变为游击区和敌占区。在敌人占领区域内，敌人以极其残忍、狡诈的手段，建立起法西斯的血腥统治。在这些地区，一方面，人民群众由于无力抵抗，只能暂时被迫就范，表面顺从敌人；另一方面，人民群众的反侵略意识却是不可征服

① 刘少奇：《关于抗日游击战争中的政策问题》（1938 年 2 月 5 日），载《中共中央文件选集》（一九三六——九三八），中共中央党校出版社 1985 年 10 月版，第 435、436、437 页。

② 毛泽东所指的革命两面政策与本文所述之抗日两面政策既有重要区别，也有一定联系。后者为前者在敌占区反抗日本殖民统治斗争中的进一步运用和发挥。

③ 主要有以下文件：中共中央《关于敌伪军伪组织工作的决定》（1941 年 8 月 4 日）；中共中央军委《关于反“蚕食”斗争的指示》（1941 年 6 月）；《关于抗日根据地军事建设的指示》（1941 年 11 月 7 日）；彭德怀《在北方局扩大会上的报告》（1941 年 11 月 1 日）等。

的。敌占区各阶层群众，在异族统治者的摧残蹂躏下，表现出了强大的民族凝聚力，形成了我党领导敌后人民开展抗日斗争的无可比拟的政治优势。敌占区人民，是中华民族整个抗日力量中不可或缺的重要组成部分，我党有责任使敌占区广大群众的生命、财产少受损失，并团结领导敌占区一切抗日力量，坚持抗战。这种对敌斗争的客观现实和需要，决定了我党一方面，必须将党的抗日民族统一战线延伸、实行于广大的敌占区、统治区；另一方面，党的统一战线工作在这些地区的开展，又必须从其特殊性出发，采用一些与根据地不同的“特殊的方法”，特殊的具体政策。这就为党的抗日两面政策的提出和形成提供了客观的依据。

党的抗日两面政策也是在总结敌占区人民群众自发斗争经验的基础上形成的。各地在被敌人侵占之初，广大人民群众曾对敌人进行了公开的直接的英勇反抗。但在敌人的烧杀淫掠政策下屡屡遭受极大的损失和摧残，发生了数不清的骇人听闻的惨案。人民群众在严酷的现实面前，被迫采取了一种表面服从敌人，而在暗中仍坚持进行的抗日斗争方式；并积累了灵活应付敌人的丰富经验。群众巧妙的斗争实践，为党的各级组织所重视。如1941年6月，冀中区党委书记黄敬就“作了《两面政策与合法斗争》的报告，总结了群众中关于两面政策的自发经验……把两面政策提高到自觉的策略指导原则上来”。[①] 正是在不断总结敌占区群众对敌斗争经验的基础上，产生了党的抗日两面政策。

党在敌占区实行的抗日两面政策，也是党针对敌人的策略变化而采取的应变措施。日本侵略者在大片侵占中国领土、“蚕食”抗日根据地的过程中，在以武力屠杀进行军事统治的同时，由于其战线过长，兵力不足，也日益注重运用政治怀柔的办法来弥补。特别是1941—1942年，日军采用军事进攻、政治欺骗、经济掠夺、文化麻痹相结合的“总力战”，展开对敌后抗日根据地和抗日人民的全面进攻。将屠杀与欺骗、恐怖与怀柔、“强化治安”与麻痹教育等手段交互使用，构成一种侵略两面政策，这种软硬兼施的侵略两面政策，是比单纯的武力进攻政策更为阴险毒辣的政策。然而“魔高一尺，道高一丈”，敌人这种狡猾的假仁假义的政策，恰恰为我党在敌占区实行抗日两面政策提供了有利条件。我党正是在条件允许的范围内，以合法的形式为掩护，领导群众暗中坚持机智灵活的对敌斗

---

① 张达：《“五一”变质后的冀中是怎样坚持下来的》，1945年3月。

争，以抗日两面政策，粉碎了敌人的侵略两面政策的。

由于敌占区各地的情况千差万别，实行党的抗日两面政策的形式和内容也会有区别，但基本的方面是一致的。这些方面主要是：

第一，对敌占区群众。一方面，大力发动组织、领导各界群众，坚持与侵略者展开殊死的斗争。广泛开展群众性的游击战争，坚决打击敌伪汉奸的活动，并对群众进行气节教育，树立不屈不挠与敌人血战到底的民族精神。另一方面，又必须考虑到敌强我弱、对比悬殊、群众处境极端恶劣的情况，从“一切应替人民利益着想，人民少受一分损失，即民族多保存一分元气”[①] 出发，在一定时期和范围内，允许群众“投降”敌人，遵守敌人的法令和秩序，为敌人提供一定的人力、物力帮助，不同程度地服务于敌。甚至要支持、教育群众这样做，使之尽量少受敌人的摧残。对于敌占区群众直至党员、干部中的自首、叛变行为，一方面，应加强教育，反对并防止这类行为的发生；另一方面，对这些人不简单地“看为汉奸来处罚”，而是下力争取，按其自首叛变的具体的不同情况，区别对待，促其反悟。一经回头，即不咎既往，团结对敌，免致敌人所用。对于参加伪军、伪政权、伪组织的人员，除对其中极少数死心塌地效忠敌人的汉奸、特务必须严惩外，一般采取促其动摇而为我所用的做法，使他们“身在曹营心在汉”，成为对抗战有利的“两面派”。我们要对这种两面派加以教育引导和保护，逐步使其脱离敌人而加入革命的队伍。

第二，对伪政权、伪组织。一方面，认识其都是日本帝国主义制造的侵略、统治中国人民的工具，是日本侵略者施展“以华治华”“以华乱华”阴谋的产物，坚决领导群众反对之，孤立之，打击之，瓦解之。另一方面，也应看到由于敌人军事上的绝对优势，而我党在短时期内大量摧毁这类组织已不可能，因而要按照抗日两面政策的要求，“主动打入或控制这些伪组织，以应付敌人和掩护自己，使之成为对敌斗争的工具”。[②] 为了保护群众利益和对敌斗争的需要，在一定的时期和区域内，还要有计划地建立、支持、保护这类组织，使其“白皮红心”，并在时机成熟时及时使之转到抗日阵营来。

---

① 彭德怀：《敌寇治安强化运动下的阴谋与我们的基本任务》（1941 年 11 月 1 日），载《晋察冀抗日根据地史料选编》（下册），河北人民出版社 1983 年 7 月版，第 146 页。

② 吕正操：《冀中回忆录》，解放军出版社 1984 年 6 月版，第 194、195 页。

第三，对日本侵略者。一方面，坚决动员一切力量与之斗争，尤其是要广泛地发动群众对其进行游击战争，配合根据地的军事斗争，以武装斗争的形式，经常地、直接地打击敌人，在长期的、分散的、群众性的游击战争中，困扰敌人，削弱敌人，为最后反攻战胜敌人创造条件。另一方面，又要善于组织，领导群众避其锋芒，为了长远的、根本的目的而暂时忍耐、退让，使其某些侵略目的暂时得逞，满足其一些掠夺要求，允许直至要求群众在某种程度上服从其殖民统治等。采取一种正确的妥协策略。

总之，党的抗日两面政策，就是以合法形式为掩蔽，领导群众进行抗日斗争的政策。它为党的抗日民族统一战线在敌人统治区域内的贯彻和实行，创造了条件，同时也丰富和发展了党的抗日民族统一战线。

党的抗日两面政策之所以能在敌占区广泛运用和实行，如前所述，首先是由日本帝国主义非正义的侵略战争决定的。这不仅是因为面对日本帝国主义亡国灭种的疯狂侵略，整个中华民族的生命力、凝聚力和抵抗力被极大地激发起来，救亡图存的信念深入人心，从而为敌占区各界群众开展多种形式的斗争打下了深厚的思想基础和社会基础。同时，由于日本帝国主义是异族入侵，对广阔的占领地域只能靠制造、扶植傀儡——伪组织、伪政权才能维持其殖民统治，而这些傀儡组织的伪人员，在民族凝聚力的感召下，一般是可以为我所用的，加之我党指派得力人员主动打入此类组织，从而使我党能够控制、掌握这些组织，使其假心事敌，真心向我，这无疑是党的抗日两面政策在敌占区得以广泛实行的最基本的前提。除此之外，这一政策在敌占区的广泛实行，还有着一系列重要的主客观条件。第一，强大的抗日根据地和大后方的存在，使敌占区各界群众时刻能感受到祖国的希望和力量，从而坚定斗争的方向和与敌周旋到底的信心。第二，大片为敌侵占的原抗日根据地或受抗日斗争影响较大的地区，党的力量强，群众觉悟高，是实行党的抗日两面政策的基本力量。第三，党领导的敌后武装斗争的广泛开展，打击了敌人的气焰，鼓舞了人民的斗志，有力地威慑、镇压了一些真心投敌的汉奸、特务。这一斗争与抗日两面政策相结合，就成为实行抗日两面政策的强大后盾。第四，党在敌占区开展的各方面的斗争和工作，诸如锄奸防特工作、瓦解敌伪军及敌工工作、争取各类杂牌武装工作、开展合法斗争以及坚持与发展党的地下组织工作等，都与实行党的抗日两面政策相辅相成，互相促进。党在敌占区各方面卓有成效的工作，使党的抗日两面政策的实行进一步得到了保证并发挥出更大的作用。第五，各级党组织不断加强的深入的思想教育，统一了党内外的认识，既反对“划不清革命的两面政策与右倾投降主义、利用合法形式与合法主义的界限”，否认合法斗争的可能性的思想[①]，又反对“未经敌之严重摧残，即自动放弃阵地，自动维持起来，曲解两面政策，取消斗争”的倾向，为党的抗日两面政策的贯彻执行指引了正确的方向。

二

在敌占区群众以灵活有效的方式反抗异族血腥统治的斗争中，特别是1941—1942年敌人加紧对根据地“扫荡”“蚕食”，并在占领区普遍建立各级伪政权之后，作为实行党的抗日两面政策的产物和工具的一种以村政权为主的特殊的基层政权——抗日两面政权，就在敌占区大量出现了。如在冀东地区，1938年7月冀东抗日大暴动失败后，到1941年6月，“在一百八十万人口的区域中，树立了抗日政权，极大部分还是两重政权”。[②]同年8月，党指示冀东、平北地区“目前最大多数区域的政权，仍应适当地采用两面政策来应付敌人”。[③] 我党领导的北岳区根据地、冀南根据地、冀中根据地，在分别遭到日军1941年秋季“扫荡”和1942年“四二九大合围”“五一大扫荡”后，根据地被分割、占领，党领导的基层抗日政权大多转变为两面政权。在其他敌人侵占的抗日根据地及统治区，也普遍出现了类似情况。这种政权在一地往往不能持久，在条件具备时，即变为单一的抗日政权或伪政权。且往往反复多次。但这种此起彼伏的变化更迭在整个敌占区却是接连不断地进行的。直至日本侵略者投降、抗日战争胜利，这种政权形式在完成了自己的历史使命之后，才告结束。

抗日两面政权的成员十分复杂，但主要由三部分人组成。一部分为我方委派而秘密打入的，另一部分为敌人指定参加的，还有一部分是群众为应付敌人而推举产生的。在这种政权的成员中，有坚决抗日的共产党的干部及骨干群众，有真心向敌的汉奸、特务，有看风使舵、各方讨好的封建

---

① 吕正操：《冀中回忆录》，解放军出版社1984年6月版，第194、195页。

② 中共中央北方分局：《关于冀东工作向北方局的报告》（1941年6月19日），载《晋察冀抗日根据地史料选编》（下册），河北人民出版社1983年7月版，第82页。

③ 彭真：《在许、姚考察后对冀东、平北工作意见》（1941年8月17日），载《晋察冀抗日根据地史料选编》（下册），河北人民出版社1983年7月版，第123页。

势力的代表人物，有土匪、地痞、流氓等。他们各自在敌我双方的支持、争夺下，展开了尖锐、激烈的斗争，并适应斗争的需要不断地转变着各自的态度。这种斗争及其结果，直接关系着两面政权的抗日性及发展方向。

抗日两面政权产生的途径主要有两条。一是当敌人在其占领区建立伪政权时，党即秘密指派得力人员参加并控制这些政权组织，使这些基层政权从一开始就“白皮红心”，成为我党掌握的隐蔽的抗日政权。如冀中抗日根据地十分区被敌侵占后，其二联县八联区的九十九个村镇共建了一百一十六个保，我方秘密派定任保长的有六十七人，他们都是忠于党和人民且有丰富斗争经验的党员、干部或抗日群众。[①] 这就使这些地区成为敌之表面统治区，我之隐蔽根据地。二是敌人建立伪政权后，我方经过艰苦细致的工作，逐步争取、改造，使其转变为抗日两面政权。以这种方式产生的抗日两面政权，较之前一种为数更多。这种方式成为我党先将敌占区变为游击根据地或隐蔽根据地后，再恢复为抗日根据地的基本方式和途径。

由于不同时期、不同地域在不同形势下敌我力量的不断变化，两面政权的组织形式及活动内容出现了多样化的状态，所以，我方争取、控制、改造这些不同类型政权组织的方法也就不尽相同。一般来说，这些两面政权组织及我方对之工作的情况大致可分为三种类型。

第一类是真心向我假意应敌的两面政权。这类政权“一般是由抗日的一面政权改变而来……本质上是我们的政权”[②]。这类政权组织主要存在于游击根据地或隐蔽根据地及近敌、接敌区，是抗日两面政权中最具代表性、发挥抗日作用最大的类型。这类抗日两面政权，是完全为我掌握并为我服务的，也是我在敌占区、游击区坚持对敌斗争的基本阵地，是我党我军着力爱护、帮助以使其巩固、发展的主要对象，并创造条件使之及时转化为抗日的一面政权。

第二类是对敌、对我均采取应付态度的两面政权。这类政权组织，“谁来向谁纳粮”，有时甚至想双方讨好，当“真正的两面派”。这类政权

---

① 据旷伏兆《忆恢复平津保三角地带抗日根据地的战斗历程》，载廊坊地委党史资料征编办公室编《回忆冀中十分区抗日斗争》，第81页，旷伏兆当时任冀中十分区政委兼十地委书记；杨英《艰苦的斗争岁月》，载廊坊地委党史资料征编办公室编《回忆冀中十分区抗日斗争》，第102—103页。

② 彭真：《在许、姚考察后对冀东、平北工作意见》（1941年8月17日），载《晋察冀抗日根据地史料选编》（下册），河北人民出版社1983年7月版，第123页。

组织的成员多为地主豪绅、地痞和流氓，既有抗日意识，也有汉奸意识。一般没有群众基础。这类政权主要存在于接敌区及我方力量与工作薄弱的地区。对这类政权组织，我党之政策是以争取为主，对其亲日的一面给以削弱及打击，对其抗日的一面则大力支持促其发展。同时，通过发动群众，形成抗日力量的优势，促其抗日意识巩固与加强；并尽可能指派抗日人员参加其组织，改变其成分，进而达到改变其性质之目的，使之逐渐转化为真心向我假意应敌的两面政权。

第三类是基本忠实于敌、对我应付的两面政权。这类政权“有的为汉奸把持，有的与汉奸有关系”。[①]“有的由于对我政策不理解，有的由于我政策有错误对我有成见，有的为敌镇压变了质，或有叛徒。”[②]这类政权的实质是敌伪政权。但慑于我抗日武装及群众的压力，也不得不对我有所应付。这类政权为数较少且很不稳定。其存在区域主要为敌严密控制的点、线附近或我抗日斗争遭受一时挫折的地区。对这类政权组织，我党之政策是以打击为主，但有打有拉，着眼于在打击中争取之。另外，我党还采用了派入可靠、得力的抗日人员，以人事更动促使其组织改变的方法。通过这样一些方法，促其动摇、分化，减弱其亲日倾向，启发其抗日意识，使其逐步由基本亲日变为“中立”状态，进而变为基本抗日的政权组织。

在对各类两面政权的建立、争取、改造工作中，我党坚持以抗日民族统一战线及两面政策为指导，还普遍注意做好以下各项工作，以配合、促进两面政权工作的开展。一是广泛发动群众，“团结一切中国人，保护一切中国人的利益，利用一切合法（形式）开展救国工作”。[③]造成群众抗战的优势，以形成抗日两面政权的群众基础。二是大力开展游击战争，以武装斗争配合两面政权工作的进行，使抗日武装力量成为抗日两面政权的坚强后盾。三是将两面政权及其执行的两面政策工作与合法斗争、锄奸反特、敌工工作及党对敌后的各项有关政策与工作有机地结合起来，为两面政权工作的顺利开展创造条件。四是善于发现、培养、使用和爱护大批具有特殊能力的可靠的抗日两面派人员，使之能在执行党的抗日两面政策

---

① 张明远：《游击区的村政权建设问题》，1944 年。

② 同上。

③ 彭德怀：《敌寇治安强化运动下的阴谋与我们的基本任务》（1941 年 11 月 1 日），载《晋察冀抗日根据地史料选编》（下册），河北人民出版社 1983 年 7 月版，第 146 页。

中，既坚定，又灵活；既善于斗争，又善于妥协；既敢于为国家、民族置身家性命于不顾，又能忍辱负重、长期“背黑锅”，而毫无怨言。在配合党领导、组织敌占区人民的抗日斗争中起到特殊的作用。

抗日两面政权灵活运用党的抗日两面政策，在应付敌人、保护群众和抗日力量等方面，创造了丰富的经验。其主要做法有以下几点。

①欺骗。这是应付敌人最常用的方法，群众称之为“糊弄洋鬼子”，即应敌人员对敌一般不说实话（除经允许骗取敌人信任外）。如敌了解我武装情况，应敌人员则以不同的情况和时机，以无报有，以有报无，以多报少，以少报多，以真报假，以假报真，真真假假，虚虚实实，使敌虚实难分、真假难辨而上当受骗，通过迷惑敌人、调动敌人为我赢得战机。

②威胁。利用伪军、汉奸消极厌战怕死的心理，应敌人员经常以八路军、新四军及武工队、游击队等武装打击相要挟，迫使一些敌伪军不敢或减少向群众勒索、掠夺，以及答应我方一些征集粮款、人员通行等条件。

③拖延。在实行反掠夺、反勒索、反出伕（劳役）等两面政策中，根据具体情况，采用尽量不给、少给，实在不行添点儿，再不行再添点儿，或时给时不给，时断时续、能磨就磨、能蹭就蹭的方式来对付。以达到少资敌、不资敌的目的，减轻群众负担，增加敌人的困难。

④“要赖”。是指在敌伪统治减弱或已软化的地区，两面政权组织及应敌人员用“要滑头”“打马虎眼”“泡磨菇”、弄虚作假、装疯卖傻“要不值钱”等方法搪塞敌人，使敌难以利用我人力、物力。

⑤请吃送礼。为了掩护、便利我军政人员的活动，或侦察、搜集敌人情报，应敌人员经常故意对来村的敌伪人员殷勤招待，并对敌伪军及其据点送钱、送礼，搞“慰劳”，“黏”住敌人，使其放松警惕，以达到我之目的。

⑥逃避。在被敌人实在催逼不过时，应敌人员即借故暂时躲避。或动员群众坚壁清野，逃散一时，使村中“散摊子”，制造人财两空的凄凉环境，使敌人的搜刮计划无从实现。

⑦假敌济我。有时对敌伪征派粮款物资的指令积极执行，且按期如数完成。但暗中早已与根据地及抗日武装进行了及时的联系和周密的计划。当这些粮款物资送往敌据点途中时，一声枪响，抗日武装就会从天而降，来打“伏击”。所有钱粮物资就会被完好无损地送往抗日根据地或返还群众。

⑧挑拨离间。在对敌伪的支应中，故意对其上、下级之间，不同部分之间，不同人之间，采取使其相互猜疑、不满的做法，而使我有隙可乘。通过利用敌人之间的矛盾，掩护抗日工作。

⑨拉关系。对伪军伪组织人员，应敌人员还通过其亲戚朋友等多种社会关系，向其施加影响。从多方面对伪人员进行牵制，使动摇者能暗中助我并加速走上抗日的道路，对行为恶劣者则造成一种巨大的压力，促其收敛和转变。

⑩组织合法斗争。当敌人实行假仁假义的怀柔政策时，两面政权人员即适时地组织群众尽可能地开展合法斗争，以揭露、打击敌人，教育、发动群众。

⑪苦肉计。一旦两面政权组织或其中的抗日人员有被敌怀疑或识破的可能而面临危险，或需进一步骗取敌人信任时，两面政权组织即与抗日武装联系，以抗日武装的假袭击、假惩罚等方法，演出周瑜打黄盖的“苦肉计”，消除敌人的疑心。

抗日两面政权应付敌人的方法当然不止这些。同时，这些政权组织及应敌人员在实际对敌应付、斗争中，也往往是随机应变，将多种方法天衣无缝地交织在一起运用，并且在尽可能大的地区范围内，各地、各村暗中联系，互相通气，统一口径，统一行动，在对敌斗争中相互支持和配合。从而使这种应敌方式、方法成为一种很高的对敌斗争艺术，在敌占区保护人民、打击敌人的斗争中发挥了十分重要的作用。

三

党在敌人统治区域内实行的两面政策及应运而生的两面政权，尽管具有双重色彩，既抗日，又资敌，既为我所用，又为敌所用；但其最主要、最基本的作用，在于为我服务，保护抗日力量，打击敌伪势力。其具体表现主要有如下各点。

第一，保护了群众利益。由于人民群众执行了两面政策，和两面政权人员按两面政策的要求，机智灵活应付敌伪，使广大敌占区、游击区群众有时得以避免或相对减轻了遭受敌人的摧残和蹂躏。通过两面政权、两面组织结合武装斗争、合法斗争，领导群众的抗日活动，有力地反对、抵制了敌人的勒索、掠夺活动，减轻了人民的负担。使敌占区广大群众的生命财产得到一定程度的保护。

第二，聚集了敌占区的抗日力量。由于抗日两面政策是从敌占区的实际出发，实行党的抗日民族统一战线的特殊形式，它在团结群众对敌斗争方面，要求更实际，标准更灵活，方法更策略，而范围也更广泛。两面政策要求不仅要团结、组织各阶层所有群众一致抗日，无论其是否宗教会道人员、杂牌武装、土匪、地痞、流氓等，也无论其是否已表面“投降”敌人或一时叛变，而且要通过合法身份和途径，与伪军、伪政权、伪组织各级、各类人员及汉奸、特务等接触，拉关系，争取、团结、组织他们参加抗日活动，将敌占区一切可能抗日的力量都凝聚起来，扩大、发展抗日队伍。

第三，掩护了敌后抗日军政人员。在两面政权应敌人员千方百计的帮助下，我八路军、新四军及武工队、游击队等抗日武装经常往来、活动于敌占区、游击区，巧妙地打击敌人而自己很少受损失。在敌占区的我之伤病员得到了妥善安置。经过两面政权人员的工作，甚至连敌人的某些据点和碉堡也被用作我伤病员的隐蔽医疗所。我军政干部以及来敌后抗日根据地的各界知名人士，包括一些国际友人，在两面政权组织的掩护、帮助下，在敌占区、游击区畅行无阻。在我军政人员遭遇危险时，抗日两面人员往往冒着杀头的危险，帮助其逃脱虎口，而当这些抗日人员身陷魔掌后，应敌人员又通过种种“关系”，或用金钱、吃喝送礼等方式，用“合法”手续将他们保释出来。通过抗日两面人员的大量工作，掩护了我军政人员及抗日各界人士的活动，保持了敌占区与边区根据地的联系，促使敌人的封锁、分割阴谋归于破产。

第四，打击、瓦解了敌伪。由于抗日两面政策的实行和抗日两面政权、组织的产生，敌占区的抗日力量及队伍迅速发展，在党的领导下，对敌进行了经常的、广泛的、大量的骚扰、“闪击”、破坏等活动。对敌人的各项侵略、奴役政策，进行了顽强、持久的抵制和反抗，敌后两面政权组织及群众的一系列斗争，对敌人的侵略、掠夺、奴役政策的实施制造了障碍和困难，反抗、削弱、打击了敌人的法西斯殖民统治。另外，通过两面政权应敌人员侦察、收集情报、制造假象，迷惑、调动敌人，为我抗日武装制造战机，而使敌不断受到直接的打击或被消灭。通过抗日两面组织的工作，也教育、促使伪军、伪人员改过自新，立功赎罪。使一些岗楼、据点的伪军、伪自卫团人员及汉奸、特务等改邪归正，脱离了敌伪。不少人甚至加入了抗日的队伍，从而有力地削弱、瓦解了伪军和伪组织。

第五，支援了抗日根据地。在抗日两面政策的指导下，敌占区、游击区两面政权等组织吸引、凝聚了各界群众参加抗日，并直接配合武装斗争打击敌伪，这就在战略上配合了边区根据地军民的反“扫荡”斗争，使根据地与敌占区的抗日斗争互相呼应，融为一体，从根本上壮大了中国人民反侵略斗争的力量和声势。同时，敌占区群众及两面组织还大力配合根据地军民打破敌人的“封锁”、围攻，为根据地筹集粮款、物资、武器、弹药，提供政治、军事情报等，解决了边区根据地的一系列严重困难，促进了根据地的巩固和发展。日本侵略军面对这种情况也不得不哀叹：“由于新政权（指敌所建之伪政权）的腐化堕落，一方面使民众的思想转向抗日，产生了有利于敌人的效果，另一方面是直接间接地对中共进行援助，有不少公开通敌供给敌人物资武器的情况。其言论和行动在中共和民众中间造成日本必败的信念，这是一个最大的问题。”[①] 并且惊呼“中共现有抗战能力，无论在军事、政治、经济（方面），都在极大程度上依靠和利用新政权”。[②]

第六，加速了敌占区抗日根据地的开创、恢复和发展。在两面政策的指导下，随着敌占区党组织不断地坚持秘密斗争及抗日武装暗中的活动和发展，伪政权被不断改造为两面政权直至转化为抗日一面政权，敌占区也就逐步变为游击区、游击根据地或隐蔽根据地，最终经过反复争夺而建成巩固的抗日根据地。

综上所述，不难看出，党的抗日两面政策确是一种对抗日斗争起了特殊作用的特殊政策。这一政策的实施既是党的抗日民族统一战线政策在敌占区、游击区的具体体现和创造性运用，是抗日统一战线的延伸和补充，也是党在敌强我弱双方实力对比悬殊，群众处境极端艰难的情况下，所采取的一种必要的、正确的斗争策略。而两面政权，则是在抗日两面政策指导下形成的一种特殊的抗日基层政权形式，是整个敌后抗日政权体系中的一个重要而特殊的组成部分。同时，它又是执行党的抗日两面政策，同异族侵略者进行特殊形式的抵抗和斗争的工具及武器。党的抗日两面政策及

① 日本防卫厅战史室：《华北治安战》（下），天津人民出版社1982年9月版，第392页。
② 同上书，第393页。

抗日两面政权的斗争实践在广大敌占区、游击区普遍、经常和深入地展开，在政治、经济、军事、文化、交通等方面对于打击日本侵略者，尽快恢复、发展抗日根据地，最终夺取抗战胜利，起到了不容忽视的作用，在抗日斗争史上也占有重要的一页。对于世界人民未来的反侵略斗争，也不无借鉴意义。

（原文刊于《河北大学学报》1987年第4期）

当前中共党史研究状况简述

一 中国共产党创立时期

党史界对这一时期党的历史的研究，持一种非常严肃的态度。因为要了解中国共产党，追根溯源，就追溯到了这个时期。对这一时期进行研究的学者很多，成果也很多，研究也相当深入。主要研究的问题如下：①关于马克思主义在中国的传播问题；②关于“五四”运动问题；③关于陈独秀、李大钊的建党活动问题；④关于共产主义小组问题；⑤关于中国共产党的成立问题；⑥关于第一次罢工高潮问题等。

具体介绍两个问题：

第一，关于马克思主义在中国的传播问题。传统说法是十月革命一声炮响，给我们送来了马克思列宁主义。有人提出，这是一种文学手法的描述，不宜为史学界所采用。因为与其说十月革命给我们送来了马克思主义，还不如说，十月革命给我们树立了被压迫群众暴动成功的榜样。这与一种科学理论的传播不是一回事。

马克思主义传入中国，是由于中西文化二重危机，是一个长期的渐进过程。不是如一种暴力举动，短期内就可以突变式地完成的。

过去认为最早向中国人介绍马克思的是梁启超，他在1902年写了《进化论革命者颉德文学说》，称马克思为“社会主义之泰斗也”。现已查到1899年4月广学会办的《万国公报》月刊上，蔡尔康、李提摩太节译的《大同学》已出现马克思的名字。又查到1898年夏，胡贻谷翻译的《社会主义史》以《泰西民法志》之名出版，在第七章中即介绍了马克思，称“马克思是社会主义史中最著名和最具势力的人物，他及他同心的朋友昂格斯都被大家承认为科学的和革命的社会主义派的首领”。这就比梁早四年，比《大同学》早一年。大概从这时起，中国人开始知道了马克思及其学说。

但是这些传播都很有限，有的甚至是歪曲和诋毁，真正马列主义著作的翻译就更晚了。如《共产党宣言》是1919年底陈望道从浙江第一师范被迫害返回义乌县老家时，由日文本翻译的，第二年即1920年8月在上海秘密出版。封面还错印为《共党产宣言》。这一版本现以国家一级文物珍藏于山东广饶县博物馆。

第二，关于中国共产党的成立。传统说法只说明中共完全是在列宁建党原则和布尔什维克党的榜样下建立起来的，没有受修正主义思潮影响，没有改良主义等，整个党从一成立就是完全革命的。这是大家都承认的。可是，学者们也提出，正因为我党理论准备不足，没有经过欧洲共产党建立前同各种改良主义、修正主义的长期斗争，对马克思主义缺乏深入、系统、普遍的学习和研究，对中国国情缺乏全面、深刻的认识。不善于把马克思主义原理同中国具体革命实践相结合，而几乎是全盘俄化，照搬布尔什维克，从而也产生了一些深远的不利影响。如教条主义、不民主（家长制）、搞路线斗争。现在普遍认为，我们党的建立是“先天不足、后天失调”。这从根本上决定了我们党的建设的艰巨性，并成为党在历史上曲折复杂发展的一个前提性原因。

当然，国外有些学者关于中国共产党是共产国际建立的说法是不被承认的。中国共产党是马列主义同中国工人运动相结合的产物。

另外，关于党的一大召开时间，已研究确定为：1921年7月23日至8月初，结束时间仍有三种说法：7月31日、8月2日、8月5日。

二　大革命时期

对这个时期的党史研究，近年来获得了重大的突破和进展。

首先，其最显著的成果，是比较彻底地认识了党的新民主主义革命思想的形成问题（这一理论的完全形成是在抗日战争时期）。学术界认为，党在大革命时期形成的新民主主义革命理论，其意义是非常巨大的。因为这一理论指出了中国新民主主义革命必须由共产党领导，其前途只能是社会主义，而不能走资本主义道路。这一理论与当前现实生活有着紧密的联系，它同我国当前的社会主义初级阶段的理论是一脉相承的。所以，新民主主义革命理论的问题，不仅是大革命时期，也是新民主主义革命时期乃至整个中共党史中的一个重点问题。不少学者认为，这一理论比农村包围城市道路的理论还要重要。因为后者是前者的一个组成部分。关于这一理论的形成过程，党史界通过研究认识到，不是像过去所认为的，形成这一理论只有毛泽东同志的《中国社会各阶级的分析》《湖南农民运动考察报告》两篇文章。这一理论的形成，是在共产国际的帮助之下，在不断总结群众斗争经验的基础上党的集体智慧的结晶。其中，在我党的四大和四大前后，邓中夏、李大钊、周恩来、瞿秋白、毛泽东、蔡和森等都对这一基本理论的形成做出了巨大贡献。而毛泽东同志的贡献最为突出。

其次，是关于大革命时期共产国际与中国革命问题。学术界认为，导致大革命失败，不仅是陈独秀的右倾错误，共产国际也负有重要责任，有的认为甚至是主要责任。因为当时中共是共产国际的一个支部，在政策制定、干部任免等方面必须严格服从共产国际，组织纪律很严。而共产国际对中国的国情了解不够，照搬俄国革命经验，强制实行集中领导，过分注重苏联自身利益等，造成了种种失误。

最后，对国民党重要领导人蒋介石的研究也有了重要进展。1988 年在宁波还专门召开了蒋介石学术讨论会。对蒋介石不能只骂一个“人民公敌”“蒋该死”了之。因为他的一生与共产党结下了不解之缘，他是一个异常复杂多变而又充满着矛盾的多色彩人物。彻底、全面、客观地弄清这个人物，对于正确总结党的历史及实现第三次国共合作都有重要意义。

人们还对这个时期的国民党一大及第一次国共合作、北伐战争、五卅运动、大革命时期社会的主要矛盾及其转化、陈独秀的错误等问题，进行了集中的研究。

三　土地革命时期

对这一时期，中共党史界认为，首先要改变以前认为错误成堆、错误满篇的看法。因为这一时期党犯了三次“左倾”错误，时间很长，损失很大，简直成了一错再错，全盘错误了，这种看法不符合历史真实。因为我党在革命斗争过程中，难免犯错误，我党的中央领导人也会犯错误。问题是不能认为一有错误就时时错、事事错，因为也有正确的时候，也有正确的事。土地革命战争时期的党中央还是做了许多正确的工作的。在大革命失败以后，党中央挺身而出，收拾危局，集合打散的队伍，制定新的斗争方略，勇敢地同国民党反动派作斗争，毛泽东同志等在各地建立农村根据地，领导人民搞土地革命，学习在农村建党，初步学习并掌握了经济建设、政权建设、文化教育等一套治国本领，毛泽东思想逐步系统化、日益成熟，在白区的工作取得重大成就，同共产国际和苏联的关系也有重要发展，等等。这些都应得到实事求是的，充分的反映。一些新近出版的党史、红军专史书籍，对当时全国各地红军的创建与发展进行了翔实、具体的记载。

其次，是对关于农村包围城市道路问题有了更深入的探讨。过去，把“工农武装暴动”“工农武装割据”“农村包围城市道路”混为一谈。其实，这是一种理论上的混乱。因为三者之间是有本质的区别的。

再次，关于党在这一时期的白区斗争及与各中间派别的关系问题的研究，也有了很大进展。如对白区中间派别，过去多被不加区别地斥为“反动势力”。通过深入研究，认为上述认识是不够客观、全面的。当时中间派别很多，情况极其复杂。如“第三党”“致公党”“新月派”“自由人”或“第三种人”“废止内战大同盟”“民权保障同盟”“生产人民党”“乡村建设派”，甚至中国国家社会党、中国青年党、国民党改组派、托派，等等。这些团体有的支持共产党，大部分反过共，有的坚决反共。但它们也曾不同程度地反蒋，反侵略，要求抗日，要求民主自由。对这些不同的派别和团体，不能简单地否定和肯定。而应根据各自不同的具体情况，实事求是、恰如其分地作出评价。

最后，对这一时期集中研究的问题，还有关于南昌起义问题，各革命根据地的特点和地位问题（有的根据地还鲜为人知。如江西东固李文林创建的根据地，当时曾被誉为“东井岗”。毛泽东也说过“朱毛式、贺龙式、李文林式、方志敏式”根据地，但对李文林领导创建的根据地人们很少了解），中央九月来信和古田会议问题，土地革命的路线和政策问题，红军的作战原则和反“围剿”问题，长征和遵义会议问题，等等。

四　抗日战争时期

这个时期，是国内外中共党史研究中争论最为激烈、分歧最多、影响最广的时期。不唯国内如此，我国台湾、日本、美国、苏联等都与我们有很多分歧和争论。主要问题是：

①关于中国抗日战争在第二次世界大战中的地位问题；②关于中国抗日战争的领导权问题；③关于两个战场（主要是正面战场）的评价问题；④关于各抗日根据地的建设问题；⑤关于百团大战问题；⑥关于皖南事变问题；⑦关于延安整风与审干运动问题；⑧关于长江局问题；⑨关于抗日战争党达到成熟阶段的具体含义问题；⑩关于中外关系问题等。

关于抗日战争的领导权问题。除了我国港台、国外存在与我们传统坚持的是中国共产党领导了抗日战争的根本不同的说法外，目前国内学术界对此也出现了多种说法。如“直接领导说”（即中共直接领导了抗日战争），“间接领导说”（即中共通过统一战线间接领导了抗日战争），“分别领导说”（即抗日战争是由国共两党分别领导的），以及“分阶段领导说”“部分领导说”“共同领导说”“回避领导说”，甚至有人还提出了“国民党领导说”等，争论很热烈，目前还莫衷一是。

关于两个战场的评价问题。对敌后战场的作用和地位，人们认识比较一致。主要是对正面战场的评价，多数人认为不能只简单地将正面战场说成是“不战而逃”“一溃千里”等，而要进行具体分析。战略防御阶段，国民党对日作战努力，正面战场是主战场。通过正面战场的积极抗战，打破了日本帝国主义三个月灭亡中国的神话。由于日本的战斗力远胜于中国，在战略防御阶段的战略退却是不可避免的，在战略相持之后，国民党在反共摩擦的同时，仍坚持对日正面作战，并组织了一些较大的战役，牵制、消耗了日军，在战略上与敌后战场相呼应。国民党政府还曾派遣远征军出师缅甸，配合了盟军作战。所以，应该对国民党正面战场给予适当评价。

关于皖南事变问题。我们同台湾学者的观点完全对立。国内也长期存在争论。最近，黎汝清写了一本长篇纪实性小说《皖南事变》，非常畅销，也引起了更大的争论。主要是书中将皖南事变的责任说成应由中共承担，并认为叶挺变了节等。中共党史学界认为这些说法是没有根据的，是应予以澄清的。

五　全国解放战争时期

中共党史界认为，这个时期是中国革命史上最辉煌的一页。在这一时期，党在政治上更加成熟，革命的理论更加系统，革命的经验更加丰富，政策的完整性、策略的灵活性达到了非常高超的程度。但在党史研究中，这一时期却是一个比较薄弱的时期。这一点，正引起学术界的注意。对这一时期的研究比较集中的问题有：①关于和平民主新阶段问题；②关于国共谈判问题；③关于解放战争中战略方针的转变问题；④关于第二条战线问题；⑤关于中苏、中美关系问题等。

这里只具体介绍一个问题：关于和平民主新阶段问题。在“文化大革命”中，这个问题曾成为刘少奇的一大罪状。近年来经过考证和研究，学者们认为这根本不是刘少奇的什么过错，而是党中央当时对国内形势发展的一种估计。

原来说，关于和平民主新阶段的口号是刘少奇 1946 年 2 月 1 日在延安干部会上作《时局问题的报告》时讲的。他提出“中国已走上和平民主新阶段”。现经考证，早在 1945 年 8 月 25 日，中共中央《对目前时局的宣言》、8 月 26 日《中共中央关于同国民党进行和平谈判的通知》、8 月 28 日和 9 月 13 日毛主席对记者的谈话、10 月 10 日的《双十协定》、1946 年 1 月 10 日中央通知、2 月 1 日《解放日报》等，都有“和平民主新阶段”的提法。看来这不是刘少奇的发明，而是党中央的集体意见。

关于这个口号的评价，学者们认为这不单纯是党的斗争策略，而是基于当时各方面条件，我党提出的一种真诚主张。这也体现在重庆谈判中。当时确实存在实现和平民主的可能。由于后来事态的发展，蒋介石挑起内战，才失去了实现和平民主的可能性。1960 年周恩来同志在报告中曾说：“根据当时分析，和平可能实现。可能搞一个时期的和平民主，可能有一个和平民主新阶段，这是毛泽东同志估计的。”

六　基本完成社会主义改造时期

这个时期是我党领导的中国革命的性质、对象、内容、任务等发生根本改变和转折的一个时期，是党领导社会主义革命和建设的开端，现实意义非常重大，因而引起了中共党史界的高度重视。1987 年底在广东汕头召开的全国党史学术讨论会，专门研究了这个时期，曾收到论文上百篇。这个时期集中研究并取得进展的问题有：①关于过渡时期问题；②关于

《共同领导》问题；③关于新中国政治体制的形成和评价问题；④关于“三反”“五反”问题；⑤关于抗美援朝问题；⑥关于党的过渡时期总路线问题；⑦关于高、饶反党集团问题；⑧关于“双百”方针的提出及其未能实行问题；⑨关于“三大改造”问题（尤其是对合作化运动的经验教训的研究，直接与现实相联系）；⑩关于新中国的外交方针和对外关系问题；⑪关于台湾问题等。

现在介绍两个问题：

第一，关于我国的过渡时期问题。这个问题是学术界研究的热点问题。长期以来，人们对这个问题的认识十分混乱。通过深入研讨，初步明确了以下几点。一是提法。过去有三种：①由新民主主义向社会主义转变；②从资本主义到社会主义的过渡；③由半殖民地半封建社会向社会主义过渡。近来学术界根据社会主义初级阶段理论重新审视上述三种提法，认为三种提法从一定意义上说都有其理由，但又都有各自的缺陷。第一种，由新民主主义向社会主义过渡，是以新民主主义为过渡的起点，同时又以其为过渡的途径，这在道理上说不通。第二种，从资本主义向社会主义过渡，势必给人以中国社会脱胎于资本主义的感觉，把只是发展到一定程度的不具备独立形态的资本主义当作一般意义上的资本主义社会去看待，脱离了我国的实际。第三种，从半殖民地半封建社会向社会主义过渡。比较接近历史实际，但这样笼统地提也容易使人感到我国向社会主义过渡，走上社会主义道路，缺乏物质基础，使“补课论”有空子可钻。上述三种提法还有共同的不足之处，把过渡的彼岸笼统地叫作社会主义。这容易使人们以为1956年我国三大改造基本完成后就建成完备的社会主义了。其实，当然还差得远。现在学术界初步统一的认识是：依据我国的实际情况，过渡时期的起点是半殖民地半封建社会。我国社会的过渡途径是新民主主义社会，过渡的彼岸不是一般意义上的社会主义，而是特定的社会主义初级阶段。因此，过渡时期较确切的表述应是：由半殖民地半封建社会经过新民主主义社会进入社会主义初级阶段。这一问题还在深入研究，如经过的新民主主义社会是什么时候建立的？什么时候结束的？等等。

学者们还深入研究了过渡时期的时限问题。过去这个问题也很混乱，其上限为中华人民共和国成立，还比较一致，其终点就众说不一了（包括党的文献）。

有的定在社会主义改造基本完成（1956 年）；有的说是 1958 年八届二中全会；后来又说过渡时期是以资本主义到共产主义的整个历史阶段，近乎无限期延长，把过渡时期同社会主义初级阶段甚至整个社会主义阶段混淆起来。这是非常有害的，因为这关系到如何确定国内主要矛盾。党的十一届六中全会已重新肯定了总路线，肯定 1956 年“三大改造”基本完成为过渡时期终结的标志。但学者们认为，既然一化三改是过渡结束的标志，到 1956 年并没有工业化，过渡时期并未结束。再者社会主义改造是个长期任务，并不是变一下所有制就完成了。如农业，改变所有制容易，真正使自然经济变为商品经济则确非易事，1956 年初步改变生产关系，农业的改造只能是一个开端，根本不是完成，直到现在不还是在改造中吗？这个问题正在深入探讨中。

另外，对过渡时期的主要矛盾，过渡时期与社会主义初级阶段的关系（比较研究）等，均有很大进展。

第二，关于台湾问题。过去这是个禁区，现在几乎也成了热点。如有的人研究了新中国成立后大陆与台湾关系史，认为新中国成立初有通过谈判和平解决台湾问题的可能和条件，而且有了实质性的进展，只是因为我们的一些“左”的政策和做法，加上后来“反右”，打断了这一进程，失去了机会。现在学术界注意到，国民党到台湾后的一些做法，已与在大陆时期有所不同。国民党也在变化中。下面简单介绍一下台湾土地改革的情况。台湾土改是从 1949 年开始的，到 1953 年基本结束，分为三个阶段：①实行“三七五”提高了佃农的耕作热情，使地主对土地投资不感兴趣。②实行公有耕地放领。国民党政府接管了日占时期各级政府及日人在台的私有土地，数量相当大。然后以贷款方式卖给无地、少地的农民。③实行孙中山的“耕者有其田”。对地主水田三公顷或旱田六公顷以外的土地强行收购，分给农民。但其“高明之点”在于，为地主的土地资金投入工作，创造了优越条件。从而使不少地主摇身一变而为现代资本家。这样，就在很少有社会震动的情况下，实现了台湾的土地改革，工农业都开始进入了快速发展期。国民党极力吹嘘这一“伟大功绩”，攻击中国共产党的土改。但他们这套以维护地主阶级根本利益为前提的改良主义的办法，在大陆根本无法行得通。国民党在大陆也不可能行得通。因为国民党到台湾后有进行这种土改的特殊条件：①“外来人”舍得下手；②从大陆带去大量黄金储备，有钱；③有百万大军；④任用了一批开明人士。看来，应对国民党统治集团作深入具体的分析，这样才有利于第三次国共合作和祖国统一。

七 开始全面建设社会主义时期

这个时期是新中国成立后一个非常重要的时期，也是研究得很不够的一个时期。从十一届六中全会到1988年昆明全国中共党史学术会议前，专门论述“前十年”党史问题的文章才150余篇。现在这一时期正越来越多地引起了专家学者们的重视。1988年11月昆明全国中共党史学术讨论会就专门研讨了这个时期。近年来对这一时期研究的主要问题有：①关于“前十年”的基本估价、历史地位及主要经验教训问题；②关于前十年党的指导方针问题；③关于党的八大问题；④关于“反右派”斗争问题；⑤关于总路线、“大跃进”、人民公社“三面红旗”问题；⑥关于庐山会议和“反右倾”问题；⑦关于国民经济调整问题；⑧关于社会主义教育运动即“四清”运动问题；⑨关于意识形态的错误批判问题；⑩关于个人崇拜问题；⑪关于中苏关系问题等。

关于“反右派”问题。一种意见认为应该彻底否定。因为当时定右派55万多人，现已平反55万多人，还剩3千多人，而未平反的原因有多种，基本不是定右派的原因。如有的定右派后不满，在公共汽车上行凶等。通过定量分析到定性分析，所谓“真正的右派”，数量确实微乎其微，怎么能决定事物的性质呢？另外，在人民内部也不应采用“反击”的方式。

关于“三面红旗”问题。这是这个时期的热点问题。关于总路线的评价，学术界分歧很大，一种是基本肯定，另一种是基本否定。现尚几乎难见分晓。关于“大跃进”，也是两种意见，认为“太跃进”指导思想是错的，但在此期间工农业各条战线确实取得了相当大的成就，为后来的建设打下了基础，不能否定一切。另一种认为这些成就和“大跃进”没有必然联系，不是“大跃进”带来的，不搞“大跃进”成就会更大，主张全面否定“大跃进”。两种意见也尚未统一。关于人民公社的争论相当多，探讨也相当深入。基本意见，一种主张对人民公社分段分析，认为人民公社开始搞“一大二公”是错的，但后来一步步退到了初级社的程度，就比较适应当时的生产力水平和群众的觉悟程度了，对组织、发展农业生产是起了一定积极作用的，中央《决议》也有这个意思。另一种，也是更多的人认为，人民公社是违反客观规律的空想社会主义的产物，最后以彻底破产而告终，必须全面否定。两种意见正在讨论中。

八　“文化大革命”时期

这个时期研究的问题主要集中在：①关于“文化大革命”发生的原因问题；②关于“文化大革命”的性质问题；③关于林彪、江青集团问题；④关于红卫兵运动问题；⑤关于“文化大革命”中的党和群众问题；⑥关于毛泽东同志在“文化大革命”中的思想轨迹问题；⑦关于“文化大革命”中的反帝反修问题；⑧关于“文化大革命”是否会重演问题，等等。由于对这一时期的问题研讨尚不够深入，在此就不予以过多介绍了。

九　社会主义现代化建设新时期

这一时期是历史与现实的结合点，是拥有研究者最多、研究成果也最为丰硕、同现实联系最紧、影响最大的一个时期。中共党史研究与众多的学科研究熔于一炉，有着极为广阔的科研前景。因为可以从更多的渠道，对这个时期党史研究的进展情况进行更为详尽的了解，故不再赘述。

（原文刊于《党史博采》1989 年第 5 期）

冀中风云65年

——《中国共产党河北省保定地区组织史资料》概述

保定地区位于河北省（简称冀）中部，地处北京、天津、石家庄之间，东与廊坊地区、沧州地区为邻，南与石家庄地区、衡水地区相连，西与山西省交界，北与张家口地区、北京市接壤，保定市（含所属满城、清苑二县）位于本地区中部。保定地区西为太行山区，东处冀中平原，白洋淀怀揽其中，京广铁路纵贯南北。全区总面积20231.8平方公里，人口731.5万；现辖2市、18县。地委、行署驻地保定市，素称北京“南大门”，北距北京141公里，南距省会石家庄124.8公里。

保定地区的历史可以上溯到五六千年前的新石器时期。本区周属燕国，战国时分属燕南赵北。蒙古太宗十一年（1239年）在此建顺天路，元朝至元十二年（1275年）改为保定路，寓保卫大都（北京）、安定天下之意，保定一称始于此，辖区与今大体相当。明改为保定府。清置直隶省，保定府属之。康熙八年（1669年），省府由正定移驻保定，自此，保定为直隶省会240余年。民国三年（1914年），改保定道，辖原保定、正定2府及易、定、深三州所属40县，除今所属保定地区各县（市）外，还辖今保定市所属满城、清苑，石家庄地、市所属正定、获鹿、新乐、行唐、灵寿、平山、井陉、赞皇、元氏、栾城、束鹿、深泽、晋县、无极、藁城，衡水地区所属武强、饶阳、安平、深县等县，民国十七年（1928年），保定道撤销，省直辖县。由于保定地区地处京畿，久为省、府、道政治中心，致使中共保定地方组织与北京及保定曾辖属地区，乃至省内更广大的地区有着种种密切关系。在我党的创建和大革命时期，保定党、团组织均由北京党、团组织直接建立和领导，活动范围达到当时保定道所辖多数县。在土地革命战争时期，中共保定地方组织曾先后成立领导全区的保定县委、保北中心县委、保属特委等领导机构，领导和活动范围仍以原保定道辖区为基础乃至超出这一区域。抗日战争、解放战争时期，保定地区党组织分属晋察冀抗日根据地的北岳区、冀中区、冀察区、冀晋区、冀热察区、察哈尔省等中共组织领导，曾建立、改建地委级组织 10 余个。1949 年 8 月，中共河北省委员会重新建立之后，在保定地区现辖区内，建立了中共河北省保定地方委员会和中共河北省定县地方委员会。保定地委和定县地委均属中共河北省委领导。1954 年 6 月，定县地委撤销。其所属 13 个县委中 6 个划归保定地委领导。1960 年 2 月，保定地委和保定市委合并，称保定市委，原保定地委撤销。1961 年 5 月，保定地、市委分开，保定地委恢复，仍由中共河北省委领导至今。

保定地区中共组织建立早，发展快，1922 年产生了第一批中共党员，并随即建立起独立的中共组织。此后，党的组织和活动迅速发展到河北省中部的广大地区。这与保定地区特有的社会、历史、经济、政治、文化条件是分不开的。保定地区为辽、金、元、明、清历代畿辅重地，曾是我国北方重要的政治、经济、军事、交通、文化中心地区。自 1840 年鸦片战争后，中国逐步沦为半殖民地半封建社会，中国人民遭受着帝国主义、封建主义的双重剥削和压迫，陷于苦难的深渊。保定地区人民在近代反帝反封建的斗争中，有着光荣的革命传统，创造了众多的可歌可泣的英勇斗争事迹。在义和团反帝爱国运动中，保定地区是有名的活动中心之一。在辛亥革命时期，保定地区建立了同盟会河北省支部和共和会总部，领导和指挥北方的反清斗争。在反对北洋军阀封建军事独裁统治的斗争中，保定地区的革命党人和城乡各界群众曾踊跃参加。这些斗争有力地动摇了帝国主义和封建主义的反动统治。近代保定地区文化教育较发达，各县普遍开办了高级小学、乡村师范学校。在保定城内，更是先后创办了直隶高等师范学堂、直隶高等医务学堂、直隶高等法政学堂、直隶高等农务学堂、直隶二师、直隶二女师、直隶六中以及保定军官学校、育德中学、崇实中学、同仁中学、志存中学等大、中学校 20 余所，是北方著名的“文化城市”。1917—1920 年，华法教育会的蔡元培、吴玉章、李石曾等还在保定地区蠡县的布里村（今属高阳）和保定育德中学创办了留法勤工俭学预备班。两校共培养来自全国各地的留法学生 400 余名。毛泽东、蔡和森、刘少奇、李维汉、李富春等都参加过两地留法班的工作或学习。在以科学和民主为旗帜的新文化运动中，保定地区的知识分子经受了一次空前的思想解放运动。1917 年俄国十月革命的胜利，使中国的知识界受到了极大的震动和鼓舞。1919 年 5 月 4 日，北京爆发了“五四”反帝爱国运动，保定地区的知识界及青年学生奋起响应，纷纷集会游行，上街演讲，并深入农村宣传，掀起了反帝反封建的爱国运动高潮。“五四”运动之后，保定地区先进知识分子在进一步开展新文化运动的同时，开始了对马克思主义的学习和宣传，并努力使马克思主义同保定地区工人阶级的革命斗争实践结合起来。保定地区最早的产业工人，是 1899 年清朝与英人合办的卢（沟桥）汉（口）铁路开始修筑以后，随着穿越保定地区路段的通车而出现的。铁路通车后，铁路沿线的一些破产农民、手工业工人、脚夫等劳苦群众，被迫到铁路当修路工或去车站当小工，并逐渐固定下来，遂成为依靠微薄工资度日的铁路工人。尔后，在纺织、面粉、洋车、码头、电灯等各行业中，保定地区城镇的工人阶级人数日渐增多，到 20 世纪 20 年代初，保定地区的工人已逾 1500 人。保定地区的工人阶级从诞生起，就同帝国主义、封建主义及资本家进行了不断的斗争。在“五四”运动中，保定地区的铁路工人、洋车工人、码头工人踊跃参加到斗争行列中，登上了历史的政治舞台。在先进知识分子的大力宣传下，马克思主义开始与保定地区的工人阶级相结合，为中共保定地区地方组织的创建奠定了基础。

在党的创建和大革命时期，保定地区各级中共组织是在北京中共组织和李大钊、邓中夏、何孟雄等直接关怀、帮助指导下建立和发展起来的。“五四”运动之后，保定地区新文化运动更加高涨，马克思主义也得到进一步传播。1921 年春至 1922 年春，北京共产主义小组、中共北京区委先后派邓中夏、何孟雄、吴汝明等到保定，宣传马克思主义，建立进步社团。1922 年春，保定社会主义青年团建立，这就为保定地区中共地方组织的建立从组织上准备了条件。1922 年冬，经中共北京区委批准，保定社会主义青年团负责人王锡疆等首批由团转党，并随即建立了中共保定小组。从此，保定地区人民群众的革命斗争得到了中国共产党的直接领导。1924 年 5 月，中共保定小组复建。1925 年春，建立了中共保定支部，1926 年初，成立了中共保定地方执行委员会（亦称中共保定地方委员会，简称保定地委）。这一时期，由于中国共产党确立了正确的统一战线方针，国共两党合作，为中共各级组织的发展、壮大创造了条件。在中共保定小组—支部—地委的领导下，保定地区城乡党的基层组织迅速发展起来。1925 年，保定地区中共支部组织发展到 9 个，小组 3 个；1926 年，中共保定地委领导县委（中心县委）1 个，支部（特支）24 个，小组 2

个。党组织的活动范围达20余县。与此同时，中共保定地区地方组织领导下的青年团组织也得到了迅速的发展。1922年5月，社会主义青年团保定地方委员会成立。到1926年，团保定地委领导支部14个，活动范围比党组织更广。在领导群众斗争、推动国共合作、组织进步社团、配合党的各项工作方面，青年团组织发挥了特殊的重要作用。此外，随着工农运动的深入发展，党领导的工农组织也不断涌现。保定地区铁路工人建立了京汉铁路总工会保定分会。保定地区许多县建立了党领导的农会组织。如蠡县，建立了县农会，还建立了村农会21个。保定地区城乡党、团组织的迅速发展，党领导的工农及各界群众斗争的不断胜利，使保定军阀当局极为恐慌。1926年9月，保定军阀当局制造了保定"石家花园惨案"，中共保定地委遭破坏。随后，军阀当局又在保定地区城乡进行大搜捕，破坏了党的不少基层组织，保定地区党组织的发展遭受了重大挫折。1927年，蒋介石在上海发动"四一二"反革命政变，奉系军阀在北京制造"四二八"惨案，杀害李大钊等20余位共产党领导人，中共北方区委遭到破坏。7月，汪精卫背叛革命，大革命失败。从此，保定地区和全国一样，革命形势和党的发展转入低潮。

土地革命战争时期，是中共保定地区地方组织发展过程中最困难的时期。在国民党新军阀法西斯统治的白色恐怖中，在党内发生三次"左"倾错误的情况下，保定地区的党组织经过艰难曲折的斗争，保存、发展了党的力量。1926年9月保定发生"石家花园惨案"后，中共保定地委不复存在，保定地区城乡的党组织失去了统一领导，主要以独立活动的方式坚持斗争。在斗争中，各地的党组织之间相互联系、配合，先后组成了一些联合县委、支部（特支）。1928年1月，中共保定县委（中心县委）成立，从此，保定地区各地的党组织又逐步得到了统一领导，并日益恢复和发展起来。为了加强对保属地区农民运动的领导，1930年6月，中共顺直省委派农运书记郝清玉等到保定，在保北中心县委的基础上，成立了中共保属特别区委员会（简称保属特委）。在保属特委的领导下，保定地区党组织获得了长足的发展，到1930年底，保属特委已领导保定、石家庄、博蠡、涿县四个系统的43个县的党组织，共有县委（中心县委）10个；党员1000余人。1931年2月，河北省委撤销保属特委，在保属特委原领导区域内成立保定、石家庄、博蠡、涿县4个中心县委。1932年1月，保属特委恢复，领导除石家庄中心县委以外的其他三个中心县委及其所属党组织。在中共保定地方组织迅速发展的同时，在党的各级组织的领导下，共青团及反帝大同盟、左联、社联、互济会等群众组织也先后建立和发展起来。从保属特委成立到1933年上半年两年多的时间里，保属特委领导了完县五里岗暴动，博（野）蠡（县）暴动，清苑县白城暴动，徐水县杨城暴动，曲阳、阜平、行唐三县的水泉暴动，高（阳）蠡（县）暴动等农民武装斗争。在完县五里岗暴动中，成立了红军第二十二军；在高蠡暴动中，成立了河北红军游击队第一支队，建立了高蠡地方苏维埃政权。保属特委还支持在山西平定兵变中产生的红军第二十四军，在保定地区的阜平县建立了苏维埃政权。同时，还积极领导了保定二师抗日爱国学潮等大规模的群众斗争。这些斗争，打击了国民党反动当局的气焰，扩大了共产党的影响，教育了群众。但由于受党内"左"倾思想的影响，敌人力量过于强大，各次斗争均先后失败。在这些斗争中，保定地区中共组织的领导人，如特委书记黎亚克、刘铁牛，县委书记韩永禄、宋洛曙以及大批共产党员、革命群众遭敌杀害，更多的共产党员及革命群众遭逮捕，被关进监牢。中共保定地方组织受到重大损失。此后，保定地区形势急剧恶化，大多数中共组织机构不健全或不能开展活动。由于在保定城内不能立足，从1933年下半年起，保属特委领导人只能在保定地区一些基础好的县份农村秘密开展革命活动。特委无固定机关驻地，组织机构经常处于不健全或中断状态，与省委及各地下级组织均不能保持经常联系，国民党当局更加残酷地破坏共产党的组织，屠杀共产党员和革命群众，使中共保定地方组织的发展处于极为困难的时期。

1935年12月，北平爆发"一二九"运动，全国掀起抗日救亡运动的高潮。同月，中共中央在陕北瓦窑堡召开政治局会议，确立了抗日民族统一战线的策略方针。在这一正确方针指引下，保定地区党组织及革命力量重新获得了迅速发展，保属特委组织机构也日益健全。到1936年上半年，保属特委已领导保定市和安平、饶阳、深泽、安新、完县、满城、唐县等县党组织，有党员800余名。特委机关驻地也移至保定城内。1936年下半年，为了进一步扩大党的组织，领导日益发展的群众抗日救亡运动，中共保属特委恢复、建立了中共保定市委和保东、保南、保西三个中心县委，从而促进了党的组织和革命力量的更大发展，为"七七"事变后党领导的敌后抗日战争做了准备。

抗日战争时期，是中共保定地区地方组织经过艰苦卓绝的斗争获得飞速发展的时期。保定地区是晋察冀抗日根据地的腹心地区，中共保定地区地方组织的发展与壮大，对整个晋察冀抗日根据地党组织以及领导华北抗日战争直至夺取抗战胜利，起着十分重要的作用。在八年抗战期间，保定地区先后建立过保东特委、保南特委、保西特委、晋察冀边区一特委一地委、三特委一三地委、二特委一二地委一七地委、四特委一四地委一九地委等七个地委（特委）组织及所属县、区、村组织，并相应成立了各级政权、地方军事及群众团体组织。此外，平西地委一十一地委、三地委一十地委及同级政、军、群组织，也曾领导过保定地区部分县的党组织。抗日战争时期中共保定地区地方组织的发展、壮大，随着革命形势的发展变化，经历了“上升（1937年7月—1940年底）—下降（1941年初—1942年底）—再上升（1943年初—1945年8月）”三个阶段。

从“七七”事变到1940年底，保定地区党组织响应党中央全面抗战的号召，坚持国共合作的最广泛的抗日民族统一战线方针，大力创建敌后抗日根据地，建立抗日民主政权、抗日武装及抗日群众团体，广泛开展抗日游击战争，使各级党组织及政、军、群组织获得飞速发展。“七七”事变后，日军沿平汉铁路南犯，很快占领了保定及保定地区各县。国民党军队及其党、政机构撤出保定地区。保定地区被日军占领和控制的平汉铁路分割为路东、路西两大基本区域，中共保定地区保东、保南、保西各特委及所属组织深入乡村，发动群众，开展抗日斗争。1937年8月，中共中央召开洛川会议，制定了全面抗战路线。10月，八路军一一五师一部在聂荣臻率领下挺进察南、冀西，很快与保定地区铁路西及山西、察哈尔省边界地带各县中共地方组织及抗日武装取得联系，展开抗日游击战争，开辟了晋察冀抗日根据地（不久改为晋察冀抗日根据地北岳区），打开了冀西抗日的局面。1937年10月，中共晋察冀一特委成立（1939年改为一地委）；1938年1月，成立了中共晋察冀三特委（1939年改为三地委）。在冀中地区，1937年10月，共产党员吕正操率原东北军五十三军一部回师冀中抗日，与当地党组织及抗日游击队会合，开辟了晋察冀抗日根据地冀中区。1938年5月，成立了中共冀中二特委（后相继改为二地委、七地委）、四特委（后相继改为四地委、九地委）。各特（地）委成立后，建立了相应的专署、军分区及工、青、妇、文等抗日群众团体。在各特（地）委领导下，按照中共中央《关于大量发展党员的决议》，在工人、农民、军队、知识分子中涌现出来的大批先进分子被吸收到党内，党员数量迅速增加。各县委、区委、支部在短时间内普遍建立起来。与此同时，县政府、区公所、村公所，县游击大队、区基干队、村自卫队，县、区、村的工、农、青、妇、文等抗日救国会也相继成立。从抗日根据地创建起，日军就不断地对根据地进行围攻、“扫荡”。保定地区军民在党的领导下，配合八路军主力部队，一一击退了敌人的进攻。并于 1940 年 8 月至 12 月，与华北各抗日根据地军民一起，发动了对日军长达三个半月的“百团大战”，给侵华日军以沉重打击。同时，取得了对国民党顽固派张荫梧等的反“摩擦”斗争的胜利。中共保定地区地方组织及其领导的政、军、统、群组织在反“扫荡”、反“摩擦”中得到巩固和发展。到 1940 年底，中共保定地区地方组织共有地委四个。经过 1940 年下半年开展民主宪政运动，各县普遍建立了“三三制”的抗日民主政权。结合民主大选运动，晋察冀边区委员会将所属各专署编排了统一的序号。保定地区原冀西第一、第二专署分别改为第三、第四专署；原冀中第二、第四专署，分别改为第八、第十专署。原冀中第二、第四地委和第二、第四军分区也相应地改为第七、第九地委和第七、第九军分区。同时，通过对各抗日武装、各抗日群众团体的民主教育和民主建设，这些群众团体的民主选举制度也建立起来，从而使政、军、群组织得到了进一步健全、加强和发展，抗日根据地也空前扩大了。

从 1941 年初到 1942 年底，是保定地区党组织及其领导的政、军、群组织坚持抗日斗争最艰苦的时期。日军为达到确保占领华北的目的，从 1941 年 3 月起，在一年多的时间里，在华北连续五次推行“治安强化运动”。从 1941 年 8 月起，日军动用七万多人的兵力，对北岳区进行了两个多月的“秋季大扫荡”。铁路西保定地区各县全部城镇，包括晋察冀抗日根据地党政军机关所在地阜平县城，都曾为日军占领。1942 年 5 月，日军集中五万余人，对冀中区进行历时两个月的“五一大扫荡”。中共冀中地方组织及政、军组织除留一小部分坚持斗争外，大部离开冀中，向外转移。保定地区冀中各县全部变为敌占区或游击区。日军在对各抗日根据地反复进行“扫荡”“清剿”和“蚕食”中，实行烧光、杀光、抢光的“三光”政策，制造了无数骇人听闻的惨案；并在被侵占的根据地内大肆修筑公路、碉堡，挖、修封锁沟、墙，仅冀中六万平方公里、8000 个村庄的范围内，即修据点、岗楼 1700 多个（平均四个村庄一个），修公路 1.5 万余里，挖封锁沟 8300 余里，把冀中抗日根据地细碎分割为 2600 多个小块。从而使抗日根据地面积大大缩小，人口急速下降，物质生活条件极端困难，根据地党、政、军、群组织遭到重大损失，人员数量急剧减少。为了粉碎日、伪的“清剿”“扫荡”和“蚕食”，中共保定地区地方组织首先加强了党的一元化领导，实行“精兵简政”，大量精减机关人员，进一步完善主力军、地方军和群众武装三位一体的人民战争军事体制。在敌占区、游击区，大量建立村、镇两面政权，以应付日伪，保护群众。在同日、伪的“清剿”“扫荡”“蚕食”进行殊死斗争中，保定地区军民以无比的智慧和勇气，创造和开展了地雷战、地道战、水上游击战（雁翎队）、破击战、麻雀战、化袭战、村落战、挑帘战及“单打一”“捉放曹”等战法，涌现出易县狼牙山五壮士、全国著名的“爆破英雄”阜平县李勇、创造麻雀战的曲阳县民兵英雄李殿冰、全国战斗英雄定县郝庆山等一大批抗日英模。共产党及其所领导的政、军、群组织的干部被群众称为万难不惧，与敌拼死斗争的“咬牙干部”。正是在党的各级组织的坚强领导下，抗日根据地军民不断地战胜敌人，克服困难，渡过了难关。

从1943年初到1945年8月，是中共保定地区地方组织及其领导的政、军、群组织得到恢复、发展，并逐步向日、伪发起反攻的时期。熬过了1941—1942年的最艰苦的岁月后，华北抗日根据地的对敌斗争形势日益好转。保定地区各级党组织领导抗日军民，大力恢复和扩大抗日根据地，不断地向日军发起进攻。在北岳区，从1943年4月起，日军拼凑1.2万余人的兵力，进行了为期一个月的“辗转扫荡”，在被抗日军民消灭2700余人后以失败而告终。在冀中区，到1943年下半年，抗日军民共拔除日军据点1000余个，根据地恢复到“五·一大扫荡”以前的规模。在不断粉碎敌人进攻的同时，抗日根据地各级党组织领导抗日军民，实行了“敌进我进”、向“敌后之敌后”进军的方针；并在冀中区的定县首创了集党、政、军、民工作于一身的敌后武装工作队（简称敌后武工队）。这一组织和战斗形式很快被推广到整个冀中区、北岳区及华北和全国各抗日根据地。成百上千支敌后武工队战斗在敌人心脏，被群众称为“从天而降的神八路”。他们对于恢复、发展敌后党、政、军、群组织，开辟、发展抗日根据地，起了重大作用。为了从组织上保证抗日根据地军民彻底粉碎日军的“扫荡”“蚕食”，夺取抗日战争的最后胜利，按照中央指示，中共保定地区各级组织在1943年至1944年前后，用两年多的时间，普遍开展了大规模的、深入的整风运动。经过整风，各级党、政、军组织达到了团结、统一，密切了党、群关系，为反攻奠定了思想基础。1944 年 6 月，晋察冀边委会再次统一各专署编排序号，各地委、军分区也相应调整。原第三、第四、第八、第十专署依次改为第一、第三、第七、第九专署。1945 年 4 月，中共七大召开。大会制定了“放手发动群众，壮大人民力量，在我党的领导下，打败日本侵略者，解放全国人民”的政治路线。保定地区各级党组织，通过贯彻党的七大路线，进一步推动了对日、伪的反攻作战，使抗日根据地迅速扩大。经过八年浴血奋战，到 1945 年 8 月，终于夺取了抗日战争的胜利。至此，保定地区共有地委组织 4 个，县委组织 51 个。

全国解放战争时期，中共保定地区地方组织在领导解放区军民保卫抗战胜利果实，开展土地改革运动，粉碎国民党的军事进攻，解放保定全区，支援全国解放等重大斗争中，得到了进一步的巩固和发展。抗日战争胜利后，保定地区的中共地委组织有路西冀察区一地委、冀晋区三地委，路东冀中区七地委、九地委，以及领导保定地区部分县的冀察区十一地委、冀中区十地委。各地委及专署、军分区、地区群团组织均领导所属县、区、村相应的党、政、军、群组织。随着解放战争的发展，根据斗争形势的需要，中共保定地区各地委组织及同级政、军、群组织，在机构名称、隶属关系、辖区及同周围地区各有关组织的关系上，曾多次出现变动。到 1949 年初，演变为路西的察哈尔省易水地委，路东的冀中区九地委，领导保定地区部分县的路西的察哈尔省平西地委、建屏地委，路东的冀中区十地委及与上述各地委相应的专署、军分区和群团组织。1949 年 8 月，中共河北省保定地方委员会、中共河北省定县地方委员会成立，并成立了相应的专署、军分区及群团组织，原保定地区各地委及同级政、军、群组织同时撤销。

抗战胜利之初，国民党蒋介石在美帝国主义支持下，极力抢夺抗战胜利果实，并施展和谈阴谋，为其积极准备发动全面内战打掩护。中共中央采取“以打对打，以谈对谈”“针锋相对，寸土不让”的方针，领导中国人民保卫抗战胜利果实，争取国内和平和准备自卫战争。1945 年 9 月至 11 月，国民党蒋介石在华北集中兵力 43 万多人，不仅很快占领了北平、天津、保定、石家庄等重要城市及铁路沿线各县重要城镇，并不断进攻解放区。保定一带的国民党军向解放区发动的百人以上的进攻达 60 余次。中共保定地区各级组织遵照中央指示，领导解放区军民，坚决保卫解放区，反击国民党军进犯。到 1945 年底，解放区军民收复了冀中的高阳、固安、藁城，冀西的定县、唐县、易县、行唐等县城及大量村镇，歼灭了大批拒降的日伪军及进犯的国民党军，保卫了人民的胜利果实。为了加紧自卫战争的准备，对付国民党随时可能发动的全面内战，保定地区各级党组织领导解放区军民普遍开展了练兵、减租和发展生产运动，并大量发展党员，大力扩充人民武装。如冀中区党员数量 1946 年上半年比 1944 年冬发展壮大了三倍以上，人民武装力量也发展壮大了数倍。这就为粉碎国民党军发动的全面内战做了准备。1946 年 6 月，国民党蒋介石撕毁《双十协定》，发动全面内战。在中共中央领导下，中共保定地区地方组织领导解放区军民，紧张动员起来，坚决地、英勇地抗击了国民党军的疯狂进攻。1946 年 9—10 月，为配合张家口保卫战，保定地区地方武装向保定南北平汉路沿线广泛出击，连克望都、容城、徐水、定兴等县城及数十个车站、据点，并攻入保定城郊，歼敌 1.2 万余人。同年 11—12 月直至 1947 年 1 月，中共保定地区地方组织又领导解放区军民，配合主力部队，进行了易（县）、满（城）战役和保南战役，大量歼灭国民党军，并使北岳与冀中两解放区连成一片。1947 年 3—6 月，保定地区军民还先后开展或参加了正太战役、青沧战役和保北战役，不仅沉重打击了进犯的国民党军，而且使人民武装逐步由防御作战转入了攻势作战。从 1947 年 6 月起，中共领导的人民武装开始了对国民党军的全国性的大反攻。保定地区党的各级组织领导解放区军民配合主力部队全力投入了全面反攻作战。先后发动或参加、支援了大清河北战役、清风店战役、平津战役等重大军事斗争，接连取得胜利。1948 年 11 月，解放区军民攻占了保定，保定地区全区获得解放。在大力领导军事斗争的同时，中共保定地方组织按照中央 1946 年 5 月 4 日《关于清算减租及土地问题的指示》（即《五四指示》）的精神，在解放区普遍开展了土地改革运动，消灭封建土地制度，实行“耕者有其田”。到 1948 年夏，保定地区各县基本完成土改工作。同时，结合土改进行整党、建党，先后公开党的组织和党员，并及时纠正了土改、整党中的“左”的错误。经过土改、整党，中共保定地区各级组织受到了教育和锻炼，得到了很大的发展。1949 年 1 月，平津战役结束后，保定地区进入了和平建设时期，在各级党组织的领导下，保定地区工农业各条战线得到了突飞猛进的发展，在人力、物力上对华北和全国的解放给予了巨大支持。在人民解放战争的胜利发展中，随着新解放区的不断开辟，保定地区曾抽调大批党、政、军干部北上、南下，到新区开辟工作，发挥了老根据地、大后方的作用。1949 年 8 月，中共保定地委、定县地委及同级政、军、群组织成立。保定地委（专署、军分区）领导原属察哈尔省易水地委（专署、军分区）的易县、徐水、定兴、涞源、完县、唐县、望都、满城，平西地委（专署、军分区）的涞水、涿县（涞涿），冀中区九地委（专署、军分区）的高阳、清苑、安新，十地委（专署、军分区）的雄县、容城、新城、固安共 17 个县委（县政府、人武部）。定县地委（专署、军分区）领导原属察哈尔省建屏地委（专属、军分区）的阜平、曲阳、行唐，冀中区九地委（专署、军分区）的定县、安国、安平、博野、蠡县、饶阳、深泽、无极、新乐共 12 个县委（县政府、人武部）。保定地区党、政、军的领导系统基本实现了统一。

1949 年 10 月 1 日，中华人民共和国成立，中国新民主主义革命取得伟大胜利，中国共产党成为领导中国社会主义革命和建设的执政党。在新中国成立之后到“文化大革命”前的 17 年中，中共保定地区地方组织适应新形势发展的需要，不断调整、改进党的各级机构和组织工作，保证了保定地区社会主义改造的顺利进行，领导全区人民大力开展了社会主义建设，并在曲折的发展中取得了重要的经验和教训。1949 年 8 月，保定地区同时成立了受中共河北省委领导的保定地委和定县地委。保定地委下设 17 个县委，定县地委下设 12 个县委（1952 年增至 13 个县委）。1954 年 6 月，撤销定县地委。经调整下属县委组织，中共保定地委共领导 22 个县委。1958 年 4 月，保定市委划归保定地委领导。至此，保定地委共领导 1 个市委、22 个县委。1958 年 6 月并大县，撤销 4 个县委，保定地委下设 1 个市委、18 个县委。3 月，又将 18 个县委合并为 9 个县委。1960 年 2 月，保定地委和保定市委合并，称保定市委，保定地委撤销。原保定地委所属 9 个县委划归保定市委领导。1961 年 5 月，地委与市委分开，恢复保定地委。保定地委仍受中共河北省委领导，下设保定市委和涿县、定县、易县、涞源、定兴、徐水、完县、清苑、满城、望都、唐县、涞水、高阳、安新、新城、容城、雄县、安国、博野、蠡县、阜平、曲阳等 22 个县委。为了保证党的方针、政策的贯彻执行，自 1949 年 8 月到 1958 年 6 月，保定军分区、保定专署及其主要工作部门、河北省人民法院保定分院、河北省人民检察院保定分院、地区工、青、妇等群团组织先后建立了党组或党委。

从1949年10月至1956年9月中共“八大”召开，在基本完成社会主义改造的七年中，保定地区各级党组织坚持为人民服务的宗旨，继承发扬革命战争年代的优良传统和作风，不断调整、充实党的机构，建立健全党的组织生活制度，大大加强了党的组织建设。在中共保定地委、定县地委成立之初，工作机构只有秘书处、组织部、宣传部、社会部及地委党校。随着社会主义改造和社会主义建设事业的发展，先后增设或改设了纪律检查委员会、统战部、办公室、工业部、农村工作部、财贸部、文教部、报社及地直机关党委，地委所属各县委也采取了相应的组织措施，加强党的领导，使党的组织工作全面展开，健康发展。新中国成立之初，保定地区所属县委领导成员由上级任命产生。1955年后，按照党章规定，各县先后召开党代表大会，选举产生县委领导机构。新中国成立初期，中共保定地区地方组织按照中央和省委指示，对全区基层支部普遍进行了整顿，对党员进行教育，并将已丧失党员条件的人开除出党，纯洁了党的队伍。同时，有计划地培养和发展新党员，并对新党员普遍进行了培训。党的组织工作的加强，大大提高了党的战斗力，发挥了党员的模范带头作用，使党在人民中间受到热烈的拥护，从而保证了保定地区恢复国民经济、抗美援朝、镇压反革命和“三反”“五反”运动的开展，保证了保定地区生产资料所有制社会主义改造的顺利进行。1956年下半年，全区实现了农业合作化，全区的经济、文化建设全面展开。

从1956年9月到1966年5月，保定地委及所属各级组织，领导全区人民转入全面的大规模的社会主义建设。虽然走过曲折的道路，但是，仍取得了巨大的成就。在这个历史过程中，党组织和广大党员紧密联系群众，充分调动人民群众建设社会主义的积极性，推动了保定地区经济、文化建设事业的发展。在受“左”的错误影响，面临严重困难和挫折时，党的各级组织和广大党员，与人民群众同呼吸、共患难，保证党领导人民战胜困难，并不断纠正“左”的错误。中共保定地区各级组织在全面建设社会主义的十年中，不仅为后来的现代化建设奠定了物质、技术基础，也取得了作为执政党领导全区人民进行大规模经济建设的可贵经验。与此同时，在这个时期，中共保定地区地方组织的组织建设和组织工作也曾经历了不少曲折和挫折。1957年“反右派”斗争严重扩大化，使党的组织和党内民主生活受到严重损害。1958年开始“大跃进”和人民公社化运动，保定地区是全国颇具影响的地区之一。如保定地区安国县的“大跃进”、徐水县人民公社化运动中的共产主义实验，闻名全国。为适应“大跃进”、人民公社化的需要，从1958年起，保定地区地（市）、县（市、区）、公社行政区划及管理体制的多次轻率变动，造成各级党委组织设置相应的撤、设、并、分、改的频繁变动，直到1960年2月撤销保定地委，严重影响了我党的组织工作的正常开展。同时，由于我党的不少领导人头脑发热，大搞高指标、瞎指挥、浮夸风、“共产风”以及“大辩论”“拔白旗”“扫暮气”“跑步进入共产主义”，不仅严重背离了我党的实事求是的思想原则和三大作风，也使大批党员、干部和群众受到伤害。1961年5月保定地委恢复后，党组织的设置才开始稳定下来。1959年庐山会议后，中共全党又错误地开展了“反右倾”斗争，严重损害了党的民主集中制。1960年冬，中共中央提出“调整、巩固、充实、提高”的方针，纠正“左”的错误，努力扭转国民经济的严重困难局面。1961年中共保定地委恢复后，积极贯彻党中央调整国民经济的方针，按照中央、省委指示，深入实际，大兴调查研究之风；并通过整风整社运动、“反五风”运动等措施，在各项实际工作中开始纠正一些“左”的做法和失误。为“拔白旗”“反右倾”运动中被错误处理的大多数党员、干部和群众进行甄别平反，为多数“右派分子”摘掉了帽子，党的民主集中制和三大作风开始得到恢复和发扬，工农业各条战线的严重困难局面开始逐步得到改变。到1966年，保定地区经济、文化的发展又出现了欣欣向荣的局面。但是，在这个时期，“左”倾错误在经济工作的指导思想上并未得到彻底纠正，在政治和思想文化方面还有发展。1962年9月中共八届十中全会提出了使社会主义社会阶级斗争扩大化和绝对化的理论。1962年底，保定地区在贯彻调整经济方针的整风整社运动中，创造了“清理账目、清理仓库、清理财物、清理工分”的“小四清”，后被党中央肯定并向全国推广，使之发展为“以阶级斗争为纲”“重点是整党内走资派”的“清政治、清经济、清组织、清思想”的“大四清”，即社会主义教育运动。按照中央统一部署，保定地区北部各县普遍开展了大规模的“四清”运动。地区及有关县、公社成立了“四清”专门机构，这些机构部分或大部分取代了各级党委，尤其是农村基层党组织的职权。在“四清”运动中，大批党员干部受到伤害。

1966年5月至1976年10月的“文化大革命”，是一场由领导者错误发动，被反革命集团利用，给党、国家和全国各族人民带来严重灾难的内乱。保定地区是全国闻名的“重灾区”。在这十年中，中共保定地区地方组织的变化经历了三个阶段，即从1966年5月“文化大革命”开始到1967年1月中共保定地委及所属下级党委被“造反派”夺权阶段；从1969年下半年到1971年4月地区和部分县革命委员会建立党的核心小组及各县（市）召开党代会阶段；从1971年4月到1976年10月重建中共保定地委阶段。

1966年5月，保定地区“四清”运动尚未结束，“文化大革命”运动即已发动。全区各中等以上学校纷纷成立“红卫兵”组织，批斗学校领导和教师。为加强对“文化大革命”的领导，地委成立了“文化大革命办公室”，各县（市）委也成立了相应的机构。地、县（市）委派出大量工作组到学校，力图控制局面。但很快工作组均遭驱赶，运动也迅速从学校扩展到社会，各种“造反”组织大量涌现，在“造反有理”“踢开党委闹革命”的口号下，搞“大鸣、大放、大字报、大辩论”，冲击各级领导机关。保定地区各级党、政领导干部被当作“走资本主义道路的当权派”而揪斗，党、政机关正常工作秩序被打乱，各级党组织陷于瘫痪状态，党员停止组织生活，整个社会处于“炮打”“砸烂”“横扫”的混乱状态。从1967年1月起，中国人民解放军驻保定地区各部队开始介入地方“文化大革命”，进行“三支”（支左、支工、支农）“两军”（军管、军训）。1967年1月，上海造反派非法夺取上海市党政大权的所谓“一月风暴”，很快刮向全国。同月，保定地区党、政机关及其工作部门均被“造反组织”夺权。随后，各县（市）、公社党、政机关也被夺权，全社会处于无政府状态。此后，地区及各县（市）造反组织逐渐分裂成势不两立的两大派而相互争斗，直到发展为真枪实弹的长时期的大规模武斗。流血事件屡屡发生，社会秩序混乱不堪。1968年8月，由军队干部、地方干部、群众组织代表三结合组成的保定地区革命委员会成立，各县（市）、人民公社也先后成立了革命委员会。各级革命委员会实行“一元化”领导，行使党、政领导职能，形成党政不分的状况。同时，由于革命委员会成员和工作人员来自相互对立的两大派，各自维护本派利益，使革命委员会无法正常开展工作。社会上两派组织的激烈斗争也无法平息。中共中央曾于1969年7月23日和28日两次发出解决保定问题、严令停止武斗的《“一一·九”布告》，并用飞机散发，制止保定的混乱局面，但收效不大。

1969年下半年，经河北省革命委员会党的核心小组批准，成立了保定地区革命委员会党的核心小组。此时，按照中共九大的错误理论，“文化大革命”进入“斗、批、改”阶段。在地区革委会党的核心小组的领导下，地区及各县（市）按照中央“斗、批、改”的规定，首先搞了“清理阶级队伍”和“一打三反”（打击现行反革命破坏活动，反对贪污盗窃，反对投机倒把，反对铺张浪费）运动。在“清队”和“一打三反”中，大批党员干部被诬蔑为“叛徒”“特务”“走资派”“现行反革命分子”“三反分子”“阶级异己分子”等，造成了大量冤、假、错案，使不少人蒙受不白之冤。大多数的党员干部则被集中到“学习班”，进行长期隔离审查、“劳动改造”，接着，进行“整党建党”。这次整党是按照中共九大肯定的“无产阶级专政下继续革命的理论”进行的。通过整党建党，保定地区各县（市）党的基层组织重新组建起来，党员恢复组织生活。但仍有不少党员被“挂”起来，不能恢复组织生活。在整党建党中，按“九大”制订的党章搞“吐故纳新”，一批党员被“吐故”，全区纳新党员占“文化大革命”开始时278611名的27.3%。随后，按照“军、干、群”“老、中、青”三结合的原则，重新组建了各级党的领导班子。1970年10月，中共中央发出《关于召开地方各级党代表大会的通知》。此后，经革委会党的核心小组或斗、批、改小组筹备，到1971年3月，保定地区1市22县先后召开了党代表大会，选举产生了各县（市）委。各县（市）委革委会党的核心小组或斗、批、改小组随后自行撤销。

1971年4月，经河北省革委会党的核心小组批准，保定地区第一届党代表大会在保定召开。大会选举产生了保定地区第一届委员会。委员会由67名委员、12名候补委员组成。地委常委13名，其中地方领导干部5名，军队干部6名，群众组织代表2名。中共保定地委属河北省委领导，下设1个市委，22个县委。根据中央和省委指示，地委书记、副书记由地区革委会主任、副主任兼任，地委工作机构与地区革委会合一，即地区革委会的办公室、政治部、生产指挥部、保卫部同时为地委的工作机构。1971年1月，地委党校恢复。从1974年2月起，保定地委先后恢复了组织部、宣传部。在此期间，地委所属各县（市）委工作机构也逐步得到了恢复。但这些地、县（市）委工作机构的设置和基本职能，仍然是中共“九大”党章规定的实行党的“一元化”领导，坚持“以两个阶级、两条道路，两条路线斗争为纲”。中共保定地委产生后，按照中央的统一部署，领导所属各级组织先后开展了“批修整风”“批林整风”“批林批孔”“评法批儒”“评《水浒》”“反击右倾翻案风”等运动，在这些运动中，以人划线，上挂下联，使为数众多的党员干部进一步受到伤害，不少地方和单位以派划线，“突击入党”“突击提干”，使党的组织更加不纯。保定地区两派组织仍在互相争斗，武斗事件不断发生，社会仍动荡不安。直到1976年10月，保定地区仍陷于十分混乱的状态，成了全国闻名的“老大难”地区之一。

1976年10月，粉碎江青反革命集团，“文化大革命”运动结束，中国进入社会主义现代化建设新的历史时期，中共各级组织的建设和发展也进入了一个新的历史阶段。从1976年10月“文化大革命”结束到1987年10月中共十三大召开的11年中，中共保定地、县（市）组织的设置及变化情况是：1976年10月粉碎“四人帮”后，中共保定地委属河北省委领导，下设1个市委，22个县委。11月，中共中央解决保定问题领导小组进驻保定，落实中央关于解决保定问题的《“一一·九”布告》精神。12月，河北省委派出的保定地区领导小组到保定主持工作，原保定地委、地区革委会领导成员集中到外地举办学习班。1977年4月，河北省委重新组建保定地委，撤销保定地区领导小组。1978年2月，保定地委由一级党委改为省委派出机构。1983年9月，原中共保定地委纪律检查委员会升格为中共保定地区纪律检查委员会。1984年4月，中共保定市委改建为省辖市委，同时，原保定地委所属满城县委划归保定市委领导。1986年3月、10月，中共定县县委、涿县县委先后改建为地属市委。同年4月，原保定地委所属清苑县委划归保定市委领导。至此，中共保定地委共领导2个市委、18个县委。

在社会主义现代化建设新时期的11年中，中共保定地区地方组织的组织建设和组织工作同全党一样，经历了从1976年10月粉碎“四人帮”，到1978年12月中共十一届三中全会召开前的徘徊前进阶段；从中共十一届三中全会召开，到1982年8月中共十二大召开前的拨乱反正阶段；和从中共十二大召开到1987年10月中共十三大召开的改革发展阶段。1976年10月粉碎“四人帮”，从危难中挽救了中国共产党。11月，对于深受“文化大革命”之害的保定地区这个“重灾区”，中共中央、国务院、中央军委联合发出关于解决保定问题的《“一一·九”布告》，并派出由北京军区司令员秦基伟为组长的解决保定问题领导小组来保定，贯彻落实《“一一·九”布告》精神，收缴武器，安定社会秩序。1976年12月，鉴于保定地委及地区革委会存在问题很大，河北省委决定，派保定地区领导小组到保定主持工作，原保定地委及地区革委会领导成员集中到外地办学习班。1977年4月，中共河北省委重新组建了保定地委。在这个阶段，保定地区领导小组和保定地委在努力稳定社会秩序的同时，领导全区各级组织和人民群众，开展了揭批江青反革命集团罪行，清查他们的反革命帮派体系的“一批三打”（揭批“四人帮”篡党夺权的罪行；打击打砸抢首恶分子；打击阶级敌人的破坏活动；打击资本主义势力的猖狂进攻）运动。地、县（市）委曾建立领导这一工作的专门机构。在此基础上，各县（市）委领导机构进行了调整或重新任命。党员的发展和干部的提拔均暂缓进行。按照1977年8月中共“十一大”党章关于在国家机关、人民团体和非党组织中设党组的决定，地、县（市）委陆续在政府工作部门和群众团体中恢复和建立了党组。全区局势也逐步稳定下来。在此期间，中共保定地区地、县（市）组织领导地区人民开展了“工业学大庆”“农业学大寨”和“建设大寨县”的工作，并建立了相应的机构。但由于当时仍坚持“以阶级斗争为纲”的错误指导思想，加之“文化大革命”中的各种消极因素一时还不能彻底清除，致使保定地区党组织的思想建设和组织建设未能出现根本转变，而处于徘徊前进的状态。

1978年12月，中共十一届三中全会在北京召开。全会坚决摒弃“以阶级斗争为纲”这个不适用于社会主义社会的错误口号，坚决批判了“两个凡是”的错误方针，作出了把工作重点转移到社会主义现代化建设上来的战略决策，在思想上、政治上和组织上全面地恢复和确立了马克思主义的正确路线。中共保定地委及所属组织贯彻中共十一届三中全会的路线、方针和政策，围绕着工作重点的转移，在党的组织工作上进入全面的拨乱反正。其主要内容是，领导地区人民深入批判“左”倾错误，彻底否定“文化大革命”，毫不动摇地坚持四项基本原则；按照中央关于抓紧复查，纠正冤、假、错案，认真落实党的政策的指示，地、县（市）两级都成立了落实政策工作的专门机构，全面开展这一工作；结合落实政策，调整、整顿地委及所属各级党组织的领导班子，使“文化大革命”中被错误处理或使用不当的大批干部得到适当安排，一部分老干部重新走上各级领导岗位；对“文化大革命”中入党的党员进行清理，清除、劝退一批不具备党员条件的人；贯彻《关于党内政治生活的若干准则》，实行党内政治生活民主化等。党的组织工作的全面拨乱反正，使广大党员提高了党性，党的组织生活步入正轨。

随着拨乱反正的深入发展，为了在新的历史时期不断加强和改善党的领导，中共中央提出了一系列关于党的组织建设和组织工作的改革措施。1982 年 8 月召开中共“十二大”。大会总结了中共十一届三中全会以来建设有中国特色的社会主义的经验，提出了党在新时期的总任务和全面开创社会主义现代化建设新局面的宏伟纲领。中共保定地区地方组织贯彻中共“十二大”精神，遵照中央改革方针，努力加强各级党组织的组织建设和组织工作。从 1982 年开始，中共保定地委及所属各级组织，按照精干和干部“革命化、年轻化、知识化、专业化”的要求进行机构改革，提拔了一大批年富力强、德才兼备的领导干部，一批老干部离退休或退居二线，废除了领导干部终身制，合并、精简了一些工作机构。压缩了书记、常委、委员数额，地委由原常委 17 人改为只设委员 7 人，22 个县委领导成员由原 239 人，减少至 174 人。同时，大量发展具备党员条件的知识分子入党，改变党的知识状况。为了实现党风的根本好转，解决党内思想、组织、作风不纯问题，根据《中共中央关于整党的决定》，从 1984 年冬到 1985 年下半年，保定地区各级党组织普遍开展了整党工作，并按党员标准对党员进行重新登记。结合整党，对“文化大革命”中造反起家的人、帮派思想严重的人、打砸抢分子（简称“三种人”）进行了认真的清理，并对在“文化大革命”中存在各种问题的干部、党员作出处理。通过整党，各级党组织进一步统一了思想，整顿了作风，加强了纪律，纯洁了组织。整党之后，保定地区各县普遍召开了党的代表大会，选举产生了新县委。到 1987 年 10 月，中共保定地委下属 2 个市委、18 个县委，11833 个党支部，党员共计 365484 名。

1987 年 10 月，中共“十三大”在北京召开。大会总结了新时期党领导社会主义现代化建设的历史经验，肯定了已被历史证明为正确的中共十一届三中全会以来的路线、方针、政策，进一步明确了党在社会主义现代化建设新时期，必须以经济建设为中心，坚持四项基本原则，坚持改革开放的基本路线。党的思想建设、组织建设、作风建设，都必须保证党的基本路线的贯彻执行。中共“十三大”的召开，为中共保定地区地方组织的组织建设和组织工作指明了方向，保定地区党的各级组织正在中共

“十三大”路线指引下，带领全区广大党员和人民群众，夺取社会主义物质文明和精神文明建设的新胜利。

（原文刊于《中国共产党河北省保定地区组织史资料》，河北人民出版社1992年版）

论陈独秀无产阶级领导权思想的形成及其演化

在无产阶级政党——中国共产党的领导下，从党创立起到第一次国内革命战争时期，中国革命运动蓬勃发展并取得巨大胜利。作为这一时期党的主要领导人陈独秀，曾和党一起，形成了正确或比较正确的无产阶级在民主革命运动中的领导权思想，并对这一思想的坚持和发展做出了贡献。由于受主客观条件的限制，在尖锐复杂的现实斗争中，陈独秀对无产阶级领导权的认识不断变化，日渐产生了放弃和背离无产阶级领导权思想的倾向并影响至全党。这也成为第一次国内革命战争归于失败的一个根本原因。本文仅就陈独秀无产阶级领导权思想的形成及其演化，作一些粗浅的探讨。

一

从“五四”时期到1925年1月党的“四大”，陈独秀的无产阶级领导权思想基本形成。在五四运动前后，由于受十月革命和工人阶级革命斗争的影响，陈独秀开始改变轻视劳动人民的观念，同情工农大众，赞同“劳工神圣”的口号，并在接受马克思主义、转变为马克思主义者的过程中，首先从理论上认识了无产阶级的地位和使命。从五四之后到党的创立，他走出书斋，又在宣传马克思主义，使之与中国工人运动相结合的过程中，从实践中看到了工人阶级的力量。他在许多文章、演说、书信中，肯定工人阶级的伟大作用，认为世界上“只有做工的人最有用，最贵重”。[①] 将工

① 《新青年》，1920年5月1日第七卷6号。

人阶级看成人类社会发展的决定力量，看成社会的“台柱子”[①]；基于对无产阶级的这一根本认识，积极投入了中国无产阶级政党——中国共产党的发起、创建工作。至党的“二大”，由陈独秀执笔的大会宣言肯定了“工人们的伟大势力”，承认工人阶级是中国“革命领袖军”，认为中国所有反帝反封建的力量，均应集合在无产阶级的政党——中国共产党的旗帜之下。从1922年年初起，在党领导的第一次工人运动高潮中，陈独秀进一步看到了工人阶级的力量，并由此推测到中国民主革命的非资本主义前途。认为“以现在无产阶级的革命倾向大过资产阶级便可以推知……采用社会主义来开发实业，是国民革命成功后不能免的境界”。[②]

在“二七”大罢工失败后，陈独秀曾有过一个时期的消沉。但随着工人运动的重新高涨，经过共产国际和党内同志的批评、帮助，陈独秀对工人阶级的正确认识逐渐得到恢复和发展，消极思想得到了不断的克服。1923年11月，陈独秀主持召开的中共三届一次会议关于中国共产党与国民党关系的决议，提出共产党“必须努力站在国民党中心地位”。[③] 1924年5月，陈独秀主持召开中央扩大执委会，会议检讨纠正了党内的右倾思想，确定中国共产党在国民党中的工作方针是“巩固国民党左翼和减杀右翼势力”。[④] 并且已意识到“所谓国民党左右派之争，其实是我们（即共产党——笔者），和国民党右派之争”。[⑤] 至此，陈独秀对工人阶级的错误认识已基本被“纠正过来”。[⑥] 陈独秀在随后的一些文章中，高度评价了工人阶级的力量，并基本上提出了无产阶级领导权的观点。他在《二十七年以来国民运动中所得教训》一文中，在论述了历次政治运动后得出结论：“二十余年来国民运动给我们的总教训是：社会各阶级中，只有人类最后一阶级——无产阶级，是最不妥协的革命阶级，而且是国际资本帝国主义之天然对敌者”[⑦]，必须由无产阶级“做一个督战者，督促一切带有妥协性的友军……不妥协地向外国帝国主义者及其走狗——国内的军

① 《新青年》，1920年5月1日第七卷6号。

② 《向导》，1922年9月20日第2期。

③ 中央档案馆编：《中共中央文件选集》（1921—1925），中共中央党校出版社1989年8月版，第747页。

④ 同上书，第187页。

⑤ 同上书，第186页。

⑥ 据邓中夏《中国职工运动简史》（1919—1927），人民出版社1953年版，第113页。

⑦ 《新青年》，1924年12月20日第4期。

阀、官僚、富商、劣绅、大地主、反革命的知识阶级进攻，才能够达到国民革命之真正目的——民族解放”。[①] 在中国共产党和陈独秀等领导人的正确领导下，党和无产阶级的力量迅速发展，并在革命运动实践中形成了“可以领导中国国民运动之趋势”。[②]

1925 年 1 月，中国共产党在上海召开了“四大”。陈独秀主持会议并向大会作报告。陈独秀的报告得到了代表们的赞同。会议“未经争论”即通过的由维津斯基起草、得到陈独秀赞同的宣言，集中体现了大会的政治路线，正是大会的宣言、报告及决议等文件，明确提出了无产阶级领导权问题。指出“最受压迫而最有集合力的无产阶级是最有革命性的阶级”。[③] 他们“在最近中国民族运动中，已站在最前进的地位”[④] 明确提出：“中国的民族革命运动，必须最革命的无产阶级有力的参加，并且取得领导地位，才能够得到胜利。”[⑤] 同时，为了保障无产阶级的领导权，又提出了农民同盟军的问题，并明确了加强党对各种群众运动领导的必要性和迫切性。这样，中国共产党的“四大”就作为党的无产阶级领导权思想形成的根本标志而载入了史册。显然，对中国共产党的这一重要思想的形成以及在“四大”被提出和为全党所接受，陈独秀的作用和贡献是不可否认的。所以，“四大”也是作为党的总书记的陈独秀形成无产阶级领导权思想的一个根本标志。

陈独秀之所以能在这个时期形成无产阶级领导权思想，前已述及，首先，在于他通过对马克思主义理论的学习和开展工人运动的实践，从主观上有了对工人阶级的正确认识。其次，在客观上，是由于共产国际在对中国共产党的指示中，提出了无产阶级的领导权问题（虽然与其曾低估中国工人阶级力量的指示相矛盾）。同时，中国共产党的其他领导人也对这一思想作了不少探索和论述，陈独秀在一定程度上吸收、接受了这些正确的意见或主张，并在共产国际和党内同志的帮助下，纠正了自己的一些偏见和错误认识，从而促成了无产阶级领导权思想的形成。

---

① 《新青年》，1924 年 12 月 20 日第 4 期。

② 中央档案馆编：《中共中央文件选集》（1921—1925），中共中央党校出版社 1989 年 8 月版，第 270 页。

③ 同上书，第 274 页。

④ 同上。

⑤ 同上。

不可否认，陈独秀的无产阶级领导权思想是在巨大的曲折和反复过程中形成的，是存在着种种缺陷的。从五四时期到建党过程中，陈独秀虽然实现了由激进民主主义向共产主义的转变，成为一名马克思主义者，但他头脑中仍残存着轻视劳动人民、轻视工人阶级的意识。及至1923年“二七”大罢工失败，工人运动转入低潮，他也随之消沉起来，“对时局的看法不清楚”。[①] 在党的“三大”前后，陈独秀在努力实现国共合作的同时，由于受共产国际对中国无产阶级和资产阶级的力量和作用评价上的错误批判的影响，陈独秀在阶级分析上产生了严重的右倾思想。他先后发表《资产阶级的革命与革命的资产阶级》《中国国民革命与社会各阶级》等文章，重视资产阶级超过了无产阶级，认为中国民主革命应由国民党来领导（当然，不能将他所说的国民党等同于资产阶级——笔者注），革命的胜利是资产阶级的胜利。无产阶级只有等资本主义高度发展后才能进行社会主义革命。这就是人们常说的“二次革命论”。陈独秀还接受、支持共产国际代表马林“一切工作归国民党”的主张。但是，陈独秀在这个时期的上述认识还未定型，“还说不上是固定的，有系统的，连续一贯的机会主义”。[②] 当然更不能将此视为此后陈独秀一以贯之观察、指导中国革命的基本指导思想。因为这种错误理论在当时充其量也只是处于萌芽状态。即使陈独秀在这一思想上严重右倾的时期内，其对无产阶级在革命中的重要地位和作用及阶级分析方面，仍是有一定的正确认识的。如他依然认为无产阶级是革命运动的“最勇敢的先锋队”[③]，没有“这最有战斗力的阶级起来奋斗”，革命“是不能成功的”[④]；在夸大民族资产阶级力量的同时，也指出了其幼稚性、妥协性，并最早将资产阶级划分为“革命的”“非革命的”“反革命的”三部分；在讲农民散漫、难以加入革命的同时，又承认农民是国民革命的伟大势力，已有加入革命的可能，等等。这是他的认识能由错误转向正确的基础。之后，虽然陈独秀逐步接受、形成了无产阶级领导权思想，但他在这一思想上仍存在着种种缺陷和局限性。如忽视无产阶级对武装力量和政权的领导，未能认识解决农民土地问题的重要性，忽视统一战线中无产阶级与资产阶级争夺领导权的斗争，等等。像幼

① 陈独秀：《在中国共产党第三次代表大会的报告》。

② 蔡和森：《在党的第六次代表大会上讨论政治报告时的发言》，1928年6月22日。

③ 陈独秀：《中国国民革命与社会各阶级》。

④ 《向导》，1924年6月28日第71期。

年的党一样，转变为马克思主义者为时不久的陈独秀，在无产阶级领导权思想上的种种缺陷以及形成这一思想过程中的曲折、反复，是不可避免的，是正常的。反之则是不可思议的。不独陈独秀为然，党的其他领导人也经历了类似的过程。即使是共产国际，对中国实际情况也是不甚了解的。难能可贵的是，作为党的主要领导人的陈独秀，毕竟基本形成了这一指导新民主主义革命的根本思想，并投入了坚持无产阶级领导权的实际斗争。

二

从1925年1月党的“四大”到1926年12月党的汉口特别会议，是陈独秀在无产阶级领导权思想上发展与倒退互相交错、复杂演变的阶段。从总体上看，在这个时期，一方面，陈独秀和党一起，仍坚持了无产阶级领导权思想，并在实际斗争中实行和维持了无产阶级对革命运动的领导，使革命力量迅速增长。另一方面，陈独秀放弃无产阶级领导权的思想倾向日渐发展并成为其主导思想，而且在汉口会议上为党所接受。这一思想倾向在实际斗争中产生了严重的影响。

首先，陈独秀这一时期在无产阶级领导权思想上的复杂演化，表现在他对无产阶级本身的认识上。一方面，陈独秀坚持和发展了党的“四大”关于无产阶级地位、作用和历史使命的认识。“四大”之后，陈独秀积极投身于对工人运动的领导。通过领导工人运动的实践，尤其是在“五卅”运动、省港大罢工等革命斗争中，工人阶级表现出的最坚决、最彻底的革命性，使陈独秀对工人阶级本质的认识进一步深化和更趋正确。他在《中国国民革命运动中工人的力量》《我们如何继续反对帝国主义的争斗?》等大量文章、报告中，赞扬工人阶级的伟大力量，强调中国革命必须由无产阶级来领导才能胜利。他说：中国工人运动“表现出无产阶级是国民革命中最伟大的社会势力”①，中国工人阶级“已表示极伟大的力量”②。指出：“只有工人阶级是最革命的阶级。”③“这一不妥协的工人阶

① 《向导》，1925年12月20日第139期。

② 同上。

③ 《向导》，1925年8月23日第126期。

级不仅在决战的心理上是不妥协的革命者，并且在客观上也富有能够革命的力量……中国国民革命运动，必须他们起来参加才足以制敌人的死命。"[①] "若没有工人阶级有力地参加奋斗，决没有得到胜利的可能。"[②] 从而强调指出：中国民族运动必须"由革命的工人阶级领导此运动，一直行向革命，以至完成全中国的民族解放"。[③] 但是，另一方面，陈独秀对无产阶级本质的正确认识，还未能在具体的尖锐复杂的现实斗争中争取无产阶级领导权，自觉地、有机地结合起来。而往往是认识落后于形势的发展、思想与实践相脱节的。他在革命形势和阶级关系急剧变化的情况下，则显得困惑、呆板和手足无措，出现思想上的混乱，以致发生种种曲折、倒退的认识和行为。其集中表现，就是往往过高估计资产阶级的力量而低估无产阶级的力量，主张对资产阶级以退让求团结，从而导致了对无产阶级领导权有某种程度的削弱和放弃。

其次，对农民同盟军的认识。应该肯定，在这一阶段，陈独秀主要是贯彻了党的"四大"关于农民同盟军的正确思想。党的"四大"在提出这一问题后，党加强了对农民运动的发动和领导，中国农民运动汹涌而起。陈独秀对农民运动是从根本上给予肯定和支持的，并强调党要加强对农民运动的领导。他说：全国许多地方的农民已经"起来反抗剥削和压迫他们的阶级了"，"照这种趋势看去，我们可以说，农民的政治觉悟及其在政治生活上的地位，必是一天一天地发展，将成为民族解放运动中之主要势力"。[④] 甚至认为："农民推翻乡绅政权的暴动，此种运动才开始，将来或者是中国民主运动最后的最高的形式。"[⑤] 陈独秀着重指出："我们的党要想领导中国民族解放运动顺利地进行，就在取得这项农民的势力，取得农民运动的指导权。"[⑥] "我们的党，在一切农民运动中，应努力取得指导的地位。"[⑦] 并针对农民

---

① 《向导》，1925 年 8 月 23 日第 126 期。

② 同上。

③ 《向导》，1925 年 2 月 7 日第 101 期。

④ 中央档案馆：《中共中央文件选集》（1926），中共中央党校出版社 1989 年 8 月版，第 142 页。

⑤ 《向导》，1926 年 6 月 30 日第 160 期。

⑥ 中央档案馆：《中共中央文件选集》（1926），中共中央党校出版社 1989 年 8 月版，第 143 页。

⑦ 同上书，第 148 页。

运动已经兴起的省份，提出了“党到农民中去!”的口号。[①] 但是，农民运动的迅猛发展，吓坏了资产阶级。为了稳住资产阶级，保住统一战线，陈独秀一再主张限制农民运动。他在反驳反动势力攻击农民运动“过火”的同时，也跟着指责农民运动“过火”“过左”（当然，当时的农民运动确有矫枉过正的现象），并以缩短左右距离（即限制工农运动以换取国民党右派的向左）规定为党的主要策略。此外，受共产国际妥协思想的影响，陈独秀和党一样，曾对农民运动的领导一度忽视和放松。这一切，对农民运动的发展是非常有害的。

再次，对争取统一战线中领导权的认识。在这个问题上，陈独秀的思想更为复杂多变。首先应该肯定，他曾坚持或提出过的不少主张或策略是正确和较为正确的。面对统一战线内部在领导权问题上无产阶级与资产阶级的尖锐矛盾和斗争，陈独秀明确提出了无产阶级要“与资产阶级争此革命运动的领导地位”[②] 的主张，认识到无产阶级对统一战线的领导权必须通过与资产阶级争夺才能实现。同时，他对资产阶级的认识也在不断变化、深化中渐趋全面。中国共产党的“四大”后，经过开展“五卅”运动、省港大罢工等工人斗争，陈独秀很快改变了“二七”大罢工失败后过分看重资产阶级的认识。甚至还得出过整个中国资产阶级都“不革命”的看法。[③] 他曾多次指出资产阶级的幼稚性、软弱性、妥协性、反动性，认为“幼稚的中国资产阶级，在原则上，他被压迫在帝国主义及国内军阀两重势力之下，应该有革命的要求；然而在实际上，他已是全世界反动的资产阶级之一部分，他所有应有的革命要求，很容易被他阶级的反动性消灭下去”。[④] 指出“资产阶级的特性，一旦得到些小胜利，稍稍能够安慰其阶级的要求，便立刻发挥其妥协根性，离开民众，背叛革命而与敌人合作，他们不能革命到底，这也是毫无疑义的事”。[⑤] 他在将资产阶级划分为“反革命”“非革命”“倾向革命”的三部分的基础上，指出官僚买

---

① 转引自《陈独秀年谱》，重庆出版社 1987 年 10 月版，第 228 页。

② 中央档案馆：《中共中央文件选集》（1926），中共中央党校出版社 1989 年 8 月版，第 116 页。

③ 《向导》，1926 年 12 月 5 日第 180 期。

④ 《向导》，1925 年 11 月 21 日第 136 期。

⑤ 中央档案馆：《中共中央文件选集》（1926），中共中央党校出版社 1989 年 8 月版，第 116 页。

办资产阶级是反革命的资产阶级，是“帝国主义及军阀有力的工具”[①]，是革命的对象；同时，认为民族资产阶级是革命的资产阶级，小工商业家是非革命的资产阶级。这种对资产阶级不同阶层的初步区分，对争取党在统一战线中的领导权的策略的制定，显然是有益的。

在对各革命阶级的政治联盟——国民党的认识方面，随着其内部左右派的分化愈演愈烈，陈独秀将其划分为共产派和右派、左派、中派等派别，提出共产党（共产派）“要联合左派并中派，向反动的右派进攻”[②]的策略。陈独秀在许多文章、演说中，对国民党右派，尤其是对老右派冯自由、马素、张继、谢持、居正等，进行了大量的揭露和批判。对国民党新右派戴季陶、孙科等，也曾给予一定的抨击。如认为戴季陶和老右派谢持、马素等“无甚出入”。[③] 认为“新右派，一开始即带有反动的倾向”。[④]“他们既然反对阶级争斗，反对苏俄，反对共产党，反对国民党左派，并且反对国民政府，客观上便实实在在地帮助了反革命和帝国主义者。”[⑤] 陈独秀对于国民党右派的分析、揭露、批判和斗争，对于维护国共合作大局，坚持无产阶级对革命统一战线的领导权，起了一定的积极作用。

然而，不可否认，陈独秀对资产阶级及国民党的认识不仅不够全面，不尽正确，而且其正确方面也往往不能坚持始终。尤其是在斗争形势、阶级关系急速变化时，更容易认不清事物的本质，而被一些表面现象所迷惑，作出种种错误的判断。如 1925 年底北方政局动荡，国民军处境困难时，陈独秀就认为全国的“革命低潮到来了”，从而要联合国民党右派。[⑥] 1926 年底，随着资产阶级在北伐中掌握武力，其势力日益膨胀，陈独秀就由看重工农力量转而看重资产阶级的力量，认为“自五卅以来，中国的资产阶级已渐渐成了民族运动中之重要成分，且有领导此运动之倾

① 《向导》，1925 年 11 月 21 日第 136 期。

② 中央档案馆：《中共中央文件选集》（1926），中共中央党校出版社 1989 年 8 月版，第 116 页。

③ 《陈独秀书信集》，新华出版社 1987 年 11 月版，第 392 页。

④ 《向导》，1926 年 6 月 30 日第 160 期。

⑤ 《向导》，1925 年 12 月 20 日第 139 期。

⑥ 《吴玉章回忆录》，中国青年出版社 1978 年版，第 132 页。

向”。[①] 特别是到1926年底党的汉口会议时，由于北伐战争已取得决定性胜利，革命人民同北洋军阀残余势力的矛盾已开始降至次要地位，而与由民族资产阶级右翼的代表变为大地主、大资产阶级的代表的新军阀蒋介石的矛盾，已开始上升为主要矛盾。陈独秀对此重大变化竟根本未能认识，而要拉住蒋介石死死不放，甚至不惜牺牲工农群众的根本利益，迁就蒋介石之反动要求，并使党接受了这些主张，从而为党的事业埋下了巨大的隐患。陈独秀虽然进行了一些反对国民党右派、争取无产阶级领导权的斗争，但是，一方面，他长期对蒋介石、胡汉民、谭延闿、吴稚辉等新右派认识不清，还把他们当成国民党左派加以吹捧；另一方面，他又认为共产党处于国民党中心地位、担当领导者的职责，是“包办”国民党，因此才引起右派忌恨；认为共产党加入国民党应居于“客卿”的角色，才能从根本上避免争端，保住统一战线。所以，他对右派的斗争是缺乏彻底性的，也是越来越缺乏战斗力的。相反，他却以更多的妥协退让，迁就资产阶级，迁就国民党右派。仅1926年前半年，他就在国民党“二大”、中山舰事件、整理党务案的斗争中，三次作了重大让步。结果，使蒋介石等右派得势，共产党遭到各种限制和打击，出现了对革命不利的形势。陈独秀在与资产阶级限制与反限制的复杂斗争面前，更感力不从心。为了保持共产党的独立性，他于1925年10月、1926年3月、1926年7月，先后三次向中央提出要我党退出国民党的主张。这无异于将国民党这一统一战线的重要阵地拱手让给资产阶级。这理所当然地遭到共产国际和党内多数同志的批评和否决。

最后，对无产阶级领导武装、政权问题，陈独秀均曾有所认识。他曾不止一次地指出了武装斗争的重要性。他说：“任何国家任何性质的革命，都非有武力不成，因为被革命的统治阶级都有强大的武力，革命的被统治阶级如果没有武力，当然不会成功。”[②] 他又说：“在殖民地半殖民地的民族革命中，军事行动的工作是要居很重要的地位。帝国主义者及其工具——国内军阀，都是武装的，民众没有武装，如何能够得着革命的胜

① 中央档案馆：《中共中央文件选集》（1926），中共中央党校出版社1989年8月版，第115页。

② 《向导》，1926年11月25日第179期。

利?”[①] 他主张党“应该参加武装斗争的工作”[②]，并“渐次发展工农群众的武装势力”。[③] 强调要“不断地扩张民众的武装，如民团、商团、红枪会、农民自卫团、工人自卫团、工人纠察队、学生军等”。[④] 1926年6月，陈独秀还曾主张建立共产党自己独立的军事势力以和蒋介石对抗，要求共产国际把供给蒋介石、李济深等人的枪械，匀出5000支来武装农民，但因遭到共产国际拒绝而未果。[⑤] 在政权问题上，陈独秀对党领导农民推翻乡绅政权建立农民政权，也是取赞同态度的。但是，在这个时期里，陈独秀从根本上忽视了同资产阶级争夺对北伐战争的领导权问题，没有认识到无产阶级必须直接掌握军队的极端重要性，因而主张北伐战争的军权统交资产阶级掌握，要求中国共产党的干部在国民革命军中只能做政治教育工作，不能就任实权官职。从而使资产阶级在北伐战争中掌握了武力，实力空前膨胀。在建立革命政权问题上，陈独秀更是主张政权应归资产阶级所有，反对中国共产党党员参加政府工作。认为“共产党取得政权，乃是无产阶级革命时代的事，在国民革命时代不会发生这类问题”。[⑥] 自动放弃对政权的领导权，甘当“在野党”。

陈独秀在本时期之所以在无产阶级领导权思想上发展与倒退交错，在总体上坚持这一思想的同时，逐渐形成以倒退为主的趋势，首先，这是由越来越错综复杂而尖锐激烈的客观现实斗争所造成的。一方面，我们党还处于幼年，而陈独秀等党的领导人接受马列主义、领导革命斗争也为时尚短。另一方面，则是空前规模的反帝、反封建斗争，同资产阶级新、老右派的斗争，以及开展各种工农群众运动，政治的、军事的、外部的、内部的各种斗争相互交错，极端错综复杂，需要很高的领导艺术和斗争经验，而我们的党及其领导人陈独秀等还未具备胜任肩负这些斗争任务的能力和水平。其次，陈独秀已经产生的“二次革命论”的萌芽，虽经党内同志帮助和在实践中认识，曾得到一定程度的克服和纠正，但并未彻底消除，一遇适当的气候，就会恢复和发展起来。陈独秀对民主革命与社会主义革

① 《向导》，1926年4月13日第149期。

② 据陈独秀主持通过的中央第三次扩大执委会《军事运动决议案》，1926年7月。

③ 同上。

④ 《新青年》，1926年7月25日第5号。

⑤ 转引自《陈独秀年谱》，重庆出版社1987年10月版，第217页。

⑥ 《向导》，1926年9月25日第172期。

命的内在联系并未理解。他产生过不经过民主革命而一举实现社会主义革命的思想[①]，但主要是将两次革命截然分开，强调资产阶级应领导民主革命的思想。尤其是资产阶级在北伐战争中掌握武力、势力膨胀后，陈独秀更是将革命胜利的希望寄托在其身上。为了拉住资产阶级而步步退让。最后，是共产国际及其代表对中国革命的 指导不断出现失误。可以说，陈独秀放弃无产阶级领导权的一些妥协让步主张和行为，都可以在共产国际及其代表的指示、意见中找到根据。

1926 年 12 月，中共中央在汉口召开特别会议。陈独秀的右倾思想得到了系统、集中的体现并为中央所接受。从此，轻视、放弃无产阶级领导权的倾向成为陈独秀和党的主导思想。

三

从1927 年 1 月到 7 月，是陈独秀在无产阶级领导权思想上大倒退的阶段。汉口特别会议后，进入大革命末期。在这整个阶段中，陈独秀对无产阶级领导权思想仍是有所坚持的，尤其在 1927 年 4 月 5 日《汪陈联合宣言》之前，更是如此。但是，急剧变化、日益险恶的形势，共产国际及其代表指导的诸多不切实际、自相矛盾和不断失误，加上陈独秀自身认识的更加混乱，使他对革命局面无法明示、难以把握。对一个接一个的反革命事变感到头晕目眩，手足无措。对自认为“大势已去”的革命形势流露出无可奈何的心情。他认为要挽救革命的败亡，只有以更多地牺牲无产阶级及人民群众的利益，去迎合、取悦于资产阶级，才能拉住他们和保住统一战线，保住革命。从而，他在这一阶段中，在总体上，是坚持退让，坚持投降的，是迅速沿着放弃、拱手出让无产阶级领导权的轨道下滑的。

之所以说陈独秀在这一时期仍对无产阶级领导权思想有所坚持，首先是陈独秀对无产阶级本质的认识并未改变。他仍认为“工人阶级的确是全国最革命的阶级，能够切实担负起革命的使命，能够领导其他被压迫阶级摧毁军阀的武力，并建立新的革命的民主政权”。[②] 1927 年二、三月间，在参加领导上海工人武装起义的过程中，陈独秀的无产阶级领导权思想有

① 《陈独秀书信集》，新华出版社 1987 年 11 月版，第 394 页。

② 转引自《陈独秀年谱》，重庆出版社 1987 年 10 月版，第 255 页。

很大回升。他主张工人阶级要立于革命的“主体”地位，并夺取武装，夺取市民代表会的领导权。在党的“五大”上，陈独秀对坚持无产阶级领导权仍持肯定的态度，承认了自己的某些右倾错误。尤其是赞同了大会对“二次革命论”的否定和批判。大会决议指出：工人阶级在中国革命中的领导权，“足以保证革命的前途，将来不是开出一个资本主义发展的时期，而是直接走到社会主义建设的斗争”。[①] 陈独秀也领导、参加了声讨蒋介石等反革命武装叛变的斗争，并曾提出东征讨蒋的主张。[②] 此外，陈独秀在无产阶级与资产阶级争夺统一战线中的领导权，加强工农联盟及开展土地革命，工人阶级领导武装、政权及群众运动工作等方面，也曾有过一些正确的认识和主张，直到6月15日，陈独秀对共产国际要挽救革命及加强无产阶级领导权的两个五月紧急指示，仍回电表示完全同意。陈独秀之所以在这个时期，对无产阶级领导权思想仍能有所坚持，既在于前已述及的他原有的认识基础，也是党内同志批评帮助和执行共产国际某些正确指示的结果。

但是，这一时期，陈独秀在无产阶级领导权思想上的倒退是其主要倾向。尤其是在1927年4月《汪陈联合宣言》发表后，反革命事变接连不断。党的北方区遭到破坏，“四一二”政变，“四一五”政变，夏斗寅、许克祥等相继叛变，朱培德“礼送”共产党出境，武汉国民政府日趋反动并在郑州会议、徐州会议后宁汉合流，共同反共，革命危机临迫。陈独秀在这一系列反革命事件面前，既感到惊慌，又颇感困惑，他在苦恼和失望中，将革命的希望更加寄托于资产阶级，寄托于“国民党左派”。认为国民党（实质是资产阶级）“当然处于国民革命之领导地位”。[③] 在统一战线中，也更加“只讲联合，不讲斗争”。主张对资产阶级无原则妥协退让，而一步步放弃无产阶级在民主革命中的领导权。他在反革命事变面前，不仅反击无力，甚至责怪中国共产党自己，从而使资产阶级的反革命气焰更加嚣张。在对待无产阶级农民同盟军方面，他始终拿不定革命的决心和措施，反而处处限制、责难农民运动，力图将农民运动限制在资产阶级允许的范围内。这样，就使无产阶级难以团结甚至抛弃了农民这个伟大

---

① 中央档案馆：《中共中央文件选集》（1927），中共中央党校出版社1989年8月版，第38页。

② 转引自《陈独秀年谱》，重庆出版社1987年10月版，第266页。

③ 见陈独秀及共产国际代表主持通过的《国共合作十一条决议》，1927年6月30日。

的同盟军，而使自己在资产阶级进攻面前处于孤立无援的地位。在军事问题上，他也日益从不重视和消极的态度，转到要“工农武装均应服从政府之管理与训练”[①]，实际上无异于缴械投降。在政权问题上，他也由向来漠视的态度很快转到要求共产党人全部退出政府，使革命所建立的政权为资产阶级一家独占。即便对我党在领导权上最具优势的群众运动，陈独秀也主张将其交给资产阶级领导，提出“工农等民众团体均应受国民党党部之领导与监督”。[②] 如此等等。显而易见，这就使无产阶级在民主革命中的领导权丧失殆尽了。自然，也不难想见陈独秀在无产阶级领导权思想上已倒退到何等地步。

陈独秀对无产阶级领导权的背离和放弃，陈独秀右倾机会主义的极度发展，使大革命的失败已经势不可免。大革命失败后，陈独秀“二次革命论”的思想加速发展和趋于成熟，并进一步由阶级投降主义滑向取消主义。因其思想对无产阶级领导的革命斗争已无明显意义，故不再赘述。

（原文刊于《河北大学学报》1994 年第 4 期）

① 见陈独秀及共产国际代表主持通过的《国共合作十一条决议》，1927 年 6 月 30 日。

② 同上。

彭德怀生平与思想研讨会述评

1998年10月24日，是我们党、国家和军队的杰出领导人，伟大的革命家、政治家、军事家彭德怀诞辰100周年。为了缅怀他为中国革命和建设事业所建树的不朽功勋，中国现代史学会、中国中共党史学会、《彭德怀传》编写组、湘潭纪念彭德怀诞辰百周年筹备委员会联合发起，于1998年10月6日至9日在彭德怀家乡湖南省湘潭市，举行了彭德怀生平与思想研讨会。来自全国各地的100多位专家、学者及有关人士出席了研讨会。现将会议情况述评如下：

一　彭德怀与长征

与会学者指出，在举世闻名的二万五千里长征中，彭德怀作为红一方面军（即中央红军）三军团的主要领导人，组织、指挥了多次重大战役、战斗并取得胜利，这对于红军摆脱被敌合围聚歼的险境，夺取战略转移中的战略主动权，探索在敌强我弱的条件下战胜敌人的战略、战术思想，无疑有着重大的意义。

彭德怀为长征胜利发挥的无可替代的作用还表现在：坚定地站在以毛泽东为代表的正确路线一边，同“左”倾机会主义和张国焘右倾分裂主义进行了不懈的斗争。从红军第五次反“围剿”直到遵义会议，彭德怀冒着被逐、被杀的危险，对博古、李德等的“左”倾冒险主义进行过坚决的抵制和批评，衷心拥护毛泽东等人的正确意见，支持转变战略方针，实行战略退却。中央红军与红四方面军两大主力红军会师后，在与张国焘分裂主义的斗争中，彭德怀不为张国焘的挑拨、利诱所动，坚决拥护和执行党中央、毛泽东北上的正确决策，同张国焘分裂党和红军的错误行为进行了毫不妥协的斗争。更为难能可贵的是，面对野心恶性膨胀、拥兵自重、阴谋“武力解决”党中央的张国焘，彭德怀不仅派出精锐部队暗中保护党中央、毛泽东，还曾直接向党中央、毛泽东建议，先发制人，解决张国焘问题。尽管这一建议未被接受，但足见彭德怀对革命事业的高度责任感，对党中央的耿耿忠心。当时能随党中央北上的，只有彭德怀指挥的红三军团。彭德怀在惊涛骇浪之中，不顾张国焘的威吓、阻挠和破坏，率红三军团孤军护卫党中央、毛泽东脱离险境，直至与红一军团会合。这就为整个红军的北上迈出了坚实的一步。由上可知，彭德怀在长征中，尤其是在长征后期极为复杂艰险的斗争中所显示出的大智大勇，使处于困境中的红军转危为安，其卓著的历史功绩是不言自明的。由于历史的原因，彭德怀在红军长征中所起的作用大多鲜为人知，现在应该让这段历史放射出应有的光辉了。

二 彭德怀与华北抗战

在抗日战争时期，彭德怀是负责华北抗战的中共中央军事委员会分会即华北军分会的主要成员，长期担任八路军副总指挥（后改称十八集团军副总司令）。他协助朱德总司令（不久朱德返回延安后即由彭德怀负全责）领导和指挥华北军民，进行了艰苦卓绝的华北抗战，在战争中夺取了一个个辉煌的胜利，创造了一系列作战原则和战略战术，丰富和发展了毛泽东军事思想。可是，这一时期又是彭德怀遭到误解、非议甚至批判很多的时期，有些无端加给他的罪名及其恶劣影响长期难以消除。针对上述情况，与会学者充分肯定了彭德怀在抗日战争中的作用与贡献。

关于游击战与运动战之争。有的学者认为，抗战初期，彭德怀及华北军分会在军事战略方针上与中央的争论，即所谓游击战与运动战之争，是存在的。但这种争论是正常的，因为人们对战略转变需要有一个认识过程。在历史上这一问题被说成是“两条军事路线的斗争”，或什么“王明右倾机会主义的反映”，也使彭德怀在1945年华北座谈会上备受指责，并成为他后来屡遭批判的一大罪状，是完全不应该的。有的学者提出，抗战初期彭德怀在战略方针上与中央并无分歧，彭德怀所主张的“运动游击战”，是符合党中央和毛泽东提出的抗日游击战争战略方针要求的。长期以来人们对所谓彭德怀与中央的运动战与游击战之争，纯属误解。彭德怀运动游击战的主张在华北抗战初期的实践中取得了极大的成功，并早已为中共中央、中央军委和毛泽东所肯定。

有学者还进一步论述了彭德怀的抗日游击战争思想，指出：他分析和强调了游击战争在抗日战争中的重要地位，论述了游击战的组织、发展的必要条件及实施的战术原则，阐述了游击战与正规战及地方军与正规军的相互关系，从而形成了丰富的游击战争思想，对毛泽东军事思想做出了巨大贡献。有的学者还提出，关于抗日持久战的思想也是彭德怀较早提出来的。这一思想为毛泽东吸收、概括和发挥，并进行了系统论述，成为长期、全面指导抗日战争的光辉战略思想。

关于彭德怀发动和指挥的百团大战问题。与会学者认为，以往对作为百团大战主要决策人和直接指挥者的彭德怀，曾有过诸多非议和责难，在“文化大革命”中彭德怀更因此遭到林彪、江青等人的大肆攻击和诬蔑。这对彭德怀是极不公正的。在百团大战中，由于参战兵力之多，作战地域之广，动员准备之充分，指挥艺术之高超，军民配合之密切，作战成果之辉煌，不仅在中国抗战史上是威武雄壮的篇章，就是在世界反法西斯战争史上也是光彩夺目的一页。彭德怀作出百团大战的决策，无论是当时还是现在看来，都是正确的，也自始至终得到了党中央和毛泽东的同意和支持，绝非彭德怀背着党中央擅自发动的。这一壮举为克服“空前投降危险和空前困难”局面，打击日寇的嚣张气焰，揭露反共顽固派的谣言，树立我党我军在全国人民中的威望，团结中间势力、发展进步势力，坚定抗战胜利信心，都有不可估量的重要意义。

三 彭德怀与西北战场

在伟大的解放战争中，彭德怀指挥最初仅有两万余人的第一野战军，驰骋疆场，从小到大，由弱到强，与数倍于己的敌人斗智斗勇，“蘑菇”周旋，从延安保卫战，到解放陕、甘、宁、青、新五省区，三年歼敌50余万，导演出了许许多多有声有色、威武雄壮的战争奇观，使西北战场有力地配合、支援了全国的战略决战，同时也成为这一伟大决战的有机组成部分。这充分体现了彭德怀无产阶级革命家的胆略，超人的智慧和卓越的军事指挥才能。

有的学者对创造并显威于西北战场的“蘑菇”战术进行了深入的研究，认为毛泽东形象概括的这一著名战术原则，凝聚着彭德怀的心血和智慧，其基本思想是彭德怀在战争实践中创造性地提出来的。首先，关于延安保卫战，毛泽东考虑更多的是外线配合内线作战，守住延安；彭德怀则较早提出放弃延安，诱敌深入打运动战，内线独立作战、对敌各个击破的问题，为“蘑菇”战术的形成创造了前提。其次，青化砭之战，彭德怀坚持内线打运动战的方针，利用陕北有利的群众、地形条件，以小部队佯动，牵着敌人主力转圈，由我军主力寻机歼灭孤立、突出之敌。青化砭之战首战获胜，初步探索出了适合陕北特点的运动战战法。再次，彭德怀对胡宗南采取的以“小米碾子”战术即用强大集团兵力“滚动”前进的战法，采取长期使之疲困、消耗敌人的战法，四面袭扰，断其交通，迫其分散，然后打击分散及来援之敌，取得羊马河战斗的胜利。至此，毛泽东将这种战法形象地概括为“蘑菇”战术。最后，蟠龙战役，彭德怀以小部队伪装主力，且战且走，诱敌北上，而以主力对敌重镇蟠龙发起攻坚战，大获全胜，进一步发展了“蘑菇”战术，从此稳定了陕北战局。

有的学者还研究了彭德怀在统率西北野战军解放大西北的过程中，模范地、创造性地执行党的民族宗教政策，坚持民族团结。党的民族政策的模范执行，不但为迅速解放大西北铺平了道路，更为战后西北少数民族地区的建设发展与长治久安打下了基础。

四　彭德怀与庐山会议

研究彭德怀在庐山会议期间及其前后的活动和表现，探讨彭德怀在此重大历史关头的思想轨迹及其情感所系，是这次会议一个最大的热门话题。与会学者认为，在庐山会议上，彭德怀由于给毛泽东写信被误解而招致错误的批判及处分，其产生的后果是十分严重而令人痛心的。这不仅是彭德怀个人的悲剧，也是党和国家之大不幸。深刻认识这段非同寻常的历史，对于全面评价彭德怀的一生，正确总结党的历史经验教训，加强党的思想和组织建设，意义重大。

学者们首先对彭德怀为什么要给毛泽东写信进行了深入的探讨。认为彭德怀的主要考虑是：第一，庐山会议即将结束，但“左”的问题还没有解决，由于没有与毛泽东面谈的机会，无可奈何，只有写信。第二，他在西北小组发言七次，会议简报没有很好地反映；还有些问题，他感到不便在小组会上讲，认为写信更适宜。第三，他把彻底解决“左”的问题的希望寄托在毛泽东身上，认为只有毛泽东在会上强调纠“左”才能彻底解决问题，这一点毛泽东也是很容易做到的。第四，自己的意见符合民心民意，在中央也有人支持，会引起毛泽东重视。第五，中央各位常委当时由于种种原因，都不便说话，自己身负党政军重要责任，给毛泽东写信反映问题比较合适。第六，给毛泽东写信，是供他参考的，即使有不妥，也无大碍。基于这样一种纯洁的动机和善良的目的，彭德怀斗胆直言上书。

学者们还讨论了彭德怀的意见何以会被毛泽东误解，进而导致庐山会议由纠“左”转向反右的问题。有的学者认为：其原因一是彭德怀的意见触犯了毛泽东对形势估计固有的模式，被视为根本否定“三面红旗”而不能容忍；二是彭德怀耿直之言触犯了毛泽东由其本人“最后决定”党的重大问题的家长式的领导习惯，被视为对其领袖地位的“挑战”；三是彭德怀等人提出的问题及私下议论为毛泽东机械地分析和联系提供了材料，被视为有目的、有准备、有计划、有组织的反党活动；四是由于阶级斗争扩大化的迷雾，彭德怀的东欧之行与庐山上书被毛泽东视为有国际背景的“内外夹击”。有的学者从毛泽东的个人崇拜与个人专断发展的角度，来说明这一事件发生的必然性，认为彭德怀是一位反对个人崇拜的勇者，而毛泽东则从20世纪50年代后期以来个人崇拜和个人专断作风日益发展，这就导致毛泽东对彭德怀日渐疑忌，直至出现庐山悲剧。有的学者还从文化心理的层次，去透视庐山会议这种大家错误地一边倒向个人(毛泽东)、从纠“左”到反右，突然一百八十度转向的现象，认为这正如邓小平所说的“思想政治方面的封建主义的残余影响”，是一种残存的封建专制与忠君文化心态的体现。

有的学者还对彭德怀在庐山会议上的党性表现进行了论述。认为彭德怀在会议期间，始终坚持了党性原则：他深入社会调查研究，以形成对党的工作的经验教训的正确认识并如实向党反映，这体现了党一贯提倡的实事求是的优良作风；他采用正当的方式反映广大党员和人民群众的呼声和愿望，表达自己的观点，这既是党员的权利，也是在履行党员的义务，是完全符合党性原则要求的；在蒙受不白之冤和遭到极大伤害的情况下，彭德怀仍以党的利益为重，顾全大局，遵守纪律，宁肯“毁了自己”，也要维护党和领袖的威望，维护党的团结，这是他坚强党性的最充分的体现。有的学者则认为彭德怀在庐山违心地作检讨是一种“愚忠”式的做法，不宜提倡。

不少学者提出，庐山会议为我党提供了非常深刻的历史教训，特别是必须坚持民主集中制，反对个人专断；反对唯心主义和形而上学，坚持实事求是的思想路线；坚持以经济建设为中心，根除“左”倾错误的政治经济根源等，尤应记取。

五　彭德怀的政治思想品格和人格风范

彭德怀优秀崇高、光彩照人的政治思想品格和人格风范，是这次研讨会关注的又一个热点。与会者一致认为，彭德怀成为中华民族历史天幕上一颗不灭的巨星，这不仅仅在于他为中国革命和建设建立了彪炳史册的丰功伟绩，还在于他对党对祖国对人民怀有满腔的赤子之忱，在风云变幻的政治舞台上表现出的松柏之节。与会者从不同的层面、不同的角度，依据自己的认识和理解进行了分析和概括。

由于彭德怀政治思想品格和人格风范的内涵极为丰富，人们一时还很难作出全面准确的总结，但作为这一内涵的基本方面的赤胆忠心、耿直刚正、朴实无华、廉洁自律等，是大家所认同的。尤其是彭德怀的耿直刚正，更多的专家、学者认为，这应该是他思想品格的核心，是最能集中体现其人格魅力之所在，因而也是最为大家赞扬的。

除上述方面之外，与会者还对彭德怀早期生平与思想、彭德怀与红军和革命根据地的创建，彭德怀与抗美援朝战争，彭德怀与人民军队革命化、现代化、正规化建设，彭德怀的军事思想、经济思想，彭德怀与毛泽东、任弼时、叶剑英等老一辈无产阶级革命家的关系，庐山会议后彭德怀的读书与思考，以及日本学者对彭德怀生平与思想的研究等问题，进行了探讨、论述。

与会学者认为，这次研讨会对彭德怀生平与思想的研究，比较全面、深刻，使一些历史上颇多争议的问题得到了澄清，达成了共识；在一些重要问题的研究方面取得了进展。这对于全面认识、学习、宣传彭德怀崇高思想品格，对于促进党史、革命史、现代史及军事史研究，是十分有益的。同时也认为，这次会议在有些问题上的研究还不够深入。有些重要问题，如彭德怀的外交活动、彭德怀与新中国的国防建设、彭德怀在“文化大革命”中的遭遇与抗争等，还缺少研究论文。尤其还缺乏从总体上论述彭德怀在中国革命和建设史、军事史上的地位以及在中国近现代史乃至中国历史上的地位的重头力作。从而提出要以这次会议为基础，将彭德怀生平与思想的研究进一步深入下去，并取得更多、更好的成果，使彭德怀的精神品格在全党和全社会进一步发扬光大，以告慰这位一生燃烧自己、照亮别人的无私奉献者的英灵。

（原文刊于《中共党史研究》1999 年第 2 期）

见证共和国的诞生

——《中国二十世纪通鉴》第十卷概述

1946—1950 年的这五年中，中国新民主主义革命取得了伟大胜利，中华人民共和国诞生并屹立于世界东方。从 1946 年蒋介石发动全面内战，中国共产党领导解放区军民奋起自卫，开始了为期三年的全国解放战争。经过艰难曲折的斗争，中国人民终于取得了伟大胜利，在 1949 年 10 月 1 日，宣告中华人民共和国成立，从此开创了中国历史的新纪元。新中国诞生后，中国共产党和中国政府领导中国人民克服重重困难，恢复和发展国民经济，并通过抗美援朝、土地改革和镇压反革命三大运动，努力巩固新生的人民政权。

一　人民解放战争的胜利

1946 年 6 月底，蒋介石在做好内战准备之后，公然撕毁停战协定和政协决议，发动了全面内战。国民党军队在美帝国主义的援助下，首先向中原解放区大举进攻。接着，国民党军队向其他解放区进行了全面进攻。战争初期，面对在军事和经济力量方面占有明显优势的敌人，人民军队实行“集中优势兵力，各个歼灭敌人”的作战方针，以歼灭敌人有生力量为主要目标，以运动战为主要作战方法，英勇自卫。经过八个月作战，共歼敌 70 多万人，使国民党军队的机动兵力大为减少。国民党军向解放区全面进攻的计划被粉碎。

从 1947 年 3 月起，蒋介石改变战略，集中兵力向陕北和山东两个解放区发动重点进攻。中共中央主动撤离延安，毛泽东等率中央机关及解放军总部转战陕北，继续指挥全国各个战场作战。西北野战军采用“蘑菇”战术与敌人周旋，在青化砭、蟠龙、沙家店等战役中，歼灭国民党军三万余人。华东野战军在山东孟良崮战役中，全歼美式装备的国民党军精锐主力部队整编第七十四师三万余人。这就使国民党军对解放区的重点进攻彻底归于失败。从内战爆发到1947年6月一年时间内，人民军队在各个战场共歼灭国民党军112万余人，基本扭转了战局，使整个形势发生了有利于人民的变化。

全国内战爆发后，蒋介石于1946年秋召开了国民党一党包办的“国民大会”，并制定了《中华民国宪法》。这次大会确认了以蒋介石独裁统治为核心的国家制度。中国共产党和各民主党派坚决反对这次非法的“国民大会”和大会通过的“宪法”。

国民党政府把大量社会财富消耗在内战战场上，军费激增，赤字惊人。为了加紧剥削人民，国民党政府设置了多如牛毛的苛捐杂税，滥发纸币，造成通货膨胀，物价暴涨，工商业倒闭，工人失业；同时，农业产量急剧下降，农民破产。国民党统治区经济处于崩溃边缘，人民生活苦不堪言。

在此期间，国民党还实施了一系列反对民主和破坏团结的暴行，激起国民党统治区各阶层人民的强烈义愤。在中国共产党的领导下，国民党统治区人民掀起了反饥饿、反内战、反迫害的民主爱国运动。这一运动有力地配合了解放区的斗争，形成了反对国民党统治的第二条战线，使蒋介石政府陷入全民的包围之中。

在人民解放战争不断取得胜利的同时，解放区进行了土地制度的改革。1947年，中国共产党召开土地会议，制定了《土地法大纲》。大纲规定：没收地主土地，废除封建剥削制度，实行耕者有其田的土地制度，按农村人口分配土地。经过一年多斗争，解放区有1亿多农民获得了土地。为了保卫胜利果实，翻身农民踊跃参军，积极支援前线，成为解放战争迅速取得胜利的一个可靠保证。

从1947年7月起，人民解放军由战略防御转入战略进攻，以主力在国民党统治区作战。经过一年的英勇战斗，大量歼灭敌人，迅速改变了敌我力量对比。人民解放战争进入第三年，解放军兵力迅速增长，装备有了很大改善，战斗力大为提高。国民党军队人数缩减，士气低落，兵力不足，只能集中力量防守一些重要地区。中共中央适时地把握决战时机，于1948年9月至1949年1月，指挥人民解放军先后发起辽沈、淮海、平津三大战役，歼灭和改编国民党军队150多万人，消灭了国民党赖以生存的主要军事力量。三大战役以后，东北、华北和华东三大解放区连成一片，为解放长江以南地区奠定了基础。

由于南京国民党政府玩弄和谈骗局，拒绝在和平协定上签字，1949年4月21日，毛泽东主席、朱德总司令发布向全国进军的命令，人民解放军百万雄师横渡长江。23日解放南京，宣告国民党反动政府覆亡。接着，人民解放军乘胜向全国进军，追歼国民党残余军队。1949年3月，中国共产党在河北省平山县西柏坡召开七届二中全会，毛泽东在会上就革命胜利后中国由新民主主义革命向社会主义革命转变问题作了重要报告。

从1946年6月至1950年6月，人民解放军共歼灭国民党军800余万人，从根本上推翻了帝国主义、封建主义和官僚资本主义在中国的统治。

二 新中国的诞生

在国民党政权覆灭、人民解放战争在全国胜利的形势下，1949年9月，中国人民政治协商会议在北平隆重举行。中国共产党、各民主党派、无党派民主人士、人民解放军、各人民团体、各地区、各民族和国外华侨的代表出席大会。大会决定成立中华人民共和国，通过了《中国人民政治协商会议共同纲领》。该文件规定："中华人民共和国为新民主主义即人民民主主义的国家，实行工人阶级领导的、以工农联盟为基础的、团结各民主阶级和国内各民族的人民民主专政，反对帝国主义、封建主义和官僚资本主义，为中国的独立、民主、和平、统一和富强而奋斗。"大会选举毛泽东为中华人民共和国中央人民政府主席，选举朱德、刘少奇、宋庆龄、李济深、张澜、高岗为副主席。会议决定改北平为北京，作为新中国的首都；以五星红旗为新中国的国旗，在国歌未正式制定以前以《义勇军进行曲》为代国歌。

1949年10月1日是中国历史上最伟大最光辉的节日。这一天，中央人民政府委员会举行第一次会议，宣布中央人民政府主席、副主席和委员就职。会议决定任命周恩来为政务院总理。接着，在首都北京天安门广场隆重举行中华人民共和国中央人民政府成立典礼。首都30万人民群众参加了开国盛典。国家领导人在天安门城楼上就位，军乐队高奏《义勇军进行曲》，毛泽东主席向全国全世界庄严宣告：中华人民共和国中央人民政府成立了！并亲手升起第一面五星红旗。聚集在天安门广场的群众的欢呼声响彻天空。随后，举行了阅兵式。热情沸腾的群众彻夜举行庆祝游行。同一天，全国已经解放的各大城市，也举行了热烈而隆重的庆祝活动。

中华人民共和国的成立，是一百多年来中华民族的优秀儿女、志士仁人和革命烈士艰苦奋斗，流血牺牲，百折不挠，追求探索的伟大胜利，它是继俄国十月社会主义革命和世界反法西斯战争胜利之后世界历史上最重大的事件。

新中国从成立起，就将旧中国的屈辱外交改变为独立自主的外交，实行“另起炉灶”“打扫干净屋子再请客”“一边倒”的外交方针，积极开展外交活动，打开对外关系局面。

三　巩固新生的人民政权

新中国成立之初，国内外形势极为严峻。在国内，人民解放战争还在进行，国民经济已处于全面崩溃状态。在国际上，美国坚持与中国人民为敌，企图把新中国扼杀在摇篮中。人民政府领导全国人民，在继续完成新民主主义革命的遗留任务，彻底解决中国人民同三大敌人的斗争的同时，以极大的努力医治战争创伤，恢复濒临崩溃的国民经济。

正当全国人民为恢复国民经济而艰苦奋斗的时候，新生的人民共和国又面临着外部侵略的威胁。1950 年 6 月，朝鲜内战爆发。美国以联合国的名义，悍然出兵侵入朝鲜，并把战火烧到中朝边界；美国第七舰队也开到中国的台湾海峡，严重威胁着中国的安全。中国政府发出“抗美援朝，保家卫国”的号召。1950 年 10 月，以彭德怀为司令员的中国人民志愿军，跨过鸭绿江，开赴朝鲜前线，和朝鲜军民并肩作战，抗击美国侵略者。同时，全国掀起了轰轰烈烈的抗美援朝群众运动。经过三年浴血奋战，美国侵略者被赶回三八线以南，并被迫在停战协定上签字，中朝军民抗击侵略者的斗争取得了巨大胜利。

新中国成立时，东北、华北等老解放区已经完成了土地改革。华东、中南、西南、西北等新解放区的土地改革则尚未进行。共产党领导人民在新解放区首先开展了清匪反霸和减租减息斗争，为土地改革创造了条件。

1950年6月，中央人民政府颁布了《中华人民共和国土地改革法》，规定土地改革依靠贫、雇农，团结中农，中立富农，有步骤地、有分别地消灭封建制度，发展农业生产。从此，轰轰烈烈的土地改革运动在全国范围内展开，广大农民在政治上、经济上翻了身，生产积极性大大提高，农村生产力得到了解放。

新中国成立初期，蒋介石集团败退台湾时留下的大批反革命分子，不甘心灭亡，继续破坏捣乱。为了巩固人民政权，1950年10月，中共中央发出开展镇压反革命活动的指示，全国人民大张旗鼓地开展了镇压反革命的运动。这次运动打击的重点是：土匪、特务、恶霸、反动会道门头子和反动党团骨干分子，坚决镇压罪大恶极、怙恶不悛的反革命首要分子。同时，人民政府还对旧社会遗留的污泥浊水进行涤荡，取缔娼妓、吸毒、赌博等丑恶现象，使整个社会风尚为之一新。

新中国成立时，国家财政经济状况极为困难。由于帝国主义长期的侵略、掠夺和反动派的腐朽统治，加上长期战乱摧残，工农业受到极大破坏，旧中国留下来的是一个极其落后的千疮百孔的烂摊子。新中国诞生后，人民政府没收国民党政府的财产和官僚资本企业归国家所有，使这些企业转为社会主义性质的国营企业，并很快恢复了生产。这样，人民政府就掌握了国家的经济命脉，建立了社会主义性质的国营经济；为人民政权的巩固和国民经济的恢复奠定了经济基础。新中国成立前后，投机商人兴风作浪，引起物价暴涨，市场混乱；为平抑物价，稳定市场，人民政府严厉打击投机倒把活动。经过集中打击金融投机活动和粮食、棉纱等投机倒把活动的“银圆之战”“米棉之战”，有效地稳定了全国的物价。到1950年上半年，国家财政开始好转。1950年6月，中共中央召开七届三中全会，把为争取国家财政经济状况的基本好转而斗争确定为国民经济恢复时期的中心任务。会后，党和政府领导全国人民，大力恢复和发展生产。在农村，在深入进行土地改革并保护农民的土地所有权的同时，引导农民组织互助合作，促进生产发展。在城市，工矿企业进行民主改革和生产改革，提高工人的生产积极性；并合理调整资本主义工商业，使有利于国计民生的资本主义经济得到恢复和发展。与此同时，政府还精简、整编国家机构和中国人民解放军，节约财政支出。在全国人民的共同努力下，国民经济迅速得到了恢复，从而为人民政权的巩固奠定了基础，为国家开展有计划的大规模的社会主义经济建设创造了条件。

这五年去世的重要人物和知名人士有：李兆麟、叶挺、王若飞、秦邦宪、邓发、李公朴、闻一多、关向应、陶行知、刘胡兰、续范亭、杜斌丞、李鼎铭、朱自清、冯玉祥、陈布雷、戴季陶、董存瑞、杨虎城、史沫特莱、史迪威、任弼时、杨根思等。

（原文刊于《中国二十世纪通鉴》，线装书局 2002 年版）

中国“红太阳”思潮研究

中国的“红太阳”思潮，是指中国民众对领袖毛泽东热爱、拥戴乃至崇拜的思想意识的表露及演化过程。这一思潮（下文中凡省略为“思潮”两字的均指“红太阳”思潮——编者注）既反映了民众对领袖正常的、健康的、理性的爱戴以至缅怀的一面，同时也表露出人们对伟人的过分崇敬，直至迷信、偶像化、神化倾向。为深入探讨本命题的实质所在，本文拟更多地以后者为切入点对思潮予以审视。这一思潮源于何时？也就是说，中国民众较为集中、普遍而持续地尊崇毛泽东是从什么时候开始的？尽管在中国共产党诞生后的早期革命斗争中，苏区的一些革命群众早就有过赞颂毛泽东的传闻、故事和歌谣，有的歌词中也将毛泽东比为“能人”“北斗星”等。但限于当时革命斗争情况的复杂多变和激烈残酷，毛泽东本人在党内外还缺乏相应而稳定的地位和影响，所以，直到20世纪40年代前，这种对毛泽东的敬佩之情还未能形成大的风气。即使党中央和主力红军转移到陕北后刚开始的一个时期，也还谈不上对毛泽东的过多的赞扬和称颂。1936年埃德加·斯诺在赴陕北考察后说：“虽然每个人都知道他（指毛泽东——作者注）而且尊重他，但没有——至少现在还没有——在他身上搞英雄崇拜的一套。我从来没有碰到过一个中国共产党人，口中老是叨念着‘我们的伟大领袖’。”[①] 直到20世纪40年代初毛泽东作为党的领袖地位确定之后，由于革命斗争的需要，党内外对毛泽东的宣传逐步加强，人民群众对毛泽东的认识也随之加深，进而激发了民众对毛泽东的高度的爱戴情感。经过抗日战争、解放战争的胜利，毛泽东逐渐成为众望所归、万众景仰的人民领袖。新中国建立后，民众这种感戴—崇

① ［美］埃德加·斯诺：《红星照耀下的中国》，生活·读书·新知三联书店1979年版，第64页。

敬意识不断发展，到“文化大革命”时期达于高潮。“文化大革命”结束后，这一思潮在余波跌宕中渐趋平静而归于理性。本文试图对这一思潮的演化、成因及其影响和启示略作探讨，以就教同仁。

一 “红太阳”思潮的演化

中国“红太阳”思潮从出现至今已逾半个世纪。其整个演化过程，大致可依次划分为酝酿、演进、高涨、消退四个阶段。

从20世纪40年代初到1949年新中国成立前，是这一思潮的酝酿或产生、形成阶段。作为这一思潮开始出现的最显著的标志，应该是毛泽东在党内的领导地位得以最终确定，和随之《东方红》歌曲编成并开始在民众中传唱。党中央和主力红军转移到陕北后，到20世纪40年代初，毛泽东在党内的领导地位趋于稳定，并得到了共产国际的认可。1943年3月，中共中央政治局推定毛泽东为主席，并决定他为书记处主席；书记处“会议中所讨论的问题，主席有最后决定之权”。[①] 这无疑最终确立了毛泽东的最高领导地位。当年，陕北农民李有源编唱出一首发自内心的赞颂毛泽东的歌曲：“东方红，太阳升，中国出了个毛泽东。他为人民谋生存，他是人民大救星……”[②] 这首歌鲜明地把领袖毛泽东同升起于东方的太阳联系起来，把毛泽东看成人民的救星，看成人民心中的红太阳。歌曲内涵形象、生动，旋律舒展、优美，所表达的情感真诚、朴实，从产生起便赢得了人民群众由衷的喜爱，经专业文艺工作者整理、修改后，很快便在共产党领导的地区传唱开来，一直歌唱至今。可以说，从毛泽东在党内最高领导地位确定和民众开始传唱《东方红》起，“红太阳”思潮便进入了酝酿、形成阶段。

这一阶段思潮的主要形式，是在迅速传唱的《东方红》歌曲声中，根据地—解放区各种会议、文件、报刊、书籍、广播以及各种文艺形式都

---

① 中共中央文献研究室编：《毛泽东年谱（一八九三——一九四九）》（中卷），人民出版社、中央文献出版社1993年版，第430—431页。

② 据陈伯林《移民歌手》，延安《解放日报》1944年3月11日；詹新慧、孙海峰《东方红，太阳升，中国出了个毛泽东》，载《人民网》——走进革命圣地，2001年6月21日。最初，李有源的侄子李增正曾被当作歌曲《东方红》的作者。1952年，李有源发表关于自己如何创作这首歌曲的讲话后，李有源被确认为这首歌曲的作者。

逐渐加强了对毛泽东的宣传。毛泽东的画像、照片等开始大量印行。毛泽东的著述出版不断增多。以及关于毛泽东的故事、传说、歌谣等更加盛传于民间。思潮的内容主要集中在：一是赞颂毛泽东是劳苦大众的救星。赞扬只有毛泽东、中国共产党，才能领导人民打天下、坐江山，才能让天下穷人翻身得解放，为人民带来幸福安康。二是赞颂毛泽东运筹帷幄，用兵如神，领导军民，以小米加步枪，“打败了日本侵略者，消灭了蒋匪军”。三是赞扬毛泽东胆略过人，福大命大，大难不死，虎口脱险。四是赞颂毛泽东谦虚谨慎，以身作则，关心群众，深入群众等优良作风和高尚品德。

思潮在酝酿、形成过程中，呈现如下特征：

第一，自发。民众对毛泽东的热爱、信赖和拥戴，肇始于自发的朴素情感。在逐步形成作为党和军队乃至根据地—解放区的最高领袖地位的过程中，毛泽东即已越来越广泛地得到了党内外群众的拥护和支持。当这一地位确定之后，特别是在党和毛泽东的领导下，革命形势迅猛发展。抗日战争、解放战争相继取得伟大胜利，毛泽东深孚众望，受到群众发自内心的拥戴与仰慕。据李银桥等回忆，1947 年毛泽东率中央纵队转战陕北时，“毛泽东这个响亮的名字，普天下已无人不知无人不晓”。在米脂至葭县的一个集市，当群众意外地认出毛泽东后，“人群陡地起来波澜，镇子里的人丢下算盘称杆，丢下货物不顾，拔腿就朝镇外跑，立刻汇成奔腾的洪流；已经在镇外的群众抢先一步朝马上的毛泽东拥过来，欢呼声惊雷一般响彻云霄：‘毛主席万岁！毛主席万岁……’”“我看到孩子们奔跑着欢呼跳跃；看到青壮年们举起森林般挺立的臂膊；看到婆姨们挤挨着踮脚眺望，一种暗暗欣喜又是春意盎然的神采笼罩着她们的眼睛，荡漾在她们的唇际。头上包白羊肚毛巾的老汉扔掉铲，擦着脸上的泪水，挤到毛泽东的马旁，探着手指触到一下毛泽东的后衣襟，爬满皱纹的褐色的脸孔便放射出复活了的青春的光彩。”① 由上，解放区群众对毛泽东的拥戴、崇敬的热烈情景便不难想见。至于平时集会群众共同高唱《东方红》，高呼“毛主席万岁”，自然就更为司空见惯了。甚至在国民党统治的重庆，当 1945 年 8 月毛泽东离开延安前去与国民党谈判时，成千上万的群众也自发聚拢来，欢迎毛泽东：“一风闻说毛泽东要去哪里，人们便蜂拥到哪里。”“当毛泽东走过时，

---

① 权延赤：《走下神坛的毛泽东》，中外文化出版公司 1989 年版，第 83—84 页。

‘毛泽东万岁’的呼声如雷霆般从四面八方轰响而起，历久不止，声彻重庆。”[①] 一群重庆女工给《新华日报》写信说：“亲爱的毛泽东——我们人民的领袖：听到您来到了重庆的消息以后，我们真高兴得不晓得怎样办才好……我们老是想，我们不能永远这样过下去，我们会遇到救星的。从报纸上，从许多好的朋友的口中，我们晓得中国人有了一个大救星，这个救星就是您。”[②] 需要说明的是，从“红太阳”思潮产生开始，人民群众就把毛泽东及其思想，与其所代表并作为化身的共产党，当作几乎是同一概念来对待的。就是说，歌颂毛泽东思想，歌颂党，也就是在歌颂毛泽东。“因为在当时老百姓的心目中，毛泽东和共产党是一个意思。”[③] 这也成为这一思潮贯穿始终的一大特色。

第二，自律。出于党和革命斗争的需要，党内外对毛泽东的宣传日渐增多、集中。就连毛泽东本人，也由于上述原因而不反对人民群众对他的崇敬。“那时毛泽东喜欢人民喊万岁，希望人民喊万岁”，“因为万岁不万岁是衡量党的方针政策（正确与否）的标志”。[④] 但在整个这一阶段，党和毛泽东本人并未提倡、引导群众搞个人崇拜。相反，却是非常注意谦虚谨慎而防止过分宣扬个人的。譬如，祝寿往往是歌功颂德的良机。作为最高领导人的生日庆典自应更为隆重。毛泽东为防止出现不良影响，历来禁止别人为他祝寿。即使1943年他五十大寿，他也严辞拒绝了为他搞生日庆典的所有安排。第二年，爱国将领续范亭来延安见到毛泽东得知此事后，感慨不已，当场赋诗一首，赠给毛泽东：“半百年华不知老，先生诞日人未晓。黄龙痛饮炮千鸣，好与先生祝寿考。”[⑤] 1949年3月，新中国成立前夕，在党的七届二中全会上，毛泽东特别提出了两个“务必”的要求：“务必使同志们继续地保持谦虚、谨慎、不骄、不躁的作风，务必使同志们继续地保持艰苦奋斗的作风。”[⑥] 在会议的总结发言中，毛泽东还着重提出：“禁止给党的领导者祝寿，禁止用党的领导者的名字作地名、街名和企

---

① 许之桢编译：《毛泽东印象记》，东北书店1948年版，第43、44页。

② 同上书，第39—40页。

③ 权延赤：《走下神坛的毛泽东》，中外文化出版公司1989年版，第84页。

④ 同上。

⑤ 中共中央文献研究室编：《毛泽东年谱（一八九三——九四九）》（中卷），人民出版社、中央文献出版社1993年版，第509—510页。

⑥ 《毛泽东选集》合订本，人民出版社1964年版，第1328—1329页。

业的名字，保持艰苦奋斗的作风，制止歌功颂德现象。"[①] 应该说，毛泽东受到广大群众的热爱和赞扬，并不是领导者提倡、引导的结果，而恰如李银桥所说："毛泽东完全是用事实来说话。他对整个中国时局和民众情绪了如指掌，他用最通俗的语言向老百姓说明深奥的道理；他用他的思想、理论、卓越组织能力和杰出的领导艺术，赢得一大批民族的优秀子孙为追随者，又通过这批追随者团结了绝大多数的群众。于是，他成为人民全心全意拥护爱戴的领袖。"[②]

第三，战时。即战争年代所特有的条件、环境。这也对思潮的发展有着很大关系和影响。由于当时民众主要是从事于战争条件下的战斗、生产，时刻经受着战火的严峻考验。这就要求党内外对民众的宣传和人们关注的内容，更多地集中于具体的革命斗争及战斗、生产方面，如战斗英雄、劳动模范的精神、事迹。同时，战时要求，对党的领袖需严格保密。这也限制了对领袖的宣传和群众对领袖的接近及认识。在许多情况下，群众并不知道毛泽东在如何领导、指挥革命斗争及其工作、生活情况。如毛泽东离开延安后化名"李德胜"，连房东也认不出他就是毛泽东。[③] 加之各根据地—解放区往往处于分散的、长期独立作战的各个"山头"状态，群众更为熟悉并更多地加以传颂的，是当时当地的领导人。即使对中央领导人，宣传时也往往更注重领导集体。如对"五大书记"的宣传，对"朱德—毛泽东"的共同宣传（开会同时张贴二人画像，歌词中经常将"朱德和毛泽东"并列等）。

第四，局部。在此期间，思潮的发展还主要限于根据地—解放区范围之内。尽管思潮随着共产党领导的区域和影响的不断扩大而扩大，但直到新中国成立前，还未达到全国的范围。在抗日战争时期的沦陷区、国统区和解放战争时期的国统区，虽然在民众中也程度不同地有着对毛泽东、共产党的传颂和向往，但主要的还是统治者引导的对革命、对共产党和毛泽东的种种诋毁、谩骂和丑化。[④] 不少群众在敌人的反动宣传下，还存有不少的误解和偏见，有的人还对根据地—解放区、共产党和毛泽东持反对和仇根的态度。如抗日战争胜利后国统区有的群众甚至"主张向美国借原子

① 《毛泽东选集》合订本，人民出版社 1964 年版，第 1333 页。

② 权延赤：《走下神坛的毛泽东》，中外文化出版公司 1989 年版，第 84 页。

③ 同上书，第 83 页。

④ 同上书，第 84 页。

弹去轰炸延安”。[①] 随着根据地—解放区的不断扩大，上述情况也不断得到了转变和消除。因此，应该说，“红太阳”思潮的酝酿、形成过程，也就是这一思潮由局部逐步扩大至全国的过程。当然，直到新中国成立前，人们对毛泽东的崇敬还远未达到过热和非理性的程度，还谈不上已出现对毛泽东的崇拜之风。

从新中国成立到“文化大革命”前，是“红太阳”思潮的演进或曲折发展阶段。本阶段这一思潮的主要表现形式，除延续了第一阶段的不少做法外，最突出的有如下三个方面：其一，是通过群众聚会“忆苦思甜”颂扬毛泽东。其二，是通过大量的文艺形式，如歌曲、戏剧、电影、舞蹈、曲艺、美术、小说、诗歌等来歌颂伟大领袖。这个时期此类作品数量大，精品多，许多歌颂毛泽东的文艺作品已堪称经典，群众百闻、百见而不厌。其三，是通过广泛、持久地开展学习毛泽东著作及“活学活用毛主席著作积极分子”的“讲用”活动，抒发、加深对毛泽东的感情。其间，出现了大批“活学活用毛主席著作”标兵，及其学用毛泽东著作的大量心得、经验。

本阶段思潮的主要内容，一是颂扬毛泽东的丰功伟绩。广大群众通过忆苦思甜，颂扬毛泽东带领人民推翻了帝国主义、封建主义、官僚资本主义三座大山，使劳苦大众翻身解放做了主人。歌颂毛主席的恩情比天高，比海深，毛主席比爹娘还亲。如湖南民歌唱道：“天上太阳红啊红彤彤呃，心中的太阳毛泽东啊。他领导我们得解放啦，人民翻身当家做主人。”[②] 广东民歌唱道：“毛主席来恩情深，万首山歌唱不尽。树林当笔天当纸，海水磨墨写不赢。”[③] 二是颂扬毛泽东—毛泽东思想威力无穷。如革命歌曲所唱：“大海航行靠舵手，万物生长靠太阳。雨露滋润禾苗壮，干革命靠得是毛泽东思想。”[④] 湖北民歌唱道：“毛泽东，毛泽东。插秧的雨，三伏的风，不落的红太阳，行船的顺帆风，要想永世不受穷，永远跟着毛泽东。”[⑤] 河北民歌唱道：“主席走遍全国，山也乐来水也乐，峨嵋举

---

① 许之桢编译：《毛泽东印象记》，东北书店1948年版，第44页。

② 见国务院文化组文艺创作领导小组编《战地新歌》第3集，人民文学出版社1974年版，第6页。

③ 郭沫若、周扬编：《红旗歌谣》，红旗杂志社1960年版，第14页。

④ 见《革命歌曲选》，载《红旗》杂志，1965年第3期，第32页。

⑤ 郭沫若、周扬编：《红旗歌谣》，红旗杂志社1960年版，第6页。

手献宝，黄河摇尾唱歌。主席走遍全国，工也乐来农也乐。粮山棉山冲天，钢水铁水成河。”[①] 三是颂扬毛泽东爱人民，关心人民疾苦，和人民心连心。如歌颂毛泽东在工厂、在农村、在学校、在军营，时刻关心工人、农民、科学家、学生、士兵，和人民群众在一起，“同群众一起劳动，同群众一起欢笑”。[②] 四是宣传听毛主席的话就无往而不胜。要坚持“读毛主席的书，听毛主席的话，照毛主席的指示办事”[③]。如革命歌曲所唱：“毛主席的书我最爱读，千遍那个万遍哟下功夫。深刻的道理我细心领会，只觉得心眼里头热乎乎。哎，好像那旱地里下了一场及时雨呀，小苗儿挂满了露水珠啊，毛主席的雨露滋养了我呀，我干起了革命劲头儿足。”[④] 湖南民歌唱道：“天有把，我们举得起，地有环，我们提得起，毛主席叫我们做的事体，你看哪项不胜利？”[⑤]

“红太阳”思潮在这个阶段的特征是：

第一，全国范围。从毛泽东在天安门城楼宣布新中国成立，全国各地群众狂欢庆祝的一刻起，随着人民解放战争的大踏步推进，“红太阳”思潮迅速扩展到除台、港、澳等少数未解放地区以外的全国范围内，并在全国各民族各阶层各领域中持续发展，出现了全国亿万群众同声高唱《东方红》，共同歌颂领袖毛泽东的盛况。就是在台、港、澳地区以至海外，这一思潮的影响也越来越大。

第二，两种趋向。在此期间，思潮的发展出现了两个方面的趋向。一方面，广大群众崇敬毛泽东的意识在不断滋长，呈现愈演愈烈之势。另一方面，党和毛泽东本人仍然在努力保持着谦虚谨慎的作风，基本不提倡、不赞成搞个人崇拜，使思潮的发展受到了一定的限制。

第三，曲折发展。由于新中国成立前夕党的七届二中全会曾作出关于限制宣传个人的决议，所以，从新中国成立到“大跃进”运动前，思潮长期处于较低缓的发展时期。当然，其中也不乏波浪起伏。如合作化运动的胜利、《毛泽东选集》出版以及后来反右派斗争的开展等，均曾促进了

---

① 郭沫若、周扬编：《红旗歌谣》，红旗杂志社 1960 年版，第 9 页。

② 《人民日报》1958 年 5 月 26 日。

③ 原出自《雷锋日记》（见《雷锋日记》，解放军文艺社 1963 年版，第 21 页），后作为林彪题词而广为流传。

④ 据《红太阳毛泽东颂歌》联唱篇（二碟装 VCD），中国唱片深圳公司 2004 年版。

⑤ 郭沫若、周扬编：《红旗歌谣》，红旗杂志社 1960 年版，第 23 页。

思潮的发展。但1956年党的八大汲取斯大林后期突出个人的教训，强调指出，执政党“要坚持民主集中制和集体领导制度，反对个人崇拜，发展党内民主和人民民主，加强党和群众的关系”[①]，有力地抑制了个人崇拜倾向的发展。此后，毛泽东逐渐骄傲起来。1958年他提出有所谓正确的和不正确的“两种个人崇拜”，而赞成“正确的个人崇拜”。当年，他提出“三面红旗”（指“总路线”“大跃进”“人民公社”——作者注），全国开展“大跃进”运动和人民公社化运动，人民群众迸发出极大的非理性的热情，则推动思潮空前发展起来。随后，由于“大跃进”运动的破坏及自然灾害，20世纪60年代初中国出现了严重的经济困难。毛泽东在1962年七千人大会上做了自我批评，并决定退居二线。这导致思潮明显回落。20世纪60年代中期中国国民经济状况好转后，“活学活用”“反修防修”“四清”等运动又相继、交互开展起来，使“红太阳”思潮再度升温，一直发展到“文化大革命”时期的狂热程度。本阶段思潮总的趋势是在曲折中不断得到了发展。到“文化大革命”前夕，对毛泽东个人崇拜的气氛已经相当浓厚了。

第四，“运动”推进。前已述及，在此期间，国内开展的一系列重大的政治、社会运动或活动，诸如抗美援朝、“三反”“五反”、合作化、整风反右、“三面红旗”、忆苦思甜、反修防修、四清、活学活用、意识形态领域的过火批判、全民皆兵（战备）等，由于对领袖个人的过分宣传，都不同程度地助长了个人崇拜意识的蔓延滋长。其中，尤其是风行城乡长期开展的忆苦思甜活动，“跑步进入共产主义”的“大跃进”运动，防止党变修、权变质、国变色的反修防修运动，和活学活用毛主席著作活动，对思潮的发展起了更大的推波助澜的作用。

从1966年到1976年的十年“文化大革命”时期，是“红太阳”思潮的高涨或高潮、狂热阶段。也是这一思潮最不理性甚至疯狂的阶段。本阶段思潮的内容与表现形式是：

第一，“表忠”。即利用各种形式表示对毛泽东的忠心和忠诚。广大群众尊称毛泽东是“四个伟大”[②]，“老人家”，是人们“心中永远不落的

---

① 《关于建国以来党的若干历史问题的决议》注释本，人民出版社1983年版，第20页。

② 即“伟大的导师，伟大的领袖，伟大的统帅，伟大的舵手，毛主席万岁！万岁！万万岁！”的简化语。

红太阳”。毛泽东的话是“最高指示”。毛泽东的书是“红宝书”。对毛泽东要“三忠于”“四无限”。[①] 从街道到室内，到处都要张贴或绘制毛主席像，书写毛主席语录。各种毛泽东塑像矗立在各单位和街道、路口等处，有的达几层楼高。好多家庭精心制作了供奉毛主席画像或塑像的龛台、宝书台，有的家庭则满屋子贴满了毛主席像。人们胸前佩戴毛主席像章和毛主席语录牌（有的全身别满毛主席像章，甚至别在肉上），有的臂套各种名目的红袖章；大家要不断地手挥《毛主席语录》，口唱毛主席颂歌，时时处处以毛主席的指示、语录指导自己的言行。还要坚持“早请示”“晚汇报”“天天读”，不断重复“一敬二祝三唱四读”[②]、跳“忠字舞”等固定仪式。

第二，紧跟。指“紧跟毛主席的伟大战略部署”。即按照毛泽东发动“文化大革命”的理论，积极投身“文化大革命”中的各项运动。并及时学习、贯彻毛泽东作出的“最新最高指示”。坚决做到“毛主席指示我照办，毛主席挥手我前进”。强调“紧跟”要坚信不疑、坚定不移、寸步不离。

第三，“捍卫”。即保卫毛泽东、毛泽东思想和毛主席的无产阶级革命路线。从“文化大革命”之初的“红卫兵”运动起，就开始了对所谓反对毛泽东、反对毛泽东思想和反对毛主席革命路线的黑线人物及其思想的口诛笔伐。这种批判和斗争贯穿于“文化大革命”运动始终。在保卫毛泽东的口号下，造反派大搞什么火烧、炮轰、打倒、砸烂、油炸、横扫，“打、砸、抢、抄、抓”，“关牛棚”，打派仗，并发展到大规模武斗。不仅要把对立面即造反派认为反对毛泽东的人从思想上“打倒”，还要从肉体上消灭。此外，对国外反对毛泽东和毛泽东思想的“帝、修、反”，也进行了激烈的批判和斗争。

第四，怀疑。随着“文化大革命”的理论和实践逐渐归于失败，人们对毛泽东发动和领导这一运动的基本理论——无产阶级专政下继续革命的理论也不断地产生了怀疑。对毛泽东先后重用的林彪、江青两个阴谋集

---

① “三忠于”即“忠于毛主席，忠于毛泽东思想，忠于毛主席的无产阶级革命路线”；“四无限”即对毛主席、毛泽东思想、毛主席的革命路线要“无限热爱，无限信仰，无限崇拜，无限忠诚”。

② 即“敬祝毛主席万寿无疆，敬祝林副主席永远健康，唱《东方红》，读《毛主席语录》”。

团的种种罪行极为憎恨，并逐步起而抵制“文化大革命”。这一切，使民众对毛泽东的狂热崇拜日益降温，而渐趋理性。

思潮在这一阶段呈现如下特征：一是群众曾极为狂热。在此期间，广大群众，尤其是“红卫兵”、造反派等“左派”群体，将对毛泽东的个人崇拜搞到了无以复加的程度，直至将毛泽东神化。在对毛泽东的狂热崇拜中形成的如前所述的大量特有的固定话语和仪式，成为本阶段思潮最为显著的标志。当然，物极必反，到运动后期，随着人们对“文化大革命”的厌倦、怀疑和抵制，对毛泽东的狂热崇拜也就降温了。二是毛泽东走上神坛。前已述及，一化三改任务基本完成后，毛泽东的威望达到高峰。“他逐渐骄傲起来，逐渐脱离实际和脱离群众，主观主义和个人专断作风日益严重，日益凌驾于党中央之上，使党和国家政治生活中的集体领导原则和民主集中制不断受到削弱以至破坏。”① 到“文化大革命”时期，这种“家长制”作风已发展得极为严重。毛泽东对群众对他狂热崇拜的基本态度，是泰然处之、习以为常，甚至欣然接受（虽然对某些做法提出过批评或异议）。他八次接见逾千万红卫兵，接受红卫兵对他的疯狂欢呼和歌颂。他支持“左派”造反，使造反派完全以他的指示为依归。他以继续革命理论发动和领导“文化大革命”，使个人崇拜思潮也具有了强烈的理论色彩。毛泽东欣赏、接受、支持搞个人崇拜，他的极高威望和强大的感召力、影响力，是将思潮推进到高潮的关键。三是党和国家主流意识对个人崇拜的强力支持和导向。在此期间，整个官方舆论、宣传系统，强力对社会和民众进行导向，集中、持久、深入地宣传、歌颂毛泽东，“大树特树”毛泽东的绝对权威。专政机关及军队（曾长期介入地方，搞“三支两军”）也对任何有违尊崇毛泽东的言行强行予以压制。四是野心家、阴谋家别有用心地大力吹捧。在“文化大革命”中，林彪、江青、康生等阴谋家、野心家出于篡党夺权的目的，为了骗取毛泽东的信任，对毛泽东极尽赞美、吹捧之能事，这也对思潮发展起到了推波助澜的作用。五是思潮的世界性特征。中国的“红太阳”思潮，在海外华人、华侨及不少国家的民众中引起了巨大反响。一些国家还出现了不少相关机构和组织，甚至出现了“红卫兵”。这些组织及其活动有的还与中国国内的组织相联系。毛泽东著作、毛泽东像章等也风行于世界许多国家和地区。

---

① 《关于建国以来党的若干历史问题的决议》注释本，人民出版社 1983 年版，第 39 页。

从“文化大革命”结束至今，是“红太阳”思潮的消退或重归理性的阶段。本阶段思潮的内容及其表现：其一，是民间对毛泽东种种自发的缅怀、纪念活动。如听、唱“红太阳”歌曲，贴、挂毛主席像，佩戴、收藏、展览毛泽东像章，收集、展示毛泽东各种版本的著作，参观毛泽东纪念地（尤其是韶山），开“毛家菜”饭馆，等等。其二，是思想文化界涌现出丰富多彩、数不胜数的关于毛泽东的新作品以及一些新的表现形式。报刊、书籍、影视、音像、网络及其他文艺、媒体形式，从方方面面讲述、研究或表现毛泽东，“寻找毛泽东”。如关于毛泽东的书籍大量出版，内容涵盖其生平、思想、家庭历史、性格心理、情感世界、生活情趣等等，呈现出“说不尽的毛泽东”之势。纪念毛泽东的影视作品，其数量之多，投入之大，编、导、演阵容之强，影响之广，是前所未见的。就连许多扮演毛泽东的演员，如古月、唐国强等，也备受群众关注与尊重。在新的传播媒体——网络通信方面，110 家中文网站也联合发起了纪念毛泽东 110 周年诞辰的主题活动。[①] 其三，是官方根据毛泽东诞辰或与毛泽东相关的重要著作、事件等，每逢五年或十年组织、指导的纪念活动。如举行纪念大会，召开各种报告会、研讨会、座谈会、演出会、展览会等。各种会议在纪念、缅怀毛泽东的同时，坚持继承与发展相结合，使人们的认识统一到邓小平理论和“三个代表”重要思想上来，号召人们为全面建设小康社会和实现中华民族的伟大复兴而奋斗。

本阶段思潮的特征：

第一，热潮迭起。自“文化大革命”结束至今，虽然“红太阳”思潮总的看是趋向于平静，但“毛泽东热”现象却一再出现。影响较大的有如下几次：1981 年 6 月，党的十一届六中全会作出了《关于建国以来党的若干历史问题的决议》。广大群众就如何正确评价毛泽东功过、地位展开了广泛讨论，可以说出现了“文化大革命”后的第一次毛泽东热。1989 年初，中国南方一些城市的汽车司机开始在车里或玻璃上挂贴毛泽东相片，有的开始戴毛泽东像章，以“避祸免灾，求得好运”。个体户和小贩也戴起毛泽东像章或在他们做生意的地方挂起毛泽东像。这一股热潮在几个月内几乎遍及各地城市的许多人群。其后，约在 90 年代中期，歌颂毛泽东的“红太阳颂歌”又风靡一时，“红太阳”磁带在一个月内销售

① 据《毛泽东热正走向理性》，新华网 2003 年 12 月 31 日。

量即达一百多万盒。[①] 1993 年和 2003 年毛泽东诞辰 100 周年和 110 周年之际，在中国也曾先后掀起缅怀、纪念毛泽东的热潮。

第二，趋于理性。1976 年毛泽东逝世，“文化大革命”结束。经过十年浩劫的广大人民群众不免陷入沉思。不少人对毛泽东的“文化大革命”理论感到茫然或提出异议。“红太阳”思潮曾一度消沉下去。随之而来，对毛泽东的认识也出现了各种偏向。如有的坚持原来“左”的一套不变，提出“两个凡是”。可以说，直到今天，仍不乏一些坚信毛泽东的“左”的理论的人。有的出于迷信意识，仍在偶像化、神化毛泽东。有的则对毛泽东从根本上否定，出现了“非毛”倾向，这些人还往往与国际思潮相呼应。还有的则以怀念毛泽东时代的清明廉洁为由，发泄对现实中分配不公、腐败现象等社会问题的不满，等等。但总的来看，自从党的十一届六中全会作出关于毛泽东的历史地位的决议以来，人们的认识渐趋一致而归于理性。到毛泽东 100、110 周年诞辰，虽然纪念活动广泛而隆重，但已不再是简单狂热的颂扬和崇拜，而成为一种正常的缅怀、研讨活动了。研究毛泽东的专家金春明指出：“自 20 世纪 80 年代以来，中国出现的几次集中纪念毛泽东的活动都是很理性的，并不是盲目的‘毛泽东热’。”[②]

第三，继承发展。中国经过“文化大革命”后二十余年的改革开放，不断坚持和发展毛泽东思想，产生了邓小平理论和“三个代表”重要思想。中国人民对毛泽东和毛泽东思想的热爱，正在变为努力将毛泽东思想与邓小平理论、“三个代表”重要思想相统一，用以指导实现祖国社会主义现代化与中华民族伟大复兴的实践。

二 “红太阳”思潮的成因

中国“红太阳”思潮的产生和发展，既有历史传统文化的基础，又有现实社会政治文化的折射，其成因是十分复杂的。

第一，民众需要“红太阳”。对太阳的崇拜，是人类最古老、最悠久的崇拜之一。自古以来，人们日出而作，日落而息，对周而复始升起于东

---

① 周群、姚欣荣：《新旧毛泽东崇拜》，《二十一世纪》（网络版）2003 年 12 月号，总第 21 期。

② 《“毛泽东热”正走向理性》，新华网 2003 年 12 月 31 日。

方，慷慨地为世界和人类驱走黑暗、带来光明和温暖的太阳，充满了感激与尊崇之情。在生产方式极其落后、生存环境极为恶劣的远古时代，人类对太阳存有极大的依赖性，进而把太阳看成世界的主宰。正如麦克思·缪勒所说："太阳从一个发光的天体变成世界的创造者、保护者和奖赏者，实际上变成了一个神、一个至高无上的神。"[①] 于是，对太阳的信仰、崇拜便产生了。中国古代的先民同世界其他古老民族一样，自古就有着对太阳的浓厚的崇拜意识。《山海经》《淮南子》《楚辞》《国语》等大量古籍文献中关于太阳神话的记载不胜枚举。中国古代诸神祭祀也逐渐演化为以祭日为主，以日代天。如《礼记》所载："郊之祭也，迎长日之至也。大报天而主日也。"汉代郑玄《注》对此的解释是："天之神，日为尊。"唐代孔颖达《正义》解释说："天之诸神，莫大于日，祭诸神之时，日居诸神之首，故云'日为尊'也。"[②] 这一崇拜经过不断演化，与"天人合一"理念相结合，将人间的皇帝看作天之代表——"天子"，产生了对"皇天圣命"的皇权崇拜；与崇拜祖先相结合，将族长—家长视为祖先的代言人，出现了族权崇拜。从而在中国形成了长达数千年的"神权—皇权—族权"的社会统治体系，并形成与此相应的异常稳定的社会传统文化。在这种社会文化环境中，中国劳苦大众形成了一种"敬天法祖"、听天由命的思想意识，往往将改变苦难命运的愿望，寄托于救星下凡，祖先佑护，皇上开恩，期盼"天空出太阳"，改变暗无天日的社会现实。这就形成了中国广大民众世世代代向往、崇拜"红太阳"的思维定式。这种崇拜，在生产力不够发达、生存环境艰苦的时代和地区更容易保持和流传。

近代以来的中国，贫穷落后，人民群众备受欺凌压榨，生活于水深火热之中。毛泽东指出："由于帝国主义和封建主义的双重压迫，特别是由于日本帝国主义的大举进攻，中国的广大人民，尤其是农民，日益贫困化以至大批地破产，他们过着饥寒交迫和毫无政治权利的生活。中国人民的贫困和不自由的程度，是世界所少见的。"[③] 广大民众在悲惨世界里痛苦地挣扎着，强烈期盼出现救星——"红太阳"，救民于水火，解民于倒

---

① 麦克思·缪勒著：《宗教的起源与发展》，金泽译，上海文艺出版社 1989 年版，第 186 页。

② 《礼记·郊特牲》，《十三经注疏》，中华书局 1980 年版，第 1452 页。

③ 《毛泽东选集》合订本，人民出版社 1964 年版，第 594 页。

悬。直到中国共产党、毛泽东领导人民闹革命，帮助劳苦大众翻身求解放，由奴隶变主人，人民群众才由衷地将中国共产党—毛泽东看成是人民的救星——“红太阳”。

新中国成立后，一方面，翻身做主的广大群众对毛泽东、中国共产党非常热爱。感谢中国共产党、毛主席为人民带来了解放和幸福，有了尊严和地位，迎来了光明和希望。坚信只要跟着毛主席，就能建设社会主义新社会，奔向共产主义美好天堂。另一方面，直到改革开放前，中国人民的生活条件虽然已不断有所改善，但国家的工业化建设开始不久，经过新中国成立初抗美援朝战争后，又遭受了“大跃进”运动及三年自然灾害对经济的严重破坏，尤其是“文化大革命”十年浩劫，致使中国社会生产力水平总的看还是很低的，人民的温饱问题还没有解决。邓小平说：“中国社会从 1958 年到 1978 年 20 年时间，实际上处于停滞和徘徊的状态，国家的经济和人民的生活，没有得到多大的发展和提高。”① 因此，在很长的历史时期内，在浓厚历史传统文化影响下的人民群众，往往仍会将对未来的希望寄托于“伟大领袖”，期盼仰仗其英明、正确的领导，甚至幻想仰赖其超自然的力量，靠“不落的红太阳”，普照祖国的山川大地，改变中国贫穷落后的面貌，尽快使国家富强起来，尽快使老百姓过上天堂般的好日子。这就为“红太阳”思潮的长期存在和发展提供了深厚的现实社会思想基础。至于为什么毛泽东逝世后经过改革开放，人民生活水平已大大提高，认识已根本转变，仍不断涌现“毛泽东热”，则是除某些怀旧、迷信等意识影响外，这种“热”已成为一种正常、理性的缅怀和纪念活动了。

第二，毛泽东“堪当”“红太阳”。广大民众之所以尊崇毛泽东为“红太阳”，并出现历时长久的“红太阳”思潮，首先是他为国家为人民所建立的旷世功勋令人民群众无比感佩。在人民群众看来，是毛泽东和以他为首的中国共产党，带领人民推翻了三座大山，建立了新中国，并领导人民走上了社会主义的康庄大道。自己的一切都是毛主席—中国共产党给的；没有毛主席，就没有人民的一切。毛主席的恩情怎么说都不过分。从而真心实意地热爱、拥戴毛泽东。云南哈尼族民歌唱道：“鸟儿飞得高高的，因为它飞出了笼子。马儿跑得更快了，因为它装上了金色的蹄子。我

① 《邓小平文选》（第 3 卷），人民出版社 2001 年版，第 237 页。

们从苦日子里熬出来了，因为有了救星毛主席。"[①] 湖北民歌则唱道："世间什么人最亲呢？老话说：只有爹娘算最亲。哟，过时的皇历怎么能用呢？爹娘怎能比得上毛主席亲啊！"[②] 湘西苗族民歌也唱道："茶山青青呵，梯田层层；苗家宽心呵，没有人逼租也没有人抓丁。昨日是奴隶，今日是主人，青天呵—毛主席，你的恩情像水长流不尽。"[③] 其次是毛泽东非凡的个人魅力为人民群众所折服。"毛泽东同志是伟大的马克思主义者，是伟大的无产阶级革命家、战略家、理论家。"[④] 他的目光之远大，理论之深邃，功绩之宏伟，实属中国近代以来所未见。他既有高超的组织领导才能和艺术，又文采飞扬，诗文盖世，书法雄奇。他的胆略、睿智、毅力、知识、阅历、情操、体魄等等，均为人惊叹并被传为佳话。他的丰采，他的思想，他的言谈话语、举手投足，无不备受人民群众关注。在民众看来，毛泽东不仅是党的代表和化身，也是民族的代表和化身。毛泽东是空前伟大的民族英雄。毛泽东有着无穷的超人的能力和才华。毛泽东永远正确，跟着毛泽东就无往而不胜。同时，毛泽东热爱人民，相信群众，清正廉明，农民本色等品格情操，也为广大民众交口称赞。尤其是他在重大历史关头高瞻远瞩，指挥若定；所发表的振聋发聩的理论巨著，以极强的雄辩力空前地将全党全军全国人民的思想聚拢到一起。这一切，都使毛泽东对民众具有了超乎寻常的吸引力、凝聚力、召唤力。他以其巨大的个人魅力征服了广大的干部、群众。最后是毛泽东本人对个人崇拜所持的日益接受和欣赏的态度，使他逐步成为完全意义上的"红太阳"。从 20 世纪 50 年代后期起，毛泽东越来越赞成搞个人崇拜，明确提出要搞一点个人崇拜。"他越来越限于口头上反对'万岁'，反对搞个人崇拜。而事实上，却有意无意听任对他的个人崇拜发展起来，有意无意鼓励了对他的'神化'运动。"[⑤] 由于毛泽东强大的影响力，他这种赞赏个人崇拜的态度对思潮的发展起了关键性的推进作用，致使中国的个人崇拜之风一发而不可收，毛泽东也因此一步步走上了神坛。

第三，社会造就了"红太阳"。"红太阳"思潮能够长期存在和发展，

---

① 郭沫若、周扬编：《红旗歌谣》，红旗杂志社 1960 年版，第 33 页。

② 同上书，第 11 页。

③ 同上书，第 31 页。

④ 《关于建国以来党的若干历史问题的决议》注释本，人民出版社 1983 年版，第 46 页。

⑤ 权延赤：《走下神坛的毛泽东》，中外文化出版公司 1989 年版，第 93 页。

党和国家出现突出个人、搞个人崇拜之风，不能简单地归咎于群众或毛泽东个人，而是一定时代的产物。是与社会相关制度、体制的运行，主流意识形态的引导及社会条件、环境的影响分不开的。邓小平说："我们过去发生的各种错误，固然与某些领导人的思想、作风有关，但是组织制度、工作制度方面的问题更重要。这些方面的制度好可以使坏人无法任意横行，制度不好可以使好人无法充分做好事，甚至会走向反面。即使像毛泽东同志这样伟大的人物，也受到一些不好的制度的严重影响，以致对党和国家对他个人都造成了很大的不幸。"[①] 李银桥也说过："家长制这种统治方式作为中国文化的一部分已经存在了几千年以后，并非由于毛泽东一个人的责任，这种家长制和与其密切相连的'一言堂'在社会主义的中国重新得以延续和发展。"[②] 也就是说，是现实社会的需要并经由相应社会机制的运行，造就了"红太阳"及其思潮。

其一，赋予领袖的权力过大。中国共产党是在共产国际的指导和帮助下建立和发展起来的。由于共产国际没有正确解决领袖和党的关系的问题，未能有效制止由于权力过分集中而形成的个人专断以及个人崇拜的发展，这对中国共产党产生了很大的消极影响。也由于中国长期封建主义在思想政治方面的遗毒，"种种历史原因又使我们没有能把党内民主和国家政治社会生活的民主加以制度化，法律化，或者虽然制定了法律，却没有应有的权威"[③]，从而没有对领袖人物形成相应的有效的监督、制约机制。这就为党的权力过分集中于个人，党内个人专断和个人崇拜现象的发生、发展提供了条件。前已述及，早在延安时期，毛泽东就曾被党中央赋予处理党内事务的"最后决定权"。新中国成立初，1953 年，中央又认可一切中央文件都须经毛泽东批准签发的做法。20 世纪 50 年代中期以后，毛泽东的主观主义和个人专断作风日益严重，日益凌驾于党中央之上，以至发展为"文化大革命"时期的"和尚打伞，无法无天"，几乎以个人意志左右党和国家的运行方向，长期实行差不多"家长制"式的领导。这种极不正常的做法却得到了中国共产党和国家的允许、认可和支持。在政治思想、组织制度、体制、机制等方面，为个人崇拜和"红太阳"思潮的不

---

① 《邓小平文选》（第 3 卷），人民出版社 2001 年版，第 333 页。

② 权延赤：《走下神坛的毛泽东》，中外文化出版公司 1989 年版，第 87 页。

③ 《关于建国以来党的若干历史问题的决议》注释本，人民出版社 1983 年版，第 39 页。

断发展提供了条件和温床。

其二，舆论宣传大力诱导。出于革命斗争和建设事业的需要，从延安时期开始，中国共产党致力于对毛泽东的宣传和颂扬，新中国成立后呈逐渐加强之势，到“文化大革命”时期达于极致。其间，为了“大树特树”毛泽东的“绝对权威”，党和政府利用各种宣传工具、手段和渠道，在舆论宣传上进行“超饱和轰炸”。尤其是对毛泽东“左”的系统理论，进行了深入、持久、广泛的宣传、灌输。经过官方主流意识形态长期的高强度导向，广大群众不断统一了思想和步伐，对毛泽东的崇拜意识更为强化。

其三，头面人物的示范效应。如前所述，为了骗取毛泽东的信任，篡夺党政军权，林彪、“四人帮”等身居要职的野心家、阴谋家，以毛泽东的学生、战友、接班人等面目出现，“《语录》不离手，‘万岁’不离口”，对毛泽东极尽赞美、吹捧之能事，大搞个人崇拜，神化毛泽东。这在群众中起到了强烈的示范效应，促进了“红太阳”思潮向非理性方向的急剧转化。值得一提的是，由于历史的局限，党和国家的其他领导人，也多曾赞成、参与、追随这种个人崇拜。这无疑纵容和助长了个人崇拜之风的盛行。诚如李银桥所说：“‘家长制’和‘一言堂’情况的发生，责任不能推到毛泽东一个人身上，也不能全推到林彪、‘四人帮’一伙头上。毕竟，山呼万岁的绝大多数并不是野心家、阴谋家。”①

其四，政治重压下群众被迫“从众”。新中国成立后政治运动接连不断，到“文化大革命”时期而达到顶峰。一方面，完全出于自发崇拜毛泽东的人越来越多，意识越来越强烈。另一方面，一些存有不同意见的群众在思想上却遭到严重压抑，动辄得咎。到“文化大革命”期间，在保卫毛泽东—毛泽东思想—毛主席革命路线的口号下，任何被认为有违毛泽东指示或有对毛泽东不敬言行的人，均被视为“三反分子”、反革命分子而立刻受到批判、斗争，遭受“群众专政”。公、检、法等专政机关及“文化大革命”期间介入地方执行“三支两军”任务的人民解放军，也历来把这种“现行反革命”当作重点打击对象。人们稍有不慎就可能身陷囹圄或招来杀身之祸。过大的政治压力使一般群众对搞个人崇拜、造神运动即使有不同认识，也难以表露，更不敢公开反对。只能“随大溜”，被融入狂热的“红太阳”思潮之中。

---

① 权延赤：《走下神坛的毛泽东》，中外文化出版公司1989年版，第88页。

三　“红太阳”思潮的启示

中国的“红太阳”思潮总的特点，是理性与迷信并存，自发与引导结合，一贯与多变相通，低缓与高涨交替。思潮波及范围之广，延续时间之长，涉及人数之多，与现实联系之密切，实属中国近代以来所罕见。思潮对我们的党和国家、民族、社会以及毛泽东本人，均产生了不容忽视的重大影响，因而值得人们予以深刻反思。

第一，从民众层面看。人民群众的广泛、持久参与是中国“红太阳”思潮发生、发展的社会基础。半个多世纪以来，几代中国人都是唱着《东方红》长大的。神首先是老百姓造出来的。毋庸置疑，对广大人民群众来说，在革命和建设中，离不开党和领袖的领导和指引。群众对领袖抱持热爱、尊敬、拥护的态度，不仅是无可非议的，而且是必不可少的。尤其是在战争年代，杰出领袖非凡的组织力、号召力、凝聚力，是最大限度地动员群众同仇敌忾，克服困难，参军参战，浴血奋斗，夺取一个又一个胜利的必要条件。即使在新中国建设时期，人们通过学习领袖毛泽东的著作和思想，学习其行为和品格，获取精神动力，斗志昂扬、意气风发地投身于社会主义建设事业。这对于改变中国民众近代以来形成的民族自卑心理和性格，激发民族自尊心、自信心，从而成为一个充满自豪和希望的民族，是有着深远的影响和作用的。但也必须看到，由于受历史久远的“神权—皇权—族权”及封建专制主义的影响，近代以来的中国民众仍存有“不是不要皇帝，而是要好皇帝”的潜在意识。安于“听上头的”，习惯于“最高指示”“老人家”式的领导。加之作为领袖的毛泽东在广大民众中享有崇高威望，中国民众在现实中对领袖更容易产生崇拜意识和偶像化、神化倾向。在不少民众看来，获得解放和幸福，靠的是救星，靠的是“红太阳”。一切都是救星—领袖给予的。没有领袖，就没有光明和未来。自己参加革命和建设，是对领袖的报恩行为；甚至要为领袖而生，为领袖而死。同时，认为领袖是真理的化身，永远正确，且威力无穷。跟着领袖就无往而不胜，把希望、命运寄托于领袖个人。有人明确提出：“相信毛主席要相信到迷信的程度，服从毛主席要服从到盲从的程度。"[①] 对毛主席的指示"理解的要执行，不理解的也要执行"。[②] 这样，实际上就忽视了人民群众自身作为历史主体和创造历史的作用。其结果，自然就会形成和助长群众的盲从性，形成对领袖指示只能闻风而动、一哄而起的"紧跟"风；甚至兴起看风使舵、搞形式主义，弄虚作假、虚报浮夸、投机取巧等不正之风。这不仅会大大有碍于民众的主动性、积极性、创造性的发挥，而且容易在对领导者错误决策的狂热盲从中，造成大规模破坏性行为和负面影响。如"大跃进"、"文化大革命"等。此外，在保卫领袖的口号下，以领袖一个人划线，也很难处理好党内外、国内外各类复杂的矛盾，甚至将大量党内和人民内部矛盾当成敌我矛盾来对待和处理。这就难免会引发社会的动荡不安，甚至发生内乱。"红太阳"思潮的经验教训启示人们，人民群众应该也必须维护党中央、党的领袖的权威，真心实意地热爱、拥护党和领袖。在党和领袖的指引下，科学、有序地从事各项社会建设和活动。同时，也必须增强民主意识，消除传统文化的不利影响，不以非理性的态度搞个人迷信和个人崇拜。坚信"从来就没有什么救世主，也不靠神仙皇帝"，人民群众是国家和历史的主人；要实现国家的振兴，人民的幸福，实现社会主义现代化，靠的是广大人民群众自身的觉悟和奋斗。从而真正树立起国家主人翁的思想，增强社会责任感。通过努力提高自身素质，提高科学文化水平和辨别是非的能力，弘扬科学精神，在社会主义现代化建设实践中更好地发挥自己的聪明才智，为社会主义物质文明、精神文明和政治文明建设做出应有的贡献。

第二，从领袖层面看。毛泽东既是"红太阳"思潮中被崇拜的主体，又是支持、推动这一思潮发展的关键因素。对毛泽东而言，他一生热爱人民，心系群众。他尊重人民，依靠人民，相信群众自己解放自己，提出"群众是真正的英雄，而我们自己则往往是幼稚可笑的"[③]，要在群众面前"甘当小学生"[④]，并始终强调完全彻底为人民服务。他从不以"救世主"的姿态君临天下。即使百万群众在天安门广场向他狂热地呼喊"毛主席

① 《关于建国以来党的若干历史问题的决议》注释本，人民出版社 1983 年版，第 466—467 页。

② 出自林彪 1966 年 8 月 13 日《在中央工作会议上的讲话》，后在群众中产生了广泛影响。

③ 《毛泽东选集》合订本，人民出版社 1964 年版，第 748 页。

④ 同上，第 748 页。

万岁”时，他也仍在喊“人民万岁”。但他在接连不断的巨大胜利面前，随着他的威望的快速提升而骄傲了。他的主观主义和专断作风越来越严重，自以为是，听不得不同意见。进而一步步发展到家长制、“一言堂”和“无法无天”的程度。他往往被民众表面的狂热拥戴所陶醉，欣赏、接受、鼓励个人崇拜，甚至被别有用心的人的大肆吹捧所迷惑，为野心家所利用，这使他日益脱离实际、脱离群众，从而很难集中正确意见而形成科学决策，对党和国家实行正确的领导；也难以真正洞察民众的心愿和要求，及时发现并纠正错误。最终，难免出现“为群众—害群众”的悲剧。“万岁喊多了，必然神化，神化了就脱离群众了，越脱离群众就越容易被神化，循环发展，悲剧就会发生。”① 这清楚地表明，突出个人，搞个人崇拜，对中国共产党提高执政能力，实行民主执政、科学决策是十分不利的。而要防止和克服这一倾向，作为党的领袖，首先，必须始终旗帜鲜明地反对突出个人，搞个人崇拜、歌功颂德，保持谦虚谨慎的作风和清醒的头脑。坚决消除封建专制主义影响，真正树立人民当家做主的意识。要将自己置于同普通干部、党员、群众一样的平等地位，时刻倾听民众呼声，体察人民心声，关爱人民，尊重人民，相信人民，依靠人民，为人民服务。其次，要正确认识和使用人民赋予的权力。对党和国家的重大方针政策和事项，不搞个人说了算。切实实现科学、民主决策。最后，是要严格遵守党纪国法，在党的法规和国家法律允许的范围内工作和行动，接受党内外的监督和制约，不搞特殊化，不做法纪之外的特殊党员、特殊人物。

第三，从社会层面看。如前所述，“红太阳”思潮的出现，是现实社会政治文化的折射，是社会特有制度及其机制运行的结果。反观之，“红太阳”思潮的长期存在和发展，对党、国家及整个社会也产生了很大影响。应该看到，在“红太阳”光辉照耀下，全党思想、步调空前一致；全国各民族实现了大团结，近代以来四分五裂的中国社会达到了空前统一；中国在世界的地位和影响力大大提高，均为不争的事实。这一切，都是和伟大领袖毛泽东的名字、与“红太阳”的巨大作用分不开的。同时，也必须看到，正是由于实行中央高度集权的体制，导致权力过分集中于个人或少数人手里，领袖几乎拥有无限的权力，成为家长式的人物。全党、全国、全军听命于一人，党内几乎无民主可言，甚至形成了人身依附关系、君臣父

① 权延赤：《走下神坛的毛泽东》，中外文化出版公司 1989 年版，第 88 页。

子关系、猫鼠关系，最终造成个人迷信和崇拜之风盛行。毛泽东曾多次讲过反对突出个人和个人崇拜的话，但他却难以脱俗，不能在实际中坚持下去。正如邓小平所说：“毛泽东同志说了许多好话，但因为过去一些制度不好，把他推向了反面。”[①] 李银桥也说：“再伟大的人物，生活在这个山呼万岁有几千年历史的中国，天天面对万岁的呼声，不习惯也会习惯。终于变得习以为常，理所当然。”[②] 可见，要防止个人崇拜思潮的产生和发展，使党和国家沿着正确、健康的方向前进，就必须营造民主政治的社会环境和条件。邓小平指出：“没有民主就没有社会主义，就没有社会主义的现代化。”[③] 要把民主看成党和国家的生命。大力发扬党内民主，以党内民主带动社会民主，使党员和公民的民主权利切实得到尊重和保障。

要加强党内民主，就应在维护党中央和领袖权威的同时，坚持做到：①党的权力不过于集中。不赋予个人过大权力，避免个人决定党和国家的重大事项。在党内尤其是党的最高决策层内，切实实行集体领导原则和民主集中制，实现科学、民主决策，并使之制度化、程序化。②党内不同意见平等讨论。党内，尤其是党的最高决策层内成员能充分发表自己的意见。不“抓辫子”“扣帽子”“打棍子”、动辄“上纲上线”。③主流意识形态在舆论导向上不过多宣传个人，突出个人。不搞歌功颂德、“大树特树”。④强化党内监督及纠错机制。拓宽监督渠道，建立健全咨询制、重大失误责任追究制、领导人任期制、罢免制等重要组织制度。对党的各级领导尤其是主要领导人实施强有力的有效监督，及时发现问题和纠正错误。而要加强社会民主，则应致力于：其一，坚持以人为本的执政理念。为人民执政，靠人民执政，保障人权，坚定地支持人民当家做主。其二，注重提高全民族的科学文化素质。对传统文化要取其精华，去其糟粕。努力提高全社会的创造活力。其三，协调各方面的利益关系，妥善解决各类社会问题，真正做到倾听民声，体察民情，正确处理人民内部矛盾，调动各方面的积极因素，营造有利于充分发挥全社会各民族、各阶层、各行业民众创造活力和创造才能的社会环境和氛围。其四，加强法制建设。消除封建残余及人治社会的影响，使民主制度化、法律化，建设社会主义法制

---

① 《关于建国以来党的若干历史问题的决议》注释本，人民出版社 1983 年版，第 81 页。

② 权延赤：《走下神坛的毛泽东》，中外文化出版公司 1989 年版，第 88 页。

③ 《邓小平文选》（第 2 卷），人民出版社 1994 年版，第 168 页。

社会。邓小平指出："为了保障人民民主，必须加强法制。必须使民主制度化、法律化，使这种制度和法律不因领导人的改变而改变，不因领导人的看法和注意力的改变而改变。"[①] 通过民主的制度化、法律化，最大限度地保证民众有效地参与政治，保障广大人民群众依法享有广泛的权利和自由。切实做到上述这一切，中国共产党就能更好地代表最广大人民群众的利益，实现科学、民主、依法执政，领导全国人民团结奋斗，实现中华民族的伟大复兴。

（原文以"中国'红太阳'思潮的演变及成因"为题，刊于《中共党史资料》2005 年第 1 期；删节稿以"中国'红太阳'思潮研究"为题，刊于《北京党史》2005 年第 6 期）

① 《邓小平文选》（第 2 卷），人民出版社 1994 年版，第 146 页。

就《中国“红太阳”思潮研究》中的几个问题答金春明先生

金先生：您好！

来信收阅。拙文能得到您的关注与指教，甚感荣幸。信中所提四个方面的问题，确是拙文有待进一步探讨、论述之处。来信所论不仅会大大深化本文内涵，使主题表达更加准确、充分，也会进一步启发、促进本人对这一课题的思考与研究。现谨对来信所提问题简复如下。

第一，来信所谈庐山会议在“红太阳”思潮演化过程中的作用，我完全同意。这次会议及会后开展的“反右倾”斗争，“破坏了党内民主，从此，毛泽东成为任何人不能批评的绝对权威”。会议对于推进本阶段思潮的发展确有质的转折点的作用。同时，我也认为这种作用在其后较长的一个时期内主要表现为客观上的防人之口、封堵言路方面，尚未成为作为思潮主体的党内、党外群众由衷、自觉的主观意识和行动。究其原因，是当时党内外群众主要关注经济建设的“大跃进”“更大跃进”以及接踵而来的经济困难，搞生产自救。其间，人们的情绪出现了很大波动，党群关系紧张，“毛泽东的威望开始走下坡路”。加之当时党的工作及宣传重点也主要放在了经济工作方面，对主席个人的颂扬较有节制，主席本人也有所反思并做了自我批评，这就在整体上抑制了民众的个人崇拜狂热氛围和局面的出现，而使思潮进入了一个较长的低缓运行时期。到后来经济形势好转，又搞起了反修防修教育、社会主义教育运动、意识形态领域批判以及穿插其间的学习毛主席著作活动、忆苦思甜活动、战备教育等等，使群众对主席的崇拜随之又不断升温，直至出现“文化大革命”狂飙，由本阶段的曲折演进而达到高潮阶段。

第二，人民群众学习毛主席著作、用毛泽东思想指导言行由来已久而延续至今，这跟搞个人崇拜确实是两回事。但这两方面又往往在一定的历史背景和主客观条件下密切相关而共处于统一的时空关系中。在这种学习活动中个人崇拜的因素及其程度如何，关键要看学习的动机、态度、方法等是否科学、理性。我认为从人民群众学习毛主席著作的整个历史看，似乎是理性与非理性相互交织、渗透在一起的，像“红太阳”思潮一样，有一个从较为理性而逐步走向不理性又重归理性的过程（当然也有林彪等人从中作祟的缘故）。比如群众认为学习毛主席著作要带着感情学，本身似乎也不为过，错就错在将主席的正确观点（且不说不正确的理论）加上了个人非理性的感情因素，而搞成了实用、庸俗、迷信的东西。如认为毛泽东的书是“红宝书”，毛泽东的话是“最高指示”，背“老三篇”，背语录，甚至打语录仗，等等。由于我把“红太阳”思潮定义为“中国民众对毛泽东尊崇意识的反映与表露”，也就是认为这一思潮乃是民众的一种意识。换言之，民众是思潮的主体或主要载体。因此，文中的着眼点主要是放在了民众方面。在作为“红太阳”思潮的一种延续和延伸，论述近年来的某些现象时，涉及了官方组织的一些对毛泽东著作的学习、宣传活动，但出发点主要还是从民众的角度予以联系和审视的。至于以毛泽东思想作为指导思想的中国共产党，带领广大党员、群众对毛泽东思想的学习、研究和宣传情况，则不在此论。

第三，作为领袖，毛泽东极强的个人魅力的影响是超乎想象的。但是，我也仍然认为，要形成个人崇拜仅此一端是远远不够的。除领袖个人条件外，还必须有相应的民众和社会（首先是制度）条件，三者缺一不可，而且要相互结合。毛泽东个人崇拜的形成正是这三方面因素有机结合共同作用的结果。是否可以说，只有领袖个人条件，形成个人崇拜未必是可能的；但社会及民众条件具备后，再有了领袖个人的条件（包括领袖本人赞成个人崇拜），形不成个人崇拜也似乎是不可能的。此外，领袖个人威望与群众对领袖的崇拜往往也不是一致的，这既与领袖本人对个人崇拜的态度有关，也取决于整个社会的大气候。总之，个人崇拜应是上述三方面因素的“合力”所致。

第四，我非常同意来信关于封建专制主义影响的分析。中国老百姓“万岁”喊了几千年，一时半会儿是忘不了的。这确实是“今日中国‘红太阳’思潮仍广泛存在的最主要的社会基础”。对此，文中理应有更加充分的阐述，但因篇幅所限，不少话未能说。权发小文，以抛砖引玉吧！

中国的“红太阳”思潮题目太大，诸多想法和问题，一时难以尽述。

容日后再多向您请教。在此，对先生的真知灼见、严谨治学精神深表钦佩。

专此奉复并恭颂

秋祺！

马英民

2005 年 9 月 19 日

（原文刊于《北京党史》2006 年第 1 期）

附：

就《中国“红太阳”思潮研究》中的几个问题与马英民同志商榷

金春明

从《北京党史》2005年第3期上看到马英民同志写的《中国“红太阳”思潮研究》，很感兴趣，很快读了一遍。总的感觉这是一篇有一定深度的可以发人思考的好文章。马文把“红太阳”思潮定位为“中国民众对毛泽东尊崇意识的反映与表露”，这个提法较之过去习惯使用的对毛泽东的个人崇拜，内涵更为广阔，也可能更符合中国的实际。当然，二者并不矛盾，“尊崇”达到一定高度和热度，就成为“崇拜”，领袖也就成了高高在上的“句句是真理”的永远不会犯错误的神。文章对“红太阳”思潮的演化、成因和启示进行了比较系统的分析和论述，有不少独具匠心的归纳和概括，说明作者是做了认真研究，下了功夫的。我感到也有几个地方需要斟酌和补充，现列举如下以供参考。

第一，在“红太阳”思潮的演化过程中，我感到1959年的庐山会议是一个质的转化的关节点。对彭德怀《意见书》的批判和由此开展的反右倾机会主义的全党大斗争，造成一个极为严重的后果，就是破坏了党内民主。从此，毛泽东成为任何人不能批评的绝对权威。个人崇拜的程度和气氛，在1959年庐山会议前后是明显不同的，经历或研究过那段历史的人都会有很深切的感受。而马文在讲“红太阳”思潮演化的第二阶段时，似对此重视不够。

第二，“红太阳”思潮既然定性为对毛泽东的“尊崇意识”，那么，它同对作为中国共产党的指导思想的毛泽东思想的学习、研究和宣传，以及对作为毛泽东思想主要载体的毛泽东著作的研读，是有着质的根本区别的，两者是不能够混为一谈的。马文中是注意到这种本质区别的。但在论述中有的地方不够严谨。例如，在讲到演化的第四阶段时，把“文化大革命”结束至今的，“官方根据毛泽东诞辰或毛泽东相关的重要著作、事件等及逢五或逢十组织、指导的纪念活动，如举行纪念大会，召开各种报告会、研究会、座谈会、演出会、展览会等”都一律列入“红太阳”思潮的“内容及其表现”之中，我认为是不够恰当和准确的。

第三，在“红太阳”思潮形成过程中，毛泽东个人的作用和制度作用的关系，是一个颇为复杂的关系。马文认为：“由于毛泽东强大的影响力，致使中国的个人崇拜之风一发不可收拾，毛泽东也因此一步步地走上神坛。”并说：“他的目光之远大，理论之深邃，功绩之宏伟，实属中国历代所未见。他既有高超的组织领导才能和艺术，又文采横溢、诗文盖世、书法雄奇。他的胆略、睿智、毅力、知识、阅历、情操、体魄等，均为人惊叹并传为佳话。”似乎只要具备了这样的条件，没有个人崇拜反倒是不可能的。这样的立论是否科学？

今天回顾新中国成立后的那一段历史，客观地说，毛泽东个人威望的最高点是1956年党的八大前后。中国革命的伟大胜利和新中国成立后前七年的凯歌高奏，人们对党和毛泽东的衷心爱戴，都是光辉的高峰。可是，恰恰在那个年代，党内民主是比较正常的，个人崇拜现象是比较稀少而淡薄的，领袖和群众的关系是比较正常的。1957年的反右派斗争、1958年的“大跃进”和人民公社化运动，极大地损害了中国共产党和毛泽东的威望，破坏了中国共产党和群众的融洽关系，使党和毛泽东本人的威望急骤下滑。正是在毛泽东的威望开始走下坡路的时候，对毛泽东的个人崇拜，反而被加温以至狂热，这种反向的对比难道不应该发人深思吗？可能正是这样的形势，使毛泽东本人感到“需要一点个人崇拜”而自我放松，并被人利用的吧？

第四，在“红太阳”思潮产生的原因方面，文中的几点分析都是有道理的。我认为，其中对于长期封建专制主义的严重影响和小生产习惯势力浓厚存在这两方面的分析似嫌不够。关于封建专制主义的严重影响，邓小平、李维汉和其他许多同志已有颇多深刻的论述。但就总体而言，清除封建思想残余问题，仍是当前意识形态领域里的薄弱环节和严重任务。而提到小生产习惯，人们自然会联想到革命导师马克思的那段著名的生动而深刻的论断：“他们不能代表自己，一定要别人来代表他们。他们的代表一定要同时是他们的主宰，是高高站在他们上面的权威，是不受限制的政府权力，这种权力保护他们不受其他阶级侵犯，并从上面赐给他们雨水和阳光。”而中国正是在全世界各个国家中，小生产的规模最大，数量最多，时间最久，影响最深的国家。就社会意识形态和群众基础而言，中国是最容易发生个人崇拜的国家。我感觉这也是今日中国“红太阳”思潮仍广泛存在的最主要的社会基础。

（原文刊于《北京党史》2005 年第 6 期）

华侨抗战　功重寰宇

在从1931年“九一八”事变到1945年日本投降的漫长的抗战岁月里，海外广大华侨与祖国人民风雨同舟，同仇敌忾，开辟了抗击日本帝国主义的广阔的海外战场，这一战线是中华民族抗日战争的重要组成部分。世界各地侨胞在“抗日救国”旗帜下团结起来，冲破种种艰难险阻，英勇开展抗日斗争，有钱出钱，有力出力，直至奔赴疆场浴血杀敌，为祖国抗战胜利作出了卓越的贡献。华侨抗战，功莫大焉！

一　心系祖国　息息相通

海外侨胞与祖国血肉相连，息息相通，时刻将个人的荣辱得失与祖国的命运安危联系在一起。他们深知，只有打败侵略者，才能洗雪民族耻辱，祖国才能繁荣强大，广大华侨才能扬眉吐气。长期以来，当祖国遭受危难，特别是当日本帝国主义大举侵略中国，中国人民奋起抗敌御侮之际，海外华侨总是立即作出响应，及时给予祖国人民有力的支援。早在1928年，日本在中国的山东制造“济南惨案”，杀害大批中国同胞，新加坡华侨就成立了由陈嘉庚先生领导的“山东惨祸筹赈会”，开展募捐活动予以支援并发起抵制日货运动，反对日本的暴行。1931年“九一八”事变发生后，南洋各地华侨大力进行了反日宣传和抵制日货活动。对随之出现的东北抗战，菲律宾、古巴等地的华侨纷纷捐款支援。1932年发生了“一·二八”事件，日军进犯上海，上海十九路军发起淞沪抗战，南洋华侨、旅美华侨闻讯十分愤慨，为抗战军民踊跃捐献，并捐款购买飞机支援；旅居新加坡、越南和欧洲、美洲及拉丁美洲各国的华侨相继成立抗日救国团体，声援并大力捐助抗战；南洋不少青年回国抗日，在北京成立“抗日救国义勇军”，加入抗日队伍。1937年“七七”卢沟桥事变，日本大举进攻中国，企图在数月之内灭亡中国，全国抗战从此爆发。全世界侨胞面对穷凶极恶的日本帝国主义，无不义愤填膺，将支援抗战当成自己义不容辞的神圣职责。为了及时有力地组织对祖国抗战的捐献和各种抗日活动，世界各地华侨成立了 3500 多个救国团体①，其中一些救国团体规模极其巨大，如成立于 1938 年 10 月的以陈嘉庚为主席的“南洋华侨筹赈祖国难民总会”，代表了马来亚、新加坡、菲律宾、印度尼西亚、越南、沙捞月、缅甸、泰国国家和地区的 45 个城市的华侨救国团体，到 1940 年，总会领导下的基层救国组织已达 702 个。在欧洲，成立了“全欧华侨抗日救国联合会”，在美国，也组成了“旅美华侨统一义捐救国总会”等等。各华侨救国团体高举抗日救国的旗帜，打破地域、行业、帮派、宗亲的界限，将千百万华侨联合在一起，在华侨旅居的世界各国宣传抗战，号召捐献，组织罢工，直至回国参战，掀起空前规模的持久的抗日救亡运动高潮，同祖国人民一起，取得了抗日战争的伟大胜利。总之，海外华侨时刻与祖国同呼吸，共命运，广大侨胞的心与祖国同胞的心始终是一起跳动的。

二　无私捐献　支援抗战

华侨对祖国的捐助源远流长。尤其是自抗日战争全面爆发后，海外广大华侨持续、大量的捐助，对中国抗战胜利起了举足轻重的作用。在各华侨救国团体组织的领导下，广大海外华侨无私捐献，支援祖国抗战。募捐方式多种多样，如特别捐、年捐、月捐、节日捐、货物捐，以及街头的钱箱捐、影剧院的门票捐、喜事和丧事捐，等等。在整个抗战期间，为祖国捐款的侨胞遍及亚洲、南北美洲、欧洲、大洋洲和非洲华人社会的家家户户。无论工商巨贾，升斗小民，男女老幼，残疾人、乞丐，各阶层人士无不节衣缩食，通过义捐、义演、义卖等活动慷慨捐献。仅据统计，捐款华侨即达 400 多万人，约占当时全世界华侨的一半。② 到太平洋战争爆发前，国民政府的军费开支有 123 亿元，而华侨的捐款就达到 53 亿元，相当于全部军费开支的 43%。国民政府发行 5 亿公债，华侨就认购了一半，

① 国务院侨务办公室：《华侨对抗日战争的伟大贡献》，《人民日报》，1995 年 8 月 17 日。
② 同上。

最后作为捐款献给了抗战事业。[①] 为了支持长期抗战，各国的华侨还响应国民政府投资的号召，向国内投资，开发资源，充实祖国经济力量。如马来亚华侨领袖陈嘉庚与缅甸华侨领袖陈守明等联合，投资五百万元，组成华西垦殖公司。华侨巨子胡文虎投资五千万元，开垦西南富源等。另外，抗战期间海外华侨汇回国内的数十亿侨汇，对支援祖国抗战也起了很大作用。

在贡献巨额捐款的同时，广大华侨无偿捐助的大批抗日急需物资，如飞机、坦克、汽车、药品、衣物等，也源源不断地运回祖国。仅缅甸华侨就购献战斗歼击机 14 架，汽车上百辆。[②] 还捐献大批衣物，计有：单夹衣裤 32.52 万件，新棉衣 1.16 万件，新旧麻袋 18.35 万件，各类药品 69 箱。[③] 这些物资援助，大大增强了中国长期抗战的物质力量。

世界各地华侨的爱国举动，也深深感动了旅居地爱好和平的人们。在华侨的影响和争取下，许多华侨居住国居民不仅声援华侨的抗日斗争，同时也有不少人和华侨并肩战斗。他们组织了许多团体，如美国的募集医药援华会、援华制日委员会、抵制日货委员会、不参加侵略委员会、救济伤兵难民委员会等等，它们与华侨一起，通过声援中国抗日，抵制日货，捐款捐物，共同开展援华抗日斗争。

三　回国效力　血洒疆场

1932 年上海发生“一二八”事件后，南洋华侨青年就曾回国抗日。1937 年抗日战争全面爆发后，更多旅居海外的华侨，放弃比较安定优裕的生活，冲破各种阻挠，不顾个人安危，毅然回到战火纷飞的祖国，参加抗战，形成了的盛极一时的“回国运动”。回国华侨组成各类服务团体，为前线和后方服务。南洋华侨筹赈总会在南洋华侨中组织了 9 批 3200 多名汽车司机、汽车修理工（当时简称“机工”）回国服务，抢运抗战物资。奔波在滇缅公路上的机工有一半以上是华侨。[④] 菲律宾华侨青年组织了救国义勇队回国随军服务团。在香港组织的有义赈会青年回国服务团、

① 陈嘉庚：《南侨回忆录》，草原出版社 1979 年版，第 57—58、79 页。

② 《华侨与中国革命》，台北出版社 1963 年版，第 349 页。

③ 陈嘉庚：《南侨回忆录》，草原出版社 1979 年版，第 57—58、79 页。

④ 国务院侨务办公室：《华侨对抗日战争的伟大贡献》，《人民日报》，1995 年 8 月 17 日。

远东青年回国服务团、中国青年救护队、中华救护团、惠阳回乡工作团、华侨西北服务团等。马来亚、越南、泰国等地的华侨和港澳青年组织了400多人的东江华侨回乡服务团。南洋和香港的琼崖籍青年还组织了琼崖华侨回乡服务团，等等。这些服务团回国后宣传抗日，救济难民，保障运输，慰劳将士，救护伤员，组织武装，致力开展抗日活动。美国、加拿大、菲律宾等国华侨还创办航空学校，为祖国培养了大批飞行员。这些飞行员回国加入了祖国的空军，大大加强了中国的空中力量。在全国歼击机飞行员中，华侨占3/4。[①] 还有许多回国华侨，战斗在抗日斗争的最前线，不少人献出了鲜血和生命。如1940年在反“扫荡”中牺牲的八路军骑兵营教导员女英雄李林（印尼归侨），1942年在与日军激战中牺牲的菲律宾华侨救国义勇队总领队沈尔士，1942年在云南省与日机空战中牺牲的上尉飞行教师肖德清（马来亚归侨），1942年被国民党顽固派杀害的新四军政治部组织部部长李子芳（菲律宾归侨），等等。据统计，仅南洋回国技工中在抢运抗战物资的三年多时间里为国捐躯的就有1000余人。

四 海外交锋 不避艰险

在长期的抗战中，广大华侨在尽心尽力支援祖国的同时，也在各旅居地同日本帝国主义及其支持势力进行了坚决的斗争。在各华侨救国团体的组织领导下，各地华侨首先进行了广泛深入持久的抗日、反日宣传。抗战期间，尤其是每当日本帝国主义向中国大举进犯时，世界各国华侨就会立即愤怒地走上街头，游行、示威、抗议、谴责侵略者，并通过办报刊、办电台、演讲、演出、散发宣传品、张贴标语漫画、书写壁报等形式，宣传抗日救亡。当时全世界华侨报纸有70多种，无不将祖国抗日动态、华侨救亡运动等辟为专栏，突出、集中、及时地报道、宣传海内外的抗战消息。不少华侨抗日救国团体还派出宣传员，冒着生命危险秘密潜入日营厂矿、公司、码头、轮船，进行抗日宣传。通过抗日宣传，揭露、谴责日本侵华罪行，声援祖国抗战，号召和组织华侨捐献，凝聚广大华侨爱国精神和力量。同时，也呼吁国际友人从道义上、物资上支持中国抗战，捍卫世界和平，为中国争取抗战胜利创造有利的国际环境。

---

① 国务院侨务办公室：《华侨对抗日战争的伟大贡献》，《人民日报》，1995年8月17日。

开展大规模的罢工、罢运、罢职斗争，是海外华侨同日本帝国主义斗争的另一种主要形式。日本是一个资源贫乏的岛国，它需要攫取世界各地资源以支持本国生存和进行侵略战争。因此，日本多年以来在东南亚各国疯狂掠夺矿产原料，并从世界各地搜购战略物资。而东南亚及世界其他地区许多华侨大都在日本投资的厂矿做华工或在日营轮船公司从事海员等工作。据 1937 年马来亚矿物局统计的报告，华工占全马矿工总数的 80%。抗日战争爆发后，东南亚及世界各地华工拒绝日本资本家的威胁利诱，冒着失业和生命的危险，不断展开大规模的罢工、罢运、罢职斗争，有的还捣毁矿山、破坏厂房、炸毁机器，阻止为日本生产战争物资和将这些物资运往日本，并联合外籍工人、船员及各界国际友人，共同斗争。广大华工的罢工运动，使日本在马来亚的钢铁生产受到沉重的打击。日本原每月从马运出铁矿 30 万吨，经华工罢工斗争后，降为 1.24 万吨。[①] 在日籍轮船公司或轮船工作的华侨海员，宁愿失业，也不为敌人服务。在日本日清轮船公司以及日籍轮船“唐山丸号”“圣和丸号”“广东丸号”等轮船上工作的数千名华籍海员，拒绝载运军用物资往日本，一致罢工并弃职。在欧洲等国家轮船上工作的华侨海员，为了反对将军火及战略物资输送给日本，也英勇地开展了罢运斗争。华工、海员发起的罢工、罢运、罢职斗争，得到了各地华侨社会、侨团以及国际友人的大力支持和赞助。美国三藩市的华侨得知该地码头停泊装载有废钢铁运往日本的轮船后，迅速组织起 5000 余名华侨赶往码头阻止，与轮船海员相呼应，坚持斗争 6 天，终于取得胜利。据《工商日报》统计，仅在 1937 年 8 月 21 日起的 22 天中，香港就有 22 艘外籍海轮，因华籍海员拒绝为日本运输战略物资罢工而停留香港。

开展声势浩大而持久的抵制日货运动，是海外侨胞打击日本帝国主义侵略的又一种十分有效的斗争手段。日本是经济发达的帝国主义国家，与南洋、欧美各国有着广泛的经济交往和贸易关系。日本发动全面侵华战争后，为支持其庞大的战争需要，与世界的贸易量急剧增加。为了从经济上打击日本帝国主义和支援祖国抗战，海外华侨群起抵制日货，倡用国货。早在“九一八”前，南洋等地华侨就曾以抵制日货为重要手段，反对日本对中国的侵略。“九一八”后，这一斗争得到了进一步的发展。1937 年

① 《申报》，1939 年 7 月 27 日。

抗战全面爆发后，这一运动在更大范围、更大规模上进入持续发展的高潮时期，几乎每一个华侨聚居的地方都有专门抵制日货的组织，华侨不买不用日货，侨商不经营日货，已成为全世界华侨普遍的有组织的集体行动。南洋一带是日本几十年来集中进行经济掠夺的商贸地区，也是华侨抵制日货最坚决、最广泛的地区。南洋各地华侨成立了抵制日货的专门领导机构，实现了各个行业全行业华侨抵制日货的集体行动；并通过"抵货会""除奸团"等组织检查入口货物和严厉惩治偷售日货的奸商，使"抵货"运动持续深入地发展。经过"抵货"运动，使日本在南洋一带的市场遭受了惨重损失。新加坡英国商会委员会向英国海外贸易部的报告指出："马来群岛华侨甚众，厉行抵制日货颇著成效，日货输入马来群岛者，其价值以新加坡货币计之，在1937年为40482000元，至1938年即已减至12426000元。"[①] 菲律宾的华侨"对于仇货不贩不卖不运，给予敌人以致命的打击，就海关数字稽考，日本运菲的面粉、鱼类、棉织品人为减少，日本在菲的百货公司因此不支倒闭"。[②] 日本大藏省也哀叹，自1937年"七七"事变至1939年底两年半来，日本对南洋群岛的输出已不及战前的1/3。

居住国沦陷后，华侨执干戈，上战场，与入侵者进行了保卫第二故乡的生死搏斗。1940年，德国法西斯占领欧洲大陆。1941年12月太平洋战争爆发后，南洋各国相继沦陷。南洋华侨奋起保卫第二故乡，有的组织起抗日武装，有的参加了当地人民的抗日军队，共执干戈，抵御强敌；有的从事其他抗日活动，同侨居地人民和盟国军队并肩作战，与入侵者展开了殊死搏斗，得到了当地人民的赞誉。与此同时，欧洲、美洲、澳洲等地众多的华侨应征入伍，开赴欧亚各地战场，同德意日法西斯浴血奋战，为侨居地人民的独立解放和世界反法西斯战争的胜利作出了重要贡献，也成为对祖国抗战的重大支援。

不容忘怀的是，当时，一些华侨居住国有的为了追求自己的利益而不顾大义，有的迫于日本的压力，有的则是奉行亲日仇华政策而与日勾结，不断对华侨的抗日活动进行限制、阻挠，甚至打击、镇压。这些居住国的华侨不畏强权，对反动势力进行了顽强的反抗。海峡殖民地总巡抚赖得曾

---

① 《申报》，1939年7月27日。

② 《大公报》，1939年1月9日。

供认："在过去一年中，海峡殖民地之华人及在海峡殖民地出生之华人，事实上已成为帝国公民，因为爱国心的驱使，常对中国表示同情与支持，常作种种示威运动及抵制日货之运动，常与殖民地警务人员发生冲突，颇使殖民地政府陷入危难之地步。"① 英、美、法、荷等国的垄断资本集团，为了获取巨额利益，不顾国际公理和道义，把大批战需物资和军火输往日本，大发战争财。对此，各地华工、海员开展英勇斗争，有力地阻止了军需物资往日本的输送。泰国政府素来亲日排华，对华侨的抗日救亡活动十分敌视。他们与日本特务机关相勾结，搜查华人团体会馆、商会和银行，查封华人报馆、学校，1938 年 2 月曾在一夜之间大捕华侨上万人，而且将被捕华侨大部押解出境，造成华侨社会的白色恐怖。即使在如此恶劣的环境下，华侨的爱国之心也从未动摇。1939 年泰国华侨向祖国的"七七献金"即达 140 多万元。

五　坚持抗战　矢志不移

中国人民的抗日战争之路，是极其惨烈而曲折的。广大的海外侨胞在支援祖国的抗战中，始终以赤诚的爱国之心，坚持民族大义，明辨是非，力排干扰，反对一切分裂投降活动，努力推动抗战沿着正确的方向前进。

力促挽救民族危亡。早在 1931 年，日本帝国主义发动"九一八"事变，旅居世界各地的华侨就曾纷纷声讨国民党政府的不抵抗政策，要求国民党当局"息内争，御外侮"，并以各种形式支援东北军民抗战。1935 年日本扩大侵略，华北危机，北平爆发"一二九"学生爱国运动，要求国民党政府停止内战，实现抗日，广大的海外华侨也掀起了更大的抗日救亡运动浪潮，各国侨胞纷纷集会、游行，发表宣言和通电，誓做北平学生的坚强后盾，愿与全国人民一起，共同承担抗日救国的重任，迫使国民党政府放弃内战和对日不抵抗政策。

反对亲日投降活动。1937 年"七七"事变后，中国共产党提出的以国共合作为基础的抗日民族统一战线的主张，得到了海外华侨的热烈响应和坚决拥护。为了坚持全民族团结抗战，广大华侨与国民党内的亲日派的叛国投敌活动进行了毫不妥协的斗争。1938 年 10 月，武汉、广州相继沦

① 《申报》，1939 年 8 月 16 日。

陷后，国民党亲日派的卖国投降活动甚嚣尘上，当时担任国民党副总裁的汪精卫公开发表“和平”谈话，企图向日本侵略者妥协求和，引起广大华侨强烈的反对。南侨总会领袖陈嘉庚以华侨参政员身份，从新加坡给正在重庆召开的国民参政会第二次大会发来一个电报提案：“敌未出国门前言和即汉奸。”[①] 这一提案迅即获得大会通过。这仅有 11 个字的提案被誉为“古今中外最伟大的一个提案”，有力地打击了投降势力。当汪精卫公开投敌后，海外华侨社会迅速展开了以反对卖国投降、支持抗战为中心的声势浩大的讨汪运动。陈嘉庚直斥汪精卫为秦桧卖国求荣，发出多封电报，要求通缉汪精卫。缅甸华侨还筹款 100 万元，作为缉拿汪精卫的活动费用。[②]

维护国共合作的抗战大局。广大华侨对国民党顽固派的反共分裂、破坏抗战的行为，也进行了大力的抵制和斗争。从 1939 年底到 1940 年春，国民党掀起了第一次反共高潮。1940 年 3 月，陈嘉庚率领“南洋华侨回国慰劳视察团”回国，慰劳抗战军民。他不辞辛劳，往返于重庆、延安之间，为国共合作费尽心血，一再向国共两党领导人表示：“抗战一定要坚持下去，团结一定要加紧，汉奸汪精卫一定要铲除，只有这样，才能激励侨胞爱国，积极帮助祖国抗战。”“若不幸分裂，发生内战，则无异自杀。”[③] 南洋各地的救亡团体和爱国侨胞，也相继发表宣言和谈话，呼吁国共团结抗战。1941 年 1 月，国民党对新四军突然袭击制造了震惊中外的“皖南事变”。消息传到海外，广大华侨极为痛心和愤慨，数百个华侨团体和各界人士纷纷发出通电、宣言，强烈谴责国民党制造分裂的罪行，尽力维护国共合作的抗战大局。为此，中国共产党曾表示对华侨在关键时刻能够“关怀祖国，呼吁团结，敬佩不已”。[④] 事实表明，在建立和发展抗日民族统一战线，团结全国人民夺取抗战胜利的艰难曲折历程中，广大的海外华侨所独具的坚持民族大义、维护抗战大局的作用，是无可替代的，也是至关重要的。

（原文刊于《华人世界》2006 年创刊号）

---

① 国务院侨务办公室：《华侨对抗日战争的伟大贡献》，《人民日报》，1995 年 8 月 17 日。

② 《仰光华侨筹款百万缉汪》，载《新华日报》，1940 年 9 月 27 日。

③ 陈嘉庚：《南侨回忆录》，草原出版社 1979 年版，第 100 页。

④ 国务院侨务办公室：《华侨对抗日战争的伟大贡献》，《人民日报》，1995 年 8 月 17 日。

山西石拐会议与中共军事战略转变的实现

由国内革命战争转向全民族的抗日战争，中国共产党的军事战略也需要相应转变，即从国内正规战争转向敌后游击战争。中国共产党适时提出了实行战略转变的任务。但由于抗战初期主、客观条件的限制，关于这一战略转变在党内、军内还存在不同的认识和争议，其实现之路也是曲折而困难的。直到1937年11月召开的山西石拐会议，才基本统一了人们的认识，并按照新的抗日军事战略的要求，确定八路军的作战方针和兵力部署，使之步入敌后游击战争的正确途径。在石拐会议精神的指引下，中国共产党领导的八路军、新四军和其他抗日武装开辟和发展敌后抗日根据地，大打人民战争，经过长期艰苦卓绝的浴血奋战，终于迎来了抗日战争的最后胜利。

一　石拐会议面临的重大议题
——实现军事战略转变问题的由来

随着日本侵华步伐的加快、民族危机日益加深以及国共内战接近尾声，中国社会的主要矛盾由阶级矛盾让位于民族矛盾。在军事斗争战略上，中国共产党人开始思考如何由国内战争转向抗日战争的问题。1935年瓦窑堡会议期间，党初步提出了对日军事战略的问题。1937年“七七”事变后，国共两党合作抗日的局面迅速形成。陕北红军主力改编为国民革命军第八路军；随后，南方八省的红军和游击队改编为国民革命军陆军新编第四军。在全国抗战的新形势下，中国共产党人如何领导人民军队，使之承担起贯彻执行党的全面抗战路线的任务，关键在于实行党的军事战略的转变，即从国内正规战争向抗日游击战争转变。8月，中共中央洛川会议阐述了党的对日军事战略。会议分析了全国抗战开始以来的新形势和战争的持久性，提出要争取抗战胜利就要实行共产党的全面抗战路线，实行全国军事总动员，全国人民总动员；明确党必须坚持统一战线中无产阶级的领导权，在敌人后方放手发动独立自主的山地游击战争，使游击战争担负配合正面战场、开辟敌后战场、建立敌后抗日根据地的战略任务。这就是说，党的对日军事战略要从国内战争时期的集中兵力打运动战，转变为到敌后打独立自主的分散的游击战。毫无疑问，从当时敌、友、我三方的实际情况出发，实行这种转变是必要的和正确的。但是，八路军刚开赴抗日前线时，主要是直接在战役上配合国民党军队作战，只以少量兵力进行发动群众和组织群众武装的工作。其间，进行了平型关伏击战、太原保卫战、忻口防卫作战等战役、战斗，多次发动对日军的进攻和袭击，有力地打击了日军，振奋了全国的军心和民心，提高了共产党和八路军的威望。国民政府军事委员会连电嘉奖，称八路军“屡建奇功，强寇迭遭重创，深堪嘉奖”。[①] 但这一作战过程也使自己遭受了重大损失。如平型关一战，虽消灭敌人1000余人，八路军也伤亡400余人。作为仅有4万余人的八路军来说，这不能不说是难以承受之重。但是，八路军也还很难独立自主地开展敌后游击战争，而只能更多地以运动战、阵地战去配合友军，颇有些穿新鞋走老路的味道。这就导致党的军事战略的转变，直到11月石拐会议前，尚未得到很好的实现。

为什么会出现这种状况？究其原因，无外乎主观、客观两方面因素的影响。从主观方面看，党对新的抗战军事战略的认知和制定，不仅其概念和内涵尚不尽明晰，同时也还缺乏实际军事斗争的基础，其主要依据仍然、也只能是国内十年内战时的经验。这就不可能完全摆脱正规战、运动战的既有思路的制约。就连当时的党中央和毛泽东，也曾多次提出并准备将红军主力开赴华北前线去直接迎敌；或担任平绥一线的防卫，打阵地战；当然，还强调红军的特长是运动战，要求红军“集中作战，不得分割”。[②] 同样，面对日军的疯狂入侵，红军全军上下，莫不义愤填膺，纷纷要求“与日寇决一死战”；当然也是想尽快在全国人民面前树立红军誓死抗日的形象。所以，在党的领导层和八路军将领中，也一度存在打运动

---

① 中共中央党史研究室：《中国共产党历史》（第一卷）（下册），中共党史出版社2002年版，第610页。

② 转引自杨奎松《抗战初期中共中央内部战略方针的争论》，见 http：//www. beidouweb. com//news 15094828 - 1 - 1. html　2012 - 8 - 20　15：02：54。

战或运动游击战的倾向。这些都不能不影响到对新的抗战军事战略的理解和执行。从客观方面看，一是抗战初期，日本军队开始向中国华北、华中、华南展开大规模进攻，但都遭遇到中国军队的奋起抵抗。日本的强大武力和战力还未及充分显现，人们对战争的艰苦性、残酷性还体验未深；社会上甚至还出现了“速胜论”思想。这就容易导致人们对战争的艰巨性、复杂性、持久性估计不足。二是数量可观的国民党军队努力抗战，组织了一系列会战，使国人抱有期望。同时，蒋介石急于让八路军开赴前线御敌（似有“借刀杀人”之嫌），使八路军同以往的敌人国民党军队绑在一起对日防御作战。究竟应当采用何种战法配合友军，应对强敌日本的进攻，八路军因无前例可鉴而难有定见，只能先当配角再说；在战法上也多以打正面、侧面的运动战、阵地战为主，自然也不能充分实行八路军独立自主的作战原则。

由于抗战初期主、客观条件的限制和影响，中国共产党的对日军事战略转变的目标一时难以实现。这就成为太原失守后召开的八路军山西石拐会议面临的必须解决的重大议题。

二　石拐会议的召开
——实现军事战略转变的关键步骤

1937 年 11 月 11 日，根据毛泽东主席和党中央的指示，八路军高级干部会议在晋东南和顺县石拐镇召开。这就是历史上所称的“石拐会议”。会议由八路军总司令朱德主持，副总司令彭德怀、政治部主任任弼时、副总参谋长左权、第一一五师师长林彪、第一二九师师长刘伯承、政委张浩、副师长徐向前以及薄一波、李富春、李雪峰等党政军首长出席会议。会议传达了党中央和毛泽东主席给八路军总部的指示，分析了 11 月 8 日太原失守后的形势，讨论研究了如何正确指导新阶段的抗日战争问题。会议认为：太原失陷后，华北战局起了重要变化，国民党军在山西已不能再进行有组织的抵抗，华北正规战争阶段基本结束，开始了以八路军游击战争为主的新阶段，八路军的重要战略作用更为明显了。在认清形势、明确方向、统一认识的基础上，会议讨论决定了新阶段的战略战术和兵力部署。作出决定为：第一，迅速开展游击战争的具体方案；第二，建立抗日根据地的具体方案；第三，三大主力第一一五师、第一二〇师、第一二九师分兵发动群众，实行全面战略展开的具体方案。即：第一二〇师以管涔山脉为支点，开创晋西北抗日根据地；第一二九师以太行山区为中心，开创晋冀豫抗日根据地；第一一五师除留一部在晋冀豫边区外，其主力转至吕梁山区，开创晋西南抗日根据地。

由上可见，这次会议的精神和部署对于实现党的军事战略转变具有极其重要的意义。其一，会议明确指出，太原失守后，国民党军已不能再进行有组织的抵抗，当然也不可能再组织起让八路军配合作战的如抗战初期的会战、战役等，八路军也不会再甘当配角，去与友军共同作战；而必须以我为主，独立自主地开展对日军事斗争。其二，会议精神和部署要求八路军不能再以一己之力，冲上一线御敌，或独当一面，与敌正面或侧面作战，而必须深入敌后开展游击战争。其三，与敌作战的形式，不可能再更多地进行运动战或运动游击战，搞集中兵力打歼灭战，打阵地战，打硬仗，而只能与广大人民群众武装相结合开展人民战争。其四，按会议部署，八路军主力将分兵敌后，发动群众，武装群众，建立抗日根据地。这就使党领导的敌后抗战成为有依托的长期的抗日游击战争，直至夺取抗战最后胜利。这样，石拐会议就使党的军事战略向敌后游击战争迈出了关键而实质性的一步，从根本上促进了党的军事战略转变的实现。

当然，石拐会议所起到的促使党的军事战略的转变得以实现的重大作用并非是凭空而来的，而是党中央、毛泽东和八路军将士通过数月浴血抗战及开展敌后群众工作，对敌、友、我三方，对战争的艰巨性、复杂性及长期性，有了更清醒、客观、深刻认识的结果。

抗战初期，中国共产党虽然提出要实行军事战略的转变，但是，由于当时对敌、友、我三方认识还不够深刻，所以还多受国内战争正规战、运动战等战略、战术思想的影响。甚至曾认为："在抗日战争中，中国所占的优势，比内战时红军的地位强得多。"① 随着全国抗战的进行，当看到日军的战力之强大和推进之快速，数月之间，华北、华中大片国土尽丧敌手；国民党军无论是地方实力派还是装备先进的"中央军"，在对日作战中均遭惨败，这不能不使中国共产党和红军受到极大震动，而对敌、友、我三方力量进行重新审视。考虑到红军主力仅 4 万余人，装备落后，枪弹奇缺，

---

① 转引自杨奎松《抗战初期中共中央内部战略方针的争论》，见 http：//www. beidouweb. com//news 15094828 - 1 - 1. html 2012 - 8 - 20 15：02：54。

虽有很好的政治素质，也可与部分日军一拼，但对中日战局影响十分有限，如不备加珍视，保存军事实力，弄不好还可能危及红军的生存。同时看到，日军虽然武力强大，但兵力不足的缺陷日益显现，对占领的广大农村和小城镇并不能有效控制。同时，这些地区旧的统治机构已基本瓦解，广大群众坚决要求抗日。显然，敌后的广大农村地区便成为广泛发动民众进行抗日战争的有利战场。因此，中国共产党逐渐改变原定作战方案，使之更符合战争实际需要。1937 年 9 月 21 日，毛泽东在致彭德怀的电报中指出："今日红军在决战问题上不起任何决定作用，而有一种自己的拿手好戏，在这种拿手戏中一定能起决定作用，这就是真正独立自主的山地游击战（不是运动战）。"① 1937 年 9 月 25 日，毛泽东在给周恩来及北方局的电报中又强调指出："整个华北工作应以游击战争为唯一方向。""要设想在敌整个占领华北后，我们能坚持广泛有力的游击战争。"② 当年 9 月 21 日，中共北方局同八路军总部共同召开会议，讨论华北抗战形势和八路军的行动方针，刘少奇在会上明确指出：华北有全部沦陷的危险，我党我军要准备广泛发展游击战争，扩大八路军到拥有数十万人枪的强大集团军，建立起很多根据地，这样才能担负起独立坚持华北抗战的重大任务。③ 10 月 16 日，刘少奇写的《抗日游击战争中的若干基本问题》一文，指出在华北以国民党为主的正规战遭受挫败、广大地区被日军占领以后，中国共产党领导的游击战争将成为华北人民反对日本帝国主义的主要斗争形式，强调建立根据地和组织抗日民主政权的重要性。④ 11 月初，日军突破保卫太原的最后一道防线——忻口防线，1937 年 11 月 8 日入侵太原，太原失守。当天，毛泽东电示周恩来、朱德、彭德怀、任弼时并林彪、贺龙、刘伯承等，指出："太原失守后，华北正规战争阶段基本结束，游击战争阶段开始。这一阶段，游击战争将以八路军为主体，其他则附于八路军，这是华北的总形势。"⑤ 1937 年 11 月 13 日，毛泽东再次致

---

① 《毛泽东军事文集》（第二卷），军事科学出版社、中央文献出版社 1993 年版，第 53 页。

② 中央档案馆：《中共中央文件选集》（第 11 册），中共中央党校出版社 1991 年版，第 353 页。

③ 中共中央党史研究室：《中国共产党历史》（第一卷）（下册），中共党史出版社 2002 年版，第 607 页。

④ 同上。

⑤ 据《石拐会议略论》，见 http：//news. huangyesoso. com/details/ 18574. html2011 - 10 - 13 19：48：23。

电朱德、彭德怀、周恩来、刘少奇等，要求八路军进一步发挥独立自主精神，坚持华北游击战争，力争使山西省的大多数乡村成为游击根据地，发动民众，扩大自己，多打小胜仗，振奋士气，“用以影响全国，促成改造国民党，改造政府，改造军队，克服危机，实行全国抗战之新局面”。①

正是全党全军在实际的军事斗争中所获得的真知灼见，使中国共产党的抗日战争的新战略得到了实战与理论的支持，为党的军事战略的转变提供了必要的条件和基础，所以，水到渠成，石拐会议一举使这一转变步入通途。

三　石拐会议精神与部署的贯彻执行
——实现军事战略转变的必由之路

八路军石拐高级干部会议的召开，总结了抗战以来八路军军事斗争及开展群众工作的经验，指明了抗日新阶段的形势和任务，明确了今后斗争的方向和要求，从而凝聚了全党全军对党的军事战略转变的共识，消除了党内的分歧和争议，空前统一了人们的思想。在此后的几个月中，随着对石拐会议精神和部署的贯彻执行，新的抗战战略方针和思想很快为广大军民所认同和接受。尤其是进入 1938 年后，华北沦陷，国民党军败退，八路军主力全部分兵敌后，党和八路军的主要工作，不可能再搞较大规模的运动战、阵地战，而必须发动群众和创立根据地，以确保巩固的抗日后方，并与地方武装、游击队结合在一起，开展独立自主的游击战争。这种军事斗争的实践进程，进一步深化和巩固了全党全军对新的抗战战略的理解和认识。其间，王明等人由共产国际回国后，虽然重提“运动游击战”，他们的思想尽管在党和军队中造成了一定影响，但由于敌后游击战争思想已深入人心，他们的主张在党内、军内已很难得到更多响应。到 1938 年 5 月，毛泽东全面总结抗战以来的经验，集中全党全军的智慧，发表了《抗日游击战争的战略问题》和《论持久战》，阐明中国共产党关于持久抗战的战略方针和争取抗战胜利的正确道路，将中国共产党的对日军事战略方针进一步规定为：“基本的是游击战，但不放松有利条件下的

---

① 中共中央党史研究室：《中国共产党历史》（第一卷）（下册），中共党史出版社 2002 年版，第 612 页。

运动战。"[①] 阐明抗日游击战争的战略地位以及人民战争的战略战术，要求全党全军高度重视抗日游击战的作用和意义。从而在思想上武装了全党全军和全国广大人民，极大地鼓舞和坚定了广大军民争取抗战胜利的信心和决心。至此，自抗战爆发以来围绕着中国共产党对日军事战略转变的争论即不复存在了。

按照石拐会议的精神和部署，中国共产党领导的八路军、新四军及地方武装先后实行在敌后的战略展开，分兵发动群众，武装群众，开展机动灵活的游击战，建立抗日民主政权，开辟抗日根据地。八路军各主力部队战略展开之坚决、迅速、彻底，从第一二九师的工作进程即可见一斑。八路军石拐高级干部会议召开之后，11 月 13—14 日，八路军第一二九师在刘伯承师长和张浩政委主持下，随即在石拐召开全师党员、干部会议，八路军总司令朱德、副总司令彭德怀、副总参谋长左权等参加了会议（第一二九师也称该师这次会议为"石拐会议"）。这次会议根据八路军石拐会议精神，传达贯彻党中央、毛主席关于创建以太行、太岳山脉为依托的晋冀豫边抗日根据地的指示，传达八路军总部的决定，并确定了第一二九师近期的工作。会议决定全师化整为零，分散各地发动群众，开展游击战争；各团的每一个营都抽出一个连，到指定地区同地方党组织与游击队一起活动。会后，师部一面令各团进至平汉、正太两路沿线开展游击战争，另一面抽调大批干部和连队组成工作团和游击队分散到晋冀豫地区开展工作。据不完全统计，至 1938 年春，太行区的和顺、辽县、榆社、寿阳、昔阳、邢台、赞皇等 20 余县建立了县委组织，改造了旧政权，组建了抗日民主政府，发展了游击支队，游击队员发展到 3 万余人。可见这次会议对发动群众、组织群众、武装群众，创建太行山抗日根据地起到的重大作用；所以说这次会议是第一二九师发展历史上一次具有重要意义的会议。刘伯承后来说："石拐会议其实是'一二九'师的第一次战略展开。"[②]

根据石拐会议的部署，八路军各主力部队分兵敌后实施战略展开，为广泛开辟抗日根据地，坚持长期的敌后游击战争，全面实现党的军事战略转变，奠定了坚实的基础。八路军第一一五师、第一二〇师、第一二九师

① 《毛泽东选集》（合订本），人民出版社 1964 年版，第 467 页。

② 据《抗日"首府"——石拐镇》，见 http://news.huangyesoso.com/details/18574.html。2011 年 10 月 13 日 19：54：00。

以及新四军和党领导的其他抗日武装先后实行战略展开，挺进敌后。在山西、绥远、察哈尔、河北、河南、山东、江苏、安徽等地区广泛发动群众和武装群众，组建抗日武装，粉碎了日军一次又一次的进攻，收复许多座县城和大片国土，相继创建了晋察冀、晋西北和大青山、晋冀豫、晋西南、山东、苏南、皖中等抗日根据地。到1938年10月，敌后抗日根据地（包括游击区）总人口达5000万以上；八路军、新四军同日、伪军作战1600余次，毙伤俘敌5.4万余人；八路军发展到15.6万余人，新四军发展到2.5万余人。[①] 中国共产党领导的敌后游击战争沉重地打击了日本侵略者，不仅给正面战场的国民党军队以有力支持，而且还迫使日军将原来用于进攻的大量兵力转用于防守其占领区，从而对扼制日军的战略进攻，稳定全国战局，起了重要作用。

石拐会议精神和部署的贯彻实行，从根本上促成了中国共产党的军事战略转变的全面实现。中国共产党在实施新的抗战战略进程中，将国内正规战争转变为敌后游击战争，将正规军变成游击军，分兵发动群众，同战区和敌后的广大人民群众紧密结合，开展游击战争，迅速地普遍地发展民众运动，扩大人民武装，建立民主政权，创建敌后抗日根据地，在敌人后方开辟人民战争的广阔战场。敌后游击战场逐步上升为抗日战争的主战场，党领导的广大抗日军民成为抗战的决定性力量，通过艰苦卓绝的持久抗战，最终取得了抗日战争的伟大胜利。

（原文刊于《历史的转折——纪念石拐会议召开75周年高端论坛论文集》，中共党史出版社2013年10月版）

---

① 全国干部培训教材编审指导委员会：《中国共产党历史二十八讲》，人民出版社、党建读物出版社2006年版，第91页。

新中国成立初期党的资本主义工商业政策研究

新中国成立后，如何对待民族资本主义工商业的问题，成为直接关系到国民经济的恢复与发展，关系到与民族资产阶级的政治联盟存续与否，关系到中国社会如何由新民主主义过渡到社会主义，关系到如何形成有中国特色的社会主义道路的问题。从新中国成立到1952年底前后的三年多时间里，中国共产党贯彻、实行了新中国成立前夕既定的对民族资本主义工商业的利用和限制政策，并取得了巨大的成功。同时，这一政策也在实践中被不断地丰富和发展，党的认识也日益深化和提高，最终产生了质的飞跃，在1952年底前后，提出了党在过渡时期的总路线，将党对资本主义工商业的利用和限制政策，改变为全面改造和消灭的政策。认真研究新中国成立初期党对资本主义工商业政策的制定、实行及其变化，对于科学地总结党的历史经验教训，并回答目前社会主义初级阶段现实中所提出的一些有关的理论与实践问题，坚持走有中国特色的社会主义道路，有着重要意义。

一　新中国成立前夕党对民族资本主义工商业的认识与新中国成立初期党的资本主义工商业政策的制定

新中国成立初期党的资本主义工商业政策，是在新中国成立前夕制定的。这一政策的制定，是建立在对民族资本主义工商业及中国国情的深刻认识的基础之上的。这一政策的制定，对于党正确指导新中国建立后由新民主主义向社会主义的过渡，具有重要的理论意义与实践意义。

（一）新中国成立前夕党对民族资本主义工商业的认识

在漫长的民主革命历程中，我党根据对民族资本主义工商业及其生产关系的代表民族资产阶级的性质、特点、作用、地位等，对革命实际的认识日益全面、深刻。到新中国成立前夕，党在这方面的认识已臻于成熟。党的这种认识充分体现在对下述问题的分析和论述中：

1. 民族资本主义工商业与中国国情的关系

旧中国的基本国情，就是中国社会处于半殖民地半封建状态。而这一状态造成了中国的极端贫穷落后。在新中国成立前的中国国民经济中，“现代性的工业占百分之十左右，农业和手工业占百分之九十左右。这是帝国主义制度和封建制度压迫中国的结果，这是旧中国半殖民地半封建社会性质在经济上的表现，这也是在中国革命的时期内和在革命胜利后一个相当长的时期内一切问题的基本出发点”。① 改变中国社会贫穷落后的面貌，不仅是由新民主主义革命过渡到社会主义革命和建立、巩固社会主义制度的根本条件，也是中国社会生产力自身发展的内在客观要求；而要改变中国极端落后的经济状况，民族资本主义工商业将能发挥不可替代的重要作用。旧中国的民族资本主义工商业在技术设备方面固然大大落后于工业发达国家，但它毕竟是近现代工业的产物，是中国现代性的工业经济的代表。与封建地主阶级及个体经济相比，仍然不失为一种先进的经济力量。新中国成立前夕，民族资本主义工商业在整个现代工业中占第二位，其产值占全国工业总产值的3/5以上。② 它不仅有相当规模的生产资料和资金，具有可观的生产能力，而且作为其生产关系代表的民族资产阶级，尤其是从属于这个阶级的知识分子，有着较高的文化素质，拥有一大批科技人才，懂得现代科学管理技术，并有强烈的现代商品经济观念。这一切，对于改变中国极端贫穷落后的面貌，不断扩大现代工业在整个国民经济中的比重，使中国由农业国转变为工业国，逐步提高人民的物质文化生活水平，并为社会主义制度的建立及巩固创造物质基础，都是十分必要的。所以毛泽东说，中国共产党人“为什么不但不怕资本主义，反而在一定的条件下提倡它的发展”③，是因为“拿资本主义的某种发展去代替外国帝国主义和本国封建主义的压迫，不但是一个进步，而且是一个不可

① 《毛泽东选集》合订本，人民出版社1964年版，第1320页。

② 1949年，民族工业生产总值68亿元，占全部工业总产值的63.2%，即五分之三以上。见中国社会科学院经济研究所编《中国资本主义工商业的社会主义改造》，人民出版社1978年10月版，第89页。

③ 《毛泽东选集》合订本，人民出版社1964年版，第961页。

避免的过程。它不但有利于资产阶级，同时也有利于无产阶级，或者说更有利于无产阶级。现在的中国是多了一个外国的帝国主义和一个本国的封建主义，而不是多了一个本国的资本主义，相反地，我们的资本主义是太少了”。[①] 这就说明，中国的特有国情，决定了使民族资本主义工商业合理发展和被充分利用，在政治上团结民族资产阶级共同奋斗，是消灭帝国主义和封建主义在中国的反动统治，建设新民主主义社会，进而过渡到社会主义社会的一个不可缺少的条件。中国民族资本主义工商业“在中国革命的时期内和革命胜利后一个相当长的时期内”的存在和发展，是中国社会发展规律的客观要求。

2. 民族资本主义工商业和中国革命的关系

中国的民族资本主义工商业亦即中国的民族资本主义与中国革命的关系，是由中国革命的性质及其特点决定的。由于旧中国是一个半殖民地半封建的国家，“中国革命的历史进程，必须分为两步，其第一步是民主主义的革命，其第二步是社会主义的革命”。[②] 中国的民主革命，就其性质而言，仍然是资产阶级民主主义性质的革命。这就决定了“这个革命的对象不是一般的资产阶级，而是民族压迫和封建压迫；这个革命的措施，不是一般地废除私有财产，而是一般地保护私有财产；这个革命的结果，将为资本主义扫清道路而使之获得发展”。[③] 也就是说，民主革命在客观上不仅不是消灭资本主义，而且是要为其发展扫清道路，创造条件。但是，由于中国民主革命已处于十月革命胜利和无产阶级正在迅速成长、壮大、觉醒的国内外历史条件下，这个革命又必须是新式的民主主义革命。它已经不同于“旧的、被资产阶级领导的以建立资本主义社会和资产阶级专政的国家为目的的革命”。[④] 所以，“这种革命又恰是为社会主义的发展扫清更广大的道路”[⑤] 的革命，“民主主义革命是社会主义革命的必要准备，社会主义革命是民主主义革命的必然趋势”。[⑥] 也就是说，新民主主义革命必然导致社会主义革命。自然，社会主义革命是以资产阶级为主

① 《毛泽东选集》合订本，人民出版社 1964 年版，第 961 页。

② 同上书，第 626 页。

③ 此处引用的是毛泽东《论联合政府》报告的原文，《毛泽东选集》出版时已做了修改。见《毛泽东选集》合订本，人民出版社 1964 年版，第 975 页。

④ 《毛泽东选集》合订本，人民出版社 1964 年版，第 629 页。

⑤ 同上。

⑥ 同上书，第 614 页。

要对象，以消灭资本主义为根本目的的。这样，中国革命的性质和特点就要求中国的民族资本主义工商业既要有某种发展，以利于新民主主义革命的完成；又必须加以“节制”，不使其自由泛滥，以利于社会主义革命的实现。

3. 民族资本主义及民族资产阶级的特点

由于旧中国是半殖民地半封建社会，所以，中国的资本主义和资产阶级就与英、美和俄国等国的情况不同。中国的资本主义分为官僚资本（即中国大资本）和民族资本（即中小资本）两部分，中国的资产阶级也分为官僚资产阶级和民族资产阶级两个阶层。在旧中国，中国的民族资本主义经济不占统治地位，而长期受帝国主义、封建主义、官僚资本主义的压制、排挤。民族资本为了自身发展，不得不与“三大敌人”展开经济斗争。所以，民族资本主义在反对帝国主义、封建主义和官僚资本主义的剥削与压迫，发展民族经济中是一种积极的、进步的力量，而且这是其主导方面。另外，由于民族资本主义在经济上十分软弱和落后，对工人进行严重的剥削，并且与帝国主义、封建主义和官僚资本主义有着种种联系，所以它也有消极、落后的方面。这就是中国民族资本主义的两重性特点。

中国的民族资产阶级也具有两面性的特点，一方面，“中国的民族资产阶级及其代表人物，由于受了帝国主义、封建主义和官僚资本主义的压迫或限制，在人民民主革命斗争中常常采取参加或者保持中立的立场”①，和中国共产党有过合作的历史，这就是其革命的一方面；另一方面，由于其政治上、经济上的软弱性，使它们同帝国主义、封建主义和官僚资本主义不能完全断绝关系，同工人阶级则处于对立状态。因此，他们在革命中害怕群众，具有动摇性和妥协性。

民族资本主义及民族资产阶级的这种两面性的特点，在新民主主义的社会阶段里，仍将保留下来并以新的形式表现出来，这一特点决定了党的民族资本主义工商业政策必须具有发挥其积极方面而克服其消极方面的双重作用。

4. 民族资本主义经济及民族资产阶级在新民主主义国家中的地位

中国新民主主义革命的胜利，建立的将是新民主主义的社会和国家，然后才能经由新民主主义的社会和国家过渡到社会主义社会和国家。在新

① 《毛泽东选集》合订本，人民出版社 1964 年版，第 1321 页。

中国成立之前，中国共产党对即将建立的新民主主义国家中民族资本主义经济及民族资产阶级的地位曾经做过深入分析和估计。

按照中国共产党对新民主主义经济结构的分析，新中国成立后，其国民经济主要由五种成分构成："国营经济是社会主义性质的，合作社经济是半社会主义性质的，加上私人资本主义，加上个体经济，加上国家和私人合作的国家资本主义经济，这些就是人民共和国的几种主要的经济成分，这些就构成了新民主主义的经济形态。"① 在这五种经济中，国营经济是在没收集中了最大和最主要的资本的官僚资本的基础上建立起来的，由于其掌握了国家的经济命脉，从而成为整个国民经济的领导成分。而在现代性工业中居于第二位的民族资本主义经济，是一种不可忽视的力量。它将处于国营经济的领导之下，并被纳入有益于国计民生的轨道之上，在一个相当长的时期内存在并得到合理发展。作为中国新民主主义国家据以建立的根本大法《共同纲领》正式规定："以公私兼顾，劳资两利，城乡互助，内外交流的政策，达到发展生产、繁荣经济之目的。"② 新民主主义社会的各种经济成分"要在国营经济领导之下，分工合作，各得其所，以促进整个社会经济的发展"。③ 这就使民族资本主义工商业的存在和发展，得到了国家法律的确认和保护。当然，出于发展资本主义的强烈愿望，资本主义经济将总想摆脱国家计划的轨道，国营经济与私人资本主义经济之间，将长期存在矛盾和斗争。

由于在民主革命过程中，民族资产阶级曾参加革命或保持中立，并曾与中国共产党合作，所以革命胜利后，我党不能把他们一脚踢开，而应使他们在国家构成和政权构成中据有一席之地。在新民主主义社会里，民族资产阶级在反抗帝国主义压迫，提高中国落后的经济地位方面，仍将"有其很大的重要性"。④ 民族资产阶级拥护新民主主义，拥护共产党的领导，拥护《共同纲领》，所以，党把它和工人阶级、农民阶级、城市小资产阶级一起看作"四个朋友"，认为它是同属于人民范围之内的。把它与工人阶级之间的对抗性矛盾，当作非对抗性矛盾来处理。强调仍然必须

① 《毛泽东选集》合订本，人民出版社1964年版，第1323页。

② 同上。

③ 中央档案馆：《中共中央文件选集》（第14册），中共中央党校出版社1991年版，第737页。

④ 《毛泽东选集》合订本，人民出版社1964年版，第1368页。

“团结民族资产阶级，共同奋斗”。[①] 当然，由于民族资产阶级的软弱性，他们“不能充当革命的领导者，也不应当在国家政权中占主要地位”。[②] 同时，由于他们唯利是图的本性和对工人阶级的残酷剥削，对他们又必须进行一定的斗争，以斗争求团结。在新民主主义国家里，工人阶级在政治、经济、文化方面占有绝对优势，相形之下，资产阶级则是相当软弱而富于妥协的。人民民主专政的国家完全有能力调节各阶级之间的关系和矛盾，使其各得其所，充分发挥各自的作用。即便资产阶级有违法、越轨行为，与工人阶级的矛盾激化，也不可怕，正如毛泽东所说：“人民手里有强大的国家机器，不怕民族资产阶级造反。”[③]

综上所述可知，中国国情和中国革命的客观要求，以及民族资本主义和民族资产阶级的特点，决定了民族资本主义工商业在革命胜利后的新中国的地位和作用。我党的政策就是要在有益于国民生计的前提下，充分发挥城乡资本主义的积极性，以利于建设新民主主义的新国家，并为将来向社会主义过渡做准备。这就是新中国成立前夕我党对民族资本主义工商业的基本认识。

当然，在这个问题上，我党党内的认识也有不尽一致、不尽明确之处。甚至“在理论和原则性问题上，党内是存在着许多糊涂思想的”。[④] 这些认识主要表现在：第一，认为民主革命胜利后，应立即开始社会主义革命，消灭民族资本主义和民族资产阶级。这种认识在一般党员、干部中很有市场，往往表现为自发的反对资本主义和资产阶级，甚至用斗地主、消灭封建势力的办法对付资本家，如搬机器，分店等。第二，认为革命胜利后虽然可以暂时不消灭资产阶级，但那只是一种策略，是为了集中力量打击最主要的敌人。一旦主要敌人被解决后，就可将矛头转向资产阶级，甚至随时准备“提前消灭”资产阶级和资本主义。第三，认为发挥资本主义的积极作用，发展生产，只是为了急于医治战争创伤，为了眼前的“救急”。一旦经济有所恢复，就可以向资本主义全面进攻了。第四，认为资本主义可以无限制地发展，等等。

中国共产党党内对民族资本主义以及民族资产阶级认识上的偏向，既

---

① 《毛泽东选集》合订本，人民出版社 1964 年版，第 1368 页。

② 同上。

③ 同上书，第 1366 页。

④ 同上书，第 1320 页。

有理论上对马列主义片面、教条主义理解的原因，也是在实践上经验不足所致。另外，也是受了苏联、东欧新民主主义国家对待资产阶级政策影响的结果。当然，党内这些认识上的偏差当时是处于次要方面的，党内居于主导地位的基本认识是正确的。党的建国初期资本主义工商业的政策，主要是在党内正确认识的基础上制定的。值得注意的是，党内的这些不同认识，既有对立和斗争，又是相互联系和影响的，甚至在一定条件下还是可以互相转化的。这些不同认识之间互为消长、相互演化的情况，在党制定和贯彻新中国成立后资本主义工商业的政策中，产生了复杂的影响，而这又往往是容易被掩盖和忽略的。所以，对此应给予更多的思考和总结。

（二）新中国成立初期我党的资本主义工商业政策的制定

根据对民族资本主义工商业的基本认识和分析，中国共产党制定了新中国成立初期对私人资本主义工商业实行利用和限制的政策。这一政策是中国共产党在新民主主义向社会主义过渡时期的一项基本政策。它是我党将马克思列宁主义原理与中国革命和建设实际相结合的一个光辉范例。

1. 利用和限制资本主义工商业政策的提出与确定

1949 年 3 月，在新民主主义革命即将取得全国胜利的前夜，中国共产党在河北省西柏坡召开了七届二中全会，这是一次为新中国勾画建设蓝图的极为重要的会议。这次全会首次明确提出了新中国成立后对资本主义工商业实行利用和限制的政策。会议指出：“在革命胜利以后一个相当长的时期内，还需要尽可能地利用城乡私人资本主义的积极性，以利于国民经济的向前发展。在这个时期内，一切不是于国民经济有害而是于国民经济有利的城乡资本主义成分，都应当容许其存在和发展。”[①] 同时指出：“但是中国资本主义的存在和发展，不是如同资本主义国家那样不受限制任其泛滥的。它将从几个方面被限制——在活动范围方面，在税收政策方面，在市场物价方面，在劳动条件方面。我们要从各方面，按照各地、各业和各个时期的具体情况，对于资本主义采取恰如其分的有伸缩性的限制政策。”[②]

七届二中全会之后，中国共产党党中央和党的主要领导人又进一步阐

① 《毛泽东选集》合订本，人民出版社 1964 年版，第 1321 页。

② 同上书，第 1321—1322 页。

发了这一政策精神。1949 年 5 月，针对进大城市后出现的一种实际上主张立即消灭资产阶级和资本主义的倾向，党中央发出《关于对民族资本家政策问题致东北局电》，严厉批评了只“强调限制资本主义”，“只强调和资本家斗争”的“实际工作中的左倾冒险主义的错误路线”。[①] 1949 年 6 月，毛泽东在《论人民民主专政》中再次申明：“民族资产阶级在现阶段上，有其很大的重要性。”[②]“为了对付帝国主义的压迫，为了使落后的经济地位提高一步，中国必须利用一切于国计民生有利而不是有害的城乡资本主义因素，团结民族资产阶级，共同奋斗。我们现在的方针是节制资本主义，而不是消灭资本主义。”[③] 刘少奇在 1949 年 4 月间视察天津过程中多次讲话，批评了对待资本家和私营工商业问题上的“左”倾情绪，强调资本主义工商业在一定范围、一定时期内发展，是新民主主义的经济政策所允许的。从而消除了资本家的疑虑，促进了生产的恢复和发展。中国共产党的其他领导人也对此作过不少类似的论述。党中央和党的重要领导人的探讨和论述，进一步补充、丰富了党利用、限制资本主义工商业政策的内容。

1949 年 9 月，中国人民政治协商会议在北平召开。会议通过了中国人民的大宪章、在一个时期内起着临时宪法作用的《中国人民政治协商会议共同纲领》。《共同纲领》根据七届二中全会决议及毛泽东《论人民民主专政》等党的领导人的有关思想，对民族工商业政策做出明确规定：“中华人民共和国经济建设的根本方针，是以公私兼顾、劳资两利、城乡互助、内外交流的政策，达到发展生产、繁荣经济之目的。国家应在经营范围、原料供给、销售市场、劳动条件、技术设备、财政政策、金融政策等方面，调剂国营经济、合作社经济、农民和手工业者的个体经济、私人资本主义经济和国家资本主义经济，使各种社会经济成分在国营经济领导之下，分工合作，各得其所，以促进整个社会经济的发展。”[④] 并规定：“凡有利于国计民生的私营经济事业，人民政府应鼓励其经营的积极性，并扶助其发展。”[⑤]《共同纲领》的上述规定，以具有新中国成立的根本大

---

① 《中央关于对民族资本家政策问题致东北局电》，1949 年 5 月。

② 《毛泽东选集》合订本，人民出版社 1964 年版，第 1368 页。

③ 同上书。

④ 见《中共党史参考资料》（七），人民出版社 1980 年第 1 版，第 22—23 页。

⑤ 同上。

法的形式，对党的资本主义工商业政策给予了确认，使这一政策成为党在新民主主义社会的一项基本的经济政策。

2. 利用和限制资本主义工商业政策的特点

中国共产党的利用和限制资本主义工商业政策的主要内容就是，一方面，在民主革命胜利后的相当长的时期内，尽可能地发挥私人资本主义经济的积极性，使其有利于国计民生的部分继续存在和发展，以利于改变中国极为落后的经济地位。另一方面，则是对其活动范围及其经营中的盲目性予以制约，制止其违法活动，限制其不利于国计民生的消极作用。这一政策有如下一些重要特点。

其一，这一政策是对我党的民主革命时期保护民族工商业政策的继承和发展。

在中国共产党的创立和大革命时期，我党虽然对中国资产阶级已有了初步的正确分析。但对中国的民族资本主义还谈不上什么明确的政策。到了土地革命战争时期，随着农村革命根据地的建立，中国共产党的保护民族工商业、反对主张消灭资产阶级和富农的“左”倾冒险主义的政策开始形成。抗日战争时期，中国共产党在理论上和政策上已经成熟，形成了系统的关于新民主主义革命的理论和政策，并在此基础上明确提出了新民主主义共和国的经济政策。这一政策规定了没收“大银行、大工业、大商业，归这个共和国的国家所有”①，但“并不没收其他资本主义的私有财产，并不禁止‘不能操纵国民生计’的资本主义生产的发展”。② 同时指出：“中国的经济，一定要走‘节制资本’和‘平均地权’的路。”③ 这就明确区分和区别对待了官僚资本和民族资本，同时肯定了孙中山“节制资本”的口号，注意到新民主主义经济对私人资本主义必须要使发展与节制相结合。进入解放战争时期后，中国共产党的民族工商业政策更加趋于全面、科学。1947 年 12 月，党明确提出了新民主主义革命的三大经济纲领，即①没收封建地主阶级的土地归农民所有；②没收官僚资本归新民主主义国家所有；③保护民族工商业，强调对于以上层小资产阶级和中等资产阶级为代表的民族工商业，“必须坚决地毫不犹豫地给以保

① 《毛泽东选集》合订本，人民出版社 1964 年版，第 638 页。

② 同上书，第 639 页。

③ 同上。

护”[①]，“新民主主义革命所要消灭的对象，只是封建主义和垄断资本主义，只是地主阶级和官僚资产阶级（大资产阶级），而不是一般地消灭资本主义，不是消灭上层小资产阶级和中等资产阶级”。[②] 对于民族资本主义经济“即使革命在全国胜利以后，在一个长时期内，还是必须允许它们存在，并且按照国民经济的分工，还需要他们中一切有益于国民经济的部分有一个发展；它们在整个国民经济中，还是不可缺少的一部分”。[③] 同时，还将“发展生产、繁荣经济、公私兼顾、劳资两利”定为新民主主义国家经济的指导方针和总目标。[④] 1948 年 9 月，中共东北局向中共中央上报的《关于东北经济构成及经济建设基本方针的提纲》，对新民主主义社会条件下五种经济成分初步作了系统的科学的分析，提出了对私人资本主义经济“鼓励与限制”相结合的主张，即既要使私人资本成为国营经济的“帮手”，又要对它加强“管理与监督”，使之不起有害作用。中共中央同意并向全党转发了这一文件。从七届二中全会到《共同纲领》的通过，我党是在民主革命过程中对待民族工商业政策的基础上，总结“保护”和“节制”两方面的成功经验，并联系革命即将胜利后的新中国的实际，科学地制定了对私人资本主义的利用和限制政策的。

中国共产党的利用和限制私人资本主义的政策，是中国共产党在民主革命时期保护民族工商业政策在新的形势下的发展。两种政策既有密切联系，又有重要区别。从联系方面看，这两种政策都是从中国社会经济极为落后的国情出发，肯定了民族资本主义及民族资产阶级的积极性、进步性，承认民族资本主义经济的重要地位和作用，因而，均对之采取保护和扶持的态度，允许资本主义经济的存在和发展，并在政治上团结民族资产阶级共同奋斗。其目的都是为了“发展生产，繁荣经济”，提高中国的经济地位。二者的区别，首先，在于利用和限制政策与保护政策在内涵上已大不相同。民主革命时期的保护工商业政策，并未明确强调限制。我党过去所接受的孙中山的“节制资本”的口号，其对象主要是指能操纵国计民生的大资本，而不包括中小资本。而现在的利用和限制政策，则要在诸多方面对所有私人资本实行限制，不任其自由泛滥。其次，两种政策适用

---

① 《毛泽东选集》合订本，人民出版社 1964 年版，第 1150 页。

② 同上。

③ 同上。

④ 同上书，第 1151 页。

的对象和范围也已不同。民主革命时期的保护政策，适用于整个民族工商业，即包括一切“独立小工商业者的经济和小的、中等的私人资本经济”。[①] 而新中国成立后的利用和限制政策，则只适用于城乡资本主义经济。前一政策要保护的民族工商业，主要是与买办资本相区别；后者虽然仍提保护民族资产阶级的经济利益和私有财产[②]，但只是保护和利用那些对国民生计有利的私人资本主义经济，对那些不利于国计民生的私人资本，则要加以限制、打击，直至清除。最后，从趋向和结果看，保护民族工商业的政策在于促使民族经济发展和促进整个社会经济的发展，使民族资本和民族资产阶级在与三大敌人的斗争中增强实力，从而更好地配合党领导的民主革命斗争的进行。利用和限制政策虽然是重在利用的政策，允许资本主义的一定发展；但这一政策的实行，将使私人资本主义被置于国营经济的领导和监督之下，并使之在被利用和限制的过程中，不断得到重组和改造，最终被转变为社会主义经济。

其二，这一政策的重点，是在于对有利于国计民生的私人资本主义经济的利用。在这一政策中，利用与限制两个方面是不可分割的，要有所利用，必须有所限制；只有限制了资本主义经济的消极方面，其积极方面才能得到充分发展并被更好地利用。但是，我党的这一政策的两个方面，从总体上看，并不是不分轻重的。没有重点就没有政策，这一政策的侧重点是利用。其着眼点，首先在于允许私人资本主义继续存在，并获得一定发展，而不是立即消灭之，以使这部分较先进的生产力尽可能地适合于国民经济恢复之急需，先救燃眉之急；并在相当长的时期内为发展国民经济作贡献。显然，没有资本主义经济的存在和发展，就谈不上什么限制；同理，限制的目的，也只能是使这一经济更好地存在和发展，以为新民主主义国家所用，而不是相反。毛泽东说：“在革命胜利之后，因为肃清了资本主义发展道路上的障碍物，资本主义经济在中国社会中会有一个相当程度的发展，是可以想象得到的，也是不足为怪的。资本主义会有一个相当程度的发展，这是经济落后的中国在民主革命胜利之后不可避免的结果。”[③] 指出：“我们共产党人根据自己对马克思主义的社会发展规律的认

① 《毛泽东选集》合订本，人民出版社 1964 年版，第 1151 页。

② 见《共同纲领》第三条。

③ 《毛泽东选集》合订本，人民出版社 1964 年版，第 613 页。

识，明确地知道，在中国的条件下，在新民主主义的国家制度下，除了国家自己的经济、劳动人民的个体经济和合作社经济之外，一定要让私人资本主义经济在不能操纵国民生计的范围内获得发展的便利，才能有益于社会的向前发展。”① 可以说，我党在革命胜利之后处理资产阶级和资本主义的最具创造性之处，党的民族工商业政策的最为高明之处，就在于重在利用的政策，就在于不立即消灭资产阶级和资本主义，而是让其合理存在和发展以为我所用的政策。

但是不可否认，我党党内在这一重大原则性问题上的认识并不都是十分明确的，甚至存在完全相反的理解。而且，这些不同的见解在不同的人或同一人身上，在不同的时期和不同的问题上，也是不断变化的。这就对我党的这一政策的理解和执行造成了复杂的影响。

其三，这一政策承上启下，具有过渡性。中国革命必须分两步走的内在要求，决定了中国新民主主义社会本身是一个过渡性质的社会。作为新民主主义社会的一项基本经济政策的党的资本主义工商业政策，也不会是一成不变的，而必将随着新民主主义社会的发展和向社会主义社会的过渡，变为更适合于社会主义革命和建设的政策。这是因为，新民主主义革命的胜利，不仅“是为资本主义的发展扫清道路”②，而且“又恰是为社会主义的发展扫清更广大的道路”。③ 在新民主主义社会里，“一方面有资本主义因素的发展，另一方面有社会主义因素的发展”。④ 虽然两种经济在绝对量上都会增长，但是由于社会主义经济的强大的优越条件，其增长会更快、更大。相对而言，资本主义经济在整个国民经济中的比重则会越来越小，从而导致社会主义革命的易于完成。就如刘少奇后来所设想的：“中国社会主义成分的增长，到那时，少数资本家可能完全处于社会主义的包围中，全部资本主义工业国有化的步骤已经不能抵抗。”⑤ 同时，由于新民主主义国家经济的发展，也就在客观上为社会主义革命和建设奠定了基础，使实现新民主主义向社会主义的过渡“瓜熟蒂落”“水到渠成”。

---

① 《毛泽东选集》合订本，人民出版社 1964 年版，第 961—962 页。

② 同上书，第 629 页。

③ 同上。

④ 同上书，第 613 页。

⑤ 转引自薄一波《若干重大决策与事件的回顾》，中共中央党校出版社 1991 年 5 月第 1 版，第 220 页。

这将使中国共产党在新民主主义社会阶段的民族工商业政策随着其历史使命的逐步完成而不断变化，直至结束。

从利用和限制政策本身来看，其结果必然是，一方面，国家对私营经济给予扶持的同时，会日益对其加强管理与监督；另一方面，私营经济也会在原料供给、成品推销、银行贷款等方面越来越依赖国家，而逐步被纳入国家资本主义的轨道。就如《共同纲领》所规定的：“在必要和可能的条件下，应鼓励私人资本向国家资本主义方向发展。”[①] 这样，资本主义工商业自身也必然会经由国家资本主义走上社会主义道路。

就像毛泽东后来批判“确立新民主主义社会秩序”所说的，这一社会“每天在变动，每天都在发生社会主义因素。所谓确定，是很难哩!”[②] 但是，这种变动性也绝不是说变就变，瞬息万变，一切都变，而是同时具有一种相对的稳定性的。也就是说，要经过 10 年、15 年或 20 年甚至更长的相对稳定的时间，才能实现根本的转变。所以，中国共产党对资本主义工商业的政策，由重利用到重限制，再到重改造和消灭，也是一个相当长的过程。

3. 制定利用和限制资本主义工商业政策的意义

中国共产党的利用和限制资本主义工商业政策的制定，是党从中国革命与建设实际出发，创造性地运用和发展马列主义的结果。这一政策的制定，是在三大敌人被打倒之后，尤其是没收了官僚资本之后，对作为资本主义一部分的民族资本主义及民族资产阶级，应如何认识和对待这一新民主主义社会极为特殊、复杂而困难的问题，作出了科学的回答。这一政策的制定，既是对中国共产党的新民主主义革命理论的一个重要发展，又是把中国由新民主主义引上社会主义道路的一个关键步骤，其所具有的意义是显而易见的。

首先，这一政策的制定是对马列主义过渡时期理论的重大发展。马列主义虽然提出了无产阶级夺取政权之后，必须经过一个过渡时期，民主革命才能转变为社会主义革命的理论；列宁甚至提出过利用国家资本主义的形式发展苏维埃经济的问题。但是，限于历史条件，他们的论述是不充

---

① 见《中共党史参考资料》（七），人民出版社 1980 年版，第 23 页。

② 转引自薄一波《若干重大决策与事件的回顾》，中共中央党校出版社 1991 年 5 月版，第 65 页。

分、不具体的，而且未能得到实践的验证。事实上，苏联和东欧一些社会主义国家在这一问题上恰恰是采取了立即消灭资产阶级与资本主义的政策。只有中国共产党制定的利用和限制的政策，才正确地解决了半殖民地半封建问题以及民主革命胜利后，为什么和怎样让民族资本主义在一定时期和一定条件下存在与发展，并逐步和平转变到社会主义的问题。这一政策的制定，充分体现党更加成熟和富有创造精神了。

其次，这一政策的制定，有利于解决新中国成立后的一系列重大实际问题。这一政策的制定，有利于尽快恢复被极度破坏的国民经济，使各种经济成分共存共荣，最大限度地发展生产力；有利于继续保持与民族资产阶级的政治联盟，团结各阶级共同奋斗；有利于巩固人民民主专政的国家政权，更好地孤立和打击三大敌人的残余势力，从而使我党在民主革命胜利后能很快站稳脚跟，领导全国人民进行革命和建设工作等。我党的这一政策的制定，是对民主革命成功经验的总结和发展，是从中国实际出发，解决中国特殊的新民主主义社会重大经济、政治问题的独树一帜的伟大创举。

最后，这一政策的制定，也成为中国由新民主主义过渡到社会主义的一个重要环节。新中国要避免资本主义的前途，保证社会主义的前途，在官僚资本被没收后，如何认识和处理民族资本主义就具有关键意义。中国共产党的利用和限制政策，一方面，有利于生产力的恢复和发展，有利于发展商品经济，这样就能为社会主义制度的建立奠定物质基础；另一方面，这一政策将民族资本间接地引入国家计划的轨道，使这些经济形式逐步成为社会主义性质的经济，实现其自身的重组或改造。这样，这一政策就从两方面与社会主义建立了联系，从而极大地便利了中国社会从新民主主义向社会主义的转变。

当然，中国共产党在新中国成立前夕制定的对资本主义工商业的利用和限制政策，并非一开始就是完全成熟的。尤其是党内还存在认识上的差异，对一些重大的理论与原则性问题，还不能达到完全明了和统一，这一政策本身也还处于基本缺乏实践验证的预想阶段。所以，中国共产党的这一政策在贯彻执行的过程中，必然会随着党的认识的变化和发展，而不断变化、发展，直至完成其历史使命。

二 利用和限制政策的初步实行与打击投机资本

从新中国成立前夕中国共产党的利用、限制资本主义工商业政策的制定，到1950年6月我党的七届三中全会召开，是贯彻中国共产党对私人资本主义经济利用和限制政策的最初阶段。在这个阶段里，中国共产党从一开始就在没收和改造官僚资本，建立和加强国营经济的同时，大力扶持了重重困难中的私营工商业。但是，由于在旧中国民族资本长期畸形发展，具有严重的投机性；而新中国成立前后国家财政经济面临巨大困难和已持续多年的恶性通货膨胀，则使资本主义投机活动更为猖獗。投机资本在市场上一再兴风作浪，使正常的生产经营活动遭到破坏，国家经济困难进一步加剧。这就突出暴露了资本主义经济消极阴暗的一面。对此，我党不得不采取果断的经济措施和行政手段，给投机资本以坚决的限制和打击，并取得了这场斗争的胜利。实质上，这是无产阶级与资产阶级争夺经济领导权的斗争。正如刘少奇所说：谁掌握了市场，谁就在实际上掌握了经济上的领导权。① 正是这场稳定市场金融物价斗争的胜利，“具有社会主义性质的国营经济才开始树立起对其他经济成分的领导权，并按照新民主主义的经济政策去调整各种经济关系，使之各得其所”。② 同时，中国共产党也获得了对资本主义工商业实行利用、限制政策的初步经验。

（一）新中国成立初期的经济形势与中国共产党对资本主义工商业的扶持

新中国成立之初，中国人民面临的国民经济是一副满目疮痍的破烂摊子。中国共产党要使自己在经济上、政治上站稳脚跟，就必须恢复经济，发展生产，战胜财政经济面临的巨大困难。为此，就必须保护、扶持、利用一切可以利用的社会生产力。而具有可观经济实力的民族资本主义工商业是必须加以利用的社会经济力量。针对遭受战争严重破坏的民族资本主义经济所面临的严重困难，中国共产党和国家采取了大力扶持的措施，使

---

① 转引自薄一波《若干重大决策与事件的回顾》，中共中央党校出版社1991年5月版，第77页。

② 同上。

民族资本主义工商业开始走上恢复与发展之路。

1. 新中国成立初期的经济形势

新中国成立初期，我们国家所面临的经济形势是极为严峻的。由于帝国主义、封建主义和官僚资本主义的反动统治和残酷掠夺，旧中国本来就长期处于极端落后和贫困的境地，社会生产力惊人的低下。几十年中，特别是自1937年7月日本帝国主义向中国发动的全面侵略战争以来，中国又反复遭受战争破坏，直到新中国成立前夕，旧中国的经济已濒临全面崩溃的边缘。与历史上最高年份产量相比，工业产值下降了一半（重工业下降70%，轻工业下降30%），农业产值下降约25%。[①] 1949年，中国主要工农业产品产量及其与历史最高水平的比较见表16－1和表16－2。[②]

与此同时，交通、贸易等项事业也遭到严重破坏。总之，到处都是一幅幅千疮百孔的破烂景象，这是一方面。另一方面，解放战争还在大陆上进行。军费开支浩大，1949年军费开支高达财政收入的一半以上。[③] 随着全国的解放和对文化教育事业的接管，人民政府又包下了数百万国民党军政人员的开销，国家负担的公教人员也急剧增加，到1950年初已达900万[④]，许多重点工业企业和交通运输事业亟待恢复和重建，需要大量财力、物力；加上救济失业人员和灾民，使国家的财政开支急剧增加，1949年国家财政赤字达到全部支出的三分之二。[⑤]

表16－1　　1949年中国主要工业产品产量

产品名称	单位	1949年产量	1949年前最高年产量		1949年为1949年前最高年产量的%
			年份	产量	
纱	万吨	32.7	1933	44.5	73.5
布	亿米	18.9	1936	27.9	67.7
火柴	万件	671	1937	860	78.1
原盐	万吨	299	1943	392	76.3

① 见《当代中国的经济体制改革》，中国社会科学出版社1984年8月版，第8—9页。

② 见范守信《中华人民共和国国民经济恢复史》，求实出版社1988年3月版，第129—131页。

③ 见《当代中国的经济体制改革》，中国社会科学出版社1984年8月版，第9页。

④ 同上。

⑤ 同上。

续表

产品名称	单位	1949 年产量	1949 年前最高年产量		1949 年为 1949 年前最高年产量的%
			年份	产量	
糖	万吨	20	1936	41	48.8
卷烟	万箱	160	1947	236	67.8
原煤	亿吨	0.32	1942	0.62	51.6
原油	万吨	12	1943	32	37.5
发电量	亿度	43	1941	60	71.7
钢	万吨	15.8	1943	92.7	17.1
生铁	万吨	25	1943	180	13.9
水泥	万吨	66	1942	229	28.8
平板玻璃	万标准箱	108	1941	129	83.7
硫酸	万吨	4.0	1942	18.0	22.2
纯碱	万吨	8.8	1940	10.3	85.4
烧碱	万吨	1.5	1941	1.2	125.0
金属切削机床	万台	0.16	1941	0.54	29.6

表 16－2　　　　　　1949 年中国主要农业产品产量

产品名称	单位	1949 年产量	1949 年前最高年产量		1949 年为 1949 年前最高年产量的%
			年份	产量	
粮食	万吨	11318	1936	15000	75.5
棉花	万吨	44.4	1936	84.9	52.4
花生	万吨	126.8	1933	317.1	40.0
油菜籽	万吨	73.4	1934	190.7	38.5
芝麻	万吨	32.6	1933	99.1	32.9
黄、红麻	万吨	3.7	1945	10.9	33.9
桑蚕茧	万吨	3.1	1931	22.1	14.0
茶叶	万吨	4.1	1932	22.5	18.2
甘蔗	万吨	264.2	1940	565.2	46.7
甜菜	万吨	19.1	1939	32.9	58.1
烤烟	万吨	4.3	1948	17.9	24.0
牛	万头	4393.6	1935	4827	91.0
马	万头	487.5	1935	649	75.1

续表

产品名称	单位	1949 年产量	1949 年前最高年产量		1949 年为 1949 年前最高年产量的%
			年份	产量	
驴	万头	949.4	1935	1215	78.1
骡	万头	174.1	1935	460	32.0
猪年底头数	万头	5775	1934	7853	73.5
羊年底头数	万头	4235	1937	6252	67.7
水产品	万吨	45	1936	150	30.0

如此险恶的经济形势，使我党清醒地看到，必须在迅速建立和发展国营经济的同时，尽一切努力保护并充分利用一切可以利用的经济力量，以渡过难关。而在当时，民族资本主义工商业在社会经济中还是一股举足轻重的力量。1949 年，中国共有资本主义工业 12.3 万家，共有职工 164 万人，占全国工业职工总数的 53.7%，总产值 68 亿多元，占全部工业企业总产值的 63.3%；就若干主要工业产品的产量来看，1949 年私营工业所占的比重是：发电量 36%，原煤 28.3%，硫酸 27%，烧碱 59.4%，水泥 26.1%，电动机 79.6%，棉纱 46.7%，棉布 40.3%，纸张 63.4%，火柴 80.6%，面粉 79.4%，卷烟 80.4%，机器及机器零件 50%。私营商业在 1950 年共 402 万户，占全国商业总户数的 98.4%，从业人数 662 万人，销售总额 182 亿元，占全国商业机构批发额的 76.1%，零售额的 85%。[①] 这说明，扶持、利用资本主义工商业这一重要的经济力量，是增加工业产品、扩大国家积累、促进国内外交流、安排劳动就业等的迫切要求。这也充分证明了党的重在利用的民族工商业政策的正确性。

2. 党和国家对资本主义工商业的扶持

在“三座大山”的长期压迫下，饱经战乱的民族资本主义工商业，到新中国成立前夕大多已处于奄奄一息的状态。加之国内仍处于战争状态下，交通运输、城乡交流还未能恢复，致使私营经济在原料供应、产品销售和资金周转等各方面，均处于严重的困境。除解放较早的东北地区外，

---

① 见薛暮桥等《中国国民经济的社会主义改造》，人民出版社 1978 年 2 月版，第 104 页；范守信《中华人民共和国国民经济恢复史》，求实出版社 1988 年 3 月版，第 58 页。

全国大中城市都有大量工厂停工；开工的工厂，开工率也很低。这样，我党首先针对私营工商业在恢复生产和经营中的问题，给予了大力的扶持和帮助。

我党对私人资本主义工商业扶持的措施，主要是发放工商业贷款，供给原料，以原料换成品，收购或代销成品，委托加工，以及国家暂时让出一部分销售市场，委托私商批购、经销、代购等。1949 年，北京市花纱布公司向私营染织业收购和原料换成品的布匹，占该业总产量的 54%，上海市花纱布公司以代纺代染、短期订货、收购等方式维持了全市三分之二以上的私营纺织染厂；天津市粮食公司对私营面粉业的加工占该业生产总量的 70%—80%[①]；沈阳市政府向私营铁工业订货总额达 60 多亿元(旧币，下同)，支付加工费 70 多亿元；各国营企业还直接委托私营企业加工，如沈阳铁路局向“东民”铁工厂一家订货就达 90 亿元。国营商店本年也为私营工厂代销价值 4000 亿元的产品。[②] 1949 年各大城市对资本主义工商业的放款，一般占到国家工商业放款总额的 20%—25%，上海占 52.3%，天津占 46.9%。[③]

经过中国共产党和政府的大力扶持，到 1949 年底，许多有利于国计民生的私人资本主义工商业在很短的时间内停止或减少了停工现象，得到一定的恢复。有的开始增添设备、职工，扩大生产、经营，从而对整个国家经济状况的好转起到了促进作用。

(二) 投机资本的破坏活动与平抑物价的斗争

新中国成立初期中国人民面临的严重困难的经济形势，集中表现为长期恶性通货膨胀。通货膨胀、物价飞涨又反过来更加重了经济困难。恶性通货膨胀使投机活动十分猖獗，投机资本的推波助澜，兴风作浪，加剧了市场的混乱和物价连续上涨。为了制止通货膨胀，平抑物价，解决国民经济的严重困难和混乱状况，我党对投机资本采取了坚决打击的措施，从资产阶级手中夺回了市场领导权。

---

① 中国社会科学院经济研究所：《中国资本主义工商业的社会主义改造》，人民出版社 1978 年 10 月版，第 107 页。

② 据新华时事丛刊社编《私营工商业的新生》，1950 年 9 月版。

③ 中国社会科学院经济研究所：《中国资本主义工商业的社会主义改造》，人民出版社 1978 年 10 月版，第 107 页。

1. 私人资本的投机性与四次涨价风

新中国成立前，中国的民族资本具有严重的投机性质，这是半殖民地和长期恶性通货膨胀条件下民族经济的重要特征之一。在帝国主义的倾销政策和官僚资本的排挤下，特别是在国民党政府统治期间实行通货膨胀政策，物价上涨速度举世罕见的情况下（从1937年到1948年8月，11年间物价上涨了600万倍。100元“法币”在1937年可以买两头黄牛，到1949年5月只能买到1粒大米的2‰[①]），正常的民族工业生产和商业经营是很难维持下去的。结果，“工不如商，商不如投（机）”，造成许多工厂商店以大部资金进行投机活动。在旧中国的民族资本中，商业资本和金融资本两者占全部资本的80%以上[②]，即突出反映了中国民族资本的投机性质。实际上，当时社会上滋生了一大批专事投机的商人和行业，他们手中握有大量投机资本，专门从事金银、棉纱、粮食等重要商品的囤积居奇和买空卖空，如仅上海一地，就有二三十万人从事“踢皮球”“抢帽子”等商业投机活动，专门从事投机活动的纱号有360家，棉布号有2371家，糖行644家，还有数以百计的地上、地下钱庄；[③] 而且几乎所有的工商业都或多或少地卷入了商品囤积和黄金、外币、证券、地产等投机买卖的狂澜中。这种半殖民地半封建社会经济畸形发展造成的社会问题，在新中国成立后是不可能立即消失的。

同时，由于新中国成立后的民族资本是新民主主义经济的组成部分，受到国家政权的保护和支持。民族资产阶级又参加了国家政权，有政治资本，加之他们掌握着足以影响金融、物价的经济实力，所以他们自视很高，认为中国共产党不懂经济，控制不了市场，解决不了物价问题。说中国共产党是“土包子”，只会打仗，所谓“共产党军事一百分，政治八十分，经济是零分”，不把中国共产党和中国共产党领导的国营经济放在眼里。于是，乘国家经济危难之机，他们通过大肆囤积居奇、投机倒把、扰乱金融、哄抬物价，制造种种混乱，以浑水摸鱼，牟取暴利；并力图操纵市场，与中国共产党较量一番，争夺经济领导权。

新中国成立前后，由于投机资本的破坏活动，先后引起了四次大规模

---

① 据范守信《中华人民共和国国民经济恢复史》，求实出版社1988年3月版，第26页。

② 见薛春桥等《中国国民经济的社会主义改造》，人民出版社1978年2月版，第102页。

③ 见范守信《中华人民共和国国民经济恢复史》，求实出版社1988年3月版，第26页。

的涨价风。1949年春，华北地区春旱，青黄不接，市场粮食紧张，投机商乘机大肆抢购、套购粮食，引起粮食价格急剧上涨，并很快由华北波及华中、山东、苏北等地，到4月达到高潮。北京1949年4月4日市场面粉每袋1800元，到4月30日即上涨为2800元。[①] 6月，由于帝国主义和蒋介石国民党军对上海进行封锁和轰炸，江浙一带又遭水灾，上海投机商人带头哄抢和囤积粮食，随后又转向纱布等人民生活必需品，从而掀起了第二次涨价风。从6月20日到7月21日一个月中，上海米价猛涨4倍，纱价上涨1倍[②]，并很快影响到整个华东、华北、中南、华南等地。10月，由于货币发行过多（该月为7月的4倍），市场物资供不应求。于是，上海、北京等地投机商人串通一气，共同行动，集中资金抢购粮食、棉纱、五金化工等商品，造成这些商品的价格每天以20%—30%的速度向上猛涨，形成了波及全国的最大的一次涨价风。到11月底，米价为7月份的5倍多。从10月上旬到11月下旬，棉纱价格上涨3.8倍，棉布上涨3.5倍。在此期间，上海市人民政府在1天之内曾抛售大米991万斤，为平时成交量的10倍，又在短时间内抛售棉纱2万件，棉布30万匹，仍未能制止涨价风。[③] 1950年2月，乘春节“红盘”开市之机，上海等地投机商人再次哄抬粮价。经过多次涨价风潮，东北、北京、天津等地的粮价，若以1948年12月为100，到1950年3月物价指数升至4200，1950年3月的物价为1948年12月的42倍。上海市从1949年6月到1950年2月，批发物价上涨了约20倍。[④] 物价的连续剧烈上涨，造成了经济生活的极大混乱，严重地影响了人民生活的安定和国民经济的恢复。

2. 中国共产党的打击投机资本的措施及成效

面对接连不断汹涌而来的涨价风潮，面对新中国成立伊始社会主义性质的国营经济与资本主义经济，首先是投机资本在争夺市场领导权方面的首次交锋，中国共产党决心在坚持利用、限制政策的前提下，坚决打击投机资本的猖獗破坏活动，精心组织了新中国成立后经济战线上的第一次大战役——稳定物价、统一财经的斗争。

我党在打击投机势力、平抑物价斗争中采取的主要措施是：首先，加

① 见范守信《中华人民共和国国民经济恢复史》，求实出版社1988年3月版，第27页。

② 范守信：《中华人民共和国国民经济恢复史》，求实出版社1988年3月版，第27页。

③ 同上。

④ 曾璧钧等：《新中国经济史》，经济日报出版社1990年3月版，第13页。

强金融管理，打击金银、外币投机。在国民党统治时期长期恶性通货膨胀的情势下，金银、外币的投机，是市场物价波动的先导。因此，每当一个城市获得解放后，人民政府立即限期收兑国民党政府发行的金圆券，使人民币迅速占领市场。同时，人民政府随即颁布金银和外币管理办法，禁止金银、外币自由流通，并由中国人民银行负责挂牌收兑，宣布中国人民银行发行的人民币是唯一合法的货币。对非法的金银投机活动和机构，则严格取缔；并发动广大群众揭露金银投机活动，开展反对金银、银圆投机的斗争。但是，金银投机商人对此置若罔闻，公然蔑视政府法令，投机活动有增无减。上海的投机商人竟然宣称：解放军进得了上海，人民币进不了上海。他们猖獗的金银投机活动，严重地冲击和动摇了人民币的地位，使各种物价急剧上涨。上海从 5 月 17 日解放，到 6 月 9 日，23 天黄金价格上涨 2.11 倍，银圆上涨 1.9 倍，物价随之上涨 2.7 倍。[①] 上海是中国最大的城市和全国的经济中心，同时也是资本家实力最雄厚的地方和投机倒把的老窝子，这样，上海自然就成了中国共产党打击投机势力斗争的主战场。中央派中央财经工作委员会主任陈云亲赴上海领导这场斗争。1949 年 6 月，上海军管会出动军警查封了金融投机的大本营“证券大楼”，将操纵市场、破坏金融的首要分子 238 人逮捕法办，狠狠打击了金银外币的投机活动。与此同时，全国各地也对金银投机分子采取了断然措施，武汉市人民政府缉获银元投机首要分子 200 余人，查封了专门从事金融投机的两家大钱庄；广州市人民政府一举取缔了从事投机的地下钱庄 87 家和扰乱金融的“剃刀门楣”（即街畔兑换店）377 家[②]，并将港币等打入了黑市。这就是新中国成立初期有名的“银圆之战”。人民政府一方面打击银圆投机，另一方面，还加强了对私营金融机构的管理和监督。凡专门经营高利贷的地下钱庄等非法机构坚决取缔，对一般私营银行与钱庄则一方面打击其投机活动，另一方面引导其将资本投向生产事业。通过以上措施，有力地打击了投机资本的嚣张气焰，基本上制止了金银外币的投机活动，并把私营银行、钱庄的业务基本上置于国家银行的控制之下。这对于巩固人民币的地位，稳定市场，起到了极为重要的作用；并开始了对资本主义金融业进行社会主义改造。

---

① 范守信：《中华人民共和国国民经济恢复史》，求实出版社 1988 年 3 月版，第 28 页。

② 同上书，第 29 页。

其次，加强市场管理，严禁囤积居奇和投机倒把。新中国成立后，各地人民政府陆续公布了一系列有关私营工商业和交易市场的管理办法和暂行规则，对工商业进行普遍登记，凡未经核准的，一律不许擅自开业；整顿交易市场，建立管理机构，设立交易所和交易员，主要物资集中交易；交易市场内一律实行现金交易，禁止买空卖空和场内转账；运用政权力量管理市场价格，保护国营牌价不受私营破坏，使之成为市场指导价，严禁哄抬物价；管理采购，把大宗物资采购工作置于政府监督之下，无论公私均须登记；取缔投机活动，对投机分子按情节轻重依法严加处理，等等。为了保证法律的严肃性和市场的稳定，1949 年 11 月，北京市人民政府言出法随，逮捕和惩办了 16 家投机粮商的头目；上海市人民政府也将 7 家投机米店的老板逮捕查办。[①] 其他各地也都开展了取缔投机违法活动的斗争。各地人民政府运用行政和法律手段对市场进行管理，有力地制止和打击了不法商人的投机活动，维护了市场的稳定，并使之处于国家的领导和控制之下。

再次，控制主要商品，通过集中抛售，打击投机资本。为了稳定市场和物价，国家除运用行政手段外，还采用强有力的经济措施，就是依靠国营贸易部门控制重要商品，通过集中抛售，以打击投机资本。中国共产党领导的打击金银、外币投机的“银圆之战”取得胜利后，由于私人资本在经济上并没有受到重大打击，资产阶级还不服气。所以，投机资本转而又在粮食和纱布等主要商品市场发起了进攻。如从 1949 年 10 月中旬起，天津、上海、武汉等地的投机资本从粮食、纱布等主要商品开始，再次掀起了物价暴涨风。上海的物价从 11 月上旬到 11 月 25 日上涨了 3. 26% 。[②] 根据新的斗争形势的需要，中央统筹安排了 1949 年下半年和 1950 年全国财政收支概算，提出了统一全国财政经济、控制市场物价的措施和步骤。陈云指出：国家掌握足够数量的粮食和纱布，是稳定市场控制物价的主要手段；掌握粮食以稳住城市，掌握纱布以稳住农村，从而遏制投机资本家乘机兴风作浪。[③] 为此，国家加强了对重要工农业产品，特别是粮食、棉花的收购和调运工作。国家通过征购，掌握了 50 亿斤商品粮，并由国营

---

① 中国社会科学院经济研究所：《中国资本主义工商业的社会主义改造》，人民出版社 1978 年 10 月版，第 115 页。

② 范守信：《中华人民共和国国民经济恢复史》，求实出版社 1988 年 3 月版，第 30 页。

③ 见《陈云文稿选编》（1949—1956），人民出版社 1982 年版，第 311 页。

商业控制了煤炭供应量的70%，棉纱的40%，棉布的50%，食盐的60%。[①] 为了平息1949年11月的物价狂涨风，中国共产党和人民政府利用掌握大量主要商品的优势，在全国范围内调运粮食、棉纱，销价不提高，均由国家贴补。从11月15日到30日，每日从东北调运1000万至1200万斤粮食入关，并加紧将华中的棉花东运，把陇海沿线积压的纱布运至西安。天津先后从东北调集粮食6000万斤，准备布35万匹，纱5000件。上海准备布110万匹，纱28000件。汉口准备布30万匹，纱8000件。西安准备布40万匹。[②] 这样，各大城市聚集了大量的商品物资，为战胜投机资本，控制市场提供了强大的物质基础和斗争武器。当经过周密布置和充分准备各方就绪后，便选准有利时机，以上海为中心，全国各大城市统一行动，突然发起了对投机资本的反击：趁市场高价之机大量抛售粮食、纱布和其他商品。在抛售开始时，资本家以为有机可乘，纷纷搜集游资进行抢购。但是由于国家掌握的商品十分充足，市场上游资不多，连续抛售10天后，投机资本家就已经用完他们所有的资金，再也无力继续抢购了。而且从抛售翌日，市场物价即已下降，抛售10天后一般下降30%—40%，而投机资本家又须归还短期高利贷（有的月息高至200%），因此，只得被迫从抢购转为抛售。但是愈抛愈贱，愈是不易脱手，结果不得不纷纷宣告破产。这就是解放初期继“银圆之战”后有名的“粮棉之战”。在这场较量中，投机资本家遭到了毁灭性的打击，既无钱购买原料，又无法发放工资，而叫苦不迭，不得不乞求国营经济的援助。我党和人民政府“粮棉之战”的胜利，给予了资产阶级以深刻的教育，他们对政府不用政治力量便能稳住物价表示折服。上海一位颇具影响力的民族资本家事后说：“6月银圆风潮，中共是用政治力量压下去的，这次仅用经济力量就能压住，是上海工商界所料想不到的。”[③] 当时上海还流传着这样一句话：“在军事战场上，打不过陈毅司令员；在金融战场上，斗不过军管会陈毅主任；在‘二白一黑’（指大米、纱布和煤炭）战场上，也不是陈毅市长的对手。”

最后，采取各种办法紧缩通货，并通过统一全国财经，消除投机资本

① 范守信：《中华人民共和国国民经济恢复史》，求实出版社1988年3月版，第30页。

② 同上。

③ 《陈云文稿选编》（1949—1956），人民出版社1982年6月版，第52页。

扰乱市场和金融物价的基础。通货膨胀是投机资本扰乱金融市场、掀起涨价风的基础。我党和人民政府在打击投机势力的斗争中，采取各种釜底抽薪的办法，紧缩通货。主要措施有：发行了1亿份人民胜利折实公债；健全税务机关，加强税务工作；开展折实存款，大力回笼货币；除特许外暂时停止一切贷款，并加紧催收到期货款；暂停支付工矿投资和收购资金（少数特许者除外）；地方经费尽可能迟发，等等。这些措施有效地减少了市场货币流通量，在稳定物价斗争中起了很大作用。一些投机资本家经常大批买进，甚至举债存货，然后伺机抛出，大捞一把。现在物价下跌，要抛又抛不出去；国家又收紧了银根，使资本家两面挨"耳光"，日子就更过不下去了。

虽然抵住了投机资本的冲击，使市场物价得到了暂时稳定，但是，由于当时物价上涨的根本原因是财政收支不平衡，庞大的财政赤字造成过多货币的发行，投机资本也正是从这里钻国家空子的。因此，争取财政收支平衡对稳定物价的斗争具有决定性的作用。为什么国家财政收支出现严重不平衡状态呢？一个重要原因，就是因为沿袭战争年代各革命根据地的做法，解放后各地公粮、税收等多由当地人民政府直接管理，而国家支出的大部分由中央人民政府负责，形成收支脱节。由于各地政府多从当地出发，首先将所掌握的经费满足当地需要，自收自用，很少能将多余税款上缴国家，国家的开支就只有依靠增发货币。要解决这种收支脱节的问题，就必须对全国的财政经济实行统一管理的方针。为此，中央于1949年冬和1950年2月先后召开财经会议，研究解决统一财经、紧缩编制、现金管理和物资平衡等重大经济问题，制定了适合当时情况的财政、贸易、金融等方面全国统一的管理体制，政务院先后通过和颁发了《关于统一国家财政经济的决定》和其他一系列决定和条例。这些规定贯彻的结果，使国家财政经济状况很快好转。从1950年3月以后，财政收入迅速增加，财政支出相对减少，物价也开始出现下降的趋势并趋于稳定。

中国共产党和人民政府在新中国成立初期发动的打击投机资本、平抑物价的斗争，在广大人民群众的拥护和支持下获得了完全的胜利。在1949年春到1950年春的四次大规模涨价风潮中，中国共产党和政府始终掌握主动权，每次都能在较短时间内予以平息，并给投机资本以有力打击，不仅避免了国民党政府统治时期那种不可遏制的长期恶性通货膨胀，而且使国营经济逐步控制了市场，占据了领导地位，物价也渐趋稳定，人民币的地位和威望日益提高。从1950年3月起，全国物价逐渐向下浮动。如以3月的全国批发总指数为100，4月降至75.1，5月再降至69.2。[①]又据北京、上海、天津、广州、武汉、重庆六大城市的统计，以1949年12月32种主要商品的价格为基数，1950年1月的指数为121.2%，2月为177.3%，3月为210.9%，4月为73.4%，5月为54.6%[②]，从而使中国延续了十多年的货币贬值、物价暴涨的局面得以基本扭转。毛泽东曾高度评价这次斗争及其胜利的意义，指出它的意义“不下于淮海战役”。[③]

（三）本阶段的几点启示

从新中国成立前夕到1950年6月，中国共产党将既定的对资本主义工商业利用和限制的政策付诸实践，并从经济领域矛盾和斗争的实际出发，坚决打击投机资本，平抑物价，从而很快取得了市场的领导权，为国民经济的恢复创造了条件。同时，也使中国共产党的利用和限制政策得到了丰富与发展。本阶段为时虽短，但提供了一些处理资本主义工商业问题初步的却十分有益的经验和启示。

第一，在贯彻实行利用和限制的政策中，要善于从实际需要出发，把整个政策以利用为主，与某个时期、某个局部以限制、甚至以打击为主有机地结合起来。毫无疑问，我党制定的利用、限制政策，从整体上看是重在利用的政策。从这一政策制定起，我党也是按这一指导原则去实行的。为了安定、保护新解放城市的民族资本主义工商业，中国共产党中央曾严厉制止了任何破坏私人工商业的行为，并从各方面对私人资本主义经济给予了大力扶持。这是一方面。另一方面，面对民族资本家，尤其是投机资本家大肆扰乱金融市场的恶劣行径，我党毫不犹豫地采取了坚决限制和打击的政策，而且在本阶段内，我党把主要注意力放在了打击方面。一个时期内注重限制，注重打击，这不仅是与我党在总体上注重利用和保护的指导原则不相矛盾的，而且是这一原则所要求和必需的。这是因为，社会主义国营经济建立后，私人工商业要求发展资本主义的本性使其并不心甘情愿立即接受国营经济的领导。相反，它却要仰仗其经济实力，力图对抗国

① 曾壁钧等：《新中国经济史》，经济日报出版社1990年3月版，第18页。

② 范守信：《中华人民共和国国民经济恢复史》，求实出版社1988年3月版，第38页。

③ 《陈云文稿选编》（1949—1956），人民出版社1982年6月第1版，第313页。

营经济的领导，甚至争夺经济上的领导地位。而国营经济如果不占据领导地位，当然就谈不上利用资本主义的问题。这就决定了两种经济最初的关系，必然是充满了矛盾和斗争的。国营经济只有抵住资本主义经济的冲击（在本阶段主要表现为投机资本的破坏活动），给资本主义来一个“下马威”，才能使其不得不就范，按照我党指引的有利于国计民生的轨道前进。所谓“不打不成交”。从资本主义经济本身看也如此。只有限制、打击了其消极性、落后性、破坏性，才能扶持、发展其积极性、进步性、建设性，也才能使其更符合于国计民生的需要。我党和国家在本阶段狠狠地打击了投机资本，稳定了物价，制止了市场混乱的局面，这就为工农业生产的正常进行、国民经济的尽快恢复创造了条件，也为更好地扶持、利用资本主义工商业奠定了基础。这就使本阶段重限制、打击的政策，与对资本主义工商业整体上重利用的政策得到了有机的结合，实现了“在全国范围内建立新民主主义经济秩序和改造国民经济的一个非常重要的开端”。①

第二，在限制、打击资本主义的消极性、破坏性时，要善于具体问题具体分析，对不同情况区别对待。在本阶段与资本主义的较量中，我党首先将资本主义经济区分为正当资本和投机资本，对正当资本中的一些投机活动处理从轻，而主要支持、扶持其正当的生产经营活动，以集中打击投机资本。在投机资本中，我党又针对长期以来主要是由金融投机资本兴风作浪，扰乱金融市场的事实，将金融投机资本与一般私营工商业投机资本相区别，集中打击金融投机资本。此外，在主要商品投机与一般商品投机中，又集中打击银圆、外币投机和“二白一黑”等主要商品的投机活动；在平时打击与投机高潮时打击相结合中，选择物价暴涨、投机活动猖獗时集中打击；并将一般地区的投机活动与一些投机资本力量雄厚、活动猖狂的中心城市相区别，集中打击上海、武汉、广州、天津、西安等中心城市的投机活动。这样，重点与一般相结合，以重点促一般，很快扭转了混乱的局面。

第三，在限制、打击的方式上，注意了以行政手段与经济手段相结合。在本阶段中，我党和政府既运用国家政权的力量，通过群众斗争、舆论攻势、监督管理直至法律手段，与投机资本作斗争。同时，开始注意运

---

① 《陈云文选》（1949—1956），人民出版社 1984 年 7 月版，第 100 页。

用经济手段，去战胜资本主义投机势力的进攻，并较好地实现了二者的初步结合。经济问题是具有其客观规律的。经济问题的解决，最终还是要靠符合经济自身要求和客观规律的经济手段和经济办法。我党和政府通过采取集中抛售、紧缩银根，并统一财经的措施遏制通货膨胀，平抑市场物价，给投机资本以致命打击的方法，使民族资本家心服口服。这无疑是以经济方法解决经济问题和打退资本主义进攻的可贵经验。

第四，牢牢把握恢复国民经济这一中心工作，在与投机资本的斗争中，有礼有节，适可而止。毛泽东在七届二中全会报告中就已告诫人们："从我们接管城市的第一天起，我们的眼睛就要向着这个城市的生产事业的恢复和发展。"① 我党在领导与投机资本的斗争中，在打退了投机资本的进攻后，就及时休战，而不是无休止地斗下去，直到"挤垮"资本主义，"提前消灭资本主义"。因为斗争的目的，完全是服务于恢复经济这一中心工作的，而要恢复国民经济，不仅要限制和打击资本主义的投机性，更要扶持、发展资本主义的积极性。对于党内在打击投机资本斗争中发展起来的"左"倾情绪，我党曾给予及时的批评纠正；并注意到在稳定市场、平抑物价中遭受打击较重而经营困难的私营工商业户的恢复问题。

在本阶段贯彻对私人资本主义工商业的利用、限制政策中，也存在一些问题和不足之处。一是强调限制、斗争、打击多，而对利用、团结相对注意较少。党内甚至出现了严重的尽快"挤垮"资本主义的思想和做法，以致使民族资产阶级产生了很大的疑虑和不安，有的抽逃资金，有的悲观失望，影响了资本主义工商业的生产和经营。二是在限制、打击方法上，用行政手段多，经济手段少。在经济手段的运用上，也还不尽得当。如在打击投机资本中，集中抛售和收缩通货是必需的，但在实际操作中，银根收缩过紧；同时，对投机资本和正常资本也未详加区别，一起"卡脖子"，结果使整个民族工商业出现了普遍的停工歇业的萧条景象。三是还缺乏将利用和限制政策的精髓，贯彻到对资本主义工商业的活动范围、市场价格、税收政策、劳动条件等方面的具体要求和措施，还缺乏必要的、系统的、正式的有关法律和规定，工作中还难免简单、粗糙的处理问题的方式方法。

---

① 《毛泽东选集》合订本，人民出版社 1964 年版，第 1318 页。

出现上述问题和不足，除了客观困难太多、太大、实践经验不足等原因外，也是由于党内仍存在把资产阶级当作斗争对象，总想尽快消灭资产阶级和资本主义的想法。由于原来对资产阶级唯利是图的本性及其恶劣表现估计不足，因而当问题一出现，便感到意外并把事情看得过于严重，进而主张“提前消灭资本主义”。再者，当时的物价飞涨风，虽存在投机资本推波助澜的作用，但是，物价上涨的根本原因，“是政府的财政赤字庞大，因而钞票发行过多”。[①] 人民币的发行额以 1948 年底为基数，到 1949 年 11 月增加约 100 倍，到 1950 年 2 月则增加到 270 倍。[②] 而有些人则把账都算到投机资本的头上，狠打资本家屁股板子。此外，也是由于新中国成立不久，经济工作千头万绪，百废待举，党和政府也不可能一下子就把所有问题都料理清楚。

尽管还存在某些欠缺，但从全局看，我党在本阶段对资本主义工商业政策的贯彻是正确的、成功的，确实为更好地利用这一重要经济力量创造了条件，奠定了基础。同时，通过将资本主义金融业的全行业置于国家控制之下，及对私营工商业初步实行贷款，加工订货、收购产品、公私合营等形式，实际上也形成了对私营经济社会主义改造的一个良好的开端。

三　党的合理调整工商业政策与资本主义工商业的发展

从 1950 年 6 月党的七届三中全会召开，到“五反”运动开展前的 1951 年 12 月，是我党实行对资本主义工商业利用和限制政策的第二阶段。在取得平抑物价、统一财经的胜利后，针对私人资本主义经济在生产和经营中出现的新的困难，为了争取国家财政经济状况的根本好转，中国共产党的七届三中全会正式确定了在全国合理调整工商业的政策。这是党的对资本主义工商业利用和限制政策在新的条件下的运用和发展。党的调整工商业的各项措施的贯彻和落实，帮助私营工商业摆脱了困境，获得了前所未有的快速发展，使之对国民经济的尽快恢复发挥了重大作用。同时，也初步将资本主义工商业纳入了国家计划的轨道。

---

① 《陈云文稿选编》（1949—1956），人民出版社 1982 年 6 月版，第 34 页。

② 同上书，第 311 页。

（一）资本主义工商业的新困难与调整工商业政策的提出

经过从新中国成立前夕到1950年上半年打击投机资本、平抑物价的斗争，中国共产党取得了经济战线上第一个回合的重大胜利。国营经济掌握了金融市场的领导权，通货膨胀停止，物价渐趋稳定，新中国财政经济状况开始走向好转。但是，国家财政经济状况还未得到根本好转，全国经济生活中又暴露出了很多新的问题；尤其是资本主义工商业在物价被平抑之后，由于市场呆滞，商品积压，在生产和经营上遇到了新的严重困难。许多工厂商店因为资金周转不灵、经营亏损而被迫停工歇业。到1950年第二季度，在上海、北京、天津、武汉、广州、重庆、西安、济南、无锡、张家口等10个大中城市中，私营工商业开业5903家，歇业12750家，开业户只占总户数的33.2%。上海5月份歇业的工厂和商店达2948个，而同期开业的只有105个。即使是开工的厂店，不少也处于开工不足和半瘫痪状态。全国私营工业5月份主要产品产量同1月份比较，棉布减少38%，绸缎减少47%，呢绒减少20%，卷烟减少59%，烧碱减少41%，普通纸减少31%。由于停工歇业，失业人数大量增加，全国29个城市的失业、半失业人数就达166万人。仅上海一地，失业工人即达15万人左右。① 这一切，不仅对国民经济的恢复造成很大障碍，也使私营工商业者同我党和人民政府的关系十分紧张。他们惶惶不可终日，认为中国共产党保护工商业的政策变了，“三五年要实行社会主义”。他们说：“难过五月节，过了五月节，过不了八月节。”“早归公，晚归公，早晚要归公，不如早归公。”他们有的坐观等待，消极经营；有的转移财产，抽逃资金；有的解散职工，关厂歇店；有的要求把工厂“献”给国家，还有少数人弃厂潜逃，甚至逃到国外。“挂红旗五星（心）不定，扭秧歌进退两难”，反映了他们的惶恐心理。与此相对应，大批工人失业，也造成劳资关系紧张和工人对政府的不满。

为什么在市场稳定，国家财政经济状况开始好转的情况下，反而会出现社会经济萧条和私人工商业的严重困难呢？这一方面，是从半殖民地半封建的社会经济结构转变到新的社会经济结构的经济重组过程中，必然会

---

① 曾璧钧等：《新中国经济史》，经济日报出版社1990年3月版，第19页；范守信：《中华人民共和国国民经济恢复史》，求实出版社1988年3月第1版，第59页。

出现的现象。另一方面，则是党在打击投机资本、平抑物价的斗争中“‘刹车’急了，社会经济一时发生‘后仰’现象”。[①] 其主要原因可归结为如下几点。一是经过打击投机资本、统一财经、稳定物价之后，工商业者不但不再为了投机而囤积、抢购，反而纷纷把囤积的货物吐了出来；群众本来购买力就不强，但过去为了避免钞票跌价而受到损失，宁愿竞购和囤积并不是为了消费的货物，而现在却是有钱也不急于购买货物了。这样，因通货膨胀而形成的虚假购买力就骤然消失了。因而市场一时显得供过于求，商品过剩，积压滞销。加之我党和政府为了稳定物价，采取多种措施紧缩银根（如当时采取“四路进兵”的方法，即收税，收公债款，不准资本家关厂并必须发放工人工资，公私企业现金一律存入国家银行并不准向私人银行和私人企业贷款），而投放货币过晚，造成市场银根紧张，使许多工商业者因缺乏资金而使生产经营难以为继。二是过去适合于半殖民地半封建经济中发展的若干工商业，由于帝国主义、封建制度和官僚资本制度的被消灭，而失去了存在的条件，势必遭到淘汰；另有许多货物是因规格已不合人民的需要，这些原因也造成了一部分工商业的倒闭。三是许多私营企业机构庞大，企业经营方法不合理，成本高，利润少，甚至亏本。同时，在经营上存在着盲目性，同一行业内部盲目竞争，造成供求失调。这些也是一些企业减产、停工、倒闭的原因。四是党内存在的“左”倾情绪的影响。毛泽东曾说过：“一九五〇年上半年，党内曾有一个自发、半自发地反对资产阶级的斗争。”[②] 具有这种情绪的人们认为，新中国成立后，已经是社会主义和资本主义“谁战胜谁的问题”[③]，“今天斗争的对象，主要是资产阶级”。[④] 因而对资本主义工商业在经营范围、价格政策、原料供给、银行贷款等方面，“能排挤便排挤，能代替便代替”[⑤]，主张国营经济“无限制地发展”，“越发展越要排挤私营”。[⑥] 这种

---

① 《陈云文稿选编》（1949—1956），人民出版社 1982 年 6 月版，第 314 页。

② 转引自薄一波《若干重大决策与事件的回顾》，中共中央党校出版社 1991 年 5 月第 1 版，第 165 页。

③ 《华北局关于调整工商业和改善公私关系的政策问题向毛主席并中央的报告》，1950 年 5 月 31 日。

④ 据毛泽东批阅的全国统战会议工商组讨论会的一份发言记录稿，1950 年 4 月。

⑤ 《华北局关于调整工商业和改善公私关系的政策问题向毛主席并中央的报告》，1950 年 5 月 31 日。

⑥ 据毛泽东批阅的全国统战会议工商组讨论会的一份发言记录稿，1950 年 4 月。

认识和做法，自然也是造成私营工商业困难的一个不可忽视的原因。

资本主义工商业的大批停工减产和歇业倒闭，是一个严重的问题。若任其发展下去，必将造成社会生产力的极大破坏并引起新的社会动乱，对争取国家财政经济的根本好转带来十分不利的影响。我党和政府及时觉察了这个问题。1950 年夏，中央及有关部门曾多次召开会议研究这一问题的解决办法。1950 年 3、4 月份，中央先后召开了有各大区负责人参加的工作会议和政治局会议，为中国共产党的七届三中全会的召开做准备。毛泽东在政治局会议上明确指出：“目前财政上已经打了一个胜仗，现在的问题要转到搞经济上，要调整工商业。”① 并强调说：“和资产阶级合作是肯定了的，不然《共同纲领》就成了一纸空文，政治上不利，经济上也吃亏。‘不看僧面看佛面’，维持了私营工商业，第一维持了生产；第二维持了工人；第三工人还可以得些福利。当然，中间也给资本家一定的利润。目前发展私营工商业，与其说对资本家有利，不如说对工人有利，对人民有利。”②

1950 年 6 月，为了全面分析新中国成立以来国家的经济形势及其变化，为争取国家财政经济状况的根本好转、恢复国民经济制定战略和策略，中央在北京召开了中国共产党的七届三中全会。研究合理调整工商业，是这次会议的一个重要议题。毛泽东在向全会的报告和讲话中，要求“合理地调整现有的工商业，切实而妥善地改善公私关系和劳资关系，使各种经济成分，在具有社会主义性质的国营经济领导之下，分工合作，各得其所，以促进整个社会经济的恢复和发展”。③ 他批评了那种认为可以提早消灭资本主义实行社会主义的思想，指出：“这种思想是错误的，是不适合我们国家的情况的。”④ 强调指出：“对民族资产阶级，我们要通过合理调整工商业，调整税收，改善同他们的关系，不要搞得太紧张了。”⑤“四面出击，全国紧张，很不好。我们绝不可树敌太多，必须在一个方面有所让步，有所缓和，集中力量向另一方面进攻。”⑥ 这样，就从战略和

---

① 转引自薄一波《若干重大决策与事件的回顾》，中共中央党校出版社 1991 年 5 月第 1 版，第 98 页。

② 同上书，第 99 页。

③ 见毛泽东《为争取国家财政经济状况的基本好转而斗争》，1950 年 6 月 6 日。

④ 同上。

⑤ 见毛泽东《不要四面出击》，1950 年 6 月 6 日。

⑥ 同上。

策略上确定了合理调整工商业的重要意义。陈云在全会上的发言中，不仅强调了调整工商业对于恢复经济的重要性，还极富战略眼光地将民主主义建设与社会主义前途有机地联系了起来。他说：在我国，“五种经济成分是兼顾好？还是不兼顾好？当然是兼顾好。因为私营工厂可以增加生产，私营商业可以帮助商品流通，同时可以帮助解决失业问题，对人民有好处”。[①]“只有在五种经济成分统筹兼顾、各得其所的办法下面，才可以大家夹着走，搞新民主主义，将来进到社会主义。”[②] 经过充分讨论，统一认识，七届三中全会正式把合理调整工商业列为争取国家财政经济状况根本好转的三个条件之一，和全党全国人民在经济恢复时期八项主要工作中的一项。中国共产党的七届三中全会以后，调整工商业的工作开始在全国范围内全面展开。

（二）调整工商业的措施与成功

中国共产党的合理调整工商业的政策——即在当时国营经济已控制国家经济命脉，拥有大批主要物资，掌握了市场金融物价领导权的条件下，国家根据统筹兼顾的原则，在经营范围、原料供应、销售市场、劳动条件、财政金融方面，对私营工商业作必要的照顾和扶助；并且采用加工订货、统购包销、经销代销等方式，把它们的生产和销售初步纳入计划的轨道，使之从停工歇业的困境中摆脱出来，发展生产、促进城乡交流、恢复经济服务，并获得正当的利润这样一种政策——主要有三个基本环节：调整公私关系，调整劳资关系，调整产销关系。重点是调整公私关系。

调整公私关系，其实质就是“在巩固国营经济领导地位的前提下，公私兼顾，使私营经济发挥其有益于国计民生的作用”。[③] 调整公私关系包括两个基本方面，即调整公私工商业关系和调整负担。调整公私工商业关系的内容，就是既要确定国营经济的领导地位，又要在国营经济与私营经济之间有合理分工，使私营工商业获得生产和经营的条件而有所发展。调整负担，就是在保证国家财政需要的前提下，从税收方面减轻私营工商业的负担，以帮助他们克服困难。

---

① 《陈云文稿选编》（1949—1956），人民出版社 1982 年 6 月版，第 91 页。

② 同上书，第 92 页。

③ 薄一波：《若干重大决策与事件的回顾》，中共中央党校出版社 1991 年 5 月第 1 版，第 101—102 页。

在调整公私工商业关系方面，对私营工业，我党和政府采取的主要措施，就是努力扩大对它们的加工订货和产品收购，以解决它们在原料、资金和产品销售等方面的困难，帮助它们维持和恢复生产。到 1950 年底，全国加工订货、包销收购的部分已达到资本主义工业总产值的 21%，比上年增加 12.9%。[①] 为了维持私营工业的生产，国家在向私营工业加工订货、收购产品时承担了巨大的损失和牺牲。如收购私营工厂大批长期积压的滞销商品；对并非市场所需产品的订货；不惜亏本为私营工厂提供原材料等。对私营商业，为了使其顺利发展，国家适当地收缩了一些国营商业机构，调整公私商业的经营范围和价格，在经营范围上适当地扩大私营商业经营的商品品种，国营零售商业经营的品种由过去的几十种减为主要经营粮食、煤炭、纱布、食油、食盐、石油等六种人民日用必需品[②]，其他的零售业务由私营商业经营。在价格方面，按照照顾产、运、销三方的原则，适当调整零售与批发之间、产区与销区之间、季节与季节之间、原料与成品之间的价格比例，使私营商业有利可图，以鼓励其经营的积极性。

在调整负担方面，国家为了适当地调整和减轻私营工商业的税收，一是直接减轻私营工商业的税负。对部分工业产品，如棉纱、棉织品、毛织品等降低了税率，食盐税减半征收；将工商业税税种由 14 种减为 11 种，货物税目由 1136 个减为 358 个；并提高了工商业所得税的起征点和最高累进点，累进级数由 14 级增加到 20 级，以放缓累进，等等。[③] 对一些确有困难的欠税户，酌情予以减免或缓征。为了减轻私营工商业经营的负担，国家还实事求是地停止了第二期公债的发行。二是减轻农业税负，以提高农民的购买力，促进私营工商业的发展。此外，国家银行也改进和扩大了对私营工商业的贷款，并降低了放款利率。

调整劳资关系，就是正确处理在当时条件下工人和资本家之间的关系。这就要求，一方面要保护工人的民主权利和合法利益，另一方面要防止工人的过高要求，以保证私营工商业的生产和经营正常进行。当时确定的三条原则是：①在私营企业中必须确认工人的民主权利；②必须首先从

---

① 据中国社会科学院经济研究所《中国资本主义工商业的社会主义改造》，人民出版社 1978 年 10 月第 1 版，第 183 页。

② 曾璧钧等：《新中国经济史》，经济日报出版社 1990 年 3 月版，第 21 页。

③ 所引数字据曾璧钧等《新中国经济史》，经济日报出版社 1990 年 3 月版，第 21 页；范守信《中华人民共和国国民经济恢复史》，求实出版社 1988 年 3 月版，第 67 页。

有利于发展生产出发；③劳资间的问题通过劳资双方民主协商解决。根据这些原则，我党和政府在保护工人合法权益的前提下，号召私营企业内的工人们发扬识大体顾大局的高尚风格，放弃某些过高要求，忍受暂时的困难，减轻企业的负担。工人们积极响应了我党和政府的号召。在各地工会的推动下，私营企业还纷纷建立了劳资协商会议来调解劳资争议，协商克服企业的困难。这些措施妥善调整了劳资间的关系，调动了劳资双方的积极性，对私营工商业生产和经营的恢复与发展起了重大作用。

调整产销关系，就是在国营经济的领导下，通过各行业内部以及各行业之间的协调，逐步克服资本主义工商业在生产和经营中的盲目性，按行业实行有计划的生产，以求达到产销平衡。为此，从 1950 年 6 月到 9 月，先后召开了公私代表一起参加的一系列全国性的有关产销的专业会议，代表们真诚协商，具体拟定了各行各业公私分工合作的原则及产销计划，合理分配生产和销售任务及划分销售范围。国家还对一些行业生产过剩或已达饱和状态的情况及时公布，以减少企业生产的盲目性。在市场管理方面，取消了一些有碍物资交流的人为障碍，鼓励和组织私商下乡收购，增加农民的购买力，为工业品下乡打开销路。从 1950 年下半年至 1951 年上半年，人民政府还在全国范围内大张旗鼓地开展城乡物资交流工作，既活跃了农村经济，又促进了城市工商业的发展。

1950 年 6 月朝鲜战争爆发后，我党领导全国人民掀起了抗美援朝、保家卫国运动。抗美援朝成为全国工作的中心。为了支援战争，需要大批物资。因而，我党和政府在对工商业的调整中，进一步鼓励和扶持了私人企业的生产和经营活动。私营工商业者在抗美援朝运动中，积极响应党和政府的号召，不仅踊跃参加捐献活动、推销公债、开展国际宣传等，还大力发展生产、活跃经营，使加工订货收购产品等的数量急速增长，从而为国家做出了贡献。

调整工商业政策及其各项措施的贯彻落实，很快收到了明显的效果。1950 年 7 月以后，中国经济情况发生了显著的变化，工业生产大幅度增长，城乡市场日益繁荣。私营工商业大量申请开业。到 1950 年 3、4 季度，私营工商业户歇业多、开业少的状况得到根本转变。仍以上海、北京、天津、武汉、广州、重庆、西安、济南、无锡、张家口等 10 个大中城市为例，开业的有 32674 家，歇业的只剩 7451 家，开业户多于歇业户

25223家。[①] 到1951年，资本主义工商业获得了空前的发展，市场上出现了“淡季不淡”“旺季更旺”的繁荣景象。1951年与1950年比较，全国私营工业的户数增加了11%，职工人数增加了11.4%，总产值增长了39%；私营商业户数增加了11.9%，从业人数增加了11.8%，私营商业批发额增加了35.9%，零售额增加了36.6%。1951年私营工商业全年盈余大约为37.18亿元，比1950年增加90.8%。私营大型工业中有18个行业利润率超过50%。[②] 总之，到1951年，在国营经济获得很大增长的同时，私营工商业的所有行业几乎也都获得了可观的赢利。资本家把这个时期称为他们的“黄金时代”。

（三）本阶段的几点启示

中国共产党的调整工商业的决策，取得了巨大的成功。通过对工商业的合理调整，国营经济的领导地位更加巩固，经济实力更为雄厚；私营经济摆脱了困境，获得了罕见的飞速发展。私营资本主义工商业的恢复和发展，对于加强国家工业生产，活跃城乡物资交流，支援抗美援朝战争，改善国家财政经济状况，提高人民生活水平等方面，均起到了重要作用。同时，党和政府在对工商业的调整中，初步将资本主义工商业纳入了国家资本主义的轨道。陈云在评价1950年的工作时说：“去年我们做了很多工作，只有两个重点，一是统一，二是调整。统一是统一财政经济，调整是调整工商业。”[③] “只此两事，天下大定。”[④] 通过调整工商业的实践，中国共产党获得了对资本主义工商业实行利用和限制政策的新的认识和经验。这主要有：

第一，通过合理调整经济关系以扶持私营资本主义工商业尽快发展，是促进整个国民经济恢复和发展的有力措施。中国共产党在民主革命时期直到解放前夕，对新中国成立后民族资本主义的存在和发展，曾主要从理论上作过探讨和预想，认识到资本主义工商业在革命胜利后，“在中国社

① 曾璧钧等：《新中国经济史》，经济日报出版社1990年3月版，第22页。

② 据范守信《中华人民共和国国民经济恢复史》，求实出版社1988年3月第1版，第69—70页。

③ 《陈云文稿选编》（1949—1956），人民出版社1982年6月版，第125页。

④ 同上。

会中会有一个相当程度的发展”。[①] 调整工商业并获得成功，则使我党的这一预见从实践中得到了证实。民族资本主义这部分中国社会较先进的生产力，在解除了三座大山的压迫之后，在我党的正确调整经济关系政策指导下，确实能够焕发出曾遭扼杀的青春和活力，释放出巨大的潜力。同时，由于资本主义工商业的发展，主要是依靠国家在调整工商业中，通过加工订货、收购产品、统购包销、经销代销等形式实现的，是处于国家的控制之下的，所以这种发展不仅不会危害国营经济的领导，而且为社会提供了大量必需的工业品，改善了国民经济各个方面的供求状况，发展了生产，繁荣了市场，从而有力地促进了社会生产力并使其较快地得到恢复和发展，促进了国家财政经济状况的根本好转。所以，资本主义工商业获得健康的飞跃发展，不仅是私营工商业者的“黄金时代”，也是我党的关于资本主义工商业政策威力大放异彩，光明璀璨的一页。

第二，调整工商业必须按照经济规律办事，主要以经济手段落实调整措施。调整工商业以来，各种矛盾层出不穷。我党和政府主要是运用经济手段，使这些矛盾不断地得到了解决。如对扶持私营工商业与发展国营经济的矛盾，用统筹兼顾、划分经营范围等办法解决；在扶持私营工商业的恢复和发展中，通过规定合理的加工费和货价，使之有利可图，积极推动其生产和经营；通过控制原材料供应和市场销售，使私营工商业既能得到发展，又保持其有利于国计民生的方向；在解决产销矛盾方面，我党和政府采取了很多经济措施，尤其是大力沟通了城乡之间的经济联系，1951年还把城乡交流当作全国财经工作中第一位的工作来抓，很快改变了市场疲软、呆滞的情况。陈云在总结1950年经济工作经验时说：“三月物价稳定，五月中旬全国各地工商业者都叫喊货卖不出去。于是我们发了两路‘救兵’，一为加工订货，一为收购土产。起决定作用的是收购土产，因为收购土产，就发出了钞票，农民有了钱就可以买东西。到九月全国情况就改观了，霓虹灯都亮了。”[②] 又说：“在乡村收东西投放钞票，然后钞票又进城来买东西，就活起来了。所以，繁荣的重要之点就是收购农副产品。这是主要的经验。”[③] 这一切说明，我党在处理民族资本主义经济的

---

① 《毛泽东选集》合订本，人民出版社1964年版，第613页。

② 《陈云文稿选编》（1949—1956），人民出版社1982年6月版，第115页。

③ 转引自薄一波《若干重大决策与事件的回顾》，中共中央党校出版社1991年5月版，第109页。

问题方面，已经能够较好地把握经济活动的内在联系，成功地运用经济规律解决实际中的困难和问题。这无疑是本阶段中国共产党的调整工商业决策得到正确制定和实行的重要原因和经验。

第三，通过调整工商业，将私营经济纳入国家计划的轨道，是对资本主义工商业进行社会主义改组和改造的有效形式。通过对工商业的合理调整，既帮助资本主义工商业摆脱了困境，同时也使资本主义工商业经历了一次深刻的改组——即适合于新民主主义经济需要的有利于国计民生的行业，都得到了恢复和发展；不适应新民主主义经济需要的行业则被削弱和淘汰。使资本主义工商业从半殖民地半封建的旧轨道，转移到新民主主义的新轨道。在调整工商业的过程中，国家还大量发展了加工订货、统购包销、经销代销等国家资本主义形式。这些形式，一方面利用并促进了资本主义工商业有利于国民生计的积极作用，另一方面又切断了资本主义工业在原料供应和产品销售两方面同市场的联系，从而将资本主义工商业置于国家的控制和监督之下。对于加工订货等国家资本主义的形式，私营工商业者曾认为是为自己的生产经营找到了大主顾、大靠山，而欣喜不已。殊不知他们连同他们的企业一起，就这样不知不觉地被引上了社会主义改造之路。

在这个阶段仍存在的问题，一是在对资本主义工商业调整的过程中，强调照顾、扶持、利用多，对限制、斗争注意相对较少。在本阶段，随着私营工商业的好转，资本家唯利是图的本性也膨胀起来，有的甚至仅以追求暴利为目的。“私营工业过去对政府的加工订货感恩不尽，现在有一部分人已经把加工订货看作负担，因为加工订货只能给他们以正常利润，不能给他们以暴利。”① 因而他们要么就在加工订货中搞偷工减料，要么就干脆拒绝接受加工订货。为了牟取暴利，有的甚至干了许多违法活动。对此，中国共产党如果及时采取相应措施，是不难予以制止和解决的。由于对此重视不够，措施不力，致使这类现象日益蔓延开来。二是我党还未能把一些国家资本主义的形式，与社会主义前途有意识地明确联系起来。虽然当时中国共产党内已有一些很有见地的想法，提出五种经济成分要统筹兼顾，各得其所，“大家夹着走，搞新民主主义，将来进到社会主义”。②

---

① 《陈云文稿选编》（1949—1956），人民出版社1982年6月版，第135页。

② 同上书，第92页。

并提出通过加工订货等办法，把民族工商业“夹到社会主义”。[①] 但当时全党并未明确认识到加工订货、统购包销等国家资本主义形式，就是将资本主义经济改造为社会主义经济的实际步骤，并自觉地有计划地去进行这种改造。而主要是将这些形式只看成是维持生产，帮助私营工商业克服眼前困难，同时也能满足国家需要的一般经济形式，而不是着眼于通过这种形式改造私营工商业。其实，中国共产党当时的对资本主义向社会主义的过渡，仍是等待条件成熟后“一举完成”的思想，既没有更多注意如何逐步过渡，没有意识到当时所采用的国家资本主义形式本身即是在过渡的问题，也没有认识到中国特色的社会主义应允许多种经济成分同时存在，建立社会主义首先是发展生产力、发展商品经济，而当时的扶持民族资本主义工商业的政策，即是在为社会主义的建立及巩固加强必要的物质基础，促进社会主义因素的发展，从而直接联系于向社会主义过渡的问题。三是虽然本阶段资本主义工商业普遍得到了恢复和发展，但由于国家强调集中统一多，而加工订货等形式本身也有局限性（如不能促进积极竞争，私营工商业易产生“等、靠、要”意识；在加工订货中易弄虚作假等），加之战争的影响，一些调整措施也未能很好地贯彻落实。这些问题又不免使私营工商业在其自身活力方面趋向减弱，因而影响其潜力的进一步发挥和积极性被更充分地利用。

四 “五反”运动与改造资本主义工商业政策的提出

1952 年，是国民经济恢复时期最后的一年，也是中国共产党对资本主义工商业实行利用和限制政策的第三阶段。在此阶段中，针对调整工商业后，私人资本主义经济获得迅速发展并力图摆脱国家控制，资产阶级唯利是图本性大暴露的情况，中国共产党对资本主义工商业及资产阶级的违法活动，采取了严厉打击的措施，发动了规模宏大的“五反”运动。“五反”运动揭露、打击了资产阶级的不法行为，巩固了工人阶级和国营经济的领导地位，清除了旧社会的污毒，扭转了社会风气。这一运动，同时也成为改造资本主义工商业和改造资产阶级的重要步骤。通过“五反”运动，中国共产党对资本主义和资产阶级的认识发生了重大变化，明确判

① 《陈云文稿选编》（1949—1956），人民出版社 1982 年 6 月版，第 92 页。

定“工人阶级与资产阶级的矛盾是国内的主要矛盾”,[①] 并提出了中国共产党在过渡时期的总路线。党对民族工商业的利用和限制政策也随之发展成为利用、限制、改造的政策。对资本主义工商业的社会主义改造，从此全面开始。

（一）资产阶级的“五毒”行为与“五反”运动的发起

在中国共产党的统筹兼顾政策指导下，经过调整工商业以后，随着土地改革后农民购买力的提高以及抗美援朝战争中向私营工业加工订货任务的扩大，资产阶级财运亨通，民族资本主义飞速发展。随着经济、政治实力的加强，资本家固有的唯利是图、损人利己、投机取巧的恶劣本质和发展资本主义的强烈愿望也日益暴露和增长起来。为了牟取暴利，他们竭力摆脱国家的管理和国营经济的领导，越来越多地进行违法犯罪活动。这时候资产阶级的违法活动，已不能像新中国成立初期那样在市场上兴风作浪，公开和国营经济争夺领导权了，而是采取隐蔽的形式，进行种种非法活动。他们主要的非法活动，当时被概括为“五毒”，即：行贿、偷税漏税、盗骗国家财产、偷工减料、盗窃国家经济情报。他们还采用“打进来”“拉出去”的办法，同党、政、军、民机关或企业内的某些人员内外勾结，尤其是往财经部门安置“坐探”，释放“五毒”。据对北京、上海、天津、武汉、广州、重庆、西安、沈阳等八大城市被审查过的私人工商业统计，犯有“五毒”行为的竟占总户数的76%。[②] 资产阶级大肆违法的行为，严重地损害了国家和人民的利益，也极大地影响了民族工商业自身积极作用的发挥。中国共产党对资产阶级本性的这种恶性发作当然不能坐视不管，而必然要采取严厉打击和制裁的措施，坚决予以制止。正如毛泽东所说：“资产阶级过去虽然挨过一板子，但并不痛，在调整工商业中又嚣张起来了。特别是在抗美援朝加工订货中赚了一大笔钱，政治上也有了一定地位，因而盛气凌人，向我们猖狂进攻起来。现在已到时候了，要抓住资产阶级的‘小辫子’，把它的气焰整下去。如果不把它整得灰溜溜、臭烘烘的，社会上的人都要倒向资产阶级方面去。”[③] 因此，中国共产党

---

① 见毛泽东《工人阶级与资产阶级的矛盾是国内的主要矛盾》，1952年6月6日。

② 曾璧钧等：《新中国经济史》，经济日报出版社1990年3月版，第32页。

③ 转引自薄一波《若干重大决策与事件的回顾》，中共中央党校出版社1991年5月版，第165—166页。

党中央决定开展“五反”（反对行贿、反对偷税漏税、反对盗骗国家财产、反对偷工减料、反对盗窃国家经济情报）运动，制止资产阶级的不法行为。

中国共产党之所以在1952年初发动对资产阶级的“五反”斗争，也是由于当时已经具备了向资产阶级展开猛烈进攻的客观条件。经过镇压反革命，土地改革和抗美援朝运动，三大敌人的残余势力已经被基本解决，工农联盟得到加强，人民民主政权得到巩固，国家的经济实力也雄厚起来，“能经得起一个‘三反’‘五反’运动”。[①] 这样，就在政治上、经济上及社会力量上为“五反”斗争做了准备。毛泽东说：1950年上半年就向资产阶级出击“是不妥当的，也是错误的。因为当时有台湾敌人的轰炸、封锁，土改、镇反工作亟待去做，应该团结资产阶级去向封建势力进攻，而不是全面出击，全面出击是很不策略的”。[②] 而在上述工作告一段落后，就可以给资产阶级三年以来“对于我党的猖狂进攻（这种进攻比战争还要危险和严重）以一个坚决的反攻，给以重大的打击”，[③]“现在已到时候了”。[④]

“五反”运动是由“三反”（反对贪污、反对浪费、反对官僚主义）运动引发的。1950年10月，在全国工农业战线开展增产节约运动中，人民群众揭发出干部中存在的大量贪污、浪费和官僚主义问题。11月30日，毛泽东尖锐地指出：“必须严重地注意干部被资产阶级腐蚀发生严重贪污行为这一事实。”[⑤]“我们需要来一次全党的大清理……才能克服七届二中全会所早已料到的这种情况，并实现七届二中全会防止腐蚀的方针。”[⑥] 12月，中央作出“三反”指示，全国开始“三反”运动。随着“三反”运动的深入，越来越多地揭发出不法资本家同国家机关中一些贪污腐败分子相勾结的情况。因此，中国共产党认为要彻底铲除“三害”（贪污、浪费、官僚主义），就必须严厉打击资产阶级的不法行为，连同其“五毒”一起反掉。1952年1月，中央发出《关于在城市中限期展开

① 薄一波：《为巩固“三反”“五反”运动的伟大胜利而斗争》，1952年7月2日。

② 转引自薄一波《若干重大决策与事件的回顾》，中共中央党校出版社1991年5月版，第164页。

③ 同上书，第165页。

④ 同上。

⑤ 见毛泽东《关于“三反”“五反”的斗争》，1951年11月—1952年3月。

⑥ 同上。

大规模的坚决彻底的“五反”斗争的指示》，这样，“五反”运动首先在各大中城市开始，并很快掀起了高潮。

“五反”运动大体分为两个阶段进行。从1月到6月政务院公布《关于结束“五反”运动中几个问题的指示》，为运动的前期。在此期间，我党发动广大干部、工人、店员及市民群众，声讨不法资本家的“五毒”罪行，展开对资产阶级思想的检举、揭发、批判，派工作队或检查组深入私营行业开展清查工作，迫使资本家坦白交代违法行为，建立工人、店员监督生产和经营制度等，使资产阶级向群众低头认罪。6月之后为运动后期。这个时期，在10月中央批准结束“五反”运动的报告之前，主要是进行对运动中已揭露出的“五毒”问题定案处理，退财补税等工作；之后，则是针对运动所造成的民族工商业萧条的状况，再次调整工商业；并在此基础上开始提出对资本主义工商业的全面改造政策。

关于“五反”运动的斗争范围、斗争方针和斗争任务及其必须达到的目的，毛泽东曾明确指示：“在全国一切城市，首先在大城市或中等城市中，依靠工人阶级，团结守法的资产阶级和其他市民，向着违法的资产阶级开展一个大规模的坚决的彻底的反对行贿、反对偷税漏税、反对盗骗国家财产、反对偷工减料和反对盗窃经济情报的斗争，以配合党政军民内部的反对贪污、反对浪费、反对官僚主义的斗争，现在是极为必要和极为适时的。”① 并对“五反”所要达到的目的具体规定为八个方面，主要是：①彻底查明私人工商业情况，以利于团结和控制资产阶级，进行国家的计划经济。②明确划分工人阶级与资产阶级的界限，清除资产阶级在工会中的代理人。③清除“五毒”，消灭投机商业，使整个资产阶级服从国家法令，经营有益于国计民生的工商业，逐步扩大国家资本主义的范围。④逐步在一切大中等私营企业中建立工人店员监督生产和经营的制度，在工人店员中建立党的支部，加强党的工作等。从上述指示可以看出，我党发动“五反”运动，如毛泽东所说：“是削弱资产阶级，不是要消灭资产阶级；是要打它几个月，打痛了再拉，不是一直打下去，都打垮。”②

在“五反”运动的斗争方式和斗争策略上，我党不断作出了正确的

---

① 见毛泽东《关于“三反”“五反”的斗争》，1951年11月—1952年3月。

② 转引自薄一波《若干重大决策与事件的回顾》，中共中央党校出版社1991年5月版，第167页。

指示和规定，并注意了及时总结经验，纠正偏差，保证了运动的健康发展。针对运动初期一些群众斗争中存在的过火行为，中央及时采取措施，予以纠正。如采取缩短、推迟或暂停运动的进行；将“面对面”的斗争改为“背对背”的斗争等。在运动中，我党为了利用资产阶级内部的矛盾，缩小打击面，建立了工人阶级同资产阶级大多数的“五反”统一战线，团结守法的资产阶级一起同不法资本家作斗争，有力地推动了运动的深入开展。在对私人工商户处理定案时，坚持了区别对待的原则，将它们划分为守法户、基本守法户、半守法半违法户、严重违法户、完全违法户五种，并规定后两种不得超过5%。对有违法行为的工商户，又坚持了“斗争从严，处理从宽”①，和“过去从宽，今后从严；多数从宽，少数从严；坦白从宽，抗拒从严；工业从宽，商业从严；普通商业从宽，投机商业从严”② 的原则，分别处理。在定案后，还从宽核减违法所得，使资本家在退补之后，还有盈余。这样，就使大多数有违法行为的资本家放下了包袱，有的资本家还说：“这是做梦也想不到的宽大。”从而使资本家能振作起来，继续从事生产和经营活动。

在“五反”运动中，中国共产党始终注意适当处理运动与私营工商业生产经营的关系问题。在“三反”运动不断升温的情况下发动的大规模的“五反”斗争，无可讳言，对社会经济生活，对私营工商业，产生了相当的影响和冲击。大批私营工商户停工、歇业，资产阶级惊恐不安，曾一度造成社会经济活动的停滞、堵塞现象。党中央察觉这些问题后，适时采取措施，调整“五反”部署，尽力维持经济生活的正常运转。毛泽东还提出，“五反”斗争要做到群众拥护，市场繁荣，生产有望，税收增加。③ 从“五反”运动后期起，针对不少私人工商户生产积极性低落，停业、半停业严重，产值和营业额急剧下降，以及随之出现的市场清淡，税收锐减，城乡交流不畅，失业工人增多等现象，党中央极为慎重地处理了“五反”中的核实定案工作，除对极少数完全违法而又态度顽固者给予必要的惩治外，对绝大多数犯有不同程度违法行为的资本家，都从利于发展

① 见《政务院关于结束“五反”运动中几个问题的指示》，1952年6月13日。

② 即毛泽东指示的五条基本原则。据北京市市长彭真1952年3月8日在政务院会议上的报告。

③ 转引自薄一波《若干重大决策与事件的回顾》，中共党校出版社1991年5月版，第169页。

生产、繁荣经济的大局出发，采取了从宽处理的方针；并且宣布："为在'五反'运动结束以后能及时调整经济生活，集中力量于恢复生产经营和发展城乡交流，所有尚未进行'五反'的中小城市和集镇，均一律不在目前再行开始'五反'斗争。"[①] 及时果断地停止了这一运动。同时，再次进行了调整资本主义工商业的工作。主要是通过调整公私关系，恢复和扩大了对私营工业的加工订货，在银行贷款和税收方面也对私营工商业给予一定照顾，以鼓励资本家继续从事正当生产和经营的积极性；通过调整劳资关系，既制止了资方对职工的报复行为，也使职工降低过高要求，劳资双方订立合同，共同努力于发展生产经营；通过调整产销关系，使资本家有利可图，活跃了城乡物资交流，繁荣了市场。经过调整，资本主义工商业再次恢复了生机。如私营工业发展情况，见表16－3。[②]

表16－3 私营工业发展情况

项目＼年份	1949	1950	1951	1952
户数（万户）	12.3	13.3	14.76	14.96
职工人数（万人）	164.38	181.59	202.28	205.66
总产值（亿元）	68.28	72.78	101.18	105.26

从表16－3中可见，1952年的私营工业不仅维持了1951年的水平，而且还有一定程度的提高，尤其是经过第二次工商业调整，促使更多的私营工厂接受了政府和国营企业的加工订货，甚至订立了长期的包销合同。私营商业也大都接受了经销代销。到1952年底，加工订货、包销、收购的产值，已占了私营工业总产值的56%，公私合营的产值已占公私合营和私营工业总产值的11.5%。[③] 这样，就使资本主义工商业的发展进一步被纳入了国家资本主义的轨道。

① 转引自薄一波《若干重大决策与事件的回顾》，中共党校出版社1991年5月版，第177页。

② 据中国社会科学院经济研究所《中国资本主义工商业的社会主义改造》，人民出版社1978年10月版，第144页。

③ 范守信：《中华人民共和国国民经济恢复史》，求实出版社1988年3月版，第146、147页。

（二）党对过渡时期的新认识与改造资本主义工商业政策的提出

1952 年，经过“三反”“五反”运动，尤其是经过同资产阶级违法行为的大规模斗争，中国共产党对由新民主主义向社会主义过渡时期的认识发生了重大变化，即由原来的认为必须经过一个相当长时期（10 年、15 年或 20 年，甚至更长的时间）的新民主主义建设阶段，待条件完全成熟后，再一举实行社会主义，“开始社会主义的全线进攻”，改变为从现在起逐步向社会主义过渡。并明确认识到：新民主主义建设时期就是过渡时期。

中国共产党对过渡时期的认识的变化，首先是从对资产阶级和资本主义经济认识的变化开始的。对新中国成立初期的资本主义工商业以及资产阶级的作用，我党本来主要是予以肯定的。但从“五反”运动以后，我党却更多地强调了其消极方面，将其违法行为看得甚为严重。如毛泽东对“资产阶级三年以来在此问题（指违法行为——引者注）上对于我党的猖狂进攻”，认为“比战争还要危险和严重”。[①] 毛泽东“并不是把‘五反’运动仅仅看作一场经济斗争，也是把它看作一场关系国家命运和前途的政治斗争”。[②] 党内当时认为，如果不进行“五反”斗争并取得胜利，“就有亡党亡国亡头的危险”[③]，资产阶级就会“变我国为他们所幻想的资本主义的国家”。[④] 同时，强调资本主义经济的盲目性在国民经济中造成了严重的混乱现象，阻碍着国家实行计划经济，认为资本主义生产关系已日益成为社会生产力进一步发展的障碍，仅有限制资本主义的办法已经不够了，而必须从现在开始逐步从根本上改变这种生产关系。从而将原来认为在“很远的将来”才实行的由新民主主义向社会主义的过渡，即社会主义革命，提前到现在就逐步进行。

1952 年 6 月，毛泽东在统战部的一个文件的批语中第一次明确提出：“在打倒地主阶级和官僚资产阶级以后，中国内部的主要矛盾即是工人阶

---

① 见薄一波《若干重大决策与事件的回顾》，中共中央党校出版社 1991 年 5 月版，第 164 页。

② 同上书，第 167 页。

③ 薄一波：《为巩固“三反”“五反”运动的伟大胜利而斗争》，1952 年 7 月 2 日。

④ 同上。

级与民族资产阶级的矛盾。故不应再将民族资产阶级称为中间阶级。”[①]这就是说：资产阶级及其代表的民族资本主义，已主要不是利用和团结的力量，而是通过斗争逐步予以排除的力量，即已成为革命的对象。当然，这种认识还不就是要马上消灭资产阶级和资本主义。毛泽东在“五反”期间特别说明：发动“五反”运动，“这不是对资产阶级政策的改变，目前还是搞新民主主义，不是社会主义；是削弱资产阶级，不是要消灭资产阶级；是要打它几个月，打痛了再拉，不是一直打下去，都打垮”。[②]这除了说明，我党对民族资本主义和民族资产阶级的认识演化尚未定型之外，也说明，对资产阶级还不消灭，只是暂时的，打了之后，还要拉一下，以免对政治、经济和社会造成过多影响。但就是要通过这种打和拉“削弱资产阶级”，使之渐次归于被消灭。

1952年9月，在讨论“一五”计划方针任务的中央书记处会议上，毛泽东在听了周恩来关于访苏就“一五”计划轮廓问题同苏联商谈情况的汇报后，讲了一段话，首次提出：10年到15年基本完成到社会主义的过渡，而不是10年或者以后才开始过渡。[③]这是毛泽东最初提出“从现在逐步过渡到社会主义去”的新构想。在此后到1952年底的多次中央会议上，毛泽东都谈到了这一思想。刘少奇、周恩来等党的领导人，也开始考虑向社会主义过渡的具体方式、步骤和途径问题。根据这一向社会主义过渡的新构想，毛泽东不再坚持“不是要消灭资产阶级”和资本主义的思想，1952年11月，毛泽东在中央书记处会议上说：要消灭资产阶级，消灭资本主义工商业；但要分步骤，一是要消灭，一是还要扶持一下。[④]这就清楚地表明，与向社会主义过渡相一致，对资本主义工商业和民族资产阶级，已由利用、限制和团结，变为要消灭。首先是消灭，其次是使这种消灭更为稳妥，所以“要分步骤”，有时“还要扶持一下”。

在经过了长期的、特别是“五反”运动以来的思考、讨论和酝酿之后，“一九五二年，党中央按照毛泽东同志的建议，提出了过渡时期的总

---

① 见毛泽东《工人阶级与资产阶级的矛盾是国内的主要矛盾》，1952年6月6日。

② 转引自薄一波《若干重大决策与事件的回顾》，中共中央党校出版社1991年5月版，第167页。

③ 据薄一波《若干重大决策与事件的回顾》，中共中央党校出版社1991年5月版，第213页。

④ 同上书，第214页。

路线”。[①] 1953 年，这条总路线形成了完整的表述：“从中华人民共和国成立，到社会主义改造基本完成，这是一个过渡时期。党在这个过渡时期的总路线和总任务，是要在一个相当长的时期内，逐步实现国家的社会主义工业化，并逐步实现国家对农业，对手工业和对资本主义工商业的社会主义改造。”后来毛泽东明确指示：“总路线就是逐步改变生产关系。”“总路线也可以说就是解决所有制的问题。”[②] “要破资本主义所有制，使它变为社会主义全民所有制。”[③] 这样，我党在新中国成立以来对民族工商业的利用和限制政策，就最终改变为利用、限制、改造，主要是改造和消灭的政策。

我党在“五反”运动之后，在国民经济恢复时期终结的时候提出过渡时期的总路线，把对资本主义工商业的利用和限制的政策，改变为主要是改造和消灭的政策，这一转变绝不是偶然的，而是有着深刻的理论与实践的原因的。正如毛泽东后来所说：“中央委员会根据列宁关于过渡时期的学说，总结了中华人民共和国成立以来的经验，在我国国民经济恢复阶段要结束的时候，即 1952 年，提出了党在过渡时期的总路线。”这说明，过渡时期总路线的提出，我党既是以马列主义理论为依据的，又是从我国的实践经验出发，根据客观形势的需要而制定的。从理论上看，中国共产党始终坚持马克思主义原理，坚持社会主义的奋斗方向，并结合中国国情，规定中国实现社会主义分两步走，即由新民主主义转变为社会主义。而新民主主义向社会主义的转变，中国共产党又主要是根据马列主义关于过渡时期的理论，来思考中国的过渡时期并提出过渡时期总路线的。按照马列主义关于在过渡时期中，工人阶级和资产阶级间的矛盾是国内关系上的主要矛盾，工人阶级和资产阶级间的斗争是“谁战胜谁”的斗争，国家资本主义“是阶级斗争另一种形式的继续，而不是用阶级和平来代替阶级斗争”，“这个过渡时期不能不是衰亡着的资本主义与生长着的共产主义彼此斗争的时期”，“社会主义就是消灭阶级”等论述，中国共产党早在新中国成立前的七届二中全会上，就提出过革命胜利后的国内主要矛盾（基本矛盾），即是工人阶级和资产阶级的矛盾。在经过三年经济恢复

① 《关于建国以来党的若干历史问题的决议》，1982 年 6 月。

② 见毛泽东《关于农业互助合作的两次谈话》，1953 年 10 月、11 月。

③ 见毛泽东《坚定地相信群众的大多数》，1957 年 10 月 13 日。

时期无产阶级与资产阶级的几番较量，尤其是经过“五反”斗争后，毛泽东等党的领导人更加明确地认为，工人阶级与资产阶级的矛盾，就是中国内部的主要矛盾，在过渡时期，资产阶级都必须消灭，资本主义所有制就要改变，资本主义工商业即应予改造。这就奠定了过渡时期总路线提出的理论基础。

从中国的实际情况看，经过三年奋斗，国家的政治、经济和社会面貌已发生了巨大变化。通过一系列民主改革和社会政治斗争，人民民主专政的国家政权业已巩固。在经济方面，国家通过没收官僚资本归人民的国家所有，中国已经有了相对强大和迅速发展的社会主义国营经济，到 1952 年，国营工业产值在全国现代工业总产值中的比重，已由 1949 年的 34.7%，增加到 56%。而民族资本主义工业的比重则已大为下降，由 1949 年的 55.8%，下降为 17.1%。[①] 同时，土地改革的基本完成，也具有重要意义。毛泽东说：“一九五〇年，我在三中全会上说过，不要四面出击。那时，全国大片地方还没有实行土地改革，农民还没有完全到我们这边来，如果就向资产阶级开火，这是不行的。等到实行土地改革之后，农民完全到我们这边来了，我们就有可能和必要来一个‘三反’‘五反’。”[②] “巩固了同农民的联盟，这就会使资产阶级最后地孤立起来，便于最后地消灭资本主义。”[③]

此外，抗美援朝战争也已取得重大胜利。尤其是通过利用和限制私营工商业的政策，创造了对资本主义经济的统购、包销、经销、代销、加工、订货等方式，对其加强了管理与监督，并对部分私营工商业实行了公私合营，逐步将资本主义工商业纳入了国家资本主义的轨道，这就积累了对资本主义经济进行社会主义改造的重要经验和迈出了最初的步伐。声势浩大的“五反”运动，揭露了资产阶级唯利是图、损人利己、损公肥私的恶劣本性，不法资本家大肆破坏经济秩序、危害国家和人民利益的“五毒”行为，在发展国民经济的“一五”计划即将开始的形势下，更使党、政府和全国人民感到不能容忍，从而使尽快对私营工商业进行社会主义改造，成为全国普遍的呼声。中国共产党根据我国已经变化了的客观条

---

① 范守信：《中华人民共和国国民经济恢复史》，求实出版社 1988 年 3 月版，第 147 页。

② 见毛泽东《农业合作化的一场辩论和当前的阶级斗争》，1955 年 10 月 11 日。

③ 同上。

件，参考苏联社会主义改造的经验，遵循党的“当一个任务完成了的时候，就要赶快提出新的任务，以免松懈下来”① 的工作指导原则，提出了改造和消灭资本主义的党在过渡时期的总路线。

（三）本阶段的几点启示

1952 年，中国共产党发动的全国范围的“五反”运动，打击了不法资本家严重的“五毒”行为，对私营工商业进行了一次深刻的守法经营的教育，推动了私人资本主义工商业的改组和改革，并促使其走上社会主义改造的道路。通过“五反”运动，工人阶级和国营经济的领导地位大大巩固了，“开始造成了我们国家有可能完全控制资本主义工商业的局面”②，“使资产阶级原有的威风在绝大多数企业中扫地以尽”。③ “这就使得工人的监督从此在很多企业中逐步地建立起来，很多资本家实际上丧失了或者基本上丧失了控制企业的权力。”这是一个根本的变化。这个变化说明：“作为一个阶级来说，资产阶级已被工人群众和工人阶级领导的国家的威力所压倒了。”④ “五反”运动之后，民族资产阶级和民族资本主义事实上已经不能再照旧存在下去，除了接受社会主义改造已没有别的选择。我党正是在这样的情况下，对民族工商业的认识和政策发生了再一次飞跃，提出了过渡时期的总路线，最终解决了中国如何由新民主主义过渡到社会主义的问题。同时，也将利用和限制资本主义工商业的政策，转变为主要是改造和消灭资产阶级和资本主义工商业的政策。“五反”运动的成就是巨大的。运动之后，我党提出的过渡时期总路线，也是闪耀着中国共产党把马列主义原理与中国实际相结合的创造性的光辉的。但与此同时，在这一过程中，中国共产党的认识和政策也有着某些缺陷和失误。上述这一切，对于中国由新民主主义向社会主义的过渡，对于中国社会主义制度的建立和巩固，对于中国社会主义现代化建设的进程，都有着深远的作用和影响。从而向人们提供了足资借鉴的历史启示。

第一，在同民族资本主义和民族资产阶级进行限制和反限制的斗争中，必须坚持保护和发展生产力的原则。早在七届二中全会上，中国共产

---

① 《周恩来选集》（下卷），人民出版社 1984 年 11 月版，第 106 页。

② 《中共中央关于资本主义工商业改造问题的决议》，1956 年 2 月。

③ 同上。

④ 同上。

党就已正确地认识到，要改变我国一穷二白的面貌，为国家工业化奠定基础，为向社会主义过渡创造物质条件，就必须以生产建设为中心任务。一切工作必须围绕发展社会生产力这一中心工作进行。中国共产党之所以发动“五反”运动，其根本原因在于资产阶级的“五毒”行为，扰乱了社会经济秩序，危害、破坏了国家经济的发展，也使民族资本主义工商业这部分生产力本身的积极作用难以正常发挥。同时，在政治及社会道德方面也有重要意义。在这一运动过程中，我党和政府始终强调，必须“注意维持经济生活的正常进行”[①]，采用了一些适当的经济、法律、行政手段解决资本家违法的问题，并明确了一系列于维持、恢复和发展生产经营有利的政策界限，使资本家在违法问题得到解决之后，重新靠拢工人阶级，从而团结大多数资产阶级，继续发挥其生产经营的积极性。从运动后期起，还再次进行了工商业的调整工作，促进了私营经济的重新发展。这些都是保护和发展社会生产力所必需的，因而是完全正确的。这方面是主要的。但“五反”运动存在着一定的斗争扩大化问题。采取大规模的群众运动的斗争形式也是不得当的，对资本家搞逼供信，往死里整，打击面过宽的现象也较普遍。有的甚至想趁势挤垮、消灭私营工商业。这样做的结果，打击了资产阶级搞生产经营的积极性，影响了社会经济的发展。以致“五反”运动发起后，公私关系和劳资关系紧张，停工停业现象很多，市场萧条，失业工人增加等，经济领域出现呆滞现象。资本主义工商业的发展受到很大影响。仍以私营工业为例，1951 年比 1950 年，资本主义工业总产值增长 39%，而 1952 年比 1951 年只增长 4%。[②] 之所以出现这些问题，是因为在党内思想上，总有一些自觉不自觉地把民族资产阶级看作敌人，当作革命对象的认识。总感到无产阶级与资产阶级之间“谁胜谁负”的问题还没有解决，资产阶级必然要和无产阶级进行拼死的斗争。因而对资产阶级唯利是图本性使然的违法行为，往往看得过于严重。把一些本来可以用经济、法律、行政手段解决的问题，而且新中国成立以来已在这方面积累了不少经验的问题，习惯地以发动大规模阶级斗争的方式去解决。“五反”运动的巨大胜利，又使这种失误长期不能为党所认识。这对充分发挥、利用资本主义工商业的积极作用显然是有害的。

---

① 《中央对半违法、半守法及严重违法的工商业资本家处理的指示》，1952 年 2 月。

② 据范守信《中华人民共和国国民经济恢复史》，求实出版社 1988 年 3 月版，第 146 页。

第二，在新民主主义向社会主义过渡的问题上，必须从中国国情及民族资本主义的特殊性出发，坚持对资本主义工商业实行长期充分利用的政策。按照我党的奋斗目标和我党的新民主主义理论，中国必然要经过新民主主义才能过渡到社会主义。中国共产党曾认识到，在人民民主政权建立之后，要在中国建立社会主义制度，首要的和根本的任务，是改变中国贫穷落后的面貌。就如七届二中全会决议所指出的："在革命胜利以后，迅速地恢复和发展生产，对付国外的帝国主义，使中国稳步地由农业国转变为工业国，由新民主主义国家转变为社会主义国家。"[①] 也就是说，中国社会主义制度的建立应以工业化即社会生产力的高度发展为基础。而要使中国经济尽快发展和走向现代化，就必须在没收官僚资本之后，充分、有效地利用民族资本。新中国成立以来的实际，特别是 1951 年资本主义工商业的大发展，也完全证明了民族工商业的相当大的内在活力和它在社会经济生活中的重要作用。这充分地表现了中国民族资本主义的特殊性，即它的合理发展，不仅不像马列主义经典中曾论述过的，与社会主义制度的建立相抵触，相反，却是对社会主义在中国的建立有利和必需的。今天社会主义初级阶段的理论进一步表明，即便进入了社会主义社会，保留一定比例的私营经济成分仍然是必要的。这正是中国社会主义的特色之一。中国共产党在"五反"运动之后提出的过渡时期的总路线，是我党在由新民主主义向社会主义过渡问题上的伟大创举，它使中国迅速走上了社会主义道路，其历史功绩是应予充分肯定的。但是总路线的实质，是改变所有制，是让资本主义消灭、绝种，这一点则是与中国的国情和中国资本主义的特殊性，以及建设有中国特色的社会主义的正确认识不尽一致的。首先，由于旧中国的极端凋敝破败，虽然新中国成立初几年国家经济已有所恢复和发展，甚至达到和超过了新中国成立前的最高水平，但尽管如此，国家的经济发展水平仍是十分低下的，还根本没有条件把私人资本主义一脚踢开，急于向社会主义过渡。其次，向社会主义过渡的形式，如果坚持按新中国成立以来实行的利用和限制的政策，经过相当长的时期也会渐次把私人资本主义工商业引上国家资本主义的轨道并进而转向社会主义。事实证明，这种形式会导致资本主义经济的发展；但与此同时，社会主义国

① 中国人民解放军国防大学党史党建政工教研室编：《中共党史教学参考资料》（第十九册），第 5 页。

营经济也将会有更大发展。私营经济在整个国民经济中的比重也将会日益缩小而且日益得到控制和监督，如此长期发展下去，国营经济就会逐步形成主体经济，并使整个国民经济具有社会主义性质。这一过渡的时间，也会与生产力发展的过程相一致，应是一个很长的时期。而不是一定要在相对较短的时间（十几年甚至几年）内，消灭资本主义。再次，总路线虽然提出了实现国家工业化的目标，而且以此作为消灭资本主义工商业的依据，但总路线并没有把社会主义的建立和巩固，与必需的一定发展阶段的社会生产力和发达的商品经济阶段从本质上有机地结合起来。对当时参照的苏联工业化的标准的理解也是机械的。尤其是忽略了在中国这样一个极为特殊、极为复杂而经济发展极不平衡的农业大国实现工业化、现代化的极其艰巨性和长期性，同时也忽略了民族资本主义在实现国家现代化中具有的长期的积极作用，而提出总路线的“一化三改”“主体两翼”的并举方针。结果，工业化是不能在短时间内实现的。所取得的成功，就只能主要体现在所有制的改变上。这也导致了社会主义制度建立后的种种棘手问题。最后，由中国的特殊国情和民族资本主义的特殊性决定，即使社会主义制度建立后，中国仍面临社会主义现代化和发展发达商品经济的艰巨任务，资本主义经济仍有某种程度、某种形式存在的必要。这就是今天社会主义初级阶段以公有制经济为主体的多种经济成分并存的所有制结构需要解决的问题。

第三，要正确认识和处理从新民主主义向社会主义过渡的问题，正确认识和对待革命胜利后民族资本主义和民族资产阶级的问题，关键在于，必须正确分析、判断什么是中国国内的主要矛盾。对新中国成立之初中国社会主要矛盾的分析与确认，是我党制定路线、方针、政策的根本依据，也直接关系着民族资本主义和民族资产阶级的命运与前途，从而来不得半点含糊、轻率与偏差。在新中国成立初的几年里，我党对中国社会主要矛盾的认识和处理是十分曲折而复杂的。在“五反”运动之前，一方面，中国共产党明确地认识到要把恢复和发展生产建设作为中心任务，其他工作都围绕并服务于这一中心工作，并在实践中贯彻了这一认识。这表明中国共产党从新中国成立起已在实际上把解决人民的物质文化需要与社会生产极端破败落后的矛盾，当成了中国社会的主要矛盾。并由此出发，为恢复国民经济而奋斗，制定了争取国家财政经济状况尽快好转的方针，以及利用民族资本主义工商业、团结民族资产阶级等政策。这应该是在三年国民经济恢复时期取得辉煌胜利的根本原因。我党对社会主要矛盾的这种认识和判断，历史证明是符合中国国情的。但是在另一方面，我党在主要矛盾的认识上，又存在不明确、不一致的情况。毛泽东、刘少奇等党的领导人，除了还曾认为人民大众与三大敌人残余势力的矛盾是新中国成立初期中国社会的主要矛盾外，往往更多地是有意无意地把工人阶级与资产阶级的矛盾，看成了新中国成立后的主要矛盾。这种认识在党内有着深远的思想根源。在 1948 年 9 月中国共产党的政治局会议上，毛泽东、刘少奇都曾讲道：只要全国政权到手，民主革命阶段就已经结束，同帝国主义、封建主义的矛盾即已不存在，则主要矛盾就是无产阶级同资产阶级、社会主义同资本主义的矛盾。[①] 同年 10 月，刘少奇在修改东北局《关于东北经济构成及经济建设基本方针的提纲》时，在“国营经济”部分增写了这样一段话：“当然，无产阶级领导的新民主主义国家所经营的这种社会主义性质的经济，和私人资本主义的经济是处于对立地位的，它和私人资本主义发生经济竞争是不可避免的。这种矛盾，即无产阶级与资产阶级的矛盾，是在彻底消灭帝国主义、封建主义与官僚资本主义的压迫以后，新民主主义社会中的基本矛盾”[②]，毛泽东同意刘少奇的意见并认为“修改得很好”。[③] 在 1949 年 3 月中国共产党的七届二中全会上毛泽东的报告及会议相应的决议中，明确指出：“中国革命在全国胜利以后，中国尚存在着两种基本的矛盾。第一种是国内的，即无产阶级与资产阶级的矛盾；第二种是国际的，即中国与帝国主义国家的矛盾”[④]，认为人民民主专政的国家政权建立之后，在经济斗争中的两个基本政策，就是“对内的节制资本和对外的统制贸易”[⑤]；并着重说明革命胜利后，资产阶级就已成为“不拿枪的敌人”，要同他们“作拼死的斗争”。后来，毛泽东在追述这个时期对此问题的认识时，曾进一步说明：“我们在七届二中全会上提出，全国胜利以后，国内主要矛盾是工人阶级和资产阶级的矛盾，国外是中国

---

① 据龚育之《新民主主义，过渡时期，社会主义初级阶段》，载《中共党史研究》1988 年第 1 期，第 20 页。

② 《张闻天选集》，人民出版社 985 年版，第 398 页。

③ 见《党史研究》1983 年第 3 期封二。

④ 引自七届二中全会原文，《毛泽东选集》（第 4 卷）出版时，在上述基本矛盾的表述之前，加上了“并且解决了土地问题”的时间限定概念。但这一概念在七届二中全会召开时，我党在认识上尚未明确。

⑤ 《毛泽东选集》合订本，人民出版社 1964 年版，第 1323 页。

和帝国主义的矛盾。后头没有公开提，但是事实上在那里做了，革命已经转到社会主义革命，我们干的就是社会主义革命这件事。”[①] 并说：“一九四九年十月一日中华人民共和国的成立，标志了新民主主义革命阶段的基本结束和社会主义革命阶段的开始。”[②] 刘少奇在1949年6月也说过：在推翻帝国主义及国民党统治以后，新中国的国民经济内部“是存在着矛盾和斗争的。这就是社会主义的因素和趋势与资本主义的因素和趋势之间的斗争，就是无产阶级与资产阶级的斗争。这就是在消灭帝国主义势力及封建势力以后，新中国内部的基本矛盾”。[③] 中国共产党的其他领导人也有过一些类似的说法。可见，把夺取政权、建立新中国，当作社会主义革命和消灭资本主义及资产阶级的开始，曾是我党党内长期以来的一个重要思想。之所以这一思想后来在我党党内“没有公开提”，没有明确统一起来，是因为“我国过渡时期头几年中的错综复杂的形象”（毛泽东），需要中国共产党特别谨慎。但在一些做法上，则是不可能不受这种认识的影响的，“事实上在那里做了”。这种情况也不可能不使中国共产党的以生产建设为中心任务的思想受到影响，因而对民族资本主义工商业也呈现重利用与重限制两种趋势互相演化的复杂情况。1952年“五反”运动中，毛泽东首先提出了中国内部的主要矛盾就是工人阶级与资产阶级的矛盾的论断，我党党内的认识趋于明确和统一。据此，中国共产党提出了过渡时期的总路线，将对民族资本主义工商业利用和限制的政策，改变为主要是改造和消灭的政策。当然，后来过渡时期总路线的获得成功和带来的问题，都是与我党对中国社会主要矛盾的判断及处理有直接关系的。总路线的贯彻使中国的社会主义制度得以建立。资本主义也被消灭而绝种。但是中国的社会主义工业化、现代化也并未实现，而私营经济的消亡，却对杜会经济和人民生活带来了不利影响。毛泽东、刘少奇等党的领导人都曾提出，要把资本主义请回来。但由于种种原因，均未曾着手进行这一工作。

纵观新中国成立初期中国共产党的资本主义工商业政策，可以看出，它是我党把马克思主义的普遍真理与中国革命和建设的具体实践相结合的产物，是对马克思主义关于过渡时期理论的创造性运用和发展。这一政策的贯彻和

① 见毛泽东《做革命的促进派》，1957年10月9日。

② 转引自1967年8月15日《人民日报》。

③ 《刘少奇选集》（上卷），人民出版社1981年12月版，第427页。

实行，团结了民族资产阶级，扶持了民族资本主义工商业的合理发展，促进了被战争严重破坏的国民经济的迅速恢复，并为资本主义工商业的社会主义改造，为新民主主义向社会主义过渡摸索出了宝贵的经验。从而使新中国成立初期恢复国民经济的三年，成为中国共产党领导社会主义革命和建设史上最光辉灿烂的时期之一。总之，新中国成立初期中国共产党的资本主义工商业政策是正确的、成功的。尽管这一政策在制定和实行中还存在一些这样那样的问题或不足，但却不会影响我们从整体上去认识这一政策的正确性和重大意义。目前，中国在建设有中国特色的社会主义进程中，正在使中国共产党的改革开放政策进一步深化。关于有中国特色的社会主义经济，江泽民在1991年“七一”讲话中指出：“在我国现阶段，适应生产力的现实水平和进一步发展的要求，首先要巩固和壮大社会主义公有制经济，同时需要个体经济、私营经济以及中外合资、合作企业和外资独资企业的适当发展，作为社会主义公有制经济必要的补充。”“保证公有制经济的主体地位，引导其他经济成分健康发展，发挥其积极作用，限制其消极作用”。这是中国社会主义初级阶段的一项基本经济政策。而要正确地贯彻实行这一政策，参考、借鉴新中国成立初期我党利用和限制私人资本主义工商业政策的成功经验，无疑是有益的、必要的。

（本文为作者硕士学位论文，1991年12月答辩通过）

保定"四清"运动

1963年至1966年间，中国部分城乡开展的社会主义教育运动即"四清"运动，对我党领导社会主义革命和建设的理论与实践曾产生重要影响，并直接与随后发生的"文化大革命"相联系，成为"文化大革命"的先声和前导。因此，很有必要对这一运动进行深入系统的总结和研究。保定地区是全国"四清"运动中开展最早、时间最长、过程最全面的地区之一，是全国"四清"运动的主要发源地。[①] 所以，研究保定地区的"四清"运动，对于认识全国的"四清"运动是有意义的。

保定地区的"四清"运动，大体上可分为两个阶段。一是从1962年冬到1963年5月中央杭州会议前的阶段。在这一阶段里，由于中央对"四清"运动尚未统一部署和领导，全国各地虽然有的也在搞"三清""五清""六清"等，但还没有形成统一的做法和概念。[②] 所以这一段的保定"四清"，可以说完全是保定地区独创性的"四清"，也就是人们常说的"小四清""经济四清"。二是到1963年5月，中共中央召开了杭州会议，会议吸收保定"四清"及各地社会主义教育的经验，以毛泽东阶级斗争理论作指导，决定在全国范围内开展大规模的社会主义教育运动即全国"四清"运动。会后，保定地区的"四清"运动也按照中央的统一要求，被纳入了全国"四清"运动的轨道。保定地区的"小四清""经济四清"，也就逐渐演变为"大四清""政治四清"。所以，要了解保定地区的"四清"运动，弄清保定"四清"运动的由来、特点和实质，并作出适当评价，就应该对中共中央杭州会议前保定地区的"四清"运动作重

---

① 据《中共中央关于目前农村工作中若干问题的决定（草案）》，即"前十条"，1963年5月20日。

② 同上。

点的考察和总结。本文即本着这一目的，对保定地区“四清”运动发生的原因、经过与做法及作用与影响等，作一简要的介绍和分析。为了叙述上的方便，文中把杭州会议前保定地区独创阶段的“四清”运动，称为“保定‘四清’运动”或“保定‘四清’”；而把杭州会议后的“四清”运动（包括同时期保定地区的“四清”运动），统称为“全国‘四清’运动”或“全国‘四清’”。

一

保定“四清”的发生绝不是偶然的，而是有着特定的政治、经济和社会、历史原因的。

首先，保定“四清”是农村生产关系频繁变动后，社队集体经济自身巩固、发展的客观要求。同全国一样，新中国成立以后，保定地区各级党组织遵照中国共产党中央的指示，在土地改革的基础上，引导农民大力开展农业合作化运动。1953 年到 1958 年，在短短的几年时间内，就从一家一户的农民个体经济，发展到互助组、初级社、高级社，再到小公社、大公社，在 1958 年“大跃进”的高潮中，全国实现了人民公社化。在如此短的时间内，生产关系接连急剧变动，其间又有不少上上下下的反复。往往是在一种所有制关系建立后尚未巩固，各种相应的生产经营、管理、组织形式及制度尚未形成和健全之前，就又被一种新的所有制关系所取代。生产关系变动太多、太快、太大，要使农村经济管理工作适应迅速变化发展了的生产关系，使社队集体经济得到巩固和发展，就必须对生产队的全部家当及其使用、管理、分配等情况进行一次全面、彻底的核查清理，以便发现问题，给以调整、整顿，使农村社队经济的发展步入正轨。正是这种集体经济巩固发展的客观要求，成为发生保定“四清”运动的根本原因。

其次，贯彻执行中共中央调整国民经济的方针和政策，是保定“四清”运动发生的直接原因。赵紫阳说：“1958 开始的三年‘左’倾冒进，导致了比例的大失调，爆发了危机，不得不进行大调整，费了五年时间。”[①]“大跃进”的失误和接踵而来的三年自然灾害，使我国国民经济遭到巨大破坏。在“大跃进”的浪潮中，保定地区一直走在前列，一度成为全国刮“共产风”首屈一指的地区（如保定地区的徐水县当时就曾宣布共产主义社会已经实现），因而受害尤深。党中央发觉并总结了“左”倾冒进以致比例失调的教训，从1960年下半年起，逐步提出并形成了“调整、巩固、充实、提高”等一整套正确的调整国民经济的方针和政策，并以极大的努力，采取一系列果断措施，进行国民经济、特别是农村经济的调整。

党中央调整国民经济，尤其是调整农村经济的正确的方针和措施，受到全国包括深受“左”倾冒进错误危害的保定地区广大农民群众的普遍拥护和欢迎。正是在贯彻党中央的调整方针中，在开展自1960年以来每年冬春贯彻调整方针的整风整社运动中，在贯彻、落实“十二条”[②]、“六十条”[③]及基本核算单位下放[④]等调整政策中，农村集体经济经营、管理中的问题、漏洞、弊病才不断地被发现和揭露出来，并在此基础上形成了保定“四清”运动。

再次，保定“四清”运动发生的关键性原因，是出于整顿农村基层干部队伍的需要。农村人民公社化以后，一方面，急需大批能联系群众、善于经营管理、廉洁奉公的农村基层干部；另一方面，由于公社化时间还很短，经营管理混乱，以及缺乏必要的检查、教育、培训工作，农村干部无论在数量上、质量上，都不能适应形势的要求。而且有相当数量的干部，还逐步沾染了一些不良习气，程度不同地出现了铺张浪费、多吃多占、损公肥私、贪污盗窃等问题，个别地方甚至出现了“干部多吃多占，社员一年白干”的现象。这就严重影响了农村基层干部队伍的建设，影

① 见中共中央文献研究室编《三中全会以来》（上），人民出版社1982年8月版，第570页。

② 1960年11月，中央为了贯彻调整国民经济的方针，发出了《关于农村人民公社当前政策问题的紧急指示信》，即“十二条”，强调对农村经济实行恢复、发展的政策，并提出开展整风整社运动。

③ 1961年3月，中央广州会议在总结农村人民公社的经验和贯彻“十二条”的基础上，制定了《农村人民公社工作条例（草案）》，即“农业六十条”或“六十条”，并于同年五月作了修改。

④ 1962年2月，中央又发出了《关于改变农村人民公社基本核算单位问题的指示》，决定农村人民公社一般以生产队（即小队）为基本核算单位，较好地解决了社队之间的平均主义问题。

响了党在农村的方针、政策的贯彻、落实；也使生产队干部和社员群众的关系受到损害，有的地方的干群矛盾已达到相当尖锐的程度，严重挫伤了社员搞好集体生产的信心和积极性。因此，加强农村基层干部队伍的整顿和教育，已成为调整农村经济、巩固和发展农业生产的关键一环。而要整顿农村基层干部队伍，解决干群矛盾，其焦点又集中于解决干部在经济方面的种种问题，即从清理经济问题入手，整顿干部的作风。保定“四清”正是基于这样一个要求而发生、发展起来的。

最后，不断强化的阶级斗争扩大化理论的影响，也是保定“四清”运动得以发生、发展的重要原因。自 1957 年以来，由于毛泽东提出并一再强调阶级斗争是我国社会现阶段的主要矛盾，号召抓阶级斗争，加之全国解放时间不久，农村中很多人对旧社会遭受的残酷压榨仍历历在目，从而也就易于接受阶级斗争扩大化的理论，更多地以阶级斗争的眼光看待农村中出现的一些人和事，这就使我党在农村工作中的阶级斗争色彩不断得到了加强。1962 年 9 月，中国共产党召开了八届十中全会，毛泽东在会上作的“阶级、形势、矛盾”的讲话中进一步发展了他的阶级斗争的“左”倾错误观点并被会议所接受，使阶级斗争扩大化、绝对化的“左”倾理论臻于系统化、理论化。会后，这一理论在全党、全国得到了贯彻。同年冬农村继续开展的调整农村经济的整风整社运动，就是在贯彻八届十中全会的精神和大抓阶级斗争的口号下进行的。在整风整社运动中产生的保定“四清”运动，也就不可避免地受到了这一“左”倾错误理论的影响。当然，实际表明，这种影响在保定“四清”运动中并未上升至主导地位。

总之，集体经济自身发展的需要，是保定“四清”发生的根本的客观原因，而党的调整方针和整顿农村干部的政策，则在主观上导致了保定“四清”的形成，阶级斗争扩大化的“左”倾错误理论，也对保定“四清”的发生产生了重要影响。保定“四清”运动正是在上述一系列主、客观因素的作用下发生和发展起来的。

二

保定“四清”运动，经过了“四清”提法的酝酿、产生并逐步完善，和将“四清”运动从大队到县、再由县到地区及省的推广过程。而后，保定“四清”被纳入全国“四清”运动的轨道。

1962年9月20—27日，党中央召开了八届十中全会。这次会议，一方面继续贯彻调整国民经济的方针，另一方面使“左”倾错误理论进一步发展。会后，全党、全国开始逐步宣传、贯彻会议精神。11月10日，保定地委根据八届十中全会精神决定，利用当年冬、次年春的农闲时间，在几年来贯彻调整方针整风整社的基础上，继续在全地区深入开展整风整社运动。地委规定，这次整风整社分三步（当时也叫三个“战役”）进行。第一步，是通过学习、讨论党的八届十中全会公报和毛泽东在会上的讲话等文件，对农村干部、群众集中进行社会主义教育和阶级教育，解决社会主义方向和所谓“单干风”问题；第二步，是通过普遍宣传、讲解、学习“六十条”，发动群众集中地解决贯彻勤俭办社和民主办社的“两办”方针问题，落实党的调整农村经济的各项政策；第三步，是在前两步的基础上，建立健全农村社队各方面的规章制度，建好生产队、生产大队的领导机构，掀起生产高潮。同时决定，成立地委整风整社办公室，具体组织、指导全区的整风整社和社会主义教育工作。[①] 在地委的统一部署、领导下，开始了全区各县的整风整社运动。

根据地委决定，定县县委在开展整风整社运动中，首先在本县阜头庄大队搞了试点。在县委整风整社工作组和大队党支部的组织领导下，11月15—30日，阜头庄试点完成了整风整社第一步的工作（当时称“社会主义教育阶段”）。从12月1日起，结合年终分配工作，又开始进行整风整社第二步的内容，即贯彻落实“六十条”，解决“双办”方针问题[②]。

在整风整社第二步中，县委工作组和党支部通过向群众普遍宣讲“六十条”，把政策交给群众，发动群众根据“六十条”的规定检查生产队和大队的工作。通过检查，社员们提出了很多意见，说有的干部不勤不俭，铺张浪费，账目不清，多记工分。工作组和党支部认为，本年是中央决定把农村人民公社基本核算单位下放至生产队的第一年，打算从抓年终分配入手，切实解决贯彻“六十条”和执行“双办”方针问题。可是社员们却认为，能不能贯彻“六十条”，实行“双办”方针，能不能落实年

---

① 据保定地委书记处1962年11月10日临时会议记录（临时会议议决问题均为次日举行的地委第二十六次常委会讨论通过）。

② 定县县委整风整社试点工作组：《关于阜头庄整风整社试点第二步情况向县委的报告》（1962年12月31日）。

终分配，必须从根子上解决。这个根子，就是四个“不清”。即：账目不清、工分不公、钱的来踪去向不明、仓库的粮食没个数。而有的人就是钻了这样的空子。不把四个“不清”都弄清，抓什么也得落空。

根据群众的意见，工作组和党支部研究决定从根上抓起，发动群众对生产队的账目、工分、财物、粮库，来一个彻底的大清查，并逐项逐条向群众作出交代。于是，阜头庄大队以查账、清财物、清工分、查粮库为内容的“四清”活动，就迅速地开展起来了。至此，“四清”的做法和概念也就初步形成了①。

“四不清”盖子揭开后，社员的情绪高涨，踊跃参加“四清”。到12月底“四清”结束，全大队共查出粮食13879斤，现款9070元，使干部、群众都受到了教育。②

1963年1月初，在保定地委、河北省委都明确表态、肯定了定县“四清”的做法后，定县县委召开了县、区、社三级干部会议，在全县部署开展“四清”运动，并把“四清”内容概括为清账、清工、清财、清库，使“四清”的项目也进一步具体化、明确化，从而使“四清”的做法和概念趋向完善。会后，县委训练了5900余名“四清”积极分子（全县平均每个大队120人），由县、区、社干部参加，组成大批“四清”工作队（组），从1963年2月起，在全县范围内开展了“四清”工作。③

保定地委及时了解、总结了定县“四清”的经验，明确表态肯定和支持，并在请示河北省委后，决定在全地区普遍开展“四清”运动。1963年1月7—20日，在全区县委书记会议上，地委正式作出安排，要求全区在整风整社第二步中，开展“四清”。④ 2月27日，保定地委再次发出《关于在第二步工作中突出地做好“四清”工作的通知》。对在“四清”中的认识、领导、检查、处理等七个方面的问题，作了详细的指示和要求，从而使保定“四清”的概念和做法更加明确。从2月下旬起，在2400多名县、区、社负责干部的直接帮助下，第一批共1300多个大队

---

① 张铄（当时任定县县委书记）：《“四清”是群众的迫切要求，一定要搞好搞透》，1963年6月10日。

② 定县县委整风整社试点工作组：《关于阜头庄整风整社试点第二步情况向县委的报告》，1962年12月31日。

③ 张铄（当时任定县县委书记）：《“四清”是群众的迫切要求，一定要搞好搞透》，1963年6月10日。

④ 据中共保定地委《县、市委书记会议纪要》，1963年1月20日。

的“四清”工作在全区各县搞了起来。这一批大队的“四清”开展起来之后，立即震动了全区，仅半个月的时间，“四清”工作就在全区由点到面普遍展开。[①] 3月6日，保定地委再次总结、推广了定县八兄大队、高阳县季郎大队、满城县西马大队开展“四清”工作的经验，推动全区“四清”运动的发展。到3月底，整个保定地区的“四清”即告基本结束。[②]

保定“四清”的做法，主要是根据中央调整农村经济的方针和“六十条”精神，按照地、县委的统一部署，经过培训大队“四清”骨干，在大队党支部和上级派来的工作组的领导下，以加强经营管理和整顿干部作风为目的，而对社队经济开展的全面清查活动。就一个大队来说，一般有以下四个步骤：一是组织社员群众学习“六十条”，统一政策思想，揭发“四不清”问题。二是对清出的问题，按政策和组织手续进行处理。三是在总结经验教训的基础上，建立健全各种必要的规章制度，巩固“四清”成果。四是地、县对“四清”工作检查验收，通过逐大队逐生产队验收，进一步处理遗留问题，使“四清”工作圆满结束。[③]

保定“四清”运动，受到了河北省委、党中央和毛泽东主席的高度重视。河北省委对保定“四清”运动从一开始就表示了肯定和支持的态度。1963年2月21日，河北省委作出了在全省进一步做好农村整风整社工作的安排，正式提出“要抓好‘四清’（清财、清库、清账、清工），检查发现问题，按照民主程序处理问题”。[④] 同时，批转了保定地委关于农村整风整社的第二步即开展“四清”的安排，要求全省各地在整风整社中参考保定“四清”的做法。[⑤] 按照河北省委的统一安排，河北省农村的“四清”运动很快就发展起来了。

---

① 据中共保定地委《关于开展社会主义教育进行“四清”工作向省委的报告》，1963年4月4日。

② 据中共河北省委《河北省委批转李悦农同志在省委十四次全会（扩大）上关于“四清”工作的发言和三个大队进行“四清”工作的典型材料》，1963年3月31日。李悦农当时任保定地委书记。

③ 据中共保定地委《关于开展社会主义教育进行“四清”工作向省委的报告》，1963年4月4日。

④ 中共河北省委：《河北省委关于进一步做好农村整风整社工作的安排》，1963年2月21日。

⑤ 见中共河北省委《河北省委批转保定地委关于农村整风整社第二步的安排》，1963年2月21日。

河北省委把关于整风整社和开展“四清”的安排报告了党中央和毛泽东。2月11—28日，中央工作会议在北京召开，经毛泽东推荐，会议印发了河北省委关于整风整社运动安排的报告。① 同时，正式介绍了保定地区在整风整社中清理账目、清理仓库、清理财物、清理工分即保定“四清”的经验。②

1963年4月4日，保定地委在保定“四清”运动基本结束后，向河北省委写出了《关于开展社会主义教育进行“四清”工作向省委的报告》。河北省委认为保定地委的“报告很好”，批转全省参照执行。并上报华北局、党中央和毛泽东。③

党中央和毛泽东对保定“四清”运动给予了高度评价。毛泽东亲自审阅了保定地委的报告并作了批示，中央称保定地委的报告为“极为重要，写得很好”的材料之一。④ 1963年5月2—12日，在毛泽东主持下，中央召开了杭州会议，保定“四清”的经验又成为这次会议制定在全国开展“四清”运动的“前十条”的主要根据之一。5月20日，中央将“前十条”作为指导社会主义教育运动的纲领性文件予以公布，保定地委关于“四清”的报告作为附件材料之一，也随同下发。从此，全国各地在试点的基础上，先后开始了大规模的“四清”运动。保定地区随后开展的“四清”运动，也遵照中央的要求，重新进行了部署，纳入了全国“四清”的轨道。

三

保定“四清”运动有积极的一面，也有消极的一面，积极的方面是保定“四清”运动的主导方面。从保定“四清”的积极作用来看，主要体现在以下几个方面。

第一，保定“四清”贯彻了中央的调整方针，对农村社队集体经济的进一步恢复、巩固和发展起了促进作用。保定“四清”为适应中央正

---

① 见中共中央党史研究室《中共党史大事年表》，人民出版社1981年10月版，第138页。

② 同上。

③ 据中共河北省委《河北省委批转保定地委关于“四清”工作的总结报告》，1963年4月16日。

④ 见《中共中央关于目前农村工作中若干问题的决定（草案）》，1963年5月20日。

确的调整方针的需要，在几年来调整农村经济的整风整社运动的基础上，深入贯彻“十二条”“六十条”，落实两个“办社”方针，加强了集体经济的薄弱环节，堵塞了漏洞，初步理顺了农村经济领域中一系列关系，建立、健全了经济管理的有效的规章制度，使农村社队经济得到了较好的调整，有力地促进了农村集体经济的巩固和发展。

第二，保定“四清”改善了农村干部的作风，整顿了农村基层干部队伍，密切了干群关系，加强了党对农村工作的领导。经过“四清”的检查和考验，使一大批农村基层干部得到了帮助、教育以至挽救，使更多的人在政治思想和政策水平上得到了提高。有不少人还在“四清”中受到了表彰。[①] 这就较好地教育了干部和群众。使干群关系改善了，干部队伍纯洁了，党在农村的领导加强了。

第三，由于保定“四清”使生产队铺张浪费、多吃多占、贪污盗窃、投机倒把等问题得到了较好的解决，使社会主义按劳分配政策得到了较好的落实和兑现，从而增强了社员群众的集体观念，调动了社员搞好集体生产的积极性。保定“四清”在中央决定把基本核算单位下放到生产队的第一年，结合年终分配进行；通过“四清”，实现了社员的民主权力，使按劳分配原则得到了较好的兑现。同时，在“四清”中，也解决了一些农村基本建设项目过多、过大，以及对一些“四属”困难户照顾不够等问题。[②]

这就得到了大多数社员的欢迎和拥护。社员情绪高了，干劲大了，各地普遍出现了生产的热潮。

第四，保定“四清”也有力地打击了经济领域中一些不法分子的破坏活动。通过“四清”，抵制了资本主义倾向对农村干部队伍和集体经济的腐蚀。

但是，保定“四清”带来的消极后果也是不可忽视的。这主要是：第一，在“四清”中过于强调了部分大队、生产队和某些干部中存在的问题，把农村的经济形势估计得过于严重，为后来全省、全国越搞越“左”的“四清”运动提供了样本，制造了舆论。第二，保定“四清”

---

① 据中共保定地委《关于开展社会主义教育进行“四清”工作向省委的报告》，1963 年 4 月 4 日。

② 同上。

始终强调了整顿农村基层干部的作风，但由于运动来得急、规模大，对干部的问题往往缺乏具体分析与区别对待，缺乏深入、细致的思想工作，而形成人人过关的局面，使不少干部受到冲击甚至伤害，程度不同地挫伤了他们工作的积极性。第三，运动的组织形式也是不妥当的。在实际领导生产队和大队的“四清”中，往往忽视、降低了农村基层党组织及多数农村干部的作用，而过多地由工作队以及“四清”班子干预、组织各项工作。发动群众搞大民主，大轰大嗡。这也为以后的“大四清”和“文化大革命”搞所谓直接依靠群众揭露黑暗面，搞大鸣大放等提供了经验和借鉴。第四，在“四清”中，越来越强调抓阶级斗争，而且把这一问题强调到不适当的程度；并以阶级斗争的手段错误地对待和处理了一些人和事。这就为以后全国“四清”完全以阶级斗争扩大化的理论做指导打下了基础。

尽管保定“四清”存在着上述种种问题，但事实证明，它的主流是好的。它的积极作用是始终占据着主导地位的。如果把保定“四清”与全国“四清”作一比较，就会看得更清楚。

全国“四清”虽然对于解决干部作风和经营管理等方面的问题也起了一些积极作用，但由于它是“左”倾错误理论的产物，所以从总体上看，发动全国“四清”运动是错误的，其后果是消极的。保定“四清”为什么主要起了积极作用呢？这是由二者得以形成和发展的不同的根据和条件决定的。

保定“四清”与全国“四清”的不同之处，主要体现于下列方面。

第一，运动的指导思想不同。保定“四清”和全国“四清”虽然都是发生于我党的八届十中全会之后，都受到了全会的阶级斗争扩大化、绝对化理论的影响，在运动中也都是喊阶级斗争口号、强调抓阶级斗争，但是二者受这一理论影响的程度是不同的，阶级斗争扩大化理论并没有成为保定“四清”的指导思想。这首先是因为，保定“四清”运动是1960年开始调整农村经济以来的每年一次的整风整社运动的继续和发展，其目的是为了解决社会主义按劳分配问题和维护集体经济，贯彻“六十条”和勤俭办社、民主办社的方针。所以，其指导思想就是党的调整国民经济的方针。保定“四清”运动正是对中央调整农村经济政策的贯彻和实施。

保定“四清”以搞好经济调整为指导思想，从其对八届十中全会精神的贯彻执行上也可以看清。我党的八届十中全会本身具有双重性质。一方面，毛泽东发展了其1957年反右派斗争以来的阶级斗争理论，并为会议所接受，从而，使阶级斗争扩大化的理论日益贯彻到全党全国，另一方面，这次会议也号召全党和全国人民继续对国民经济进行调整，更快地促进国民经济的恢复和发展，并通过了“六十条”等一系列基本正确的调整农村经济的政策文件。这两方面的精神双管齐下地贯彻到了农村。由于1958年“大跃进”以来，由“左”倾冒进错误造成的经济大破坏，给人们造成了沉痛的教训，而几年来中国共产党的调整政策带来的显著成效，使群众对中国共产党的调整方针更加易于接受。从而使贯彻调整方针的思想、社会基础远比贯彻阶级斗争理论的基础要牢。再是对八届十中全会系统地、理论化了的阶级斗争扩大化错误观点，从宣传、贯彻到被全党、全国人民普遍理解和接受，也必然要经过一个过程，保定“四清”的发生距八届十中全会仅两个来月的时间，在如此短的时期内，这一理论的宣传、贯彻还不可能达到深入、普遍的程度；而不像贯彻调整精神那样，是在几年来的基础上进一步深入贯彻，比贯彻阶级斗争理论要更直接、有力、容易得多。另外，八届十中全会和毛泽东本人也一再强调，在贯彻会议精神中，要把做好经济调整工作放在第一位，阶级斗争不要放在严重的地位，强调必须搞好生产，不要因阶级斗争干扰了这项工作。[①] 这就使阶级斗争扩大化理论的宣传和贯彻在一定程度上受到了限制。所以，在保定“四清”运动中（准确些说，也就是在保定整风整社运动中），虽然也在宣传或强调阶级斗争，但这一理论始终未上升到主导地位，没有成为运动的指导思想。

全国“四清”却与保定“四清”根本不同，全国“四清”的指导思想就是阶级斗争扩大化、绝对化的“左”倾错误理论。全国“四清”运动正式开始于1963年5月的中共中央杭州会议及这次会议制定的“前十条”。“前十条”是指导全国“四清”的第一个纲领性文件。这个文件的基本精神，就是以毛泽东阶级斗争扩大化理论为指导的。这份文件认为，“当前中国社会出现了严重的尖锐的阶级斗争情况”，必须重新组织革命的阶级队伍，开展大规模的群众运动，打退资本主义和封建势力的进攻。正是以这种对阶级斗争形势的错误估计作为依据和指导，开始了全国“四清”运动。之后于1963年9月中央制定的《关于农村社会主义教育

① 见中共中央党史研究室《中共党史大事年表》，人民出版社1981年10月版，第137页。

运动中一些具体政策的规定（草案）》（即“后十条”），1965年1月制定的《农村社会主义教育运动中目前提出的一些问题》即“二十三条”等指导运动的纲领性文件，虽然其某些规定是正确或基本正确的，但从总体上看，这些文件对形势的估计同“前十条”是一致的，有些方面甚至更加严重，使阶级斗争扩大化、绝对化的“左”倾错误理论继续发展；并明确提出了“以阶级斗争为纲”[①]，“这次运动的重点，是整党内那些走资本主义道路的当权派”[②] 等非常错误的观点。从而使全国“四清”运动成为贯彻“左”倾错误思想的产物。

第二，保定“四清”与全国“四清”在运动的内容、性质、目的、方法、范围、重点、标准、效果等方面也存在着重大区别。在“四清”的内容上，保定“四清”是以经济问题为主，即清账目、清财务、清仓库、清工分；而全国“四清”则是以政治问题为主，即清政治、清经济、清组织、清思想，这也就决定了运动的性质的不同。保定“四清”的性质，是解决农村社队经济中“四清”和“四不清”的矛盾，而全国“四清”则是解决“社会主义和资本主义的矛盾”。[③] 较之保定“四清”，在运动的方式、方法上，全国“四清”更加强调大规模地发动群众运动，搞“大兵团作战”，规定“整个运动都由工作队领导”，对基层组织和基层干部往往撇开不管；而且使群众与干部对立起来，普遍出现了残酷斗争、无情打击，搞逼、供、信，打击面过宽等问题，并逐步演变为“夺权斗争”[④]，严重挫伤了农村基层干部的社会主义积极性。在运动的重点上，保定“四清”是抓“黑账”“黑库”“黑物”、干部补贴工分等；而全国“四清”则明确规定：“这次运动的重点，是整党内那些走资本主义道路的当权派。”在运动的时间、范围上，保定“四清”基本是在农村社队，用一两个月的时间搞完；而全国“四清”不仅把“四清”运动从农村扩大到城市，时间也越拉越长，从1963年5月到“文化大革命”开始，三年多还未能搞完。在运动验收的标准上，保定“四清”未提及阶

---

① 见《中共中央关于农村社会主义教育运动中一些具体政策和规定（草案）》（即“后十条”），1963年9月27日。

② 见中共中央《农村社会主义教育运动中目前提出的一些问题》（即“二十三条”），1965年1月14日。

③ 同上。

④ 见《中共中央关于农村社会主义教育运动中一些具体政策和规定（修正草案）》；1964年9月18日，《中共中央关于社会主义教育运动夺权斗争问题的指示》，1964年10月24日。

级斗争问题，而全国“四清”却把发动群众搞阶级斗争作为标准之一。[①]在运动的后果上，保定“四清”总的来说是促进了干部作风和经济管理等问题的解决，调整了农村经济，推动了生产力的发展；而全国“四清”虽然在这些方面也起到了一定作用，但由于它是在“左”倾思想指导下进行的，是对阶级斗争扩大化、绝对化理论在一个很大范围内的长时间的实践，通过这一错误实践，又使错误理论更进一步完备化、系统化，这就为后来“文化大革命”的发动，和把阶级斗争的矛头指向党的领导核心，在思想上理论上做了准备。

综上所述可见，保定“四清”与全国“四清”尽管有着不少联系和相同之处，但更重要的是二者之间存在着严格的界限和区别。由于这些界限和区别，使保定“四清”得以较好地避免或减弱了全国“四清”的一些消极因素和影响，形成和保持了一些积极的因素和作用，并使之成为运动的主流和基调。随着保定“四清”与全国“四清”之间区别与界限的缩小和消失，“经济四清”“小四清”变为“政治四清”“大四清”，保定“四清”运动也就完成了自己的使命，为全国“四清”运动所取代。

（原文刊于《党史研究》1986年第6期）

---

① 见中共中央《农村社会主义教育运动中目前提出的一些问题》（即“二十三条”），1965年1月14日；中共保定地委《关于开展社会主义教育进行“四清”工作向省委的报告》，1963年4月4日。

试述我国农村人民公社整风整社运动

从1958年我国农村建立人民公社起，到1963年城乡开展社会主义教育运动即“四清”运动前，我党曾领导农村人民公社不断地进行了整风整社运动。在近五年的时间里，这一运动若断若续，时松时紧，运动各时期的内容、性质、做法等也往往大不相同。这一运动所表现的各不同阶段及其不同特点，在一定程度上反映并影响着我党对农村人民公社乃至社会主义革命和建设的理论与实践的认识及其变化。本文试图将中国共产党领导的农村人民公社整风整社运动划分为五个时期，并对每一时期运动的过程、内容、特点等作一些粗浅的探讨。

一　发起时期

这个时期，从1958年8月到10月，历时两个多月。

1958年8月，中共中央讨论通过了《关于在农村建立人民公社问题的决议》，决定在全国农村普遍建立人民公社。这就使已经开展的人民公社运动立即掀起了高潮。到9月底，在短短三个来月的时间里，全国农村就基本实现了人民公社化。

既不靠科学的理论为依据，又不靠充分的实践经验，而主要以主观强制的方式一哄而起在全国农村建立的人民公社，如何实现中国共产党的领导，如何使公社体制得到巩固和加强，如何解决办社指导方针及其生产规划、经营管理、分配制度、经济政策、生活福利等等，在这一系列问题上，还是一种盲目、混乱的状态。为了解决这些问题，我党首先想到的，就是沿袭历史上整党整风以及初级社、高级社整社的一些做法，开展农村人民公社的整风整社运动。

人民公社的整风整社运动是与人民公社的建立同时开展起来的。还在

1958年8月中央通过关于在农村建立人民公社的决议之前，河南、山东等地已建立起了最早的一批人民公社。这批最早的人民公社在建立的同时，也就产生了最初的整风整社的一些做法。人民公社整风整社运动的正式开始，是与中共中央讨论、通过《关于在农村建立人民公社问题的决议》同时进行的。1958年8月29日，上述决议通过。当天，中共中央即发出了《关于今冬明春在农村中普遍开展社会主义和共产主义教育运动的指示》，这一文件明确提出，在由农业社转为人民公社的过程中和人民公社建立之后，“在广泛宣传‘大跃进’、大丰收、大胜利，群情兴奋，干劲冲天的局面中，结合进行党员团员的整风工作和整社工作”。[①] 并强调“这样做，比孤立地整风整社更符合客观的实际情况，也更有利于鼓足干劲，力争上游，充分发挥运动的积极作用。”[②] 这无疑是我党发出的开展农村人民公社整风整社运动的最初的指示。按照中央的指示，各地农村人民公社普遍开展了深入进行的社会主义、共产主义教育，以巩固加强人民公社的整风整社运动。

这个时期整风整社运动的做法，一是通过大鸣、大放、大辩论的方法，对所谓的个人主义、本位主义、资本主义进行激烈的批判；并在运动中开展“拔白旗、插红旗”的斗争；大破“右倾保守思想”；大批“观潮派”和“秋后算账派”。二是开始着手解决人民公社体制方面的一些问题。在运动中，对所有制问题、分配问题及其他经济政策问题，均进行了初步的讨论、研究和试验。当然，对这些问题的解决，都是在急于求成、急于过渡思想指导下进行的。

这个时期的农村人民公社的整风整社运动，是同我党在指导方针上发生的严重的“左”倾错误紧密联系在一起并为其服务的。在政治上，为了配合“大跃进”、人民公社化运动的开展，而不断批判“保守思想”，压制、打击对人民公社化运动有不同意见的人。在经济上，努力促使人民公社实现“一大二公”，混淆集体所有制与全民所有制的界限，搞“一平二调”，刮“共产风”；在分配制度上，则力图使工资制和供给制“成为

---

① 见中共中央《关于今冬明春在农村中普遍开展社会主义和共产主义教育运动的指示》，1958年8月29日。

② 同上。

人民公社分配的主要形式"[①]，搞平均主义。结果，严重挫伤了农民劳动生产的积极性，阻碍了生产力的发展。

总之，这个时期的农村整风整社运动，是我党的"左"倾错误方针的产物和贯彻这一方针的工具。整风整社运动的第一步是朝着错误的方向跨出的。但是，由于这一运动的开展，也使人民公社的许多问题得以暴露和被发现，促使我党萌生了最初的警觉和反思。

二 初步纠正错误时期

这个时期，从 1958 年 11 月到 1959 年 7 月，历时约九个月。

1958 年夏季以来，在"大跃进"、人民公社化运动的高潮中，人们的头脑越来越热。"浮夸风""共产风"在全国大泛滥。不同认识、不同思想在运动中激烈交锋。这一切，使我党开始觉察到情况有点不对头，并开始了纠正错误的最初尝试。这一时期的农村整风整社运动，既是我党采取的贯彻纠正错误的方针、政策、措施的重要形式，又为这些方针、政策、措施的制定提供了必要的依据。

这个时期的整风整社运动大体可分为两个阶段：

第一，从 1958 年 11 月到 1959 年 2 月，为纠正错误的开端。1958 年 11 月，中共中央连续召开了第一次郑州会议、武昌会议和党的八届六中全会，开始考虑和认识"大跃进"、人民公社化运动以来的一些问题和错误，并据此安排了当年冬、次年春的农村整风整社工作。这次整风整社运动的做法，是结合传达贯彻上述几次会议精神，解决划清社会主义和共产主义界限问题，对公社的生产、分配、生活、经营管理、组织领导等情况进行检查，并对党组织和党员、干部的作风进行整顿。

在整风整社过程中，群众对生产中的混乱状况表示了严重不满，对"高指标""浮夸风""共产风"等提出了尖锐的批评。有的提出将房子、家具、家禽等退还群众，有的提出大社改为小社，取消公共食堂，放开家庭副业，有的直接对"大跃进"、人民公社运动表示了怀疑、否定的态度。

---

① 见《全国基本实现了农村人民公社化》，载中央农村工作部《人民公社化运动简报》第四期。

对于群众中提出的一些根本否定人民公社、“大跃进”的问题，在当时的情况下，中国共产党是不可能接受的。但中国共产党在整风整社运动中，毕竟看到了人民公社存在的某些问题、某些缺点错误。通过这个阶段的整风整社运动，人们的头脑开始慢慢地冷静下来了。中国共产党也开始初步总结一些经验教训了。正是在总结这一阶段整风整社经验的基础上，中国共产党的第二次郑州会议提出了整顿和建设人民公社的“十四句话”方针，即：“统一领导，队为基础；分级管理，权力下放；三级核算，各计盈亏；分配计划，由社决定；适当积累，合理调剂；物资劳动，等价交换；按劳分配，承认差别。”①

第二，从1959年2月到7月，继续纠正错误。在此期间，中国共产党先后召开了第二次郑州会议、上海会议、八届七中全会，直到1959年7月庐山会议前期，中国共产党继续纠正实际工作中的错误，研究解决人民公社管理体制的问题；并总结前一阶段整风整社经验，进一步指导整风整社运动深入发展。这个阶段整风整社运动的主要做法是：结合传达贯彻会议精神，①普遍召开万人规模的省、市、自治区六级干部大会，县五级干部大会，生产队召开党员大会、群众大会，对人民公社所有制问题展开全民大讨论。②集中解决“权力下放”“算清账目”“包产指标”等重点问题。

这一阶段整风整社运动的开展，使中国共产党对人民公社所有制及纠正“共产风”等问题的认识不断深化了。如在贯彻第二次郑州会议精神的过程中，各地出现了以生产队还是以生产大队为基本核算单位的不同主张，毛泽东说，“我感觉这个问题关系重大，关系到三千多万生产队长小队长等基层干部和几亿农民的直接利益问题”②，因此，“宁可采用生产队、即原高级社为基本核算单位，不致使我们脱离群众”。③ 在退赔“平调风”“共产风”造成的经济损失方面，第二次郑州会议规定在清理“共产风”问题时，旧账一般不算。可是在会后各地整风整社运动中群众却普遍提出了清算旧账的要求。对此，毛泽东批示：“旧账一般不算这句

① 《郑州会议记录》，1959年2月27日至3月5日。

② 毛泽东：《党内通信——关于人民公社基本核算单位问题》（1959年3月15日），载《农业集体化重要文件汇编》（1958—1981）（下册），中共中央党校出版社1981年10月第1版，第158页。

③ 同上。

话，是写到了郑州讲话里面去了的，不对，应改为旧账一般要算。算账才能实行那个客观存在的价值法则，这个法则是一个伟大的学校，只有利用它，才有可能教会我们的几千万干部和几万万人民，才有可能建设我们的社会主义和共产主义。"①

从第一次郑州会议到庐山会议前期的整风整社运动，与前一时期相比，已经发生了质的改变，即由助长人民公社的"左"倾错误改变为初步纠正这些错误。这一时期运动的进程是与中国共产党纠正"大跃进"、公社化错误的最初尝试相一致的，并从多方面推动了这一尝试的发展和深化。通过这一时期的整风整社运动，虽然群众中要求从根本指导思想上解决公社存在问题的意见还不能为中国共产党所接受，但中国共产党在解决所有制、"浮夸风""共产风"、平均主义等问题方面则更多地接受了一些群众意见，使公社体制得到了初步调整。

从政治思想方面看，这个时期整风整社运动的民主空气是浓的。虽然也在提地、富、反、坏的破坏活动，富裕农民的资本主义倾向，以及"观潮派""算账派"的讥笑等，但没有把这些问题强调到严重的程度，而更多强调的是如何能让各方面的干部、群众充分发表意见。在此期间，毛泽东曾批示，"牢骚也罢，反动言论也罢，放出来就好。牢骚是一定要让人发的，当然发者无罪"。② 因为"大跃进"、公社化运动从根本上说是违背广大群众意愿的。所以，只要真正能倾听群众呼声，就必然会逐渐发现其弊端所在。这一时期中国共产党之所以能不断发现并纠正人民公社的一些问题和错误，是与中国共产党能较好地发扬党内外民主，坚持通过整风整社运动等途径了解并接受群众的正确意见和要求分不开的。

三　反复时期

这个时期，从1959年8月到1960年春，历时半年多。

1959年8月，中共中央在庐山会议期间，发出了《中共中央关于反对右倾思想的指示》，提出"现在右倾思想，已经成为工作中的主要危

① 《介绍山西经验》，载《农业集体化重要文件汇编》（1958—1981），（下册），第163页。

② 同上书，第162页。

险”。[①]“团结全党和全国人民，保卫总路线，击退右倾机会主义的进攻，已经成为当前党的主要战斗任务。”[②] 随后，对农村整风整社工作作了新的指示和要求。根据庐山会议精神和中央的指示，全国各地一些农村开展了“保卫总路线、保卫‘大跃进’、保卫人民公社”，“反右倾、鼓干劲、继续跃进”的整风整社运动。第一次郑州会议以来纠正错误的进程遭到冲击，农村的整风整社运动出现了巨大的曲折和反复。

这个时期整风整社运动的主要做法是：第一，大力发动干部群众，彻底揭露、批判“右倾思想”和“右倾机会主义分子”，“把一切右倾思想、右倾活动彻底搞臭”。[③] 第二，在“解决两条道路的思想斗争问题”的基础上，整顿、解决与公社有关的一些政策问题；并整顿党、团组织，选举领导机构，组织生产跃进等。在解决政策问题中，整顿公共食堂成为整风整社的一个重点问题。食堂被认为是党必须固守的社会主义阵地。通过大办食堂，社员的自留地被收回，社员家庭副业遭到限制和打击，另外，虽然仍在讨论、解决分配和算旧账问题、建立健全各项制度问题、改善干部和群众关系问题、使运动与生产结合问题等，但都是在“反右倾”斗争中进行的，以致受到很大影响。“反右倾”的结果，将高指标、瞎指挥、浮夸风等错误再次推向了一个高峰。

1959 年 10 月，中共中央召开的全国农业书记会议，12 月召开的浙、皖、苏、沪四省、市座谈会，1960 年 1 月中共中央在上海举行的政治局扩大会议，均研究并提出了加快人民公社由基本队有制向基本社有制过渡问题。根据这些会议精神，一些地区为创造过渡条件，大办县、社工业，大搞穷富队拉平，再次刮起了比 1958 年下半年第一次共产风更加厉害、更加严重的第二次共产风。这些也是和整风整社运动结合进行的。

这个时期的整风整社运动，其主流是“反右倾”。运动的开展，配合了党内“左”倾错误的蔓延。在整风整社运动中，一方面，民主空气被窒息，坚持实事求是的意见和做法的人被斥为“右倾机会主义分子”，遭到粗暴批判和压制；运动还开始将社会上的阶级斗争与党

---

① 《中共中央关于反对右倾思想的指示》，1959 年 8 月 7 日。

② 《中国共产党第八届中央委员会第八次全体会议决议》，1959 年 8 月 16 日。

③ 《中共中央批转河南省委关于右倾机会主义分子的几个典型材料的报告》，1959 年 10 月 12 日。

内斗争联系起来。另一方面，是利用这种强大的政治压力，去推动经济上“左”倾方针的实施，强行开展“更大跃进”，刮第二次共产风。这就使政治与经济两方面的“左”倾错误互相结合又相互推动，加重了错误的危害。

但是，这个时期的整风整社运动的错误毕竟与1958年人民公社成立之初整风整社运动的错误不同。一是这个时期的整风整社运动，是在第一次郑州会议到庐山会议前期纠正错误的基础上进行的。因此，这个时期各地的整风整社运动不仅程度不同地保持了上个时期的一些积极成果，还沿用了上个时期运动的一些正确做法。二是这个时期虽然某些地区搞“反右倾”斗争、刮“浮夸风”“共产风”很凶，但这些地区在全国仍属为数不多的试点地区。其中一些地区也往往是雷声大、雨点小，虚张声势，而不像公社初建时期的共产风那样在全国大泛滥。三是这个时期的整风整社运动虽然一方面配合了“反右倾”斗争，推动了一些地区浮夸风、共产风的再度泛滥；但从另一方面看，由于这个时期的整风整社运动是在上个时期纠正错误的基础上进行的，所以这个时期的运动又是同“反右倾”、共产风等做法很难充分、长时期协调一致的。整风整社运动的发展，终于又形成了一种与“反右倾”、共产风相违抗的力量。随着这种力量上升为运动的主流，使运动的发展再次发生了大转折。

四 再次纠正错误时期

这个时期，从1960年春到1962年9月，历时两年半左右。

“反右倾”、刮第二次“共产风”给农村经济带来的巨大的损害，各方面困难形势的日趋恶化，使广大干部、群众越来越认识到从第一次郑州会议到庐山会议前党的农村政策的正确性，迫切要求重新恢复被冲击了的纠正错误的进程。中共中央在严峻的形势面前，首先着手农村的经济调整工作。从这时起，农村整风整社运动又逐步回到了纠正“左”倾错误的轨道上来，并取得了日益显著的成效。

这个时期的整风整社运动，可分为三个阶段：

第一，从1960年春到11月，回到纠正错误的轨道。

经过“反右倾”后，农村人民公社又出现了急于过渡、刮“共产风”、贫富拉平、收自留地和限制家庭副业、虚报浮夸等现象，群众对此极为不满，迫切要求纠正这些错误。1960 年 2 月，广东省委率先作出了纠正这些错误的指示。三月初，中央批转广东省委关于纠正人民公社缺点错误的报告，并建议各省、市、自治区召开六级干部大会整风，“迅速地把缺点错误纠正过来”。[①] 同月，中共中央再次对山东六级干部大会情况作出批示，认为农村人民公社“问题严重，不处理不行”，[②] 要求各地通过整风整社解决这些问题。

在中共中央的支持下，农村人民公社的整风整社运动，从 1960 年春季起，开始逐步摆脱“反右倾”的框子，而着手对“大跃进”、公社化以来，尤其是庐山会议后搞“继续跃进”、刮第二次共产风的问题，进行认真的清理和整顿，这个阶段农村整风整社运动的做法，主要是重新恢复庐山会议前纠正错误的进程，继续贯彻从第一次郑州会议到庐山会议前期党的历次会议的精神，“发动广大干部和群众，进一步学习八届六中全会关于人民公社若干问题的决议，郑州会议、上海会议关于人民公社体制问题的决议，彻底纠正共产风、浮夸风和强迫命令风”，“彻底揭发和克服某些干部的特殊化作风”。[③] 在整风整社运动中，为调动群众生产救灾的积极性，不少地区还结合本地实际，制定出纠正缺点错误、解决当前困难的各种政策和措施。上述各种做法，得到中央的肯定和支持。这就使农村整风整社运动重新走上了纠正错误的轨道。

第二，从 1960 年 11 月到 1961 年 1 月，重点解决“五风”问题。

尽管从 1960 年春季以来我党已注意到并着手解决农村人民公社的一些问题，但积重难返，到年底，许多地方的问题仍十分严重。党中央和毛泽东决定大力进行农村政策的调整，首先集中力量解决对农村生产破坏极大的“五风”问题以及其他一些迫切需要解决的问题。为此，11 月 3 日，中共中央发出了《关于农村人民公社当前政策问题的紧急指示信》（即《十二条》），要求“今年冬季，必须下决心，放手发动群众，普遍展开一

---

① 《中共中央批转广东省委〈关于当前人民公社工作中几个问题的指示〉》，1960 年 3 月 5 日。

② 《中共中央关于山东六级干部大会情况的批示》，1960 年 3 月 23 日。

③ 《中共中央关于转发〈晋、冀、鲁、豫、北京五省市农业书记会议纪要〉的指示》，1960 年 10 月 7 日。

个整风整社的群众运动”,[①]“坚决反对：（一）贪污，（二）浪费，（三）官僚主义。彻底纠正‘共产风’、浮夸风和命令风。反对干部特殊化”。[②]并规定了农村人民公社需要解决的一系列政策问题。11 月 15 日，中央再次发出《关于彻底纠正五风问题》的指示。根据中央指示，全国各地农村立即掀起了彻底纠正“五风”的整风整社运动高潮。

这一阶段的整风整社运动，强调了走群众路线，民主气氛比较好。对于群众揭发的“五风”问题，坚持了边整边改的做法。经过 1960 年冬季到 1961 年春季的整风整社运动，农村人民公社的“五风”问题得到了初步的解决。

第三，从 1961 年 1 月到 1962 年 10 月，取得显著成效。

1961 年 1 月，中国共产党的八届九中全会正式通过了对整个国民经济实行“调整、巩固、充实、提高”的八字方针，从实际上改变了中国共产党在经济工作上的“左”倾指导思想，客观上宣布了“大跃进”的停止。会议号召全党大兴调查研究之风。会议还决定在农村深入贯彻《十二条》，进行整风整社。

在调查研究的基础上，1961 年 3 月，中央在广州举行工作会议，在毛泽东的主持下，讨论、制定了《农村人民公社工作条例（草案）》（简称《农业六十条》）。6 月，中共中央经过广泛征求意见和试行后，对条例作了修改。这个条例是在总结人民公社贯彻《十二条》，广泛开展整风整社的基础上制定的，它吸取农村广大干部群众的意见，对于纠正社、队规模偏大，公社对下级管得太多、太死，民主制度和经营管理制度不健全，以及取消供给制、食堂等方面的问题，都作了比较系统的规定。《农业六十条》的下发，受到农民的普遍欢迎并立即成为农村整风整社运动的中心内容。

1961 年冬到 1962 年春，各地农村再次集中了六个月的时间，进行以贯彻《六十条》为中心内容的整风整社运动，使农村形势日益好转。

从 1961 年 3 月起，中共中央经过长时间广泛地征求意见和调查研究，于 1962 年 2 月正式发出《关于改变农村人民公社基本核算单位问题的指示》，决定农村人民公社一般以生产队（即小队，相当于初级社）为基本

---

① 《关于农村人民公社当前政策问题的紧急指示信》，1960 年 11 月 3 日。

② 同上。

核算单位。这样，就把组织生产和进行分配的单位统一起来了，较好地解决了生产队之间的平均主义问题。“对基本核算单位下放，各级干部和群众一致拥护，认为这对克服平均主义、官僚主义，贯彻民主办社、勤俭办社、调动社员积极性、发展农副业生产都有极大好处”。[①] 这也成为农村整风整社的基本内容之一。

经过全党和广大农村干部、群众的努力，经过这个时期的整风整社运动，到 1962 年冬，农业生产首先摆脱了困境，获得好转，1962 年比 1961 年粮食增产 250 亿斤。作为国民经济基础的农业形势的好转，为整个国民经济的根本好转，创造了决定性的条件。

从 1960 年春到 1962 年 10 月的农村整风整社运动，是在国民经济最困难的阶段，顶着“反右倾”的政治压力而开展起来的。它对中国共产党的调整国民经济的方针的制定，尤其是调整农村经济政策的制定，提供了充分的依据；并为这些方针政策的贯彻执行打下了基础，创造了条件。虽然受到当时认识水平的限制，尚未能从根本指导思想上认识和解决问题，甚至还批判过“单干风”等；但这个时期整风整社运动的开展，对“继续跃进”的停止是起了很大作用的。同时，对《农业六十条》、以生产队为基本核算单位等重要的农村政策的制定和落实，也是起了重要的促进作用的。

在政治方面，这一时期的整风整社运动却呈现出较为复杂的情况，一方面，这个时期整风整社运动的开展，实际上形成了对“反右倾”错误的一种否定因素，使“反右倾”斗争在农村难以继续下去。另一方面，一些地区的整风整社运动又夸大敌情，混淆敌我矛盾，把严重的困难局面一概归之于坏人当权和地主封建势力的破坏，因而提出依靠贫下中农，进行整风整社，彻底孤立和打倒反革命复辟势力的做法。[②] 同时，也日益把社会上的阶级斗争与中共党内干部的某些问题相联系，一起反，从而出现了阶级斗争扩大化的现象。阶级斗争的空气恶性膨胀，为后来阶级斗争进一步扩大化开通了道路。

---

① 《中共中央批转邓子恢同志关于农村人民公社基本核算单位试点情况的调查报告》，1961 年 11 月 23 日。

② 《中共中央对信阳地委关于整风整社运动和生产救灾工作情况的报告的批示》，1961 年 1 月 1 日。

五 分化时期

这个时期，从1962年10月到1963年5月，历时半年多。

1962年9月，中国共产党的八届十中全会在北京举行。这次会议一方面继续坚持调整国民经济的方针；另一方面，将政治上的“左”倾错误大为发展，提出了阶级斗争扩大化、绝对化的系统理论。会后，这两方面的精神双管齐下地贯彻到农村，引起了各地农村及其整风整社运动的不同反响。

大多数地区在1962年冬到1963年春的整风整社运动中，仍坚持贯彻了我党的调整国民经济的方针，而没有把阶级斗争放在严重的地位。这是因为自1958年“大跃进”以来，“左”倾错误造成的经济大破坏，给人们带来了沉痛的教训；而几年来贯彻中国共产党的调整方针，已收到显著成效。所以人们对继续贯彻中国共产党的调整方针是衷心拥护的。同时，在中国共产党的八届十中全会上，毛泽东也曾强调要把做好经济调整工作放在第一位，阶级斗争不要放在严重的地位，强调必须搞好生产，不要因阶级斗争干扰了这项工作。这就使大多数地区的整风整社运动，尽管也在一定程度上受到了阶级斗争理论的影响，但其主要工作仍在沿着调整、整顿农村经济的方向继续深入发展。如河北省保定地区在整风整社中，采取了“四清”的做法。这种“四清”，就是根据中央调整方针和《六十条》《十二条》的有关规定，在基层党组织和工作组的领导下，对社队经济包括账目、仓库、财物、工分等开展全面清查，以期达到堵塞经济漏洞、加强经营管理、整顿干部作风、促进劳动生产的目的（这种最初的“四清”活动，后来被称为“经济四清”或“小四清”），通过“四清”，较好地达到了预期的目的。与河北省通过“四清”整风整社同时，全国不少地方也在搞“三清”“五清”“六清”等，做法不一。但不论叫几清，“实际内容大体相同”。[①] 通过这些清查算账活动整风整社，虽然也使一部分干部的积极性受到挫伤，但总的来看，基本是起了调整社队经济、教育干部群众、促进生产的作用的。其积极作用是主要的，是应该肯定的。

由于从1957年以来，中国共产党一直号召抓阶级斗争。在整个整风

① 《中共中央关于目前农村工作中若干问题的决定（草案）》，1963年5月20日。

整社运动中，也不断地穿插进行了两条道路斗争的社会主义教育。在我党的八届十中全会前，一些地区整风整社运动中已经出现了阶级斗争扩大化的苗头，有些地区还将为生产救灾而搞的“责任田”试验批判为“单干风”。所以，在我党的八届十中全会精神传达贯彻后，阶级斗争扩大化的理论首先在这部分地区引起了强烈反响；并使随之开展的整风整社运动、社会主义教育运动立即染上了浓重的阶级斗争色彩。这些地区在运动中的做法，一是对阶级斗争形势估计得过于严重，过分夸大敌情，并以搞阶级斗争为运动的目的。二是重点批判“单干风”，这些地区的整风整社运动把“包产到户”等生产责任制试验统统斥为“刮单干风”，并把反“单干风”的斗争说成“是阶级斗争，是社会主义和资本主义两条道路的斗争”。[①] 认为“产生单干风的根本原因是地、富、反、坏分子捣乱，一部分富裕中农的资本主义自发倾向作怪”。[②] 因而要通过大搞阶级斗争，击退“单干风”。三是将社会上的阶级斗争日益紧密地同党内的一些矛盾、斗争以及部分干部的作风问题联系了起来，搅在一块批。对农村基层干部的问题的估计也日趋严重，甚至认为三类社队的领导班子和党组织已经变质。

这些在运动中以搞阶级斗争为主要方向的地区虽然为数不多，但影响很大，并不断得到了中央的肯定。从而使农村人民公社整风整社运动开始分化并使其性质逐渐发生了变化。

1963 年 5 月，党中央和毛泽东总结各地整风整社和社会主义教育运动的经验，使运动中以调整农村经济为主和以搞阶级斗争为主的两个不同方向的做法殊途同归，制定了《关于目前农村工作若干问题的决定（草案）》（即《前十条》），在全国正式开始了以阶级斗争扩大化理论为指导思想的社会主义教育运动即“四清”运动。至此，延续数年的中国农村人民公社整风整社运动也随之终结。

（原文刊于《河北大学学报》1991 年第 2 期）

---

① 《中共湖南省委关于怎样纠正“单干风”的报告》，1962 年 10 月 21 日。

② 同上。

“大跃进”运动纵横谈

众所周知，“大跃进”运动存在严重的忽视客观经济规律的问题，其造成的经济损失是十分巨大的。但是，“大跃进”运动作为一种特殊历史时期持续数年的异常复杂的社会经济现象，无论就其起因，还是从其实践过程及产生的结果来审视，这一运动的内容及其所起的作用无疑是多层次、多方面的。因此，对这一运动不宜持一种简单的完全否定的态度，而应进行全方位、多侧面的研究和探讨，以对其是非得失作出客观、公正和恰如其分的评价。本文即本着此种目的，试发刍议，以就教于同行。由于已有很多文章，对“大跃进”运动的失误、挫折、损失方面，作了大量的叙述和分析；而对这一运动及运动期间应予肯定的方面和所取得的成就，却很少提及。因此，本文的论述，对这一运动的消极方面，将尽量从简，而对这一运动及与之相关的积极方面，则将多着些许笔墨。

一　关于“大跃进”的起因

我党为什么要搞“大跃进”呢?

有人认为，“大跃进”运动发动于已开展了反右斗争，中国共产党的八大关于国内主要矛盾的论断被改变，并重新认定阶级斗争是我国社会主义社会的主要矛盾之后；而反右斗争也似乎表明，右派分子之所以敢于发动进攻以及中间派还在动摇，也是由于中国的人民民主专政的物质基础还不稳固；同时，由于缺乏强大的社会主义物质基础，也导致了中国在国际上处于无权地位，不利于中国国际反帝斗争的开展，而且在国际共运中我党也因此受压于苏联。所以，发动“大跃进”运动，主要是政治斗争的需要。换言之，是为了通过加强中国的社会主义物质基础，以更好地开展国内外的阶级斗争。

有人则干脆认为，我党发动“大跃进”运动纯粹就是“瞎折腾”。

可以肯定，上述一类说法是难以站得住脚的。中国共产党发动“大跃进”运动，绝不是什么“瞎折腾”，而是为了通过大力开展经济建设，尽快使中国成为社会主义强国，使人民的物质文化生活水平能有一个大的提高。尽管经济与政治是相互关联的，而在后来实际开展“大跃进”的过程中，确实也不同程度地不断地受到了政治斗争、阶级斗争的影响。中国共产党试图通过“大跃进”使我国尽快地富强起来，使我国的人民民主专政进一步巩固，我国的国际地位进一步提高，这是不言而喻的，当然也是中国共产党所期望并要努力达到的目标。但以此说明，这就是中国共产党发动“大跃进”的原因和动机，甚至是主要的原因和动机，则是不能成立的。历史告诉人们，“大跃进”运动尽管受到了当时国内外政治气候的种种影响，1957 年的反右扩大化对国家的社会经济生活更是造成了巨大冲击。但是，中国共产党始终将高速发展国民经济以便更好地满足人民的物质文化需求，作为发动和开展“大跃进”运动的根本方向和目标，却是无可否认的事实。

中国共产党发动“大跃进”运动，首先是基于一种强国富民的紧迫的历史责任感。近代以来，贫穷、落后的旧中国任人欺凌，长期处于被动挨打的地位。中国人民所遭受的苦难世所罕见。多少志士仁人，为求国家之强，人民之富，奔走呼号，甚至抛头颅、洒热血。但在反动统治之下，一切美好愿望只能化为泡影，人们只有空遗终天之恨。中国共产党是一个全心全意为人民服务的无产阶级政党，她从诞生起就把解放全国人民，建立繁荣富强的新中国作为自己的神圣职责。可是新中国成立后直到 50 年代后期，这一目标还远未实现。实际情况仍然是“六亿多人长期处在贫穷和缺少文化的状况下，用很大的努力才能勉强维持很低的生活水平，不能有效地抵抗自然灾荒，不能迅速地制止可能的外来侵略，完全处于不能掌握自己命运的被动地位”。[①] 这种状况越来越加重了中国共产党人的历史紧迫感。所以，毛泽东说，我们必须努力建设一个伟大的社会主义国家，尽快赶上资本主义强国，完全改变过去一百多年那种落后的情况，那种被人家看不起的情况，那种倒霉的情况，否则，“那就要从地球上开除

---

① 刘少奇：《中国共产党中央委员会向第八届全国代表大会第二次会议作的工作报告》，1958 年 5 月 5 日。

你的球籍"。[①] 这种与日俱增的深重的历史责任感，成为我党发动"大跃进"运动的根本推动力和出发点。

我党发动"大跃进"运动，同时也是出于认为当时我国已经具备了加快经济建设速度的主客观条件。当时我党的着眼点是：一方面，新中国成立后中国经济建设恢复发展得很快，第一个五年计划已经提前完成，一批现代企业已经建立起来，这就为经济建设的更大更快发展打下了基础；另一方面，具有无比优越性的社会主义制度已经在中国确立，当家做主的广大劳动人民在社会主义建设中迸发出极大的劳动热情。而根据历史经验，只要能广泛发动群众，充分调动人民的积极性，就能克服一切困难，实现所有奋斗目标。这就使我党有理由认为，大大加快社会主义建设的步伐也是一定能够做到的。此外，我党认为我国经济建设速度能够大大提高，也是受了苏联的启示。社会主义的苏联经济建设曾有过光辉的历史，人造卫星也上了天。中国共产党从中受到了巨大的鼓舞，认为社会主义国家完全能够以很快的速度赶上发达的资本主义国家。1957 年 11 月 18 日，中共中央主席毛泽东在莫斯科会议上说："赫鲁晓夫告诉我们，十五年后，苏联可以超过美国，我也可以讲，十五年后，我们可能赶上或超过英国。"[②] 这就是后来在"大跃进"中，"放卫星""超英赶美"等口号风行一时的由来。这里需要指出的是，我党力求从已有的物质技术条件出发，发挥和依靠人民群众的主观能动性，大大加快社会主义经济建设的步伐，这一思路并没有错。问题只在于，经济建设速度的加快不是没有限度的，而是严格受着客观经济规律制约的。由于我党对我国经济发展的规律还不够了解，对中国经济建设的现实状况及这一建设的艰巨性、长期性还缺乏深刻认识，而企图通过"一天等于二十年"的"大跃进"，急剧提高建设速度，在短时间内赶超发达的资本主义国家，这当然就成为不现实的了。

我党发动"大跃进"运动，其最重要、最直接的原因在于我党的八大确定的以经济建设为中心的战略方针。1956 年 9 月，中国共产党的八大宣布，今后全党和全国人民的主要任务，就是集中力量发展生产力，把

---

① 毛泽东：《增强党的团结，继承党的传统》，1956 年 8 月 30 日。

② 薄一波：《若干重大决策与事件的回顾》，中共中央党校出版社 1993 年 6 月版，第 691 页。

中国尽快地从落后的农业国变为先进的工业国，以逐步满足人民日益增长的物质需求和文化需求。这就明确提出了把党的工作重心转移到经济建设上来的战略方针。之后，虽然1957年的反右斗争扩大化对这一战略方针有过冲击，但在反右结束后，党中央再次提出，思想战线和政治战线已经取得了基本的胜利，党的工作的着重点应该转到经济建设和技术革命上来了。从而再次确定了党的以经济建设为中心的战略方针。在这一方针的指引下，全国的社会主义建设事业蓬蓬勃勃地发展起来。为了实现我党的工作重心的转移，大力开展经济建设，党中央于1958年5月制定了“鼓足干劲，力争上游，多快好省地建设社会主义”的社会主义建设的总路线。这条总路线虽然存在忽视客观经济规律的问题，但它提出了中国经济建设的战略目标，其根本目的，是要尽快地把中国建设成为一个具有现代工业、现代农业、现代科学文化水平的伟大的社会主义国家。总路线制定之后，中国共产党强调要“使总路线的灯塔照耀全国人民的一切工作”。“大跃进”运动，就是中国共产党为了适应工作重心转移的需要，实现总路线规定的根本目标，而发动起来的。1958年8月，将“大跃进”运动推向高潮的党的北戴河会议明确提出，中国共产党开展“大跃进”运动，就是号召全党和全国人民用最大的努力，实现我国高速度的、大规模的经济发展，“在最短期间彻底解决我国粮食、棉花、油料的生产和供应问题，并且在最短期间根本改变我国的工业落后状态”。①

综上所述可知，中国共产党发动“大跃进”运动的动机，虽然与政治需要，与开展国际、国内的阶级斗争是不无关系的；但是，中国共产党发动“大跃进”运动的根本出发点，是为了尽快发展经济，改变我国一穷二白的落后面貌，大大提高人民的物质文化生活水平。这一出发点顺应了我国社会发展的历史要求，符合广大人民群众的普遍愿望，因此受到了全党和全国人民的热烈欢迎和拥护。举国上下以极大的热情投身于这一运动，便是最好的证明。尽管这一运动对客观经济规律未能予以应有的重视，在经济建设中急于求成，出现了不少问题，造成了诸多损失；但是，中国共产党发动和开展“大跃进”运动的出发点却不仅是无可非议的，而且是必须予以充分肯定的。

---

① 《中共中央政治局在北戴河举行的扩大会议》，1958年8月17日至30日。见1958年9月1日《人民日报》。

二 关于“大跃进”的实践

1956年社会主义改造基本完成后，全国人民意气风发，斗志昂扬，焕发出前所未有的劳动热情。工农业生产出现了快速发展的大好形势。这表明，中国确实存在着社会主义建设加速进行的主客观条件。问题就在于，建设速度究竟能加快到什么程度。由于还缺乏领导社会主义建设的经验，中国共产党对加快经济建设还无法把握好这样一个度。而要掌握我国社会主义建设的规律，则不仅是一个理论问题，更是一个实践问题。只有通过实践，通过试验，去总结，去认识，才有可能逐步做到。从一定意义上说，中国共产党就是为了掌握我国社会主义建设的规律，而进行了“大跃进”这场“大试验”的。

“大跃进”运动的实践过程，应该包括人们常说的1958—1960年的“三年大跃进”以及以前一个较长的酝酿、准备时期，即包括酝酿准备、掀起高潮、调整整顿三个阶段。整个运动过程，是一个曲折而复杂的探索社会主义新中国经济建设道路的过程。在开展这一运动的过程中，我党既有忽视客观经济规律、凭主观意志办事的盲目性的一面，也有不断总结经验教训、认识客观规律并努力使经济建设走上正确途径的自觉性的一面。

首先，从“大跃进”的酝酿阶段看。“大跃进”的酝酿，实际上从1955年中国农村掀起社会主义高潮后即已开始。从那时起，由于一再批判右倾保守思想，批判反冒进，人们的头脑不断发热起来。我党党内对于经济建设急于求成的思想随之蔓延滋长。到1958年下半年“大跃进”运动掀起高潮之前，我党的经济建设高速度的指导思想已基本形成。这无疑大大助长了我党领导大规模经济建设的盲目性。但是，在这一过程中，我党也并非只是一味夸大主观意志，只热不冷，而是仍然对遵循实事求是的原则有较多注意的。这不仅体现在中国共产党的不少领导人，如刘少奇、周恩来、陈云，为了使经济建设的规模、速度适合中国的实际，适时提出并坚持努力纠正经济建设上的急躁冒进倾向，即反冒进。即使是一再批评反冒进的毛泽东，早在1955年9月、12月，在他为《我国农村的社会主义高潮》一书写的序言中，也曾指出：“任何人不可以无根据地胡思乱想，不可以超越客观情况所许可的条件去计划自己的行动，不要勉强地去做那些实在做不到的事情。”[①] 反右斗争基本结束后，1957年10月，中国共产党的八届三中全会着重讨论农业发展纲要等经济建设问题。毛泽东在会上虽然再次批评了反冒进，提倡多快好省地搞经济建设；但同时也指出“我们讲的是实事求是的合乎实际的多、快、好、省，不是主观主义的多、快、好、省。我们总是要尽可能争取多一点，争取快一点，只是反对主观主义的所谓多、快。”[②] 在1958年3月的成都会议上，毛泽东提出了“鼓足干劲，力争上游，多快好省”的社会主义建设总路线，进一步批评了反冒进，鼓动“大跃进”。但同时他也强调，要认识和遵循客观世界所固有的规律，避免盲目性。他指出：建设速度是个客观存在，凡是主观客观能办的，就鼓足干劲，力争上游，多快好省地去办，但办不到的，不要勉强。他特别指出，要反对虚报、浮夸风。他说，现在党内有股风，是十级台风。要把空气压缩一下，要去掉虚报、浮夸。他又说：我很担心，我们的一些同志在这种热潮下，可能被冲昏头脑，提出一些办不到的口号。他要求，要把过高的指标压缩一下，计划指标要切实可靠，要留有余地，不要务虚名而得实祸。1958年5月，我党的八大二次会议，是发动“大跃进”运动并把这一运动推向高潮的一次会议。尽管这次会议空气已大大升温，人们的头脑已大大发热，但会议仍告诫人们：“领导者必须把革命的热情和务实的精神结合起来，不但要善于提出先进的指标，而且要善于及时地采取有效措施来保证实现这个目标，切忌空喊和虚夸。我们提出的指标应当是经过努力可以做到的，不要把实在没有把握做到的东西轻易作为计划宣布。”[③]

值得回味的是，急躁冒进、“大跃进”之所以能为全党所接受而发生、发展起来，一个很重要的原因，是在于当时我党把严重脱离实际的冒进及后来发动的“大跃进”，看成了符合实际的正常发展，认为支持这种经济建设高速度的主客观条件已经具备。特别是过于看重了人的主观能动性和群众的劳动热情，强调不能给群众泼冷水。反复告诫全党：“我们有六亿多人口，我们党同这六亿多人口结成了血肉的联系，依靠这个伟大的力量，凡是人类能够做的事，我们都能够做，或者很快就能够做，没有什

---

① 毛泽东：《〈中国农村的社会主义高潮〉的序言》，1955年12月27日。

② 毛泽东：《做革命的促进派》，1957年10月9日。

③ 刘少奇：《中国共产党中央委员会向第八届全国代表大会第二次会议作的工作报告》，1958年5月5日。

么事我们不能够做的。”[①]“在这里，重要的是领导真正能够站在群众的前面、运动的前面，而不要落在群众的后面、运动的后面。现在群众的热情很高，这是一切事业能够迅速向前发展的基本依靠，我们应当十分爱护，绝不允许向群众泼冷水。”[②] 由上可知，党是在认为坚持了实事求是原则的情况下，依靠广大群众，发动了严重背离实际的“大跃进”运动的。

其次，从“大跃进”运动的高潮阶段来看。从1958年8月起，“大跃进”运动掀起高潮，人们的头脑热到了极点，主观主义和忽视客观经济规律的问题也充分暴露出来。但是，在这种情况下，我党指导经济建设是不是就根本不顾客观实际，完全一厢情愿地凭主观主义行事呢？事实证明，也并非如此。相反，中国共产党正是经过这一阶段的大试验，较多地探索、总结、认识了社会主义经济建设的一些特点和规律，并初步纠正了一些“左”的做法，使我国的经济建设开始逐步转向健康方向。毛泽东当时也已经感到，搞社会主义现代化建设，不能“急急忙忙往前闯”，而必须“使自己获得一个清醒的头脑”。[③] 自1958年11月到次年7月，党中央先后召开了第一次郑州会议、武昌会议、八届六中全会、第二次郑州会议、上海会议、八届七中全会及二届人大一次会议、庐山会议（前期）等一系列会议，总结“大跃进”以来的正反两方面的经验，初步认识了经济建设的规律，在这些经验和认识的基础上，制定与贯彻实施了一批相应的方针政策。党中央的这些举措，否定、纠正了一些错误的东西，也肯定、支持了一些积极的东西。这对于纠正“左”的偏差、使经济建设走向正确方向，虽然还只是初步的努力，但其所取得的成效是不可忽视的。如在对钢、煤、粮、棉等生产指标修改和调整，压缩空气方面；在由重、轻、农转向农、轻、重安排国民经济计划方面；在搞好整个经济工作的综合平衡方面；在经济管理体制的改革方面；以及在压缩和整顿在“大跃进”中产生的人民公社，认识并制止急于过渡的思想和做法，认识商品生产和商品交换的积极作用，大力纠正“共产风”，克服平均主义等方面，均有明显的提高或进展。这些认识和经验的取得，和据此制定并贯彻实施的一些方针政策，对于指导我国的经济建设来讲，无疑是难能可贵

① 刘少奇：《中国共产党中央委员会向第八届全国代表大会第二次会议作的工作报告》，1958年5月5日。

② 同上。

③ 毛泽东：《关于读书的建议》，1958年11月9日。

的。当然，由于庐山会议后期发生重大反复，人们的头脑再次膨胀，会后，1960年上半年又在全国搞了反右倾、“继续跃进”，使国家经济建设走了更多的弯路，蒙受了更大的损失，则是人们始料不及的。

最后，从“大跃进”运动的调整阶段看。到1960年下半年，“大跃进”运动受挫及国民经济出现严重困难后，毛泽东等党的领导人心情是至为沉重的。在经济严重困难的情况下，毛泽东、周恩来等党和国家的领导人与广大人民群众一起，过着十分艰苦的生活。使党和毛泽东不能不感到困惑的是：本来认为十分正确的“大跃进”，为什么会导致如此严重的后果？为了弄清“大跃进”的问题究竟出在哪里，以及这些问题应如何妥善解决，党一方面通过发扬民主作风，广开言路，虚心听取党内外意见。同时，号召、动员各级领导干部，深入实际，深入基层，大力进行调查研究。通过这些措施，尽管由于历史局限，当时党还不可能从根本上认识在经济建设指导思想上的偏向，彻底纠正“左”的错误，但毕竟了解、发现了相当多的问题，在一定程度上认识了“大跃进”中所出现的偏差和失误。在认识到这些错误后，党采取了坚决的知错即改的态度。这就使党下决心对国民经济进行大的调整、整顿，制定了“调整、巩固、充实、提高”的八字方针。经过全党上下和全国人民同甘共苦的几年努力，终于使我国的经济摆脱了困境。

由上可知，中国共产党开展的“大跃进”运动，是为了尽快改变我国一穷二白的面貌，逐步提高人民的物质文化生活水平，而独立进行的探索适合我国特点的社会主义经济建设道路的一次重大尝试。在开展这一运动的过程中，一方面，由于我党对社会主义经济建设的规律还知之甚少，不少举措缺乏科学依据，因而存在着很大的盲目性。但是，另一方面，我党力图通过“大跃进”的“大试验”，在实践中去努力认识和掌握经济建设和社会发展的规律。这就使我党在指导运动的开展中，又存在着能够主动总结经验、不断纠正偏差的自觉性的一面。由于这种自觉性，不但使我党在指导运动的开展中，避免了更大损失，保存、保护了正确事物，也使我党终于停止了一些错误做法，作出了调整国民经济的正确决策，最终使我国国民经济获得了恢复和发展。

三 关于“大跃进”的结果

人所共知，在“大跃进”运动中，一方面，经济工作的指导思想严重脱离实际，急于求成，不注重效果；加上农业连年遭受灾害，苏联领导集团又背信弃义，毁约停援，撤走专家，逼我国还债等客观因素，致使中国的国民经济遭受了重大损失，多方面出现了比例失调。人民生活非但未能改善，反而陷入了严重的困境。这些沉痛的教训是应该永远记取的。

但同时，由于三年“大跃进”期间，全党把工作重点转移到经济建设和技术革命上来，国家动员了空前规模的人力、资金、设备、物资，投入经济建设，全党同志和全国各族人民艰苦奋斗、自力更生，发挥了高度的社会主义积极性和创造性，因而中国的生产建设在不少领域确实取得了一些重要成果和进展。

第一，在固定资产的增长方面。“二五”计划期间（1958—1962 年）新增固定资产 861.82 亿元，比“一五”时期的 492.18 亿元增长 75.1%，其中绝大部分是在三年“大跃进”时期完成的。

第二，在生产能力的增长方面。1958—1960 年，中国重工业的机械化和半机械化的生产能力，比 1957 年有成倍的或者很大的增长。这三年新增生产能力占 1950—1957 年新增生产能力的比重，炼钢为 36.2%，炼铁为 32.7%，采煤为 29.6%，机制纸为 33.8%，棉纺锭为 25.9%。由上足见这一时期形成的生产能力之大。这些新增的生产能力经过调整后在后来的国民经济建设中发挥了重要作用。

第三，在新建的重要工业部门方面。三年“大跃进”期间，中国新建了石油化工设备制造、拖拉机制造、精密机械制造、有机合成等过去没有的一大批重要工业部门。

第四，在科学技术尤其是国防尖端科技方面。三年“大跃进”期间，由于注重了技术革新、技术革命及重大技术革新项目的推广，科学技术得到了较大和较为普遍的发展。科学技术的进步和推广，也对国家的四化建设起到了一定的推动作用。在国防尖端科技特别是核技术、火箭技术方面。开始取得突破性进展。这就为中国第一颗原子弹的制成和试爆成功，为第一枚战略导弹的研制和成功发射，打下了坚实的技术基础。

第五，在地下资源的勘探和开发方面。为了大炼钢铁，国家大力加强了对煤、铁等地下资源包括石油的勘探和开采，并取得了较大的成就。其中，大庆油田的发现和开发具有重要意义。大庆油田的工人在极为恶劣的工作条件下，靠坚韧不拔的艰苦创业精神，为国家开发出大油田，使中国的原油产量由 1957 年的 146 万吨，增加到 1960 年的 520 万吨，增长 256.16%，加快了中国由贫油国迈向石油自给的步伐。在这一建设中，涌现出铁人王进喜等一大批英雄模范人物。

第六，在建筑工程方面。“大跃进”的三年也是基本建设长足发展的时期。一大批工厂、矿山、铁路、水利枢纽以及国防建筑工程等，在此期间建成和使用。在首都北京建成的包括人民大会堂在内的“十大建筑”，创造了在较短时间内建造优质工程的新纪录。

第七，在农田基本建设方面。在三年中，以兴修水利、平整土地为主要内容的农田基本建设成就很大。在此期间，农村水利工程建设持续进行。全国水利工地的民工经常保持在数千万人甚至上亿人。全国建成的如十三陵水库等大型水利工程达数百个。仅华东地区就修大型水库 20 多座，中型水库 300 多座，小型水库 2000 多座。这些水利工程为以后直到今天的农业生产的发展，创造了重要的条件。

第八，在工农业产量与总产值方面。在“大跃进”期间，尽管工农业生产各领域程度不同地出现了背离客观规律的问题，有的问题还十分严重，以致造成了许多损失，教训十分深刻。但中国的工农业产量和总产值曾出现过较大幅度的提高和增长，也是不争的事实。如“大跃进”的 1958 年，核实后的粮食产量为 4000 亿斤，比上年的 3901 亿斤增产 99 亿斤，增长 2.5%；棉花产量由上年的 3280 万担增至 3938 万担，增产 658 万担，增长 20.1%；油料由上年的 419.6 万吨增至 477 万吨，增长 13.7%。这一年也可以称得上是不小的丰产年了。可惜当时人力组织不当，大量农产品未能及时收回，造成了“丰产不丰收”的局面。在工业方面，这一年的钢产量剔除土钢产量后仍有 800 万吨左右。比上年的 535 万吨增产 265 万吨，增长 49.5%；煤产量由上年的 1.31 亿吨增至 2.7 亿吨，增产 1.39 亿吨，增长 106.1%；原油由上年的 146 万吨增至 226 万吨，增产 80 万吨，增长 54.8%；发电量由上年的 193 亿度增至 275 亿度，增产 82 亿度，增长 42.5% 等。本年工农业总产值为 1649 亿元，比上年的 1241 亿元多 408 亿元，增长 32.9%。工业总产值为 1083 亿元，比上年的 704 亿元多 379 亿元，增长 53.7%。农业总产值为 566 亿元，比上年的

537亿元多29亿元，增长5.4%。[①]

从长远来看，“大跃进”时期在经济建设中采取的一些诸如群众运动、搞大兵团作战等做法实不足取，也付出了过大的代价。但是在当时的条件下，有些建设项目，如兴修水利、农田基本建设，上述方式仍是有其历史合理性的。

除上所述之外，“大跃进”期间，中国共产党在经济体制和政治体制改革、教育工作、文化工作、思想政治工作等方面，也进行了积极的探索和尝试，从正反两方面取得了一定的经验。这对党此后领导和开展相关工作也是不无意义的。

综上所述，中国共产党是全心全意为人民服务的党。中国共产党发动“大跃进”运动，虽然在指导思想上是急躁冒进、急于求成的，但其出发点完全是为了让国家尽快地富强起来，让人民更快地过上好的日子，因而是无可厚非的。“大跃进”的进程，既有凭主观愿望和意志办事，严重脱离实际的一面，也有在实践中不断发现和解决问题，使自己的认识与客观规律逐步一致的一面，这对探索走适合我国国情的社会主义道路，从正反两方面积累我国经济建设的经验方面，是有重要意义的。“大跃进”的结果，尽管给社会经济生活带来了重大的冲击和损失，但其所取得的成就和进展也为国家后来建设创造了条件，其作用也是不可抹杀的。所以，对“大跃进”运动，我们不能仅持简单的完全否定的态度，而只能否定其忽视乃至背离客观经济规律的方面。而对其既有的积极的方面、成就的方面、进展的方面，则应给以必要的、相应的肯定。

（原文刊于《史志研究》1998年第3期）

---

① 据国家统计局编相关年的《中国统计年鉴》。

当代中国建设史上的创举

从 1964 年到 1980 年，根据党中央和毛泽东作出的战略决策，中国在西南、西北内陆地区进行了规模宏大的备战性质的经济建设，史称“三线[①]建设”。尽管当时中央对形势估计比较严重，这对决策的酝酿和提出难免构成一定影响；在“三线”建设过程中，也出现过一些这样那样的问题。但是，这一决策适应了当时战备形势的迫切需要，改善了国内工业的布局，促进了“三线”地区乃至全国的经济建设，其显著的国防效益和经济效益是不可否认的；“三线”建设者们无私的奉献精神，也已熔铸成历史的丰碑而光照后人。客观地说，“三线”建设作为当代中国建设史上的创举，其历史功绩是应予以充分肯定的。

一

大凡一个国家，悠悠万事之中，再大也莫过于两件：一是生存，二是发展；而生存利益是高于一切的。失去安全，便无法生存，不仅谈不上发展，而且一切都无从谈起。而要保障国家的安全，保卫国家的生存和发展，就必须加强国防。当国家安全受到严重威胁时尤其如此。古今中外，概莫能外。中国在 20 世纪六七十年代大力加强国防战备，开展“三线”建设，也完全是由当时国家所处的严峻的国际环境所决定的。

众所周知，本来，20 世纪 50 年代末、60 年代初，中国国民经济曾处于极为困难的时期。经过 1961—1963 年的经济调整，经过全国人民的艰

① 中国从当时的战略需要出发，根据战略位置不同，将全国各地区划分为一、二、三线，“三线”地区是全国的战略大后方（简称“三线”）。“三线”地区包括四川、贵州、云南、陕西、甘肃、青海、宁夏的全部或大部分地区，河南、湖北、湖南、山西的西部地区，广东北部、广西西北部地区。一线是指东北及沿海地区，二线则是位于一、三线之间的广大地区。

苦奋斗，到1964年，国民经济状况已明显好转。国家业已开始制定第三个五年计划。按照原来的设想，“三五”计划的奋斗目标，是集中力量解决人民的吃穿用问题。周恩来曾用一副对联概括这一计划的中心任务：上联是“先抓吃穿用”，下联是“实现农轻重”，横批是“综合平衡”。[①] 因此，“三五”计划当时也被称为“吃穿用计划”。

但是，历史往往不是按照人们的美好愿望来发展的。进入20世纪60年代以来急剧恶化的国际形势，使国家不得不对上述国民经济发展计划作出重大改变。

20世纪60年代初期，在国际舞台上，美国和苏联竭力推行扩张政策，国际局势动荡不安。美国在朝鲜战争之后，对中国极为敌视，甚至把中国作为其主要敌人。美国的战略重点也逐步从欧洲向亚洲倾斜，“从一个反对俄国、以北约为中心的战略，正在转变成为一个反对中国的，以夏威夷为中心的战略”[②]。美国接连在邻近中国的日本、南朝鲜、菲律宾、南越、泰国和中国的台湾建立了数十个军事基地，从东北到南方对中国大陆构成战略包围。到1964年，美国加紧了对越南的侵略，由原来出钱出物支持南越吴庭艳集团打“不宣而战”的特种战争，发展到派遣美军直接参战。当年8月5日，美国飞机又悍然轰炸北方的越南民主共和国，将战火烧到了中国的南大门，使中国的安全受到了直接的严重威胁。中国再次面临着与朝鲜战争前期相似的局势。1964年8月6日，《中国政府声明》严正指出：“越南民主共和国是中国唇齿相依的邻邦，越南人民是中国人民亲如手足的兄弟，美国对越南民主共和国的侵略，就是对中国的侵犯，中国决不会坐视不救。”[③] 1965年，美国国防部部长麦克纳马拉公然宣称：“中国今天是美国的主要敌人。”[④] 这表明，中国不但要做越南的战略后方，准备援越作战，同时也必须准备应付美国对中国可能发动的大规模侵略战争。

在北部和西部，中国遭受了来自苏联的巨大压力。苏联曾是中国的盟友，对中国的经济、国防情况十分了解。由于从20世纪50年代末起，其当权者推行大国沙文主义，中苏两党、两国关系走向破裂。几年之间，苏

---

① 顾明：《历尽艰辛创四化》，中国广播电视出版社1992年第1版，第11页。
② 转引自《中美关系二百年》，新华出版社1984年版，第205页。
③ 见《人民日报》1964年8月6日。
④ 转引自《中美关系二百年》，新华出版社1984年版，第205页。

联不仅制造了一系列恶化中苏关系的事件，并向邻近中国边境的地区从西到东进行军事集结，派驻的军队由原来的10个师20万人很快增加到54个师近百万人，对中国实行大兵压境的威逼战略；全苏1/3的战略导弹也指向了中国的重要设施。中苏边境紧张对峙，处于一触即发之势。

在西南方向，印度在长期侵占中国大片领土之后，又于1962年向中国发起了大规模的武装入侵，中国被迫进行了自卫反击。此后，双方互存戒备，战争状态并未解除。

在此期间，占据中国台湾的蒋介石集团，也在美国的支持下，大肆叫嚣反攻大陆，派出武装特务窜犯袭扰，使我国东南沿海不得安宁。

由上可知，当时中国所处的周边环境可以说是四面紧张，异常恶劣。这就使中国无法安心进行和平的经济建设，而必须随时准备迎击入侵之敌。中国不是不想集中力量发展经济，而是国际形势不允许中国只埋头搞经济建设；中国也并不想打仗，但敌对势力迫使中国不得不准备打仗。

从当时国内的战备情况看，也确实存在着相当严重的问题。中央军委总参作战部的一份报告指出：①工业过于集中。当时我国工业的70%集中在东南沿海一带。60%的主要民用机械工业和52%的国防工业，集中在全国14个百万人口以上和25个50万至百万人口的大、中城市。②大城市人口多，人民防空无有效措施。③主要铁路枢纽、桥梁和港口码头多在大城市附近，缺乏应付敌人突然袭击的措施。④所有水库的紧急泄水能力都很小，一旦遭到破坏，将酿成巨大灾害。报告建议国家采取切实可行的积极措施，以防备敌人的突然袭击。

严峻的国际形势和国内战备的现状，不能不引起毛泽东、周恩来等我国领导人的高度重视。毛泽东在研究了苏联卫国战争的经验后指出，战前斯大林一不准备工事，二不准备敌人进攻，三不搬家，尤其是没有重视乌拉尔以东地区的工业基地的建设，致使在卫国战争初期，惨遭巨大破坏和严重损失。中国应汲取这一深刻教训，建设强大的后方工业基地。

正是出于防备敌人突然袭击的考虑，着眼于加强国防与改善工业布局，在1964年5月召开的中央工作会议上，毛泽东明确提出要把全国划分为一、二、三线的战略布局，下决心搞"三线"建设；同时提出，各省都要有自己的军事工业。同年8月，中共中央书记处会议根据毛泽东在会上的讲话精神作出决定，首先集中力量建设"三线"。1965年九、十月间，中央工作会议讨论通过了根据党中央和毛泽东的意见重新拟定的

“三五”计划。修改后的“三五”计划强调，必须立足于战争，从准备大打、早打出发，积极备战，把国防建设放在第一位，加快“三线”建设，逐步改变工业布局。这样，“三五”计划就正式将原来的以吃穿用为中心，改变为以战备为中心。从此，“三线”建设迅速掀起高潮。到1970年“三五”计划按期完成后，国家相继实行的“四五”“五五”两个五年计划，仍坚持了加强战备的指导思想。从而使我国的“三线”建设获得了长期持续的进展，逐步达到了预期的目的，使中国国防从根本上得到了巩固和加强。

也许有人会说，下了那么大的力量搞战备，可是敌人并没有来，“三线”建设有什么作用呢？其实，这种说法本身就已经对战备工作和“三线”建设的作用作了很好的回答。从一定意义上讲，敌人所以未敢入侵，恰恰是中国人民做了充分的反侵略战争的准备，严阵以待，使侵略者望而却步的结果。对此，历史已经作出并将继续作出证明。退一步讲，即使当时外国没有入侵中国的计划，中国做出应付入侵的准备也是必不可少的。因为国家的安与危是随着形势的变化而不断转化的。哪一个国家都需要居安思危，防患于未然。而决不能抱侥幸心理，不加防备，而寄希望于敌对势力的“理智”“克制”和“善心”。因为那种态度是根本靠不住的。中外历史上因武备废弛而招致外敌入侵的实例，不是太多了吗？一部有国无防而备受列强欺凌的中国近代史，更是每一个中国人都不能忘记的。20世纪六七十年代，虽然党中央和毛泽东对形势的看法有过于严重之处，但中国处于那样险恶的国防局面之下，作为对国家、对人民负责的中国共产党和人民政府，当然绝不会等闲视之，无所举措。

二

“三线”建设首先是为了战备，即防止帝国主义的侵略战争的。因此，加强国防工业建设就成为“三线”建设的一个重要组成部分。到20世纪70年代中期，“三线”地区先后建起了以重庆为中心的常规兵器工业基地，其生产能力占全国的近一半；四川、贵州等地的电子工业基地；四川、陕西等地的战略武器科研生产基地，从而形成了完整的核工业系统；贵州、陕西和鄂西等地的航空工业基地，其生产能力占全国的2/3；四川等地的航天工业基地，包括中国第一个自行设计、自制设备、自行建设的卫星地面试验站，以及沿长江中上游地区的船舶工业科研生产基地等。到1975年，“三线”地区国防工业的固定资产原值和净值，主要产品的生产能力、技术力量和设备水平等，都已超过一、二线地区。这就从根本上改变了中国武器装备的生产原来主要依靠一、二线的局面，大大改善了国防工业的生产布局。这对于加速我国国防现代化建设，巩固国防，具有重要的战略意义。

但是，“三线”建设同时也是为了改善我国工业布局，以促进我国经济的长远发展为出发点的。早在1956年，毛泽东在其著名的《论十大关系》中就已指出：“我国全部轻工业和重工业，都有约百分之七十在沿海，只有百分之三十在内地。这是历史上形成的一种不合理的状况。沿海的工业基地必须充分利用，但是，为了平衡工业发展的布局，内地工业必须大力发展。”[①] 在“三线”建设的规划过程中，我们党和国家领导人始终强调必须把战备和长远建设结合起来。1965年11月12日，毛泽东在视察天津时询问：“大三线建设，小三线建设，会不会是浪费？会不会化为水？”地方负责人回答：“不会的，就是敌人不来，从经济建设上说，也是有用的。”毛泽东听了很满意。他要求在加强“三线”建设的同时，做好两手准备，即战备和长期建设。他说：“我们本来就是作两手准备的。”[②] 并指出：“要争取快一点把后方建设起来，三五年内要把这件事情搞好。后方建设起来，敌人如果不来，也没有什么浪费。”[③] 周恩来指出：“我们现在一方面备战，一方面还要摸长期规划，要备战和长期结合。”[④] 他强调搞“三线”建设要有长远规划，在15年内全国要搞成一个独立完整的经济体系。

根据国家关于“三线”建设要把备战和长远建设相结合的精神，我国的“三线”建设在发展国防科技工业的同时，着力对我国西南、西北内地进行了综合性开发。在交通运输方面，先后建成川黔、贵昆、成昆、襄黔、襄渝等10条铁路干线，共新增铁路8046公里；公路新增通车里程22.78万公里；新增内河港口吞吐能力3042万吨。这就较大程度地改变

---

① 中共中央文献编辑委员会编辑：《毛泽东著作选读》（下册），人民出版社1986年8月版，第723页。

② 《党的文献》1995年第3期，第41页。

③ 同上。

④ 同上书，第39页。

了我国内陆腹地交通闭塞的状况。在基础工业方面，先后建成了贵州六盘水、河南平顶山等50多个统配煤矿区，葛洲坝、龙羊峡、神头等大、中型水、火电站68座，开发四川、湖北、河南油气田8个。到1975年，“三线”地区的煤炭产量已从1964年的8367万吨增加到21200万吨；年发电量从1964年的149亿度增加到635亿度。这一时期，共建成四川攀枝花钢铁厂、甘肃酒泉钢铁厂、成都无缝钢管厂、贵州铝厂等钢铁工业企业984个，有色金属企业945个。1965年到1975年，“三线”地区建成的机械工业大中型项目共124个，逐步形成了重庆、成都、贵阳、汉中、西宁等新的机械工业基地。新建的第二汽车制造厂，汽车年产量占当时全国的1/3。纺织、轻工企业也得到较快发展，门类比较齐全，产品比较配套，达到了较高的生产技术水平。经过大规模的全面建设，“三线”地区基本上成为门类齐全、工农业逐步协调发展的战略大后方，初步改变了交通落后、基础工业薄弱、资源开发水平低下的状况。到20世纪70年代末，“三线”地区共形成重大产品专业生产、科研基地45个，大中型骨干企业和科研单位近2000个，“三线”地区形成的固定资产原值达1400亿元，占全国的1/3。

“三线”地区大范围、大规模的长期建设，有力地促进了内地省区的经济繁荣和科技文化进步。铁路、公路的开通，资源的开发，科研机构和大专院校的内迁，使长期不发达的内地和少数民族地区涌现出几十个中小工业城市，其中攀枝花、六盘水、十堰、金昌等，更成为著名的新兴工业城市。“三线”地区的社会经济、文化水平得到显著提高，人民的生活得到一定改善，内地与沿海地区的差距逐步缩小。“三线”地区的综合开发，也为内地的长远建设打下了基础，创造了条件，带来了机遇。在今天的现代化建设中，“三线”建设的成果仍在发挥着重要作用。

三

1991年1月，中央军委副主席刘华清曾说过：“三线”建设“在当时困难的政治、经济、自然条件下，广大干部、工人、知识分子、解放军官兵表现的艰苦奋斗精神，也是永远值得发扬的宝贵精神财富。”① 这段话

---

① 见刘华清1991年1月26日《在国务院“三线”办第八次成员会上的讲话》。

不仅真实地反映了当年奋战在“三线”工地的建设者们的精神风貌，也从一定意义上提示我们今天对待“三线”建设应取的态度。回首当年“三线”建设那火热的岁月，重温以往建设者那无私奉献的忘我情怀，对于今天和以后中国人民开展社会主义现代化建设，其意义无疑是重大而深远的。

“三线”建设的巨大成果，凝聚了几百万建设者的聪明才智、艰辛劳动，凝结着全国人民的心血。在范围及于 13 省（区）、占国土面积 1/3 的祖国内陆腹地，在历经三个五年计划的长时期内，响应党中央“好人好马上‘三线’”的号召，各地数以百万计的优秀建设者不讲条件，不问报酬，不计得失，意气风发，斗志昂扬，从四面八方汇集到“三线”这片地区。建设者中有从国家机关抽调的上千名领导干部，有从科研单位选调的上万名科技人员，有从沿海内迁的数万名职工，有从老工业基地和老企业调来包建的十几万名工程、管理和生产骨干，还有成建制调来的数十万建筑安装队伍和中国人民解放军的铁道兵、工程兵指战员，以及上百万名民兵民工，有总数超过 400 万的人力投入了“三线”的建设之中（这尚不包括奋战在各省“小三线”的建设人员）。大规模“三线”建设的展开，形成了数以百千计的施工现场，按照“集中力量打歼灭战”的方针，在 300 余万平方公里的国土上进行了一次次艰苦卓绝的大会战。在会战中，建设者们“一不怕苦，二不怕死”，与帝国主义发动侵略战争争时间、抢速度，特别是在“文化大革命”发动之后的动荡、混乱的政治环境中，战胜了种种难以想象的困难和恶劣的自然条件，用自己的汗水和生命，谱写了一曲曲爱国主义的动人篇章。

“三线”建设首先是从修建铁路开始并以之为重点的。在遍布广大“三线”地区的铁路系列建设会战中，有近 20 万名铁路职工、铁道兵指战员和上百万名民工队伍，以一往无前、奋不顾身的精神，投入了施工作业。在比较短的时间内，他们开挖了土石方 6 亿多立方米，架起了总长度达 420 公里的 3500 座桥梁，打通了总长达 1000 多公里的 1750 条隧道。“三线”地区铁路建设条件之恶劣艰苦，建设者们奋战精神之英勇顽强，仅从成昆铁路的修建中即可见一斑。连接成都和昆明的成昆铁路，是“三线”地区的一条重要的铁路干线。这条干线途经四川西南和云南北部的崇山峻岭，70% 的地段地势险恶，地质结构极为复杂。这一地区素称“地质博物馆”。干线跨越的大渡河、金沙江等河流两岸分布着高达几百米的悬崖峭壁。如此艰险的铁路建设条件，在中国和世界铁路史上都是罕见的。在筑路过程中，建设者中涌现了无数可歌可泣的英雄事迹，许多人献出了宝贵的生命。中国人民解放军铁道兵部队某部战士徐文科在隧道发生大塌方，巨石压烂下半身的情况下，临终前仍坚强地表示："我为修成昆铁路而死，死得光荣。"建设者们以惊人的毅力，付出巨大牺牲，终于创造出世界铁路史上的奇迹。1970 年 7 月 1 日，总长 1085 公里的成昆铁路全线通车。这条铁路全线共修建桥梁 991 座，总长度相当于 56 座武汉长江大桥；开凿隧道 427 条，总长 341 公里。桥梁和隧道相加的总长度，竟占了全线总长度的 39.4%。全线有 1/3 的车站因地势险恶，无合适的地方可建，只好建在桥梁上和隧道里。

属于建设项目重中之重的攀枝花钢铁工业基地，坐落在四川人烟稀少、山岭陡峭的横断山脉的渡口。5 万名建设者在通常不具备大规模施工条件的荒凉的山坡上，摆开了施工会战的现场。他们吃的粮食要自己用骡子运，吃水要下到谷底端，吃不到蔬菜，吃野菜。建设人员发扬"干打垒""人拉肩扛"的精神，经过十余年的艰苦创业和科研攻关，建起了一个现代化的大型钢铁联合企业。到 1980 年，这一企业成为中国西南最大的钢铁工业基地。

贵州六盘水地区的煤炭会战，有 10 多万名建设者在生活十分艰苦的条件下，斗志始终非常高昂，他们克服了种种意想不到的困难，按期完成了年产近 1000 万吨的矿井建设任务。在四川、湖北、河南等省展开的石油、天然气大会战中，40 多万建设人员在荒山野岭中夜以继日地奋战，打出了一口又一口高产气井，找到了江汉、南阳两大油田。

从西北人迹罕至的荒原沙漠，到西南交通闭塞的深山僻谷，"三线"建设会战工地的动人事迹随处可见，不胜枚举。正是靠这种高度的爱国热情和忘我的奋斗精神，"三线"建设者们建成了我国可靠的战略后方基地。他们在创造了巨大的物质财富的同时，也为我们留下了艰苦奋斗、无私奉献的精神财富。

毋庸讳言，"三线"建设也存在一些问题和不足。除上已述及的在决策过程中对形势估计过于严重外，尚存在诸如建设规模过大，要求过急，进程过快，以及过分强调战备需要而对经济效益有所忽视，造成浪费等问题。这些，不能不给国家的经济建设带来一定的消极影响。发生这样那样的一些偏差，现在看来，有的是在当时的主客观条件下难以避免的；有的则是由于在“文化大革命”中，林彪等人利用手中职权，大搞“左”的一套，对“三线”建设干扰、破坏的结果。如搞不要科学依据的高指标、大计划，说什么“需要就是计划，打仗就是比例”，鼓吹蛮干，使“三线”建设出现了严重的混乱情况。总之，这些偏差并非“三线”建设决策的失误，也不是“三线”建设的主流，而主要是在贯彻执行“三线”建设这一正确决策过程中出现的问题。历史证明，“三线”建设从总体上看不仅没有错，而且是我国国防和经济发展所必不可少的重要措施。“三线”建设作为我国经济建设史上空前的壮举，即使存在一些问题和不足，也是瑕不掩瑜，其留给我们的物质财富和精神财富都是丰富的、宝贵的，是值得我们倍加珍惜的。“三线”建设的巨大功绩是永远不可抹杀的。正如江泽民总书记所指出的：总的讲，当年党中央和毛主席作出的这个战略决策是完全正确的，是很有战略眼光的。①

（原文刊于《北京党史研究》1997 年第 1 期）

① 见江泽民 1991 年 4 月视察攀枝花钢铁基地、西昌卫星发射中心等当年“三线”重点工程时的讲话。

十年内乱的轨迹与警示

——《中华人民共和国50年图集》"文化大革命"时期概述

一　"文化大革命"的发动

1966年5月到1976年10月，中国处于"文化大革命"的内乱年代。10年间，全局性的"左"倾错误始终占着支配地位，使中华人民共和国遭到了新中国成立以来最严重的挫折和损失。

"文化大革命"是毛泽东亲自发动和领导的。他发动"文化大革命"的依据，就是以阶级斗争扩大化为特征的"左"倾错误理论。毛泽东对中国阶级斗争形势以及党和国家的政治状况作出了完全错误的估计；加之他实行个人专断，赞赏个人崇拜，使党和国家政治生活中的集体领导原则和民主集中制不断受到削弱以至破坏，林彪、江青等野心家又利用和助长了这些错误，最终导致了"文化大革命"的爆发。

1965年11月10日，上海《文汇报》发表了由江青、张春桥策划，姚文元撰写的文章《评新编历史剧〈海瑞罢官〉》，指名批判北京市副市长、著名史学家吴晗，称他写的京剧剧本《海瑞罢官》"是一株毒草"。毛泽东批准发表这篇文章，拉开了"文化大革命"的序幕。

1966年5月4日至26日，经毛泽东提议，党中央在北京召开了政治局扩大会议。会议以莫须有的罪名批判了所谓"彭真、罗瑞卿、陆定一、杨尚昆反党集团"。同时，成立了以陈伯达为组长，康生为顾问，江青、张春桥等为副组长的所谓"中央文革小组"，此后"中央文革小组"逐步取代了中央政治局和中央书记处。这就为发动"文化大革命"作了组织上的准备。5月16日，会议通过了《中国共产党中央委员会通知》（简称"五一六通知"）。"五一六通知"是指导"文化大革命"的纲领性文件。

“通知”认定：混进党里、政府里、军队里和各种文化界的资产阶级代表人物，是一批反革命的修正主义分子，一旦时机成熟，他们就会要夺取政权，由无产阶级专政变为资产阶级专政，这些人物有些正在受到我们的信任，被培养为我们的接班人，例如赫鲁晓夫那样的人物，他们现在正睡在我们的身旁。1966 年 8 月 1 日至 12 日，毛泽东在北京主持召开了中共八届十一中全会。8 月 5 日，毛泽东写了《炮打司令部——我的一张大字报》，指责派工作组是站在反动的资产阶级立场，实行资产阶级专政，将无产阶级轰轰烈烈的“文化大革命”运动打下去。8 月 8 日，全会通过了《中共中央关于无产阶级文化大革命的决定》（简称“十六条”）。“十六条”明确提出，“这次运动的重点，是整党内那些走资本主义道路的当权派”。会议根据毛泽东的提议，改组了中央领导机构。政治局常委中刘少奇由第 2 位降为第 8 位，林彪却名列第 2 位，成为毛泽东的接班人。毛泽东“左”倾错误的个人领导实际上取代了中央的集体领导，对毛泽东的个人崇拜被鼓吹到了狂热的程度。

5 月的中央政治局扩大会议和 8 月的八届十一中全会，成为“文化大革命”全面发动的标志。

二 红卫兵运动

中共八届十一中全会后，“文化大革命”的形势出现了急剧变化。其主要特点是全国红卫兵运动的兴起。1966 年五、六月间，北京市一些中学的青少年相继成立了红卫兵组织。8 月 1 日，毛泽东写信给清华大学附中的红卫兵，认为他们“对反动派造反有理”，向他们“表示热烈的支持”。此信的发表导致了红卫兵运动迅速在全国发展，并使红卫兵成为一种狂热的政治力量。

毛泽东决定通过红卫兵运动，加速推动“文化大革命”的发展。8 月 18 日，毛泽东身穿军装、佩戴红卫兵袖章，在天安门城楼接见和检阅来自全国的百万名红卫兵，再次表示对红卫兵运动的支持。到 11 月 26 日，毛泽东在北京先后 8 次共接见了 1100 多万名来自全国各地的红卫兵，从而将红卫兵运动推向高潮。

在林彪、江青等人的煽动下，红卫兵从学校冲向社会，大破所谓“四旧”（即旧思想、旧文化、旧风俗、旧习惯）。他们以所谓“革命”

的名义修改路名、店名，焚烧文物图书，毁坏名胜古迹，抄家抓人，冲击党政机关，揪斗“走资派”，使各级党政机关陷于瘫痪或半瘫痪状态。9月5日，中共中央、国务院发出组织外地师生来北京参观的通知，随即，红卫兵发起全国性大串连活动。他们“南下北上，东进西征”，在全国各地燃起“文化大革命”之火。为了继续克服开展“文化大革命”的阻力，10月，《红旗》杂志又提出批判所谓“资产阶级反动路线”。全国随即掀起了批判“资产阶级反动路线”的高潮。从中央到地方，一大批领导干部被当作“资产阶级反动路线”的代表人物受到批判。与此同时，“文化大革命”也迅速扩展到工厂和农村，工农业生产急剧下降，社会生活陷入极度混乱之中。至此，全国形成了大动乱的局面。

三　全面夺权全面内战

1967年1月初，上海的《文汇报》和《解放日报》相继被“造反派”夺权。6月，在张春桥、姚文元的策划下，上海造反派的头头王洪文等人联合其他造反组织，召开批斗上海市委书记陈丕显和上海市市长曹荻秋的大会，夺了上海市委、市人委的领导权。这就是所谓的“一月风暴”。在毛泽东的支持下，夺权风暴迅速席卷了全国。“文化大革命”从此进入了“全面夺权”的阶段。在夺权过程中，不同派别的群众之间，产生了严重的分歧和对立。这不仅导致了夺权的反复进行，并出现了不同规模的武斗现象。全国动乱的局面进一步升级。

毛泽东为了保证夺权成果和稳定局势，曾试图对全国大动乱的局面加以控制。他提出，各地的造反派要实行大联合，学校要“复课闹革命”，并决定派人民解放军执行“三支两军”（即支左、支工、支农、军管、军训）等。然而，这些措施却很难收到实效，全国的内乱局面愈演愈烈。

面对严重危害国家的动乱局势，一批老一辈革命家忧心如焚。1967年2月，谭震林、陈毅、叶剑英、李富春、李先念、徐向前、聂荣臻等人挺身而出，抵制“文化大革命”的错误和林彪、江青等人篡党乱军的倒行逆施，但被诬为“二月逆流”而受到压制和打击。林彪、江青等人乘机煽动“打倒一切”，使更多的干部和群众受到诬陷与迫害。

1967年3月，中共中央印发所谓《薄一波、刘澜涛、安子文、杨献珍等自首叛变材料的批示》和附件，从此，各地造反派掀起了“抓叛徒”

的恶浪，制造了大批冤案，株连干部、群众达几十万人。

对刘少奇的批判也在不断升级。在“中央文革小组”成员的煽动下，1967年6月至8月，北京和外地的上千个造反派组织纠集数以万计的人围困中南海，冲击国家最高领导机关，要求批斗刘少奇。7月18日，江青、康生、陈伯达等人组织造反派在中南海对刘少奇进行了批斗。“刘少奇专案组”用严刑逼供的手段搜集材料，给刘少奇制造了“叛徒”“内奸”“工贼”的伪证。

7月22日，江青提出“文攻武卫”的口号，煽动武斗，掀起全面内战。在全面内战中，各地的武斗狂潮一浪高过一浪。接连出现的打、砸、抢事件，造成了大量的物资损失和人员伤亡。8月上旬，林彪等人又荒谬地提出“现在的革命是革我们原来革过命的人的命”，鼓吹“砸烂公检法”，“建立新的国家机器”。于是，在他们的煽动下，全国出现了严重失控的局面。对此，毛泽东不得不采取一系列紧急措施，限制混乱局势的发展。他严厉批评造反派头头搞武斗，并指派工人和解放军组成“毛泽东思想宣传队”进驻机关、学校。

到1968年9月，除台湾省外，全国29个省、市、自治区都建立了军队、干部、群众代表“三结合”的革命委员会，实现了所谓“全国山河一片红”。1968年10月，中共中央召开了扩大的八届十二中全会。这次会议是在极不正常的情况下举行的。会议通过了《关于叛徒、内奸、工贼刘少奇罪行的审查报告》，宣布将刘少奇“永远开除出党”，酿成全国最大的冤案。1969年11月12日，中华人民共和国主席刘少奇由于遭受迫害和人身摧残，在河南开封含冤去世。贺龙、彭德怀等也在“文革”期间含冤去世。

1969年4月1日至24日，中国共产党在北京召开第九次全国代表大会。中共“九大”使“文化大革命”的错误理论和实践合法化，把“无产阶级专政下继续革命的理论”和林彪作为毛泽东的接班人写进了党章。这次会议在思想上、政治上和组织上的指导方针都是错误的。

四 “斗、批、改”运动

中共“九大”之后，“文化大革命”进入全面开展“斗、批、改”的阶段。随着“斗、批、改”的进行，“文化大革命”的错误理论进一步渗透到社会的各个领域。

“斗、批、改”运动的主要内容，一是搞整党建党运动。这一运动把“对于阶级敌人进行战斗”作为指导方针，并在“吐故纳新”中把许多合格的党员干部以各种罪名“清除出党”，而把一批“造反派”作为“新鲜血液”吸收入党，造成党组织的严重不纯。当然，在运动中，也重新建立了从中央到地方的各级党组织，恢复了中断达两年多的大多数党员的组织生活，这对于稳定局势还是起了一定作用的。二是开展“革命大批判”，主要是批判刘少奇的所谓“反革命修正主义路线”。三是清理阶级队伍。这一斗争在“左”的思想指导和派性干扰下，残酷斗争，随意株连，制造了很多冤假错案。四是精简机构，下放干部。在贯彻毛泽东《五七指示》的名义下，大批党政干部、知识分子专家被下放到山区、农村、基层和各种“五七干校”，从事体力劳动，“接受贫下中农的再教育”。这不仅使国家的各项建设和科研工作受到巨大损失，而且也成了迫害干部、打击知识分子的一种手段。五是教育、文艺、卫生“革命”。在教育方面，由于“文革”开始后高等学校停止招生达四年之久，中学毕业生能就业的人数又有限，为了解决这一问题，“九大”召开前后，根据毛泽东的指示，全国掀起了知识青年上山下乡、接受贫下中农再教育的高潮。这一运动使大批知识青年失去了接受正规系统教育的机会，造成了人才成长的断层，给国家的现代化建设带来严重的影响。1970 年，中共中央决定部分高校恢复招生，进行所谓“教育革命”，废除了历来实行的统一考试、择优录取的招生制度，改为“群众推荐、领导批准和学校复审相结合的办法”，招收“工农兵学员”；并规定他们在学校的任务是“上大学、管大学、用毛泽东思想改造大学”。这样的教育改革，完全违背了教育科学的规律，严重阻碍了教育、科学文化的发展。在文艺方面，“三突出”（即在所有人物中突出正面人物，在正面人物中突出英雄人物，在英雄人物中突出主要英雄人物）成了文艺创作的唯一原则，“八亿人口八个戏”，出现了“一花独秀，百花凋零”的凄凉景象。在卫生方面，否定了正规的医院和“反动专家权威”，从 1968 年起在全国广大农村乡镇普及“赤脚医生”，并把这一做法看成“卫生革命”的方向。

毛泽东试图通过“斗、批、改”巩固“文化大革命”的成果，达到“天下大治”，以结束“文化大革命”。但“斗、批、改”本身就是“文化大革命”的“左”倾错误在各个领域里的具体化，其结果导致了党内矛盾和社会矛盾继续紧张。随着林彪事件的发生，“斗、批、改”运动不久就销声匿迹了。

五 纠正“左”倾错误的努力

1970年8月23日至9月6日，中共九届二中全会在庐山召开，林彪一伙为了实现抢班夺权的野心，按照其事先的密谋，由陈伯达选编并经林彪审定炮制了“天才论”的材料，坚持设立国家主席。8月31日，毛泽东写了《我的一点意见》，严厉批评了他们“天才论”的唯心史观，指出了他们在庐山搞“突然袭击，煽风点火，唯恐天下不乱”的阴谋和野心。后来，林彪一伙看到其阴谋被察觉，竟铤而走险，暗中策划反革命武装政变，密谋杀害毛泽东。当其阴谋失败后，1971年9月13日，林彪等人强行登机外逃叛国，在蒙古温都尔汗机毁人亡。这就是震惊中外的“九一三”事件。“九一三”事件是“文化大革命”推翻党的一系列基本原则的结果，客观上宣告了“文化大革命”的理论和实践的破产。

“九一三”事件后，周恩来在毛泽东支持下主持中央日常工作。在当时非常困难的情况下，周恩来以惊人的毅力和高超的斗争艺术，采取一系列措施，促进国家和社会的稳定，努力纠正“左”倾错误。一是妥善处理了与林彪事件有关的各种重要问题，并在全国开展“批林整风”运动，使人们认识林彪反革命集团的本质。二是大力落实政策，解放干部和知识分子。1971年11月中旬，毛泽东提出为“二月逆流”平反。周恩来先后在陈毅追悼会和含冤去世的贺龙骨灰安放仪式上致悼词，充分肯定他们一生对革命事业做出的重大贡献。他还批示报刊发表文章及报道会议消息等，宣传老干部是党的宝贵财富，使更多的老干部重新出来工作。1973年12月，周恩来亲自起草了邓小平参加中央领导工作的决定，并为毛泽东所同意。在此前后，一大批遭到迫害的老干部恢复了名誉并被重新安置到领导岗位上；一批学有专长的专家、教授也开始重新进行教研工作。三是扭转经济混乱的局面。周恩来集中精力整顿经济秩序，恢复科技、文教和卫生工作，支持对外引进先进技术，经过坚持不懈的努力，1971年、1972年、1973年的国民经济得到了较快的恢复和发展。四是提出结合批判林彪反革命集团的罪行，批判极左思潮和无政府主义，力图从更深层次上纠正“文化大革命”的错误。五是协助毛泽东开创了外交工作的新局面。

经过周恩来纠正“左”倾错误的多方努力，国家各方面的工作都有了转机。但是，靠煽动极左思潮起家的江青等人，却极力反对和阻挠批判极左思潮。毛泽东出于维护“文化大革命”的需要，深恐批判极左思潮发展下去，会导致否定“文化大革命”，因而错误地支持了江青等人的意见，不准再批极左。这就使周恩来纠正“左”倾错误的努力被打断。

1973 年 8 月，中国共产党第十次全国代表大会在北京举行。这次大会延续了中共九大“左”的错误，肯定“九大的政治路线和组织路线都是正确的”。这次大会以后，江青、张春桥、姚文元、王洪文在中央政治局内结成了“四人帮”，江青集团在中央领导机构中的势力进一步加强。

1973 年 7 月，毛泽东提出批判林彪要同批判历史上的孔子、批判儒家和推崇法家联系起来。于是，江青等人就利用这个机会，组织编辑了《林彪与孔孟之道》的批判材料。1974 年 1 月，这份材料经毛泽东批准后转发全党，一场“批林批孔”运动在全国开展起来。毛泽东批准开展这场批判运动是为了从思想根源上批判林彪集团，维护“文化大革命”的理论与实践。而江青等人，却是企图通过这一运动，打倒周恩来等老一辈党政军领导人，扫除由他们自己“组阁”的障碍，夺取国家的最高权力。

在“批林批孔”运动中，江青以运动的领导者自居，通过各种渠道和形式攻击中央、地方和军队的一批领导人，尤其是攻击周恩来、叶剑英等中央领导人。他们针对周恩来的纠“左”，在全国范围内掀起了“反击右倾回潮”的浪潮，并明确提出要批判“现代的儒”。其间，江青等人还制造种种事端，肆意对国家的各项工作进行诬蔑、攻击。1973 年 7 月 10 日，河南省唐河县马振抚公社中学一名学生因在外语考试中不会答题而自杀，江青等人借此作为“修正主义路线复辟回潮”的典型，对广大教师进行批判。是年底，第四机械工业部派技术考察团去美国考察时，美国康宁公司送给考察团的礼物是玻璃蜗牛。江青说这是康宁公司骂中国爬行，借机攻击国务院“崇洋媚外”。1974 年 2 月，《人民日报》发表经江青、张春桥、姚文元等审阅修改的文章，批判晋剧《三上桃峰》，把该剧说成是“文艺黑线回潮”。1974 年 10 月，江青、张春桥等又制造了“风庆轮”事件，指责国务院推行修正主义路线，等等。“批林批孔”运动的开展，使已趋于稳定的政治局势重新遭到严重破坏，经济建设也再度受挫。

毛泽东觉察到江青等人在“批林批孔”运动中另搞一套、借机进行篡权活动以后，对他们进行了严厉批评，指出他们搞小宗派，是“四人帮”；江青有当党中央主席和“组阁”的野心。这些批评，迫使江青等人的活动不得不有所收敛。

1974年10月11日，中共中央发出通知，决定在最近期间召开第四届全国人民代表大会。“四人帮”又利用筹备四届人大的机会加紧了篡权活动。毛泽东在多次批评、警告江青等人的同时，重申由周恩来主持党政日常工作，并重新对邓小平委以重任。毛泽东称赞邓小平政治思想强，人才难得，提议他担任第一副总理、军委副主席和总参谋长三个职务。根据毛泽东的提议，1975年1月5日，中央决定任命邓小平为中共中央军委副主席兼中国人民解放军总参谋长；在4月8日至10日召开的中共十届二中全会上，选举邓小平为中共中央副主席、中央政治局常务委员。这些做法，在实际上粉碎了“四人帮”“组阁”的阴谋，保证了四届人大的顺利召开。

1975年1月13日至17日，第四届全国人民代表大会第一次会议在北京举行。周恩来抱病在大会上作《政府工作报告》，重申要在“本世纪内，全面实现农业、工业、国防和科学技术的现代化，使我国国民经济走在世界的前列”。大会选举朱德担任人大常委会委员长，董必武、宋庆龄等22人为副委员长；决定周恩来担任国务院总理，邓小平、张春桥、李先念、华国锋等12人为副总理。新的国务院领导人选的确定，标志着“四人帮”组阁阴谋的破产。

六　“文革”期间的各项事业

“文化大革命”的发动和开展，使中国的国民经济遭到了严重冲击和巨大破坏。但是，由于全党和广大工人、农民、解放军指战员、知识分子、知识青年和干部的共同抵制和斗争，使“文化大革命”的破坏受到了一定程度的限制，中国国民经济虽然遭到巨大损失，仍然取得了进展。1968年，具有世界先进水平的南京长江大桥建成。此后，新铺设了成昆、湘黔、焦枝、太焦、襄渝、京原等干线铁路。科学技术取得了一批重要成果。1967年6月17日，中国成功地爆炸了第一颗氢弹；1969年首次进行了地下核试验；1970年4月24日成功发射了第一颗人造地球卫星；1970年12月，第一艘核潜艇建成下水；1972年，中国农业科学院和湖南省农科院合作组织全国性的科研协作，育成和推广了籼型杂交水稻，这种水稻比一般水稻可增产20%。在体育和考古等文化工作方面有较大的进展。中国的乒乓球运动员曾多次获得世界冠军。“文革”期间发掘出的规模巨大的秦代陶制兵马俑坑，在世界上引起了轰动，被称为“世界第八大奇观”。“文革”期间，在国家动乱的情况下，中国人民解放军英勇地保卫了祖国的安全。1969 年 3 月和 1974 年 1 月，我国边防部队胜利地进行了珍宝岛和西沙群岛保卫战。

七 外交工作的重大突破

“文化大革命”初期，由于受到极左思潮的干扰，中国外事工作曾一度陷入混乱和困境。后来，由于毛泽东、周恩来的正确决策和有关方面的共同努力，中国的外交工作开始打破国际关系中的坚冰，开创出新的局面。1971 年 10 月，第 26 届联合国大会以压倒性多数通过决议，恢复中华人民共和国在联合国的一切合法权利。1972 年 2 月，中国邀请美国总统尼克松访华，中美两国于上海签订了《联合公报》，宣布两国在对抗 20 多年后，开始走向关系正常化。九、十月间，中国同日本、德意志联邦共和国实现了邦交正常化。进入 70 年代后，中国同西欧、北美和西南太平洋地区的国家建交也出现了高潮。1974 年 2 月，毛泽东提出了关于三个世界划分的战略和永远不称霸的思想，进一步加强同亚洲、非洲、拉丁美洲第三世界国家的友好合作，中国同第三世界国家建交的数目急速增加。中国在世界舞台上发挥了越来越重要的作用，成为不容忽视的主持正义、维护世界和平的强大力量。

八 1975 年的全面整顿

四届全国人大一次会议后，周恩来病情加重。邓小平在毛泽东支持下主持党中央和国务院的日常工作。当时，由于“批林批孔”运动的冲击和干扰，全国各方面的工作都陷入严重混乱的状态。邓小平在极端困难的情况下，力挽狂澜，大刀阔斧地进行整顿，并同江青集团进行了针锋相对的斗争。他根据毛泽东关于要安定团结、把国民经济搞上去的指示，明确提出，全国的工业、农业、商业、财贸、文教、科技、军队等各方面的工作都要整顿，核心是党的整顿，关键是领导班子。他先后主持召开了军委扩大会议和解决工业、农业、交通、科技等方面问题的一系列重要会议，雷厉风行地展开了全面整顿，取得显著成效。

邓小平首先对铁路工作进行整顿。当时，由于闹派性、打派仗，造成徐州、南京、南昌、太原等铁路局的运输长期堵塞，阻碍京沪、京广、陇海、浙赣等铁路大干线的畅通，并影响其他铁路干线的运输，严重危及工业生产和一些城市的人民生活。于是，他决心把整顿铁路作为突破口，推动其他方面的整顿。3 月初，中共中央召开解决铁路问题的各省、市、自治区党委主管工业的书记会议，邓小平在会上讲话，提出铁路整顿的方针和任务。3 月 5 日，中央作出《关于加强铁路工作的决定》。根据中央决定和邓小平讲话精神，铁道部派出工作组，部长万里亲自到徐州，会同各有关地方党委，对一些问题严重的路局进行重点整顿。发动群众批判派性，撤换、拘捕派性严重的坏头头，平反错案，坚决调整领导班子，恢复和健全规章制度。这些强有力的措施深得广大铁路职工的拥护。经过整顿，铁路运输状况迅速好转。

铁路的整顿，带动了工业尤其是钢铁工业的整顿。5 月，中央在北京召开了钢铁工业座谈会，29 日，邓小平到会讲话，提出钢铁工业整顿的四条办法：一是必须建立一个坚强的领导班子，使他们一不懒，二不软，三不散；二是坚决同闹派性的人作斗争；三是认真落实政策；四是建立必要的规章制度。6 月，中央发出《关于努力完成今年钢铁生产计划的批示》。根据邓小平讲话精神和中央的要求，全国各钢铁企业和各工业企业进行了整顿。工业生产逐月回升。为了抓好对整个工业的整顿，从 7 月中旬起，国务院批示国家计委起草了《关于加快工业发展的若干问题》（即“工业二十条”）。这个文件概括了工业和交通整顿的经验，提出了加快工业发展的一系列重大方针政策问题，试图系统地纠正工业战线的“左”倾错误。

在对铁路、工业整顿的同时，对军队工作的整顿、对科技文教工作的整顿、对农业的整顿和对党组织的整顿，也先后开始进行，并逐步收到显著成效。9 月，中国科学院根据邓小平的意见，写出《科学院工作汇报提纲》（即“关于科技工作的几个问题”）。

邓小平主持中央日常工作期间的全面整顿，获得了中共中央、国务院许多领导人的支持，并迅速调动了广大人民群众的生产积极性，有效地扭转了社会生活和经济工作的混乱局面，国民经济开始摆脱停滞倒退的状况，全国的形势明显好转。从中央到地方，党的领导逐步加强，安定团结的局面开始出现。

邓小平主持中央的日常工作，毛泽东对他是支持的。但是，邓小平的全面整顿，势必要触及“文化大革命”中的许多“左”的政策和理论，实质上是对“文化大革命”错误的系统纠正，这是毛泽东所不能容忍的，于是，毛泽东又于1975年11月发动了“批邓、反击右倾翻案风”运动，全国因此而再度陷入混乱。

九　“文化大革命”结束

1976年1月8日，中共中央副主席、国务院总理、政协全国委员会主席周恩来在北京逝世。全党和全国各族人民沉浸在无限悲痛之中，纷纷以各种形式开展悼念活动。“四人帮”却发出种种禁令，竭力阻挠和压制人民对周恩来的悼念活动，并进一步把“批邓、反击右倾翻案风”运动推向全国。“四人帮”控制的上海一家报纸，在发表《走资派还在走，我们就要同他斗》的新闻稿中，竟说“党内那个走资派要把被打倒的至今不肯悔改的走资派扶上台”，明目张胆地攻击周恩来和邓小平。“四人帮”的倒行逆施，激起了全国人民的极大愤慨。从3月下旬起，各地群众利用清明节祭祀祖先的传统习俗，在全国范围内掀起了一场悼念周恩来、反对“四人帮”的强大抗议运动。

北京的人民群众于3月底，自发地汇集到天安门广场，在人民英雄纪念碑前敬献花圈、花篮，张贴传单，朗诵诗词，发表演说，表达对周恩来的悼念，痛斥江青反革命集团的罪恶。4月4日（丙辰年清明），悼念活动达到高潮，到天安门广场的群众达200多万人次。当晚，中共中央政治局召开会议，讨论连日来天安门广场事态。会议在江青等人的左右下，把天安门广场的事态定为“反革命事件”，决定当晚清理花圈、标语等。4月5日，群众看到天安门广场所有的花圈、诗词、挽联等都被撤走，异常气愤，当即同一部分民兵、警察和战士发生严重冲突。晚上9点30分，1万多名民兵和警察奉命持木棍进入广场，驱赶、殴打和逮捕留在广场的群众。根据“四人帮”捏造的罪名，邓小平被诬陷为天安门“反革命事件的总后台”，并被错误地撤销了党内外一切职务。

天安门事件是全国人民反对“四人帮”的抗议运动的集中体现。这个运动实质上显示了人民对“文化大革命”“左”倾错误的反对和对于以邓小平为代表的中国共产党的正确领导的拥护和支持，它为后来粉碎“四人帮”奠定了广泛的群众基础。

天安门事件后，中国共产党和人民同江青反革命集团的矛盾更加尖锐，人们在为国家的前途而忧愤。1976 年 7 月 6 日，中国共产党和国家的重要领导人朱德逝世。7 月 28 日，河北省唐山、丰南一带发生强烈地震，死亡 24 万余人，重伤 16 万余人，唐山市被夷为一片废墟。9 月 9 日，中国人民的伟大领袖毛泽东与世长辞。就在党和国家处于危难之际，全国人民陷入巨大哀恸的关头，“四人帮”却认为时机来到，加紧其篡党夺权的阴谋活动。10 月 6 日，以华国锋、叶剑英、李先念等为核心的中央政治局，按照党和人民的意志，采取果断措施，一举粉碎了“四人帮”，结束了“文化大革命”这场灾难。

（原文刊于《中华人民共和国 50 年图集》，上海人民出版社 1999 年版）

“文化大革命”时期民众主流意识探析

“文化大革命”运动是毛泽东亲自发动和领导的举国上下亿万群众参加的新中国历史上规模空前的政治运动。但在运动爆发之初，除一些青少年学生“红卫兵”等少数人外，为什么广大群众却无动于衷，对运动持消极观望甚至忧虑的态度？继而在运动前期，人民群众又何以争先恐后地踊跃投身其中，不少人还达到狂热、痴迷的程度？及至运动后期，越来越多的民众又因何背离、抵制这一运动，并发展为全国规模的群众声讨、抗议斗争？在长达十年“波澜壮阔”的运动潮流中，支配广大人民群众行为的主流意识是什么？这种主流意识是如何形成和演化的？我们从中可以得到哪些启示？本文对上述问题试作探析。

一　开始：观望·忧虑

1966 年 5 月，中共中央政治局通过《五一六通知》，毛泽东亲自发动和领导的“文化大革命”运动正式开始。当此之际，中国广大民众的思想状况如何呢？

尽管除极少数敌对分子外，新中国的人民大众也是由不同的阶级、阶层、社会群体组成的，其思想认识上的差异很大，甚至存在某些对立观念；但到“文化大革命”开始时，广大人民群众不仅已经跟着中国共产党，一起走过了民主革命胜利的历程，也已在我党和政府领导下，共同搞了 17 年的社会主义革命和建设。共同的经历，共同的利益，共同的事业，共同的追求，共同的方向，把最广大的中国人民大众紧紧地联系、团结在了一起，从而也使他们在社会经济和政治生活中，形成了诸多重要的共识。这主要是：

第一，“听毛主席话，跟共产党走”。这是“文化大革命”开始时广大群众中普遍存在的强烈的思想观念。在长期的民主革命与社会主义革命和建设过程中，人民群众通过亲身体验得到了一种深刻的认识，这就是："只有共产党、毛主席，才能领导人民翻身得解放"。"跟着党和毛主席，就会从一个胜利走向另一个胜利，就能奔向共产主义美好天堂"。毛泽东在人民心目中享有极高的威望。民众公认"毛主席的恩情比天高，比海深"，"是人民的大救星"。毛泽东是党的正确路线的化身，要永远"读毛主席的书，听毛主席的话，照毛主席的指示办事"，永远跟党干社会主义。因此，在"文化大革命"开始前，各界群众已在持续地掀起"活学活用毛主席著作"高潮。群众对毛泽东的个人崇拜也已经达到相当高的程度。

第二，"战天斗地，艰苦创业"。新中国成立后，尤其是合作化以来，"热爱新社会，建设新国家"，成为广大人民群众普遍的心声。1956 年，中国共产党的八大提出，全国人民的主要任务是集中力量发展社会生产力，实现国家的工业化，逐步满足人民日益增长的物质和文化需要。1958 年初，中国共产党和毛泽东又提出，要把党和国家的工作重点转到技术革命和社会主义建设上来，号召"向自然界开火"。[①] 这极大地鼓舞了全国人民的劳动生产积极性。虽然中国国民经济在"大跃进"期间遭受了重大挫折，中国从 1959 年到 1961 年发生了严重的经济困难；但广大人民群众并没有因此丧失信心，而是团结一致，艰苦奋斗，共渡难关。经过全党全民的共同努力，到 1966 年"文化大革命"发起前，中国国民经济已经得到恢复和发展，社会主义建设重新出现欣欣向荣的景象。在此期间，党和国家着力宣传了王铁人、焦裕禄、雷锋等各条战线艰苦奋斗、搞好生产建设的先进模范典型，并提出"工业学大庆""农业学大寨"。1964 年底到 1965 年初召开的第三届全国人民代表大会，宣布我国国民经济将进入一个新的发展时期，并发出把中国建设成四个现代化的社会主义强国的号召。这进一步使全国人民坚定了信心，焕发了斗志，举国上下到处呈现出广大群众战天斗地、改造河山的火热场面。

第三，"忆苦思甜，反修防修"。一方面，由于大多数群众曾在旧中国遭受剥削阶级的欺凌和压榨。新中国成立未久，人民群众对刚刚逝去的旧社会的悲惨景象记忆犹新。新中国使他们当家做了主人，他们绝不想再

---

① 《中国共产党执政四十年》，中共党史资料出版社 1989 年版，第 141 页。

吃二遍苦、再受二茬罪。当时群众认为，阶级敌人是不甘心灭亡的，他们还在作垂死挣扎，时刻妄想变天复辟。“地、富、反、坏、右”人数不多，能量很大，对他们决不可放松警惕。“只许他们老老实实，不许他们乱说乱动”。所以，要“不忘阶级苦，牢记血泪仇”，不能翻身忘本，必须坚持与阶级敌人进行斗争。这就使“开忆苦会”“吃忆苦饭”在城乡风行。加之当时夸大宣传的所谓阶级敌人的种种反攻倒算行为，更使人民群众保持了很强的阶级斗争观念。

另一方面，1957 年反右派斗争后，中共八大关于国内主要矛盾的判断被改变。阶级斗争扩大化理论的宣传日益加强。毛泽东断言在整个社会主义历史阶段资产阶级都将存在并企图复辟，这也是我党党内产生修正主义的根源。阶级斗争的新动向就是阶级敌人打进我党党内，寻找代理人，内外勾结，使党变修、权变质，国变色。强调要把阶级斗争与反修斗争紧密结合起来。进而又提出阶级斗争的重点，是整“党内那些走资本主义道路的当权派”。诚然，在此期间，也确实存在一些我党党政干部居功自傲、官僚主义、多吃多占、以权谋私、贪污腐化等问题。这些问题直接损害了民众利益。加之在中国民众尤其是农民中，素来有着浓厚的平均主义价值观念。因此，群众对这些党政干部特别是其中直接与群众打交道的基层干部很有意见。这就使毛泽东的阶级斗争与反修防修的理论，得到了民众一定的理解和共鸣。

第四，“加强战备，消灭帝、修、反”。新中国从成立起，一直面临着帝国主义的封锁、包围和战争威胁。到 20 世纪 60 年代，中国的周边形势更为严峻：美国大肆侵略越南，在中国南大门燃起战火；印度政府不断在中国西部挑衅滋事并发展为大规模武装入侵；随着中苏关系的破裂和恶化，北部中苏边境也出现了紧张局势。台湾国民党残余势力在美国支持下也频繁骚扰东部沿海地区，叫嚣反攻大陆。有鉴于此，我党和国家对国防战备工作十分重视。一方面，大力进行国防教育，号召全党和全国人民，与“帝、修、反”争速度、抢时间，加紧战备，时刻准备早打、大打、打全面战争，打核战争，消灭“帝、修、反”。另一方面，实施了一系列战备举措，如大、小三线建设，搞全军大比武、全民皆兵，大办民兵师，研制原子弹，等等。在这种国防形势和气氛中，广大群众战备的弦绷得是很紧的。

此外，还存在一些影响较小的民众意识，不再一一列举。

综上所述，归结起来，不外乎两方面的基本意识，即：关注生产建设，也关注阶级斗争。但人民群众当时最主要的心愿，是在中国共产党和毛泽东的领导下，在防止阶级敌人捣乱和做好战备的同时，以主要精力加紧搞好工作和生产，尽快建设一个繁荣富强的国家，过上丰衣足食的幸福日子。也就是说，要求尽快搞好经济建设，是广大人民群众当时的主流意识。而阶级斗争的观念，则只能居于非主流意识地位。之所以如此，一是因为，向往美好生活，是人类与生俱来的共同愿望和梦想，当然也是中国劳动人民孜孜以求的目标。近代以来，为了改变旧中国贫穷落后的面貌，中国人民多少代人曾不懈地为之奋斗。新中国的诞生，社会主义制度的建立，为广大人民群众开辟了走向民富国强理想社会的宽广大道。劳动人民强烈企盼用勤劳的双手，创造美好明天。因而，在人民群众中持久迸发出为实现理想而奋斗的高度热情和积极性。二是由于中国共产党和国家在此期间的大力宣传和号召。中国共产党是为人民谋利益的。新中国成立、尤其是集体化以来，中国共产党和政府大力进行了勤俭新中国成立、艰苦创业事迹和精神的宣传，并集中树立和宣扬了一大批作为榜样的改天换地、艰苦创业的英模单位和个人。使生产建设上的“比、学、赶、帮、超”活动在全社会蔚成风气。三是因为“大跃进”之后，中国国民经济出现了严重困难。全党和全国各族人民的主要注意力被迫始终放在了贯彻执行调整经济、渡过难关方面，而顾不上过多地强调搞阶级斗争。就连对阶级斗争极为重视的毛泽东，在此期间也提出不要因为阶级斗争而干扰了经济建设，要求把经济工作放在“第一位”。①

然而，毛泽东发动“文化大革命”运动却有着自己另外的一整套理论。

众所周知，毛泽东发动“文化大革命”运动的理论，是其阶级斗争扩大化理论发展到顶点的结果。按照这一理论，他对国内阶级斗争形势与党内状况作了极为严重的估计。他认为：“一大批资产阶级的代表人物、反革命的修正主义分子，已经混进党里、政府里、军队里和文化领域的各界里，相当大的一个多数的单位的领导权已经不在马克思主义者和人民群众手里。党内走资本主义道路的当权派在中央形成了一个资产阶级司令部，它有一条修正主义的政治路线和组织路线，在各省、市、自治区和中

① 《中共党史大事年表》，人民出版社1987年版，第324页。

央各部门都有代理人。过去的各种斗争都不能解决问题，只有实行文化大革命，公开地、全面地、自下而上地发动广大群众来揭发上述的阴暗面，才能把被走资派篡夺的权力重新夺回来。这实质上是一个阶级推翻一个阶级的政治大革命，以后还要进行多次。”① 这一理论还被概括为所谓“无产阶级专政下继续革命的理论”。显然，这一理论的基本错误，是认为在社会主义制度建立以后，还存在着资产阶级，还存在着整个社会范围内的阶级对抗，因而还要进行一个阶级推翻一个阶级的革命。其基本点是中央和地方各级领导中出了修正主义，要自下而上地夺权，进行一个阶级推翻一个阶级的政治大革命。

由上不难看出，毛泽东发动“文化大革命”运动的理论，与民众当时的固有意识尤其是其主流意识之间的区别和差距是非常明显的。首先，人民群众当时最为关注的，是尽快搞好生产建设；而毛泽东上述理论则把阶级斗争看成是第一位的，阶级斗争是压倒一切的。其次，在阶级斗争的严重性上，人民群众认为，只要时刻提高阶级警惕，防止阶级敌人捣乱破坏，就能保住“人民江山万代红”。毛泽东上述理论则认为阶级斗争形势已极为严重，阶级敌人在全国多数单位已经复辟，中央也已经出了修正主义。党要变修，国要变色，权要变质，千百万人头就要落地了。所以，发动和开展“文化大革命”已是势在必行、刻不容缓的了。再次，就阶级斗争范围及其重点而言，人民群众的关注点是在党外，是“地、富、反、坏、右”等社会敌对势力（尽管也被夸大了）；而毛泽东的理论则认定，阶级斗争的主要对象是党政各级“修正主义”领导，“重点是整党内走资本主义道路的当权派”，矛头直指党中央的“修正主义”，将党内看作阶级斗争的主战场。再次，在对党内斗争方式上，人民群众尽管对一些干部的错误行为不满，有意见，甚至很气愤；但是，也并非想把这些干部一概打倒、整死，而是要求他们“洗手洗澡”，经过批评教育，改正错误，轻装上阵，即可谅解。而毛泽东理论则认定过去的各种斗争形式都不能解决问题，必须让群众自下而上地起来造反、夺权，进行一个阶级推翻一个阶级的政治大革命，通过“天下大乱”，达到“天下大治”。

由于人民群众的主流意识与毛泽东的理论在认知上的巨大差距，在突如其来的“文化大革命”运动面前，虽然一部分青少年学生首先响应号

① 《关于建国以来党的若干历史问题的决议》，1981 年 6 月 27 日。

召，起来造反，掀起“横扫一切”的“红卫兵”运动；但广大群众对“文化大革命”却感到似乎莫名其妙，表现出种种困惑与担忧，成了“保守派”。一些受运动冲击的人则表现出恐惧和抵触。不少群众还成了遭受冲击的领导干部的“保皇派”。总之，群众对运动持一种消极观望的态度。工人照常做工，农民照常种地，军队照常搞军事，各行各业的人们都还在正常工作和生产。各级党政机关也难以支持这场运动，“有许多单位的负责人，对于这场伟大斗争的领导，还很不理解，很不认真，很不得力”，[①] 因而成了运动的“阻力”。党中央觉察到，来自各级领导和群众中的阻力是很大的：“文化革命既然是革命，就不可避免地会有阻力。这种阻力，主要来自那些混进党内的走资本主义道路的当权派，同时也来自旧的社会习惯势力。这种阻力目前还是相当大的，顽强的。”[②] 如何克服阻力，发动群众，成为当时毛泽东、党中央思考的焦点。

二　前期:紧跟·热衷

从1966年“文化大革命”爆发，到1971年林彪事件前，可以看作“文化大革命”时期民众主流意识演化的前期。在此期间，广大群众逐渐被“文化大革命”的理论所掌握，普遍被卷入了“文化大革命”的激流巨浪中。运动从机关、学校和文化界，迅速发展到工矿企业和农村，出现了亿万群众争先恐后造反、批斗的奇异景象。毛泽东当时曾满意地指出：“全国的无产阶级文化大革命形势大好，不是小好。整个形势比以往任何时候都好。形势大好的重要标志，是人民群众充分发动起来了。从来的群众运动都没有像这次发动得这么广泛，这么深入。”[③] 人民群众的主流意识何以会发生如此巨大的变化呢？

首先，广大群众之所以接受毛泽东发动“文化大革命”的理论，是由于毛泽东这一理论对人民群众具有很强的征服人心的效力。一方面，毛泽东发动“文化大革命”的关于社会主义阶段阶级斗争扩大化理论，即“以阶级斗争为纲”的理论，从1957年反右派斗争扩大化以来，经过反

---

① 《中国共产党中央委员会关于无产阶级文化大革命的决定》，1966年8月8日。

② 同上。

③ 《人民日报》，1967年11月9日。

右倾斗争、社会主义教育运动等，到"文化大革命"爆发，再经过1966年5月的《五一六通知》和8月的《关于无产阶级文化大革命的决定》集中阐述，发展为"无产阶级专政下继续革命的理论"，已经形成相当系统、完整、严密而成熟的体系。这一理论不仅能自圆其说，而且有着很强的"逻辑性"、鼓动性和"说服力"。1969年，中国共产党的九大更使这一理论合法化、神圣化。这就使一般群众在尚不能预见这一理论会带来何种后果前，很难对其持拒绝态度。另一方面，如前所述，自合作化到"文化大革命"爆发前，我党和政府的领导干部中确有一些腐败现象。这似乎使毛泽东关于阶级斗争的重点转移到了党内，必须反修防修、继续革命的理论得到了某种印证。这一切，就使群众易于接受毛泽东发动"文化大革命"的理论，进而起来"造修正主义的反"，投身于这场运动。

其次，是由于党中央、毛泽东为灌输这一理论采取了大量非常措施。为了发动广大群众参加"文化大革命"运动，党中央、毛泽东在政治、经济、组织、思想、文化、宣传等领域，采取了大量非常措施。尤其是如下几大举措，其影响格外重大而深远：一是大造声势。通过会议、文件、广播、报刊、文艺以及大字报、传单等形式和渠道，在宣传舆论上进行持续"超饱和轰炸"，为运动的开展进行舆论导向。二是支持"红卫兵"运动。毛泽东八次接见逾千万"红卫兵"，多次发表讲话，支持"红卫兵"造反。"红卫兵"通过"破四旧"，大串连，"横扫一切牛鬼蛇神"，打、砸、抢、抄、抓……搞得天昏地暗，制造出巨大的轰动效应。三是发起批判资产阶级反动路线运动。这一运动使绝大多数党政领导干部被审查、挨批斗，各级党组织陷于瘫痪、半瘫痪状态，各级党政领导机关遭受冲击，失去对运动的领导和控制。造反派"踢开党委闹革命"，造成"天下大乱"。四是开展"斗、批、改"运动。我党的"九大"后，全国经年累月地开展了"斗、批、改"运动。这一运动使"文化大革命"理论在"毛主席的革命路线"的总题目下，进一步具体化、精细化，而更易于渗透到各行各业及各相关制度中去。其间，"文化大革命"理论在各领域的分支理论也一一形成了。其中，尤以文艺革命理论、教育革命理论、知识分子再教育理论、党内斗争理论等，贯彻至为深入。这不能不使广大群众日益深陷于阶级斗争扩大化的迷雾中。

最后，从人民群众自身看，也存在接受这一理论的既有基础。其一，从感情上开始。由于毛泽东的极高威望加之封建主义残余的影响，人民群众对毛泽东存在浓厚的个人崇拜，并在“文化大革命”运动开始后急速升温。在一般群众看来，毛主席永远正确，跟着毛主席就是胜利。而“文化大革命”运动是毛主席发动的，不积极参加，就对不起毛主席，对不起党，就是对毛主席的不忠。自己认识同毛主席不一致，是自己错了，跟不上形势了，必须“紧跟毛主席的战略部署”，“毛主席指示我照办，毛主席挥手我前进”。其二，群众中的“左派队伍”已悄然形成。毛泽东曾指出：“在无产阶级文化大革命中，必须组织、发展无产阶级左派队伍，并且依靠他们发动群众，团结群众，教育群众。”[①] 自20世纪50年代后期以来，中国共产党对干部、群众早在进行阶级斗争、反修防修的教育。干部、群众中已不同程度地受到“左”倾思想的影响。党内特别是党的干部中的“左”倾思想已在不断蔓延滋长，到“文化大革命”前夕已经形成一种社会思潮。此外，由于“文化大革命”前一些党政干部存在脱离群众、贪污腐化等问题，使不少群众感到受了压抑和伤害，这部分群众似乎也认为需要通过搞运动来解决问题，来发泄情绪。这就使得上述这样一些干部、群众，能更快地认同毛泽东的理论。这部分干部、群众，自然就成了毛泽东反复强调要建立和扩大的“左派队伍”。这支“左派队伍”，就成为开展“文化大革命”运动所依靠的基本力量。其三，“红卫兵”冲锋陷阵。这一群体多为青少年学生。由于涉世未深，思想认识幼稚而偏激，他们对社会上和党内的一些问题看得过于严重，相信资本主义复辟迫在眉睫。而毛泽东、党中央对“红卫兵”又大加鼓动和支持，从而使他们成为最先接受毛泽东理论的群体。他们采取大量粗暴野蛮的行为方式，“怀疑一切，打倒一切”，搞乱社会，成为开展“文化大革命”运动的“急先锋”，为运动更大规模地开展造成了逼人的声势。当然，他们也是当时难得的“左派”。其四，在政治重压下“随大溜”。由于当时政治压力太大，动辄上纲上线，反革命帽子满天飞。林彪、江青等人，出于其个人野心，故意煽风点火，蛊惑人心，直至挑动群众斗群众。以致一般群众对“文化大革命”即使有意见，也难以反对，不敢反对，只好“随大溜”，最终被卷进“文化大革命”的旋涡。

错误的理论一旦被群众掌握，也会变为巨大的物质力量。正是由于广大群众接受了“文化大革命”的理论，积极支持并踊跃投身于“文化大

---

① 《红旗》1966年7月第九期。

革命”，真心实意地拥护、贯彻党中央、毛泽东关于“文化大革命”的指示和部署，许多群众还达到了迷信和狂热的程度，所以“文化大革命”才以前所未有的规模、速度和力度持续发展起来。各地群众还对运动从内容到形式搞了许多创造和发展。如“红宝书”“最高指示”，“早请示、晚汇报”，“三忠于”“四无限”，唱忠字歌、跳忠字舞，满屋主席像、浑身纪念章，以及批斗中的“戴高帽”“喷气式”“砸狗头”，等等；从机关、学校，到工厂、农村，各行各业，家家户户，处处辩论、批判，人人造反、夺权；造反派组织遍地开花，两大派斗争势不两立；从文斗到武斗，直到“全面内战”，真枪实弹……全国随之出现了旷日持久的大动乱。

然而，随着“文化大革命”运动造成的巨大危害日益显现，人民群众中的怀疑和不满也不断地产生、扩大和加深了。不少人开始从动荡混乱、反复折腾以及对立、武斗的“战场”上退下来，当起了“逍遥派”。1971 年 9 月，林彪事件发生。随之，全面灌输“文化大革命”理论的“斗、批、改”运动，也因批林整风运动的开展而中断。广大群众对“文化大革命”的认识，开始发生根本性的变化。

三　后期：厌恶·抵制

从 1971 年林彪事件发生、“斗、批、改”运动停止起，人民群众开始对“文化大革命”的理论与实践从根本上产生怀疑和动摇，逐渐改变了对运动的狂热拥护和追随，进而由厌恶到憎恨，终于发展为公开的大规模的群众抵制和声讨运动，强烈要求纠正“文化大革命”的错误。这就是“文化大革命”后期民众的主流意识。广大群众的抵制、抗议斗争也为“文化大革命”的结束奠定了群众基础。这一时期民众的主流意识为什么会不顾重重压力，再次发生这种根本性的逆转呢？

一是林彪事件的震动、警示效应。可以说，林彪集团是靠“文化大革命”起家的。“文化大革命”运动爆发后，林彪等人利用党和毛泽东“左”的错误和“文化大革命”的特殊环境，以极左的面目出现，对运动推波助澜，兴风作浪，拉帮结派，投机钻营，使林彪集团迅速发展起来，掌握了党政军很大一部分权力。在运动中，林彪通过鼓吹“顶峰论”“天才论”“句句是真理”“一句顶一万句”等等，神化毛泽东，大搞个人崇拜，骗取毛泽东的信任，被法定为毛泽东的接班人。林彪集团在政治上的权势达到了顶峰。没有“文化大革命”，就没有林彪一伙的飞黄腾达。随着林彪集团权势的飙升和“文化大革命”中对林彪等人的大力宣扬，林彪一伙在全党、全国人民心目中的影响也极度扩大了。群众一般认为，林彪是毛泽东亲自选定的接班人，是毛泽东最好的学生、最亲密的战友；林彪执行毛泽东指示最坚决、最认真，是全党、全国人民学习的榜样；毛泽东与林彪，统帅与副统帅，是密不可分的；林彪代表着毛泽东，相信毛泽东就要相信林彪，反对林彪就是反对毛泽东。广大群众对林彪也形成了一定程度的个人崇拜。以致当时群众常说的一句话就是：“祝毛主席万寿无疆！祝林副主席永远健康！”然而令全国人民万万料想不到的是，林彪一伙竟要搞反革命武装政变，谋害毛泽东，篡党夺权。当阴谋败露后，林彪一伙又于1971年9月13日，乘飞机叛国出逃，摔死在蒙古国的温都尔汗。这一切，确实把广大群众给惊呆了。可是在惊愕之余，人们不禁反复思量，何以会出现这样一个“万岁不离口，语录不离手，当面说好话，背后下毒手”的野心家林彪？进而对毛泽东搞的这场“文化大革命”，从内心产生了一个又一个的“为什么”，开始认真思考和认识有关这场运动的许多大是大非问题。《关于建国以来党的若干历史问题的决议》指出：“1970年到1971年间发生了林彪反革命集团阴谋夺取最高权力、策动反革命武装政变的事件。这是‘文化大革命’推翻党的一系列基本原则的结果，客观上宣告了‘文化大革命’的理论和实践的失败。”① “九一三”事件给全党全国人民尤其是广大基层干部和普通群众以强烈的震动和警示，许多人开始从迷信、崇拜和狂热中惊醒过来。这就使怀疑、抵制“文化大革命”的人越来越多了。

二是“文化大革命”带来的惨痛教训。如果说，“文化大革命”之初，人民群众还看不清这场“大革命”的错误和后果，而抱着很大希望盲目跟着干的话，那么，随着运动的持续和发展，其严重后果和危害便日益清晰地显现出来。人们看到：由于搞运动，全社会到处大辩论，大批判，造反、夺权，闹派性，搞武斗，闹得天下大乱。党分裂，人民分裂，一个家庭也分几派。老干部挨批斗，遭迫害；群众动不动就被打成反革命。有多少人被迫害致死？又有多少人遭受牵连？搞“破四旧”，历史文化遗产被破坏洗劫，党和人民的优良传统和道德风尚被

① 《关于建国以来党的若干历史问题的决议》，1981年6月27日。

“横扫”，假、恶、丑的东西又粉墨登场。批唯生产力论，“宁要社会主义的草，不要资本主义的苗”，批得工厂不冒烟，农村不种田，人民生活一天不如一天，还逼着群众唱“文化大革命”就是好！学文化、搞科研是走白专道路，交白卷也能上大学。形而上学猖獗，唯心主义盛行，无政府主义、争权夺势、拉帮结派、投机钻营、极端个人主义等恶劣行径严重泛滥，搞得整个社会乌烟瘴气。群众饱受动乱之苦，深感切肤之痛，他们从残酷的现实中逐渐认识到：正是由于“文化大革命”，闹得国无宁日，给党、国家和人民带来了无尽的灾难和浩劫。越来越多的人由失望到绝望，由厌倦到厌恶，由痛苦到憎恨，走上了背离、抵制“文化大革命”运动之路。

三是周恩来、邓小平纠“左”为人们带来了希望。当民众面对“文化大革命”混乱不堪的惨象，又深陷迷雾不能自拔之际，天空中却先后吹来两股清新的风：1971 年林彪事件后，周恩来在毛泽东的支持下主持中央日常工作。为克服“左”倾错误在经济、文化、组织、外交等领域造成的危害，消除林彪集团干扰破坏造成的恶果，在非常困难的情况下，作了坚持不懈的努力，并明确提出了批判极“左”思潮的问题，使各方面的工作有了转机。广大群众看到，经过周恩来的努力，工业管理混乱的状况得到了控制；农村“穷过渡”的歪风开始被刹住；一大批中央和原党政军各部门遭受打击迫害的领导干部，被恢复了名誉，安排了工作；中国的国际地位不断提高。这无疑使群众感到格外欣慰。1975 年，邓小平主持中央的日常工作。他努力排除江青反革命集团的干扰，开始通过全面整顿，比较系统地纠正“文化大革命”的“左”的错误。他先后召开解决交通、工业、农业、科技等方面问题的会议和军委扩大会议，着手对许多方面的工作进行整顿，使全国形势明显好转。在他的努力下，长期堵塞不堪的铁路畅通了；停滞下降的工业生产回升了；农村形势大为好转，农业生产获得了好收成；军队建设加强，军工企业各项工作得到改进；科学、教育、文艺等领域打破了万马齐喑的局面，萌发出勃勃生机，长期受压抑的广大知识分子受到了鼓舞，焕发了活力。周恩来、邓小平通过批判“左”倾思潮，纠正“文化大革命”的错误，在一定程度上消除了社会的混乱，实现了安定团结，促进了经济发展，改善了群众生活。群众看在眼里喜在心里，并从中悟出了一个道理：只要有了党的正确领导，就能克服和纠正“文化大革命”的错误。而只有克服和纠正了“文化大革命”的错误，才能实现安定团结，把国民经济搞上去，人民才有希望，国家才有希望，才能“拨开乌云见晴天”。

四是江青集团倒行逆施引发众怒。江青集团也是凭借“文化大革命”的狂飙青云直上的。他们在中央政治局结成“四人帮”，借助“文化大革命”，极力加强、扩大其帮派体系。由于毛泽东坚信并坚持“文化大革命”的理论与实践，不允许周恩来、邓小平纠正“文化大革命”的错误。江青集团出于其篡党夺权的野心，利用、扩大了毛泽东的错误，以“文化大革命”的名义，大搞倒行逆施，干了大量祸国殃民的勾当。他们还在毛泽东的支持下，通过 1972 年批“极右”、1973 年批“右倾回潮”和 1974 年初开始的批林批孔，将矛头指向周恩来，使周恩来纠正极左的努力被打断。他们又在毛泽东的支持下，于 1975 年发动“批邓，反击右倾翻案风”运动。由于这个运动的冲击，初步稳定的政治局面再次遭到破坏，已经取得成效的整顿工作不少又毁于一旦，许多正确政策和措施被否定，已经纠正的错误政策和错误做法又被恢复，一些地区派性斗争又起，武斗升级，停工停产，交通堵塞，全国再度陷入一片混乱之中。这种状况使广大干部群众痛心疾首，更加憎恨“四人帮”，更加厌恶“文化大革命”。人们心中长期积聚而又迅速发展起来的怀疑、不满和愤懑情绪，犹如巨大的火药库，一旦点燃便会猛烈地爆炸开来。

1976 年 1 月周恩来逝世。全国人民无限悲痛，广大群众以各种方式寄托自己的哀思。“四人帮”一伙却竭力压制群众的悼念活动，并借“反击右倾翻案风”运动对以邓小平为代表的党的正确领导大肆攻击诬蔑。这一切，使广大群众忍无可忍，人民的怒火终于集中爆发出来。从三月开始，首都北京及全国一些大中城市的人民群众，冲破禁令，不怕镇压，利用清明节缅怀祖先的传统习俗，千千万万的人自发地集合起来，献花圈、散传单、贴标语，朗诵诗词，发表演说，悼念周总理，痛斥四人帮。4 月 4 日清明节，首都群众数十万人涌向天安门广场，把祭奠周总理，声讨“四人帮”的运动推向了高潮。翌日，人民群众因与强行收花圈、抓人的民兵、警察和军人发生严重冲突而遭到镇压。这场群众斗争被定性为“天安门反革命事件”（后平反）。《关于建国以来党的若干历史问题的决议》指出：1976 年 4 月，“在全国范围内掀起了以天安门事件为代表的悼念周总理、反对‘四人帮’的强大抗议运动。这个运动实质上是拥护以邓小平同志为代表的党的正确领导，它为后来粉碎江青反革命集团奠定了伟大的群众基础”。[①] 正是有了这一深厚的群众基础，中共中央政治局才顺应党心民心，一举粉碎了江青集团，结束了“文化大革命”。从而得到了亿万人民群众由衷的拥护和支持。

四　几点启示

“文化大革命”时期是中国当代史上一个非常特殊的历史时期。在此期间的民众意识、尤其是其主流意识的变化迅速而显著。在主流意识支配下的民众运动，也出现了剧烈变动、前后迥异的罕见现象。回顾“文化大革命”时期民众主流意识的奇特演化过程，可以使人们更深入地探讨与认识“文化大革命”的历史，并从中得到多方面的有益启示。

第一，民众主流意识决定“文化大革命”运动的历史进程。民众在社会经济和政治生活中，存在着各种不同的意识。而决定民众对于社会经济和政治生活基本态度、对民众行为居于主导和支配地位的意识，则是民众的主流意识。“文化大革命”时期也是如此。“文化大革命”运动之初，民众的主流意识尚难以认同毛泽东发动这场运动的理论，广大群众便对这一运动持消极观望态度。“文化大革命”也只能在某些领域部分群众中局部地开展。而一旦民众的主流意识接受了毛泽东的理论，便出现了亿万群众争相参与的情景，运动也就“波澜壮阔”地发展起来。及至群众逐渐觉醒，其主流意识再次背离、抵制这场运动，“文化大革命”便只能趋于结束。这说明，“文化大革命”的历史，从一定意义上讲，就像整个人类历史一样，也是由人民大众按照自己的愿望创造的。

人民群众之所以会开创这样一段极为特殊的历史，是因为其主流意识，在支配、主导着其处世态度、价值取向、道德情操、社会理想及审美情趣。由于种种主客观的原因，毛泽东发动“文化大革命”的理论为民众接受并成为其主流意识后，民众之于运动，就如箭在弦上，不能不发了。换言之，民众本身也似乎“需要”这样一场运动了。所以，对上面的号召，尽管有所顾虑，仍可“先干起来再说”，乃至很快便热衷起来。而一旦民众的主流意识再次发生根本转变，即使上边再作何种指示、号

---

① 《关于建国以来党的若干历史问题的决议》，1981 年 6 月 27 日。

召、宣传、引导，施加多大压力，也将无济于事。民众仍将按照自己的价值取向、理想愿望，义无反顾地坚持“走自己的路”。

第二，民众的主流意识在“文化大革命”运动中是按照其固有特点和规律发展变化的。前已述及“文化大革命”时期民众的主流意识的发展轨迹，可以1971年9月林彪事件及“斗、批、改”运动的中断为界，大体划分为前、后两个大的阶段。即：前期，由“文化大革命”初对运动的消极观望，转变为积极主动地投入，这是民众主流意识的第一次大变化；后期，则又由迷信、狂热，转变到怀疑、厌倦直至憎恨、抵制方面，形成了民众主流意识的第二次大变化，走过了一个类似“之”字形的道路。这说明，民众的主流意识不是一成不变的，而是随着主客观形势的变化而不断演化的。

但这种演化也并非毫无根据的空穴来风。“外因是变化的条件，内因是变化的根据。”这种演化是在主客观因素的共同作用下实现的。从民众主流意识的第一次大变化看，虽然受到中国共产党和毛泽东采取大量非常措施的严重影响，但最重要的原因，仍然应是民众既有的认识基础。因为当时在群众中本来就存在着关注生产建设与关注阶级斗争两大倾向，只不过关注阶级斗争的倾向尚未成为主流意识而已。经过“文化大革命”前期毛泽东、党中央的发动及灌输，群众关注阶级斗争的倾向得到更快更大的发展，而转化为主流意识。到了“文化大革命”后期，广大群众吃够了运动的苦头，搞阶级斗争的倾向大大减弱，再次转向强烈要求安定团结、搞好国民经济方面，后者又成为民众的主流意识。于是，再次实现了主流意识与非主流意识的相互转化。

可是，究竟什么是导致民众主流意识根本性变化的内在依据呢？归根结底，这种变化是由广大人民群众的切身利益所要求和规定的。不难理解，“文化大革命”前期群众由关注生产建设为主转向以关注阶级斗争为主，而积极投身于运动，是由于“文化大革命”之初，人们还不清楚运动的后果与危害。群众更相信通过党和毛泽东领导的“文化大革命”，就能确保既有的“胜利果实”，并“夺取更大的胜利”，获得更大利益。也就是说，群众认为毛泽东发动“文化大革命”的理论和实践是代表自己利益的。这当然是一种“历史的误会”。然而，当事实一旦证明，与人们的美好愿望相反，“文化大革命”只能带来痛苦和灾难时，人们的主流意识就再次发生了转变。需要指出的是，民众主流意识的形成和演化是有其局限性的。事实证明，民众意识的特点，往往是更多地注重现实，务实求验，甚至只顾眼前，而缺乏一种长远的、理性的、深刻的见解。这就难免为一些事物一时的表象所迷惑。所以，“文化大革命”前期，因当时还看不到运动的后果，便易于接受运动的一切。及至眼见为实，身受其害，态度才又变了过来。当然，即使有了这种趋利避害的态度之变，而要从实质上认识和纠正“文化大革命”的错误，却还有相当大的距离。

第三，认识“文化大革命”时期民众的主流意识及其演化具有重要的现实意义。民众的主流意识往往是最大多数人民群众切身利益与愿望的直接反映，在一定程度上代表了民意或民心。自古以来，民心不可欺，民意不可违。得民心者得天下。中国共产党是代表最广大人民群众根本利益的执政党，因而，时刻关注、了解、研究、把握民众意识，尤其是支配民众行为方向的主流意识，就具有十分重要的意义。“文化大革命”的理论与实践之所以失败了，是由于这场运动的发动者并未能真正体察民心所向。“文化大革命”开始时，广大群众最大的愿望，是尽快搞好经济建设；同样，遭受了“文化大革命”的连年浩劫之后，民众最迫切的要求，也还是尽快把国民经济搞上去。这同毛泽东始终坚持“以阶级斗争为纲”的指导思想是大异其趣的。

但是，“文化大革命”对于其发动者毛泽东来说，却仍可看作是一场悲剧。因为毛泽东历来非常重视群众利益和群众路线，总是提醒全党牢记为人民服务的宗旨。在运动发动之初他还强调：“我们任何时候都不要离开群众。这样，我们就可能知道群众，了解群众，同群众一道，也就可能好好地为人民服务。”[①] 他并未能理解和承认“文化大革命”给人民群众造成的巨大灾难，而始终认为是“乱了敌人，锻炼了群众”[②]；只有经过“文化大革命”，才能“反修防修”，才能为广大人民群众谋取根本的、更大的利益。这就出现了典型的动机与效果的分离。这充分说明，执政者及其方针政策是否真正代表人民的利益，不是靠凭空想象、想当然，不是如一些历史上的统治者那样一厢情愿地自封，也不是靠高深理论来教条主义地界定，而是要经过实践，通过事实，由广大人民群众自己来判定、来认可。“文化大革命”初期，大多数民众对发动这场运动态度消极；到了后

① 《人民日报》，1966年8月17日。

② 《毛泽东视察华北、中南和华东地区时的讲话》，1967年7、8、9月。

期，民众更是普遍厌恶、抵制这场运动。作为领导者、决策者，应能觉察、认识并尊重广大群众的意见和愿望，并以之为依归，检验、修改直至取消相关的方针政策。如仍然我行我素，最终无疑只能以失败告终。

“文化大革命”时期民众的主流意识的演化历史也表明，民众往往注重眼前而忽视长远，其主流意识自然也会带有这种局限性。所以，并非任何时期、任何情况下民众的主流意识都是正确的，执政者对民众主流意识也并非只能一概遵从，而是既要考虑民众的长远利益，也要照顾其当前利益，要使二者有机地统一起来。同时，既要使健康的民众主流意识得以坚持和发展，又要使不健康的民众主流意识得以扭转和消除。既不误导群众，也敢于旗帜鲜明地反对不良倾向，通过实践不断的检验完善方针政策。此外，即使群众中的主流意识需要改变，也不应简单从事，迫使群众就范；而应循循善诱，水到渠成，适应群众的心理承受力。这就要求执政者对民众意识、特别是其主流意识，不仅要善于辨别其健康与否，还要善于正确引导。而要做好这一切，对执政者的执政能力与水平当然有很高的要求。然而唯其如此，执政者才能真正代表最广大人民群众的根本利益，引导民众一步步实现愿望、梦想和福祉。从而也才会始终得到人民大众真心实意的拥护和支持，永远立于不败之地。

（原文刊于《党的文献》2003 年第 6 期）

《甲申三百年祭》揭示的执政规律

60 年前，1944 年，郭沫若先生写下了《甲申三百年祭》这一著名的历史篇章。郭文通过对明末李自成农民起义军从夺取胜利到遭受失败经过的阐述与分析，深刻揭示了一条自古以来的执政规律：得民心者得天下，失民心者失天下。夺取政权，巩固政权，都必须要依靠广大民众的拥护与支持。重温这一历史名著，对于始终代表中国最广大人民的根本利益的执政党——中国共产党来说，是有着重要的现实意义的。

李自成领导的农民起义军从起事并打进北京，推翻明王朝，夺取政权，建立大顺王朝；到出关御敌失利，退出京城，并最终失败，可以说是以浓缩的形式，快速演示了一个王朝的兴亡史。这个王朝为什么会“在过短的时期之内获得了过大的成功”[①]，而进京只有 40 天，又在极短的时间内败亡了呢？郭文循着历史的轨迹，寻根探源，明确揭示出其根本原因，在于民心的向背。

郭文首先分析了明王朝的覆亡，是因为官逼民反、人心背离的结果。指出，由于当时极为严重的自然灾害，加以官吏、富家的搜刮勒索，从而把“无数残喘仅存的饥民都逼成了‘匪贼’”。[②] 于是，官府就派兵剿寇。“当时的朝廷是在用兵剿寇，而当时的民间却是在望寇‘剿兵’。在这剿的比赛上，起初寇是剿不过兵的，然而有一点占了绝对的优势，便是寇比兵多，事实上也就是民比兵多……到农民起义军对政府军不仅在数量上，在战斗力上也已转为优势时，（明朝廷）再来喊‘收拾人心’，其实已经迟了，而迟到了这时，却依然没有从事‘收拾’。”[③] 这样的王朝，岂有不

① 引自郭沫若《甲申三百年祭》，人民出版社 1972 年版。

② 同上。

③ 同上。

亡之理！而李自成起义军的成功，也正是因为他们的深得民心。他们早期虽被官府骂为“盗贼”“流寇”，却已“很能收揽民心”。[①] 当时的明臣马世奇曾在《廷对》中说：“贼知人心之所苦，特借‘剿兵安民’为辞。一时愚民被欺，望风投降。而贼又为散财赈贫，发粟赈饥，以结其志。遂至视贼如归，人忘忠义”。[②] 到后来，起义军力量日形强大，李自成也更加注重顺从民意，收取民心。郭文引述《明季北略》说，李自成的谋主李岩劝李自成“假行仁义，禁兵淫杀，收人心以图大事”，“自成深然之”。又引《李自成传》：“岩因说曰：‘取天下以人心为本，请勿杀人，收天下心’。自成从之。”通过实施种种“收揽民心”的政策与措施，终于出现了万众归附的局面。由于民心所向，李自成领导的农民起义军成为众望所归。广大民众“惟恐自成不至，望风思降矣”。[③]

当然，李自成起义军的成功，与作为领袖的李自成本人的作风也是有很大关系的。由于“李自成的为人……就是官书的《明史》，都称赞他‘不好酒色，脱粟粗粝，与其下共甘苦’。看他的很能收揽人心，礼贤下士，而又能敢作敢为的那一贯作风，和刘邦、朱元璋辈起于草泽的英雄们比较起来，很有过之而无不及的气概。”[④] 这对于李自成获得下属及民众拥戴显然是十分重要的。

由上，郭文断言：“在这样的人物和作风之下，势力自然会日益增长，而实现到天下无敌的地步。”这样的革命势力，取得胜利自然就不难理解了。

也恰恰在于，取得了胜利，进京之后，这支起义队伍变了：骄傲、腐败、分裂，脱离民众、侵扰民众而失了民心，从而导致了失败的悲剧。郭文指出：这支队伍进京后，李自成深居皇宫。“自成以下如牛金星、刘宗敏之流，似乎都沉沦进了过分的陶醉里去了。”“纷纷然，昏昏然，大家都以为像天下就已经太平了的一样。”于是，不问民间疾苦，却只顾自己享乐起来。“真正是呈现了‘解体’的形势。”由于难以得到民众的拥护和支持，胜利成果最终毁于一旦。郭文对于这样一场“大悲剧”自然感慨良多：“假使初进北京时，自成听了李岩的话，使士卒不要懈怠而败了

① 引自郭沫若《甲申三百年祭》，人民出版社 1972 年版。

② 同上。

③ 同上。

④ 同上。

军纪，对于吴三桂等及早采取了牢笼政策，清人断不至于那样快的便入了关。”“又假使李岩收复河南之议得到实现，以李岩的深得人心，必能独当一面，把农民解放的战斗转化而为种族之间的战争。假使形成了那样的局势，清兵在第二年决不敢轻易冒险去攻潼关，而在潼关失守之后也决不敢那样劳师穷追，使自成陷于绝地。”这说明，如果大顺朝获得了人民的拥护和支持，清人就难以入关，京城未必不能保守；即使退出京城，如听从李岩的意见，前往河南一带收揽民心，积聚力量，继续抵抗下去，起义队伍兴许也不会最终失败。由此可见，脱离民众，不能顺民意、得人心，丧失了民众的支持，才是导致大顺朝速亡的根本原因。

然而，一支队伍，一种势力，如何才能得到人民群众真心实意的支持和拥护，真正做到民心所向，众望所归呢？其要义只能在于能否代表和维护民众的利益。正是在这一点上，进京前的农民起义军与明王朝形成了鲜明的对比。明末的崇祯皇帝“对于老百姓呢？虽然屡次在下《罪己诏》，申说爱民，但都是口惠而实不至”。“御宇已经十三年了，天天都说在励精图治，而征比勒索仍然加在小民身上。”① 明末十余年间，各地灾害频仍，“年年岁岁差不多遍地都是旱灾、蝗灾”。② 真是到了饿殍遍野、人吃人的地步了。官家却全然不顾人民死活，只知严刑厚敛，“有司束于功令之严，不得不严为催科”。③“官家征粮纵虎差，豪家索债如狼豺。”④“竟有那样糊涂的县令，那样糊涂的巡按，袒庇豪家，把……无数残喘仅存的饥民都逼成了‘匪贼’。”⑤ 然而，“官家在征比搜括，寇家在散财发粟”。⑥ 郭文引《明季北略》记述李自成的农民起义军：“贼每剽掠所获，散济饥民，故所至咸附之，势益盛。”李自成更采纳李岩的主张：“李岩进曰：‘欲图大事，必先尊贤礼士，除暴恤民……近缘岁饥赋重，官贪吏骄，是以百姓如陷汤火，所在思乱。我等欲收人心，须托仁义。扬言大兵到处，开门纳降者秋毫无犯。在任好官，仍前任事。若酷虐人民者，即行斩首。一应钱粮，比原额只征一半，则百姓自乐归矣’。”“自成悉从之。”

---

① 引自郭沫若《甲申三百年祭》，人民出版社 1972 年版。

② 同上。

③ 同上。

④ 同上。

⑤ 同上。

⑥ 同上。

当时的儿歌也广为流传："开了大门迎闯王，闯王来时不纳粮。""岩遣党伪为商贾，广布流言，称自成仁义之师，不杀不掠，又不纳粮。愚民信之，惟恐自成不至，望风思降矣。"

李自成起义军为了维护民众利益，还制定了非常严格的军法。郭文引用《明史·李自成传》的记述："例如：'军令不得藏白金，过城邑不得室处，妻子外不得携他妇人，寝兴悉用单布幕绵'……甚至'马腾入田苗者斩之'。真可以说是极端的纪律之师。""自成自己更很能够身体力行。他不好色，不饮酒，不贪财利，而且十分朴素。"并引证《甲申传信录》说明，李自成的起义军"'军令有犯淫劫者立时枭磔，或割掌，或割势'，严格的程度的确是很可观的"。

由上不难看出，明王朝由害民而人心尽失。李自成的农民起义军与人民群众站在一起，维护民众利益，为民排忧解难，而成为深受人民群众欢迎的队伍。

可是，起义军在打进北京、建立新王朝、成为执政者后，却未能继续其以民利为重的既有作为。它既未旗帜鲜明地宣示自己是人民利益的代表者、维护者，制定代表民众利益的方针政策，也无救助民众困厄的施政举措。相反，却是一些官员只顾自己享乐；几十万大军进京，掠抢民财，直接侵害民众利益。郭文引述《剿闯小史》记述："贼将二十余人皆领兵在京，横行惨虐。"虽然李岩等人曾多次谏劝李自成禁兵抢掠，均未被接受，"每劝闯贼申禁将士，宽恤民力，以收人心。闯贼毫不介意"。凡此种种。这样的新王朝，不仅未能使人民获益，反而使群众受害，它怎么能得到京城百姓及全国民众的响应和拥戴呢？

进一步分析还可看出，执政者能否真正代表人民群众的利益，不在于其主观认识、口头表述如何。如明末的崇祯皇帝"很想有为"，口口声声"申说爱民"，[①] 其实却恰恰是在害民！而在于执政者的实际立场如何，即是否真正与民众站在了一起，还在于其是否具备了贯彻、实现这一立场的御宇能力、执政水平、政略艺术。最终，还要通过客观事实，通过民众的亲身体验和感受，通过民意反映和民心向背，才能判定。当然，人民群众的利益是有局部与整体、具体与根本、眼前与长远之分的。民众多关注眼前的局部的具体的利益，尤其是其最急迫需要解决的攸关切身利害的问

① 引自郭沫若《甲申三百年祭》，人民出版社1972年版。

题。这些愿望和要求，也许会更多地以“民意”“民心”的形式反映出来。但对长远的、整体的、根本的利益却往往有所忽视。作为执政者，要执政为民，就要清醒地、恰当地处置民众这两方面利益的关系和要求。既注重民众根本的、长远的、整体的利益，又兼顾其眼前的、具体的、局部的利益。要找到并妥善引领民众把握好这两方面利益的契合点。透过这个契合点，去最大限度地为民众谋取利益。而且这个契合点也不是一成不变的，而是随着形势的发展变化而相应变动的。应该说，要做到上述这一切，需要具备一种很高的执政艺术。唯其如此，才能真正成为广大人民群众认可的客观事实上的民众利益的代表。大顺王朝建立后，要代表和维护民众利益，就既要考虑民众与国家的长远利益，又要考虑当前民众之所急，据以确定自己的施政措置。首先，应从民众最为关注、与民众利害最为直接相关的方面做起。譬如：如何消除社会混乱，稳定生活秩序，安抚旧官如吴三桂等人及大赦天下；如何赈济灾民，恤民助民；如何谨防边患，不使人民遭受异族欺凌等。李自成进京后李岩所谏先定仪制、区别对待降官、严肃军纪、用政略解决吴三桂等，都涉及了上述问题。然后，在此基础上，再制定强国富民的长治久安之计。如此，也许会使大顺朝立于不败之地。而李自成的起义军进京后，却忽视了上述与民众利益直接相关的诸多重大问题，而主要做了“筹备登极大典，招揽门生，开科选举”“拶挟降官，搜括赃款，严刑杀人”[①] 等事情。这些做法，作为一个新诞生的王朝，也许有其所需、不无道理。与民众利益也很难说全无关系，似也无可厚非。但从执政艺术的角度审视，则显见上述作为，不得要领，不是急所，措置失当，而“太不通政略了”。[②] 从中也可知李自成的大顺朝远未具备执掌政权的能力和学会治国安民的艺术。这应该也是其快速演示了一幕“其兴也勃，其亡也忽”的历史悲剧的一个重要原因吧！

（原文刊于《北京党史》2004 年第 3 期）

① 引自郭沫若《甲申三百年祭》，人民出版社 1972 年版。

② 同上。

中国台湾地区政党两岸政策研究

1945年，中国人民抗日战争取得最后胜利，中国台湾地区也在被日本侵占50年后得到光复而重回祖国怀抱。此后直到1949年，中国台湾地区作为中国中央政府所辖的一个省份，并不存在所谓台湾地区政党及其两岸政策问题。1949年国民党政权在大陆被推翻，国民党败退台湾并随之建立起其对台湾地区的独裁统治，继续与中国共产党领导的大陆政权对峙，企图反攻大陆，重新夺回全国政权，此后，台湾地区才出现了实质意义的政党及其两岸政策。当然，国民党在据台后直至20世纪80年代中期，基本上是实行“不接触、不谈判、不妥协”的“三不”和“反共复国”的僵硬的两岸政策。也正是在国民党据台后，美国于1950年乘朝鲜战争之机武力侵入中国台湾地区。直到1979年中美建交，美国撤出其在台军事力量后，其国会仍通过《台湾关系法》，继续以向台湾出售武器保护台湾安全等举措，操控台湾当局。自从国民党退台直到20世纪80年代中期，虽然有中国青年党、中国民主社会党两个在野小党从大陆追随国民党到台湾，但在国民党“白色恐怖”的专制统治之下，该两党根本无什么独立的两岸政策可言。直到1986年国民党解除戒严，开放党禁，台湾地区政党才一时间遍地开花，仅一年多的时间即已涌现出50多个。[①] 经过激烈的竞争和融合，至今仍有注册登记的政党100多家。[②] 这些政党虽然数量众多，但真正能在台湾地区政治和社会中发挥作用的却屈指可数，绝大多数的政党既不能掌握各级政权，也选不上各类民意代表，成员也已寥寥无几，而且内部矛盾重重、四分五裂，因而在台湾政治、社会中处于无足轻重的地位与状态，已渐为社会民众所漠视。因此本文将主要对在台

① 据《中国参军网》《趋向完整的中国》第七章“台湾与中国大陆”。

② 据陈中兴《2300万人的9本“存折”》，载台湾《远见》杂志2006年7月号。

湾政坛能起重要作用的几个政党，即国民党、民进党、亲民党、新党、台联党的两岸政策及其总体关系进行分析和评述。台湾地区各政党之间，既有种种联系和共性，又彼此存在诸多差异。台湾地区政党的两岸政策，是这些政党的基本政策之一，也是区隔这些政党的主要标志。台湾地区政党及民众并以是否坚持“一个中国”、反对台“独”而划分为相互对立的蓝、绿两大阵营。各政党两岸政策的不同，主要体现在政治上是否坚持“一个中国”原则、反对台“独”分裂，经济上是否坚持促进和发展两岸的经贸往来和交流，文化上是否坚持中华民族精神、反对台“独”意识，军事上是否坚持台海稳定与互信，以及在外交上是否维护中华民族利益，反对“两个中国”“一中一台”双重承认等方面。这些政策是由各政党的性质、立场和利益所决定的。同时，这些政策的制定和实施又紧密联系并受制于台湾社会、祖国大陆和国际关系等诸因素的影响，蓝、绿两大阵营及各政党之间的互为消长、各政党内部各派系之间的争夺与妥协，也对各政党的两岸政策起着重要作用。这一切，就使台湾地区政党及其两岸政策无时无刻不处于一种十分复杂多变的动态演进之中。各政党的两岸政策经过相互冲突、利益权衡而形成台湾地区当局的两岸政策。中国大陆只有深刻认识台湾社会政党和政治的现实状况，才能制定和实施正确的对台政策，促进台海和平稳定，推动两岸交流、合作，最终完成祖国的和平统一大业。

一　中国台湾地区政党及其两岸政策概况

（一）中国台湾地区政党

台湾地区包括本岛及离岛面积有3.6万平方公里，人口2300万，但其政党数量却多得惊人，至2006年上半年仍有116个。[①] 但这些政党真正能在政坛起作用的却只有国民党、民进党、亲民党、新党、台联党等少数几个而已。台湾地区共有25个县、市，现执掌政权的为国民党16个，民进党7个，亲民党、新党各1个。台湾“立法院”2004年选举“立法委员”225席，分别为：民进党89席，国民党79席，亲民党34席，台联

① 据陈中兴《2300万人的9本“存折”》，载台湾《远见》杂志2006年7月号。

党12席，无党联盟6席，新党1席，无党籍4席。[①] 以“国”“亲”“新”三党为代表的泛蓝阵营占有明显优势。县市议员及乡镇长、乡镇市民代表、村里长分布情况，国民党及泛蓝占有更大优势。现对台湾地区政党及其两岸政策和蓝、绿两大阵营的情况试予简介。

第一，中国国民党。是由中国近代革命先行者孙中山创立的中国历史上第一个资产阶级政党，其前身是兴中会、中国同盟会、国民党、中华革命党。1911年，孙中山将中华革命党改组为中国国民党。1927年，国民党在形式上完成了全国政权的统一，并一直统治全中国至1949年。其间，1945年抗日战争胜利后日本侵占的台湾地区回归祖国。1949年，国民党在内战中失败而结束其对大陆的统治，国民党及“国军”退往台湾并随即形成其对台湾地区的统治地位。据台后的国民党由蒋介石连任“总裁”至1975年4月去世。国民党为巩固其在台湾的统治，在大力发展经济的同时，大搞独裁、专制和“白色恐怖”。在政治上也出现了严重腐败。这自然引起台湾民众的仇恨。蒋介石去世后，废除“总裁”制，党的首脑改称“中央委员会主席”，由蒋经国连任至1988年1月去世。其后由李登辉继任至2000年3月。李登辉上台后推行台“独”分裂路线，导致了国民党的垮台。2000年台湾“总统”大选，国民党惨遭失败，自此沦为台湾在野党，李登辉也被迫下台，由连战任代理党主席并随后当选为党主席继任至2005年7月。连战任党主席后，全面清理、整顿李登辉台“独”路线，并撤销了李的党籍。2005年7月，国民党经第一次直选由马英九任党主席。作为台湾“政治明星”的马英九任主席后，当年即率领国民党在台湾县市长选举中获得大胜。之后，马英九坚持国民党的改革路线，逐步整合泛蓝阵营，使国民党及蓝营气势大振。国民党的组织机构，以“全国代表大会”为最高权力机关，由“全代会”选举出中央委员会（本届共210名），再由中央委员会选出31名中央常务委员组成中央委员会常务委员会，作为党处理日常事务的最高权力机构。国民党设党主席一人，副主席若干人。中央党部常设机构有：考试纪律委员会、投资事业管理委员会、行政管理委员会、发展组织委员会、文化传播委员会及政策委员会、“国家发展研究院”等。国民党在台湾各县市都设有地方党部。国

① 据《中国台湾网》《第六届台湾“立委”选举225人当选（附名单）》，2004年12月12日。

民党党员截止到2005年底超过百万人,[①] 是台湾地区人数最多的政党。

国民党的两岸政策经过了长期的演变。在“两蒋”时代，一方面，曾长期坚持“三不”政策，宣称“反攻大陆”“光复大陆”。但同时也始终坚持“一个中国”政策，坚决镇压台“独”分裂活动。李登辉主政后则迅速走向台“独”分裂之路，他提出两岸关系定位在“特殊的国与国的关系”即“两国论”[②]，推行台湾地区政权“本土化”并与台“独”势力联手的路线，对两岸的交流和发展大搞“戒急用忍”[③]，极力阻挠、反对“三通”，制造台海紧张局势，使两岸关系濒临战争边缘。李登辉倒台后，国民党清理台“独”路线，重回“一个中国”立场。2005年国民党主席连战访问大陆，与中共中央总书记胡锦涛会谈，就促进两岸关系改善和发展的重大问题及两岸交往事宜，达成了广泛共识，实现了两党和解。马英九当选国民党主席后，继承了这些政策。其要点是：①坚持“一个中国”原则，反对台“独”分裂，追求国家最终统一。以“中华民国”为国本，诉求“实现中华民国为自由、民主、均富和统一的国家”。[④] 但主张“一中各表”，强调走“本土化”路线。②主张目前在“九二共识”基础上，维持台海现状，追求两岸和平稳定关系，建立军事互信机制，建构台海和平区，推动两岸全方位交流和发展。③主张与中共协商、对话，通过谈判，“共同谋求两岸关系和平发展的机会，互信互助创造和平双赢的新局面，为中华民族实现光明灿烂的愿景”。[⑤] 当然，国民党所信奉的“三民主义”与中国共产党作为指导思想的马克思主义是两个根本不同的理论体系。在这方面，国民党无疑仍将坚持其“反共”立场。

第二，民主进步党。简称民进党，1986年9月28日成立于台北，目前有党员51万多人,[⑥] 党主席为游锡堃（现为蔡英文）。成立初期的民进党热衷于街头运动，一度在岛内被冠以“暴力党”的称号。后来民进党越来越重视并转向“体制内的斗争”，即致力于各项公职选举，并很快成为人们所称的“选举机器”。在1992年底的第二届台湾“立法委员”选

---

① 据《中国台湾网》《台湾地区·政党》:《中国国民党》，2006年1月16日。
② 《人民日报》评论员:《要害是破坏一个中国原则》，1999年7月14日。
③ 《人民日报》评论员:《海峡两岸关系的破坏者》，1999年9月15日。
④ 见中国国民党第十六次全国代表大会新修订通过的党章，2000年7月29日。
⑤ 据《中国台湾网》《中国国民党宣读胡锦涛与连战会谈新闻公报》，2005年4月29日。
⑥ 据《中国台湾网》《民主进步党》，2006年1月16日。

举中，赢得近三分之一的席次。1997 年的县市长选举，它又取得了全台大部分县市的执政权。2000 年民进党又一举在“总统”选举中获胜，开始成为台湾地区的执政党。2004 年第六届“立法委员”选举中，民进党取得 89 席，超过仅得 79 席的国民党，成为“立法院”第一大党。2004 年，民进党通过陈水扁被“两颗子弹”打伤的非常手段，再次在“总统”选举中获胜。执政之初，民意调查对陈水扁满意度曾达到 70% 以上，[①] 但随着民进党及其“总统”陈水扁的执政无能和快速腐化，民进党已逐渐为台湾民众所唾弃。在 2005 年 12 月 3 日举行的县市长选举中，民进党大败。在全台 25 个县市中，民进党已由选前的 12 个县市长减少为只拥有南部地区的 7 个。当时的民调显示陈水扁执政满意度已跌至 11%，不满意度却达到 70%[②]，民进党的统治已摇摇欲坠。民进党以“全国代表大会”为其最高权力机构，以中央执行委员会作为常设的最高权力机构，中执委设置党主席（为当然委员）在内的 31 名委员，并从中互选出 10 人为常务执行委员。此外，民进党还设有一个监督机构——中央评议委员会。民进党中央党部下设“七部二会”，即：国际事务部、中国事务部、组织推广部、文化宣传部、社会发展部、妇女发展部、青年发展部，财务委员会、政策委员会。民进党实行派系政治，党内派系林立，如以陈水扁等为首的“正义连线”，以谢长廷等为首的“福利国连线”以及“新动力办公室”“台独联盟”“新潮流系”“新世纪办公室”等。民进党内的派系之争，主要表现在政治路线和党内资源的争夺上。在两岸政策上虽然都坚持台“独”立场，但对一些具体做法也存在不少分歧和矛盾。今年，民进党明令解散派系，但各派系仍阴魂不散。

民进党的两岸政策是以追求台湾“独立”为实质内涵的。民进党的党纲素有台“独”党纲之称，声称要“建立主权独立自主的台湾共和国”，“制定新宪，使法政体系符合台湾社会现实，并依据国际法之原则重返国际社会”。迫于各方面的压力，特别是该党在台湾执政后为了维持其统治地位，争夺选民，民进党的两岸政策也不断地做出了一些调整、修改，使之朝“缓和”的方向变化，以掩饰其台“独”主张。该党籍“总

① 文心：《透视台湾大选》，载《科学决策》2003 年第 12 期。

② 据《中国台湾网》《台湾政治人物满意度民调马英九夺冠陈水扁垫底》，2006 年 8 月 2 日。

统”陈水扁在2000年5月就职演说中曾作过所谓“四不一没有”的承诺，即“不会宣布‘台湾独立’，不会更改‘国号’，不会推动李登辉的‘两国论’入‘宪’，不会推动改变现状的统独‘公投’，也没有废除‘国统纲领’与‘国统会’的问题”。[①] 陈水扁还说：在他任内解决不了台湾独立问题。2001年10月20日民进党九届二中全会通过的《台湾前途决议文》提出，该党“尊重中华民国宪法”，无意再追求“更改国号”“宣布独立”。但是，陈水扁又说他的最大贡献是提出“一边一国”。[②] 在现实推行的两岸政策中，民进党仍坚持其台独立场，不承认“一个中国”原则，回避、否定“九二共识”，反对两岸直接“三通”，推动“去中国化”运动，并在军事上加紧军购、演习和战备，提出所谓“决战境外”，不断制造台海紧张局势。2005年台湾地方县市长选举民进党惨败后，为了争取绿营尤其是深绿选民的支持及与台联党争夺地盘，陈水扁又大打“统独”牌，通过制造两岸紧张与对立及“终统”（即终止国统纲领）等举措，使民进党的两岸政策急剧由“渐独”向“急独”转变。

第三，亲民党。2000年3月31日在台北宣布成立。党主席宋楚瑜曾是国民党重要领导人并曾任台湾省主席，自时任“总统”的国民党主席李登辉推行“废省”后，宋与李逐渐分离直至最终决裂。并在2000年3月脱党以独立参选人的身份参选“总统”，但以些微差距（30万票）落选。为了凝聚众多的支持者（宋获466万票），探索台湾政治之路，宋楚瑜于当月宣布成立亲民党。亲民党成立后，招纳了一批原国民党、新党以及无党籍的“立法委员”，在2004年第六届“立法委员”选举中取得了34席，成为“立法院”位居民进党、国民党之后的第三政党。据该党宣称拥有党员30万人。2004年“立法委员”、2005年县市长选举成绩不佳。近期，该党尚拥有“立法委员”22席及连江县一个县的县长。亲民党中央党部下设政策研究中心、组织部、文宣部、行政部、财政部及“立法院党团”等机构，在各县市也成立了一些地方党部。亲民党的两岸政策，承认“一个中国”原则和“九二共识”，主张“两岸展开平等互惠的谈判，谋求永久的和平”，但又声称“中华民国为主权独立自主的国

① 据《中国新闻网》“新闻中心”《新闻背景：何谓陈水扁的“四不一没有”?》，2002年8月5日。

② 据《人民网》《陈水扁又弹“台独”老调　把“一边一国”当贡献》，2006年4月27日。

家”，反对“一国两制”。2001 年 8 月该党主席宋楚瑜曾表示：“亲民党的两岸政策是坚持‘一个中国’各自表述，按照‘国统纲领’推动国家长远统一目标。”2005 年 5 月，宋楚瑜访问大陆，再次表明，该党坚定不移地反对台“独”，反对“两个中国”，反对“一中一台”，更反对“两国论”，而坚持“宪法一中”“九二共识”，主张两岸要和平。①

第四，新党。1993 年 8 月 10 日由国民党内的“新国民党连线”成员脱离国民党组建成立，现任党主席郁慕明。新党成立之初，发展迅速，在 1995 年“立委”选举中，取得了“立法院”164 席“立委”中的 21 个席位，得票率达 12. 95%，② 成为台湾政坛制衡国、民两党的重要力量。后来由于内讧不断，党组织大为削弱。2003 年党员登记只有 1600 多人，目前，尚拥有“立法委员 1 席（已同时加入国民党）和金门县 1 个县长。新党成立以来，旗帜鲜明地坚持一个中国原则，反对台“独”，承认“九二共识”，主张保障台海安全，发展两岸关系，在岛内维护泛蓝团结的大局，通过两岸政党谈判，经由“一国两制”，实现祖国和平统一。新党主席郁慕明曾多次赴大陆，推动两岸交流和发展。

第五，台湾团结联盟。简称“台联党”或“台联”，2001 年 8 月 12 日成立于台北。现任党主席为苏进强。李登辉是该党精神领袖。成立时党员 102 人，现有党员约千人。台联党成立时间很短，主要以“立法院”党团为工作重点，以“李登辉之友会”及围绕李登辉的一些台“独”组织、学校为基层动员力量。2001 年年底，成立刚几个月的台联党在第五届“立法委员”选举中获得 13 个席次，成为“立法院”第四个政党。现仍拥有“立委”12 席。台联党以维护李登辉台“独”分裂路线为使命，不遗余力地推行激进的台“独”路线，成为岛内外激进台“独”势力的总代表。它大肆鼓吹“改国号、制定新宪”，宣称“台湾是一个主权独立国家”，应改国号为“台湾共和国”，主张两岸关系是“两国关系”，并在岛内推动“公投立宪”，组织发动“台湾正名运动”，阻挠发展两岸经贸及人员交流，反对两岸直接“三通”，同时在意识形态领域加速灌输台独认同，鼓吹所谓“新中国成立意识”，力图斩断台湾民众的中华民族意

① 见谢湘、于扬等《“宋楚瑜特色”：讲话用方言智慧谋突破》，《环球时报》2005 年 5 月 6 日。

② 据《华夏经纬网》《台湾年底选战四大谜团》，2002 年 4 月 2 日。

识，在思想、文化上彻底与中国划清界限。

此外，还有坚持大陆与台湾统一的中国统一党、中国民主正义党等，坚持台“独”分裂的建国党、台湾社等，不再一一详述。

（二）中国台湾地区政党与蓝、绿两大阵营

第一，蓝绿两大阵营的划分。尽管中国台湾地区政党林立，各政党出于各自不同的利益与政治主张而实行互有异同的方针、政策。但在是否承认台湾海峡两岸同属一个中国并最终走向统一这一根本问题上，各政党的不同回答则使之归属于两个相互对立的政治集团联盟，通称泛蓝、泛绿两大阵营。以国民党、亲民党、新党为代表的一方，坚持“一个中国”原则，反对台“独”，主张祖国最终统一。由于三党都源自国民党，国民党的党旗底色为蓝色，被称为泛蓝阵营或泛蓝军。而以执政的民进党及台联党为代表的一方，不承认“一个中国”原则，坚持台独分裂路线，追求建立主权自主的“台湾共和国”。由于民进党的党旗底色为绿色，被称为泛绿阵营或泛绿军。众多的小党出自不同的立场而分别支持、参加蓝、绿阵营。

第二，两大阵营的对立与共存。中国台湾地区两大阵营之间的相互关系，首先表现在双方长期相互对立和攻防方面。其一是对岛内各级政权的争夺。在“总统”、县市长、“立法委员”等选举中争夺尤为突出。其二是在代议机构内的斗争。两大阵营的“立法委员”、县市议员在“立法院”、县市议会等代议机构中相互较劲，为了支持或阻止某项提案通过，双方民意代表或以集体不出席、退席、投废票等形式抗议；或高举标语、漫画牌幅、高呼口号搅乱会场；或包围、抢占主席台，抢夺麦克风，使会议不能进行；或争吵、对骂，直至爆发肢体冲突、大打出手，造成流血事件……演出了世所罕见的台湾政坛的一幕幕闹剧。其三是利用一切机会相互爆料、揭弊、指责、攻讦。利用党庆、重大纪念日（如台湾“二二八”纪念日）、节日等大做文章，进行游行造势等文宣活动。并随时寻找机会，向对方进行揭弊、曝光甚至造谣诬蔑。如2006年以来蓝营揭露陈水扁及其家人、亲信的系列弊案后，绿营“围马救扁”，反揭马英九“特别费”案。随后双方又互揭“特别费”，使蓝绿双方涉弊的各级领导人已达3600人之多，有人计算，如此揭下去，再加上已退休者，如李登辉、连

战等，涉案者将逾万人，称如此办案要“血流成河”。[①] 双方政党领导人也常常互相攻击直至投诉，如宋楚瑜诉李登辉，连战诉陈水扁等。但与此同时，两大阵营的相互关系也体现于双方的相互联系、沟通与妥协上。一是各政党共处于同一政治体制内，为了自身的生存、发展而被迫相互让步、配合直到合作。“立法院长”王金平、台北市市长马英九等担任中国台湾地区各级领导人的蓝营人士，也不能不依照当局的指示或有关规定，履行所负的职责。在立法院中，一些有关社会、经济、文化及两岸关系的提案也会在双方相互妥协后得以投票通过。二是两大阵营领导人直接沟通、协商。台湾地区各主要政党领导人在一些重大问题或重要时刻，也会通过“隔空喊话”、代言人往来等间接形式，或直接举行秘密的或公开的会面，进行协商，相互协调各自的政策与行动。如扁连会、扁马会、扁宋会等。三是本土意识方面的一致性。在维护“本土政权”、与大陆关系、开拓国际空间等方面，两大阵营仍具有较多的共识和基础。民进党“副总统”吕秀莲还提出了“蓝天绿地大同盟”的设想。[②] 李登辉也要筹组跨越蓝、绿的“第三势力”。台湾地区政党的对立和争夺，两大阵营的相互攻防及双方实力的互为消长，执政党的轮替，斗争与妥协的变换，直接影响并操控了台湾地区民众的社会政治生活，同时也使各政党及台湾地区两岸政策处于摇摆不定、不断演化的状态，从而使台海局势和两岸关系的演进出现了诸多变数。

二 中国台湾地区政党两岸政策的特点

中国台湾地区政党由于其各自不同的利益和立场，制定和实行相互不同的两岸政策。随着这些政党为了各自的生存和发展，或分裂、或合并、或联合、或斗争，既互相抵制、互相争夺和攻防，又相互呼应、相互联系、相互妥协、相互渗透与配合，你中有我，我中有你，展现出种种复杂而微妙的互动演变关系。现行的台湾地区两岸政策，是各政党主张、理念相互持续、反复冲突、权衡权益的结果，从中也使这些政策形成了种种特点。主要是：

---

① 据《中国评论新闻网》《全台普查“特支费”恐将血流成河》，2006 年 11 月 24 日。

② 据《大公报》《吕秀莲组蓝天绿地大联盟》，2006 年 7 月 30 日。

（一）从表面看——维持现状，回避统独

这是中国台湾地区政党及当局目前尚能认可或接受、追求的政策目标，是目前各党两岸政策的交集点。作为蓝营，一方面坚持“一个中国”，反对台“独”分裂，另一方面与大陆及中共的隔阂与对立依然存在，并不主张过早统一，其首要目标，是追求两岸较长时期的和平稳定。绿营虽然企求早日独立，主张急独的台联党、建国党等更是如此，但由于台湾的主流民意要求台海和平稳定，大陆强大的威慑力和采取有力维护台海形势稳定的政策，美国出于其战略利益需要而坚持台海两岸都不能单方面改变现状的主张，以及国际社会承认“一个中国”和促进台海和平的努力，使中国台湾地区主要政党及当局不敢贸然采取重大的台“独”政策和行动，不得不在政策与措施上做出一定的掩饰、妥协和让步，改而实行种种“渐独”措施，以实现“事实台独”。形成了目前中国台湾地区主要政党及当局两岸政策不统不独、维持现状的表象。这就在总体上未造成台海现状的重大改变和打破台海力量的平衡态势，也成为大陆对台政策所能容忍的底线及整合两岸关系的前提条件。但值得注意的是，执政的台湾民进党的两岸政策已日益显露出由“渐独”向“急独”转变的迹象。

（二）从实质看——台“独”政策，主导全局

中国台湾地区两大阵营及各政党的两岸政策严重对立，但并非势均力敌。由于多年来台“独”思潮肆行泛滥，加之国民党执政后期主张台湾“本土化”，尤其是李登辉主政后逐渐偏离“一个中国”路线，大搞台“独”分裂活动，2000 年坚持台“独”路线的民进党又一举夺取了执政权，尽管台湾民进党当局不得不顾及岛内外影响，作出种种掩盖其台“独”企图、维持台海现状的表象，但台“独”政策仍毫无疑义地成为其主导政策。在民进党执政当局的台“独”路线指导下，坚持“一个中国”原则的“九二共识”被否定，“汪辜会谈”被迫中止，在台湾岛内掀起了“去中国化”的恶浪。诸如“正名”“公投”“制宪”等台“独”行径大行其道，持续挑动两岸紧张关系，大搞军演，鼓吹“决战境外”。[①] 对坚

---

① 据新加坡《联合早报》《台军大力提升各项设备加紧落实陈水扁决战境外主张》，2002 年 9 月 4 日。

持统一的政党和民众动不动就扣上“通共卖台”的“红帽子”，予以种种压制和打击，从而使中国台湾地区的台“独”势力极为嚣张，甚至人们都不敢或不能公开谈论两岸统一问题，一时间“黑云压城城欲摧”。这一切，使两岸关系遭到极大干扰和破坏，长期处于紧张对峙、停滞甚至倒退状态。

（三）从联系看——微妙互动，复杂演化

中国台湾地区政党的两岸政策不是一成不变的，而是相互影响、变化不定的。究其原因，一是如前所述，是蓝、绿两大阵营之间既对立、对抗又不乏沟通、妥协的互为消长关系的影响所致。二是各自阵营的各政党之间既相互合作又不断争斗的复杂关系的影响。为了自身生存、发展的需要，一方面，本阵营各政党注重协调各自的政策和行动，坚持配合与合作，致力于实现共同目标，长期保持了基本相同或相近的两岸政策。另一方面，同一阵营各政党又从其不同的立场、主张和利益出发，制定了种种互别苗头的政策，在行动上也会出现各种不同调、不协调，甚至相互掣肘、攻击、内讧、分裂的做法，这对各政党两岸政策的影响也不可小觑。三是对立阵营各政党之间既保持距离又相互利用的微妙关系的影响。由于各政党历史渊源及党的领导人之间的恩恩怨怨，形成了对立阵营之间各政党复杂、微妙的关系，对这些关系如何看待和处置，也直接、间接地影响着各政党的两岸政策。四是各政党内部不同派系在两岸关系上既基本一致又各有差异的认识与主张，以及或明或暗地相互较劲的奇特关系，也难免会或多或少地影响该党两岸政策的制定和实施。

（四）从发展看——绿消蓝长，面临转机

种种迹象表明，当前（指作者成文之时）中国台湾地区政党两岸政策正面临转机。从民进党及绿营一方看，陈水扁当局的台“独”政策日益不得人心，陈水扁弊案缠身，个人诚信破产，加之执政无能，乏善可陈，社会动乱，民生凋敝，而陈水扁与民进党的贪腐本性也已暴露无遗，目前更深陷系列弊案泥潭而难以自拔，招致越来越多的民众、包括绿营人士的唾弃，民进党的政党及领导人的民调满意度屡创历史新低。在野党在“立法院”多次提出罢免陈水扁的提案。民进党及绿营内部的矛盾不断激化。台湾地区当局与大陆和国际社会的矛盾空前加深。这一切，使执政的

民进党当局陷入了难以缓解的危机。从国民党及蓝营一方看，国民党经过开除李登辉与党内整顿，已摆脱台“独”路线的羁绊，旗帜鲜明地坚持“九二共识”，坚持“一个中国”原则，以清廉闻名的马英九当选国民党主席后，坚持反对台“独”，坚持改革，受到党内外广泛好评。国民党主席连战率团访问大陆，实现了 60 年来对立、对抗的国、共两党的和解。泛蓝阵营的亲民党、新党不甘落后，相继组团访问大陆。蓝营政党领导人频繁地访问大陆之举，推动了海峡两岸人民及经贸、文化的交流和发展。种种进展使国民党及蓝营军心大振，空前团结，也更多地获得了台湾民众的支持。在 2005 年县市长及 2006 年台北、高雄两直辖市的选举中，国民党及蓝营获得大胜。经过一些“立委”中途辞职或改变所属政党，在决定台湾当局重大政策和施政的“立法院”，现有立委 219 席，分别为：国民党 90 席，民进党 84 席，亲民党 22 席，台联党 12 席，无党联盟 8 席，无党籍 3 席。[①] 国民党成为该民意机关第一大政党，泛蓝阵营占据多数席位。这就使民进党企图通过法理台“独”推行“公投”“催生新宪法”及通过军购案加剧两岸紧张关系的图谋更加难以得逞。这一切，也为 2007 年台湾地区“立法委员”选举，特别是 2008 年的“总统”大选创造了十分有利的条件。应该说，国民党重新执掌政权的条件已渐趋成熟。而国民党一旦上台执政，民进党实行至今（指作者成文之时）的以台“独”路线为主轴的台湾当局的两岸政策，经过国民党与蓝营、两岸人民及国际社会的共同努力，必将产生显著的改观和重大的转变，而为台海和平稳定并逐步走向统一的两岸政策所取代。

三 中国台湾地区政党两岸政策的制约因素

中国台湾地区各政党之所以会制定并实行不同的两岸政策，不言而喻，首先是由这些政党自身的性质、宗旨、人员构成及其利益和主张等历史和现实的因素所决定的。譬如，国民党尽管从大陆退守台湾，但是，仍遵从孙中山的“三民主义”而将统一中国作为诉求目标。民进党则以“台湾独立建国”为目标，尽管不断变化花样，却万变不离其宗，而坚持走分裂祖

---

① 据《中国台湾网》《“三次罢免陈水扁案”在台“立法院”闯关失败》，2006 年 11 月 24 日。

国的台“独”之路。以上，可以看作这些政党两岸政策的内部、主观因素或依据。同时，各政党在制定和实行其纲领、路线的过程中，也无可避免地会受到外部、客观因素的影响和制约。这些因素主要有如下三个方面：

一是台湾社会。首先，是政党之间特别是对立阵营政党、执政党与在野党之间的相互监督和制衡。两大阵营及各政党之间无时无刻不在进行着较量甚至“恶斗”，使各自的两岸政策及相关的重大举措只能在相互折冲和有所妥协、忍让的状态下出现或实施，从而受到约束。如民进党当局（指作者成文之时）拟大举从美国进口武器的“军购案”，虽然一次次在“立法院”提出，但至今不得通过。为了通过该提案，民进党当局不得不逐次压缩项目，所需金额也从新台币 6108 亿元减至 3400 亿元①，但直到 2006 年 12 月 6 日，仍遭到蓝营立委联手第 67 次封杀。其次，是社会各界尤其是新闻界、学术界、教育界的评议和揭露。台湾实行所谓完全言论自由制度，新闻媒体和大学、科研机构等文化名人、“名嘴”，对各政党制定和实行各种政策包括两岸政策，不断在进行着评论、揭露、抨击和批判，使各政党两岸政策的制定和实行不得不有所顾忌。有的媒体尽管受到政治势力的压制，如民进党当局诬蔑并企图封闭坚持揭露其黑幕的台湾 TVBS 电视台，但在该电视台和各界的抗争下终未得逞。台湾“名嘴”李敖（知名学者）、赵少康（时事评论员）、陈文茜（政治评论员）、兰萱（时事评论员）、尹乃菁（时事评论员）、郑又平（台北大学教授）、江岷钦（台北大学教授）、盛治仁（东吴大学副教授），等等，都曾对民进党不得人心的两岸政策进行过深刻揭露和批判。最后，是普通民众对各政党政策、举措的直接反应。中国台湾地区广大群众从自身切身利益出发，时刻在关注、体验、承受着各政党主要是执政党各项政策包括两岸政策的作用和功效，相应做出了不同的反应。如民进党当局（指作者成文之时）反对“三通”，反对高技术企业西进大陆，制造台海紧张局势，大搞军购，等等，招致群众的一片反对声。而蓝营政党坚持与大陆沟通、交流的政策，推进两岸农业、企业等经济合作，获得台湾地区民众普遍欢迎。特别值得关注的是，广大群众决定着台湾地区政党的各类选举。可以说，各政党在政坛的地位及是否能执掌各级政权，取决于民众的选票。所以各政党政策尤其是其两岸政策，就不能不顾及民众的态度，而去关注主流民

① 据《财经》杂志总 152 期封面文章《中国 2006 反思之年》，2006 年 2 月。

意。尽管中国台湾地区已形成蓝绿两大阵营并影响到社会群众的政治态度，但不得民心的民进党在中国台湾地区近来的县市长等选举中遭到惨败，台湾不分蓝绿的百万“红衫军”持续走上街头，要求陈水扁下台，仍充分显示了人民群众主流民意的力量。

二是祖国大陆。新中国成立后，尤其是改革开放以来，祖国大陆获得了长足的发展。政治、经济、文化、军事、外交实力已今非昔比，国际地位已大大提高。祖国大陆的强大和繁荣，一方面，为中国台湾地区经济发展提供了巨大的市场和推动力，对中国台湾地区民众无疑产生了巨大的吸引力、召唤力和凝聚力，中国台湾地区大批企业家西进大陆，广大台商在大陆不仅成就和扩大了自己的事业，也为促进两岸经贸交流和发展做出了重要贡献。大陆对台政策也日益精进，为两岸关系改善不断创造更为适宜的条件和气氛。这就使中国台湾地区政党及执政当局的两岸政策必须面对两岸交流与合作的大势。同时，大陆决不承诺放弃使用武力，通过了《反分裂国家法》，为一切台“独”势力及其政策划定了底线，碰触这一红线就意味着战争，从而形成了对台“独”势力的巨大震慑力，对台“独”政策和图谋有着根本的遏制力。这一切，就使台“独”势力包括执政的民进党（作者成文之时）不敢恣意妄为，轻举妄动。

三是国际关系。其一，是美国、日本与中国台湾地区及大陆的特殊关系和影响。美国与国民党及中国台湾地区关系久远。在 20 世纪 30 年代中国人民进行的抗日战争中，美国作为中国的盟国曾大力支持当政的国民党政府，支持中国人民打败了日本侵略者，取得了抗战的胜利。在随后爆发的国共内战中，美国政府却公然站在国民党一边，大力帮助国民党军进攻中国共产党领导的解放区。在中国共产党领导中国人民取得解放战争的胜利，国民党败退台湾之后，美国又乘中国人民抗美援朝战争之机，武装入侵中国台湾地区，成为国民党的“太上皇”，并无理阻挡中国人民解放中国领土台湾，妄图使台湾成为美国“永不沉没的航空母舰”。1979 年中美建交，双方先后签署了“承认一个中国”的三个《中美联合公报》，美国撤出了驻台军事力量。但是，美国国会随后又通过所谓《与台湾关系法》，无理提出保护和协防台湾安全，继续通过政治、军事、外交等渠道操控台湾政局。至今，美国对中国仍采取两面政策，一方面，对中国的发展和强大持一种疑惧心理，散布所谓“中国威胁论”，并企图通过打“台湾牌”，牵制中国。另一方面，随着中国的国力的发展和中国国际地位的提高，以及美国对中国合围的日益失效，美国从其全球战略利益出发，越来越需要与中国进行国际交流和合作，从而又与中国结成战略伙伴关系。由此决定，美国对台湾问题的态度只能是“反对任何单方面改变台湾海峡现状的举动”[①]，坚持“一个中国”，反对台湾独立，甚至支持两岸“三通”。[②] 美国的态度与举动对台海形势与台湾两岸政策的影响重大而深远。历史上不断侵略并曾长期霸占中国台湾的日本，虽然在中国人民抗日战争胜利后撤出了台湾，并于1972年与中国建交，日本政府一方面承认“一个中国”，另一方面一直奉行追随美国、企图通过美日联盟称霸亚洲的政策。其右翼势力及其政党仍对中国宝岛台湾念念不忘；并与台湾的分裂势力遥相呼应，保持着千丝万缕的联系。曾作为台湾“总统”的李登辉竟公然宣称自己曾是日本人。[③] 日本右翼政党上台后，鼓励、支持台“独”分裂活动，甚至公然将中国台湾地区包括在与其盟友美国的台湾海峡共同战略目标中安全保障合作的范围之内[④]，妄图插手台海事务。台“独”势力及民进党陈水扁当局（指作者成文之时）也将日本作为其重要的依赖力量。还妄想同日、美联手共同对抗祖国大陆。所以，作为中国近邻的日本的一举一动，也会对中国台湾地区政党的两岸政策造成相当的影响。其二，是联合国及其所属国际组织的巨大作用。1971年联合国大会以压倒性多数通过决议，驱逐蒋介石集团，恢复中华人民共和国在联合国及其所属组织的合法席位。标志着在这个最大的国际舞台上，解决和确立了中国代表权的问题。从此，联合国大会坚持一个中国的原则，使中国台湾地区妄图“重返”联合国的图谋不能得逞。中国台湾地区“叩关”联合国的提案至今已达14次，均以失败告终。联合国下属组织也坚持只有主权国家才能参加的原则，始终将台湾当局拒之门外。即使是奥运会，中国台湾地区也只能以中国台北的名义参加。这就在法理上和国际认知上，极大地限制了台“独”势力的影响和发展。其三，是广大的与中国建交国家的重要影响。截止到2006年11月，在全世界190多个主权国家中，已有169个与中国建交。而与中国台湾地区有所谓外交关系的目前只剩下无足轻重的24个小国。台湾当局为开拓所谓国际生存空间，大搞金钱外

① 中国中央电视台：《美国重申反对任何单方面改变台海现状的举动》，2006年3月7日。

② BBCChinese. com：《港台消息》，《美国呼吁台湾与大陆谈三通》，2006年11月21日。

③ 《环球时报》：《日本加紧渗透台湾（新闻内幕）》，2005年1月5日。

④ 据《人民日报海外版》《境外媒体评“两会”》，2005年3月7日。

交，靠银弹收买、维持一些小国的承认，这些小国经常以断交相要挟，搞得台湾当局惶惶不可终日。自陈水扁 2000 年上台以来，已有六个国家与台湾断交而承认中华人民共和国。广大的与中国建交的国家一致承认世界上只有一个中国，大陆和台湾同属一个中国，中华人民共和国是中国的唯一合法代表。这些国家支持中国的和平统一大业，反对台湾“独立”，不与台湾当局进行任何官方往来，有效地遏制了台“独”的国际活动，大大压缩了台“独”的国际空间。

以上，可以看作是中国台湾地区政党及当局制定和实行其两岸政策的外部因素或依据。

历史表明，影响、制约台湾政党尤其是民进党当局（指作者成文之时）制定和实行其两岸政策的内外因素并非孤立和一成不变的，而是交互作用、不断演化的。各政党内部的因素是其两岸政策产生的最主要依据。外部因素通过各党内因而发挥作用。同时，中国台湾地区、祖国大陆及美国等国际势力这三者之间也是相互关联和相互影响的。中国台湾地区政党及当局的两岸政策正是在这多种因素动态的交互作用下不断变化与演进的。

四　中国台湾地区政党两岸政策前瞻与大陆对策

（一）中国台湾地区政党两岸政策前瞻

一是中国台湾地区政党政治将进一步趋于明朗化、简单化。蓝营、绿营将分别整合、简化为两个政党（联盟），即国民党与民进党，统独斗争将更为直接、鲜明而激烈。随着马英九出任国民党主席和深入推行改革路线，坚持反对台“独”的国民党已日益成为台湾政坛的主要力量。亲民党、新党的政治立场和主张与国民党本来就没有太大的实质差异，而且“亲”“新”两党的民众支持度已大为减少，宋楚瑜作为亲民党内的“唯一明星”也已风光不再，两党之内要求与国民党合并的呼声日益高涨，新党更是已明确表示要重返国民党①，并已让本党赖士葆、雷倩、吴成典等所有七名“立委”全部先行加入了国民党。所以，“国”“亲”“新”共同组成一个中国台湾地区反独政党只是时间问题。民进党作为海内外台

① 据网易《台湾新党访问大陆》，2005 年 7 月 8 日。

“独”势力的代表，其台“独”嘴脸已暴露无遗，而且大有由渐独转为急独的可能。势单力孤的台联党将更加风雨飘摇。李登辉为扩大个人势力，一再企图筹组“第三势力”，但因其影响有限，在国民党蓝营及民进党的双重压力下其图谋也只能是无果而终，台联党最终难逃被民进党收编的命运。至于其他众多无足轻重的小党，大多将因在政坛难以立足而自生自灭，其余则会更明确地显露其在两岸关系上的政治意向，分别靠近国民党或民进党。

二是反独政策将占据主导地位。民进党及绿营将进一步遭到中国台湾地区广大民众唾弃而陷于孤立，中国台湾地区执政党再次轮替，国民党重新执政后着力推行反独政策，并使之主导两岸关系全局。随着大陆愈益强大及两岸交流合作加强，大陆对台民众工作更显成效，中共与国民党将更充分地展开良性互动，美国进一步向中美合作转变，台海形势将趋于和平稳定，台湾海峡两岸和平统一前景重现曙光。

三是台“独”政党及其台独政策将长期存在并在曲折中趋于消亡。虽然至今（指作者成文之时）以民进党为代表的台“独”政党及其两岸政策已声名狼藉，或许不久还会发生执政党轮替、民进党垮台的局面，对民进党的生存形成巨大压力和严峻考验，但中国台湾地区的台“独”政党及台“独”分裂政策仍会在艰困的环境中顽强地存在下去。这是因为，一方面，台独分子和台“独”政党在长期的反抗国民党统治和打压中生成了很强的求生抗压能力和经验。另一方面，则是由于多年来李登辉、陈水扁在美、日等国际势力支持下，竭力推行台“独”路线，使台“独”势力恶性膨胀，台“独”气焰极为嚣张，形成了铁杆台“独”分子和近乎顽固不化的“深绿阶层”，这就为台“独”政党的长期存在提供了相当坚实的社会基础。加之，美、日等国际势力至今还在某种程度上需要并支持台“独”势力及其政党，对华实行在台湾问题上的两面政策。这些主客观因素决定，中国台湾地区台“独”政党在短期内是不会轻易退出历史舞台的。但是，由于台“独”政党的台“独”政策违背了中国台湾地区民众的根本利益，而必然招致越来越多的人民群众的反对和唾弃。随着岛内外反独力量的增强及反独斗争的深入开展，台“独”政党必然或快或慢地退出政治舞台。其形式，一为，在内外高压下不得不回归“理性”台“独”，即在法律允许的范围内活动，长期做反对党、在野党，并寻求外国势力的支持，但仍会日益萎缩，并在曲折中渐趋消亡。另一为，在失去政权及地盘后内外压力增大，迅速崩盘及泡沫化，少数死硬分子作最后挣扎，铤而走险，以极端方式反抗，而招致执政当局的强力打压，虽会有所反复，但仍会较快败亡。

四是大陆与台湾“本土意识”—“本土政权”的对抗将上升为两岸关系中的主要矛盾。由于中国台湾地区与大陆曾长期隔绝和对立而形成的政治、经济、文化、社会等巨大差异和障碍，淡化了台湾民众的祖国观念。加之李登辉、陈水扁等推行本土化路线，宣扬所谓“台湾主体”论，号召保卫“本土政权”，使这一意识更形浓厚。尽管中国台湾地区很可能发生国民党替换民进党执政，但国民党的上台并不意味着这一意识的消除。甚至在某些领域，如在反共、两岸军事对峙、开拓国际空间等问题上反而会更为凸显。大陆中共与中国台湾地区主要对手国民党之间也将在此类问题上长期对立。大陆应以高超的驾驭复杂形势的能力和艺术，不断增进两岸共识，使两岸和平统一之船尽快驶向胜利的彼岸。谨防台“独”势力在“本土意识”的幌子下借尸还魂，使反“独”政党蜕变为台“独”代言人。

（二）大陆对策

反对台“独”的蓝营及其追求台海和平稳定的两岸政策将重新在中国台湾地区政坛占据主导地位，为实现两岸关系的良性互动和推进祖国和平统一进程提供难得的契机和良好愿景。面对转折关头的台海形势，大陆应按照胡锦涛总书记（指作者成文之时）的“四点意见”[①]，明确方向，统筹全局，把握时机，注重策略，稳步推进祖国和平统一大业。大陆在正确认识和把握对台政策上，历史上三位前辈相关的成功政策也许可资借鉴：一是后人用对联概括的三国时诸葛亮的治蜀政策，即：“能攻心则反侧自消，自古知兵非好战；不审势即宽严皆误，后来治蜀要深思”。这一政策主要是强调审时度势，攻心为上。大陆对台政策要建立在“寄希望于台湾人民”的基础上，也必须实行“争取民心，顺势而为”的政策。因为没有民众支持，任何政党在中国台湾地区也难有作为。所以，要反独

---

① 胡锦涛：《坚持一个中国的原则决不动摇、争取和平统一的努力决不放弃、贯彻寄希望于台湾人民的方针决不改变、反对“台独”分裂活动决不妥协》，载《人民日报》，2005 年 3 月 5 日。

促统，支持反独政党及其追求两岸和平并最终统一的政策，就必须多为台湾民众着想，多办好事、实事，与中国台湾地区民众沟通、交流，增进感情和共识，争取中国台湾地区民众的理解和支持，使反独促统成为民心所向。在当前中国台湾地区不少民众对大陆还缺乏了解，又往往被台“独”意识迷惑，在对大陆还存在不同程度的误解和偏见的情况下，这样一种根本政策就显得尤为重要。二是元末朱升为反元起义首领朱元璋提出的一项政策。朱升认为，在当时反元势力群雄并起的局面下，急于夺取天下将会欲速不达，必先使自己强大方能徐图大业，于是向朱元璋提出“高筑墙，广积粮，缓称王”的政策，帮朱元璋取得了最后胜利。大陆要实现祖国统一，也要靠自身积聚强大实力，而不能急于求成。那么，我们是否也可参照朱升的说法，将对台政策表述为“重自强，善制独，缓统一”呢？三是孙中山先生在革命处于艰难时期，睿智地看到只有联合国内的中国共产党、国际上的苏联并依靠广大工农大众，方能推进革命事业。于是提出并实行“联俄、联共、扶助农工”的“三大政策”，开辟了革命的新局面。放眼当前台海和世界局势，大陆似也已具备实行“联美、联蓝、扶助（台湾）民众”的对台政策的条件。

大陆在把握上述总的对台政策和精神的同时，应着力做好如下几点：

第一，首先制独。这是关键，是当务之急。台“独”是祸源。只要中国台湾地区不独立，一切都好办。要从武力急统转为制独缓统、渐统。要竭力避免战争，不要再兄弟相残，做到这点是对中华民族功德无量的大事。统一的事，只要万事俱备，便会瓜熟蒂落，不能急急忙忙往前冲。国民党主席马英九（指作者成文之时）提出“维持两岸现状30至50年不变的和平框架”[①]，兴许并非信口开河。

第二，以民为本。中国台湾地区的事情靠民众，靠选举。做好该地区民众（包括绿营）的工作，是解决台“独”问题的治本之道。近年来的大陆造福台湾民众的政策已显示良好功效，岛内民意已出现积极变化。这一举措须大力推进和发扬。

第三，联合蓝营。连宋相继访问大陆后，泛蓝阵营反独决心愈显坚定，气势更形宏大，已成为中国台湾地区遏制台“独”、促进两岸交流的主导政治力量。要在此基础上搞好同蓝营党对党良性互动关系，联蓝制

① 《李维一昨日回应马英九“暂行架构”》，载香港《文汇报》，2006年3月30日。

独。同时注重分化绿营，促其解体。

第四，勇于让步。一旦实现蓝绿政党执政交替，国民党重新上台，要善于通过中共与台执政党的谈判解决两岸悬而未决的问题，勇于、善于让步，给足面子，找出一种与香港、澳门不同的、更为宽松、更易为台湾当局和民众所接受的祖国统一形式。如能否不矮化对方，突破“汉贼不两立”的成说，重新思考“一国两府”的可能性，承认对岸为对等的政体或政权？此类形式古今中外屡见不鲜，最终并未妨碍国家统一。

第五，中美合作。美国与中国台湾地区的特殊关系是一种历史形成的客观存在，不容回避。关键是要最大限度地减少美国对台政策的消极因素，利用其积极因素。中国的发展已使中美合作、联美制独成为可能，解决台湾问题要适当利用和发挥美国的作用。同时，也要做好国际社会的工作，压缩台“独”的国际空间。

第六，壮大自身。这是最重要、最根本的条件和基础。不断增强经济、政治、军事、文化、外交实力，建立、保持强大的对台优势，制定和实行正确的对台方针、政策，既坚持《反分裂国家法》，永不承诺放弃使用武力，又立足引而不发，不战而屈人之兵，如此，则实现祖国和平统一大业必将水到渠成，为期不远。

（原文刊于《政党与近现代中国社会研究》，天津出版社 2008 年 5 月版）

探索　奋斗　振兴　崛起的60年

——《中华人民共和国60年图集》前言

正当全党全国各族人民深入学习、实践科学发展观、为夺取全面建设小康社会新胜利而奋斗之际，我们迎来了中华人民共和国60华诞。

看今日伟大祖国，政通人和，万象更新。忆往昔峥嵘岁月，中国人民心潮澎湃。历史不会忘却，自19世纪中叶以来，中国陷入半殖民地半封建社会的深渊。中华民族在屈辱苦难中奋起抗争，为实现民族复兴进行种种探索。中国共产党成立后，领导全国各族人民争取民族独立和人民解放、国家富强和人民幸福，艰苦卓绝，前赴后继，彻底推翻了压在中国人民头上的帝国主义、封建主义、官僚资本主义三座大山，建立了新中国，开启了中华民族历史的新纪元。

新中国成立后，以毛泽东为核心的中共中央领导集体带领全党全国各族人民，实现祖国大陆的统一和各民族的大团结，建立了人民民主专政的国家政权，广大人民群众翻身做了主人；战胜帝国主义的经济封锁和武装挑衅，维护国家的安全和独立，巩固了新生政权；医治战争创伤，为开展大规模经济建设创造了条件。

在中国建设社会主义，是中国近代历史发展的必然结果，是前无古人的伟大创举。在国民经济恢复和发展的基础上，我党不失时机地领导全国各族人民走社会主义工业化道路，创造性地完成了社会主义改造，全面确立社会主义基本制度，实现了中国历史上极其伟大而深刻的社会变革。新民主主义革命的胜利、社会主义基本制度的建立，为当代中国所有发展进步奠定了根本政治前提和制度基础。

社会主义制度确立后，中国共产党领导全国各族人民转入大规模经济建设，举国上下掀起大干社会主义的热潮。也开始了对社会主义建设规律的艰辛探索。

对中国自己的建设社会主义道路的探索，我党曾有着良好的开端和积极的进展。尽管出现过“大跃进”和人民公社化运动、十年“文化大革命”等严重曲折，但在中国共产党的坚强领导下，通过发挥社会主义基本政治制度和经济制度的力量，依靠广大人民群众发扬自力更生、艰苦奋斗精神，中国社会主义建设事业仍然取得了重大的显著的成就：在一穷二白的基础上建立起独立的比较完整的工业体系和国民经济体系，国家的经济实力大为增强，为社会主义现代化建设奠定了重要的物质技术基础；人民生活不断改善，人民的文化素质和健康水平得到提高；明确提出实现“四个现代化”的宏伟目标，“两弹一星”研制成功成为中国人民的自豪和骄傲；坚持独立自主的外交方针，坚持和平共处五项原则，反对霸权主义和强权政治，为维护世界和平做出了贡献，为国内建设创造了良好的外部环境。

1978年底召开的中共十一届三中全会，作出把党和国家的工作重点转移到社会主义现代化建设上来和实行改革开放的战略决策，实现了新中国成立以来党的历史上具有深远意义的伟大转折。以这次全会为起点，中国进入改革开放和社会主义现代化建设的历史新时期。以邓小平为核心的中共中央领导集体，深刻总结我国社会主义建设的经验教训，解放思想、实事求是，坚持以经济建设为中心、坚持四项基本原则和改革开放，确立了社会主义初级阶段的基本路线，提出现代化建设“三步走”的发展战略，创立了邓小平理论，开辟了中国特色的社会主义道路。

面对国际环境的巨大变化和国内改革建设快速发展的新形势，以江泽民为核心的中共中央领导集体，高举邓小平理论伟大旗帜，与时俱进、开拓创新，确立建立社会主义市场经济体制的改革目标，制定党在社会主义初级阶段的基本纲领，提出“三个代表”重要思想，全面开创改革开放和现代化建设新局面，实现了人民生活从温饱到小康的历史性跨越。

在全面建设小康社会、加快推进社会主义现代化的新的发展阶段，以胡锦涛为总书记的中共中央领导集体，坚持以邓小平理论和“三个代表”重要思想为指导，顺应国内外形势发展变化，抓住重要战略机遇期，求真务实、开拓进取，提出科学发展观等重大战略思想，着力推动科学发展、促进社会和谐，完善社会主义市场经济体制，深化改革开放，在全面建设小康社会实践中坚定不移地把中国特色社会主义事业继续推向前进。

新中国成立以来的60年，是中国人民的面貌、社会主义中国的面貌、中国共产党的面貌发生历史性变化的60年，是中华民族探索、奋斗、振兴、崛起的60年，是全国各族人民、各民主党派、各人民团体紧密团结在中国共产党周围、勠力同心、披荆斩棘、坚持走社会主义道路的60年，是祖国社会主义建设事业日新月异、捷报频传、取得辉煌成就的60年。新中国成立60年来，特别是改革开放30多年来，社会主义经济建设快速推进，社会主义民主政治成就斐然，社会主义文化建设硕果累累，社会主义社会建设不断完善。祖国统一大业取得重大进展。国防和军队建设迈出新的步伐。开展全方位外交为世界和平作出更大贡献。经历了60年风雨历程，中华人民共和国日益欣欣向荣、繁荣强大。一个面向现代化、面向世界、面向未来的社会主义中国巍然屹立在世界东方。

在新中国成立60周年大庆即将到来的时刻，回首历史，展望未来，中国人民豪情满怀，信心百倍。让我们更紧密地团结在以胡锦涛为总书记的党中央周围，高举中国特色社会主义伟大旗帜，坚持中国特色社会主义理论体系，在中国共产党的带领下，坚定不移地沿着中国特色社会主义的康庄大道，阔步前进！

（原文刊于《中华人民共和国60年图集》，上海人民出版社2009年9月版）

新中国国防建设浅见

中国兵圣孙武曾指出："兵者，国之大事。死生之地，存亡之道，不可不察也。"[①] 深刻揭示了国防对于国家安危的极端重要性。大凡一个国家，悠悠万事之中，再大也莫过于两件：一是生存，二是发展；而生存利益是高于一切的。失去安全，无法生存，不仅谈不上发展，一切便都无从谈起。因此，有国必有防，古今中外，概莫能外。国防就是为了保障国家安全，保卫国家的生存和发展而产生和发展起来的。

所谓国防，简言之，就是国家防务。具体说，国防就是国家为了生存和发展，维护领土完整和主权利益，抵御外来侵略、颠覆和对付武装威胁所采取的以军事为主体，包括与军事有关的政治、经济、科技、外交、文化、教育等方面的所有措施的总和。这里既有国防的任务和作用，也包括国防的内容。就国防的内容而言，它是以军事为主体的，但又绝不仅限于军事，更不等同于军事。随着历史的发展，国防涉及的范围日益广泛。现代国防已是由与国家安全防卫相关的各个方面组合而成的浩繁的社会系统工程。现代国防与古时专重养兵打仗的国防相比，其内容、形式、范围、结构等都已发生了巨大变化。所以人们一般将现代国防称为大国防。

国防是如何实现其保障国家安全的目的的呢？从根本上说，这一目的是通过发挥国防的实战和威慑两大功能而得以实现的。实战是战争时期国防的主要功能，即通过打赢战争，制止外敌对国家的侵略，维护国家领土主权的完整。威慑是和平时期国防的主要功能，即通过以强大的国防力量示威于敌，使企图入侵之敌有所畏惧而不敢轻举妄动，实现"不战而屈人之兵"，达到保卫国家和平环境的目的。而国防要具备这两种功能和力

① 参见《孙子兵法》。

量，只能通过坚持不懈地建设才会达到。正因为如此，环顾世界，所有国家无不致力于本国的国防建设，加强自己的国防力量。

中华人民共和国的国防建设，是与人民共和国的诞生同时开始的。从新中国成立起，中国的党和政府就对国防现代化事业给予了极大的关注。这是由于国防建设对于新中国具有特殊重要的意义。一方面，中国国防面临的任务非常艰巨。中国领土辽阔广大，陆海兼备，陆地领土约960万平方公里，管辖海域面积473万平方公里，陆上疆界长约2.2万公里，大陆海岸线长约1.8万公里，海上岛屿6500多个。中国陆海邻国众多，类型多样，周边环境十分复杂。而被中国人民赶出大陆的国民党集团，在世界头号帝国主义强国美国的支持下，继续占据着台湾等岛屿，分裂祖国，不断窜犯大陆。美帝国主义还直接对中国进行战争威胁。这一切，就使中国的国土防卫面临严峻的形势。另一方面，新中国国防基础极为薄弱。长期以来，旧中国政治、经济、军事、科技、文化全面落后，政治黑暗，国力衰微，国防空虚，武备废弛，实际上处于有国无防的地步。致使外国侵略者接踵而至，中国领土主权任人分割，中国人民受尽凌辱。到新中国成立之初，虽然在革命战争中成长壮大起来的中国人民解放军，作为国家武装力量的主体，及时肩负起了国土防卫的历史使命，但是，这支军队现代化程度还很低，当时，它既不拥有作为战争与武器发展的时代标志的原子弹，也没有或极少有发达国家早在第二次世界大战中即已广泛使用的现代化飞机、军舰、坦克、大炮等技术装备。它在编成上仍然是一支以“小米加步枪”为主体的陆军。与此同时，新中国成立之初的经济是经过帝国主义长期掠夺和战争破坏的烂摊子，国家综合国力极其低下，国家的工业基础与科技水平根本不具备制造飞机、军舰、坦克、原子弹的能力。国家的基本防卫设施也非常薄弱和落后。由上可知，新中国的国防建设，是根据国家安全利益的迫切需要，在非常困难的情况下起步并不断发展的。

新中国国防建设的总目标、总任务，就是实现国防现代化。新中国国防建设的发展史，实际上就是探索、形成并实践有中国特色的国防现代化道路的历史。所谓国防现代化，是指国防建设达到或接近世界先进水平。当然，国防现代化的标准不是固定不变的，而是随着时代的发展而发展的。国防现代化包括的内容十分广泛，如国防思想的现代化，国防体制的现代化，武器装备的现代化，国防科技的现代化，国防工业体系的现代化，常备军的现代化，国防后备力量的现代化，国防训练和教育体系的现代化，国防基础设施的现代化，国防指挥、控制、通信和情报系统的现代化，国防后勤保障的现代化，国防法制的现代化，等等。

新中国的国防建设以实现国防现代化作为总目标、总任务，是由新中国国防总体水平不能适应保卫国家安全和现代战争客观需要的矛盾决定的。新中国国防建设的发展历程，就是不断认识和解决这一矛盾的过程。在这一过程中，凡是能正确分析和判断国际战略形势，根据国家安全利益的需要，从中国国情的实际出发，坚持以现代化为中心指导国防建设的时期，新中国的国防建设和斗争就会沿着正确的方向蓬勃发展，取得种种显著成就和进步；反之，不能正确分析和判断国际战略环境，使国防建设偏离现代化方向的时期，新中国的国防建设就会遭受挫折和损失，国防现代化的进程就会延缓或停滞。正是对新中国国防建设内在矛盾的认识和解决情况，和实现这一建设总目标、总任务的程度，决定着国防建设发展中的阶段性。据此，新中国国防建设发展史大体可划分为如下四个阶段。

第一，新中国国防事业的开创阶段。从新中国成立到抗美援朝战争结束前的四年，是新中国国防建设的开创阶段，即边打边建阶段。从新中国成立起，党和政府就提出了实现国防现代化的总目标、总任务，在解放全国大陆和进行抗美援朝战争的过程中，开始了国防现代化建设。但是，从总体上看，这一阶段具有明显的过渡性。一方面，我们党和国家虽然提出了国防现代化的初步构想，但还未形成系统完整的国防现代化建设的指导思想和方针、原则，军队和国防在建设中突出强调为战争服务，在建设内容、范围、要求上具有较大的局限性，国防现代化事业还不可能全面开展。同时，由于实行联苏抗美的国防战略，倚重苏联的意识形态因素起着重大作用。以上表明，这个时期的国防建设还没有走上和平时期现代化建设的正常轨道。另一方面，这一阶段通过边打边建，稳定了国内局势，打击了美国侵略势力，并在国防建设和斗争中取得了最初的成就和经验。这就从理论和实践上为后来国防现代化建设的全面开展做好了准备。

第二，国防现代化建设全面展开阶段。从朝鲜停战到 1963 年，即中国进入举国临战状态之前的 10 年，是新中国国防现代化建设的全面铺开阶段。这一阶段，国内外战事基本结束，国家已具备了全面进行国防现代化建设的主客观条件。1953 年底至 1954 年初召开的全国军事系统党的高级干部会议及其制定的军队建设总方针、总任务和 1956 年前后新中国国防战略方针的确定，标志着新中国国防现代化建设理论的初步形成。在这一理论指引下，新中国国防建设全面转入和平时期现代化建设的轨道，在各个领域均取得了巨大进展，使这一阶段成为人们交口赞誉的“黄金时期”。但是，这一时期的国防现代化建设，仍贯彻了联苏抗美的战略，主要是为防御“东方来的侵略”，即美蒋势力的进犯，进行了全面准备和斗争。而对作为现代战争发展趋向的边界局部战争，尤其是一些周边邻国的侵略企图与行径，却有所忽视。以致使中国极不情愿地进行了中印边境自卫反击作战。这场战争及其经验教训，对于中国国防现代化建设的全面开展，在客观上具有不可低估的弥补作用。此外，本时期党内“左”的思想对国防现代化建设的影响日益严重。但从整体上看，国防和军队建设的前进方向始终是正确的。

第三，国防建设的曲折发展阶段。从1964年全国开始进入临战状态，经过“文化大革命”十年动乱，到1985年国防建设实行由临战状态向和平时期的战略转变前的20余年，是新中国国防现代化建设的曲折发展阶段。在这一阶段，一方面国防建设基本以准备早打、大打、打核战争为指导思想，国家将战备工作置于极为重要的地位，举国长期处于临战状态。同时，我党党内的“左”倾思想达于极点而爆发了“文化大革命”时期的全国十年动乱，对国防建设造成了巨大的冲击和破坏。这一切，使国防建设严重偏离了现代化的方向。另一方面，在临战指导思想下，国防建设在一些领域仍在继续发展；即使在十年动乱期间，由于党内军内健康力量对“左”倾思潮的抵制和斗争，国防建设在严重受挫中也取得了一定成就。党的十一届三中全会召开后，党和国家的工作重点转移到了社会主义现代化建设上来。虽然当时国防建设的临战指导思想还没有从根本上实行转变，但国防建设也开始通过调整和改革。探索以加速现代化为中心的各个领域建设的新路子，这就为新中国国防建设从临战状态向和平时期的战略性转变奠定了基础。

第四，国防建设战略性转变与开创和平时期国防现代化建设新局面阶段。从1985年中央军委扩大会议确定国防建设指导思想实行战略性转变，国防建设由临战状态转入和平时期至今，是新中国国防建设战略性转变与开创和平时期国防现代化建设新局面阶段。在这一阶段，国防建设摆脱了“左”的影响，将立足点从随时准备举国迎敌的临战状态，转到和平时期正常建设的轨道上来。国防建设利用大仗在短期内打不起来的和平环境：围绕经济建设的大局，在积极防御战略方针的指导下，着眼打赢现代局部战争，将发展国防实力与发展战争潜力相结合，实行精干的常备军与强大的后备力量相结合，国防科技工业与国防基本设施建设走军民兼容、平战结合之路，陆海并重全面发展国土防卫力量，从根本上加强了新中国国防现代化建设，开创了有中国特色的国防现代化建设的新局面。

如前所述，国防是一个庞大的社会系统工程。国防建设包括军事及与之相关的政治、经济、科技、外交、教育、文化等各方面的建设。因此，研究国防建设发展的历史，应着眼于其总体，对这一建设的各有关领域及其相互关系进行全面的研究。通过对这一建设各个时期、各个方面理论与实践的全面、深入研究，揭示这一建设的特点和规律，总结经验教训，以为现实服务。这是国防史研究的长期任务。由于国防建设体巨事繁，涉及面广，对其全面研究绝非一个人能力所及，因此本文拟着重围绕如下问题，进行一些探讨。

第一，国防建设在国家总体建设中的地位问题。如何认识与摆放国防建设在国家建设总体系统中的位置，正确处理国防建设与国家的政治、经济、科技、文化、教育、外交等建设①的关系，尤其是国防建设与经济建设的关系，使国家各个领域的建设成为一个有机的整体，互相促进，协调发展，是一个国家正确开展国防建设首先必须解决的前提问题。摆不正国防建设在国家总体建设中的位置，对国防问题处置畸轻畸重，都会对国防建设乃至国家总体建设造成重大损害。新中国在长期探索国防现代化道路的过程中，在认识和处理国防建设与国家经济建设等其他建设的关系方面，走过了十分曲折的道路。研究新中国国防建设发展史，首先应对此予以重点回顾和总结。

第二，国防建设的理论指导问题。国防建设是在国防理论指导下进行的。毫无疑问，有什么样的国防理论，就有什么样的国防建设。国防理论的正确与否，直接关系到国防建设的成败。因此，研究国防建设发展史，必须弄清指导这一建设的国防理论的产生、发展和变化情况。新中国的国

---

① 国家的政治、经济、科技、文化、教育、外交等建设，与国防建设领域中的政治、经济、科技、文化、教育、外交等建设，即国防政治、国防经济、国防科技等建设，是两个不同的概念。前者是与国防建设既有密切联系，又有原则区别的不同的建设领域，后者则是国防建设领域的组成部分。

防建设在各个历史阶段的国防政策、国防战略和国防建设的指导思想、方针、原则等理论问题上，积累了正反两方面的丰富的经验，对此应着力予以研究和探讨。

第三，国防体制建设问题。国防体制包括国防领导体制、武装力量体制、国防经济体制和兵役动员制度、国防教育制度，等等。国防体制是国家制度的重要组成部分，是国家实现对外防卫职能的主要形式和渠道。国防体制的建设状况，直接与国防的领导、管理、组织和国防功能的发挥有关。要建设有中国特色的现代化国防，必须建设有中国特色的国防体制，使之成为实现有中国特色国防现代化的组织保证。因此，在对新中国国防建设发展史的研究中，应注重对新中国国防体制建设经验的总结和探讨。

第四，国防武装力量建设问题。武装力量是国防的主体。一个国家的国防建设，主要是围绕武装力量建设开展的。只有建设起强大的武装力量，才能拥有巩固的国防。要实现国防现代化，首先要实现武装力量的现代化。因此，研究国防武装力量的发展变化过程及其建设经验教训，是研究新中国国防建设发展史的一个基本内容。

第五，国防物质技术基础建设问题。国防物质技术基础包括武器装备、国防科技、国防工业、国防工程、国防交通、国防通信以及与国防相关的能源、材料、机械、农业、物资储备、医药卫生、军品贸易等，内容极为广泛。不言而喻，上述各方面的建设和发展，是赢得战争、保卫国家安全必不可少的物质基础。随着现代战争的发展，其对这一基础的依赖性更加突出。因此，在对新中国国防建设发展史的研究中，对国防物质技术基础建设的研究是又一个基本内容。

第六，国防精神建设问题。从总体上看，国防力量包括物质力量与精神力量两个基本方面。国防精神，是指公民抵御外侮，维护国家独立与安全的强烈意识，是建立在人们心中的保卫祖国的精神长城。国防精神包括爱国主义精神、革命英雄主义精神和传统美德等。国防精神本身就是一种巨大的国防力量，同时，强烈的国防精神还会极大地促进国防全面建设的发展和综合国力的提高，有效地增强国家的战争实力和潜力。培养国防精神的主要途径是国防教育。只有通过有组织、有计划的普遍深入、形式多样的国防教育，才能使广大人民居安思危，树立牢固的国防精神。研究新中国国防建设的发展史，也应把开展国防教育，加强国防精神建设作为重要内容。

第七，重大军事斗争问题。新中国成立以来，中国为了保卫国家领土主权的安全和世界和平，多次进行了防御美蒋势力进犯和打击外敌入侵的军事斗争，先后进行了抗美援朝和东南沿海、中印边境、珍宝岛、西沙群岛、中越边界、南沙群岛等作战。这些重大的军事斗争，既是平时国防理论与实践建设成果的运用和体现，也是对这一建设状况和程度的最实际的检验。通过这些重大的军事斗争，锻炼了国防力量，取得了应付边界冲突和局部战争的经验，发现了以往国防建设中的问题和薄弱环节，这些，反过来又会有力地促进国防现代化建设的开展。因此，新中国进行的重大的军事斗争，是国防建设重要而特殊的有机组成部分，是研究新中国国防建设发展史不可缺少的一个方面。

当然，在新中国国防建设的实际进程中，上述问题是互相联系、紧密结合在一起的。因此对这些问题的研究，就不仅应注重于其本身，还应从其相互关系和作用、影响中，注重对国防建设整体的把握。除上述主要问题外，对国防建设中的国防外交、国防法制、国防文化、国防体育等问题，在研究国防建设发展历史中也应有所反映。

长期以来，国防建设史的研究在共和国历史研究中一直是一个十分薄弱的环节，迄今为止尚没有一本专门论述新中国国防史的著作问世。究其原因，除了人们往往对和平时期国防与军队建设重视不够外，主要还是由于长期以来国防领域的研究十分封闭。加之这种研究事关机密，“选题易得，资料难寻”，风险性很大，使研究者难免望而却步。但是，国防建设是新中国国家总体建设的重要组成部分，国防现代化是国家实现社会主义现代化的基本目标之一，领导国防现代化建设是党的工作的一个基本环节，所以，国防建设历程研究不仅是国防事业本身发展的需要，也是中共党史、国史研究不可或缺的一个重要方面，因而是党史、国史研究工作者一项不可推卸的重大任务。当然，在资料的搜集查阅、核实、使用方面，确实存在不少困难。但随着党的十一届三中全会以来，国家改革开放政策的不断完善，这一状况正逐步有所改变和好转。如除已陆续出版、发行的大批党史、国史及军事报刊、书籍资料中，已程度不等地收录、反映了新中国国防、军事的部分资料外，近年来，一些专门的关于国防、军事的学术活动也纷纷举办，报刊、论著相继出版。综上所述可知，新中国国防建设史的研究，不仅是党史、国史研究中亟待加强的薄弱环节，而且目前也已具备了开展国防建设发展历程研究的条件。因此，这一领域的研究再也不能继续拖延下去了。正是基于这些认识，我试图在这方面作些尝试。这就是我选择这个题目的原因。

（本文为作者博士学位论文《新中国国防建设发展史研究》之“前言”。该论文1995年5月答辩通过，现藏中国国家图书馆）

附：

马英民博士学位论文专家评阅意见（摘录）

张启华（当代中国研究所副所长、研究员）：

这篇论文选择新中国的国防建设发展史为研究课题，是有见地的。这不仅因为该课题本身很重要，而且由于这方面研究在中国目前党史国史领域尚属弱项。所以，无论就课题本身的重要性还是就填补该项学术研究的空白而言，这一选题在理论和实践价值上的意义都是不可忽视的。

这篇论文对中华人民共和国的国防建设发展历程作的考察和分析，是比较系统和深入的。文章依据对国防建设内在矛盾的认识和解决情况，以及实现国防现代化目标的程度，将中国国防建设发展史划分为四个阶段，其划分标准是科学的，所分四个阶段是恰当的。全文对各阶段中国国防建设的主要特点所作的概括和对具体情况进行的叙述，较为完整、准确地再现了我国国防建设从开创到全面展开及以后曲折发展的历史进程和客观面貌。

论文在对新中国国防建设发展史的具体研究中，着重探讨了国防建设在国家总体建设中的地位、国防建设的理论指导、国防体制建设、国防武装力量建设、国防物质技术基础建设、国防精神建设、重大军事斗争等问题，应该说是抓住了国防史研究中的主要问题。认真研究并正确认识这些问题，对于中国国防建设事业的健康顺利发展，无疑是有益的。对这些问题的研究，作者所持的论点和所作的结论基本正确，其论据也相当充分。其中特别是对国防建设在国家总体建设中的地位问题，文章所作的分析和研究相当出色。作者通过对中国很长一段时间偏离正确方针走了弯路的教训和我们在新时期纠正失误提出国防建设指导思想战略性转变的过程所做的详尽而深入的考察，很有说服力地阐释了在相对和平时期国防建设须以经济建设为中心、服从并服务于经济建设这一国防建设的基本方针。作者对这一问题的说明和研究，是充分的、深刻的，也是辩证的、有创见的。

总之，该论文立意很好，观点正确，分析比较细致并有一定深度，理论上有创新的见解。这对于促进中国学术界在今后进一步加强研究中华人民共和国国防建设发展史，以及不仅在理论上而且在实践上，为中国的国防建设事业做贡献，是有意义的。在写作方面，这篇论文结构合理，条理清晰，史料翔实，论述明白，且文字干净简练，有一定文采。这些都表现出作者具有相当高水平的科研能力和文字修养。鉴于此，本人认为该论文已达到博士学位论文水平。

杨先材（中央党史研究室第二研究部主任、研究员）：

这篇论文是学术界近年来关于新中国国防建设研究的少见的一篇优秀论文，填补了新中国历史这方面研究的一项空白。

新中国国防建设史研究内容涵盖非常广泛，既需要从宏观、总体的方面着眼和把握，又要对这一历史进程的各个时期、各相关方面的理论与实践进行具体、深入的阐发和论析。由于国防—军事领域研究的特殊要求和规定，学术界既有的研究基础很薄弱，这就使这一选题的研究十分不易。这篇论文既注意把握整体研究，对新中国国防建设历程分为四个阶段，对这一建设领域进行全面、系统地考察和论述；更抓住新中国国防建设中的重大问题，进行具体、深入研究，提出了自己有创见的观点和结论。论文结束语的八点"启示"，更具有理论性，对今后新中国国防建设的实践无疑是有指导意义的。总之，论文在一定程度上揭示了新中国国防建设领域变化、发展的特点和规律，总结了经验教训，为今后的国防建设实践提供了借鉴，从而显示出其理论意义和实践意义。

论文的某些提法似还不够准确……

论文观点正确，结构严谨，层次分明，资料丰富，论据充分，文笔流畅，文字精练，已达到博士学位论文水平。

金春明（中央党校教授）：

新中国国防发展史确如论者所说"是党史、国史研究中亟待加强的薄弱环节"。这种状况的出现，固然与革命所担负的客观任务的转换有关，但人们主观认识的不足和研究条件的困难也是不可忽视的因素。因此，一位并非军人的研究者，能对这样的课题深入研究写出比较有分量的专著，应该说是颇为不易的。这篇论文为党史、国史的研究拓宽了领域，在理论上也是有贡献的。

论文观点正确，条理清晰，文笔流畅，对一些问题的分析上提出了有新意的较深刻的见解。例如，对45年国防建设史的阶段划分，既考虑了作为党史、国史一部分而不能脱离其影响的全局性，又比较充分地注意到了国防的特殊性及其发展历程的相对独立性。对一些重要问题有较好的分析，如对抗美援朝的战略决策，既充分肯定了其正确性、必要性，又指出了其历史的局限性；对全面防御战略的客观需要与时代特点作了较全面的分析；对20世纪60年代中期转入全国临战状态的战略决策，既肯定了它有七点积极意义，也对其消极影响作了实事求是的分析，既注意了论述的全面性，又明确指出其消极影响是主要的、基本的。如此等等。在结束语中，从对45年国防发展历程的回顾与检讨中，总结出八点认识。虽然其中个别论点不无可商榷之处，但从总体上看是有创见的，提供了有益的参考。说明作者具有较强的独立从事重大科研课题的能力，也有相当的理论勇气。

论文的主要欠缺是对战略决策转变原因的探讨不够深入……

总之，我认为这篇论文已达到博士学位论文水平，建议予以通过。

范守信（中央党校教授）：

对国防建设及其历史的研究，是中共党史研究中比较薄弱的一个环节，广大中共党史工作者对此涉及不多。马英民同志抓住这样一个题目撰写博士学位论文，具有一定的开拓性，对拓展中共党史研究具有一定的意义。论文基本上反映了新中国成立以来国防建设的指导思想的演变，以及在国防建设上的成就与失误，初步形成了一个体系。作者在论文中不仅注意了过程的叙述，而且还注意理论分析、环境的探讨和经验的总结，有些段落具有一定的深度和新意。全文观点正确，结构合理，具有一定的学术价值。这说明作者对这个问题的研究是下了一定的功夫的，具有一定的研究能力和文字表达能力，具备了中共党史博士学位论文的水平，可以申请答辩。由于论文具有一定的开拓性，因而对这个问题的研究只能说是开始，由于受某些条件的限制，如何使研究更加深入和科学、准确，还有许多工作要做，望作者继续努力。

萧超然（北京大学教授）：

这篇论文的选题偏大偏难，国防建设涉及许多方面，又属国家机密，材料不容易找到，因此要把它写好，不容易。不过纵览全文，可以看出，作者是涉猎了大量材料，下过一番功夫的。作者根据国防建设内在矛盾演变的状况，把国防建设的发展分为四个阶段，阐明了每个阶段建设的内涵及其特点，论析了国防建设与其他方面建设之间的关系，说明了国防建设的地位，并总结了新中国成立以来国防建设的历史经验教训，是一篇内容充实、条理清楚、分析明畅的论文，可以答辩。

文中有些文字表述似欠准确。

张静如（北京师范大学教授）：

国防建设史是军史、国史、党史研究的重要课题，以往的研究比较薄弱，作者在这方面的努力是很有意义的。

作者对大量史料进行了研究，在此基础上，按照自己的分期法，构筑了国防建设发展史的体系，并在若干重要问题上提出了自己的看法，显示了扎实的功力。文章在结语部分提出八点认识，也是很有见地的。地方党史研究工作者能够涉及军事问题的研究比较少，因为总会受到材料不足的限制，并难以克服看问题角度上的缺陷。作者的研究能达到现在这个程度，是很不容易的。

全文观点正确，材料丰富，体系完整，文笔流畅，是一篇好的博士论文。文章反映出作者理论基础扎实，专业知识丰富，研究能力和写作能力强。

邵维正（解放军后勤指挥学院教授）：

此文抓住中共党史、中华人民共和国国史研究中的薄弱环节——国防建设发展史展开研究，角度新颖，论证充分，结构合理，思路清晰。新中国国防建设史是一个重要的研究领域，对这一重大课题进行深入研究，尚属首次，具有开创性。

该生治学严谨，取材广泛，对资料的收集和挖掘花费了很大功夫，使此文内容丰富，史料翔实，尤其是国防建设方面的材料保密性强，手续严格，能做到这个程度更是难能可贵。

此文对国防建设的地位、理论、体制以及物质技术基础等重大问题，作了比较充分的论述，观点正确，结论得当，不少方面有新的见解，对当前和今后的国防建设有现实意义和理论价值。

此文史论结合，逻辑性强，文字通顺流畅，反映出该生有较好的理论素养和研究能力。

此文缺点是某些内容方面，如 1958 年的反教条主义、1975 年的整顿，叙述和评论尚感不足。

此文已达到博士学位论文水平。

张驭涛（军事科学院军史部研究员）：

《新中国国防建设发展史研究》，是一篇具有较高水平的优秀博士学位论文。

第一，选题具有重大的现实意义和学术价值，填补了学术研究领域的空白。国防建设是中国社会主义建设的重要内容。对国防史的研究，以前虽然进行了一些工作，但显然不足，学术探讨更为薄弱。至今为止，公开的、完整论述新中国国防建设史的学术著作，还未见出版。在党史、国史、军战史研究中，关于国防建设问题研究得也不够系统和充分。这固然与国防问题的保密性有关，但更与国防问题的理论性、综合性、政策性和专业性较强有关。作者以高度的责任感和勇于开拓的精神，对这一问题进行系统的研究和论述，确实难能可贵。

第二，对问题的研究具有自己的独创性。不仅对国防建设史的发展过程及一些重要问题提出了较为新颖而深刻的见解，而且在方法论上，对研究工作也具有启示作用。

第三，史料丰富，基本事实准确。作者广泛收集和研究了中国国防建设各方面的资料，吸收了学术界以往的研究成果，对新中国国防建设的历史有比较准确全面的了解和把握。

第四，论述清晰，文笔流畅，逻辑性强。表现了较高的研究和写作能力。

总之，我认为，本文达到了优秀博士学位论文的水平，建议答辩委员会予以审议通过。

（作者攻读博士学位所在的中国人民大学**李良志**教授、**杨云若**教授、**李安葆**教授、**罗正楷**教授、**张国新**教授均对论文表示肯定并给予了较好的评价，一致认为该论文已达到博士学位论文水平，同意推荐答辩。评阅意见内容不再详列）

中国疆域的历史变迁与国防

一　中国古代疆域的变迁与国防

中国是世界闻名的文明古国。早在公元前2070年，中国就进入了阶级社会，建立了国家。国家的出现随之产生了国家的疆域和边界，“有国必有防”，最初的国防也应运而生了。从中国第一个奴隶制国家建立，到19世纪中叶中英鸦片战争爆发，上下4000余年，中国辽阔的疆域曾历经沧桑，中国的国防也曾不断变化发展。根据中国疆域和国防的演变在中国历史进程中的影响和地位，大体可将其划分为三个大的时期，即中国疆域和国防的形成时期、变动和发展时期、由盛转衰时期。

中国疆域和国防的形成时期。这一时期包括从中国最早的奴隶制国家夏朝开始直到秦、汉的大约2300余年的历史。这个时期的前1600余年，是中国夏、商、周三个朝代，后600余年为秦汉时期。

夏商周时期的疆域。夏商周时期，中国疆域开始形成，夏朝统治中心在今河南西部和山西南部一带，势力和影响达到黄河南北和长江流域。后居住在黄河下游的商部落起兵打败了夏王桀，夏朝灭亡，商朝建立。商朝势力最大时，影响范围东到大海，西达陕西西部，东北到辽宁，南至长江以南。商朝是当时世界上的一个大国。公元前1046年，商朝的属国周起兵灭商，建立周朝。周朝利用将王族、功臣及先代的贵族，先后分封到各地做诸侯，建立诸侯国的方式，不但巩固了对原商朝地区的统治，而且不断地发展势力和影响，成为一个疆域空前广大的奴隶制国家。这就为后世中国辽阔疆域奠定了最初的基础。

夏商周时期的国防。夏、商、周三个朝代，是中国奴隶社会时期。三代的国防还很原始、落后，实行用兵而不养兵的民军制，即：战时征集王公贵族和自由民出征，战争结束，部队解散，被征集的人员各回本乡生产，平时只保留少量由奴隶主贵族充任的卫队。其实，组成卫队人员是官不是兵，还不是严格意义上的常备军。在这种兵役制度下，广大奴隶没有当兵的权利，仅能充当军中的杂役。到了东周时期，由于诸侯相争，天下大乱，春秋“五霸”等各大诸侯国已经开始建立并保持常备军。到战国“七雄”时期，各国已先后实行征兵制。在长期争战中，各国开始实行按田亩征军赋、考选勇士从军和重奖军功，一国常拥兵数十万，甚至上百万。

秦汉时期的疆域。秦汉时期，中国版图基本形成，经过战国称雄各国连年攻伐，彼此削弱，为通过变法而强大起来的秦国统一中国提供了条件。从公元前 230 年到公元前 221 年，秦国先后灭掉韩、赵、魏、楚、燕、齐六国，建立了中国历史上第一个统一的多民族的专制主义中央集权的国家。秦朝的疆域，东至海，西至甘肃高原，南至岭南，北至河套、阴山、辽东，把黄河流域、长江流域、辽河流域和珠江流域的广大地区，统一在一个中央政府之下。秦末农民大起义摧毁了秦朝的统治。经过“楚汉之争”，公元前 202 年，刘邦打败项羽，建立汉朝（西汉）。汉朝通过打败严重威胁中国北部边郡安全的匈奴，并使之成为属国；派人出使西域各国进而开辟西域；派兵开发两广、岭南地区和四川、贵州、云南的许多部落，巩固西南边疆，使西汉的疆域得到了很大的拓展。当时西汉的版图，东南和南面至海，西至巴尔喀什湖、费尔干纳盆地、葱岭，北至大漠，西南到云南、广西等地。至此，中国广袤的国土已昭示于世，中国辽阔的疆域基本形成。

秦汉时期的国防。秦汉时期，在兵役制度上实行征兵制。秦规定 17—60 岁、汉规定 23—56 岁为男子兵役时期。凡役龄男子，一般情况下都要服兵役两年，一年在郡县，一年在京师或边防。如遇战争，服役年限则不受此限。而战争结束，郡国之兵即解甲归田，只保留常备军。这种制度，使国家养兵之负担很小，而后备兵力充足，加强了国家的武备。在国防建设方面，秦汉时期注重了对防御工程体系的修筑。秦始皇统一六国后，征集大量人员，把战国时期北方各国修建的长城连接起来，再向东、向西延伸，筑成了一道西起临洮、东到辽东的长达 5000 多公里的巨大的国防工程。这就是堪称世界军事工程史上伟大奇迹的“万里长城”。秦长城的修筑，有效地阻止了北方游牧民族的袭扰，保卫了北部边疆的安全。与此同时，秦汉时期的交通建设也得到了大力开展。秦始皇修“驰道”

“直道”，西至陇西，南至洞庭，东南至会稽，东至海，东北至碣石，北至云中、九原。“驰道”宽50步，每隔三丈栽一棵树。秦汉时期，以咸阳、长安为中心，水陆交通干线四通八达。秦、汉对交通建设的注重，不仅有利于物资交流，促进了全国经济的发展，而且便利了军队的机动，加强了国防。秦汉时期的军事技术、军事理论也发展起来。春秋战国时期成书、堪称世界最早的军事理论名著《孙子兵法》以及《孙膑兵法》等兵书得到深入研究和应用。为了解除侵扰，安定边郡，在进行充分战备工作后，秦、汉均曾北击久为边患的匈奴。秦将蒙恬统兵30万，与匈奴展开前所未有的大战，夺回了河套一带的广大地区。从公元前127年到公元前119年，西汉同匈奴展开了长期的猛烈的战争。经过大规模的“漠南之战”“河西之战”“漠北之战”三大战役，西汉取得了决定性的胜利。秦、汉对匈奴作战的胜利，不仅拓展了疆界，使边郡得到了较长时期的和平与安宁，并逐步迫使匈奴投降，成为属国。除了对匈奴用兵外，秦、汉两朝还都曾派兵开发南疆，巩固了中国南部的边防。

中国疆域和国防的变动和发展时期。这一时期包括三国、两晋、南北朝、隋、唐、五代十国、辽、宋、夏、金等朝代大约1100年的历史。这个时期又大体可划为三国两晋、隋唐、辽宋夏金三个大的分期。

三国两晋时期的疆域。三国两晋时期，中国疆域长期处于四分五裂状态。东汉末年，割据一方的军事集团连年混战，最后剩下了曹操、刘备、孙权三大主要军事势力。公元220年，曹操的儿子曹丕称帝，建立魏国；次年，刘备称帝建立汉国（史称蜀汉或蜀）；公元229年，孙权也称帝建立吴国，三国鼎立局面形成。经三国相互反复攻伐，魏国军力日益强大，公元263年魏灭掉蜀国。公元265年，魏国权臣司马炎自立为帝，建立晋朝（西晋）。公元280年，西晋灭掉吴，结束了三国鼎立的局面，出现了西晋短暂的统一。公元316年，匈奴兵俘虏了西晋皇帝，西晋亡。晋室南迁江南后建东晋，国力不振，日趋衰亡。随后建立的南朝，宋、齐、梁、陈四个朝代频繁更替，社会动乱不已。而晋朝南迁后的北方，各少数民族统治者互相吞并杀夺，先后建立起16个国家（连同西南地区的成国），史称“五胡乱华十六国”。公元386年，北方鲜卑族拓跋部首领拓跋珪建立北魏，逐渐统一了黄河流域广大地区。后北魏分裂为东魏和西魏，东魏、西魏又分别为北齐、北周所替代。这五个朝代总称为北朝，与南朝同时并存。公元577年，北周灭北齐，北方再次统一。公元589年，南陈为北方所灭，中国重新实现了全国统一。

从220年曹丕称帝到589年全国统一，中国370年大分裂。在此期间，由于内部纷争，中国国力衰弱，中国疆域剧烈变动而难以巩固和拓展，中国版图曾一再缩小。但在三国时期，吴、蜀对中国东南、西南边疆地区有了进一步的开发。其间，公元230年，吴国派将军卫温带领一万人的大船队到达台湾（夷洲），密切了中国领土台湾同大陆的联系。

三国两晋时期的国防。这一时期，在兵役制度上，主要实行世兵制。军民分离，各有户籍，一旦编为军户，父死子继，兄终弟及，世代为兵。军户社会地位低下，人民以当兵为耻。军队战斗力很弱，致使国家常无能战之兵，外敌入侵如入无人之境，这一制度的弊端也就集中暴露出来。到西魏、北周时，不合理的世兵制衰落下去，而逐渐为府兵制所取代。在国防建设上，魏、蜀、吴三国及北魏、北周等，均注意了发展军事与发展经济结合起来，通过屯田（包括军屯）、兴修水利工程、开发边疆，发展交通（包括海上交通），以及推行改革政策，使经济得到发展，国防得到加强。另外，这一时期军事技术得到发展，军事理论的研究更为深入，出现了如曹操、诸葛亮等一大批军事家。

隋唐时期的疆域。隋唐时期，是中国国防力量空前强大，中国疆域空前发展时期，公元581年，北周的外戚杨坚夺取政权，建立隋朝。589年，隋灭陈，统一全国，结束了中国自三国以来长期分裂的历史。由于隋朝建立后励精图治，政治、经济和军事力量日益强盛，使秦汉以来的中国疆域逐步得到了恢复和发展。隋炀帝时曾三次派人去台湾（流求），并派兵驻扎台湾，加强了台湾的军事防务。公元618年，走向腐朽的隋朝被唐所灭，开始了唐朝对中国近300年的统治。唐朝是中国历史上经济繁荣、国力强盛、疆域广大的时代。唐朝的版图，东到大海，西达咸海，东北至黑龙江以北外兴安岭、库页岛一带，南及南海。到唐代，南海诸岛已正式纳入中国疆域，属崖州都督府管辖。

隋唐时期的国防。隋唐两个朝代，在兵役制度上，主要是实行府兵制，兵民合一，从受田农民中检点为兵，归各地军府管辖。按照这一制度，隋朝16—60岁、唐朝20—60岁（后改为25—50岁）有受田权利的男子，都有服兵役的义务。府兵平时散居务农，农隙进行训练，战时集中，临时命将统领。战争结束后，兵散于府，将归于朝。京师宿卫之兵和边疆的戍卒，由各军府派兵轮流充任，三年更换一次。在这两个朝代，府兵的社会地位较高，不仅免除赋役，有功或阵亡者也可得到勋级或抚恤，宿卫京师者还可得到更高荣誉。所以，军队士气旺盛，战斗力强。在国防建设方面，隋唐都注重富国强兵。两朝初期，均励精图治，政治清明。隋朝建立后 20 多年，国家经济就呈现繁荣景象，官府的仓库堆满了粮食和布帛。唐初调整统治政策，轻徭薄赋，选用贤才，团结各族人民，发展社会生产，国力很快强盛起来，出现了“贞观之治”“开元盛世”等前所未有的局面。国家防务力量也大大加强了。公元 629 年，唐太宗派大军讨伐为患多年的突厥，在阴山大破敌军，生俘突厥首领颉利可汗，解除了北方的威胁。之后，唐在突厥旧地设置都督府进行管辖。隋、唐在交通建设，发展军事技术方面，也取得了重大成就。隋朝开凿的大运河，北起涿郡，南到余杭，全长四五千里，把南北许多州县连在一起，对军事交通、运输很有利。唐朝发明了火药并运用于军事，引起了军事领域划时代的变革。火药于 13 世纪传到欧洲，已是中国发明火药 500 年之后了。唐朝在对待周边各少数民族部落国家方面，还注意了以武力征伐与结盟纳降、联姻通婚等手段和策略相结合，建立起边疆防御的缓冲地带，直至在条件成熟时通过册封、设治等方式，将其统一到中国版图内。唐军武力征服东突厥，迫使西突厥接受册封，并在其旧地设都护府予以治理；册封回纥首领为可汗，并将其控制的东自黑龙江上游，西到阿尔泰山的广大地区归于唐朝疆域；两度将皇室公主西嫁吐蕃；任命东北边疆的靺鞨族首领为都督，使这一地区归附唐政府；册封南诏首领为云南王，允许其合并另外五诏接受唐朝领导。这些做法，均使唐朝团结了周边国家，巩固拓展了本国疆域。

辽宋夏金时期的疆域。辽宋夏金时期，中国再次处于长期战乱、分裂状态。中国国力下降，边防不稳。中国疆域剧烈变动、萎缩。唐朝末期，藩镇势力膨胀，割据一方，唐朝中央力量衰落。唐末农民起义加速了唐朝的灭亡。公元 907 年，唐末农民军的叛徒朱温废掉唐朝皇帝，建立梁朝（后梁），之后 50 多年间，后梁、后唐、后晋、后汉、后周五个朝代相继统治黄河流域，史称“五代”。与此同时，中国南方各地及北方的山西，也先后出现了前蜀、吴、闽、吴越、楚、南汉、南平、后蜀、南唐、北汉 10 个割据政权，史称“十国”。五代十国时期，各割据政权的统治者彼此混战不已，中国国力更加衰微。公元 960 年，后周大将赵匡胤发动兵变，废掉后周皇帝，建立宋朝（北宋）。北宋建立后，陆续灭掉了一些割据政权，结束了五代十国的分裂局面。但是，在中国辽阔的领土上，北宋仍同几个少数民族政权处于长期的并立和战争中，直至北宋被灭而建立南宋和南宋再次被灭。这些少数民族政权，主要是在北部契丹族建立的辽和女真族建立的金，还有党项族在西北部建立的夏。

辽宋夏金时期的国防。宋朝的国防武装力量主要有四种，即禁兵(也称禁军)、厢兵、藩兵、乡兵。禁军为朝廷直接掌握的正规军。厢兵、乡兵为州府隶属的地方兵。藩兵为戍守边防士兵，一般由当地少数民族壮丁编组而成。乡兵一般为各地民兵组成的保卫乡土的武装。宋代的兵役制，主要实行募兵制，服兵役没有期限；兵员成分复杂，军人社会地位极低。民无爱军之心，兵无报国之志，军队战斗力很弱。宋朝在国防指导思想上，严于内而疏于外，只重视消灭、防范国内割据势力，而忽视边境防务。对辽、夏、金的入侵，不思抵御，唯求以屈辱求和，致使投降派得势，抗战派遭殃，终于招致亡国。辽、夏、金三朝在兵役制度上，初期主要实行全民皆兵的部落兵制，建立国家政权后则主要实行世兵制。在国防指导思想上，采取以进攻求发展的战略。没有固定的疆域防守，对外以进攻的态势，伺机侵占土地，掠夺财富。在这一时期，各国也注意了对军事技术、军事理论研究的加强。公元1259年，宋朝制成了突火枪。宋、辽、金、夏在相互交战中大量使用了火枪、火箭、火炬等火药武器。此外，宋代发明了指南针，使宋朝的航海事业大大发展，加强了中国的海外贸易、对外交流和国际影响。

中国疆域和国防的由盛转衰时期。这一时期包括元、明、清（前期）三个朝代近600年的历史。本时期是中国历史上国家统一、国势强盛、幅员广大、边疆较稳的辉煌时代，也是中国封建社会进入末世，中国日益经济落后、国力败落、国防空虚、武备废弛而由盛转衰的时期。这一时期又可分为元明和清（前期）两个分期。

元明时期的疆域。元朝的疆域比以往任何朝代都辽阔。以成吉思汗为首的蒙古贵族，在统一蒙古地区后，发动了一系列的对外战争。从1205年起，成吉思汗先后使西夏、吐蕃、畏兀儿臣服蒙古。1227年，蒙古灭西夏，1234年，灭金。在几十年里，成吉思汗和他的子孙，除了向南发展外，还向西方进军，占领了中亚细亚，一直打到欧洲多瑙河流域。在征服欧亚、南下侵宋过程中，元朝建立。公元1279年，元朝灭亡了南宋晚期王朝，统一中国，建立起地域极广、高度统一的中央集权大帝国。当时中国的疆域，东北至额尔库次克海，北越西伯利亚大陆，极于北海，西至新疆，西南至西藏、云南，南至印度河流域，东至于海。中国成为当时世界上幅员最广大的国家。由于蒙古贵族统治者实行民族压迫和对内残酷剥削、对外大肆侵略的政策，元朝的民族矛盾和阶级矛盾空前激烈，元朝的政治、经济、军事统治日益腐败，元朝这个“世界上规模空前的宏伟帝国”，在世不足百年，就在各地农民起义军的打击下走向了灭亡。公元1368年，红巾军首领、佃农出身的朱元璋在应天府称皇帝，建立明朝。当年，明军攻占大都，灭了元朝。明朝使元朝以来的中国疆域继续巩固和发展，维护了元代统一起来的辽阔版图。

元明时期的国防。元朝以兵立国。统一中国前，元朝在兵役制度方面实行部落兵制，规定男子15—70岁“尽佥为兵”，军民不分。统一中国后，实行世兵制。国家武装力量分为宿卫军（即朝廷禁军）和镇戍军（负责地方防务及戍边）两部分。军人定位军户，世袭为兵。明朝主要实行卫兵制，这种兵制兼有府兵、世兵的性质。军士隶属于卫所，也是世袭为兵。卫所之兵平时屯田自养，负责卫戍；战时集中，由朝廷命将统帅出征。战争结束，兵回卫所，将返朝廷。明代后期，卫所制渐遭破坏，明朝改行募兵制。在国防建设方面，元、明都注重了对边、海防的治理和加强。元朝实行行省制度，在中央设置中书省，作为全国的最高行政机构。其他地区设置行中书省（即行省或省），由中央政府委派官吏管理。行省的范围，一般比现在的大。如岭北行省，包括今蒙古和俄罗斯西伯利亚一带，直达北海；辽阳行省包括黑龙江中下游和乌苏里江以东地区和西伯利亚东部地区。元朝在边远的云南地区，也设置了行省。在福建行省的同安县设置了澎湖巡检司，管辖澎湖和台湾。元朝还在中央设置了宣政院，管理全国佛教和藏族地区的行政事务，并向西藏委派官吏，驻扎军队，实行有效的管辖，使西藏正式成为元朝的一个行政区域。在海防事业方面，元朝已建立起一支规模较大的海军，并在一些重要港口设万户府，派驻海军长期镇守。明朝为了加强边远少数民族地区的管理和防务，在西藏设立了乌斯藏都指挥司。在云、贵和两广地区，先设土司，后改设流官，进行辖制。在东北地区设置努尔干都司，它下辖几百个卫、所，负责管理和防守西起鄂嫩河，东至库页岛（苦兀岛），南濒日本海，北抵外兴安岭的广大地区。并在那里驻守军队，设置驿站。为了巩固北部边防，明朝用了近200年时间修筑了东起鸭绿江，西至嘉峪关，长达1.3万多里的长城。这成为世界上最伟大的工程之一。明朝还承袭元朝的做法，继续设置澎湖巡检司，管理澎湖和台湾军务。并在沿海广设卫、所，建立海军，抵御倭寇。明朝还应朝鲜政府请求，于1592年、1597年两次派军援助朝鲜，和朝鲜军队并肩作战，打败了侵朝日军，保护了邻国安全。元、明两朝一系列强边固防的措施与策略，使中国陆海疆界获得了较长时期的稳定与安宁。

清朝前期的疆域。专制主义的封建统治到明朝后期已非常腐朽。天灾人祸，迫使无法生存的广大农民纷纷造反。公元1644年，李自成带领农民军攻占北京城，明朝灭亡。中国东北地区的女真族经努尔哈赤统一后建立后金。1636年，努尔哈赤的儿子皇太极称皇帝，改金为清。当李自成带领农民军推翻明朝时，关外的清军在明朝降将吴三桂的协助下，大举南下，占领了北京。经过几十年对人民的镇压和平叛战争，清朝统一中国，巩固了其封建的中央集权的统治。清朝前期，国势强大、幅员广阔。中国的疆域西跨葱岭，西北达巴尔喀什湖北岸，北接西伯利亚，东北至黑龙江以北的外兴安岭和库页岛，东临太平洋，东南至台湾及其附属岛屿钓鱼岛、赤尾屿等，南包南海诸岛。中国成为亚洲最大的统一的多民族国家。

清朝前期的国防。清朝的兵役制度，入关初期主要为八旗兵制，这一制度是在举族皆兵的部落兵制的基础上发展起来的，具有世兵性质。入关前，八旗兵是兵民合一的组织，“无事耕猎，有事征调”。入关后，八旗兵成为世袭的职业军户，完全脱离了生产劳动，专事卫戍与驻防。开始时，八旗兵均由满洲（女真）人组成。入关后，又增设了“蒙古八旗”，“汉军八旗”，共为24旗，使清朝武装力量大为加强。

在维护国家领土完整统一、强边固防、抗击外敌入侵方面，清朝采取了许多有效措施，开展了一系列重大斗争。清初，明朝降将吴三桂等，利用被封为“藩王”的地位，妄图在其各自统治的云南、广东、福建等边远省份分裂割据。公元1673年，康熙帝下令削藩，并派遣大军，经八年征战，平定了吴三桂等“三藩”在南方发动的大规模叛乱，稳定了中国南部边防，使中国避免了又一次大分裂。从1624年起，荷兰殖民者一步步侵占了中国领土台湾。1661年，抗清将领郑成功率舰队打败了荷兰殖民者，收复台湾。郑成功病逝后，台湾的统治权由他的子孙继承。“三藩”之乱平定之后，1683年，清政府进军台湾，结束了郑氏政权；在台湾设置一府三县，使之隶属于福建省，并派重兵驻守。这样，长期与大陆分裂的台湾地区，又与大陆重新统一。中国东南海防获得了巩固。

沙皇俄国本来是一个欧洲国家，同中国并不接壤。16 世纪后期，沙俄越过乌拉尔山向东扩张。清军入关时，沙俄乘机大肆入侵中国。1685 年，康熙帝派兵进攻侵入中国黑龙江流域的沙俄侵略军，重创俄军，摧毁了俄军在雅克萨建立的侵略据点，迫使俄军投降。但清军撤回后，沙俄侵略军重新占据雅克萨。1686 年，康熙帝再次派兵讨伐，围困雅克萨半年之久，俄军伤亡惨重，侵略军头目被击毙，沙俄政府被迫同意通过谈判解决中俄边界问题。中俄双方经过平等协商，正式签订了第一个边界条约《尼布楚条约》。条约规定：中俄两国以格尔必齐河、额尔古纳河和外兴安岭往东至海为界，外兴安岭以北，格尔必齐河、额尔古纳河以西属俄国；外兴安岭以南，格尔比齐河、额尔古纳河以东属中国。条约明确规定了中俄两国东段的边界，从法律上肯定了黑龙江和乌苏里江流域，包括库页岛在内的广大地区都是中国的领土。1727 年、1728 年，中俄又先后签订了《布连斯奇条约》和《恰克图条约》，这两个条约规定，中俄两国中段边界西起沙毕纳伊岭（沙宾达巴哈），中经恰克图附近，东接额尔古纳河。这条线以北属俄国，这条线以南，包括唐努乌梁海地区，属于中国。尽管中国在中俄第一批边界条约谈判过程中作了让步，但这些条约是平等的条约，是中俄双方在平等的基础上签订的，基本上反映了两国政府的主张。中俄第一批边界条约的签订，遏制了沙俄向中国东北及北部边疆地区进一步侵略的企图，使中俄两国关系转向正常化。

1690—1697 年，康熙帝三次率军，亲征西北，平定了勾结沙俄的以漠西蒙古准噶尔部首领噶尔丹为首的反叛势力，有效地控制了漠北蒙古。1733 年，清政府设置乌里雅苏台将军，统辖漠北蒙古各部和科布多、唐努乌梁海二区。1755 年，在沙俄支持下，准噶尔贵族阿睦尔撒纳又在伊犁等地发动叛乱。乾隆帝派兵平叛。阿睦尔撒纳兵败后逃往俄国，不久死在那里。对准噶尔贵族分裂势力平叛斗争的胜利，挫败了沙俄企图分割中国西北地区的阴谋，加强了清政府对西北边疆的统治。

清朝前期，新疆南部的维吾尔贵族大和卓和小和卓也发动了叛乱。乾隆帝派兵镇压。大、小和卓兵败西逃，不久被杀。新疆地区重新得到统一。1762 年，清朝在新疆设伊犁将军，统辖天山南北两路；并在新疆各地驻扎军队，设置哨所，巩固了新疆地区的防备。

清朝建立不久，清帝就正式赐予西藏喇嘛教首领五世达赖以“达赖喇嘛”和五世班禅以“班禅额尔德尼”的封号，并规定了以后历世达赖和班禅都必须经过中央政权册封的制度。1727 年，清朝开始设置驻藏大臣。驻藏大臣代表中央政府，同达赖和班禅共同管理西藏。这使清政府对西藏的管辖得到了进一步加强。

清朝前期对海防建设也较重视，清军入关前就已建立了相当强大的水师。入关后，先后建立了沿海水师，设立水师提督，并在各海防要地增设、改建了海岸炮台和建造船厂。清朝水师在抗击沙俄对黑龙江流域的侵略，重新统一台湾等军事斗争中发挥了重大作用。

清朝前期，中国作为统一的多民族国家得到了巩固，各族人民的团结和经济、文化联系得到了加强，中国边疆地区得到了开发和防卫，早期殖民主义者对中国的侵略遇到了有力的抗击。这一切，使中国作为泱泱大国屹立于世界的东方，为中国历史留下了光辉的篇章。然而，在滚滚向前的世界进步潮流中，由于封建制度的制约，中国却落伍了。在封建专制制度下，中国资本主义经济难以成长，中国经济只能长期封闭在小农经济的圈子里。科学技术遭封建统治者歧视，而陷于停滞和落后状态。政治日益黑暗，国家财政困难，官场贪污成风。清朝的八旗兵和绿营兵，军官不谙韬略，士兵漫无纪律。军中盛行吸鸦片、开赌场、斗鸡玩鸟、逛妓院。八旗官兵自恃开国有功，更为骄奢淫逸。“八旗子弟”成为专知欺压百姓、吃喝玩乐的纨绔子弟的代表。加之军队装备陈旧，军中武器仍主要沿用几千年以来的大刀、长矛、弓箭，清朝军队已远不能胜守边卫国、抵御外患之任了。

正当中国在封建制度羁绊下举步维艰之际，世界资本主义却获得了迅速发展。欧美的一些主要国家都已发展成为日益强盛的资本主义国家。英国则成为世界资本主义第一强国。世界资本主义的发展，促使资产阶级去寻找和扩大新的原料产地和商品销售市场，去掠夺落后国家和殖民地人民的财富。这样，封建落后、地大物博的中国，就成了所有资本主义强国，首先是英国侵略和争夺的对象。古老衰朽的大清王朝已面临严重危机。

二　中国近代疆域的变迁与国防

从 1840 年鸦片战争到 1949 年新中国成立，前后 100 余年，为中国近代历史时期。在这个时期，由于中国当时统治阶级的腐朽，中国的国防日益衰落，中华民族屡屡遭受侵略、侮辱，中国的领土不断地被列强侵占、分割，中国一步步沦为殖民地、半殖民地。经过中国人民长期的不屈不挠的反抗和斗争，到1949年，终于结束了旧中国任人宰割的历史，建立了新中国。中国的国防力量才真正一天天强大起来。中国近代疆域的变迁及国防史，大致可分为清朝后期、民国前期、民国后期三个时期。

清朝后期的疆域。清朝后期，包括从1840年鸦片战争至1911年辛亥革命、清朝灭亡期间71年的历史。在这个时期，帝国主义接连对中国发动侵略战争，把一系列不平等条约强加到中国人民头上，使中国从一个封建的独立国家，一步步沦为半封建半殖民地国家。1840年，英国侵略者发动了罪恶的鸦片战争（也叫第一次鸦片战争），用大炮轰开了中国的大门。战争以清政府战败投降宣告结束。1842年，清政府被迫与外国侵略者签订了第一个不平等的丧权辱国的条约——《中英南京条约》。条约内容之一，就是中国割让香港给英国。英国侵略者首开了破坏中国领土完整之先河。以《中英南京条约》为先导，美国、法国等许多西方资本主义国家紧随其后，都强迫清政府签订了类似的不平等条约。这最初的一系列的不平等条约，破坏了中国领土主权的完整，并开始使中国封建社会的政治、经济及社会矛盾的性质发生了根本的变化，使中国发生了由封建社会向半封建半殖民地社会的历史转折。

1856—1860年英法联军发动的第二次鸦片战争，再次以侵略者攻占北京、清政府惨败而告终。由于这次战争，清政府被迫分别同英、法、俄、美先后签订了《天津条约》《北京条约》，另外还单独同俄国签订了《中俄瑷珲条约》。根据这些条约，除各国侵略者从中国获得大量财富、特权外，中国的黑龙江以北、外兴安岭以南60多万平方公里的领土，乌苏里江以东包括库页岛在内的大约40万平方公里的领土被割让给俄国。1864年，沙俄再次威逼清政府签订《中俄勘分西北界约记》，进一步扩大从《北京条约》中获得的侵略利益，又霸占了中国新疆巴尔喀什湖以东以南44万多平方公里的领土。至此，沙俄先后割占的中国领土达140余万平方公里。与此同时，中国广东省的九龙尖沙咀被割让给英国。

19世纪70年代后，资本主义列强争夺殖民地，瓜分世界的活动进入高潮。它们在大肆侵夺中国周边邻国和地区的同时，加紧了对中国西北、西南、东南等边疆和海疆的侵犯，使中国面临严重的边疆危机。在西北、沙俄和英国展开了争夺中国新疆的争斗。1865年，中亚细亚的浩罕国派阿古柏率兵侵入中国新疆，逐步占领了新疆的大部分地区。在英、俄的支持下，阿古柏在所侵占的新疆地区成立“哲德沙尔国”，自立为汗。1871年，沙俄还直接出兵，侵占中国新疆的伊犁地区。清政府派兵消灭阿古柏政权，收复新疆后，沙俄仍旧占据伊犁。在清政府与沙俄交涉，要求收回伊犁的过程中，沙俄以战争相威胁，强迫清政府签订中俄《伊犁条约》，中国虽然收回了伊犁，沙俄却割占了中国7万多平方公里的领土，并攫取大量侵略利益。

在东南，1867年，美国派军队侵入我国台湾，被台湾军民击退。1874年，美国又支持日本进犯我国台湾。在美、日的压迫下，清政府与日本签订了《北京专约》，除赔偿日本巨额军费外，清朝承认原与中国有着悠久贡赐关系的海上邻国琉球为日本属国。1879年，日本废琉球王，改琉球为冲绳县，正式吞并了琉球。

在西南，英国加紧了对中国云南和西藏的侵略。从19世纪中叶起，与中国有悠久历史联系的邻邦缅甸逐渐被英国侵占。英国利用其占领缅甸及印度、哲孟雄（锡金）的条件，接连入侵中国的云南、西藏，强迫清政府签订《烟台条约》《藏印条约》等不平等条约，攫取在中国云南、西藏的特权，并强占了中国西藏的隆吐山、热那、咱利等一带的地方。

19世纪中叶，法国强占了与中国有密切历史联系的中国邻邦越南南部。1882年强迫越南签订不平等条约，控制了越南的内政外交。1883年底，法军进攻驻扎在越南的清军，中法战争爆发。随后，法军连续进犯中国的福建、台湾、浙江等地，并一度侵占中国广西的镇南关。虽经中国军民奋力反击，并在镇南关大败法军，扭转了战局，清政府却“乘胜即收”，下令停战求和，与法国签订了屈辱投降的《中法新约》，承认越南为法国的“保护国”，并使法国取得了在中国云南、广西两省的特权，打开了中国西南的门户。

1894年，中日甲午战争爆发。经平壤战役、黄海战役、辽东半岛战役、威海卫战役，清军连遭败绩，清政府被迫求和。1895年，中国与日本签订了自《南京条约》以来，中国与外国签订的最严重的不平等条约——《中日马关条约》。根据这一条约，中国承认历史上一直与中国唇齿相依的朝鲜完全“独立自主”，实际是承认日本对朝鲜的完全控制，使日本得以很快于1910年吞并朝鲜；中国将辽东半岛（后赎回）、台湾全岛及其所有附属各岛屿（包括钓鱼岛）和澎湖列岛割让给日本。这就使大片中国领土沦为日本殖民地，使中国东南沿海门户洞开，极大地便利了侵略者对中国海上的入侵活动。同时，通过条约，日本还从中国获得了巨额的战争赔款，以及原来日本在中国并不享有的其他资本主义列强已经享有的各种特权。《中日马关条约》大大加深了中国社会的殖民地化。

中日甲午战争后，世界资本主义国家也进入帝国主义阶段。它们不仅进一步加强了对中国政治、经济等各方面的控制，还掀起了瓜分中国的狂潮，中国面临空前严重的民族危机。1896 年，清政府与沙俄签订《中俄密约》，沙俄攫取了在中国的种种特权，并被允许在中国黑龙江、吉林修筑东清铁路，铁路及其沿线土地统由俄国管辖，使铁路沿线地区变成了沙俄的殖民地。1898 年，沙俄又强租中国旅顺为军港，大连为商港，并将东清铁路延长修至旅顺、大连，使整个东北成为沙俄的“势力范围”。之后，又将其“势力范围”扩大到长城以北及新疆的广大地区。德国是个后起的帝国主义国家，它急于向中国扩张，1897 年 1 月，德国派军舰强占中国山东的胶州湾。第二年，德国强租胶州湾，并把山东变成了德国的“势力范围”。1898 年，法国强租中国广东广州湾，并把广东、广西、云南变成法国的“势力范围”。同年，英国强租山东威海卫、广东九龙半岛及香港附近岛屿和大鹏、深圳两湾，并将长江流域各省变成其“势力范围”。同年，日本也迫使清政府承认福建省为日本的“势力范围”。比利时、美国还提出“门户开放”政策，使帝国主义列强结成了侵略和瓜分中国的同盟。从 1896 年到 1899 年，几年之内，中国疆域的主要地区被帝国主义列强作为势力范围划分殆尽。美丽富饶的中国国土，已被帝国主义列强撕咬得支离破碎。1900 年，又爆发了八国联军侵华战争。这次战争及战后清政府与帝国主义各国签订的空前卖国的《辛丑条约》，不仅在经济上给中国人民带来难以生存的负担，清朝统治者也从此完全投入了帝国主义的怀抱，成为帝国主义统治中国人民的驯服工具。中国完全沦为殖民地、半殖民地国家。

清朝后期的国防。清朝后期，政治腐败，经济、技术落后，军队涣散，国防力量十分低下。在鸦片战争时，清军有八旗兵、绿营兵 80 余万人，有许多誓死抵御外侮的爱国官兵，如虎门提督关天培，定海总兵葛云飞、郑国鸿、王锡朋，江南提督陈化成，以及镇江、大沽口与敌血战的中国守军等。但由于清政府缺乏抗敌决心，缺乏有力的国防措施，又不敢依靠广大人民群众，加之敌人“船坚炮利”，而清军装备十分落后，所以，清政府虽有抵抗而终归失败、投降。

鸦片战争后，清朝曾为防范外国侵略和镇压太平天国运动，掀起洋务运动，举办军事工业，装备了一些陆军和海军。当时中国的南洋、北洋和粤洋三支海军（北洋海军后扩建为北洋舰队），在世界上也堪称较强大的海上军事力量。清政府还建立了造船厂，开辟了旅顺、威海卫等军港，设立了多所水师学堂。但是，经过 1884 年的中法马尾海战和 1894 年的中日甲午海战，中国海军遭到惨败，从此一蹶不振。

从鸦片战争到八国联军侵华战争前，清政府曾通过一些政治、军事手段，挫败或抵制了一些外国侵略者入侵中国的活动和阴谋，在一定程度上保卫了中国疆土。1875—1878 年，清政府派左宗棠率军进攻侵入中国的阿古柏政权，收复新疆；并通过外交斗争收回了俄国占据的中国伊犁等地。对法国、日本及八国联军对中国的入侵，清政府也曾进行了一定的抵抗。对朝鲜、越南等邻国遭受侵略也给予了支持。在中法战争中，还出现了镇南关（今友谊关）大捷等重大胜利。但已经腐败不堪的清王朝，再也没有能力承担起抗击外国侵略、维护国家主权和领土完整的责任了。经对外战争的一败再败，签订下了不平等条约 500 多个，割地赔款，主权丧失殆尽。到八国联军侵华战争之后，清朝已经有国无防，清朝统治者只有仰赖帝国主义列强的刺刀保护自己了。清朝末年，清政府虽然也曾下力编练“新军”，除袁世凯练成北洋六镇外，全国各省也纷纷督练，但这些新军只是用来镇压人民，而根本不敢用于防御帝国主义侵略，只不过是维护垂死的封建统治者的新卫士而已。同时，掌握兵权的袁世凯等人，也视新军为私人武装，从而为日后军阀集团的形成奠定了实力基础。

清朝后期，中国的广大人民群众面对外国资本主义和帝国主义的疯狂入侵，纷纷组织起来，奋起反抗，同外国侵略者展开了长期的英勇斗争，在中国近代反抗外国侵略的国防史上，建立了不可磨灭的历史功勋。近代中国人民反抗外国侵略的斗争，是和最初资本主义英国发动侵略中国的鸦片战争同时开始的。英国对中国的无耻侵略，使中国人民无比愤慨。广州三元里和附近 100 余乡的村民数千人，首先举起了抗英旗帜，赶跑了入侵的英军。宁波一带的农民组织黑水党，英勇抵抗侵略者，使不少英军被杀伤。太平天国的太平军也曾多次与外国侵略军交锋，大败“洋枪队”。台湾民众曾多次抵抗美、日侵略军，使他们霸占台湾的阴谋一次次被挫败。云南、西藏人民曾同入侵的英军展开激烈战斗，痛击侵略者，保卫国家边疆。1900 年前后，中国爆发的义和团运动，是一场伟大的农民自发的反帝爱国运动。义和团以反洋教为号召，展开了大规模的反抗帝国主义侵略势力的斗争，并英勇抗击了进攻中国的八国联军。义和团运动的开展，使帝国主义瓜分中国的阴谋未能得逞。中国人民自发的英勇抗击帝国主义入侵的斗争，与中国的近代史、中国近代国防史密不可分地结合在一起，在中国近代国防斗争史上具有重要地位。

民国前期的疆域。民国前期，包括从1912年中华民国成立至1927年南京国民政府建立期间16年的历史。在这个时期，以孙中山为首的资产阶级革命派领导的辛亥革命，推翻了清王朝，建立了资产阶级共和国——中华民国，孙中山任临时大总统。但革命果实很快被北洋军阀头领袁世凯所窃取，中国从此开始了北洋军阀统治时期，在北洋军阀的黑暗统治下，帝国主义列强仍横行中国，并对中国继续疯狂侵略。袁世凯为了得到帝国主义的支持，复辟帝制，竟不惜进一步出卖中国领土主权，与帝国主义相勾结。1911年，在沙俄武力支持下，中国的外蒙古库伦活佛哲布尊丹巴擅自成立“大蒙古国”，自称皇帝。1912年，沙俄与外蒙古当局订立《俄蒙协约》《俄蒙商务专约》，规定俄国“扶助”外蒙古“自治”，俄国在外蒙古享有各种特权。1913年，袁世凯不顾全国人民的反对，承认外蒙古“自治”，肯定了沙俄对外蒙古的控制地位。1912年，沙俄策动中国黑龙江呼伦贝尔地区上层封建主叛乱，制造呼伦贝尔“独立”。袁世凯1915年与沙俄签订《中俄呼伦贝尔条约》，承认俄国在该地区的特权。

英国在《辛丑条约》签订后，变本加厉地侵略中国的西藏地区。1904年英军侵入拉萨，胁迫西藏地方官吏签订《拉萨条约》，并迫使清政府承认英国在西藏的特权，将西藏作为英国的“势力范围”。袁世凯上台后，英国乘机扩大侵略。1912年，英国将1910年叛国的达赖十三世送回拉萨，组织傀儡政府，宣称西藏“独立”；并以武力威胁袁世凯，迫使袁世凯下令停止进兵，派代表到印度西姆拉参加所谓“中英藏会议”。当英国在西姆拉会议未能实现其分割中国西藏的图谋后，1914年，英国与西藏地方政府私行签订非法的《西姆拉条约》，妄图将中国西藏分割出去归英国控制。英印代表麦克马洪，还在会外背着中国中央政府代表，胁迫西藏地方代表，以秘密换文方式，划了一条中印边界线“麦克马洪线”，把西藏东南部9万平方公里的土地划归英属印度。这条非法的“麦克马洪线”，中国的历届政府从不承认。

日本经过1904年日俄战争打败俄国，夺取了俄国在中国东北的不少侵略特权后，其侵略气焰更为嚣张。1914 年，欧洲爆发帝国主义大战，日本乘机企图独占中国。当年 9 月，日本出兵中国山东，抢占胶济铁路和青岛，袁世凯未做任何抵抗。1915 年，作为支持袁世凯做皇帝的交换条件，日本向袁世凯提出了灭亡中国的《二十一条》，袁世凯几乎全部接受下来。根据《二十一条》，日本继承德国，将山东作为“势力范围”，并享有在南海、东蒙的各种特权，将从沙俄手中夺取的中国旅顺、大连两港和南满、安奉两铁路租借 99 年；中国所有沿海岛屿和港湾不得让与他国；并要掌握和控制中国的政治、经济、军事等大权。这实际上就是把中国变成日本的殖民地。

1916 年，袁世凯在演出了 83 天的复辟帝制丑剧后，在一片唾骂声中死去。袁世凯死后，各帝国主义国家纷纷在中国扶植为其各自利用的军阀势力，使中国再次陷入军阀混战、分裂割据的局面。

民国前期的国防。民国前期，中国的国力、军力都十分衰弱。国家武装力量主要是经辛亥革命转变而来的原清末编练的新军和一些地方武装。袁世凯篡夺政权后，则变为北洋军阀及各地军阀的武装。直到 1924 年孙中山在中国共产党的帮助下，在广州建立黄埔军校，才开始培养出具有一定革命性的武装。民国前期，在全国人民的压力下，北洋政府虽然曾进行了某些保卫国家的政治、军事斗争，如 1912 年拒绝承认沙俄与中国外蒙古叛国集团签订非法条约的斗争，1912—1913 年派兵抗击俄国入侵内蒙古、新疆的斗争，1912—1914 年派兵入藏抗御英国入侵和拒签分割中国领土西藏等条约的斗争，以及 1919 年在巴黎和会上要求取消列强在华特权，拒绝在《巴黎和约》上签字的斗争等。但是，北洋军阀政府仍是帝国主义统治中国的代理人，继续奉行镇压人民、投降卖国的政策，使中国的国防仍然得不到任何保障。

在民国前期，中国的广大人民群众反抗帝国主义侵略的斗争继续高涨。民国初年，中国的蒙古、新疆、西藏各界爱国人士和广大群众，与俄、英入侵者进行了坚决的斗争，与中国军队一起多次赶走侵略者。1915 年，当袁世凯接受日本灭亡中国的《二十一条》时，全中国人民一致起来，掀起了大规模的讨袁抗日运动，海外侨胞也投入救国斗争。1919 年巴黎和会无理拒绝中国要求取消列强在中国的特权后，中国爆发了一场规模空前的“五四”反帝爱国运动，这一运动成为反帝反封建的新民主主义革命的开端。在 1925 年的“五卅”运动及“省港大罢工”，1926—

1927年的北伐战争当中，中国工人、农民及各界群众，踊跃参加反对帝国主义、封建主义的伟大斗争，形成了势不可当的历史洪流，严重动摇了帝国主义及其代理人——中国的封建统治者对中国的统治。

民国后期的疆域。民国后期，包括从1927年南京国民政府成立到1949年中华民国覆亡期间22年的历史。1927年，蒋介石建立的国民党南京政府，是帝国主义支持下的代表大地主大资产阶级的独裁统治。它对外投靠帝国主义，对内镇压人民。1931年，日本侵略军在中国沈阳发动“九一八”事变，发起侵略战争，蒋介石不准中国军队抵抗，使日军在三个月内即侵占了中国的辽宁、吉林、黑龙江三省，100多万平方公里的东北三省的中国领土沦为日本殖民地。1932年3月，日本扶植清废帝溥仪，在中国东北被占领土建立“满洲国”傀儡政权，实行日本的残酷统治。1932年，日本侵略中国上海，遭到上海军民的坚决抗击。但蒋介石却与日军签订丧权辱国的《淞沪停战协定》，允许日军驻扎上海。1933年2月，日军侵占中国热河省（今内蒙古自治区、河北省和辽宁省的一部分）。随后，日军又进攻长城各要塞，遭中国守军顽强抵抗。在相继占领长城各口后，日军又侵占河北省东部密云、遵化、蓟县、丰润、唐山等22县，逼近北平（北京）、天津。南京国民政府与日本签订了卖国的《塘沽协定》，承认长城一线为伪满洲国的国界，并把河北东部划为“非武装区”，中国军队不得进入驻扎，从而使华北日益陷于日军控制之下。1935年，日军大举入关，威胁平津。日本通过与南京政府签订《何梅协定》和《秦土协定》，又控制了中国冀（河北）察（哈尔）两省。并进一步策动汉奸，加紧在河北、山东、山西、察哈尔、绥远搞所谓“华北五省自治运动”，阴谋把整个华北变为日本殖民地。1937年7月，日本发动全面侵华战争。在日军猛烈进攻下，中国守军节节败退。当月，日军相继占领平、津。而后，日军分三路南侵。同年8月，日军进攻上海，11月占领上海后，西侵进逼中国首都南京。12月，南京沦陷。1938年9月，日军进攻华南，占领广州。10月，日军攻陷武汉。至此，日本已侵占了中国东北、华北、华南广大地区的领土。此后，日军对国民党政府改用以政治诱降为主，以军事打击为辅的政策，但仍侵占了中国广东（含海南岛）、广西、江西、湖南、湖北、浙江、福建、山西、河南、贵州等省部分地区。1945年8月，日本无条件投降，中国抗日战争胜利结束。日本侵占的中国国土，包括东北、台湾和澎湖列岛，全部被归还中国。

在中国抗战期间，1942年，苏联将中国西北的唐努乌梁海地区17万平方公里的土地划归俄罗斯的图瓦自治共和国，在无任何国际条约的情况下，吞并了中国的这一地区。1945年8月，苏联与中国政府签订《中苏友好同盟条约》，条约规定，苏联继续使用中国的中东、南满两条铁路和大连、旅顺两港，苏联军舰在旅顺军港可自由停靠。条约还规定了中国承认中国外蒙古独立。这样，中国又丧失了150多万平方公里的领土。

民国后期的国防。1928年建立的以蒋介石为首的南京国民政府，对外依附帝国主义，对内镇压革命人民，1937年抗日战争全面爆发前，南京国民政府奉行“攘外必先安内”的政策。一方面，国民党新军阀连年混战；另一方面，加紧反共反人民，“围剿”中国共产党领导的中国工农红军，打内战达10年之久。这极大地耗损了中国的国防力量，导致了日本帝国主义的步步入侵，直到发动全面侵华战争。1937年抗日战争全面爆发后，中国国民党与中国共产党结成抗日统一战线，和全国各族人民一起，抗击了日本侵略者。由于国民党单纯依靠政府和军队抗战，反对人民起来参加抗日斗争，而且战略指导失误，虽然国民党很多官兵与日寇浴血奋战，也取得过某些战役、战斗的胜利，但在正面战场的总的战局上国民党军却是节节败退，丧师失地，被日本占领了大半个中国。中国共产党领导的八路军、新四军挺进敌后，转战华北、华中、华南的广大地区，紧紧依靠广大人民群众，大打人民战争，不断收复失地，沉重地打击了日本侵略军。由于中国共产党做中国人民的中流砥柱，中国人民才能压倒投降势力，经过八年艰苦卓绝的抗日战争，将日本侵略者赶出中国，夺取了抗日战争的伟大胜利。抗日战争胜利后，国民党蒋介石在美帝国主义的支持下，发动全面内战，妄图一举消灭共产党及人民武装。在中国共产党的领导下，中国人民同国民党反动势力展开了空前规模的大决战。经过三年伟大的解放战争，消灭国民党军800余万人，推翻了蒋家王朝，解放了除台湾省和沿海若干岛屿及南海诸岛以外的全部国土，建立了中华人民共和国。中国的国防从此进入了全新的历史时期。

（本文为作者为“中国国防教育”所撰讲稿）

新中国国防建设45年的启示

新中国的国防建设，伴随着中华人民共和国前进的步伐，已历经了45年的风雨行程（至作者行文之时）。纵观45年来的国防建设发展史，从20世纪50年代着手和平时期全面现代化建设，到20世纪60年代转入长期临战状态，再到20世纪80年代实行战略性转变，复归和平时期现代化建设轨道，所呈现出的是一个巨大的“之”字形的运行轨迹。这一运行轨迹，既反映了新中国国防建设像一切事物的发展一样，是一个螺旋形上升的过程；也反映了在这一过程中，前进与曲折并存，成就与失误互见，辉煌与缺憾相伴的丰富内涵。正确认识新中国成立以来国防建设的理论与实践的演变过程，并从中引出可资借鉴的历史经验教训，对于中国国防建设走有中国特色的现代化道路，早日实现现代化，具有十分重要的意义。45年来新中国国防建设所提供的历史启示主要是：

第一，必须摆正国防建设在国家总体建设中的位置，使国防建设的发展符合国家安全的需要。国防建设在国家总体建设中应该处于什么位置？怎样对国防建设进行科学的人力、物力、财力投入和配置？如何正确处理国防现代化与四个“现代化”中其他“三化”的关系？这些问题，是中国现代化国防事业保持持续稳定发展首先必须解决的问题。在新中国国防建设史上，在对这方面的问题的解决中，曾有过正反两方面的重要经验。如在抗美援朝结束后的相当长的时期内，中国的国防建设与国家经济建设关系比较协调，国防建设和国家其他方面的建设一起，均取得了较大发展。但是在另外的一些时期，中国未能摆正国防建设在国家总体建设中的位置，甚至把战备置于压倒一切的地位，结果，不仅严重影响了国家经济、科技、文化等事业的发展，国防建设本身也因方向、目标、规模、布局等方面的失误，加之缺乏强大的综合国力为后盾而发展大为迟缓。国防建设战略转变以来，中国共产党和国家鉴于中国家底太薄，急需集中力量，把经济建设搞上去的基本国情，因此提出国防建设要“忍耐”，要为经济建设让路，国防经费大幅度下降并连续多年保持很低的水平。这种举措固然有其现实必要性和合理性，但这种靠过分“挤”国防以发展经济的做法也不是长久之计。因为这种做法不但不符合国防发展自身的规律，也是与国家总体建设的全局要求不相一致的。这些年来，国防建设由于投入过少而发生了一系列困难和问题，实已不容忽视。因为这种状态不仅不利于打赢未来反侵略战争的战斗力的形成，也不利于平时增强遏制战争的威慑力。面对中国国防的艰巨任务，中国国防建设既不可操之过急，谋求过早、过快地赶上世界先进水平；也不可消极等待，无所作为，进一步拉大与世界先进水平的差距，而应与国家迅速发展的经济建设同步，“水涨船高”，稳步走向现代化。

第二，必须正确处理国防与政治[①]的关系，按照国防建设发展的内在规律推进国防现代化进程。新中国国防的历程，是我们党和国家正确认识和处理政治与国防的关系，努力按照国防建设内在规律推进国防现代化事业的过程。

一方面，我们党和国家始终将国防建设置于政治的领导和支配之下，并通过大力开展国防系统的政治思想工作，保证政治方针、路线、政策在国防各个领域的贯彻落实，使国防斗争配合政治斗争，既打军事仗，又打政治仗，不断实现各个时期的政治目的，同时也保证了国防建设成就的获得。实践证明，国防与政治是密不可分的。从某种意义上说，国防就是政治。即所谓“政治是不流血的战争，战争是流血的政治”。国防必须服从、服务于政治，适应政治的需要，在政治的支持和指导下去活动、去建设、去发展。由此可见，政治本身及其对国防指导的正确与否，是国防建设能否健康发展的先决条件。新中国成立以来国防建设的一切成就和进展，都是党和国家对国防建设实施正确的政治指导的结果。同理，国防建设中的种种失误与挫折，也都有着不可否认的这样或那样的政治原因。其中，尤以政治上多年盛行的“左”倾思潮对国防建设危害最大。这说明，国防建设要保持正确的前进方向，首先要求党和国家在政治指导上不犯错

① 国家政治与国防、军队系统的政治工作（也可简称政治），是两个不同的概念。前者与国防是领导与被领导、支配与被支配的关系，后者则属于国防建设的组成部分，对国防和军队建设的进行起保证与服务作用。

误。这是由国防与政治的紧密关系决定的。

另一方面，国防与政治也是有着重要区别的两个社会范畴。国防不等于政治，政治也不能替代国防。政治是围绕夺取、巩固和运用国家政权这一核心问题所进行的建设和斗争，国防则是为捍卫国家主权、领土完整和安全，防备外来侵略和颠覆，而进行的军事及与军事有关的政治、经济、文化等方面的建设和斗争。也就是说，政治是围绕政权问题进行的，国防是围绕军事问题进行的，国防与政治，是相对独立的两个社会范畴。因而国防建设必然有着不同于政治建设的自身的客观的特殊规律，不能将国防和政治混为一谈。在中国国防建设实践中，我们党和国家依据国防战略环境发展变化的要求，从中国特有的经济、政治、军事、文化、科技、外交、地理等实际情况出发，努力探索适合中国特点的国防现代化道路，使中国国防建设取得了卓著的成就。但也无可讳言，在以往的国防建设中，也曾对政治作了不切实际的突出和强调。如在国防尤其是军队领域一再开展过度的政治运动，将政治思想工作摆到至高无上、统率一切的地位；在国防建设和军队建设中增加大量的政治、社会任务，等等。这些做法到“文化大革命”时期达到极为严重的程度。这样做的结果，不仅使国防建设和军队建设偏离了方向，分散了力量，增加了过重的负担，使国防全面建设难以正常开展；甚至造成了国防建设中政治与军事、科研、生产的对立。由于政治工作在国防建设和军队建设中可以压倒一切，冲击一切，使人们只能“突出政治”，而不敢抓军事、抓技术、抓生产、抓业务，这就不能不使国防建设偏离现代化的方向。实践证明，在国防建设和军队建设中，既要施之以正确的政治指导，又要尊重其特有规律，必须以现代化为中心，安排各项工作；而政治工作就是要为现代化建设起到保证与服务作用。这样，才能摆正政治工作与其他工作的关系，使国防现代化事业坚持正确的前进方向。

第三，必须正确处理国家利益与阶级利益和意识形态利益的关系，在国防建设中坚持国家利益至上的原则。国家利益是国防建设的根本出发点。正如邓小平所指出的：“我们都是以自己的国家利益为最高准则来谈问题和处理问题的。”① 长期以来，一方面中国国防建设曾努力捍卫国家的领土主权，为国家安全和建设提供了有效的保障，在维护国家利益中做

① 《邓小平文选》（第3卷），人民出版社2001年版，第330页。

出了卓越的贡献。但另一方面，也曾过分强调阶级利益和意识形态利益。如在抗美援朝战争，抗法援越和抗美援越、援老斗争，炮击金门斗争，国内多年以消灭“帝、修、反”为目的的战备工作，以及其他无偿军事援外活动等，均过分强调了履行无产阶级国际主义义务，保卫和壮大社会主义阵营，推动国际共产主义运动发展和世界革命进程等因素。就如中国公开宣布的：“中国人民从来认为：维护整个社会主义阵营的和平与安全，每一个成员不受帝国主义侵犯，保卫社会主义阵营，是所有社会主义国家的不可推卸的无产阶级国际主义义务。”① 由于过分强调意识形态利益，就难免在国防建设和斗争中对国家利益有所忽视。如中国的巨额无偿军事援外活动，严重制约了国家经济的发展。国内为同“帝、修、反”全面大战的战备工作，也使国民经济不堪重负。而主要与国家领土、主权、尊严相关的边海防斗争，却长期未被予以应有的重视，如在中印边境、南部海疆等斗争中，中国的国家利益遭受了重大损失。

之所以会出现在国防建设中过分地考虑阶级利益和意识形态利益的现象，其主要原因是对国家利益缺乏正确的认识。多年来，由于“左”倾思潮泛滥，国家利益至上被当作资产阶级口号而予以批判，从而使国家利益往往服从于阶级利益、党的利益及其意识形态利益。这就严重削弱了国家利益在国防建设中的地位。实践证明，国家利益既与阶级利益、党的利益以及意识形态利益有统一性，任何国家利益都主要是由占统治地位的阶级的利益及其意识形态利益决定的；但国家利益与阶级利益、意识形态利益并不是等同的。因为国家不仅是一定统治阶级及其政党的代表，而且也是全民族、全社会的代表，代表着全民族的利益。在一定程度上说，国家的某些领土、主权、尊严的丧失，对国内一定阶级、政党及其意识形态利益有时是无关紧要的，但从国家利益来看却是绝对不能容许的。国防的根本职能就是保卫国家安全。国防建设只有坚持国家利益至上的原则，才能在防御侵略、维护国家生存和发展中发挥应有的作用。反之，以阶级、政党、意识形态利益指导国防建设和斗争，只能走向迷途和失败，这已经为国内外大量事实所反复证明。因为革命是不能输出的；社会制度与意识形态的异同，也不能决定国家之间是否会出现矛盾和冲突。由上述可知，在国防建设和斗争中，尽管占统治地位的阶级、政党及其意识形态利益必然

---

① 见《人民日报》，1964年7月29日。

会产生程度不同的作用和影响，但这种作用和影响，一般应通过国家利益的形式反映出来，而不宜以阶级和意识形态利益去直接处理国际和国防问题。总之，只有在国防建设和斗争中将国家利益至上作为最高原则，才能更有效地发挥国防保卫国家安全的职能。

第四，必须致力于国防决策的正确制定与实施，使国防建设避免重大失误，保持健康发展。实践证明，国防决策正确与否，不仅严重影响国防建设的正常进程，也直接关系到国家的安危和民族的存亡。因此，保证国防决策及其实施的科学性、正确性，就成为国防建设，特别是国防领导必须解决的重大问题。新中国成立以来，党和国家在对国防建设的正确决策上曾取得诸多成就和经验。如朝鲜停战后展开国防现代化全面建设的决策，对印、对越等自卫反击作战的决策，20 世纪 80 年代中期将临战状态转变为和平时期正常建设的决策等。当然，也存在一些明显的失误，如使全国长期处于临战状态的决策等。新中国国防建设的历史表明，要正确作出和贯彻国防决策，必须重点解决以下三个环节的问题：

一是加强和改善国防决策机构。新中国的国防决策机构，即国防最高领导机构，新中国成立初期为中央人民政府人民革命军事委员会；从 1954 年起这一机构被取消，同时成立了中共中央军事委员会作为军队和国防的最高领导机构，并由宪法规定国家主席统率全国武装力量；1958 年又改变为中共中央军事委员会主席为全军统帅；从 1975 年到 1981 年，又进一步明确国家武装力量由中共中央主席统率；从 1982 年起，开始设立同为一个机构的国家中央军委和中共中央军委（其成员均由共产党员组成），实行同时向中共中央和全国人大及其常委会负责的最高国防领导体制。当然，不言而喻，除上述组织形式之外，有关国防和军队建设及战争等重大决策，实际上均是由中共中央政治局作出的。由上可见，新中国的国防决策机构，充分体现了党的绝对领导，这对于坚持和发扬“党指挥枪”的优良传统无疑是非常有利的。但这一体制对于发挥国家领导和管理军队与国防的职能方面，虽已有改善，却仍嫌不足。因为新中国成立后党已掌握了国家政权，这与民主革命时期在党未夺取全国政权的情况下，实行党、政、军“一元化”领导的情况已有了根本区别。党必须善于更多地通过国家意志的形式和渠道，去实现对军队和国防的领导，而不是超越国家之外直接或与国家“双管齐下”去实施对军队和国防的领导。只有这样，国防决策的作出与贯彻才能更便于注重国家利益，正确处理国家利益与党的利益、阶级利益的关系，更好地保证决策的正确性。

二是大力加强国防决策咨询机构。国防决策事关重大，理应格外慎重。而国际环境的发展瞬息万变，现代战争的形式日新月异，国防目标日益增多，国防领域日趋宽广，国防决策面临着越来越复杂多变的政治、经济、军事、科技、文化、地理等因素的制约。因此，正确进行国防决策，已非仅凭某个决策人或少数几个决策者的智慧和经验即可做到的，而必须依赖更多的专家和研究人员，依赖各种为决策服务的专门咨询机构，通过发挥其“思想库”“智囊团”即决策者的“外脑”作用，由其对有关国防重大问题及时进行系统研究和科学论证，并据以提出各种可行性方案供决策者选择，才有可能达成最佳方案的选定。从1954年起，新中国曾设立了规模可观的国防咨询机构——国防委员会，由国家主席任该委员会主席，机构成员一度超过百人，成员中除共产党员外，还吸收了大批非共产党员的军事、国防有识之士参加。客观地看，这一机构的形式、作用是应予以肯定的。但由于历史的原因，这一组织到1975年便无疾而终。此外，由中央军委直接领导的军事科学院等科研机构，也曾为新中国国防决策提供理论依据与咨询，发挥了积极作用。但总体来看，长期以来，我们党和国家对国防咨询机构的健全及专业人员的培养是未予重视的。这就使这类机构和人员难以发挥应有的作用，在一定程度上影响了国防决策的正确制定和贯彻。

三是改善决策机制。正确的国防决策，不是单靠某个或少数几个决策者冥思苦想，或一时心血来潮便可作出的。而是依据决策活动的内在规律，通过科学的决策机制和方法，才可实现的。如及时、准确、全面地掌握信息，在科学分析与预测的基础上提出各种可行性方案，并对各种可行性方案进行实事求是的评估和优选，最终选定最优方案付诸实施和实行反馈控制等。其中每一个环节，都要求决策机构和决策者坚持民主与科学的态度和方法。除紧急情况及保密要求外，应尽可能发挥决策群体的能力，听取专家意见，重视咨询机构建议，以切实保障决策的科学和正确。而力求避免决策者主观武断，搞个人说了算的“一言堂”，使决策集团成员、咨询机构和研究人员，只能成为替决策者个人决定作注释、唱赞歌的工具。新中国国防建设在以往的决策实践中，既有发挥群策群力、集思广益的一面，也有容不得反对意见、“家长制”的现象，甚至对提不同意见的人乱扣政治帽子，进行严厉批判和处理。这当然对作出和实施正确的国防决策是非常不利的。

第五，必须明确确定并适时调整国防战略，正确实施对国家防务的全局指导。国防战略是国家为了防御外敌入侵，对国防力量的建设和运用进行综合筹划和全局指导的方略。因为国防战略是对国家防务全局的指导，所以国防战略是否正确，不仅会直接导致整个国防事业的兴衰成败，也会关系到国家的生死存亡，其重要性是显而易见的。因此，要正确开展国防建设和斗争，首先要明确确定适合本国防务客观需要的国防战略，并在总的国防战略指导下，制定不同时期、不同领域、不同层次的战略，以对国防建设和斗争进行全面的统筹谋划和相应指导。新中国从成立起，就在实际上实行了以积极防御为核心的联苏抗美的国防战略。但这一战略并未经国家正式提出和系统阐述，直到 1956 年，国家才对贯彻这一战略的方针——积极防御战略方针，明确进行了较为系统的论述。从 20 世纪 60 年代中期起，中国国防战略转向以随时防御“帝、修、反”联合入侵的全面大战为主要内容。到 20 世纪 80 年代中期，中国国防战略再次调整，从临战状态转到和平时期国防建设的正常轨道，即在实际上实行总体防卫、重点发展的战略。这就是新中国国防战略的实际运行轨迹。但是，中国的国防战略长期未能经国家正式明确提出与阐述，更缺乏明确区分不同时期、不同层次和领域的战略，这就难免影响到国防战略的把握、操作和评估，而出现这样或那样的问题。近年来这一状况已有改进。如关于 2000 年国防发展战略的系统研究，已相当全面、深入。

如何制定和调整国防战略，才能符合中国国防的需要呢？实践证明，要做到这一点，必须在正确分析和科学判断国际战略环境发展变化的基础上，坚持如下主要原则：首先，攻防兼备。中国是社会主义国家，中国永远不会侵略别国。中国的国防战略强调自卫，从根本上看是防御性的。但这种防御，不是消极的，而是积极的；尤其是这种防御强调在“后发制人”的原则下，以攻为守，寓防于攻，是一种攻防兼备的战略。中国在抗美援朝战争、对越自卫还击作战中，使这一战略得到了充分的体现。但是也不能否认，中国在以往制定和执行国防战略中，往往过多地考虑了防御，而较少强调进攻。如搞“一线”“二线”“三线”，“山、散、洞”等。这种“以防为主”的战略，不仅容易使国家耗费巨资而防御效应却很低，也难免使国家疲于应付，从根本上处于被动挨打地位。“进攻是最好的防御”。要更有效地保卫国家安全，就要具备对已经或企图入侵之敌的强大还击即进攻能力，实行“以攻为主”的战略。事实表明，提高进攻能力不仅比得到相应的防御能力投资少、效益高，而且只有进攻，才会给予侵略者以更为严厉的打击和惩罚，从而使潜在入侵者更加畏惧而不敢贸然行动。因此，中国的国防战略必须在兼顾防御的同时，重点谋划和指导国防进攻能力的提高和加强。只有这样，中国国防才能更好地发挥遏制和打赢未来战争的功能。其次，战威相济。新中国的国防战略，既指导了新中国成立以来的几场局部战争，也通过指导平时国防建设的开展，不断提高国防实力，发挥了威慑遏止潜在敌人入侵的作用。尤其是从20世纪60年代中期起，中国开始拥有核力量。按照毛泽东所说的，搞原子弹是为了“吓吓人，壮壮胆”，中国卓有成效地建立了自己的有限核威慑战略。战略威慑的结果，对遏制外敌入侵包括核袭击的发生，显然有着重要作用。20世纪80年代中期以来，中国彻底纠正了以往对威慑战略的不正确认识，在国防建设与斗争的战略指导中，既注重实战需要，也突出威慑效应，坚持了战威相济的原则，而在目前和今后一个较长的和平时期内，更要将着眼点主要置于对国防威慑功能的筹划与指导上，以达到“不战而屈人之兵”的目的。最后，陆海并重。中国是陆海兼备的大国，在国防建设中陆海并举，全面防卫，是应有之义。新中国成立后，虽然中国在东南沿海的陆地及空中和海上的斗争曾取得一定成就，但应该承认，在较长的历史时期内，中国对海防建设和斗争的认识是比较片面和有所忽视的。尤其是到20世纪60年代中期后，中国采用长期举国备战战略，所强调的只是在陆地上全面大打，而海面战场只是对陆战场起一些配合作用，处于无足轻重的地位。中国的上述海防战略，当然难免会使国家海洋国土权益遭受损失。20世纪80年代中期国防建设战略转变后，中国开始高度重视海防建设和斗争，国防战略强调陆海并重，逐步改变了中国海防斗争的被动、不利态势。

第六，必须建设全民国防，坚持现代条件下的人民战争。全民国防，即建设国防，人人有责，全国党政军民同心协力，共建国防现代化；一旦外敌入侵，则以新形势下的人民战争战胜侵略战争，保卫国家领土主权不受侵犯。新中国成立以来，中国对建设全民国防、打好现代条件下的人民战争进行了长期的探索。从军民联防到“全民皆兵”，从举国备战到军民并肩作战还击入侵之敌，无不体现了这一内容。20世纪80年代中期以来，我们党和国家着眼于和平时期国防建设的需要和现代战争的特点，在建设全民国防中不断进行了新的尝试，如坚持寓兵于民、寓战于平的原则，将发展国防实力与发展国防潜力相结合，将实行精干的常备军与强大的后备力量相结合，将国防科技工业和国防基本设施建设引上平战结合、军民兼容之路等。同时，坚持三结合的武装力量体制，努力改善武器装备，加强全民国防教育，使全民国防发展到了一个新的阶段。人民战争是中国人民在民主革命时期战胜国内外敌人的主要法宝，也是新中国保卫国家安全、维护世界和平的强大威慑力量，而且也是建设全民国防开展反侵略战争的主要形式。当然，随着现代战争的发展，与过去相比，人民战争的形式也必然会发生相应的变化。如今的现代战争，已是在核威慑下以使用高技术兵器为主的局部常规战争，具有突然、立体、剧烈、速决等特点。因此，现代条件下的人民战争，已不能仅限于能拿武器就行的“全民皆兵”，而必须要求各种武器力量密切结合，组织健全，动员快速，指挥灵便，武器精良，训练有素，反应灵活，战斗力很强，能在空中、地面、海洋分别或同时展开战斗，打击入侵之敌。同时，要通过举国动员，使全国人民理解、支持战争；并使各条战线、各种斗争形式相配合，加速战争胜利的进程。

第七，必须以打好边界局部战争为主要目标，加强边海防建设。新中国成立以来，中国曾长期集中精力准备全面反侵略战争，并一再断言这种战争必将爆发。然而，这种战争却迄未发生，所发生的只是一系列边境冲突和局部战争。事实证明，陆地和海洋边界冲突和局部战争，已成为中国安全面临的主要威胁。中国在以往的多场边境冲突和局部战争中，固然也取得了诸多胜利。但已如前述，从总体上看，中国在国防建设中，对边界局部战争并未给予应有的重视，因而在一些边海防斗争中吃了亏。因此，中国的国防建设在相当长的时期内，必须把打好局部战争作为主要目标。根据局部战争的要求，以威慑与实战相结合，作出相应的筹措和部署。尤其是要高度重视边海防建设和斗争。要根据周边战略环境的发展变化，制定和调整军事对策，及时制止一些邻国的蚕食行为，并随时准备以速战速决的局部战争，反击入侵之敌。对新中国成立以来丧失的边境领土，包括海洋国土，应以积极的态度和行动，及早收复。事实证明，拖得愈久，对中国愈不利。“搁置争议，共同开发”作为权宜之计、缓兵之计，以便在此期间为解决争端创造条件，做好准备，是有其积极意义与合理性的。但这决不等于使中国领土无休止地沦于他国之手。因为这些领土历来属于中国，是中国固有领土，在历史上并无争议可言，只是近年来被他国侵占，才成为“争议地区”。中国不要他国一寸土地，也决不允许他国侵占中国一寸土地。中国不侵略任何国家，但也决不能容忍别国对中国的侵略。中国的失地必须收复。中国的领土资源决不能被外国任意侵占和掠夺。中国可以努力争取以和平方式收复失地，也必须敢于选择适当时机，通过边界或海上局部战争，收复、捍卫自己的领土主权和资源。

第八，必须大力开展国防理论研究，促进国防思想现代化。国防建设需要以国防理论作指导；要实现国防现代化，首先要实现国防思想的现代化。从新中国国防理论的发展历程可以看出，在20世纪80年代中期战略转轨之前，虽然在国防战略方针、军队建设方针及作战理论等方面取得了一定进展，但在这一阶段的前期，照搬苏联的较多，理论研究相对薄弱，党内“左”倾思想的影响也限制了研究的深入；20世纪60年代中期之后即这一阶段的后期，国防建设理论长期为“早打、大打”的主导思想所支配，加之“文化大革命”的开展，使党内“左”倾思想达于极点，这就导致了国防建设理论研究的长期停滞不前。国防建设战略转轨之后，国防建设真正进入了以现代化为中心的全面发展时期。国防现代化建设迫切需要现代化的国防思想作指导，实践呼唤理论，从而出现了国防建设理论研究和学术活动的空前开展和繁荣局面。反过来，这些理论又有力地指导着国防建设不断取得了新的进展。纵观40多年的新中国国防建设史，国防理论研究工作由于长期不受重视而成为国防建设中最为薄弱的环节。中国自古以来军事思想家灿若群星，军事理论领先超群，军事名著流传千古。而新中国的军事理论却长期无所作为，处于滞后状态。其原因是多方面的。多年来，在军队、国防系统，只强调上级怎么决策下面就怎么办，没有讨论和研究的余地，更缺乏理论研究的专业人员、组织和机制。地方的研究机构，一般也视国防为禁地，不能、也不愿涉足。至于与国外的交流，一方面是将其看得一钱不值，不屑与之交流；另一方面这种交流则要冒极大的政治风险，使研究者望而却步，自然难以开展。这样，就使中国国防理论研究的路子越走越窄，长期不能摆脱理论的误区。国防建设战略转轨以来，党和国家开始高度重视国防理论的研究工作，逐步加强了研究队伍建设，改善了决策机制，创造了比较良好的研究环境和氛围。理论研究部门发扬解放思想、实事求是、百家争鸣、百花齐放、大胆探索、锐意创新的精神。在毛泽东军事思想指引下，将继承与创新相结合，军内研究与军外研究相结合，并注重国际交流与合作，努力研究中国国防建设的历史、现实和未来，并注意借鉴国外经验，逐步提出了新中国国防建设的目标、步骤、模式、途径、标准等理论，初步形成了有中国特色的国防现代化理论体系，有力地促进了国防思想的现代化。从而也从根本上加速了新中国国防现代化的进程。

除上述各点外，在中国国防建设的各个具体领域，均积累了丰富的建设经验。如常备军建设必须坚持走精兵之路，以现代化为中心建设强大的现代化正规化革命军队；后备力量建设要“减少数量，提高质量，抓好重点，打好基础”，以劳养武，劳武结合；国防物质技术基础建设要军民结合，平战结合；国防教育要党政军群齐抓共管，分层次系统深入进行；国防法制要健全立法机构，完善法规体系，严格依法办事，等等。

新中国国防建设的历程是曲折的，成就是巨大的，经验教训是丰富的。正是在历经坎坷奋力前行之后，新中国国防才一步步走上了适合中国国情的现代化建设之路，开创了具有中国特色的国防现代化的理论和实践。一般来说，世界各国国防现代化建设是有共性即普遍规律可循的，如注重先进的国防技术的发展与武器装备、基本设施的改善；强调常备军的精干与后备力量的强大；注意妥善处置国防建设与国家经济建设的关系；强调改革国防体制提高组织指挥效能；注重研究国防理论与制定正确的战略；注重国防教育与法规建设的开展，等等。世界各国国防现代化建设经验，均可为中国国防建设所借鉴。但是，具有中国特色的国防现代化道路，绝不是对外国经验的照抄照搬，而是在深刻总结中国自己国防建设正反两方面经验的基础上，参考外国的有益经验，从中国实际情况出发，根据中国的政治制度、经济基础、军事实力、国防战略、科技水平、文化传统、外交政策、地理条件等不同特点，确定中国国防建设的类型、模式、目的、目标、规模、途径、步骤、重点、措施、原则等等，在把握世界各国国防建设的共同规律的基础上，突出中国国防建设的特殊规律。只有这样，才能真正体现中国国防现代化的特色，也才能使中国国防现代化建设保持长期健康发展。

新中国的国防现代化事业任重而道远。在以往的45年中，中国国防建设已颇有建树；在未来的征途中，这一建设的成就必将会更加壮美。在党的领导下，只要坚持走有中国特色的国防现代化之路，新中国的国防现代化是一定能够实现的。

（本文为作者博士学位论文《新中国国防建设发展史研究》之“结束语”。该论文1995年5月答辩通过，现藏中国国家图书馆）

试析中国出兵朝鲜的主要原因

1950年6月朝鲜内战爆发后，美国随即出兵干涉，并操纵联合国安理会通过决议，组织“联合国军”介入朝鲜战争。同时，美国还以朝鲜战争为由，以武力侵入中国台湾地区。10月，以美军为首的联合国军越过三八线向北推进，直至中朝边界。在此情况下，中国政府应朝鲜党和政府的请求，组织志愿军开赴朝鲜，进行了抗美援朝战争。对于中国为什么作出出兵朝鲜的战略决策，长期以来，人们的认识尚不尽一致。主要的说法有如下几个方面：

一是保家卫国。首先，美国以武力进入我国台湾地区，并轰炸扫射中国东北边境，这已构成对中国的侵略。中国起而自卫，出兵打击侵略中国之敌，是理所当然的。其次，“中朝是唇齿之邦，唇亡则齿寒。朝鲜如果被美帝国主义压倒，我国东北就无法安定”。① “整个东北边防军将被吸住，南满电力将被控制”。② 就是说，救邻如救己，如果美军占领了整个朝鲜，将对中国构成更大威胁。再次，认为美国侵占朝鲜后不会罢手，还要继而进攻中国。“美帝国主义在东方实行麦克阿瑟的政策，利用日本的基地，继承日本军国主义的衣钵，沿袭着甲午战争以来的历史，走吞并中国必先占领东北，占领东北必先占领朝鲜的道路。”③ 中共中央的一个文件还指出：“从北朝鲜缴获的文件及其他方面证明，美国确有侵占朝鲜后进一步侵占我国东北的阴谋计划。”由上说明，中国出兵朝鲜是为了反击美国对中国的侵略和防止其对中国的进一步侵略。

二是救援朝鲜。朝鲜是中国的友好邻邦。中朝两党和两国人民在革命

---

① 《周恩来选集》（下卷），人民出版社1984年11月版，第51页。

② 《毛泽东军事文选》，战士出版社1981年版，第347页。

③ 《周恩来选集》（下卷），人民出版社1984年11月版，第52—53页。

斗争中曾相互支持，结下了深厚情谊。美国出兵干预朝鲜内战后，中国政府曾发表声明，警告美军不要越过三八线，否则，中国决不能置之不理。当美军越过三八线，进入北朝鲜并继续向北推进，北朝鲜处境危急，朝鲜共产党和政府请求中国出兵救援时，中国共产党和政府认为不能见死不救，而决定出兵。毛泽东说：中华民族几千年来有个光荣传统和美德，即“见义勇为”“舍己救人”，中国是个大国，不打过去，见死不救，总不行呀！“别人处于国家危急时刻，我们站在旁边看，不论怎样说，心里也难过。”①

三是保卫社会主义和平民主阵营。中国认为，朝鲜是社会主义国家，美国要消灭朝鲜，是向社会主义和平民主阵营的进攻。在当时社会主义与资本主义两大阵营尖锐对立的形势下，处于社会主义阵营前沿的中国当然不能无所作为。“常说，以苏联为首的社会主义阵营，要比资本主义阵营强大得多，我们不出兵救援朝鲜，那又怎样显示得出强大呢？为了鼓励殖民地、半殖民地人民反对帝国主义、反对侵略的民族民主革命，也要出兵；为了扩大社会主义阵营威力也要出兵。”② 后来，中共中央回顾这段历史时也曾说：“我们同朝鲜同志一道，在朝鲜的抗美战争中，我们在台湾海峡的反美斗争中，总是宁愿自己承担必要的牺牲重担，站在守卫社会主义阵营的最前线。”③

四是打击美国侵略气焰。第二次世界大战后，美国成为帝国主义阵营的霸主，居于世界超级强国地位。它推行侵略和战争政策，坚持与社会主义和世界和平民主力量为敌。它手中挥舞着原子弹，气势汹汹，不可一世，妄图称霸世界。它打着联合国军的旗号，对朝鲜肆行侵略；并不断向中国发出战争叫嚣。面对这样一个世界头号帝国主义军事强国，中国认为，要保卫世界和平，支持各国人民的解放斗争，反对帝国主义，就必须将美国的侵略气焰打下去。早在解放战争后期，中国为了防御美帝国主义对中国的侵略和打击其嚣张气焰，即曾作了与美国入侵者作战的充分准备。新中国成立尤其是朝鲜战争爆发后，中国更是从军事、物资以及外交等方面，加紧了与美帝国主义较量的准备和部署。中国认为，要打击美帝

---

① 转引自《彭德怀自述》，人民出版社 1981 年版，第 257 页。

② 同上书，第 258 页。

③ 《在战争与和平问题上的两条路线——五评苏共中央的公开信》，见《人民日报》1963 年 11 月 19 日。

国主义的侵略气焰，首先必须制止它对朝鲜的侵略，“如果让整个朝鲜被美国人占去了，朝鲜革命力量受到根本的失败，则美国侵略者将更为猖獗，对整个东方都是不利的”。[①] 同时，中国也认为，美国虽然强大，但它并不可怕，是纸老虎；美军有许多弱点可以利用，必须敢于同美国见个高低。“不同美帝国主义见过高低，我们要建设社会主义是困难的。”[②] 周恩来曾强调指出，与美帝国主义较量，中国虽弱，中国军队现代化程度也很低，但中国军事力量完全可以信赖，“陆军是能够解决问题的”，空军海军不足，可以“到斗争中去增强自己”，“革命的力量有时看起来是劣势，在斗争过程中却会变为优势”。[③] 毛泽东也说：“你打你的，我打我的，你打原子弹，我打手榴弹，抓住弱点，跟着你，最后打败你。”[④]

从上述可知，中国做出出兵朝鲜决策的依据，总起来看不外乎两个方面：一为保卫中国安全，另一为履行国际义务。诚然，决策的作出是对这两方面依据综合考虑的结果。但是，在这两方面的依据中，何者为促使中国党和政府作出出兵决策的主要的、决定性的方面呢？

从保家卫国方面看，美国以朝鲜战争为由，派遣军队进入中国台湾地区，还轰炸中国东北边境，这确已构成对中国的入侵行为。中国如因此起而抵抗侵略，可谓理所当然。但是，一方面，美国入侵台湾的行动，得到了残存于中国台湾地区的国民党政权的容许和支持，而美国当时又承认这一政权为中国的“合法”代表，这就使得它可为其入侵行为辩解而使问题复杂化。另一方面，中国也并没有对上述入侵行为及时采取军事行动，与美国进入战争状态，直至实施武力收复台湾的计划；而是通过政治、外交等途径和方式，与美国展开斗争。后来这一问题虽未解决，但到中国出兵朝鲜时，台海局面已趋于稳定。与此相连的是，由于中国出兵朝鲜，抗美援朝战争即成为中国首要的战略任务，原定的收复台湾的计划反而不得不因此而推迟。至于因东北边境及海上出现的美机、美舰的一些挑衅行为（事实表明，美国也始终在注意避免直接挑起与中国的事端），中国便轻易决定与美国开战，当然更不可能。由上不难看出，当时美国对中国的入侵行为，尚没有起到中美交战导火线的作用。即使以后中国出兵朝鲜，也

---

① 《毛泽东军事文选》，战士出版社 1981 年版，第 345 页。

② 转引自《彭德怀自述》，人民出版社 1981 年版，第 257 页。

③ 《周恩来选集》（下卷），人民出版社 1984 年 11 月版，第 54 页。

④ 《毛泽东在中央人民政府委员会第 9 次会议上的讲话》，1950 年 9 月 5 日。

并未强调是为了反击美国对中国已有的侵略（况且侵朝联合国军已非来自美国一国，而是 16 国），更没有向美国宣战，而是采用了以民间组织武装援朝的“志愿军”的形式。按照国际法及国际惯例，中国人民志愿军入朝后即成为朝鲜政府属下的一支武装力量。中国采取这一形式，恰恰在于避免中国政府与美国等国政府的直接对立和宣战。这里虽然有中国为了对自己有利而采取的斗争策略的一面，但同时也说明了，中国出兵参战，并非中国要进行还击美国已有侵略、收复台湾的中美之战。也即是说，中国出兵朝鲜的决策，主要并不是为了应付美国上述对中国的入侵行为而作出的。

如果说，由于以美军为首的联合国军越过三八线后，继续向北推进，逼近中朝边界，使中国边界安全受到严重威胁；而美军如果占领了整个朝鲜，还将对中国形成更大的威胁，中国不能掉以轻心。中国为了保卫自己的边境安全而出兵，“御敌于国门之外”，似也属情理中事。事实上，当联合国军打到鸭绿江边，中国提出将为保卫边境安全而出兵后，在世界上还是获得了不少同情和支持的。甚至一些西方国家外交界和舆论界，对此也表示理解。如伦敦《新政治家与民主》杂志于 1950 年 12 月 2 日评论说：“欧洲任何有经验的外交界和新闻界人士都知道，中国正是在麦克阿瑟向前推进时，才动员起来保卫自己的边界的，这是正常的行动。”可是，中国出兵朝鲜的目的，并非只是为了保卫边界，而是要能“解决朝鲜问题”，“即要准备在朝鲜境内歼灭和驱逐美国及其他国家的侵略军”。[①]所以，中国派往朝鲜的兵员规模一度逾百万。中国百万大军与朝鲜人民军一起，不仅将联合国军击退至三八线，而且一举突破三八线，占领汉城（今直译为首尔——编者注）；中国人民志愿军司令部还根据中央军委的指示，制订了全部解放与统一朝鲜的计划，作出了向南发动攻势、解放整个朝鲜半岛的战略部署，提出：“争取下一次战役（指第四次战役——作者注）开始后，连续作战，一气呵成，全歼敌人，全部解放朝鲜。”[②] 后由于战局变化，中国才修改了战略计划，将全部解放朝鲜改为固守三八线。这说明，中国出兵朝鲜，主要目的显然也不是仅限于保卫边境安全。

至于说是由于美国侵占朝鲜后将接着入侵中国东北，乃至吞并整个中

① 《毛泽东军事文选》，战士出版社 1981 年版，第 347 页。

② 转引自《毛泽东军事思想发展史》，解放军出版社 1991 年版，第 367 页。

国，中国为防患于未然必须派兵出国御敌，则未免更为牵强。事实证明，关于美国有入侵中国的计划的说法，是缺乏根据的。实际上，这类说法在中国决定出兵朝鲜之前，中国共产党和国家领导人也并未予以认真考虑（对美国入侵中国的认真考虑是在决定出兵之后。即准备中国参战后美国将向中国宣战、轰炸中国的大城市及工业基地等）。当时中国共产党和政府所强调的，只是美国占领朝鲜后将对中国构成更大的威胁。但是，中国也不可能只是为了消除以后自己可能遭到的威胁，而先发制人，打出国去。因为这是与中国的军事战略、国防战略相悖的。甚至可以这样认为，与其说中国是为了防止美国入侵而出兵，倒不如说是中国断定美国不敢轻易与中国开战才作出了出兵参战的决策的。中国共产党和政府的高明之处，恰恰在于在正确分析国际战略形势，判定美国的战略重点在欧洲并以苏联为其主要对手，亚洲只是其侧翼；美国在中国解放战争后期尽力“脱身”后，已不会再轻易挑起对中国的战争。事实上，这一判断正是促成中国作出出兵决策的一个前提性因素。

综上所述可知，中国作出出兵朝鲜的决策，保卫国家安全并非当时考虑的主要方面。事实证明，中国共产党和政府所考虑的派兵参战的主要的、决定性的因素，是在于履行无产阶级国际主义义务。即：救援朝鲜，捍卫社会主义阵营，打击以美国为首的帝国主义势力。这不仅已见之于前述各点，还因为：

第一，朝鲜战争不是一场一般的战争，而是第二次世界大战结束后，以苏联为首的社会主义阵营与以美国为首的帝国主义阵营长期尖锐对立和斗争激化的一个结果，是两大阵营的一场前哨战。交战双方从一开始就分别得到两大阵营、特别是美国和苏联的支持。当北朝鲜在战争中已取得决定性胜利的情况下，美国等各主要帝国主义国家，甚至不惜打着联合国的旗号，直接派兵参战。因此，这场战争的参战国无论以什么名义出兵，都会不可避免地带上两大阵营较量的色彩。

第二，中国出兵援助朝鲜，是按照以苏联为首的社会主义阵营，首先是苏联和中国联合行动的要求行事的。随着朝鲜战局的发展及其恶化，特别是 1950 年 9 月 28 日朝鲜共产党和政府正式向苏联和中国分别发出求救信之后，如何救援朝鲜，对整个社会主义阵营成为一个严峻的考验。朝鲜领导人在给斯大林的信中，除要求苏联给予直接军事援助外，还特别要求苏联“帮助我们建立一支由中国和其他人民民主国家组成的国际志愿部队，为我们的斗争提供军事援助”。[1] 苏联领导人在接到信的当天，即回信平壤，要朝鲜继续组织抵抗，同时明确表示，“要求武装援助的问题，我们认为更可以接受的形式是组织人民志愿军。关于这一点，我们必须首先与中国同志商量”。[2] 同一天，苏联领导人斯大林也给中国领导人毛泽东发来电报，要求中国派军队到朝鲜作战。电报说：“如果您认为在紧急情况下有可能派部队支援朝鲜人，那么您应该立即派出至少五六个师至三八线，以便让我们的朝鲜同志有机会在你们的部队的掩护下组织起保卫三八线以北地区的战斗。中国军队可以考虑作为志愿军，当然是由中国人指挥。”[3] 中苏两党经过反复协商，达成了由中国出兵，由苏联空军支援的协议。中国正是根据中苏协议的规定而出兵的。尔后苏联为了避免与美国发生直接军事冲突，未完全履行协议。但苏联在战略上牵制了美国的主要力量，并对中国进行的抗美援朝战争提供了大量比较先进的武器装备，还对中国后方提供了部分空中掩护，这就使中国军队入朝作战有了重要保障。

第三，中国也曾明确表示，出兵援朝主要是为了履行国际主义义务。中国共产党及其领袖毛泽东，从来都把中国革命看作世界革命的一部分。因此，中国把出兵救援朝鲜人民反对以美国为首的帝国主义的斗争，看成是自己义不容辞的无产阶级国际主义的神圣义务。因而不惜承担最大的民族牺牲，守卫社会主义阵营的前沿阵地。毛泽东在出兵援朝决策制定过程中驳斥反对出兵者的意见时指出：他们的一千条道理，一万条道理，驳不倒我们的一条道理，这就是我国和朝鲜都是共产党领导下的社会主义友好邻邦，绝不能见死不救。[4] 毛泽东在给斯大林关于中国决定出兵援朝的电报中开宗明义地说：“我们决定用志愿军名义派一部分军队至朝鲜境内和美国及其走狗李承晚的军队作战，援助朝鲜同志”[5]；并着重从东方乃至世界的角度，陈述了出兵的必要性。彭德怀也说，中国出兵朝鲜，是为扩大社会主义阵营威力而战，是为支持世界革命人民反帝、反殖斗争而战，

---

① 《国外中共党史研究动态》1996 年第 2 期，第 7 页。

② 同上。

③ 同上。

④ 见《党的文献》1984 年第 1 期，第 28 页。

⑤ 《毛泽东军事文选》，战士出版社 1981 年版，第 345 页。

如果不出兵救援朝鲜，"那就是民族主义而不是国际主义者"。[①] 本来，斯大林曾怀疑中共领导人是民族主义者，只是在中国共产党和政府作出出兵朝鲜的决定之后，他才被感动得流泪，相信中国共产党是真正的无产阶级国际主义者。

总之，中国抗美援朝的决策，既是为了保卫国家安全，也是为了捍卫国际无产阶级的整体利益、打击帝国主义势力。其主要动机在于后者。长期以来，人们往往将保卫国家安全的意义看得更重。这与中国共产党和政府提出的"抗美援朝，保家卫国"的口号深入人心是有很大关系的。20世纪30年代初，王明等人在民族危亡之际不提抗日口号，却提出"武装保卫苏联"，当然难以为群众所接受。在朝鲜战场，中国代表社会主义阵营与以美国为首的帝国主义阵营展开激烈较量，而以"保家卫国"的口号极大地动员了国内群众。这充分体现了中国共产党和政府在口号宣传上高超的策略性、艺术性。

（原文刊于《河北大学学报》1998年第1期）

① 转引自《彭德怀自述》，人民出版社1981年版，第258页。

论抗美援朝战争对新中国国防思想的影响

新中国成立之始，中国政府应朝鲜共产党和政府请求，派出中国人民志愿军入朝作战，进行了一场抗美援朝战争。这场战争取得了世所瞩目的战绩，打出了军威、国威，救援了兄弟邻邦朝鲜，从此使帝国主义不敢轻易入侵中国，有效地保卫了国家安全。同时，新中国也为此付出了重大代价。这一切，作为抗美援朝战争丰富而宝贵的经验教训，对于新中国国防思想的形成和发展，具有深远的影响。

一　出国迎战　境外制敌

刚刚成立的新中国，为了发扬国际主义精神和捍卫本国安全，应朝鲜共产党和政府之请，选择有利时机，出敌不意，毅然派兵出国，迎战世界上最强大的美国，这确实令全世界都难以置信。苏联自己不愿出兵援朝，怕苏美两家直接对抗引起第三次世界大战；也从未想到中国会出兵参战。斯大林本来怀疑中国领导人是民族主义者，以致中国出兵的决定使他感动得流泪。美国也认定中国不会出兵，认为“中国共产党人毫无疑问害怕与美国交战的后果”①，在战略判断上出现了重大失误。这就使中国出兵朝鲜达成了战略战役上的突然性，并接连取得了交战初期的胜利，为整个朝鲜战局的发展奠定了有利于中朝人民的基础，最终实现了战争的目的。新中国成立之始即派出中国人民志愿军出国作战，“御敌于国门之外”，这一决策及其结局使新中国共产党和政府在国防斗争上获得了什么认识呢？

---

①［美］约瑟夫·格登：《朝鲜战争——未透露的内情》，解放军出版社 1990 年版，第 335 页。

首先，中国派兵出国迎战，救援兄弟邻邦朝鲜，守住三八线，保卫了朝鲜民主主义人民共和国的独立，打破了美国侵占全朝鲜的计划，这对于新中国国防的意义是不言而喻的。一方面，唇亡齿寒，“救邻如救己”。抗美援朝的结果，使中朝边境成为和平、安宁、友好的边境，解除了美国从朝鲜半岛向中国施加压力及入侵的威胁，中国东北地区人民的安全和生产得到了保障。同时，也防止了一旦朝鲜沦陷后，朝鲜领导人金日成很可能流亡中国东北，组织流亡政府继续抵抗，而这将会招致美国入侵中国东北的更大危险。

其次，中国派兵出国迎战，将战场选择在国外，维持了国内和平，实现了战争与和平共存，边打、边稳、边建的有利局面。在前线，朝鲜战场炮火连天，中国百万大军与敌鏖战；在后方，国内革命与建设热火朝天，中国国民经济迅速恢复与发展。国内国外，前方后方，相互支持，相互促进。前线将士英勇杀敌，捷报频传，保卫鼓舞着国内人民；全国人民增产节约，支援前线，使中国人民志愿军越战越强。这就极大地维持和加强了中国的战力，也保证了国家建设在战争条件下的正常进行。这对于成立未久立足未稳的新中国，是极为必要和难得的。

再次，中国派兵出国迎战，使中国人民解放军经受了在异国土地上作战的锻炼。在几十年民主革命战争以及反抗日本侵略的战争中，中国共产党领导的人民武装力量都是在本国土地上打击敌人的。抗美援朝战争是新中国军队第一次在异国土地上进行的战争。而在国外作战，不仅会遇到地形不熟、语言不通等自然困难，也会在如何动员国内人民支持战争、如何处理各种国际关系、如何取得当地人民支持、如何实行适应异国特点的战略战术等方面，遇到许许多多新情况、新问题。中国人民志愿军从作战国实际出发，坚持和发展人民战争的战略战术，与朝鲜军民紧密合作，重创以美军为首的联合国军，宣告了美国不可战胜的神话的破灭。

抗美援朝战争表明，要有效地保卫本国安全，国家武装力量不仅要能够“诱敌深入”，在国内预设战场消灭来犯之敌；也需要在一定条件下实施积极防御的出国迎战，“境外制敌”。中国出兵朝鲜，进行抗美援朝战争，实际上是中国为抗击和预防侵略实行国外制敌的一次大胆尝试。这场战争赋予人们的“境外制敌”的国防思想，对新中国后来的国防斗争有着重要影响。在对印自卫反击作战中，中国边防部队越过双方实际控制线，对印军实施长途追击；中国军队援越抗美以及之后的援柬抗越和对越自卫还击作战等；中国海军远赴亚丁湾打击海盗；中国应联合国要求派出维和部队赴多国开展维和斗争以及中国军队频繁参加境外军事演习等，均不难看出这一国防思想的现实指导作用。

二 尝试控制战争规模

中国出兵朝鲜，使朝鲜战争的发展趋势复杂化了。一种可能，是战争被继续限制在朝鲜，在朝鲜境内打一场局部的有限的战争；另一种可能，则是战争规模的扩大，“既然中国军队在朝鲜境内和美国军队打起来（虽然我们用的是中国人民志愿军名义），就要准备美国宣布和中国进入战争状态，就要准备美国至少可能使用其空军轰炸中国许多大城市及工业基地，使用其海军攻击沿海地带”。[①] 也就是说，战争有扩大到中国，甚至发展为中美全面战争的危险。与此相关，由于美国手里挥舞着原子弹，侵朝联合国军也由各主要帝国主义国家在内的 16 国组成；中朝属于以苏联为首的和平民主阵营，中苏之间订有军事同盟，苏联手中也有原子弹，这就使得朝鲜战争具有鲜明的国际性和两大阵营对抗的性质。战争的扩大，不仅可能使用核武器，打核战争，还可能引发世界大战。

中国领导人充分估计了战争扩大的可能性，也为此作了相应的准备。但是，由于当时国内迫切需要一个和平建设的环境，这种环境对于恢复国民经济、巩固新生政权和支持战争都是至关重要的。所以，中国当时确实不愿“引火烧身，惹祸上门”，将战争扩大至中国国内。中国参战的目的，主要是救援兄弟邻邦朝鲜及保卫边境安全。虽然有与美国见个高低的打算，但也主要是想体现在朝鲜境内的援朝战争之中，而不是在其他地方。中国也确实认为，在朝鲜这个地方与美国较量，对中国是很有利的，应该选择在朝鲜战场跟美国干。当时的政务院总理周恩来说：“我们和美帝国主义较量是不可避免的，问题就看是选择在什么地方。这个当然是决定于帝国主义，但同时也决定于我们。帝国主义决定在朝鲜战场，这个对我们是有利的，我们也决定来抗美援朝。现在我们想一想三个战场（指朝鲜半岛、中国台湾地区和包括中南半岛在内的东南亚地区——作者注），大家会懂，不论从哪条来说，如果在越南作战，更不要说是在沿海

① 《毛泽东军事文选》，战士出版社 1981 年版，第 345 页。

岛屿的作战了，那就比这里困难得多了。所以比较起来，最有利的地形、最便利的交通、最便利的物质支援、最便利的人力支援、最便利的政治动员，还有最便利于我们取得苏联间接的帮助，这不论从哪个条件上看，这三个战场来比，我看你们大家今天会同意最好的战场还是在这儿。这个地方较量了，那是最有益、最有价值、最值得、也最有利。"① 从上述认识出发，中国选择了限制战争规模、使朝鲜战争"地方化"的尝试。

为了限制战争规模，防止战争越出朝鲜范围和打到中国境内，中国采取了多方面的努力。一是入朝参战的中国军队用中国人民志愿军的名义，而不用中国人民解放军的名义。这样，中国军队就可以被认为不是以政府而是以民间志愿武装的形式参战，并成为朝鲜政府属下的一支武装力量，从而避免中国与美国等交战国直接宣战和正式进入战争状态。二是适时修订战争目标。将全歼敌军、统一朝鲜半岛的设想，逐步落实为固守三八线、使战争在对己有利的情况下结束，并促成了停战和谈的成功。这对于在长期国内战争中，始终以彻底消灭对方的全面胜利为战争目的的中国人民武装力量来说，无疑是向掌握现代战争迈出了转折性的一步。三是在整个抗美援朝战争期间，中国为使朝鲜战争"地方化""局部化"，中国军队在美军未直接攻击中国大陆的情况下，绝不在朝鲜境外直接攻击美军。中国人民志愿军空军也不轰炸朝鲜境内的美军基地。中央军委还严格限制了中国人民志愿军在朝鲜作战的规模和作战手段。四是为了防止苏美发生直接军事冲突，中国接受了在苏联不派兵赴朝参战的前提下派出中国人民志愿军抗美援朝。战争初期苏联只是提供武器装备援助及负责中国东北的防空。后来中国军队推进到三八线后，苏联空军才以加入中国人民志愿军的形式，秘密进入朝鲜北部担负防空任务，避免了苏美正面冲突与战争的扩大。与此同时，中国政府还在政治斗争、外交斗争中，迫使对方接受限制战争规模、妥协结束战争的方式，取得对中朝有利的战争结局。

当然，能否限制战争规模不是由一方面是由参战双方决定的。尽管中国方面作了多种努力，战争规模扩大与否也还要看美国方面的态度和举动。由于美国的战略重心在欧洲，亚洲只是其侧翼，美国担心朝鲜战争的扩大会影响其全球战略。同时，美国也忌惮战争扩大到中国后，苏联会遵照中苏结盟的约定而参战，因为美国还没有做好打两大阵营的世界大战的

① 见《周恩来在中国人民志愿军干部大会上的报告》，1958 年 2 月 17 日。

物质的和精神的准备。同时，美军在朝鲜作战也存在着各种不利因素和困难，不想久拖不决，更怕陷入在中国作战的无尽的泥潭里，所以也不愿扩大战争。这样，朝鲜战争始终未越出朝鲜境内，实现了局部化。朝鲜战争的局部化，既达成了中国救援朝鲜和保卫边疆、维护国内和平的目的，又使中国初涉现代局部战争的领地，探索了现代局部战争的理论和实践。

尽管在出兵朝鲜之前，中国曾主要考虑和更多地准备进行全面战争。出兵之后，中国也一度在战争的目的和规模上，在战略战术的运用上自觉不自觉地沿袭在国内战争中形成的"全部歼敌、全部解放"的思路和做法，还不能完全适应现代局部战争的需要。但是，战争的实践使中国共产党和政府的认识日趋全面而深刻，逐步发现并开始把握这种战争的特点和规律。纵观抗美援朝战争全局，中国政府坚持控制战争规模，始终未让朝鲜战争扩大、燃烧到中国，更没使之发展为世界大战，这不管从哪方面看，也是至为明智之举，不但对当时新中国的国防斗争极为有利，而且也应是现代战争画卷上的一个妙笔。由于国家之间的现代局部战争与传统的全面战争，是两类不同形态的战争。这种局部战争与全面战争相比，更加受政治、外交及国际关系的制约，具有战争目的、规模、手段、空间、时间以及战略目标的有限性，更加强调战争的突然性、高技术性及特有的战略战术等。这一切，都大大突破了以往全面战争的模式和套路。第二次世界大战结束后，由于受世界多种因素制约，新的世界大战已难以发生，现代战争的趋势，决定了国家间的战争，基本上是以中小规模的局部战争出现的。这样，现代局部战争就摇身一变而成为现代战争殿堂的主宰，对相关国家的安全与利益产生着主要的影响，成为各国国防首先关注和必须解决的崭新课题。新中国成立之初，就涉足朝鲜战争这场在核阴影笼罩下的现代局部战争，中国共产党和政府也从中初步获得了应对这种战争的经验。这对于形成新中国以后的国防思想和指导国防建设，保卫国家安全和维护世界和平，其意义是显而易见的。可以说，在后来的对印自卫反击作战、对南越的西沙之战、对苏联的珍宝岛之战、对越南的自卫还击作战及南沙之战等，无不体现了这一国防思想。

三　现代化战争的启示

中国人民志愿军依靠充足的兵源、旺盛的士气、英勇作战的精神和不断变化的战略战术，在中朝人民的支持下，在朝鲜战场以劣势装备和高度现代化的美军打成和局，守住了三八线，这确实是世所公认的卓越战绩。但是，也正是通过这场战争，打开了人们的眼界，使中国的党政军领导人见识、领略了现代化战争的奥妙，获得了建设现代化军队和国防、打好现代化战争的启示。

朝鲜战争是如何给予人们这种启示的？对此只要循着中国人民志愿军的足迹，简要回顾一下战争的历程，其中原委便不难看出。

在战争前期以运动战为主的五次战役中，第一次战役，中国人民志愿军利用兵力优势（26 万∶13 万）和美军完全没有料到中国会出兵的战略判断失误，以战略战役的突然性，打了敌人一个措手不及，初战告捷。但是，由于中国人民志愿军火力不足，攻坚能力差，准备和开进行动比较迟缓，在战术上仍沿用国内战场步兵对步兵的传统作战方式，而影响了战果的扩大。在战斗中，只是歼灭了部分连营建制的敌军，预定的成建制歼灭敌军三个师的计划未能实现。敌军主力发现中国人民志愿军主力后，利用其机械化装备快速收缩、撤退，中国人民志愿军徒步追击无济于事，而失去战机。加之粮弹已感困难，为不暴露实力以利再战，中国人民志愿军遂不再追击，任敌逃跑。

第二次战役，中国人民志愿军继续利用美军认为中国只是“象征性”出兵的战略判断错误，采取故意示弱并退却、诱敌深入的方针，以更大的优势兵力（45 万∶22 万），对发动所谓“圣诞节结束战争”总攻势的敌军，实行勇猛的包围分割、迂回穿插、近战夜战，而重创敌军，收复了三八线以北地区，取得了抗美援朝战争中最具战略意义的一次重大胜利。但是，中国人民志愿军火力、攻坚能力和机动力严重不足的弱点，更明显地暴露出来。迂回穿插部队不能按时到位，正面进攻部队不能压制敌军火力，致使中国人民志愿军除歼灭美军一个建制团（也是在整个抗美援朝战争中成团建制歼灭美军团级单位的唯一战例）之外，未达成像国内战争中那种大围歼式的有效的歼灭战，敌集团兵力一一突围而去，预定成建制地歼灭美军 5 个师的计划遂告落空。此外，后勤保障无力的严重缺陷已暴露无遗，由于衣食供应不足，部队战斗伤亡虽只有 3 万余人，仅冻伤减员却已逾 5 万。

第三次战役，中朝军队乘胜追击，一举突破三八线，占领汉城，将敌逐至三七线，扩大了政治影响。中央军委还准备向南继续发动春季攻势，将“全部歼灭敌人、全部解放朝鲜”毕其功于一役。中国人民志愿军司令部根据中央军委的要求，制订了全部解放和统一朝鲜半岛的计划，作出了相应的战略部署，提出：“争取下一次战役开始后，连续作战，一气呵成，全歼敌人，全部解放朝鲜。”① 可是，第三次战役仍未能实现歼灭敌军主力的计划。中国人民志愿军徒步追击全副机械化装备的敌人，只能徒唤奈何。而且敌军从容撤退，诱中国人民志愿军深入，企图乘中国人民志愿军疲惫消耗之后，从正面反扑和从侧后登陆截击，施以夹击之计。为防敌断后路，中国人民志愿军司令员彭德怀当机立断，停止追击。中国人民志愿军虽然胜利地进行了三次战役，但当时中国共产党和政府认为，中国出兵朝鲜的“首先的问题是中国的军队能否在朝鲜境内歼灭美国军队”②，只要能大量歼灭美国军队，形势就会有利于中国。而“最不利的情况是中国军队在朝鲜境内不能大量歼灭美国军队”。③ 所以，中国人民志愿军入朝后所进行的每次战役，都是把大量歼敌作为首要目标的。然而这一目标却迄未实现。相反，中国人民志愿军却感到了前所未有的压力。彭德怀说：“中国人民志愿军入朝后，连续经过三次大战役，又值严冬，历时三个月，既无空军，又缺高射炮掩护，敌人利用飞机轰炸，长射程大炮昼夜轰击，我在白天根本不能通行，也未曾休息一天，疲劳之甚可想见。运输线延长，供应非常困难。战斗的和非战斗的减员，已接近部队的半数，急需休整补充，准备再战。”④ 正是在第三次战役之后，彭德怀感到速胜无望，萌生了准备长期作战的设想。

第四次战役，是以美军为首的联合国军向中朝军队发动的大规模进攻。中国人民志愿军由于后勤供应极其困难，粮弹不济，加之部队未经休整，故在战役开始后仓促应战，出现被动局面。面对美军的猛烈进攻，中国人民志愿军虽然顽强抗击，却只能且战且退，放弃了汉城和三八线以南地区，撤至三八线以北据守待援。经过此次战役，中国党政军领导人打消了准备一举解决朝鲜问题的设想，中国共产党和国家主席毛泽东正式提出了“能速胜则速胜，不能速胜则缓胜”⑤ 的战略方针，准备长期作战。

---

① 转引自《毛泽东军事思想发展史》，解放军出版社 1991 年版，第 367 页。
② 《毛泽东军事文选》，战士出版社 1981 年版，第 345 页。
③ 同上书，第 346 页。
④ 《彭德怀自述》，人民出版社 1981 年版，第 261 页。
⑤ 同上。

第五次战役，是在中国战略预备队入朝后为争取战场主动，中朝军队发起的一次规模最大的进攻战役。在占有巨大兵力优势（入朝中国人民志愿军已近百万，前线兵力之比为70万:34万）的情况下，中国人民志愿军充分运用了传统的运动战的作战方法，对敌施以迂回、割裂、包围、合击，力图打大围歼战，预定在战役的第一阶段就歼灭敌军五个建制师(其中美军三个师)。可是战役的结局却出人意料。由于敌军已适应中国人民志愿军的战法，变换了战术，更加发挥了其长处；加之中国人民志愿军后勤供应不足等问题依然存在，致使中朝军队竟连美军一个建制团都未能消灭，反倒是中国人民志愿军在攻势受挫后撤时，被敌军赶上，遭受了严重损失。此役中国人民志愿军的伤亡（8.5万人），也开始超过敌军(8.2万人)。客观地看，第五次战役中国人民志愿军是没有打好的。通过这次战役，中国人民志愿军取得了入朝以来最为深刻的经验教训，也较为全面地认识了现代化战争的特点。从此，中国人民志愿军结束了八个月战略反攻阶段的运动战，而进入坚守三八线的战略防御以阵地战为主的阶段。

在长达两年多之久、直至朝鲜战争结束以阵地战为主的阶段，中国人民志愿军为了守住朝鲜北半部，采取了“积极防御、持久作战”的方针。通过阵地防御战和坑道战（这是在国内战争时所反对的，国内主要是打运动战）粉碎了敌人的进攻；通过阵地进攻战，不断打破了敌之防线。随着阵地战战法的不断提高和完善，大量杀伤和消耗了敌军，迫使美军接受和谈、妥协，结束战争。毛泽东曾对这一作战方法给予高度评价：“自从去年七月我军采取坚强的阵地作战以来，给予敌军损失的数量，远远地超过去年七月以前在各次运动战中给予敌军的损失数量。而我军的损失则大为减少……这种情况，就是依靠阵地实行上述作战方法的结果。”强调这种战法“更有组织性和更带全线性”。[①] 事实证明，阵地战—坑道战是中国人民志愿军在现代战争中以劣势装备抗击优势装备敌人的一大杰作。

抗美援朝战争的实战有力地表明，作为昔日中国军队在国内战争中拿手好戏的运动战，尽管入朝后也曾发挥了威力并有所发展，但无可否认的是，其作用已逐渐下降。而作为国内战争中忌用或至多用作辅助形式的阵地战，在抗美援朝战争中却大显神通，一跃而成为克敌制胜的主要手段，

① 见毛泽东《祝贺中国人民志愿军的重大胜利》，1952年10月24日。

从而大大发展了传统的战法。显然，这不只是一种作战形式的变化，而是深刻反映了中国军队对现代化战争认识的质的提高和飞跃。

第五次战役后，中国人民志愿军为什么未再以运动战发起进攻战役？

不错，为了以军事胜利配合谈判，第五次战役后不久，中国人民志愿军确曾准备发起打过三八线的第六次战役的。然而，由于敌军已适应了中国人民志愿军运动战的打法，在其防线上修筑了空、炮、坦相结合的大纵深的现代化立体防御阵地。为避免更大消耗和伤亡，加之敌军已接连发起攻势，中国人民志愿军只得坚守现有阵地，转入阵地防御作战，发起第六次战役的计划也随之取消。更主要的是，经过五次大规模运动作战，中国人民志愿军已深感再完全沿用国内战争时期传统的运动作战方法，已越来越难以适应战场的需要了，必须在继承传统战法的基础上，对原有作战形式予以发展。

人所共知，在中国国内战争中，我军依靠大踏步进退，在运动中调动敌人，通过集中优势兵力以大穿插、大迂回、大包围、各个击破、近战夜战、连续作战等战术，大量歼灭敌人，谱写了运动战的辉煌篇章。然而在朝鲜战场，尤其是运动战后期，却出现了始料未及的新的情况和问题。

一是围不住。中国人民志愿军虽曾一再包围敌军集团，但敌军总能突围而去。毛泽东指出：“历次战役证明，我军实行战略或战役性的大迂回，一次包围美军几个师，或一个整师，甚至一个整团，都难达到歼灭任务。”[①] 彭德怀也总结说：“一般包围美军一个团，全部歼灭要两天时间，原因是我军技术装备太落后，他的空军和地面机械化部队拼命救援……一般夜晚包围不能歼灭时，第二日白天他就有办法救援出去。”[②]

二是打不着。由于敌军摸清了中国人民志愿军的作战特点，总结出中国人民志愿军“礼拜攻势”（即每次进攻随身携带的粮弹只够维持一个礼拜）、“月夜攻势”（即在有月光的夜间才便于组织进攻）的局限，以及长于穿插迂回的战法，而采取了中国人民志愿军一进攻，它即掩护退却，不跟中国人民志愿军硬拼，待大量消耗中国人民志愿军后再拼命反扑的“磁性战术”等战法。这就使中国人民志愿军想打近战夜战却难以接近敌人；即使当夜打起来，第二天又不能连续作战，而不能达成有效的歼灭

---

① 《毛泽东军事文选》，战士出版社 1981 年版，第 352 页。

② 《彭德怀自述》，人民出版社 1981 年版，第 262 页。

战。在历次战役中总是“张口过大”而消化不了。在战斗中，由于我军缺乏火力优势，单靠兵力优势往往不仅不能歼灭敌人，反易招致我军较大伤亡。

三是追不上。在中国国内战争中，战争双方主要是步兵的较量，一般来说，我军总保持着高于敌方的机动能力，一旦敌军败退，我军便可来一个穷追猛打，扩大战果。而在朝鲜，由于敌人拥有大量坦克、炮兵，步兵也全部实现了摩托化，突击力强，机动迅速，中国人民志愿军靠徒步运动很难抓住敌人；而敌人却凭借其高度的机动能力，引诱中国人民志愿军深入，以待中国人民志愿军疲惫消耗后施以反扑。

四是进不远。中国人民志愿军虽曾准备一气呵成，解放全朝鲜，但是后勤保障力的严重不足，使这一计划不得不改变。由于敌人握有制空权、制海权和各种现代化作战手段，中国人民志愿军每南进一步，都会随着运输线的增长而加重粮弹供应困难和战场的压力，严重影响作战，甚至后撤都相当困难。如第五次战役，中国人民志愿军因供应困难，两个阶段的攻势都持续不到一个星期就被迫停止。一些部队弹尽粮绝，在后撤中遭敌反扑而受到很大损失。由于对现代战争估计不足，中国人民志愿军出国前，中国曾认为战争供应线敌远我近，中国人民志愿军会在后勤保障上占优势。事实却恰恰相反，后勤保障反而成为中国人民志愿军最大的薄弱环节。

面对上述种种变化，中国党政军领导人也曾感到困惑。彭德怀感慨道：“第五次战役规模是很大的，敌我双方兵力都在百万，没有消灭美军一个团的建制。”[①] 毛泽东也曾认真向中国人民志愿军参谋长和几位军首长详细询问，了解中国人民志愿军为什么一次难以歼灭美军一个团。战争的实践终于使中国党政军领导人认识到，造成上述不利状况的根本原因，“是我军技术装备太落后”。与以往现代化程度不高的中国国内战争相比，抗美援朝战争的最大特点，就是这场战争的高度现代化。美国动用了除原子弹之外的一切现代化武器，使用了现代化战争的各种战术技术手段，中国人民志愿军不仅在陆军装备技术上大大落后于敌人，而且基本是陆军“一军”对敌人陆、海、空“三军”。加之是在异国土地上作战，也因朝鲜半岛的地理局限，使中国人民志愿军不可能像在国内战争时那样大踏步

① 《彭德怀自述》，人民出版社 1981 年版，第 262 页。

进退；在国内战场上得心应手的人民战争的许多战略战术，在这里（尤其是进入敌国境内后）往往难以施展（如很少有敌后游击战争配合作战等）。这些，在无形中也加大了中国人民志愿军在战争中的困难。

现实的教训，迫使人们冷静；战争的警示，启发人们的理性思维。在深刻总结运动作战经验的基础上，中国人民志愿军果断地实行了由战略进攻到战略防御的转变，由一举解放朝鲜到固守三八线的转变，由全盘沿用国内战争的战略战术到在传统经验基础上创新发展的转变，由强调兵力优势、集中兵力歼敌到注重将兵力与现代装备技术相结合提高综合战力的转变，由以运动战为主到以阵地战为主的转变，由打大歼灭战到“零敲牛皮糖”的转变，由军队后勤单纯靠组织物资供应到组建既能保障供应、又能组织战斗的适应现代战争需要的后勤体系的转变。一句话，实行了由打国内传统战争向打现代战争的转变。

这一转变，使中国的党政军领导人认识到，要在现代战争中立于不败之地，人民军队必须在拥有政治优势、兵力优势的基础上，着力改善武器技术装备，实现军队、国防的现代化。1951 年 1 月，中共中央军委发出号召：“为建设正规化、现代化的国防军而奋斗。”要实现军队、国防的现代化，其物质表现就是要实现武器装备的现代化。在这一国防思想指导下，到抗美援朝战争后期，我军步兵基本上改换了苏式装备，第一次实现了武器的标准化；各专业技术兵种也加速建立起来，从此告别了“小米加步枪”的年代。这就逐步缩小了中国人民志愿军与敌军在技术装备上的差距。毛泽东对此曾欣喜地说：“现在我们的部队减少了，但装备加强了。我们过去打了二十几年仗，从来没有空军，只有人家炸我们，现在空军也有了，高射炮、大炮、坦克都有了。”① 中国军队正是由于在充分发挥政治优势的基础上，不断提高现代化水平和整体作战能力，在朝鲜战场越打越强，迫使美军最终不得不选择妥协以结束战争。实行军队和国防现代化的思想也从此成为中国国防建设至关重要的指导思想。朝鲜战争结束后，我国大力加强国防工业和军工生产，坚持搞“两弹一星”，从根本上推进了我国军队和国防的现代化。时至今日，我国仍致力于研制新型战机、导弹、核潜艇、航空母舰、核武器等大国利器，使我国军队和国防现代化水平逐步迈向世界前列，有效地震慑了国外敌对势力，在维护国家安

① 见毛泽东《团结起来，划清敌我界限》，1952 年 8 月 4 日。

全中发挥着不可或缺的重要作用。

这一转变，使我国的党政军领导人认识到，未来的国防军事斗争，将面临高技术条件下的现代局部战争。中国军队只有在继承和发扬国内战争传统战法的基础上，注重学习、掌握现代化战争的战略战术和技术，着力培养能够掌握现代装备技术、驾驭现代战争的专门人才，提高进行现代化战争的能力，才能制胜强敌，保卫祖国。抗美援朝战争是在异国土地上进行的高强度的高技术条件下的现代局部战争，战争的进程不仅发挥了中国传统战法的威力，更显示了现代战争战略战术和技术的奇妙。中国人民志愿军不断认识并努力实现两者的结合与转变，在朝鲜战场力挽狂澜，克敌制胜，谱写了保家卫国的精彩篇章。正如毛泽东指出的："抗美援朝战争是个大学校，我们在那里实行大演习，这个演习比办军事学校好。"① 如何打赢现代技术特别是高技术乃至如今的信息化条件下的局部战争，从此开始成为新中国国防建设和军事斗争面对的基本命题，对新中国国防思想产生了日益深刻的影响。在经过长期观察、验证、总结后，这一认识已成为指导新中国国防建设正确发展的重要战略思想，并由此提升为新中国国防的战略方针。

这一转变，使中国的党政军领导人认识到，打胜现代化战争，不仅直接决定于前方，更决定于后方，决定于后勤。朝鲜战争是一场极高强度的现代化战争，物资消耗之巨，组织保障之艰难，在国内战争中闻所未闻。中国人民志愿军在战争运动战阶段后勤供应极其困难的严峻现实，使中国党政军领导人深刻认识了后勤保障在现代化战争中的极端重要性，切实感到，要取得抗美援朝战争的胜利，必须使中国人民志愿军后勤保障这一最大的薄弱环节得到根本改观，中国人民志愿军后勤工作由此被提到重要的战略地位。此后，中国人民志愿军后勤工作在前线各作战部队的战术后方、整个朝鲜境内的战役后方和中国东北地区的战略后方分工合作保障体系的基础上，改变国内战争时期单纯组织供应的方式，开始大力与敌军的陆海空立体封锁和综合破坏作斗争，既组织供应，又组织战斗，战胜美军对中国人民志愿军后勤供应的立体"绞杀战"，建成从战略后方到战区的"打不烂、炸不断的钢铁运输线"，使后勤保障体系逐步适应现代战争需要，有力地保证了入朝的中国人民志愿军百万大军的作战和生活需要。中

① 见毛泽东《团结起来，划清敌我界限》，1952 年 8 月 4 日。

国人民志愿军各作战部队也将后勤斗争与阵地战相结合，构筑“地下长城”，大大提高了部队战斗力。毛泽东曾总结说：“吃的问题，也就是保证给养的问题，很久不能解决。当时就不晓得挖洞子，把粮食放在洞子里。现在晓得了。每个师都有三个月粮食，都有仓库，还有礼堂，生活很好。”① 抗美援朝战争遵循“现代战争就是打后勤”的特点和要求，致力于建设各级后方尤其是战略大后方的后勤保障体系，终于使中国人民志愿军牢牢站稳在朝鲜战场，并迫使美军接受停战。从此，也使建设适应现代战争需要的后勤保障体系和强大的战争后方，成为新中国国防建设优先考虑的战略问题。在这一思想指导下，新中国在20世纪六七十年代在面临外敌严重威胁的背景下，在国防建设上提出“深挖洞、广积粮、不称霸”口号，实施建设国家“大三线”战略后方，以“大三线”“小三线”等国防后勤体系与机制并举等举措，多方配合国防军事斗争，使外敌威胁归于消解。这一思想对新中国未来的国防建设和国防军事斗争无疑仍会长期发挥重要的指导作用。

（本文为作者为2014年8月在秦皇岛市委党校召开的中国现代思想史学术研讨会提供的论文）

① 见毛泽东《团结起来，划清敌我界限》，1952年8月4日。

论中印边境自卫反击战的特点及其经验教训

1962 年的中印边境自卫反击战，是一场速战速决的规模较大而现代化水平较低的边界局部战争。战争由印度长期不断侵占中国领土直至向中国发动大规模武装入侵而引起，以中国全面击退印军进攻并主动停火撤军而结束，历时一个月。这场边境自卫反击战既有一般反侵略战争的共性，更有其起因、进程、结局方面的特性，从而对中国的国防建设提供了重要启示。

一　中印边境自卫反击战的特点

（一）从战争的起因看，既有历史根源，也有现实原因，但是战争主要是由现实问题引发的

不可否认，中印两国的边界历史上从未划定。但是，中印两国之间有一条历史形成的传统习惯线，这就为边界问题的合理解决奠定了基础。然而，1914 年英国政府代表背着中国的中央政府代表，胁迫西藏当局代表在地图上划了一条“麦克马洪线”，企图将中印边境东段历来属于中国的 9 万平方公里的地区划归当时的英属印度。中国历届政府从未承认这条非法的界线，英国殖民者也从未敢公开以这条线作为中国与英属印度的边界线。英国除偷偷摸摸蚕食中国边境的少量领土外，也从未敢进入这条线划占的中国大片领土之内。直到新中国成立前，中印两国基本上仍是以传统习惯线为界管辖各自的国土的。这有力地证明，所谓“麦克马洪线”是完全非法的、无效的。只要中印两国友好协商，互谅互让，中印边界问题是不难公平合理地得到解决的。新中国从成立到 20 世纪 60 年代初，先后同缅甸、尼泊尔、蒙古、巴基斯坦、阿富汗等邻国，解决了历史遗留下来

的边界问题，就是明证。但是，独立后的印度并不想与中国谈判解决边界问题，而只知向中国领土“前进”。它不但继承了英国已蚕食的中国边界地区领土，还越过传统习惯线，侵占了从传统习惯线到“麦克马洪线”之间的大片中国领土。接着，又越过“麦克马洪线”继续“前进”，无休止地侵占中国领土，并对中国边境更多的地区提出了领土要求。此外，它还谋求在中国西藏的特权，支持、策动西藏上层的分裂、叛乱活动。对中国提出的关于和平谈判解决边界问题的建议，也一概拒绝。印度政府的所作所为和一意孤行，使中印战争最终成为不可避免。“如果印度政府具有一点和平解决边界问题的愿望，中印边境局势是决不会发展到这样的地步。这种局面是印度政府一手造成的。”① 由上可知，中印边境战争的爆发尽管有历史因素，但主要原因是印度政府的扩张政策造成的，是由印度无休止地入侵引起的。印度政府挑起战争的责任是不容推卸的。

（二）从战争酝酿、发展过程看，中国一再退让，印度步步进逼

在中印边境冲突过程中，中国始终坚持了和平解决边界争端的立场，对印度一再克制和忍让，可以说是仁至义尽。对印度不仅接管英帝国主义侵占的中国领土，而且放胆地侵占传统习惯线到“麦克马洪线”之间的中国大片地区，中国保持了沉默。对印军越过“麦克马洪线”及在其他更多的地段的进一步入侵，中国的边防部队也作了忍让。对印度从1959年起在向中国西藏境内“推进”中，与中国边防部队发生的武装冲突等边境事件，中国采取了一系列非常措施，以防止事态扩大。如在实际控制线中国一侧30公里内不开枪，不巡逻，不平叛；20公里内不打靶，不演习，不爆破；对入侵印军规劝其撤退等。中国政府还不介意印度政府的一再拒绝，再三建议和平谈判；中国总理周恩来于1960年4月亲赴印度新德里，与印度协商和平解决边界问题，终因印度无理坚持要中国无条件接受其全部领土要求而不能取得结果。即使在印度发动的全面武装入侵被中国初步击退后，中国又立即要求停火谈判；而且在这一要求再次遭拒绝的情况下，中国还单方面停止了反击和巡逻，以防止事态发展。事实证明，中国“从不放弃寻求和平解决途径的努力，只要有一线希望，我国就主

---

① 《中共中央关于中印边境冲突和中印关系问题的宣传提纲》，1962年11月。

动地创造有利于停止边境冲突的条件，竭尽一切可能争取回到谈判桌子上来”。[①] 直至在中国军队取得战争节节胜利的情况下，中国政府又决定主动停火撤军。

印度的做法，与中国恰恰相反。它顽固推行“前进政策”，得寸进尺，贪得无厌，而且蛮横无理，对中国的和谈建议概不理睬，把中国的和解诚意和克制忍让看作软弱可欺，肆无忌惮地侵犯中国领土主权，直至发动大规模武装入侵战争。中印两国在边境冲突发展过程中的不同做法，形成了鲜明的对照。

之所以会出现这种情况，是由于中国过高地估计了印度反帝的一面，过于强调与其友好合作；对其民族扩张主义恶性发展的另一面却估计不足，斗争不力。实际上，印度政府从成立起就实行民族主义扩张政策。印度自 1947 年独立后，立即继承了英国殖民统治者对邻国包括中国的侵略遗产，它不仅使一些国家成为自己的“保护国”，控制另一些国家的内政外交，而且在其独立当年即发动了对邻国巴基斯坦的入侵战争。对中国的侵略行为更是无休无止，已如前述。事实证明，当时的印度已成为南亚一个典型的地区霸权主义国家。所以，中国的忍耐退让行为，只能纵容印度政府放胆侵略，而毫无积极成果可言。尽管印度在历史上曾遭受帝国主义的侵略而具有一定的反帝性，但是，为了自己的侵略扩张，它便可与帝国主义相勾结。帝国主义也十分需要这样一个反华反共的帮手，两者一拍即合，“美国和印度实际上早已保持着不具形式的结盟关系了”。[②]

（三）从中印两国政府对待战争的基本态度看，印度孤注一掷，中国急于脱身

印度政府从扩张主义立场出发，向中国步步推进。当其“前进政策”受阻后，便不惜诉诸武力，挑起战争。事实表明，在中印边境战争爆发之前，印度已进行了长期的战争准备。它在中印边界大量增兵、构筑工事、设置据点，并在国内煽起反华浪潮。1962 年 10 月，印度国防部长公然宣称，要同中国打到最后一个人，最后一支枪。这就不能不导致印度向中国发起大规模武装入侵。当中国边防部队被迫自卫反击，入侵印军遭到初步

---

① 《中共中央关于中印边境冲突和中印关系问题的宣传提纲》，1962 年 11 月。

② 同上。

惩罚后，印度政府不仅不接受教训，反而拒绝中国停火谈判的要求，宣布全国处于“紧急状态”，成立了“应付紧急情况”内阁，还成立了“国防会议”和“国防生产部”，扩大军火生产，并大力在国外寻求军援；同时，印度政府还在国内进行战争动员，扩充军队，调整兵力部署，向中印边界加紧增派军事力量，摆出了一副决心与中国进行全面、长期战争的架势。随后，即向中国再次发动了全线猛烈进攻，大有不顾一切后果的拼命劲头。

相反，在整个中印边界冲突过程中，特别是在印度发起大规模入侵、中国被迫实行自卫反击之后，中国却始终坚持了谋求避免事态扩大和及早结束战争的态度，并为此单方面做出了种种重大和解努力。中国政府面对印度政府如此猖狂的侵略，为什么采取这种“息事宁人”的态度呢？其原因，一是中国坚持认为，“中国和印度过去有过受帝国主义侵略的共同遭遇，中印两大民族从来没有根本利害冲突，两国完全能够而且应当和平友好共处。中印边界问题，完全可以在两国共同确定的和平共处五项原则的基础上通过谈判解决”。[①] 中国还认为，新中国成立后，中印两国在国际斗争中曾互相支持，印度是中国的友好国家和国际斗争中的合作力量，“中国和印度绝对没有理由因为边界问题而打仗”。[②] 二是当时中国认为，中国的主要敌人是美国，中国国防的重点是防御来自东方的美蒋势力的进犯，中国国防建设主要是围绕反对以美国为首的帝国主义侵略战争而开展的。加之1962年之前，台湾当局在美国支持下，大肆叫喊“反攻大陆”，加紧了窜犯袭扰活动，这就使中国感到需要将更多的国防力量，集中于保卫东南沿海地区安全的斗争中。而一旦中印战争扩大化、长期化，甚至印度同中国绝交、宣战，使两国关系恶化到不可收拾的地步，势必大大牵扯中国的国防力量和注意力，这不仅会破坏中国的国防战略和国防建设计划，也会严重影响国家的经济建设。1959年5月，中国驻印度大使奉命向印度外交部提交了一份开诚布公的书面谈话，其中强调指出：“总的来说，印度是中国的友好国家，一千多年来如此，相信今后一千年一万年也将如此。中国的主要注意力和斗争方向在东方，而不在印度。中国不会这样蠢，东方树敌于美国，西方又树敌于印度，我们不能有两个重点，我们

---

① 《中共中央关于中印边境冲突和中印关系问题的宣传提纲》，1962年11月。

② 同上。

不能把友人当敌人，这是我们的国策。”[1] 这就清楚地说明了中国力求防止中印边界冲突扩大的战略原因。三是在中印边界冲突过程中，印度采取了“有奶便是娘”的政策，四处向国外尤其是帝国主义国家乞援。而美国、苏联等国出于各自国际战略需要，也积极插手中印边界争端，支持、援助印度，反对中国。据统计，美国从1949年至1959年上半年，在10年多的时间内共向印度提供援助2.7亿美元；而从1959年下半年到1962年7月，即尼赫鲁政府公开制造反华运动以后的三年间，美国给印度的援助即达38.7亿美元，是前10年的14.3倍。[2] 美国还运送大批武器和派遣军事人员帮助印度政府加强军事力量，并露骨地支持印度政府挑起边界冲突、拒绝和平谈判的无理行径。苏联在中印边界冲突中扮演了很不光彩的角色。它不顾中苏同为社会主义阵营国家的团结特别是中苏同盟的存在，不仅公开发表偏袒印度的声明，将中苏分歧公之于世，而且暗中予印度以经济、军事援助。为了防止大国插手、从中渔利，避免中国在国防斗争和国际斗争中出现被动不利的局面，中国也希望尽早结束战争，并恢复与印度之友好关系。考虑到上述诸种原因，中国确实是极不情愿地进行了自卫反击作战，并力求在给入侵者一定打击后，尽速结束战争，避免事态扩大和久拖不决。中国这一基本态度使印度认为有机可乘，印度遂肆意对中国进行战争威胁和讹诈，以迫使中国让步。

（四）从战争结局看，中国胜而无利，印度虽败犹获

到1962年11月20日，中国边防部队已在中印边界东段和西段粉碎了入侵印军的全线进攻，并追击印军至传统习惯线附近。至此，入侵印军已经无险可依，无隘可恃，战场态势对中国军队扩大战果非常有利。且不说越过边界追击、膺惩侵略者仍属无可非议的正义之举，起码人们已经看到，中国第一次现实地面临着全部收复中印边境长期以来丧失的大片领土的机会。然而，中国政府在这一关键时刻却采取了中外战争史上从未有过的惊世之举：为了和平解决中印边界问题，决定中国边防部队主动单方面全线停火后撤，直撤至战前的1959年11月7日双方实际控制线本侧之后20公里以内。与此同时，中国政府表示真诚期待印度政府作出积极响应，

① 转引自《当代中国外交》，中国社会科学出版社1988年版，第178页。

② 《中共中央关于中印边境冲突和中印关系问题的宣传提纲》，1962年11月。

以和平谈判协商解决中印边界问题。此后，中国又单方面主动释放了全部被俘印军和交还了所缴获的武器、弹药、物资，从而开创了战争史上胜利军队一方主动停火、主动后撤、主动交还缴获物资和遣返战俘的先例。虽然，中国对入侵者如此宽宏大度的仁义之举，理所当然地受到了世界众多国家和人民的赞扬；中国军队大规模撤退，甚至远离了战前印度曾一再无理要求而不能实现的要中国军队必须撤离的位置，这就自然形成了双方武装部队的脱离接触，而中止了战争的进行。这一结局一方面使印度扩大战争的计划无由实行，也使一些心怀叵测的大国对中印边界问题再难以插手，在客观上对缓和中印边境紧张气氛是不无好处的。但是另一方面，这一结局确实是印度当局做梦也想不到的意外收获。它不仅不必为其侵略行为承担任何战争责任，而且它还能以惨败溃逃之师，不费吹灰之力，重新“推进”和侵占传统习惯线与“麦克马洪线”之间的全部中国领土；它不花任何代价就实现了其战前极力要求中国军队单方面从实际控制线后撤的愿望，并仍然拒绝同中国举行和平谈判，继续对中国的领土和领空进行挑衅和侵犯（尽管此后由于中国的克制态度而未出现大规模武装冲突）。可见，中国的大仁大义并不能感化印度的扩张主义者。中印边境自卫反击战打击侵略者、保卫边疆的意义也不能不因此而深受影响。

二　中印边境自卫反击战的经验教训

中印边境自卫反击战为中国加强边防乃至整个国防建设，认识并通过边界局部战争保卫国家领土完整和主权权益，提供了重要的经验教训。其主要方面是以下几点。

（一）必须从不断变化的国防环境实际出发，客观、全面地对国家面临的威胁作出正确的判断，并及时相应调整国防部署，指导国防建设

从新中国成立到中印边境战争爆发之前相当长的时间内，中国基本是“单打一”地准备应付“东方来的敌人”，即美蒋势力的进犯。中国的国防建设——从武装力量到物质技术基础、国防教育等，也都是主要围绕这样一个方向开展的。而对印度扩张主义对中国构成的日益严重的威胁，却远未重视；甚至对印度的一些重大入侵行动，也一直采取宽容的态度，自然也谈不上准备与印度打仗。连外国报刊也评论说：“中国方面迄今对印度方

面是太宽容了。"[①] 然而，中国方面所作的避免战争的努力却难以奏效。中国在一再作出单方面让步及致领土主权受到不应有的损失之后，战争还是无可避免地发生了。这充分说明，中国对当时国家面临的威胁，重点突出美帝国主义，并为应付美国可能发动的现代化的全面入侵战争做好准备，这无疑是必要的；但对印度的扩张主义者对中国构成的现实的紧迫的威胁，也决不应有任何的忽视。应该看到，不仅帝国主义是战争的根源，地区霸权主义同样会挑起侵略战争。对一个时期内印度曾同中国保持了友好关系，印度是友好国家，是"友人"，不应否认，而且应继续努力加强这种关系；而对印度在基本友好期间的一些不友好行为，直至全面转向不友好甚至转向敌对国家和敌人，也必须具有清醒的头脑。中国将美国作为主要敌人，也要根据其威胁程度的变化，调整对其防御的措施，而不能只搞"单打一"，只绷紧一根弦。同理，对日益构成现实威胁的印度这个次要敌人，也必须通过有力的国防斗争手段，坚决制止其侵略行为，毫不含糊地维护国家的领土和主权完整。总之，国家的防务应该是全方位的，而且应该根据国防斗争形势的不断变化而得到调整。只有既把握主要的斗争方向，又能适应与多元威胁作斗争，特别是注重以高度机动的边防力量，打赢不同规模的边界反侵略局部战争，并按此原则指导和加强国防建设，才能有效地制止帝国主义和地区霸权主义对国家领土和主权的侵略。

（二）必须在处理与邻国的边界争端中，既坚持睦邻友好政策，又与其地区霸权主义行径进行针锋相对的斗争，直至必要时坚决实行自卫反击

中国是和平共处五项原则的倡议者，中国不对任何国家包括所有邻国构成威胁和进行侵略。中国对邻国坚持睦邻友好政策，主张和平解决边界争端。但是，中国的领土主权不容侵犯，对邻国中的地区霸权主义者利用边界争端搞侵略扩张，必须进行针锋相对的斗争，包括必要时坚决以军事斗争，击退其武装进犯活动，以维护国家的尊严和领土主权完整。在整个中印边界争端过程中，中国政府以中印两国传统友谊为重，坚持和平谈判解决边界问题的立场，是完全正确的。但是中国为边界问题的和平解决所做的努力以及这种努力是否继续，必须视对方的态度而定，而不应是单方

---

① 见1962年10月8日巴基斯坦《观察家报》评论，转引自《人民日报》1962年10月11日。

面的。印度对中国的和平努力从不响应，对中国的和平建议一概拒绝，这充分表明中印边界问题和平解决的条件尚不具备，也反映了印度政府的顽固侵略扩张立场。中国本应对其恶劣态度与扩张行径进行严厉谴责和斗争，并敢于运用军事与非军事的手段充分显示国防威慑力量，使对方有所畏惧而不敢轻举妄动。但在此期间，中国政府却过于忍让，一再单方面作出各种重大和解努力，尤其是明确表示不以对方为敌等。这就使印度认为，不管它如何步步进逼，中国终将忍让，不敢对其进行反击，认为中国软弱可欺，因而它更加无所顾忌地推行“前进政策”，无休止地侵犯中国领土主权，使中国深受其害。

中国边防部队在忍无可忍的情况下，被迫进行自卫反击，驱逐入侵者，收复失地，这是一个主权国家国防的最起码的职能，是完全正义和理所应当的。中国军队击退入侵印军，并追击至传统习惯线附近，有利的战场态势使中国军队完全有把握去获得更大的战果；况且即使越过国界追击和惩罚入侵者，也是无可指责的。但是中国坚持有理有利有节的原则，适时停止追击，主动在全线实行停火，未越出中国领土一步。这种做法是十分克制和策略的，为以后边界问题的合理解决创造了条件。中国本应在此基础上，严守已收复的领土和传统习惯线边界，不怕对方的威胁和战争叫嚣，及时调整国防政策，加强国防力量，坚决捍卫国家领土主权完整。但中国对原有的“单打一”的国防战略却未能做相应的灵活调整。并由此出发，为了表示和平解决中印边界问题的诚意，而采取了出乎全世界意料的特别措施，决定单方面将中国军队不仅撤离传统习惯线附近的停火线，还从战前的实际控制线再后撤20公里。这就在事实上把已收复的大片国土重新弃诸敌手。但是，事实证明，中国的善意尽管备受世界爱好和平人民的赞扬，却无助于中印边界问题的尽快和平而合理地解决，甚至是事与愿违的。印度当权者不仅没有因此而被感化，更没有在扩张主义的道路上改弦易辙，而是采取了一系列措施，企图使其重新侵占的中国领土固定化、合法化，并继续对中国进行挑衅和侵犯。这显然使中印边界问题的解决更趋复杂和困难，使中国处于更为被动不利的地位。这一教训是应该认真汲取的。

（三）必须在边境自卫反击作战中，实行适合边界环境和入侵敌军特点的战略部署和作战方针，确保自卫反击作战的胜利

与中国存在边界争端的一些邻国，地理位置、社会制度、对外政策、军事力量及历史渊源等各不相同。因此，中国在处置与这些国家之间出现的边界争端、冲突乃至边境战争中，不能等量齐观，一概而论。尤其是对某些抱有领土野心的奉行扩张主义的国家，蓄意利用同中国接壤的条件，蚕食中国领土，甚至对中国发动大规模武装入侵行动的，中国更要针对这种国家及其军队的特点，从相应边界地区实际出发，运用正确的战略战术，坚决打击入侵者。由于这种边界冲突和局部战争，既不同于那种全民动员、举国迎敌的全面战争，而且这种冲突和局部战争本身也有着多种类型与特点，加之这类冲突和局部战争的地位在国防斗争和国际斗争中日益重要，这就要求国家防务必须对之予以高度重视。中印边境自卫反击战对此提供了可贵的经验。主要是：

第一，战前要将对敌方的政治揭露与军事准备相结合，既力争和平解决争端，又严阵以待，随时准备制止入侵。在新中国成立后一个相当长的时期内，对印度的扩张行为多采取低调处理的方式，无形中使印度获得了诸多侵略利益。在对印自卫反击战前（主要是 1959 年之后），中国对印度政府蓄意挑起边界纠纷、侵占中国领土的企图和行径，开始通过各种渠道向外界着力予以揭露，使国际社会不断了解中印边界紧张局势的真相，争取国际舆论的同情和支持，在政治上获得了主动。事实证明，在边界争端中，及时有力地运用政治揭露手段，使敌人的侵略面目及事实真相大白于天下，造成“先声夺人”之效，是合理解决边界争端必不可少的一个重要条件。反之，对入侵行为保持沉默、过于容忍，甚至掩盖矛盾、粉饰太平的做法，则只能纵容、鼓励入侵者，造成对自己不利的局面。在对印度当局大力进行政治揭露的同时，中国在军事上做了必要的准备。针对印军大肆占地设点、步步向前推进，严重威胁中国边防部队安全的局面，中共中央根据毛泽东的指示，制定了“绝不退让，力争避免流血；犬牙交错，长期武装共处”的总方针。[①] 并根据形势的发展，中国政府适时作出了加强战备、准备自卫反击的决定。同时，相应加强了兵力部署，建立了自卫反击作战组织指挥机构，制订了反击入侵的作战计划。这一系列战前准备工作的适时、充分开展，为后来自卫反击作战的迅速取胜打下了基础。

第二，在作战中，要针对所处边境及敌军特点，因地制宜，因敌制

① 据《毛泽东军事思想发展史》，解放军出版社 1991 年版，第 462 页。

宜，采取有效作战方法，将入侵敌军打狠打痛。中印边界全长2000公里，全线处于高山、峡谷、密林与雪山、冰河等恶劣自然条件之下。虽然印军现代化水平不高，但在这样的作战环境中打退其全面进攻，仍是有很大困难的。中国边防部队在西藏和新疆地方政府和人民的大力支持下，以正确的作战方针，战胜冰雪、风暴、高山缺氧等恶劣的自然条件，在对印军发起全线反击作战中，集中优势兵力打歼灭战，根据印军"铜头、锡尾，背紧、腹松"的布阵，实行大胆迂回，侧后突击，以强攻掐其头，以奇袭切其尾，以夹击揿其背、剖其腹，并以多路兵力，向心合击，将敌分割包围，各个歼灭；但对撤逃印军，不予穷追，迅速取得了战场的主动权。中印边境自卫反击战一举将入侵印军驱逐到传统习惯线附近，歼其8700余人，有力地打击了印军的侵略行径，教训了印度的扩张主义者。

第三，要注意控制战争规模，坚持有理有利有节，速战速决。中国从未打算要印度一寸领土，中国进行自卫反击作战只是为了制止侵略，维护和平。上述目的一旦达到，中国就会停止反击。尽管中国军队追击印军至传统习惯线后，战场形势对中国扩大战果十分有利，中国仍果断地在全线停火撤军，丝毫未越出中国领土。这充分体现了中国有理有利有节的作战原则，也使对方扩大战争及大国的插手难以寻找借口，避免了战争的进一步扩大和久拖不决，实现了战争的速战速决。这不仅使中国保持了政治上的主动，也对中国国内建设及国际斗争大有益处。

第四，必须将制止外国入侵与打击国内分裂势力相结合，坚定地维护国家统一和民族团结，为巩固边疆奠定坚实的政治基础和社会基础。历史表明，一个国家的内忧和外患往往是互相呼应、相伴而来的。要防御外敌入侵，必须首先打击国内分裂势力。长期以来，印度大肆入侵中国边境地区，就是在中国西藏的上层分裂势力的配合下得手的。同样，中国西藏上层反动分子大搞分裂祖国的活动，也是在英美帝国主义和印度扩张主义者等外国势力的支持、策动下发展起来的。新中国成立后，我们党和政府对外国势力与中国西藏分裂势力相互勾结、策应，破坏中国边境安宁与国内民族团结，破坏中国国家统一的状况极为重视和警惕，并采取了一系列果断措施，在大力抵制和消除外国势力对中国边境地区的渗透和影响的同时，坚决打击国内分裂势力，使其分裂祖国的阴谋不能得逞。1950年新中国成立之初，继承了英帝国主义侵略中国西藏衣钵的印度，仍将中国西藏当作其"势力范围"。它与英、美等国一起，竭力阻挠西藏的和平解放，支持西藏上层反动集团搞“西藏独立”。中国冲破印度等外国势力的反对与阻挠，果断派解放军进军西藏，和平解放了西藏。通过西藏的和平解放，打击了西藏上层策划分裂活动的反动势力，粉碎了外国势力企图使西藏独立的阴谋，实现了中国空前的统一。此后，中国又通过外交途径，逐步取消印度在中国西藏的特权，进一步限制了西藏反动势力同国外的联系。同时，加紧进行建设西藏和团结、教育、改造西藏地方政府和上层分子的工作。当西藏地方政府中的分裂主义分子和上层反动集团在国外势力的支持和操纵下，继续进行分裂和背叛祖国、破坏民族团结的罪恶活动，并在 1959 年终于发动了全区范围的大规模武装叛乱后，中国共产党和政府为了维护国家统一和民族团结，不顾印度等国家的种种无理反对和干涉，果断地命令解放军平息西藏的武装叛乱。中国人民解放军驻西藏部队在西藏广大人民群众和各界进步人士的支持下，经过近三年的艰苦紧张的平叛斗争，到 1961 年底，西藏全区的武装叛乱被彻底平息。西藏平叛斗争的胜利，使西藏的分裂势力遭到了毁灭性的打击，外国势力对中国西藏的渗透与插手基本被消除，西藏民族同国内各民族的团结进一步加强，西藏建设迅速发展，这就极大地巩固了中国的西南边疆。因此，当 1962 年印度将边界冲突发展为向中国大规模武装进攻时，它就再也不能指望中国国内分裂势力的配合和策应了。中国边防部队也就再无后顾之忧，而能集中力量进行自卫反击作战，并得到了西藏地方政府和广大藏民的大力支持和援助。例如：尽管西藏在平叛中才建立民兵组织，时间很短，民兵数量也较少，但在自卫反击战中，西藏民兵带领广大群众踊跃支前，为参战部队抢修道路，送弹药，运给养，有的还直接参加战斗，打击敌人。在支前参战中，仅昌都、阿里地区的民兵、民工，就有 942 人立功受奖。[①] 事实证明，西藏地方政府和藏族人民的大力支援，是中印边境自卫反击战取得胜利的重要条件之一。

（原文刊于《党史研究资料》1998 年第 9 期）

---

① 据《当代中国民兵》，中国社会科学出版社 1988 年版，第 305 页。

略论新中国国防建设的“黄金时期”

朝鲜战争结束后，中国共产党和政府果断地把经济建设和国防建设由战时转入和平时期轨道。1953年底至1954年初召开的全国军事系统党的高级干部会议，在国防和军队建设史上具有划时代意义。这次会议正确提出和制定的军队建设和国防建设的方针、任务、道路、重点、原则、制度，与此后不久新中国国防战略方针的确定，标志着新中国国防和军队现代化建设理论的初步形成。在这一理论的指导下，新中国国防各个领域的建设蓬勃发展，不断取得世所瞩目的成就，进入了人们交口称赞的“黄金时期”。这一时期一直到1964年，即中国国防建设开始以准备早打、大打、打核战争为指导思想，新中国举国进入长期临战状态而结束。探讨新中国国防建设“黄金时期”的理论与实践，对于总结我国国防建设的历史经验，为今天的国防现代化建设提供借鉴，无疑具有重要的意义。本文试择其大端，略作论述。

一　国防建设规模与国家经济建设发展水平相适应

随着朝鲜战争的结束与和平时期的到来，新中国果断地将以战争为中心转变为以经济建设为中心，使国防建设服从于经济建设，以便于二者协调发展。为此，我们党和政府首先在党内、军内统一了认识，着重强调国防现代化建设“既不能停步不前，也不能急躁冒进”①，必须克服要求过高过急、急于求成的倾向，使国防建设规模与国家经济建设发展水平相适应。同时决定，国防现代化主要依靠本国工业的发展来实现，避免以巨额资金进口武器装备，以腾出钱来发展国家工业；并通过压缩军队规模，及

① 《彭德怀军事文选》，中央文献出版社1988年版，第478页。

时调整削减国防工业项目等措施，大幅度降低国防费开支，支持国家经济建设。

从新中国成立到1963年，国防费支出情况见表33－1：

表33－1　1950—1963年国防费支出情况（单位：亿元）[①]

年份	国家财政总支出	国防费支出	国防费占国家财政支出比例（%）
1950	68.08	28.01	41.14
1951	122.49	52.64	42.97
1952	175.99	57.84	32.87
1953	220.12	75.38	34.24
1954	246.32	58.13	23.60
1955	269.29	65.00	24.14
1956	305.74	61.17	20.11
1957	304.21	55.11	18.12
1958	409.40	50.00	12.21
1959	552.86	58.00	10.49
1960	654.14	58.00	8.87
1961	367.02	50.00	13.62
1962	305.25	56.94	18.65
1963	339.63	66.42	19.56

从表33－1可以看出，1953年朝鲜战争结束后，国防费支出占国家财政总支出的比例呈大幅度下降趋势，并一直保持了较低水平。但是，这并非国家对国防建设有所忽视。相反，我们党和国家在这一时期对国防建设是非常重视的，并尽一切可能给予支持和照顾。本时期国防费支出水平，是国家正确处理经济建设与国防建设关系，使二者协调发展的客观反映。事实证明，这样的比例是适合中国经济与国防建设全面发展的需要的。

二　联苏抗美，以防御美蒋进犯为主要目标

朝鲜战争结束后，美国不甘心失败，继续与中国人民为敌，通过一系

① 据国家统计局公布的资料。

列军事条约，在中国周围实行其对中国的战略包围和威胁。它还继续侵略和加紧控制中国领土台湾，与中国台湾地区国民党当局签订《共同防御条约》，大量向中国台湾地区国民党集团提供“军事援助”和“经济援助”，帮助整编和训练国民党军队，提供大批飞机、军舰、坦克及其他武器装备和作战物资。据统计，从 1952 年至 1958 年，美国给国民党军队提供的各种飞机就有 1117 架，1958 年一年内就给予国民党海军提供各型舰艇 60 余艘。从 1951 年到 1958 年，美国向国民党当局提供的“经济援助”约 8 亿美元，而提供的“军事援助”比“经济援助”还多一倍多。[①] 同时，美国还加强了侵台美军的力量，并直接派出军舰、飞机，配合国民党军队袭扰大陆。由于美国的侵略和干涉，中国台湾海峡地区局势长期紧张。此外，美国还在中东等地区大肆侵略，严重威胁和破坏世界和平。基于以上原因，在这一时期，中国认为主要威胁来自美国，美国是新中国的主要敌人。为了防范“来自东方”的美蒋势力的骚扰和进犯，中国重点部署了大陆东南沿海地区的防务。同时，坚持以防御美蒋进犯为目的，开展军队训练与演习，建立全民皆兵的全国防御网，加强武器装备和发展国防尖端技术，构筑防御设施，实施国防教育，并以粉碎美蒋颠覆滋扰、解放沿海岛屿、大规模炮击蒋占岛屿等直接军事斗争，打击美蒋进犯活动与企图，保卫大陆东南沿海及内地安全，以保障经济发展，支持世界人民的革命斗争，维护世界和平。当然，新中国在与美国侵略行为作斗争的同时，也注意了根据形势的变化和要求，通过各种努力，寻求与美缓和关系的途径，并使军事斗争与之相配合。同时，对中国台湾地区的国民党当局，也提出了和平解放台湾的主张，力求稳定和缓和台湾海峡的局势。

在反对美国侵略和战争政策的斗争中，中苏联盟不仅对美国有着战略制约作用，中国还通过实行与苏联等社会主义国家的联合与合作，努力争取苏联等国家对中国国防建设和经济建设的支持和援助。20 世纪 50 年代，中国军队以苏军为榜样，参照苏军的条令条例，在苏联军事顾问的帮助下，进行了现代化正规化建设。中国从苏联进口了相当数量的性能较为先进的武器装备，在苏联帮助下对中国原有军工企业也进行了改建、扩建和技术改造，还在“一五”“二五”计划期间，由苏联帮助中国建设了 60 多个大型军工企业及建立了一些科研院所等（部分项目未能完成）。苏

① 据《人民日报》，1958 年 5 月 24 日。

联在中国发展国防尖端技术方面给予的帮助是比较大的。如从1953年至1956年，中苏两国在核领域签订了四个协定。1957年，中苏又签订了苏联在火箭、航空和核科学技术等方面援助中国的《关于生产新式武器和军事技术装备以及在中国建立综合性原子能工业的协定》（简称《国防新技术协定》）。根据协定，苏联以派遣专家、接受留学生及提供样品、设备和技术资料等方式，帮助中国国防尖端武器的研制工作（苏联的援助工作到1959年6月后中断）。由上可知，20世纪50年代的中苏联盟曾对中国的国防建设产生过相当大的积极作用。但不幸的是，由于中苏在意识形态上的分歧不断扩大，以及苏联的大国沙文主义行为，使这种关系从一开始就笼罩上了某些阴影，并一步步走向了破裂的边缘。

三 开始突出以现代化为中心

新中国从成立起就提出了国防现代化的构想，但这一构想只是到朝鲜战争结束后，才逐渐付诸实施。这是由于，一方面，中国的主要敌人是世界超级强国美国，在朝鲜战争中中国已取得了与高度现代化的美军作战的经验和教训。实战的客观要求，使我们党和政府认识到中国的军队和国防，必须努力实现现代化。毛泽东指出："为了保卫祖国免受帝国主义者的侵略，依靠我们过去和较为落后的国内敌人作战的装备和战术是不够的了，我们必须掌握最新的装备和随之而来的最新的战术。"[①] 还明确指出："为了建设现代化的国防，我们的陆军、空军和海军都必须有充分的机械化的装备和设备，这一切都不能离开复杂的专门的技术。"[②] 另一方面，和平时期的到来，国内社会秩序的稳定，国民经济的恢复与发展，我们党和政府对国防现代化事业的重视和支持，新中国成立初期国防现代化建设的初步开展，以及苏联的援助等，也为国防建设以现代化为中心提供了十分有利的条件。

我们党和政府为了大力推进国防现代化的进程，采取了一系列重大举措。一是大力进口和仿制性能较为先进的苏式武器装备，并在仿制的基础上自行研制，使之性能进一步提高。20世纪50年代中期，中国人民解放

① 《毛泽东军事文选》，战士出版社1981年版，第359页。
② 同上。

军正式告别了“万国牌”旧杂式装备，实现了武器装备的制式化。到20世纪60年代初，中国人民解放军所需常规武器基本实现了国产化。二是加强军兵种建设，使部队训练、演习及作战等突出诸军兵种联合行动的内容；同时使在朝鲜战争中暴露出来的后勤供应等薄弱环节，从根本上得到了克服。三是使国防体制更适应现代反侵略战争的需要，如实行民兵与预备役合二为一，大力建立全民防御网，通过全民国防教育，尝试开展现代条件下的人民战争等。四是在国防工程建设中注重现代战争提出的新要求，如增加防原子、防化学、防细菌等内容。五是为了打破帝国主义的核讹诈、核威胁，以极大的决心和努力发展以“两弹一星”为核心的国防尖端技术。毛泽东在1956年时说：中国“不但要有更多的飞机大炮，而且还要有原子弹。在今天的世界上，我们要不受人家欺负就不能没有这个东西”。[①] 1958年他又指出：“搞点原子弹、氢弹，我看有十年功夫完全可能。”[②] “我们也要搞人造卫星”。[③] 毛泽东的指示，为新中国国防尖端技术的发展指明了方向。从此，中国“两弹一星”等国防尖端技术研究冲破重重难关，不断取得惊人的成就，一跃而居于世界前列。

四 强调走独立自主、自力更生建设国防现代化的道路

新中国成立后，特别是朝鲜战争结束后，党和国家领导人多次强调，在国家建设包括国防建设中，必须坚持独立自主、自力更生的方针。1953年底召开的全国军事系统党的高级干部会议，确定了新中国的军队和国防现代化建设必须走主要依靠本国力量的道路。1954年，中央军委明确为国防科技工业制定了“自力更生为主，争取外援为辅”的指导方针，即在解决武器装备问题上坚持走主要依靠自己的工业发展并压缩军政费用，支持工业建设之路，在军队建设上端正学习外军的态度，坚持“以我为主”，继承、发扬解放军的优良传统。从1959年到1963年，中国人民解放军通过艰苦努力，先后编写出了符合自己情况的合成军队和军兵种战斗条令、教令、教范、教程和其他训练法规，摆脱了基本沿用苏军战斗条令

---

① 1956年4月25日，毛泽东在中共中央政治局扩大会议上作了《十大关系》的报告。这一报告后刊登于1976年12月26日《人民日报》。

② 见《人民日报》，1967年6月18日。

③ 见《人民日报》，1970年4月26日。

的状况，促进了部队的训练和建设。在对待苏联控制中国国防的企图上，中国采取了毫不妥协的反对态度。如1958年，中国坚决拒绝了苏联提出的在中国建立中苏联合舰队和长波电台的要求。在发展国防尖端事业上，中国在苏联毁约停援后仍坚定地走自力更生之路。毛泽东说："要下决心搞尖端技术，赫鲁晓夫不给我们尖端技术，极好！如果给了，这个账是很难还的。"[①] 在一些重大军事斗争上，如炮击金门、对印自卫反击战等问题上，中国也不顾苏联的阻挠，独立自主地作出了决策。

本时期中国国防建设之所以突出强调独立自主、自力更生的方针，不仅是由于这一方针是中国长期革命斗争总结出的基本经验之一，还由于中国党和国家领导人在国防建设上着重考虑了如下因素：一是中国地域广大，国家不可能拿出巨额资金去进口所需的全部武器装备器材设施，有许多国防现代化的项目，也不单是依靠进口所能解决的。就是说，新中国不能用钱买出一个军事现代化。二是帝国主义国家对中国严加封锁、禁运，对战略物资的禁运尤甚。即便是友好国家，在军事援助上也往往是有保留、有限制的，进口的东西一般是性能不太先进或次先进的东西。三是过多依靠外援，必然受制于人。新中国成立后，苏联对中国的经济建设和国防建设曾给予了相当大的援助，但苏联也因此做出了一些有损中国权益甚至企图控制中国的举动。毛泽东曾指出：1950年"在斯大林的压力下，搞了东北和新疆两处势力范围、四个合营公司"。[②] 1958年，苏联又提出中苏建立联合舰队和长波电台，企图搞苏联控制下的军事"合作社"，严重侵害中国主权。1960年，由于中苏意识形态的分歧及中国不接受苏联的控制，苏联竟对中国搞"突然袭击"，单方面决定撕毁合同，撤走专家，停供设备，给中国各项建设包括国防建设造成重大困难。这些经验教训，使中国更坚定了独立自主、自力更生建设国防的决心。除上述因素外，还由于新中国经过1949年以来的恢复与发展，已逐步为国防建设实行独立自主、自力更生方针创造了一定的主客观条件，奠定了初步的基础。当然，新中国国防建设坚持独立自主、自力更生，并非拒绝外援，自我封闭，而是强调要立足国内，主要依靠自己的力量建设现代化国防。对

---

① 转引自《当代中国的国防科技事业》（上），中国社会科学出版社1992年版，第45页。

② 见《党的文献》1994年第1期，第16页。四个合营公司指中国和苏联合营的中苏石油股份公司、中苏有色及稀有金属股份公司、中苏民航股份公司、中苏轮船修复建造股份公司。

可能的外援不仅不排斥，而且是积极争取的。如即便是苏联毁约停援后，周恩来仍提出对其科学技术采取一要、二学、三买的态度，“把要到、学到、买到的用于实际和有所发展”①，就充分说明了这一点。

五 努力进行全民防御的尝试

如何从中国的实际出发，采取最有效的方式，防御帝国主义的侵略，是我们党和国家领导人从新中国成立起就认真考虑的问题。到20世纪50年代后期，我们党和国家逐步形成了实行全民防御的构想。这一构想的基本内容包括：第一，必须以发展经济为中心，裁减常备军数量而加强质量，加速实现其现代化。第二，必须大力发展后备力量并对全民加强国防教育，实现寓军于民，军民结合。第三，国防科技工业及国防设施建设要为国家经济建设服务，在满足国防需要的前提下，兼顾民用，实现军民兼容，平战结合。为了实现上述构想，我们党和国家采取了一系列措施，在实践中对全民防御进行了大胆的探索。如：大幅度压缩军队规模，加快军队现代化进程；通过大办民兵师，实现全民皆兵，使民兵和广大人民群众在国防建设和军事斗争中充分发挥作用；国防科技工业在抗美援朝战争结束、生产任务缩小、人员设备闲置的情况下，逐步增加民用品生产，到1959年，民用品产值已达到国防工业总产值的52%②；国防基本设施建设，尤其是国防交通、国防通信等，与国家经济建设相结合，注意兼顾平时与战时，实现军民两用。同时，国家的一些基本建设项目，也注意了战备的要求，大力支持、配合国防建设。

新中国采取全民防御的反侵略斗争方式，主要是基于对如下因素的考虑：一是中国国土辽阔，单靠常备军防不胜防。同时，中国经济十分落后，国家必须首先集中力量发展经济，养兵不可能太多。二是中国人口众多，这不仅为常备军提供了取之不尽用之不竭的兵员资源，而且广大人民群众一旦动员武装起来，本身就是极其伟大的战略力量。同时，中国人民在长期的民族民主革命战争中，以及新中国成立后在继续解放全国大陆、抗美援朝、粉碎美蒋滋扰等重大军事斗争中，积累了开展人民战争的丰富

---

① 见《聂荣臻回忆录》，解放军出版社1984年版，第808页。

② 据《当代中国的国防科技事业》（上），中国社会科学出版社1992年版，第174页。

经验，形成了新中国国防的一大优势。三是新中国成立后社会主义制度在中国确立，实现了人民利益与国家利益的高度统一，人民真正成为新国家、新社会的主人。这样，就从根本上提高了广大人民群众反对侵略、保卫祖国的政治热情和责任感，使动员广大群众进行全民防御具有了现实可能性。四是由于中国的主要敌人是世界上最强大的美国。按照当时的设想，美国对中国的侵略，将是空袭、空降，打导弹、原子弹，空中、地面、水上一齐来，战争将在全国普遍展开，中国人民进行的将是不分内线外线的全面防御的反侵略战争。而实行这种反侵略战争的最佳方式，就是全民皆兵，全民防御，大打人民战争。只有这样，中国人民才能以劣势装备战胜优势装备的敌人。毛泽东说："美国的原子讹诈，吓不倒中国人民。我国有六亿人口，有九百六十万平方公里的土地。美国那点原子弹，消灭不了中国人……如果飞机加原子弹的美国对中国发动侵略战争，那末，小米加步枪的中国一定会取得胜利。"① 贺龙也说："我们对付将来在新条件下的战争，必须实行全民防御，建立全民防御网。"② "实行全民皆兵以后，我们就不怕敌人的空袭、空降，也不怕敌人的原子弹。"③ 五是当时认为，1958 年的人民公社化，为实行全民皆兵的全民防御提供了现实的条件，从而直接导致了全民皆兵、全民防御的普遍实行。中共中央曾指出："我国的社会主义建设已进到人民公社的时代，为实现全民皆兵提供了空前优越的条件，因此，随着人民公社的建立，把生产、工作、学习的组织军事化，把全民武装起来，工、农、商、学、兵结为一体，实行全民皆兵，把军队的后备力量建立在全民的基础上，对生产建设和国防建设，都具有深远的政治意义和战略意义。"④

20 世纪 50 年代后期到 60 年代初，新中国关于全民防御的构想及其在实践中的尝试，其基本方面无疑是正确的，其所起的积极作用也是应该充分肯定的。这一战略措施曾极大地激发了广大人民的爱国热忱，有力地促进了国防建设的发展。通过大办民兵师，发动广大民兵和人民群众配合中国人民解放军执勤作战等活动，显示了中国人民群众武装的巨大威慑力量，使帝国主义者望而生畏，不敢对中国轻言动武。但是，在此期间，由

① 毛泽东：《原子弹吓不倒中国人民》，1955 年 1 月 28 日。
② 《贺龙在全国民兵工作会议上的讲话》，1960 年 1 月 11 日。
③ 同上。
④ 《中共中央关于民兵问题的决定》，1958 年 8 月 29 日。

于我们党和国家对国防物质技术基础建设的认识尚不够全面，未将其看作国家生产力的一个重要组成部分，因而未能真正实现这一建设的军民、平战的两个结合；在实行全民皆兵中也受到当时“左”的影响，产生了诸如只求数量不重质量、形式主义、弄虚作假、组织不纯等问题，未能使常备军与后备力量建设走上科学的轨道。这些都难免对以后的国防建设产生了一定的消极影响。

六 国防斗争与政治斗争相结合并服从于政治斗争

本时期新中国由进行战争转向和平建设，国际战略开始发生重大变化。在此期间，我们党和国家以社会主义革命和建设的政治路线指导国防建设，努力将国防斗争与政治斗争相结合，使国防斗争服从、服务于政治斗争，正确指导政治斗争和国防斗争的开展。从总体上看，本时期的国防斗争，打击了美蒋势力的袭扰，维护了国家领土完整和安全，加强了中国人民反侵略战争的力量，保障了国家社会主义改造和建设的顺利进行，这就从根本上支持、配合了党和国家政治斗争任务的完成。而在一些具体的重大政治斗争中，新中国恰当地运用国防斗争手段予以配合，有力地促进了政治目的的实现。如为了反对美蒋签订《共同防御条约》，反对美国干涉中国内政，1954 年 9 月，中国人民解放军两次炮击金门，惩罚国民党军；翌年 1 月，在上述条约正式签订后，中国人民解放军陆、海、空军联合渡海登陆作战，解放了一江山岛，并挫败美国操纵的关于在中国沿海岛屿地区停火的国际安排，继续解放了大陈、渔山、披山等岛屿，从而向世界表明了美台《共同防御条约》是非法的、无效的。1958 年，为了反对美国侵略中东和企图制造“两个中国”的阴谋，并打击台湾当局叫喊“反攻大陆”，中国人民解放军从 8 月 23 日起再次大规模炮击金门；之后，根据政治斗争的需要，炮击行动从全面封锁到打打停停，从打实弹到打宣传弹，使炮击金门之战变成了纯粹的打政治仗。到 1979 年 1 月 1 日炮击停止，前后达 20 年有余，有力地配合了中国共产党对台政策和方针的实行。1962 年的中印自卫反击战，从被迫反击，胜利进军，到主动后撤，都体现了中国着眼国际政治，坚持和平共处五项原则和睦邻友好政策的立场。从 20 世纪 50 年代后期起，苏联领导人开始推行其苏美合作主宰世界的路线，并对中国发展国防尖端技术横加限制和阻挠。为了打破美苏核垄断和反对苏联的大国沙文主义，中国坚定地依靠自己的力量发展国防尖端技术，并一步步走向成功，等等。

本时期我们党和政府使国防斗争服从、服务于政治斗争，从政治斗争的需要出发，指导国防建设和重大军事活动，其基本方面无疑是正确的，所取得的成就是显著的。但是，由于党内“左”的错误的影响，政治斗争也曾对国防建设和军事活动起了某些消极作用。如军队 1957 年开展的反右派斗争，1958 年的反“教条主义”斗争，1959 年的“反右倾”斗争，1960 年起的“突出政治”以及大办民兵师等，都不同程度地受到了“左”的影响和干扰，甚至给国防建设带来重大损失。对此，也应实事求是地予以总结，汲取应有的经验教训。

（原文刊于《党史研究资料》1999 年第 7 期）

南沙之战　意义非凡

1987年3月，联合国教科文组织政府间海洋委员会要求中国建立五座海洋观测站，其中一座建于中国南沙。根据这一要求，中国派出科学考察船只抵达中国南沙群岛海区进行了综合考察，决定将南沙海洋观测站建于中国南沙群岛的永暑礁。越南对中国在南沙群岛建站行动竟表示“抗议”。越南外交部还宣称：“要对中国在南沙群岛建立海洋观测站进行干预”；并派出大批舰船、飞机到该海区活动。中国除发表声明坚决予越南以驳斥外，也调整兵力部署，加强了对南沙海区的巡逻。1988年1月，越南海军运输船、武装渔船各一艘，运载建筑人员和材料驶往永暑礁，企图抢先侵占这一礁盘。中国海军编队当即出动拦截并将其驱走。2月，中国海军929号登陆舰、833号船等11艘舰船，满载着施工人员和建站器材，陆续抵达永暑礁，随即开始了紧张的施工。在中国建站过程中，越南当局不顾中国政府的多次严正声明，不仅不肯从已侵占的10多个岛屿撤走，还多次派出舰船，继续扩大侵略范围，抢占中国南沙礁盘，加紧进行破坏捣乱。2月18日，中国勘察人员刚登上永暑礁东南的华阳礁，越军的扫雷舰、武装运输船各一艘也强行侵入该礁；翌日，越军又派出2艘舰船前来骚扰。中国舰船编队闻讯后随即赶来，驱走了越军舰船。

1987年3月14日清晨，越军604号、605号运输船和505号登陆舰突然窜到中国南沙赤瓜礁海域进行挑衅活动。越南40余名士兵也已趁夜间低潮时强行登上了赤瓜礁。先于越军登礁的中国海军陆战队士兵当即向越军发出警告，声明这是中国领土，劝其立即撤退。越军拒不撤退，礁上出现了双方的武装对峙；越军竟然首先开枪，打伤中国士兵杨志亮。于是，双方士兵在礁上交火。早有准备的越军604号船上的机枪也开始向礁上中国士兵扫射。在这种情况下，中国海上舰船编队果断地进行了还击。7分钟后，将越军604号船击沉。海战发起后，在赤瓜礁附近伺机的越军

505号登陆舰和605号武装船，也立即向中国舰船开火，双方舰船展开激烈海战。至上午9时，中弹累累的越军登陆舰打出白旗求降，中国南沙赤瓜礁海战以中国海军的胜利宣告结束。越南海军被迫撤出这一海区。

中国南沙海战一举击沉越军武装运输船一艘，并重创其登陆舰（后因负伤过重于返航途中沉没）、武装运输船各一艘，歼敌80余人，沉重打击了越南海军的嚣张气焰，夺回和保卫了中国南沙的部分礁盘和海域。此战规模虽小，但在国内外却激起了很大的反响，其意义是不容忽视的。

首先，表明了中国捍卫国家海洋国土的决心和能力。多年来，中国南沙群岛的岛礁、海域，被邻国肆意抢占。中国虽多次庄严声明和警告，但入侵者并不收敛，致使中国南沙岛礁和海域，一步步被分割殆尽。进入20世纪80年代以来，我们党和政府终于开始将目光转向海洋，空前关注国家的海洋国土和权益，正视海防斗争面临的严酷现实，着力加强海防建设，捍卫国家领土主权和尊严。南沙海战及其胜利，改变了中国长期以来在中国南沙海域海防斗争中无能为力、无所作为的形象，以严惩入侵者的实际行动，向世界表明中国领土主权不可侵犯，中国有决心有能力保卫中国神圣的海洋国土。这一胜利不但击退了入侵者，夺回了部分岛礁和海域，并据以建立了巩固的前哨阵地，为以后的海防斗争创造了有利条件；同时也有力地打击和震慑了正在或企图侵占中国海洋国土的入侵者，使其侵略行径不得不有所顾忌和收敛。

其次，振奋了民心士气，增强了海防和海洋意识。与以往不断传来的岛屿被抢、海域被占、资源被夺、渔民受辱的消息相比，中国南沙海战的胜利，使国威军威大扬，民心士气大振。广大军民长期以来郁积心头的压抑、懊丧之气为之一扫。保卫南沙，保卫海疆，已成为全国上下的一致呼声；全国人民的海防意识、海洋意识得到了空前增强。毫无疑义，这种意识对于海防建设和斗争是极为重要的。正是在这种意识的指导下，近年来全国各地、各行各业对南沙前线、对海防建设的支援，一次又一次掀起了热潮。据报载，南沙守礁部队最初的“高脚屋”，在全国人民的支援下，如今已被宫殿般的集住、防、娱乐、生活为一体的礁堡所代替。礁上的衣、食、住、用物品均是全国各地千方百计研制的“特供品”。战士们高兴地说他们是“提前进入了‘小康’”。仅1991—1993年的三年中，南沙某守礁部队就收到全国各地慰问信40余万封。在全国人民的深切关怀和全力支持下，人民海军的海疆卫士们战风暴、斗狂涛，英勇无畏地同入侵者展开斗争，使中国的海上防御态势迅速好转。南沙守岛官兵深有感慨地说："南沙能有今天，是黄土地上的父老乡亲，用脊梁托起来的。"[①] 广大人民海防意识、海洋意识的增强，也进一步激发了中华民族的向心力和凝聚力，使全国军民同心协力投身于海防建设和经济建设，共建祖国四化大业。

最后，使中国海军受到了海上局部战争的实战锻炼。中国海军以往主要是进行了近岸防御和作战。虽然用"小艇吃大舰"和依靠岸、岛实施陆、海、空三军协同作战等战法，多次取得了战胜国民党海军以及西沙海战的胜利，但是，却缺乏远离大陆守卫海疆，进行近海作战的能力和经验。中国南沙群岛海战，使中国海军初步受到了近海作战的锻炼，获得了较为典型的海上局部战争的实战经验，了解了海上作战的一些特点和规律。这对于以后海军建设将有着重要的指导作用。其中主要有：一是近海作战首先要注重远航能力的提高。缺乏远航能力，海军在近海海域的作战、保障等就均无从谈起，这与陆战战场随时随处都可以打击敌人，以及沿岸海战依靠小艇、小船数量取胜是根本不同的。这就要求中国海军必须切实加强中、远程海上兵力投送建设和远航独立作战的训练。二是近海战场空间广阔、环境单纯，无屏障可资依托。而不像陆战战场作战，往往建有预设战场，可以利用地形地物等。尤其是近海作战远离大陆，不能像陆战战场或沿岸海战那样，直接得到广大人民群众的支援和参战，这就要求必须进一步发展海上人民战争的形式，以适应近海作战的需要。三是近海作战的战术技术复杂。从兵力部署到战斗发起，从作战形式到作战方法，从争夺岛屿到控制海域，从通信联络到后勤保障，均有许多新情况、新问题。中国海军建设必须从这些新的情况和特点出发，着眼近年来海军技术装备的发展动向及战略战术的突然、剧烈、复杂多变而速决的趋势，从总体上提高近海作战能力。南沙海战及其胜利，是我国国防和军队建设指导思想实行战略性转变以来，中国海军建设现代化水平提高的重要标志。当然，中国海军需承担的任务还非常艰巨，现代化的路程还相当遥远。但是，可以断言，中国海上力量正在崛起，中国海军的发展前景是光明的。

南沙海战的胜利及其经验，对于促进中国海防建设，加强海防斗争，乃至促进国防建设和经济建设的发展，都将产生积极的作用。但是重视南

---

① 见《解放军报》1994 年 2 月 1 日。

沙海战的胜利及其经验，并不意味着中国在解决海上争端中主张诉诸武力。恰恰相反，中国历来的一以贯之的立场，是谋求一切边界争端的和平解决。只有对执意侵犯中国领土主权的扩张主义和霸权主义者，中国才会被迫拿起自卫的武器。

（本文摘自作者博士学位论文《新中国国防建设发展史研究》第四章“国防建设战略性转变与开创和平时期国防现代化建设新局面”）

试论军民共建社会主义精神文明与新时期人民军队建设

中国共产党领导的中国人民解放军，是全心全意为人民服务的军队。在过去艰苦的战争年代里，它紧紧地和人民站在一起，依靠广大人民群众的支持，战胜了国内外的所有敌人，成为举世闻名的英雄的人民军队。在社会主义现代化建设新的历史时期，与过去战争年代相比，中国人民解放军的军队建设出现了不少新情况、新特点、新问题。如何认识、对待、处理这些新的情况、特点和问题，对于中国人民解放军保持其人民军队的性质，搞好革命化、现代化、正规化建设，关系极大。党的十一届三中全会后发端于河北省保定地区而普及于全军、全国的军民共建社会主义精神文明活动（简称“军民共建活动”），在支持、帮助地方搞好精神文明活动的同时，适应新形势下人民军队建设的迫切需要，使人民军队充分接受社会大课堂的教育，从地方汲取丰富的政治营养；继承发扬光荣传统，开辟军队开展群众工作的新的途径，建立和发展新型的军政、军民关系，从根本上促进了人民军队的建设。考察军民共建活动与新时期人民军队建设及二者之间的关系，对于探索党在社会主义条件下领导人民军队的理论和实践，具有重要意义。本文即本此目的，尝试对军民共建活动与新时期人民军队建设谈几点粗浅的看法。

一

军民共建活动首先是由河北省保定地区驻军与驻地群众一起开展起来的。1981年秋，保定地区驻军五一〇三四部队参加了人民解放军在华北地区举行的现代化战争条件下的大规模军事演习。通过在演习中与驻地人民群众开展共建文明村的活动，大力开展群众工作，在人民群众广泛支持下完成军事演习任务的实践，部队干部、战士对搞好军政军民关系、获得群众的支持在未来反侵略战争中的重要意义，加深了认识。1981 年 11 月演习结束后，该部队将在演习中做群众工作的经验带回了营房。在自中国共产党的十一届三中全会以来开展精神文明建设的基础上，结合在华北军事演习中做群众工作的有效经验，该部队在保定地区新城县的驻军首先与驻地崔中旺大队搞起了“军民共建文明村”的试点。军民共建活动便从此发端。

崔中旺军民共建文明村的基本经验是：“一、从治脏入手，改变村容村貌；二、加强党支部建设，健全各种组织，充分发挥战斗堡垒作用；三、典型开路，狠抓积极因素，有的放矢地进行共产主义思想教育，培养有社会主义觉悟的新型农民；四、发动群众制定‘乡规民约’‘文明守则’，广泛开展‘文明之家’活动；五、适应新时期农村建设的需要，办好‘青年民兵之家’和‘农民夜校’，活跃农村文化生活；六、把握‘两个文明’的本质联系，用精神文明促进物质文明，引导农民走劳动致富的道路。”① 同时，崔中旺军民共建文明村活动在改善、密切部队与驻地群众关系上取得了明显的效果。② 这一做法和经验，引起了部队领导的重视。在 1981 年年终总结会上，该部队党委决定把协助地方开展文明村活动作为部队的一项重要工作来抓，并要求每一个团级单位，先搞一个试点，进一步摸索经验。保定地委也及时了解、研究了崔中旺大队军民共建活动的情况和经验，并对他们的做法明确给予肯定和支持。1982 年 1 月，五一〇三四部队党委与保定地委一起，在崔中旺大队召开现场会，向全区军民推广共建文明村的经验。会后，保定地区驻军把军民共建活动“作为部队新时期群众工作的主要内容和基本形式”③，进一步发动全部队投入这一活动。在部队和地方党组织的共同领导下，军民共建社会主义精神文明活动很快在保定地区城乡掀起了高潮。

保定地区军民创造的军民共建活动，在社会各界、全国各地均引起了强烈反响，也受到了中央军委、国务院和党中央的重视。1983 年 1 月，

---

① 见中国人民革命军事博物馆《军民共建社会主义精神文明展览简介》，1983 年 8 月展出。

② 据五一〇三四部队党委在《军民共建精神文明现场会》上的发言《适应新时期群众工作的新特点，积极开展与驻地人民群众共建精神文明活动》，1983 年 1 月。

③ 同上。

保定地区驻军与地方党委一起，在中国人民解放军总政治部、北京军区和河北省委的领导、支持下，在保定联合召开了“军民共建精神文明现场会”。会议组织参观了先进单位，学习了先进经验，并对如何开创军民共建精神文明新局面的问题进行了深入的讨论。中共中央、国务院、中央军委三个办公厅遵照中央书记处、国务院、中央军委的指示，于1983年4月向全党、全军、全国转发了这次会议的报告，“希望各地党委、政府、驻军学习他们的经验，结合自己的实际情况，把建设文明村、文明街、文明县、文明市的活动有领导有步骤地开展起来”。[①] 1984年5月，在保定地区军民共建活动进一步向纵深发展并取得显著成效后，保定驻军与地方党委一起，在中国人民解放军总政治部、北京军区和河北省委领导、支持下，又在保定召开了“军民共建精神文明经验交流会”。中国人民解放军总政治部、北京军区及各军兵种有关部门主要负责人，河北省委及河北省各地、市和有关县的主要负责人出席了会议。会议重点总结了在开展军民共建文明村的基础上，进而开展建设文明县活动的经验，提出党、政、军、民齐抓共建，“条条”和“块块”密切协同，军民共建和地方自建相结合。精神文明建设和物质文明建设相结合，军民共建精神文明同军地共育四化人才相结合的系统经验和做法。遵照党中央、国务院、中央军委的指示，三个办公厅再次向全党、全军、全国发出通知，要求全国进一步学习、推广保定地区军民共建的经验，把军民共建社会主义精神文明活动提高到一个新水平。[②] 与此同时，电台、电视台、报纸、书刊以及各种文艺形式等，也对军民共建进行了大量的介绍和宣传。1983年8月，中国人民解放军总政治部在军事博物馆搞了保定地区军民共建精神文明展览。党、军队和国家领导人叶剑英、邓小平、聂荣臻、徐向前、杨尚昆等题了词。这就使军民共建这一新生事物很快在全军、全国深入人心。在短短几年时间里，由点到面，由乡村到城镇，由内地到边疆，出现了各行各业参加的军民共建社会主义精神文明的热潮。

军民共建活动的内容和形式，是随着这一活动的不断深入发展而日益丰富和完善的。纵观这一活动的发生、发展，可以看出，在其内容及形式

---

① 见中共中央办公厅、国务院办公厅、中央军委办公厅《转发〈关于军民共建精神文明现场会的情况报告〉》，1983年4月16日。

② 据中共中央办公厅、国务院办公厅、中央军委办公厅《转发〈关于保定地区军民共建精神文明经验交流会的情况报告〉的通知》，即中办发〔1984〕38号文件，1984年11月17日。

上形成了三个相互联系、相互补充的阶段或层次。

（一）第一个层次，主要体现在部队主动协助地方开展精神文明建设方面

共建活动开展之初，部队为了进一步密切军政、军民关系，主动走出营房，帮助挂钩村、厂、学校、单位等“做好事”。其内容主要是帮助地方群众清扫卫生、美化环境、整修道路、维持秩序等。在帮助地方做好事的过程中，军队和群众之间增进了了解，加深了感情。随着共建活动的发展，部队协助地方的重点也逐步转移到帮助群众尽快脱贫致富上来。这主要表现在部队深入向群众宣传党的富民政策，传授搞好生产的科学文化技术，传递各种广开致富之门的生产与商品信息；提供可能的人力、物力帮助等。但是，精神文明建设的核心问题，是进行建设有中国特色的社会主义现代化强国的理想教育，培养有理想、有道德、有文化、有纪律的社会主义“四有”新人。所以，各部队在共建中，始终注意并围绕这一核心安排工作，从治标开始，往治本上下功夫。在帮助群众治理脏、乱、差、脱贫致富的同时，着眼于帮助地方实现党风、民风和社会风气的根本好转，着眼于帮助群众树立和加强社会主义民主和法制观念，着眼于帮助群众树立集体主义、爱国主义和社会主义思想，坚持物质文明建设的社会主义方向。

（二）第二个层次，主要体现在部队在帮助地方的同时，越来越多地接受地方帮助，加强部队自身精神文明建设方面

通过第一个层次军队帮助地方开展精神文明建设活动，部队干部战士与人民群众广泛接触，相互关系进一步融洽、密切了。军队指战员不仅从中体会到了人民对子弟兵的支持、关心和爱护，同时也耳闻目睹了群众中大量的新人新事、先进典型，认识了向广大人民群众的新思想、新风尚、新道德学习的必要性，兴起了向人民群众学习之风。

在向人民群众学习、促进自身文明建设中，各部队运用、创造了丰富多样的方式、方法。主要有：第一，走出去学。即组织干部战士走出营房，到共建精神文明先进社队、单位调查、参观、取经。各部队之间还相互交流共建点人民群众的先进经验，使各共建点的精华成为部队的共同财富，也使学习内容更具有广泛性和典型性，以利于部队更好地汲

取社会大课堂的政治营养。第二，请进来学。各部队通过请地方党政领导来部队做精神文明建设报告，请地方精神文明建设中涌现出来的先进典型来部队传经送宝，对部队进行更为直接、形象、生动、集中的教育。第三，专业对口学。部队各级机关以及医院、运输、通信等不少专业分队，大都驻在城镇。而在一般城镇中，均有与之相应的地方"对口"单位。在军民共建中，部队利用军、地双方相对应部门业务性质相同、思想特点相近的条件，主动开展军、地同行业对口挂钩学。通过技术交流，促进思想互助，既学习地方高超的为人民服务的业务本领，又学习地方优良的社会主义职业道德。第四，全面、系统学。部队在向地方学习中，不满足于耳濡目染，泛泛地学，而强调向地方的学习必须具有全面性，强调学习必须有计划性、系统性、针对性、深刻性，把感性认识上升为理性认识，使向人民群众学习的活动与共建活动一起，全面、深入地发展下去。

（三）第三个层次，是军民互帮互学，通力协作，在社会主义精神文明建设中并肩前进，共同提高

这个层次是前两个层次的综合和进一步发展。其内容和形式主要表现为：第一，建立军、地双方统一的领导系统，根据军队和地方各自的情况和特点，制定统一的规划，使共建活动制度化、规范化、科学化。第二，在共建实践过程中，使军、地双方的活动有机地结合在一起。步调一致，对必要的规则、纪律共同遵守，对合理的文明倡议共同响应，对不良倾向共同抵制，并开展比学赶帮竞赛活动，促进共建活动的开展。第三，军、地合作，共育社会主义"四有"人才。实现党的十二大确定的总任务、总目标，需要大批的"四有"新人。军、地共育社会主义"四有"新人，是共建的一个重要内容和创举，由于军民共建活动越来越广泛，军队和地方的各行各业越来越多地加入了这一行列。这就为在共建中军民联合办学、建立人才基地提供了极为有利的条件。不少部队和地方一起，从军、地双方现代化建设需要出发，共同提供经费、场所、师资、器材等人力物力条件，广开学路，办起了一批批农业、工业、运输、商业等"共育"学校，而且越办越好，培养出和正在培养着大批既有较高思想道德水平，又有工农业生产技术或各种专业知识的专门人才，利军利民利国，为四化建设做出了突出贡献。

在各地军民共建的实际中，对上述三个层次往往各有侧重。三个层次也往往互相交叉或同时进行。但只有发展到并坚持好军民合一携手搞共建的第三个层次，才会使这一活动的内容及形式趋于完善，以更显著地发挥其社会效益。

二

在社会主义建设的新的历史时期，人民解放军为什么应该、也必须参加军民共建社会主义精神文明活动？军民共建活动为什么会以很强的生命力，发生和发展起来？弄清这些问题，对于认识军民共建活动的实质和意义，认识其对新时期人民军队建设的作用和影响，是很有必要的。

（一）人民解放军大力开展军民共建活动，是在中国共产党的号召、指示下进行的

十一届三中全会以后，党中央多次提出了社会主义精神文明建设的问题。1979年9月，我党的十一届四中全会通过的庆祝新中国成立三十周年的讲话明确提出："我们要在建设高度物质文明的同时，提高全民族的教育科学文化水平和健康水平，树立崇高的革命理想和革命道德风尚，发展高尚的丰富多彩的文化生活，建设高度的社会主义精神文明。"① 1980年12月，中央工作会议把这个问题作为重要议题进行了讨论，并且尖锐地指出：没有精神文明，没有共产主义思想，没有共产主义道德，怎么能建设社会主义？② 同月，中共中央、国务院关于普及小学教育的决定再次强调："我们的社会主义现代化建设，不仅要建设高度的物质文明，还要建设高度的精神文明，没有文化教育事业的充分发展，就不可能有完全的社会主义。"③ 在党的十一届六中全会《决议》中，我党从总结历史的经验

---

① 叶剑英：《在庆祝中华人民共和国成立三十周年大会上的讲话》（1979年9月29日）载《三中全会以来》（上），人民出版社1982年8月版，第218页。此讲话在1979年9月28日党的十一届四中全会上被讨论通过［据《中国共产党第十一届中央委员会第四次全体会议公报》，载《三中全会以来》（上），第190页］。

② 转引自《红旗》杂志评论员文章《努力建设高度的社会主义精神文明》，载《社会主义现代化建设的纲领》，红旗出版社1982年10月版，第105—106页。

③ 见《中共中央、国务院关于普及小学教育若干问题的决定》，载《三中全会以来》（上），第548页。

教训中进一步确认："社会主义必须有高度的精神文明。"[①] 并把我党在新时期的奋斗目标概括为建设"现代化的、高度民主的、高度文明的社会主义强国"。[②] 在党的十二大上，我党又把建设社会主义精神文明的任务，提到了战略的高度。直到1986年9月，党的十二届六中全会通过《中共中央关于社会主义精神文明建设指导方针的决议》，进一步号召全党、全军、全国人民提高认识，统一思想，切实加强社会主义精神文明建设工作。中央以及党和政府有关部门还作出了关于端正报刊新闻广播宣传方针、开展文明礼貌活动、开展"五讲四美"活动等许多加强社会主义精神文明建设的具体的重要指示。同时，党中央、国务院、中央军委还特别对军队的精神文明建设作过一系列直接的指示和指导。1981年5月，中央提出，部队要成为建设社会主义精神文明的光荣标兵。[③] 党的十二大报告又明确提出"使我们的军队不仅成为保卫社会主义祖国的钢铁长城，而且成为建设社会主义物质文明和精神文明的重要力量"。[④] 遵照党中央、国务院、中央军委的指示，三个办公厅先后两次联合转发了关于保定地区军民共建社会主义精神文明的报告。邓小平十分关心部队的精神文明建设问题，对部队精神文明建设和军民共建工作多次作过重要指示，并为1983年8月中国人民革命军事博物馆举办的军民共建精神文明展览亲笔题词："发扬我军拥政爱民的光荣传统，军民共建社会主义精神文明。"中国人民解放军是党绝对领导下的革命武装集团，对中国共产党的号召和指示，从来是积极响应、坚决执行的。遵照我党的指示，各部队大力加强社会主义精神文明建设，掀起了"四有三讲两不怕"活动、"双拥"活动等创造社会主义精神文明先进单位、先进个人的热潮，并在军内广泛开展各种精神文明建设活动的同时，不断配合、协助地方开展这一活动，把军队和地方的精神文明建设活动越来越密切地结合了起来。正是在响应党的号召，在军内外广泛开展建设社会主义精神文明活动的基础上，军民共建这一崭新的形式才发生和发展起来。

---

① 见《中国共产党中央委员会关于新中国成立以来党的若干历史问题的决议》，载《三中全会以来》（下），第788页。

② 同上书，第792页。

③ 据余秋里《一个新的创造》，载《瞭望》1983年第1期。

④ 见《全面开创社会主义现代化建设的新局面》，载《中国共产党第十二次全国代表大会文件汇编》，人民出版社1982年9月版，第42—43页。

（二）军民共建活动的发生和发展，是新时期人民军队发扬军民团结光荣传统的需要

在战争年代，军民之间，朝夕相处，形同鱼水，亲如骨肉。在社会主义建设新的历史时期，与过去战争年代相比，人民军队的建设面临着许多新的情况。一是环境变了。由过去主要冲杀在枪林弹雨的战场，变为现在主要操练于和平年代的营房（少数边防参战部队除外，下同）。二是任务变了。由原来以杀敌作战任务为主，变为现在以保卫、参加社会主义现代化建设为主。三是完成任务的条件、方式方法变了。与战争年代相比，人民军队在武器装备等物资、技术条件方面已有了飞速的提高和发展，战术、战斗及完成各种任务的手段日益科学化、现代化、正规化，远远超越了“小米加步枪”的时代。四是军队成员素质变了。新时期军队的干部战士，已与过去军队主要是由缺少文化的贫苦农民组成的情况大不相同。他们绝大多数有着较高的科学文化水平；他们当兵不是为了求“翻身解放”，而是来尽义务；他们所要求的不仅是完成部队军政训练任务，而且要求通过在部队学习、锻炼，掌握各种专业技术知识，复员后能成为四化建设的有用人才，等等。以上这些特点反映在军民关系上，使之也出现了很大变化。这主要体现在由于部队平时是在营房“关门练兵”，加之武器装备技术条件的高度发展等，使得军队和一般人民群众之间的接触大为减少。战争年代那种军民同吃、同住、同劳动、同战斗的情景已极为少见。军队工作与地方工作似乎出现了某种“隔行如隔山”的局面。军民之间在关系、感情上，也似乎在逐渐变得隔膜、疏远起来。尤其是在长达十年的“文化大革命”内乱中，军队曾对地方实行“三支两军”，在各地程度不同地卷入了地方的派性斗争，严重损伤和破坏了军政、军民关系，也使人民军队在群众心目中的形象受到了很大损害。由于思想隔阂深，一些“文化大革命”中形成的“历史遗留问题”，长期不能解决。部队与驻地群众之间“不愉快的事情”时有发生。有的部队为了防止地方“找麻烦”，还消极地采用了在营房周围“高筑墙、密拉网、深挖沟、多设岗”等办法。减少军队与地方群众的接触。不言而喻，这种趋势发展下去，必然会危及人民军队性质与宗旨的坚持。可是，要彻底改变这种情况，建立起一种亲密无间的新型的军政、军民关系，则是一个十分艰巨、复杂的任务，绝不是仅靠简单的行政命令、硬性指示就能奏效的，而必须从新时期的新情况、新特点出发，以社会主义精神文明的力量来弥补、医治军民关系上的不足和创伤，使战争年代军民形同鱼水的光荣传统更加发扬光大。河北省保定地区在“文化大革命”中曾一度乱得全国闻名，军政、军民关系受害尤深。然而在战争年代，这一地区却是晋察冀模范抗日根据地的腹心地区。在整个抗日战争与解放战争时期的艰苦卓绝的斗争中，八路军、解放军与人民群众同生死、共患难，谱写了反“扫荡”、地道战、地雷战、雁翎队、敌后武工队、狼牙山五壮士等可歌可泣的军民团结战斗的光辉篇章。正是保定地区驻军和人民群众，在社会主义建设的新的历史时期，适应新形势的需要，继承和发扬了战争年代军民鱼水难分的光荣传统，才使这一地区成为军民共建社会主义精神文明的发祥地。

（三）军民共建精神文明，形成新时期军民之间亲密、和谐的新型关系，是人民军队参加、保卫社会主义现代化建设，夺取未来反侵略战争胜利的需要

虽然与过去战争年代相比，军队已不可能更多地由驻地群众直接解决衣、食、住等问题，但新时期人民军队与人民群众仍有着多方面的、根本的联系。没有人民群众对军队的支持和援助，部队的许多军政训练任务就难以完成。1981 年秋华北地区现代化军事演习期间，各参加演习部队发扬我军拥政爱民的光荣传统，在探索新形势下如何开展群众工作、恢复和发扬战争年代军民鱼水相依的亲密关系过程中，与驻地人民群众开展了共建文明村的活动，受到当地领导和群众的热烈欢迎和赞扬，也促进了演习任务的出色完成，部队干部、战士从中受到很大教育。在 1979 年、1985 年保卫西南边疆的作战中，人民群众舍生忘死支援前线、为作战胜利创造条件的事实也充分说明了这一问题。毛泽东同志说：“战争的伟力之最深厚的根源，存在于民众之中。”① “兵民是胜利之本。”② 在未来反侵略战争中，尽管战争的条件会发展，战争的形式会变化，但是人民军队的本质决定，其战胜敌人的最基本的条件，仍然是依靠群众，依靠亿万真心实意与军队紧密团结在一起的人民群众。这就决定了人民军队在社会主义现代化建设新的历史时期，仍然要继承发扬战争年代拥政爱民的光荣传统，与人民紧紧地站在一起。而要做到这一点，军民共建活动无疑提供了一种理

---

① 《毛泽东选集》，人民出版社 1991 年版，第 511 页。

② 同上书，第 509 页。

想的方式和途径，从而赢得未来反侵略战争胜利的需要，成为军队开展共建活动的强大动力。

（四）人民群众热烈欢迎、大力支持军民共建活动，使这一活动的发生、发展有了广泛、深厚的社会基础

广大人民群众对中央发出的建设社会主义精神文明的号召是积极响应的，对军队主动与地方搞共建活动是非常欢迎和支持的。这是因为，经过“文化大革命”的十年大破坏，不仅军民关系受到很大损害，而且整个社会风气被搞坏了，社会秩序被搞乱了。随着后来开放政策的实行，也出现了一些腐朽的现象，毒化了社会。人民群众对这些歪风邪气深恶痛绝，迫切要求通过精神文明建设活动，对社会进行综合治理。同时，在我党的富民政策指引下，城乡人民的物质生活水平日益提高，这就相应地产生了对精神、文化生活水平的更高要求。在农村，由于实行了联产计酬责任制等政策，农民在搞好科学种田的同时，大搞商品经济。通过学习文化、掌握科学技术，广开致富门路，努力建设文明、富裕、民主的社会主义新农村。所以，中央关于建设精神文明的号召，得到了全国人民的积极响应。全国各地不仅按照中央号召，开展了“文明礼貌月”“五讲四美三热爱”等活动，还结合本地实际，开展了富有特色的丰富多彩的建设精神文明活动。河北省保定地区除坚持开展中央布置的各项文明活动外，1980 年底，在保定地委统一安排下，全地区党员、干部还开展了一场“为党增光、为民谋利”的大讨论。通过讨论，对党员干部进行共产主义思想教育，促进了党风的好转，也带动了社会风气的好转，推动了精神文明建设。1985 年以来，保定地委又发动党员、干部，带动广大群众开展了“三访”（访富问计、访贫帮富、访贤求能）活动，使精神文明建设活动更为生动而深入地发展。地方与军队在精神文明建设中互相呼应，互相促进，有着共同的目的和要求，有着一致的愿望和语言。这就为军民共建提供了共同的思想基础和行动基础。因此，人民解放军根据形势的需要，顺应群众的心愿，大力倡导、开展军民共建活动，深得民心，受到了广大人民群众的真诚欢迎和支持。

三

到20世纪80年代后期，军民共建活动以强大的生命力，由点到面，由乡村到城镇，由内地到边疆，从共建文明村开始，发展到共建文明街、文明厂、文明商店、文明学校、文明车站、文明医院、文明岛、文明船、文明旅游区等等，遍及全国各行各业，产生的社会效果是相当显著的，对新时期人民军队建设的作用和意义更是不可忽视的。

（一）军民共建活动为新时期人民军队思想政治建设提供了取之不尽、用之不竭的政治营养

通过军民共建活动，军队干部、战士在接受部队教育的同时，向地方学习，向人民学习，在社会大课堂里接受教育。军民共建活动以社会大量直观生动的事实为教材，为搞好部队的思想政治教育提供了基本的感性知识，使部队的政治思想工作更充实、更具体、更生动和更有说服力。各部队在共建实践中感到，地方可供部队学习的内容非常丰富，是取之不尽，用之不竭的。而以下几方面尤为各部队所重视。

一是联系城乡深刻变化的实际，进行形势教育和党的方针、政策教育，提高干部、战士在政治上与中央保持一致的自觉性。不少部队在军民共建中，组织干部、战士深入共建点进行专题学习、调查，以活生生的事实和大量真实的数据，加深指战员对我党的十一届三中全会以来党的路线、方针、政策的理解。河北省徐水县驻军在共建活动中组织40名政工干部和连队思想骨干，调查了解了该县9个公社、13个大队完善落实生产责任制和商品生产的情况。在调查研究的基础上，他们总结了120多个典型事例，与县委宣传部一起，在军内外广泛宣传，对提高干部战士的思想认识促进很大，效果很好。如原来该部队不少干部战士对农民搞经济联合体、从事工业生产等政策缺乏认识，担心农民会弃农从工、经商，影响种责任田。通过对该县瀑河公社西樊村社员霍恩申办毛毡厂促进农业生产发展的典型事例进行调查研究，干部战士从中受到了很深刻的教育。1982年以来，霍恩申全家6口人，3个劳动力，承包了10亩责任田。劳动力有剩余，他就联合4户社员承包了生产队的毛毡厂。仅这一项，个人年收入就有约2万元。他用擀毡挣的钱购置了农机具，反过来又促进了农业生

产的发展。他承包的责任田在山区创高产，亩产近千斤。他还主动帮助大队搞农田水利建设，捐款2万元支援村里打深水井，使170户社员的500多亩责任田受益。[①] 霍恩申以工促农致富的事例，使部队指战员深深认识到党的“无农不稳，无工不富，无商不活”的农村经济政策的正确性。

二是通过接受人民群众新思想、新风尚、新道德的熏陶，向地方先进典型学习，克服部队中的一些不良倾向。在社会主义精神文明建设中，人民群众中各种类型的先进典型不断涌现。军队在共建活动中，结合部队一些带倾向性的问题有针对性地向地方先进典型学习，使这些问题得到了较好的解决，收到了单靠部队典型及思想教育工作难以达到的效果。如由于“十年动乱”的危害及近年来西方一些不健康生活方式的影响，在一些部队的部分官兵中出现了害怕艰苦、追求享受，过多考虑个人得失，认为“当兵吃亏”，不能正确认识和对待进步、前途以及家庭、疾病、婚姻，战斗队思想不牢等问题。各部队在共建活动中，通过向地方不图名、不图利，数十年如一日，兢兢业业为党工作的老党员典型学习，向振兴家乡，不怕困难，放弃进城机会，扎根农村干“四化”的复员军人典型学习，向严格遵纪守法、坚持劳动致富的专业户典型学习，向尊老爱幼、邻里团结以及坚持晚婚、计划生育的典型学习，向拥军优属、热心为子弟兵服务的典型学习，使一些干部战士中的思想认识问题不断地得到了解决。

三是通过共建活动，使部队干部、战士在城乡，尤其是在农村广大人民群众为脱贫致富、搞好四化建设而兴起的大学科学文化之风中接受教育，自觉投身于学习科学文化技术的热潮。科学文化水平的高低与部队的战斗力有着重要关系，在现代战争中更是如此。所以，大力提高部队官兵的科学文化素质是实现新时期人民军队现代化、正规化建设的根本措施之一。党的对外开放、对内搞活以及实行农村生产责任制等经济政策，为广大城乡群众，特别是农村的农民指出了一条宽广的靠政策、靠科学致富之路。几年来，在党的富民政策指引下，农民群众为了改变愚昧无知的精神状态，改变落后的生产方式，早富、快富，迫切要求学科学、学文化，到处拜师求教，把有文化、懂科学技术的人看成“财神爷”。“科技迷”“科技户”大批涌现，“科学热”一潮高过一潮。通过参加军民共建活动，部

---

① 据五一〇三六部队党委在《保定地区军民共建精神文明经验交流会》上的发言：《在共建文明县活动中把帮学统一起来，不断开辟促进部队建设的新途径》，1984年5月。

队指战员进一步体会到科学文化技术对富国强兵的重要性，认清了全国人民向科学文化大进军的逼人形势，从而自觉地投身于全社会学科学的滚滚洪流。不少部队在共建中与地方一起，通过建立“青年民兵之家”“文化中心”，搞科普知识讲座、专业对口技术培训，兴办各种各类共育学校，学习科学文化知识。武警部队在和北京大学共建精神文明中，在北大的帮助指导下，干部、战士刻苦学习文化知识。1986 年 8 月，武警部队参加共育学习的 1 万名干部中，有 3152 名经全国成人高考，被北京大学录取为函授专科的正式学员。①

四是部队各级领导机构通过共建活动，学习地方党政领导部门的好经验、好方法、好作风，加强对部队精神文明的领导，推动部队各项工作的开展。通过军民共建活动，部队各级领导干部及党组织不断学习地方精神文明建设的经验、方法，并将其运用于部队，促进了部队精神文明建设和各项任务的完成。不少部队领导参照地方制定“乡规民约”“文明守则”“文明之家细则”等做法，结合部队特点，对干部、战士提出相应要求，使部队出现了尊干爱兵、互相团结、关心战友、助人为乐、热爱连队、严守纪律，以及婚事新办、晚婚晚育等新气象。保定驻军发现部队家属院的精神文明建设是一个薄弱环节，直接影响着干部队伍的思想革命化，部队党委仿照地方开展“五好家庭”活动的做法，由部队政治部专门发出指示，在部队家属院中普遍开展“文明之家”活动，使部队家属的精神面貌发生了很大改变，出现了孝敬老人，严格管教子女，主动搞好邻里团结，积极支持干部做好部队工作，热情为部队服务的好风气，一年之内即涌现出“文明之家”230 户。②

除上述各点外，通过军民共建活动，军队还在更多的方面从地方和群众中汲取政治营养，帮助和促进了部队的思想政治建设。如及时了解群众对军队的反映和要求，听取群众的建议和批评等，从而不断检查、纠正部队工作中存在的各种问题和缺点，更好地树立人民军队在人民心目中的形象。

---

① 赵学文：《大面积培育军地两用人才，三千多武警干部成为北大学员》，载《北京日报》1986 年 8 月 27 日第 1 版。

② 据五一〇三四部队党委在《军民共建精神文明现场会》上的发言《适应新时期群众工作的特点，积极开展与驻地人民群众共建精神文明活动》，1983 年 1 月。

（二）军民共建活动开辟了新时期人民军队开展群众工作的新途径

早在1929年召开的红军第四军古田会议的决议中，中国共产党就结合人民军队的性质、任务，对军队开展群众工作从根本上指明了方向。古田会议决议指出："中国的红军是一个执行革命的政治任务的武装集团。"[①]"红军决不是单纯地打仗的，它除了打仗消灭敌人军事力量之外，还要负担宣传群众、组织群众、武装群众、帮助群众建立革命政权以至于建立共产党的组织等项重大的任务。"[②] 在长期的革命战争年代里，人民军队始终遵循党的这一重要建军原则，既是战斗队，又是工作队、宣传队，时时处处坚持开展深入细致的群众工作，使军队和老百姓亲如一家，建起了军民团结的钢铁长城。在社会主义现代化建设的新的历史时期，建立和发展新型的更为密切的军政、军民关系，具有更为重大、深远的意义。人民军队如何继承和发扬战争年代的光荣传统，结合新时期的特点，进一步做好群众工作，使军政、军民之间更紧密地团结起来，已成为人民军队建设中的一个亟待解决的课题。军民共建活动为部队这一工作的开展开辟了一条宽广的行之有效的途径。各部队通过军民共建活动做好群众工作的经验主要有如下各点：

第一，发扬战争年代助民劳动的光荣传统，帮助地方治理"脏、乱、差"，是开展新时期群众工作的突破口。战争年代，部队每到一地，先要帮助老乡扫院子、担水、推碾子等，很快就会与群众亲密无间，融为一体。现在，社会的发展已使这些历史场面不会再简单重复。但部队与驻地群众一起搞文明建设，首先从清洁卫生、美化环境、整修街道、维持秩序等着手，既是简单易行的，也是很受群众欢迎的，因而也是做好新时期群众工作必不可少的。由此坚持、发展下去，就会使群众感到子弟兵可爱，使军队感到人民可亲，相互在感情上产生共鸣，为军队进一步深入开展群众工作提供条件，打下基础。

第二，帮助群众脱贫致富，是新时期群众工作的突出特点。经过新中国成立几十年来的实践和"十年动乱"的教训，广大群众深深地认识了一个真理：穷和社会主义没有必然联系，搞社会主义就是要尽快从根本上提高人民群众的物质文化生活水平，因而在中国共产党的号召下努力劳动

---

① 《毛泽东选集》（第一卷），人民出版社1991年6月版，第86页。

② 同上。

致富。在军民共建中，各部队紧密结合这个时代的特点，千方百计地为群众致富着想。不仅通过宣传党的富民政策，使群众想富、求富、敢富，而且通过传递信息、传授知识，为群众致富提供可能的物质条件。如帮助共建点办代销点、米面加工厂、冰棍房、运输队、建筑队、木工队、冶炼厂、修配厂、饲养厂等副业，使群众得到实惠。这样，部队说的话就能对群众的心思，军队就能把思想工作做到群众的心坎上。

第三，对群众进行建设有中国特色的社会主义理想的宣传和教育，培养“四有”新人，是军民共建活动的核心。许多部队在做群众工作中，始终围绕这一核心，根据群众需要和地方特点，以灵活多样、不拘一格的形式，对群众开展宣传教育活动，推动地方思想文化建设的发展。有的部队协助群众制定村规民约，举办“农民乐园”“青年民兵之家”“快乐的花园城”以及各类“文化中心”等，通过读书、看报、上课或开展歌咏活动、举办展览、组织观看电影电视以及影评、剧评活动等，把宣传教育活动搞得生动活泼，多姿多彩。有的部队还注意在宣传教育中，把群众中的传统美德，如孝敬父母、尊老爱幼等，上升到发扬社会主义道德风尚的高度上来，使群众的认识升华。有的则针对“十年动乱”后农村中存在的一些迷信、偷盗、赌博、打架斗殴、婚丧嫁娶大操大办等歪风，进行重点治理。通过社会主义思想教育，群众精神面貌大为改观，“四有”新人大批涌现。

第四，将部队行之有效的思想政治工作经验运用于地方，提高群众的社会主义道德和觉悟，是新时期人民军队开展群众工作的必要方法。人民子弟兵来自人民。人民军队和广大群众有着共同的根本利益，共同的奋斗目标，共同的建设两个文明的愿望，相互之间在思想、行为基础上有着很多共同之处。所以，部队的一些行之有效的思想政治工作方法，在地方往往也是适用或可借鉴的。在军民共建活动中，不少部队运用军内做思想工作的成功经验，开展地方群众工作，收到了良好的效果。他们的做法主要有：①抓思想动员。对军民共同开展的每一项树立新风活动，都像部队临战前一样做好战斗动员，并通过办广播、出板报、搞展览、编演文艺节目、走家串户宣讲等形式，进行深入广泛的宣传发动工作，造成广大群众破旧俗立新风的舆论。②抓积极因素。克服部分干部、战士看地方阴暗面多的倾向，运用部队抓积极因素、以鼓励为主的做法。通过发现、宣传群众中的新思想、新风尚，扶正祛邪，克服某些群众中的消极因素。③抓先进典型。不少部队将抓典型的政治工作经验运用于地方，通过发现、总结、宣扬各类先进典型，加强对联系人和部队的教育，促进精神文明建设。④抓重点人的思想工作。对共建中遇到的群众中一些有不良倾向的重点个人，各部队运用做个别后进战士思想转化工作的经验，进行反复帮助，耐心疏导，重点突破，化消极因素为积极因素。

第五，协助地方整顿健全各种基层组织，是搞好群众工作的可靠基础。在实行放宽政策、搞活经济和实行农村以“包”字为核心的生产责任制后，农村的公私矛盾突出了起来。一些农村基层党、政、群组织有感于“老办法不灵，新办法不明”的难处，在工作上、组织上均出现了软弱涣散的状态，致使农村思想政治工作跟不上形势的发展。各部队在共建活动中，除对健全、得力的农村基层组织给予大力支持、帮助、指导、充分依靠并发挥其领导、组织作用外，“对于那些处于瘫痪或半瘫痪状态的基层组织，积极协助地方党委做好扶持健全工作，做到先帮后靠”。[①] 在部队帮助、支持下，使不少农村的党支部、大队部、团支部、妇联会、民兵连等基层组织得到了恢复或健全，并和军队一起，积极带领群众进行两个文明建设，从而使部队群众工作的开展有了可靠的组织基础。

第六，坚持以地方领导为主，以群众自己教育自己为主，以精神支援为主，是新时期群众工作，也是军民共建活动应遵循的重要原则。在军民共建和新时期群众工作中，部队不能包办代替，而必须从根本上发挥地方和广大群众的积极性、自觉性，相信、依靠群众自己教育自己。各部队在群众工作与共建活动中，首先注意了坚持以地方领导为主的原则。部队按照地方党和政府的统一安排，使部队的活动内容与地方的整个工作部署协调一致，主动接受地方党组织的统一领导，不另搞一套。其次是坚持在共建中以群众自己搞为主的原则，根据群众的意愿和需要，以群众喜闻乐见的形式开展活动，不搞部队一厢情愿的事，把共建活动变为群众的自觉活动。最后是坚持以精神支援为主的原则，防止和克服部队在共建中过分搞人力、物力支援的倾向，始终把社会主义思想道德的宣传教育，把培育有理想、有道德、有文化、有纪律的社会主义“四有”新人的教育，放在核心、首要的地位。“三为主”的原则，促进了军、地双方的互相理解、

① 见中共中央办公厅、国务院办公厅、中央军委办公厅《转发〈关于军民共建精神文明现场会的情况报告〉》，1983年4月16日。

密切配合，使新时期的群众工作更加生机勃勃，根深叶茂。

第七，在共建活动中坚持军、地统一领导，是做好群众工作的根本保证。军民共建活动涉及部队和地方工作的很多方面，单靠军队或地方某些部门是搞不好的。各部队在共建实践中，坚持做到军、地结合，由双方党委一起，吸收军、地各有关部门参加，组成统一的各级领导机构，如“军民共建联合领导小组”“军民共建协调小组”等。“军、地各级党委坚持做到，共同制订工作计划，共同检查活动情况，共同总结推广先进经验，经常互通情况，使共建精神文明活动有了一个坚强统一的领导。”① 各部队在共建和开展群众工作中，坚决把自己置于军、地党委统一领导之下，特别注意主动接受地方党组织的领导和安排。各部队认识到，接受地方党的统一领导，是人民军队的光荣传统，也是人民军队一条重要的政治原则和组织原则。所以在共建活动和做群众工作接受地方党委的领导过程中，“做到工作主动请示汇报，研究问题尊重地方意见，决定问题由地方拍板定案，对地方的指示积极贯彻落实，虚心接受地方领导的检查指导，使地方党委充分发挥领导作用”。② 军、地党组织的坚强统一领导，使军民共建和军队新时期群众工作能够始终坚持正确的方向，并为这一工作的深入、持久、协调开展提供了根本保证。

（三）军民共建活动为新时期人民军队保卫祖国、建设祖国伟大历史使命的完成，创造了条件，奠定了基础

我国的宪法规定中国人民解放军的任务是：“巩固国防，抵抗侵略，保卫祖国，保卫人民的和平劳动，参加国家建设事业，努力为人民服务。”在社会主义建设新的历史时期，人民军队履行着既是祖国保卫者，又是四化建设者的光荣使命。部队开展军民共建活动，对于人民军队肩负的两大任务的完成，有着重大而深远的意义。

首先，军队通过参加军民共建活动，使军队成为我国新的历史时期精神文明建设的重要力量，并从中发挥越来越大的作用，为实现我党的在建设物质文明的同时努力建设社会主义精神文明的战略决策做出贡献。事实

---

① 见中共中央办公厅、国务院办公厅、中央军委办公厅《转发〈关于军民共建精神文明现场会的情况报告〉》，1983 年 4 月 16 日。

② 同上。

证明，通过军民共建，有力地促进了党风、民风和社会风气的根本好转，使越来越多的城乡环境面貌、精神面貌、生产面貌发生了重大变化。人们高兴地看到："在军民共建精神文明的地方，村容整洁，党群关系密切，社会治安好转，家庭、邻里团结，婚事新办、丧事简办蔚然成风，农民爱国家，爱集体的思想大大发扬，计划生育得到落实，群众的文化生活丰富健康，学校校园改观，校风改善，农副业生产发展兴旺，密切了军政、军民关系，促进了部队的思想建设，培养了军、地两用人才，推动了部队家属工作。"①

其次，军民共建精神文明活动直接促进和推动了军队与地方的物质文明建设，使军队在社会主义四化建设中发挥了更加重要的作用。"物质文明为精神文明的发展提供物质条件和实践经验，精神文明又为物质文明的发展提供精神动力和智力支持，为它的正确发展方向提供有力的思想保证。"② 两个文明建设互相联系，互相促进，互为条件和目的。社会主义精神文明建设的根本任务，是为社会主义现代化建设服务。各部队在军民共建中，自觉把两个文明建设紧密结合起来，"一是宣传党的路线、方针、政策，调动群众的生产积极性；二是宣扬共产主义思想和道德风尚，改变不良的社会风气，为发展生产创造安定团结的环境；三是传播经济信息，广开致富门路；四是帮助群众学习科学文化知识和专业技能，提高劳动生产率，这样做，既丰富了精神文明建设的内容，又大大发展了物质文明建设"。③ 同时，各部队还把不断参加国家各种重点工程建设，直接为祖国现代化建设做贡献，作为提高军队在人民群众中的声誉，密切军队和地方的关系，增强军政、军民团结的重要环节，自觉与军民共建精神文明联系起来，以共建精神文明的强大动力推动部队不辜负人民的期望，更好地完成所担负的四化建设的各项任务。

再次，在军民共建活动中产生和发展起来的军、地共育四化人才工作，对新时期人民军队建设更是一个具有深远意义的创举。邓小平早在1977年就曾明确指出：部队的干部、战士"要学会多种知识。要使我们

---

① 见中共中央办公厅、国务院办公厅、中央军委办公厅《转发〈关于军民共建精神文明现场会的情况报告〉》，1983年4月16日。

② 《中共中央关于社会主义精神文明建设指导方针的决议》，载《红旗》1986年10月第19期。

③ 见余秋里在《保定地区军民共建精神文明经验交流会》上的讲话，1984年6月3日。

的干部和战士，经过训练以后，既能打仗，又能搞社会主义建设”。通过军、地共育学校培养出大批思想品德好，又具有较高水平的科学文化知识的现代军人，这对新时期人民军队现代化、正规化建设非常有必要。因为只有部队干部、战士的知识面广了，科学文化技术水平高了，才能有更强的接受力，才能更好地完成部队教育训练和各项工作，也才能更好地掌握各种先进的军事技术、战术和日益现代化的武器装备。部队连续不断地把大批干部、战士培养为四化人才，就会使干部、战士感到，在部队有奔头，从而解除了后顾之忧，更加热爱部队，安心服役，中国人民解放军这座大学校对全国青年的吸引力也必将会大大增强。这样，也会对人民军队自身的巩固和获得更深厚的兵源基础，产生十分有利的影响。同时，军、地共育四化人才，不仅地方人员经培育后即可投身祖国四化建设，部队干部、战士中的绝大多数在服役几年后，也都要回到地方参加建设祖国的事业（且不说就连他们服役期间，也要在参加建设祖国的任务中发挥作用）。加之部队、地方各行各业参加共育工作，为这项工作的开展提供了充足、优越的条件，这就使军、地共育之举成为为国家造就、输送建设人才的重要途径。仅就北京部队某团参加共育情况看，他们投资 5 万余元用于育才基地建设。其育才基地有 8 个固定的宽敞教室和 19 个实习场所，有人手一册的教材和完备的教具以及可供 350 人使用的课桌，有参照地方院校和结合部队实际制定的《教学大纲》和每个专业班实施教学的系统教案，有军、地双方选拔的 62 名优秀教员，有部队、驻地县主要领导和战士原籍有关部门人员组成的共育领导小组，还建立健全了行政管理制度，使育才工作逐步走上规范化。自 1983 年起三年时间，全团有 2010 名老战士参加两用人才学习，其中 1631 名获得了军地共同签发的两用人才证书，源源不断地为部队和地方输送了一批批专业骨干力量。① 据统计，人民解放军仅 1985—1986 年两年，就培育出军地两用人才 155 万人。

最后，军民共建活动不仅从根本上加强了人民军队的现代化、正规化建设，而且为赢得未来反侵略战争的胜利奠定了坚实的政治基础和物质基础。由于这一活动大大加强了军民之间的联系和团结，加强了对民兵的组织、指导和训练，建立、发展了新型的社会主义的军政、军民关系，这就

---

① 崔景峰：《某团舍的智力投资育才基地设施齐全》，载《解放军报》1986 年 10 月 24 日第二版。

使新时期人民军队和人民真正紧紧地站在了一起，使人民军队永远立于不败之地。正如邓小平同志1981年9月在检阅华北军事演习的部队时所说："我们完全相信，有这样一支好的军队，又有广大人民群众的支持，一定能够打败任何侵略者。"①

（原文刊于《党史研究资料》2001年第12期、2002年第1期）

① 《邓小平文选》（第2卷），人民出版社1994年10月版，第394页。

试论军地两用人才育、荐、用体系的建立

在我们党和国家大力倡导与支持下，十几年来，军地两用人才的开发使用工作蓬勃发展。据不完全统计，1984 年以来，全国各地选拔使用军地两用人才累计已达 320 多万人，占同期回农村复退军人总数的 85% 以上。有近 60 万人担任了地方基层领导干部，其中县市干部 1.2 万人，乡镇干部 12 万人，村干部 46 万人，担任厂长、经理的有 17 万人，进城进厂务工经商的有 158 万人，从事种植养殖业并成为专业大户的有 90 多万人。改革开放和社会主义现代化建设步伐的加快，尤其是社会主义市场经济的确立，对军地两用人才的开发使用工作提出了新的更高的标准。建立军地两用人才的培育、推荐、使用体系并使之趋于健全和完善，已成为新的形势下国防建设和经济建设对这一工作的必然要求。

一　军地两用人才育、荐、用的含义

建立军地两用人才育、荐、用体系，是社会主义市场经济条件下两用人才工作发展的必经之途。党的十四大决定我国建立社会主义市场经济体制。这表明，两用人才工作的开展必须与新的形势的要求相适应，进一步提高自觉性，减少盲目性，建立起健全、完善的育、荐、用体系，使各个环节紧密衔接，成龙配套，协调发展。只有这样，才能提高人才质量，“产销对路”，增强其市场竞争力，使两用人才在人才市场及劳务市场上站稳脚跟。

建立军地两用人才育、荐、用体系，也是开发使用军地两用人才工作自身发展的客观需要。开发使用军地两用人才，是一项宏大、复杂的社会系统工程。这一系统是由育才、荐才、用才三方面构成的。育才，是指通过培养教育，使部队干部战士成为有理想、有道德、有文化、有纪律，既

掌握保卫祖国的军事技术，又具有一定的民用技能的人。荐才，是指通过一定的渠道和方式，把退伍军人两用人才推荐给地方急需人才的单位，使这些人才得以发挥其特长。用才，就是使军地两用人才在部队建设和地方经济建设中发挥骨干作用，利用其掌握的知识和技能为社会创造效益。上述三个方面，相互联系，相互依存，缺一不可，是一个辩证统一的有机整体。育才是基础，是前提，是荐才和用才的必要条件。如果做不好育才工作，不能培养教育出大批政治素质高和具有一定技术特长的军地两用人才，就谈不上用才和荐才。荐才是中介，是枢纽，是关键，是联结育才和用才的桥梁和纽带。荐才工作做不好，就很难做到用人得当，人尽其才，才尽其用，甚至造成育才和用才脱节，浪费、埋没人才。用才是目的，是归宿，是对育才和荐才效果的检验。只有通过军地两用人才在社会实践过程中，以其所掌握的科学知识进行创造性的劳动，才能为社会创造财富，并对育才和荐才工作作出公正和准确的鉴定。可见，必须建立军地两用人才育、荐、用体系，使上述三方面紧密结合，融为一体，协调一致，同步发展，才能使军地两用人才工作具有勃勃的生机和活力，并将其提高到一个新的水平。

建立军地两用人才育、荐、用体系，也是符合我们党和国家历来的指示精神的。改革开放以来，我们党和国家对军地两用人才工作给予了高度的重视和充分的肯定，对这一工作的开展不断作出了指示，提出了要求。1977 年 12 月，邓小平在中央军委扩大会议上最先提出了培养军地两用人才的主张。他说：军队的教育训练，“只着眼于军队本身建设的需要是不够的，还要着眼于干部、战士转业复员到地方的需要……要使我们的干部、战士，经过训练以后，既能打仗，又能搞社会主义建设”。十一届三中全会以后，他又明确指示全军：“大力培养既能打仗又能搞社会主义建设的军地两用人才。”1992 年，江泽民、李鹏等党和国家领导人，为培养使用军地两用人才工作题词，肯定“培养开发使用两用人才”，是“利国利军利民之举”。1995 年 12 月，江泽民在接见优秀退伍军人代表时再次指出，“培养和使用军地两用人才是一项利国、利军、利民的伟业”。在此期间，我们党和国家的其他领导人也分别多次就培养使用军地两用人才工作提出了意见和主张。同时，中共中央、国务院、中央军委以及民政部、财政部、中国农业银行、商业部、农牧渔业部、国家工商行政管理局、国家教委、劳动人事部、军安办和解放军三总部等部门，也在指导开展军地两用人才工作过程中，及时作了指示和部署。我们党和国家对开发使用军地两用人才工作的指示和要求，为军地两用人才工作的开展和军地两用人才育、荐、用体系的建立，从根本上指明了前进的方向。

培养和选拔使用军地两用人才的工作实践，为军地两用人才育、荐、用体系的建立提供了经验，创造了条件。自1977年邓小平提出培养和使用军地两用人才以来，军队开始积极摸索开展这一工作的途径和措施。随后，地方的选拔使用工作也相应开展起来。10多年来，这一工作已在实践中获得了丰富的经验。1978年6月，中央军委在《关于加强军队政治工作的决议》中，对军队干部战士学习科学文化和专业知识提出了要求。当年12月，中国人民解放军三总部发出《关于部队开展科学文化教育几项落实措施的通知》，规定从1979年起，把科学文化教育列入部队教育训练的内容，统一安排文化教育的时间。此后，中国人民解放军各部队先后开始了开展培养军地两用人才的活动。1981年，中国人民解放军总政治部开始总结推广一些部队基层单位开展这一活动的经验。1982年11月，中国人民解放军总政治部通报推广了南京军区步兵某师，适应党的工作重点转移，引导、组织部队青年战士学习科学文化知识，掌握现代军事技术和民用技术的经验，并且指出："把干部战士培养成军地两用人才，是新时期部队建设具有战略意义的一件大事。"1983年5月，中国人民解放军总政治部又分别在江苏徐州、浙江金华召开了全军学习科学文化知识、培养军地两用人才经验交流会，会议交流推广了30个单位的先进经验。这一年，江苏省泗洪县诞生了第一个两用人才介绍所。1984年1月，中央军委下发了《关于全军教育训练改革的若干问题》的通知，向全军提出了学习科学文化知识、培养军地两用人才的基本原则和要求。1984年4月，中国人民解放军总政治部在海军召开的培养两用人才工作现场会上，推广了护卫舰第六支队的经验，并提出了"普及、坚持、提高"的方针。各大军区、各军兵种为了贯彻这一方针，分别召开了经验交流会或表彰大会。当年，民政部、中国人民解放军总政治部在湖南省祁东县召开了全国培养和选拔使用退伍军人两用人才现场经验交流会，总结了各地学习泗洪经验的情况。1986年2月，国务院、中央军委批转民政部、中国人民解放军总政治部《关于全国开发使用退伍军人两用人才现场经验交流会情况报告的通知》，要求各级政府和军队，从大局出发，对培养使用军地两用人才工作认真研究，切实加强领导，为国家经济建设和国防建设作出更大的贡献。同年5月，中国人民解放军三总部在浙江金华召开了全军学习科学文化知识、培养军地两用人才经验交流会，会议全面推广了南京军区步兵某师把军、政、文、民（即军事训练、政治教育、科学文化教育、民用技术训练）统一纳入教育训练计划的经验。1987年《中央军委关于新时期军队政治工作的决定》，对开展培养军地两用人才工作的意义、方针、原则等都作了精辟的论述。从此，军队培养军地两用人才的工作逐步走向规范化、制度化。1989年，民政部、中国人民解放军总政治部在福建厦门召开开发使用两用人才经验交流暨表彰会议，总结交流了福建省龙岩等地扶持退伍军人两用人才开展“六小”园场，以及对两用人才再培训等各具特色的经验。1992年，民政部、中国人民解放军总政治部又在北京召开了全国培养使用军地两用人才经验交流会，推广全国各地建立服务于两用人才选拔使用的经济实体或公司，积极参加经济开发和市场竞争等经验。上述做法和经验，为建立完善的军地两用人才育、荐、用体系创造了条件，提供了借鉴。

由上可知，建立军地两用人才育、荐、用体系的主客观条件已基本具备，这一体系的建立已势在必行。

二　促进军地两用人才的健康发展

建立军地两用人才育、荐、用体系，就是地方与军队合作，共同努力做好两用人才的培育、推荐和使用三方面的工作，并使各个方面紧密衔接，协调发展，从而使这一工作适应新的形势的需要，迈上一个新的台阶。

如何育才，是建立军地两用人才体系首先要解决的问题。由于培育军地两用人才，主要是指对军队的干部战士通过军事、政治、文化、体能和民用技能方面的培训，使之成为政治素质较高的既具有军事技能，又掌握一项或多项民用技能，能够以自己的创造性劳动，对国防建设和地方经济建设作出贡献的人。因此，育才工作首先并主要是由军队来承担的。军队开展两用人才的培养工作，与一般的人才培养，既有共性方面，也有显著的特点。从共性方面看，无论哪种育才工作，都是培养人的过程，都是通过教育，使受教育者具备良好的思想品质和与社会生产力发展水平相适应的智力和体力的过程。因此，培育两用人才与一般人才的培养一样，必须按照社会主义教育事业的共同规律，在教学计划、内容、要求、进度、目标及投入等方面，符合社会主义人才培育的共同规律的要求。但是，两用人才的培养又具有其自身明显的特点和特有的规律，而与一般的人才培养有着重要的差别。

其一，军队的主要任务是保卫祖国，因此，部队的育才工作，必须正确处理部队需要和地方需要的关系，坚持“以军为主”（即以军事训练为主）的原则，把培养建设现代化、正规化革命军队所需要的合格人才，作为育才的根本目的。在此基础上，兼学地方所需要的科学知识和专业技术。

其二，与一般学校培养人才，受教育者在思想、文化基础方面大体一致不同，部队两用人才培养对象在思想、文化水平、兴趣爱好等方面差距很大，因而在两用人才的培养教育上，不能照搬地方学校教育那种完全按部就班、整齐划一的模式，而必须区分受教育者的具体情况，进行有针对性的教育。

其三，军队各部队由于军兵种不同，担负的具体任务不同，驻地环境不同，在育才的师资、经费、教材、场地、教具等条件方面也很不平衡。因此，不同部队的育才工作也不能套用一个模式，搞“一刀切”，而必须从各部队的实际出发，摸索适应各自发展的行之有效的方式方法。

根据人才教育的一般规律与两用人才育才工作的特点，以及十几年来这一工作的实践经验，军队要做好两用人才的培养工作，应大力抓好以下各点。

第一，要实行军、政、文、民一体化训练。在“以军为主”的前提下，切实加强对民用技术训练的领导，把民用技术训练作为一项基本内容，纳入部队训练的整体规划，对军事、政治、科学文化和民用技术训练实行统一计划、统一组织、统一保障、统一考核验收的规范化教学。需要指出的是，在贯彻“以军为主”的原则下，应特别注重抓好军队、地方通用、半通用技术的训练，如汽车司机、修理工、电工、话务员、报务员、财会、烹饪、农副产品加工、新闻写作等，引导战士立足本职成才，实现一才两用。

第二，要针对不同情况，实行各种形式的分类教学。由于各部队条件各异，受教育者的情况互不相同，因此，部队的两用人才教育必须因地、因人施教。如：驻城镇和军兵种技术设备条件较好的部队，可多办一些业务性、技术性较强的培训班、培训中心、育才基地，驻农村以及边疆、海岛的教学条件较差的部队，应结合驻地实际，学习一些种植、养殖及相关的科学文化知识。对文化水平较低的战士，应以进行文化学习为主；对文化水平较高的战士尤其是老战士，则应多让他们学习一些专门技术。对于来自农村的战士，应多组织他们学习一些农业生产知识和技能，对城镇籍战士则应多安排学习一些工业专门技术。对一些报考军校的优秀战士，应主要安排补习初、高中文化。

第三，要为两用人才的培育创造必要的条件。在经费筹措、师资配备、教材教具购置、场地创建等方面，要舍得花本钱、下功夫，要在部队党委领导下，司、政、后机关分工合作，协调一致，使之尽可能适合教学要求。在城镇和驻地比较集中的部队，要逐步地完善育才基地，使培养两用人才工作走向正规化、制度化。

第四，要借助社会力量办学，开展军地共同培育两用人才活动。通过军民共育，为部队解决民用技术师资、教材、实习场所和考评发证等问题创造条件，并使军地两用人才培育在办学方式、学习年限、学制和办学条件等方面走向规范化。

军队是两用人才和育才的主要基地，但是，也决不可忽视地方在培育两用人才方面的作用。地方除提供人才供求信息，配合军队育才之外，在直接参加的军民共育活动中的作用和地位已日益凸显。1986 年 3 月，国务院民政部、劳动人事部、国家教育委员会和中国人民解放军总政治部联合发出通知，要求各地把部队和驻地联合培育军地两用人才活动，作为整个成人教育和职业培训的一个组成部分，采取具体措施，积极予以支持，从而使全国各地的共育活动得到了迅速发展。军地联合培育军地两用人才，既成为地方整个成人教育和职业培训的一个组成部分，也已在军民共育中越来越起主导作用。地方主办的培养两用人才的学校也日趋完善。如北京两用人才培训学院，是一所以培训军地两用人才为主要任务的高等成人学校。学校聘请教授、专家编写教材，担任辅导，对学员进行函授教育，学制有半年、一年、两年不等。设置有法律、公安、公关文秘、工业企业管理、乡镇企业管理、贸易经济、会计等专业。经考试合格，发大专毕业证书或结业证书，并发给经国务院同意的两用人才推荐书，供用人单位优先录用。此外，地方还承担着培育两用人才的另一个重大任务，就是退伍军人两用人才的补育工作。从部队输送到地方的两用人才，除一部分在部队所学的是军地通用、半通用技术，退伍到地方相应岗位一般能胜任或基本胜任工作外，多数是经过部队或军地联合开办的各种类型民用技术训练班培训而成的。他们有些人技术还不熟练，一些人所学技术与实际工作也不完全对口，这就应通过地方对这部分人进行再培训，使他们提高技能，更新知识，尽快适应地方工作的需要。

做好荐才工作，是建立军地两用人才体系至关重要的一环，也是难度很大并且往往容易被忽视的一环。这是因为，一方面，前已述及，军地两用人才育、荐、用作为一个完整体系，育才和用才必须靠荐才来衔接，来沟通，否则，整个系统就不可能顺利运转，甚至使流程中断。而在实际中，荐才的重要性又不像育才、用才那样显而易见。直到目前，社会上许多用人单位对退伍军人两用人才还是缺乏认识的，这就使荐才变得相当困难。另一方面，荐才不但需要通过发布信息、疏通人才流通渠道等服务过程，把从部队培育出来的退伍军人两用人才介绍推荐给用人单位；同时需要把用人单位的人才需求信息不断传递给育人单位，使之在人才培养中做到定向、定量，“产销对路”，提高育人效益，减少乃至避免人才浪费。可见，荐才是一项政策性、技术性、时效性、广泛性都很强的工作。只有做好了荐才工作，才能及时把军地两用人才送到社会主义现代化最急需的岗位，做到早出、快出、多出人才和人尽其才。

要做好荐才工作，一是必须建立健全相关服务机构，从组织上予以保障。从 1983 年江苏省泗洪县第一个两用人才介绍所建立以来，不少省、市县以上已相继建立起两用人才服务机构，如服务中心、促进会、介绍所、服务站等选拔服务组织，区、乡、镇普遍建立了服务站，大部分行政村选聘了联络员，形成了上下有机构、纵横有联系的服务网络。这些组织机构在国家没有下拨专项编制、经费以及必要工作条件缺乏的情况下，自力更生，做了大量艰苦细致的工作，逐步摸索出了军地两用人才选拔服务的许多有效方法。一些地方的两用人才选拔服务组织，已发展成有人、有财、有物并具有法人地位的实体型服务中心或公司，从而使服务机构在经费、人力、工作条件等方面的状况大为改善。当前，这类组织机构仍需大力加强、健全，使之职责更为明确，工作条件更有保证，功能能够更好地发挥，并使之在更多的地区尽快得到推广。二是要有专门队伍。要大力培养一批热爱荐才工作，乐于和善于为两用人才荐贤举能的专业人员。这些人员除了从地方有关部门抽调、兼职外，可更多地在退伍军人两用人才中选聘。三是必须拥有相应的信息沟通设施和手段，要建立起纵横交织的信息网络，及时了解并传递全国各地乃至国际人才、劳务市场的供求信息。

用才，是育才、荐才的根本目的所在及其价值、意义的体现，并使之在实践中得到检验，是军地两用人才体系中最为重要的一个方面。只有通过用才，两用人才才能创造财富，作出贡献，并被社会所承认。用才的重要意义是不言而喻的。用好军地两用人才，首先要求两用人才必须在部队做好自己的本职工作，圆满完成所肩负的各项军事任务，为军队建设和国防建设尽力；然后才是退伍回地方后继续为国家现代化建设作贡献。否则，就谈不上是军地两用人才了。当然，建立两用人才育、荐、用体系，其用才问题的重点，是指如何发挥军地两用人才退伍之后的作用的问题。要使退伍军人两用人才更好地发挥其特长，为国家和社会创造财富，一方面要广开用人渠道。要使用人单位消除对军地两用人才的偏见，打破城乡界限、地区界限、行业界限，不拘一格用人才。通过乡镇企业、基层领导层、进城进厂、国家聘用等途径，使两用人才能更好地到企事业单位发挥骨干作用。特别应该提到的一点是，近年来国际劳务市场对劳动力的总需求迅速增长，劳务输出已越来越成为我国改革开放的重要组成部分。退伍军人两用人才技术门类齐全，层次多样化，组织纪律性强，尤其适合于成批输出从事劳动密集型的工作，这无疑可成为选拔使用两用人才的一条重要途径。另一方面，就是积极扶持退伍军人两用人才，不进企事业单位，而是根据自己的情况，立足于依靠自己的力量，以市场为导向，宜工则工，宜农则农，宜商则商。或就地开发，创办庭院经济，小园场经济；或搞自由联合经营和有限股份经营等经济实体；或进城进镇搞个体经营，从事商业、服务业等。国家则在资金、贷款、办照、税收、技术、项目、信息等方面提供优惠政策。随着社会主义市场经济的确立和发展，后者的发展前景十分远大，必将成为退伍军人两用人才施展才华的主要途径。

军地两用人才的育、荐、用三方面，在实践中往往是相互紧密结合在一起的。军队虽然是以育才工作为主的，但在育才过程中，又必须随时注重收集地方人才需求信息，根据地方所需人才的门类、数量及对人才素质的不同要求，作出育人安排，做到定向定量，避免造成人才浪费和缺口。同时，各地驻军和军分区、武装部也需要及时与地方联系、沟通，主动做荐才、用才工作。此外，军队建立的两用人才培训基地或中心，在育才过程中，也不断创造了一定的财富，实现了“以才生财”“以财养才”，这实际上也是一个用才的过程。荐才、用才是地方的主要工作，但如前所述，地方向部队提供人才需求信息，也为两用人才的培育创造了条件。不少地区还通过学校培训或基地训练等形式，与军队开展共育工作。退伍军人两用人才回到地方后，地方还担负着长期的补训和再培训任务。全国各地退伍安置部门建立的两用人才服务机构或经济实体，更是集两用人才的育、荐、用于一体，各个方面，密不可分。由上可见，育才、荐才、用才作为军地两用人才的一个统一的系统，各方面必须协调一致，相辅相成，才能获得整体效益、健康发展。

三　退伍安置部门的地位和作用

做好军地两用人才的培育、选拔、使用工作，建立军地两用人才育、荐、用体系，是一项体大事繁的社会系统工程，需要军队、地方的诸多部门积极参与和大力支持。作为联结军队和地方的中间环节的退伍安置部门，是政府安置退伍军人包括军地两用人才的职能部门，其工作贯穿于军地两用人才育、荐、用的全过程，涉及军队和地方与此相关的方方面面，因而其肩负的任务是十分艰巨而复杂的。要建立和发展军地两用人才育、荐、用体系，退伍安置部门应着力做好以下几方面的工作：

（一）做好宣传工作

一是要经常性地由本部门及通过、配合宣传部门和新闻单位，向全社会宣传党和国家的安置政策与军地两用人才的事迹和贡献，使人们认识两用人才的作用、地位及做好两用人才工作的意义，改变一些人对两用人才忽视、轻视的态度，积极支持两用人才在社会主义现代化建设中建功立业。二是通过对退伍军人两用人才的宣传教育和思想工作，使他们自觉地根据社会主义市场经济的需要，改变或放弃不切实际的过高的择业期望，因地因人制宜，积极投身于地方经济建设。三是做好向各级党政领导部门反映、汇报工作，使两用人才工作开展情况能及时下情上传和上情下达，争取各级领导对这一工作的重视和支持；并要善于为各级领导机关当好参谋和助手，努力促成与两用人才有关问题的有效解决和安排。

（二）做好相关部门的协调工作

两用人才工作不仅涉及各地驻军和军区、军分区、武装部，也涉及从中央到基层的党政各级相关部门。安置部门要根据自己的职责、特点和优势，在两用人才的育、荐、用各环节，通过大力开展传递信息、沟通渠道、穿针引线、牵头倡议、联合举措、检查督促、鼓励表彰等工作，发挥各有关部门和单位的积极性、主动性、创造性和团结协作精神，齐抓共管，形成合力，共同推动这一工作的发展。

（三）做好调查规划工作

为了减少育才工作的盲目性，安置部门要持续不断地对人才需求情况进行调查研究，力求能较全面地掌握人才需求的信息和规律，据以制定、修正用人规划，并及时反映给部队及育才部门，使两用人才的培养做到有的放矢，根据地方人才需求情况，有计划、有步骤、有针对性地开展工作。

（四）做好军地共育工作

要积极支持、配合、协助、参加军队和地方共同培育两用人才工作。要尽力促成地方为部队育才在师资、教材、教具、实习场地等方面创造条件或提供方便。同时要努力促成军地携手，联合办学，共同培养高质量的军地两用人才。

（五）做好介绍推荐工作

要根据退伍军人两用人才不同的能力和特点，把适合于企事业单位工作的两用人才，尽可能地推荐到适当的用人单位，使他们能到这些单位，发挥特长，施展才华。此外，由于国际劳务市场日益扩大，还需要积极开发国际劳务市场，努力实现军地两用人才的大批量劳务输出。

（六）做好就地开发、自我消化工作

随着社会主义市场经济的确立，两用人才到企事业单位工作的机会将逐步减少。要努力促使更多的退伍军人两用人才依靠自己的力量解决自己的问题，走就地开发、就地消化之路。对于两用人才立足当地发展庭院经

济、小园场经济、外向性经济，通过自己的力量办厂办公司，搞各种形式的经济联合体、有限股份产业以及进城进镇搞个体经营、创办第三产业等，安置部门要尽可能地为他们创造条件和提供方便，给予支持和帮助，以拓宽用才之路。

（七）做好补训和再培训工作

在退伍军人两用人才中，总是有一定数量的人，所学专业要么与地方工作不对口或不完全对口，要么随着地方工作的变化发展，原来所学专业知识需要更新。此外，还有一批服役期间未能被培养成两用人才的退伍军人，回到地方后也需要学习各种技能，而成为后补的两用人才。所以，对两用人才的补训和再培训工作也是安置部门的一项重要任务。要通过进一步学习和培训，使退伍军人两用人才更好地胜任所担负的工作，而在各自的工作岗位上做出更大的贡献。

（八）做好创办经济实体型开发服务机构的工作

要通过育、荐、用合而为一的两用人才实体，以合法的组织形式，运用经济手段开展工作。努力将实体办成能为选拔使用两用人才工作提供必要的经费，为开展补训和再培训提供场所，为两用人才施展才华提供阵地，具有较强的人才市场和劳务市场竞争能力的多功能实体，使之成为与社会主义市场经济相适应的功能社会化、结构网络化、手段现代化的工作效率高和服务质量好的规范化的开发服务机构。

（九）做好政策制定和修改工作

作为党和政府的职能部门，安置部门要根据两用人才开发使用的新情况、新问题，独自或与其他部门一起，通过必要的程序，及时对两用人才工作中已不适用的政策、规定作出修改，或提出相应的对策，使之形成适合军地两用人才工作发展的新的政策和规定，并努力使这些政策规定付诸实施。

（十）做好总结经验和表彰先进的工作

安置部门要根据形势发展和开展军地两用人才工作的需要，由本部门或与其他部门联合，通过召开现场会、报告会、经验交流会等形式，及时总结、推广开展开发使用两用人才工作的经验，评比、表彰有突出贡献的两用人才和从事这一工作的先进单位和个人。尤其要注重抓好全国范围的经验交流和评比表彰活动，以激励各级安置部门和相关部门，进一步做好工作，鼓励广大退伍军人两用人才，更好地成才报国，从而推动军地两用人才工作向深入发展。

总之，安置部门在军地两用人才工作中举足轻重，有着十分重要的地位和作用。要建立军地两用人才育、荐、用体系，就必须进一步加强安置部门的建设，使之在军地两用人才的开发使用工作中，更充分地发挥自己的功能，尽职尽责，为军地两用人才育、荐、用体系的建立和发展，作出应有的卓有成效的业绩和贡献。

（原文刊于《安置保障研究》，中国社会出版社 1997 年版）

博物馆探索

试析"波澜壮阔五十年——中华人民共和国成立五十周年成就展览"大型展览的主要特色

在举国欢庆中华人民共和国成立 50 周年之际，中国革命博物馆赴香港特区举办了"波澜壮阔五十年——中华人民共和国成立五十周年成就展览"。展览于 1999 年 9 月 17 日在香港特区推出，9 月 26 日结束，共展出 9 天，接待各界观众 1 万余人。

展览设在香港华润大厦香港展览中心大厅，面积 2000 平方米，共有展板 120 余块，图片 300 余张，文物（实物）80 余件，彩色电脑大型喷绘 6 幅，造型灯箱 6 幅，以及天安门城楼（局部复原）大型景观，火箭（原尺寸）模型组合，大型模型《上海浦东陆家嘴中心区》《布达拉宫》，大屏幕电视录像等。展览投入经费 30 万元。

展览以直观、形象和生动的形式，从各个侧面展现了中国人民经过半个世纪的艰苦奋斗，在实现社会主义现代化进程中所取得的伟大成就，讴歌了有中国特色的社会主义道路，同时展示了香港特区与内地的骨肉亲情和香港特区与内地协作共创辉煌的历程。

展览在香港特区引起了巨大反响，收到了很好的社会效益。在中南海举行的关于国庆 50 周年活动汇报会上，中央领导同志李岚清、丁关根、贾庆林等专门听取了中国革命博物馆关于这一展览的汇报。文化部总结国庆 50 周年庆祝活动的通报，对这一展览提出了表扬。这一展览的主要特色如下：

一　从特定观众出发，充分表现重大主题

展览以中华人民共和国成立 50 周年的伟大成就作为展出内容，这一主题无疑是十分重大的。1949 年新中国成立，揭开了中华民族复兴的新

纪元。新中国成立50年来，特别是改革开放20年来，中国国民经济高速增长，社会不断发展进步，人民生活显著改善，国际地位大大提高，中华大地发生了翻天覆地的变化。这是有目共睹的历史事实，海内外炎黄子孙无不引以为豪。举办这样一个展览，其主旨就是展示中国人民在中国共产党的领导下，通过半个世纪的艰苦奋斗，特别是改革开放以来在邓小平和江泽民为核心的党中央第二代、第三代领导集体的领导下，开创有中国特色的社会主义道路，实现民族振兴、国家富强和人民幸福所取得的辉煌成就，以历史事实进行爱国主义和社会主义教育，鼓舞人民创造更加美好的未来。由于这次展览的举办地在香港特区，这就使展览具有了很强的特殊性，从而也使主题的表现具有了不少特色。一方面，香港回归祖国已经两年多，实行"一国两制""港人治港"有了良好的开端，香港特区民众与内地人民本来就有着许多共同之处，他们是中华民族的一员，语言、文字、习俗、传统同内地秉承同一源流，割不断、抹不掉，经百余年外族统治而始终保持着。作为中国人，香港特区同胞一样有强烈的民族情怀，希望祖国富强，关心祖国的现代化建设。这是展览能够成功举办的基础。可是，另一方面也应注意到，由于长期的殖民统治，香港特区同胞尤其是青少年对祖国还了解不够，对新中国的方方面面知之甚少，有的人国家民族观念淡薄。多年来，深受西方影响的香港特区传媒也往往有失公允，其宣传对香港特区同胞了解内地的真实情况多有误导。更有一些与海内外反动势力相呼应的团体和个人，也在极力制造影响。香港回归祖国后，依然实行资本主义制度，香港特区社会的政治理念、价值观、历史观与内地也有很大不同。要使香港特区观众像内地观众一样接受这种带有强烈政治色彩的展览，应该说仍是有一定困难的。如何使展览能够既充分表现主题，又得到香港特区观众的认可和接受，是办好展览首先必须要解决的问题。为此，展览在对主题的表现上着重把握住了以下几点。

一是展览集中反映成就及与之相关的民族精神。这就是说，举办者明确把握，这次展览作为新中国成立50周年庆祝活动的一部分，要突出举国欢庆的喜悦气氛，要办成一个红火、喜庆的展览。尽管新中国成立50年来，我们国家经历了种种风雨坎坷，在取得巨大进展和成功的同时，也有过不少失误和挫折，但展览不强调全面展示50年的历史画卷，不要求面面俱到，不对经验教训作各种阐述与总结，而只注重向香港特区同胞传递社会主义祖国50年征程中的一些正面信息，让观众集中观看新中国50

年的巨大变化和进步，把展览的主题聚焦在新中国的光辉成就和中国人民建设家园的英雄气概上。这样，展览内容就如一张张捷报、一曲曲凯歌、一份份贺礼，带给观众的是一次次兴奋、一个个欣喜。这符合中国人民欢庆节日的心理，从而成为香港特区同胞接受展览主题的切入点。

二是展览强调以历史的真实揭示新中国前进的足迹。展览提供给观众观看的展品，不虚饰，不夸大，不过多地进行政治说教，而是让观众面对历史的见证，自己去看，去想，去认识。对所提供的展品，举办者展前进行了反复的研究和选择。根据展览主题要求，一方面，展品要力求丰富多彩，琳琅满目，以反映国家和社会的全面发展和进步。另一方面，由于各种因素的限制，展览所能允许和容纳的展品又十分有限。因此，展出的展品，不是对一些成就的简单罗列和堆砌，而是通过科学的构思和设计，使之反映出社会主义祖国不断战胜艰难险阻而胜利前进的历史必然性，反映出新中国日益繁荣富强并必将成为现代化强国的动力和根基所在，从而使香港观众对社会主义祖国能从根本上加深了解和认识。

三是在不影响基本创意和布局的前提下，在展览中尽可能多地反映香港特区历史的内容。这样，不仅使香港特区观众通过观看展览，产生成就感、自豪感、喜庆感，也会从展览对香港特区历史和现实大量真实反映中产生亲切感，从而拉近认识距离，使观众更易于接受展览的主题。

二　内容设计高屋建瓴，突出展示历史亮点

按照以往类似的历史展览内容设计的惯例，通常的做法是系统地展示历史进程。那么这次展览的设计，就应该将新中国成立50年来的历史依次划分为几个阶段，对每个阶段各方面内容的来龙去脉一一交代清楚。这种“流水账”式的设计，不仅会使展览内容过于庞杂，展线、展板难以铺陈，也会使展示内容十分平淡，不符合这次展览的主题要求。为了更好地体现这次展览的主题，举办者打破常规，另辟蹊径：以高度概括“大手笔”的办法，用“专题板块”组织内容结构。

展览共分为“中华崛起”和“骨肉情深”两大部分。在第一部分“中华崛起”的总题目下，举办者将我们共和国50年历程中的进步和发展概括为三大板块，即三大单元。第一单元为“屹立东方”，反映新中国在一些重要领域的迅猛发展，说明我国已经从衰弱日益走向富强，昂首自

立于世界民族之林。第二单元为“神州巨变”，着重从我们共和国自东部到中部再到西部的无限风光中，反映中华大地到处生机勃勃，蒸蒸日上，欣欣向荣。第三单元为“民族之魂”，揭示新中国所以振兴、飞跃的精神源泉。各单元之下，再以各个时期的亮点——所取得的顶尖成就，归纳为相互关联的14个专题，从不同角度、不同侧面，以不同的方式，灵活生动、立体地反映新中国半个世纪以来的沧桑巨变。虽然举办者在处理这些“亮点”时，没有拘泥于其时间顺序上的衔接，而是“跳跃式”地出现的，但通过对比、逻辑等方法，使之具有了有机的内在联系，整个展览给观众以一气呵成的整体感。

由于展览是与香港特区合作并在香港特区展出，观众是香港特区同胞，因而展览加大反映香港特区及香港特区与内地相互关系的内容，就十分必要了。举办者在处理这一问题时，没有将上述内容简单地分散在相关单元或专题中，用“多给一点展品”的办法处理，而是大胆地将关于香港特区的内容集中起来，独立出来，使之成为整个展览的第二大部分，在“骨肉情深”的总标题下，用一个“情”字，将“血脉相连”“携手共进”“共创辉煌”三个单元贯穿起来，反映了香港特区同胞与内地人民密不可分、相互依存、共创明天的美好情怀。

三　展品珍贵，文物典型，对观众深具吸引力

一个展览设想再好，如果没有给人印象深刻的展品，终究不能收到好的效果。典型、珍贵的实物、图片，是办好展览的物质基础。这对于这次以现代史、以展示成就为表现对象的展览，尤其重要。由于香港特区民众对艺术欣赏的期望值较高，同时，这次展览由于出境的关系及临时办展性质，文物数量受到严格限制，这就要求展览在照片、实物等展品的选择上必须有更高的标准，坚持高度的代表性。对文物的选择，必须坚持“少而精”的原则。因此，举办者不仅尽可能地在馆藏品中挑选和挖掘精品，将一批有重要价值的文物、图片、模型用于展览，而且大力征集新的文物、图片，以使展览达到更好的效果。展览最后选定的80余件实物和300余张图片，可以说每一件都是十分典型、珍贵和来之不易的。有的展品是展出前几天才征集到的。如中国“体操王子”李宁荣获的联合国体育协会颁发的“20世纪最佳运动员”（全世界共有25名）奖杯，使中国

人民彻底甩掉旧中国“东亚病夫”的帽子，人民健康水平空前提高的一个真实写照，从一个侧面反映了新中国前所未有的深刻变化，其重大意义是显而易见的。为此，举办者费尽周折，直到展品启运前三天，才征集到了这一重要文物，使之得以在展览中与观众见面。

展出的80多件文物实物，大多数是第一次与观众见面，有不少是极其珍贵的。如毛泽东题写厂名的第一汽车制造厂的奠基石、第一颗原子弹理论设计中使用过的手摇计算器、陈景润关于“哥德巴赫猜想（1+2）”数学论文手稿、人工合成牛胰岛素实验记录及成果国家鉴定书、联合国授予“杂交水稻之父”袁隆平的科学奖奖章、澄江古生物化石、李宁的世界最佳运动员奖杯、《中英联合声明》文本、《中葡联合声明》文本、香港特别行政区首任行政长官选举投票箱、庆回归金版《大公报》等。这些精心挑选的文物，无不从不同侧面反映了中国人民自半个世纪以来，通过艰苦奋斗取得的辉煌成就，体现着包括香港同胞在内的中华儿女对祖国建设的无私奉献。

展览中的300多幅精美图片，经过精心设计和组合，使展览意图得到了直观、生动、集中的体现。如展览在处理《科技之光》这一组成就时，首先选择了几幅历史照片，即1972年科技规划、1978年科学大会、“863”计划、1995年“科教兴国”战略。数量不多，但它们不仅体现了国家几代领导人对科技事业的重视，体现了科技事业在新中国的重要地位，也显示了不同历史时期国家科技战略的演变，从而集中说明了中国科技事业迅猛发展的前提。接着，以两弹一星、人工合成牛胰岛素、强优势杂交水稻、“哥德巴赫猜想”的进展，和近期发现的澄江古生物化石群以及在激光、“纳米”技术、信息技术、智能机器人等领域的最新成果，每一项都是国人引以为荣的顶尖成就，为中国科技事业发展的一座座高峰“立此存照”，令人信服地展示了新中国科技事业在国家建设中的重大成就和腾飞轨迹。

四　形式设计大气、热烈，视觉冲击力强

根据展览的主题要求，举办者将展览的设计思想定位在造就一种气势宏大、色彩绚丽、构成多个兴奋点的展厅气氛上，使之具有强烈而直观的感染力和震撼力，让香港特区观众在展厅中能够感受到对祖国的亲近感和

认同感，并为伟大祖国的建设成就由衷地感到骄傲和自豪。在设计要点上，首先是大气、大手笔，从空间布局上形成强烈的对比，大件展品之间有节奏感，有强烈的视觉冲击力。空间变化有一定的连贯性，根据展厅特点突出表现设计意念的延伸。其次是体现民族性，运用中华民族喜闻乐见的形式，结合现代审美观念和设计手段，构成展厅独特的展览语言。再次，展览整体在造型、色彩及风格上和谐统一，突出喜庆气氛，展厅色彩以暖色调为主，烘托展览主题，无论是嘉宾主礼台还是大件造型都采用红色为基调，使光、色、形诸要素都把握在热烈喜庆的环境中。

在展厅的最前部，举办者设计制作了天安门城楼的实体景观，虽然因场地及制作经费、运输条件等因素的限制，将其变通为仅取城楼的中部三开间作为局部复原，但同馆藏文物——开国大典时天安门上的两个蔚为壮观的大红灯笼有机地组成了一个超大型文物景观，保持了天安门城楼的雄伟壮丽，浓缩地表现了新中国诞生时的盛典，使人有身临其境的感觉，与展厅中轴线后部的天安门广场的大型全景喷绘交相辉映，形成了中华人民共和国的典型性象征，鲜明地突出了展览的主题。这种利用古建筑特点所作的景观，既有很强的装饰性，又使得展厅的空间更加丰满。

在展厅的中央设计了一组代表中国航天事业发展的火箭模型组合。圆形的展台四周是彩色喷绘的两幅巨大的背景画，描绘出火箭横空出世、拔地而起的壮观景象，使静止的展品增加了动感，也寓意了中华腾飞世界，屹立于世界民族之林的豪情壮志。这种处理也较好地解决了虚拟空间的问题，可以让观众有更广阔的联想余地和想象空间。

为了解决空间和展线布局问题，举办者设计制作了带有浓厚的民族风格和装饰性的灯箱造型，分列于展线的灯箱造型同嘉宾主礼台、天安门城楼造型的红色基调相呼应，形成了一道亮丽的暖色主线，加上天安门全景彩喷，既突出表现了喜庆的主旋律，又使得展厅节奏连贯，逐渐把展出的气氛推向高潮，起到了强化主题的作用。

为了加强展览的可视性和趣味性，活跃展厅气氛，特地增加了部分辅助性展品，如《布达拉宫》模型和《上海浦东陆家嘴中心区》模型。这就既解决了展厅的空间体量问题，又同主展线的展板有机结合，做到了平面和立体的相互呼应，内容和形式的优势互补，使展厅的总体感觉实现了展览环境的形式美感，设计创造的意境也体现出了设计者感染、调动观众情绪的目的。

香港特区观众对展厅入口处的升国旗大型彩色喷绘、嘉宾主礼台的巨幅《开国大典》油画、天安门城楼造型、火箭模型组合和天安门彩色喷绘，表现出浓厚的兴趣，称之为本次展览的“五大景观”，并纷纷在这些景观前留影。不少人表示，虽然没有亲自去过天安门，现在在天安门景观前留个影，也找到了去天安门的感觉。

五　宣传强劲、到位，展览影响扩大

这次展览的举办地在香港特区，展览的宣传工作是由中国革命博物馆与香港特区合作单位共同努力开展的。展览的宣传从香港特区实际出发，利用香港特区的有利条件，既有很大力度，广泛深入，又形式多样，生动活泼，对于吸引更多观众和扩大展览影响起了重要作用。宣传采用的主要方式、方法有：

第一，印刷海报、小票、场刊，广为散发。设计的系列宣传品主题突出，形象鲜明，与展场的布置、报刊广告等协调统一，给观众以深刻印象。海报与小票，通过香港特区的工联会、教联会、中国银行，向下属机构、大中学校派发，在写字楼、街上到处张贴，扩大展览信息传播。

第二，广告宣传。这次展览广告宣传力度很大，主办机构在香港特区本地观众最多的两家中文电视台——无线电视及亚洲电视上订了广告“套餐”，连续刊播，几乎横跨整个展期。在《大公报》《文汇报》《明报》《东方日报》刊登了全版彩色广告或大幅预展广告。为方便经常往返内地人员了解展览信息，在广州直通香港特区的直通车车刊《直通车》杂志整个封面刊登了广告，并以两版展览内容介绍相配合。这样，就形成了范围较广、形式多样的宣传浪潮。

第三，新闻发布会。9 月 16 日，即展览开始前一天，香港特区遭受 16 年来最大的台风正面吹袭，从凌晨到晚上，10 号风球（相当于 11 级台风）高挂逾 10 小时，创香港特区 10 号风球悬挂时间最长纪录。此次台风破坏巨大，所有公司停工，学校停课，商场酒楼几乎全部关门歇业，路上只有少量出租车开行，交通十分困难。原定 16 日下午 3 时举行的新闻发布会，仍如期举行。为请到更多的记者，当日上午，主办机构即再次向各媒体发出召开新闻发布会的传真，同时还用电话邀请相熟的记者采访。尽管风大雨大，路上危机重重，新华社、中新社、《太阳报》、传讯电视

(CTN)、《文汇报》《大公报》等六家传媒仍派了记者出席新闻发布会。有的记者衣服湿透，鞋子浸满水，但一到会场立即开始拍照、提问、记录。这为展览隆重揭幕做了充分的准备。

第四，开幕式隆重、热烈，传媒广泛报道。1999年9月17日下午4时举行的开幕式，规格高，规模大，引起传媒广泛重视、争相报道。《大公报》《文汇报》《香港商报》《明报》《星岛日报》《新报》《成报》、英文《南华早报》等十几家报社派记者采访并对展览作了报道。《大公报》为展览写了题为《"波澜壮阔五十年"不可不看》的社评，并配发了两版彩页，详细报道了开幕式盛况。《文汇报》以"'波澜壮阔五十年'展览振奋人心"为题，配发图片，对展览作了全面深入的报道。与此同时，中央电视台和内地报刊也对展览作了报道。

第五，跟踪报道。从1999年9月16日新闻发布会起，《大公报》每天用一整版以上彩页跟踪报道展览情况。报社安排三位记者轮班负责展期日常采访报道。驻场的记者对各行各业、不同年龄的人士都作了采访，全面报道香港特区各界人士参观展览的感受。同时，报社还安排记者对文化部部长孙家正、中华总商会会长陈有庆、香港工联会会长李泽添、立法会主席范徐丽泰等作了专访。这些访问的刊出，吸引了更多的人前往参观。

第六，做好团体参观的宣传、组织、接待工作。主办机构特别重视组织集体参观工作，尤其是学校、社团、公司集体参观的宣传、组织及接待。通过寄送宣传品、发邀请函，专人联系，有不少单位组织了集体参观。其中有中华人民共和国外交部驻港特派员公署、新华社香港分社协调部、中华总商会、华润集团、光大集团及一些中学等。中华总商会连续两天组织下属会员机构的高层人员在陈有庆会长、黄光汉副会长的带领下，参观了展览。

六　香港特区市民参观踊跃，展览获本地各界好评

尽管这次展览展期很短，展览开始和临结束香港特区又先后两次遭遇台风，天气恶劣，对公众参观非常不利，但参观者依然踊跃。展览正式对公众开放时间只有八天，共有逾万人次入场参观。展厅里动人场面接连不断。各界人士参观展览后纷纷畅谈感想，并在留言册上挥笔抒情，对展览给予了充分肯定和好评。

香港特区政务司司长陈方安生说，在中华人民共和国成立50周年之际，举办这个展览是饶富意义之事。展出的珍贵图片及文物，可以为香港特区市民解释祖国50年间的历史，这对香港人更多地认识内地和香港特区，对于香港特区未来的发展，都是很有帮助的。

香港特区民政事务局局长蓝鸿震认为，这次展览对香港正要推行的国情教育很有促进作用。

全国人大代表曹宏威说，香港特区市民透过这次展览，在深刻认识祖国之余，同时可从中学习先辈艰苦建国精神，把这份可贵精神薪火相传，生生不息地传承下去，意义很大。

全国政协委员、港进联主席刘汉铨表示，香港特区市民只有真正了解了香港特区与内地不可分割的关系，才能真正达到港人治港的目标，以及真正落实基本法的精神，这个展览正好给香港特区市民一个可以真正了解祖国的机会。

李嘉诚感慨地说，国家过去几十年的成就是值得我们自豪的，改革开放为全国12亿人民带来了希望和鼓舞。

全国人大常委曾宪梓表示，展览内容系统全面，使我们认识了我们的国家怎样由过去的贫穷落后发展到今天的初步繁荣昌盛的历程，看了展览令人感到振奋。

经常往来香港和内地的港商罗先生从报纸上知道有这样一个展览后，带着太太及两个女儿，全家专程从屯门来到位于湾仔的展场参观。他拉着两个女儿对记者说：“现在内地、港澳一家亲。认识中国，尤其是近几十年中国社会的发展，对我们这些去内地做生意的人来说太重要了。有这样好的一个展览，我们不能不来呀！”

蒙民伟书院中史科老师麦希文到展场看过两次。第一次参观他觉得很多图片及实物太珍贵了，不但在一般中史教科书中没有，甚至参考书上也很难找到。回校后他当即建议校方组织该校选修中史课的中六学生来参观。于是，他带领学生，再次来到了展场。

参观这次展览最为踊跃的，是香港特区的青少年学生。他们有的自己抽星期日特地赶来观看，有的三五知己结伴而来，更多的则是参加学校的集体参观。香港共有10余所中学组织了集体参观，其中福建中学约800人，保良中学约400人，协恩中学200余人。学生们对此次展出的图片、文物兴趣很高，除仔细观赏外，还不停地向讲解员提问和作笔记，不少人还在图片、文物及景观前照相留念。

中华基督教会燕京书院要求同学们参观展览后写一篇笔记，记下自己印象最深的中国现代的三个成就，并在课堂上对中国现代知识进行综合讲解。结果，同学们选择较多的是原子弹爆炸成功、长征火箭、李宁得到的20世纪最佳运动员称号和上海陆家嘴中心区模型等，同学们在讲解中对祖国的军事实力增强、科技水平提高、经济发展和文化体育的丰硕成就表现得更为关注。

许多观众参观后感到自豪、骄傲，纷纷抒发爱国情怀。74岁的刘先生写道："五十年来翻天覆地的变化和辉煌的成就，激励和鼓舞着每一个中国人。历史证明，中国走社会主义道路是完全正确的。衷心祝愿亲爱的祖国在21世纪取得更加伟大的成就，以造福人民，为世界做出更大贡献！"

观众陈汉杰、胡品懿共同在留言册上写下了他们的肺腑之言："展览会感人至深。从这里，我们可以看见伟大祖国五十年的艰苦历程，光辉历程，我们为祖国翻天覆地的变化而兴奋和无比自豪。衷心祝愿祖国在下一个五十年能够屹立于发达国家之林，为世界的和平建设作出更大的贡献。我们以做一个中国人而自豪！"

尽管由于各种因素所限，这次展览文物量尚嫌不足，筹展时间较为仓促，有些工作做得还不够细，展出时间过短以及恶劣天气等，对展览效果会有一定影响。但通而观之，这次展览无疑取得了很大成功。它在展览选题和主题的确定、展品的研究和选择、内容和形式设计以及宣传引导观众等方面的一些创意、做法和特色，为今后类似的展览提供了借鉴，尤其是在近现代史、革命史类展览出境展出方面，做了有益的探索和尝试。

（原文刊于《中国革命博物馆50年论文集》，海天出版社2001年版）

如何建设中国历史名人蜡像馆

一 关于筹建中国历史名人蜡像馆的规划

第一，根据丁关根同志2000年3月27日视察中国革命博物馆（现为中国国家博物馆）时的指示精神和国家文物局（文物办报〔2000〕022号）文件要求，我们拟筹建中国历史名人蜡像馆。中国历史名人蜡像馆要通过质量上乘的蜡像，形象生动地展示中国历史上著名的文学家、思想家、艺术家、科学家、军事家的丰采，使参观者、特别是青少年观众更好地了解历史名人的光辉业绩和祖国的灿烂文化，弘扬主旋律，鼓舞群众为实现中华民族的伟大复兴而努力奋斗。

蜡像具有强烈的艺术感染力、冲击力和震撼力，大规模的蜡像陈列更是如此。但这门艺术近几年才在我国开始兴起，开展时间还很短。目前国内除个别专题博物馆（如上海中共一大会址纪念馆）利用少量蜡像增强展陈效果之外，尚无一定规模的蜡像馆。这方面与世界上比较先进的国家相比，我们无论在创作理论方面（中国传统艺术对人物重“神似”而不重“形似”，蜡像艺术则要求“形神兼似”，尤其要“形似”，要达到逼真、“乱真”甚至在一定程度上取代真人的效果，如摄影），还是在形象设计、制作材料、制作工艺及创作力量（目前国内蜡像艺术家不超过10人）等方面，都有较大差距。因此，在短期内筹建中国历史名人蜡像馆是一项十分艰巨的任务，必须在组织领导、创作队伍、场地经费等方面予以保证。

第二，中国历史名人蜡像馆预计用三年时间，即从2000年5月至2003年5月，在中国革命博物馆基本建成。蜡像馆要以世界一流的蜡像艺术水平，制作、展出1911年前中国历史上100位左右著名的文学家、思想家、艺术家、科学家、军事家的蜡像及与之相关的背景，从而成为宣传思想文化阵地和青少年爱国主义教育活动的重要场所。

第三，中国历史名人蜡像馆的筹建大体分为前期准备、搜集史料、设计制作、调试展出等几大步骤。由于时间紧迫（100尊蜡像，按目前国内创作力量，在正常情况下，仅“制作”一项工作就需三年左右），这些步骤需要交叉、重叠进行。

第四，前期准备。需时约半年。即从2000年6月至年底。在这一阶段要完成：

①成立中国历史名人蜡像馆领导及办事机构，确定领导及工作人员，制定工作规划及工作制度，编制预算，安排办公地点，解决办公条件（如办公用品、通信工具等）。工作人员要进行必要的业务培训、学习。

②组织创作队伍。最大限度地将国内有关艺术家组织起来，制订创作计划，聘任艺术总监。必要时可聘请国外艺术顾问。

③组织专家审查委员会。聘请历史学界、艺术界著名专家组成审查委员会，对蜡像名单的选定、人物形象的设计、完成的蜡像作品进行审定。本阶段首先要确定历史人物名单。

④国外考察。由有关领导、工作人员及专家（艺术总监）组成考察团，去蜡像艺术较先进的国家参观学习，对其创作理论、形象设计、制作程序、制作材料、制作经验等相关方面进行考察，以博采众长，赶超先进。

第五，搜集史料。需时约两年，即从2000年下半年到2002年上半年（或下半年）。由于中国历史名人基本为古代人物，缺乏制作蜡像所需要的精致的现代图像、摄影资料，因此，只有通过对他们的有关史料进行尽可能全面的搜集和研究，才能为蜡像制作创造必要的条件。对100位历史人物的资料收集拟分三批进行。即第一批20人，2000年下半年完成；第二批40人，2001年底前完成；第三批40人，2002年底前完成。每批人物资料完成后，即交艺术家进行制作（其中第二、第三批也可各分两小批即每批20人进行，以便资料收集完成后及时交创作人员设计制作）。资料收集主要用以下方式进行：

①购买、复印、征集文字及图像资料。主要是书籍、报刊、图集及戏剧、影视作品、图片等，对资料的占有力求详尽。

②通过召开座谈会、研讨会、论证会、联席会等学术会议，咨询有关专家和学术研究机构、团体，弄清历史人物的生平业绩及思想品格等问

题，把握这些历史人物各自特有的性格、气质及内心世界。

③到历史人物故乡及其重要活动地区、纪念地调查研究。组织工作人员分组按划分的路线对100名历史人物进行实地考察。通过查阅资料和访问、摄影、录像等方式，考察有关历史人物生平业绩；同时，特别要注重了解其与蜡像制作有关的文字资料之外的形象资料，如身高、体型、肤色、毛发、面部特征、服饰、动态及生活环境等。并在可能的条件下找出其现实生活中的模特。

第六，设计制作。需时约两年半。即从2001年上半年至2003年上半年。与搜集资料相对应，设计制作工作也要分三批进行。即第一批20人，2001年上半年完成；第二批40人，2002年上半年完成；第三批40人，2003年上半年完成。（第二、第三批也可各分两小批即各20人进行，以便及时交作者制作。）设计制作将按以下方式进行：

①图像设计。蜡像作者依据有关史料及模特，画出历史人物的图像，并经专家委员会讨论确定。

②创作制模。作者依据图纸分别对头、手及躯干部分拟稿，然后以相应的材料制模、翻模。

③头、手精细加工。作者对蜡像的眼睛、头发、眉毛、胡子及面部、手上的毛细血管、毛孔及各种特征等做后期精细加工，务使之逼真于真人。

④调试安装。作者将蜡像各部分结合组装，并与背景、灯光等反复调试，以最佳效果付展。

第七，试展、展出。与蜡像制作工作相适应，名人蜡像的展出亦拟分三批进行。每批人物制作完成后经审查通过，即行展出。即：2001年上半年，试展出20人；2002年上半年，试展出60人；2003年上半年，正式展出100人。要结合蜡像展览，做好宣传组织工作，使展览取得较好的社会效益和经济效益。蜡像展出后，要按蜡像特有要求做好保管、维护工作。

2000年5月28日

二　关于贯彻中央和上级领导同志对中国历史名人蜡像馆筹建工作批示的报告

2000 年 12 月 27 日，我馆收到国家文物局办公室下发的 2000 年第 23 期《领导批示》后，立即召开馆长办公会议，传达、学习中央和上级领导同志对中国历史名人蜡像馆筹建工作进展情况报告的批示。同时，由主持这项工作的副馆长马英民同志组织蜡像馆筹建办公室的同志认真学习、研讨领导批示的内容和精神，并提出了贯彻实施意见。通过学习、讨论，我们认为，我们党和国家领导人在百忙中审阅关于蜡像馆筹建工作的报告并作出重要批示，为蜡像馆的筹建工作指出努力方向，提出工作原则，这充分反映了党中央、国务院对蜡像馆筹建工作的重视和关心，是对蜡像馆筹建工作的巨大支持。我们要以极大的决心和努力，把中国历史名人蜡像馆的筹建工作作为一项重大政治任务完成好。

根据领导批示精神，经过充分讨论，我馆拟与中国历史博物馆一起，努力做好如下各点：

第一，以领导批示精神为动力，努力推进蜡像馆各项筹建工作的开展。当前，主要是使办公机构、工作人员、筹建资金、作者队伍、专家组织进一步落实。在大力开展资料征集、考察调研的基础上，尽快开始蜡像制作（由于我馆大楼施工工期较长，蜡像展出场地短期内还不能解决，展出时间也还难以确定。在场地未解决前，可对蜡像展览先进行书面总体及背景设计，蜡像可先由作者代为保存）。

第二，在蜡像制作上，坚持“像”的指导原则，务求被塑造的人物栩栩如生，达到以假乱真的程度。要将这一指导思想贯彻蜡像制作的始终。

第三，调整蜡像人物名单。蜡像要收到“像”的效果，被塑造的人物就应是人们对其相貌比较熟悉的人物。由于中国历史名人蜡像馆要塑造的是中国自古以来的文化名人，人们对一些历史人物不一定都熟悉。因此，需要对原确定的蜡像人物名单进行调整。即通过加强对人物形象资料的收集和研究，对历史人物进一步精选；同时，增加人们较为熟悉的近现代人物。

2000 年 12 月 28 日

三　关于筹建中国历史名人蜡像馆的思考和建议

目前，我国正处在改革开放的最佳时机；中国加入 WTO 的所有谈判业已完成，入关指日可待。特别是 2008 年，中国将首次举办奥运盛会。届时，北京将作为国际化大都市迎接四方宾客。中国历史名人蜡像馆的建成和展出，无疑会成为宣传首都乃至全国精神文明建设、宣传中国民族文化的载体和窗口。在机遇与挑战面前，怎样建设既具有鲜明的中国特色又具有融合国际化风格的历史名人蜡像馆呢？我们深切感到：要办好中国的蜡像馆，完全照搬西方不行；完全按中国传统艺术、程式化也不行。我们的具体思路如下。

（一）建立制作精良、质量上乘的国内外一流蜡像馆

蜡像馆的成败关键在于蜡像制作。设想如果一个蜡像馆拥有世界最豪华的场景设置，但蜡像人物制作得呆板、木讷，那么它就失去了作为一个蜡像馆所应有的依托。国务院副总理李岚清同志曾指出，蜡像之所以吸引人，关键在于“像”字。即可以以假乱真、栩栩如生。我们严格贯彻领导的指示，在全国范围内遴选了两位高水平的蜡像制作专家参与制作。与欧洲 200 多年的蜡像发展历史相比，中国蜡像业起步较晚，从业人员较少，但就蜡像制作质量而言却不乏精品。有的堪称形神兼备、惟妙惟肖。特别是在制作东方人蜡像方面，我们有独特的优势。另外，随着市场经济发展的不断深入，竞争机制也应适时纳入蜡像制作业。本着“洋为中用”的原则，我们也正在考虑吸收国外先进的蜡像作者和工作室的作品，以充实我们的蜡像馆。

通过最近出国考察我们发现，欧洲蜡像馆的蜡像制作工艺已达到科学、严密得几近完美的阶段。他们的蜡像制作队伍专业性很强。因此，要想使我们的蜡像人物制作质量达到上乘，就要发挥国内外蜡像业的优势，取人之长，补己之短，吸纳中西蜡像制作业之精华，为实现中央要求的创建国内外一流的蜡像馆提供质量上的保证。

（二）扩大场馆规模

欧洲的蜡像馆以“规模效应”吸引观众，取得了较好的效果。这种做法似可借鉴。我馆原定为100尊蜡像，规模偏小。其中第一批交付作者的制作名单中包含21尊。现有展厅1500平方米。作为国家级的蜡像馆这样的规模是远远不够的。就蜡像人物数量而言，欧洲蜡像馆的蜡像人物一般不下数百尊，英国伦敦蜡像馆则超过500尊。正是由于蜡像人物数量众多，展线长，空间大，才会较长时间地使观众处于特定的情境当中，产生目不暇接、美不胜收、身临其境的艺术感受，而不似那种历史陈列点缀般的走马观花、猎奇噱头。由此我们设想：制作的蜡像人物数量可否增加到200—300尊，展厅面积增加到5000平方米。在高起点、高定位的前提下，我们的蜡像馆才不会滞后于飞速发展的时代。北京是一个充满生机与活力的国际化大都市，未来的发展前景应是海纳百川又兼具民族特色，国家级蜡像馆的战略定位也应具有前瞻性，使它成为一个能够名副其实地体现中国的人文精神、中国文化的重要场所。

（三）在蜡像人物选择上要涵盖古今中外，以近现代为主

在蜡像塑主选择方面，不宜局限于中国古代历史名人。由于蜡像自身特点的关系，熟悉的人物更能被大众所认知、接受。因此，我们认为中国蜡像馆塑主应以中国近现代历史人物为主，包括诺贝尔奖获得者以及对世界、祖国做出重要贡献的华裔、华侨等，并兼顾古代。同时，展示世界近现代史上与中国友好的、为新中国的成立和社会主义现代化建设做出过突出贡献的、在国际事务中对中国产生过重大影响的国际著名历史人物，例如：马恩列斯、白求恩、“三S”（斯诺、史沫特莱、斯特朗）、知名援华专家、尼克松、田中角荣等。2008年中国首次举办奥运盛会，届时，世界各国体坛明星将云集北京，演艺界人士也会加盟其中，北京将成为不同种族、不同肤色的人们汇聚的地方。因此，制作部分演艺界、体育界名人，既适应了观众的“崇名心理”，也会增加蜡像馆的经济效益。

欧洲蜡像馆的先进经验告诉我们：要使蜡像馆达到寓教于乐、良性循环的目的，就必须重视市场效益。随着改革开放的不断深入，市场机制必将与文博事业单位接轨。我们不以赢利为目的，必须自始至终把观众的兴趣和需要放在重要位置，但也必须考虑经济效益问题。事实证明，由于忽

视经济效益，已使许多展馆的生存危机悄然而至。中国现存的几座地方蜡像馆，如西安秦皇兵马俑蜡像馆、北京十三陵蜡像馆、大连金石滩度假村蜡像馆等，都已举步维艰。蜡像馆要按照市场经济的要求，与旅游业相结合，使蜡像馆在制作、展览、维护、宣传、服务等各方面合理配套，走出适宜自身生存、发展的路子。我们在对市场大量调研的基础上得知：蜡像的人物选择是事关日后蜡像馆观众流量的决定性因素。因此，蜡像塑主选择需要涵盖古今中外，以近现代为主。只有如此，才会更适合观众观赏的愿望和要求，也才能获得更好的社会效益和经济效益。

（四）相当规模的展示空间和新颖考究的场景设置

蜡像馆陈列不同于一般展品展览，它需要相当规模的展示空间和新颖考究的场景为依托。因为，只有把蜡像人物放在大的场面、情景中去表现，才能使蜡像更为逼真，更加栩栩如生；观众也才能获得身临其境、置身其中之感。欧洲蜡像馆展厅空间宽阔，展览面积一般可达数千至逾万平方米。首先，在设计制作上坚持了高规格，不仅蜡像制作精雕细绘，工艺精湛，而且大量采用了高科技展示手法，形成了“场景化”的展示体系。这些规模巨大、构思奇特的人工场景布满了展厅空间，甚至连楼道、人行道，也精心布置了雕塑、油画及各种艺术造型。在表现形式和展示体系方面很有创意，收效显著。其次，是以不同的场景，将众多的蜡像人物分类组合，使之相互连接而成为统一的展示体系。再次，是运用声、光、电等高科技展示手法增强表现力。大量的多媒体被运用于蜡像馆的展陈中，相当数量的蜡像人物和场景实现了动态化。

鉴于国外展陈形式的先进经验，我们应制定符合我国国情的形式设计和场景设置，既不应奢华浪费，也不宜过于简单。由于我们在先期报告中没有涉及有关形式设计制作的费用，因此在此次报告中特补充预算，暂拟定为 1 亿元（附后）。

此外，关于蜡像馆命名是否称“中国国际名人蜡像馆”更为合适。

2001 年 9 月 28 日

（本文节选自作者主持筹建中国历史名人蜡像馆期间执笔上报国家文物局的三份报告）

欧洲蜡像馆初探

2001年七八月间，我们考察团一行六人，对英国、法国、荷兰等欧洲主要的蜡像馆以及中国香港的蜡像馆进行了考察。通过实地观察、拍照录像、座谈交流和查阅资料，对上述蜡像馆的制作工艺、展陈形式、观众状况以及蜡像馆的经营管理等方面，有了一定的了解。总体来看，上述蜡像馆办得是很成功的。他们的场馆建筑规模大，蜡像制作工艺水平高，展示手法新颖，经营管理得力，经济收益甚佳，有的甚至成为赢利丰厚的大集团公司。如英国伦敦图索夫人蜡像馆，每年观众量达350余万人，该蜡像馆成人售票14英镑（相当于168元人民币），仅票房年收入就达4亿多人民币，创造了“挣钱比印钱还快”的奇迹；法国蜡像馆年观众量达60余万人，票价99法郎（相当于113元人民币），票房收入约7000万元人民币。这些蜡像馆再加上其他经济收入，其经济状况之兴旺是可想而知的。现对上述蜡像馆的情况简介如下。

一　蜡像工艺水平高

人们到蜡像馆，主要是看蜡像做得怎么样。蜡像馆能否办好，关键取决于蜡像制作工艺水平的高低。上述蜡像馆的成功之处，首先在于它们具有很高的蜡像制作工艺水平。

蜡像艺术是西方具有久远传统的肖像艺术与现代超级写实主义雕塑艺术相结合的产物。蜡像起源于法国，后传至英国。英、法的蜡像馆已有200多年的历史。当今欧洲乃至世界的蜡像馆以英国蜡像馆最负盛名。英、法蜡像馆已在世界不少国家建立了分馆。据考察，欧洲蜡像馆的蜡像制作工艺，从总体上看已达到了很科学很严密很完美的阶段。他们的专业队伍很强。制作一尊蜡像，从泥稿雕塑到蜡像合成，要由摄影师、雕塑师、发型师、染色师、服装师、道具师以及机械、电脑、建筑工程专家等几十人通力协作，经过十几道相互紧密衔接的工序方能完成。他们做蜡像的材料也非常考究，其化学配方对外是严格保密的。对制作蜡像的模特，他们不仅要严格测量其身体的各部分（包括眼睛、牙齿等），有的还要翻制其面部及手、脚等处的模型，务求所做蜡像造型高度精确，与真人一致。这样，就保证了他们做的蜡像确实很逼真（尤其是白种人），有的简直达到了乱真的程度。这就如有的书刊评论所说："（蜡像作者们）都是技艺非凡的艺术家，他们不但善于捕捉名人的外观细节，还善于再现其独特的性格神韵，无论姿势、服饰和面部表情，都塑造得惟妙惟肖，真是见蜡像如见真人！"这应该是蜡像艺术的真正魅力所在。

二　蜡像馆规模宏大

上述蜡像馆的又一成功之处，应该说是他们的"规模效应"。这些蜡像馆都颇具规模，都在致力于营造一种"博大精深"的展览氛围。一是展厅面积大。这些蜡像馆场馆建筑都很有气势。英国的蜡像馆开放了三层楼，展厅总面积近10000平方米，法国、荷兰、香港等的蜡像馆分别为两层楼，展出面积为6000—8000平方米。显然，具有一定的规模是办好大型蜡像展陈不可缺少的前提。二是蜡像人物多。各个馆的蜡像人物一般不下数百尊，英国伦敦蜡像馆则超过500尊。正是由于蜡像人物数量众多，才给观众以目不暇接、美不胜收的"分量感"，让观众感到物超所值，"很有看头"。这无疑也是对观众最具吸引力的一点。三是设计制作规格高。这些馆的设计制作坚持了高规格。不仅蜡像制作精雕细绘，工艺精湛，而且大量采用了高科技展示手法。展厅的装饰设计也十分考究，大多实现了"场景化"。构思奇特、尺寸巨大的人工场景布满了展厅空间。甚至连楼道、人行通道，也精心布置了雕塑、油画及各种艺术造型。四是投资巨大。且不说蜡像馆内外建筑及其为展览而改建的大量费用，仅一尊蜡像在国外的价格一般就在4万美元（约合人民币33万元）以上，数百尊蜡像确已造价不菲，同时，蜡像日常和阶段性的保管、维修费用也是很高的。如法国巴黎格雷万蜡像馆去年用五个月对全馆蜡像作了一次修复，资金投入达5400万法郎（相当于6200万元人民币）。而且不少蜡像内部装有控制表演程序的电脑设备，使蜡像能像真人一样说话和动作，其造价当然会大幅度增加。荷兰蜡像馆“序厅”的一尊声、光、电并用的巨大“电脑蜡像人”，足有两层楼高，该国的风景名胜都被巧妙地制作于蜡像人一身，蜡像人则通过语言、动作等声、光、电的形式向观众作形象、生动的展示和介绍。除此之外还有大批制作精美、复杂、宏大的反映自然、历史及神话等内容的动态场景，加之隐蔽于这些场景之外的机械操纵系统，其投资数额会更多。由此可见，这些蜡像馆投入了巨额的资金，力求达到“规模效应”。

三 展示手法新颖

上述蜡像馆在展示手法上很有创意，收效显著。首先，他们注重将蜡像人物放在情景中去表现，使蜡像具有动态感。蜡像人物个个表情生动，体态各异，服饰鲜明，道具独特。有的在劳作，有的在演讲，有的在沉思，有的在歌舞，有的在嬉戏，有的在搏击；或独自一人表演，或三五成群聚会，或轮流“上台”，或群星荟萃……总之，将观众带进了一个热闹非凡、妙趣横生的境界和氛围中。其次，上述蜡像馆都采用了“场景化”展示体系。这些精心设计和制作的场景，匠心独运，构思奇妙，艺术地再现了自然、历史及幻想、神话等场面，让观众有身临其境的感觉。同时，以不同的场景，将众多的蜡像人物分类组合，形成相互衔接的统一展示体系。如：“伟人殿堂”“科学至尊”“电影天地”“体坛名将”“名人派对”“宇宙遨游”“恐怖魔窟”“蜡像作坊”，等等。再次，运用声、光、电等高科技展示手法增强表现力。大量的多媒体被运用于这些蜡像馆的展陈中，相当数量的蜡像人物和场景实现了动态化。很多机器蜡像人能眨眼，会说话，可以做简单动作，从而将这些蜡像人表现得活灵活现。加之五彩缤纷的色彩、不同效果的音响和巧妙控制的灯光，大大增强了展陈的感染力。最后，是这些蜡像馆注意了旧址、文物在展陈中的作用，并使之与蜡像实现了有机的结合。法国巴黎格雷万蜡像馆本身就是一处有名的遗址，在展览中，他们还使用了大量的文物或实物、艺术品等。例如法国著名诗人、作家雨果的蜡像，就同时布置了雨果的作品、雨果赠送给蜡像馆的羽毛笔及雨果的手模等。这显然使陈列的历史真实感和艺术观赏性大为提高。

四　经营管理独辟蹊径

毋庸讳言，上述蜡像馆是通过蜡像艺术的展示，而达到营利为主要目的。但他们成功的经营管理方式，仍有不少可借鉴之处。他们按照市场经济的要求，与旅游业相结合，使蜡像馆在制作、展览、维护、宣传、服务等方面合理配套，在经营管理上积累了丰富的经验，走出了适宜自身生存、发展的路子。他们特别注重以下几个方面。

第一，以“观众所喜欢什么就做什么”为设计经营原则，使蜡像馆为广大群众所喜闻乐见。所做蜡像以当代热点人物为主，都是人们所熟悉的名人。如最著名的各国领导人（包括中国领导人毛泽东、邓小平、江泽民）、科学家、文学家、宗教领袖、王室成员、演员、歌星、运动员以及大量民俗、故事、幻想中的人物等。在塑主选择上没有国界、不分敌友，甚至连遭人们反对的希特勒、萨达姆等“名人”也包括在内。蜡像人物制作工艺水平很高，再配以丰富多彩的场景及高科技展示手段，就使蜡像馆几乎对任何国家、民族、年龄层次的游客观众都具有了吸引力，都能满足他们的好奇心。无怪乎外国游客到了英、法等国，会把去不了蜡像馆当作一大遗憾。

第二，是以大量的宣传来包装和推销自己。这些蜡像馆占据的地理位置一般都很优越，它们都利用街头广告来作介绍。同时，通过印刷、出版大量的书刊及报纸、电视等新闻媒体，加大宣传力度。

第三，是在世界各地建立分馆，扩大影响，增加收益。英国蜡像馆至今已在荷兰、美国、澳大利亚、中国香港等地建了十多家分馆，法国蜡像馆也已在国外建立了九家分馆。

第四，是为观众服务，让观众参与。这些蜡像馆服务设施一般都相当齐备，在展厅之间设有观众休息室、小卖部、书店、咖啡馆、餐厅，而且装饰绚丽多姿，成为展览中的一景。为了让观众便于欣赏蜡像人物及被有机地融合于其中的场景，英国蜡像馆还专门开设了长达一公里的曲折、起伏的“游览列车”，穿行于这些场景之间。适应观众、特别是青年观众乐于参与的愿望，蜡像馆在展线（参观路线）上下了很多功夫，使每一尊蜡像都能与观众“没有距离”，观众可以随意观察、触摸蜡像，拍录蜡像或与蜡像合影。即使观众不留神损伤了蜡像也没有关系，无非是蜡像维修人员通过及时地检查予以修复或更换而已。另外，蜡像馆还为观众讲解蜡像制作工艺，赠送或卖给观众蜡像器官（眼球、手等），并以其特有的技术为观众翻制手模。无疑，这些做法既满足了观众需要，也增加了蜡像馆的收益。

上述蜡像馆还存在一些不足之处。譬如展出的蜡像人物良莠不分；除白种人外的其他人种做得往往不太像；在制作工艺的某些环节上仍有待提高，如蜡像人的皮肤表面肌理、汗毛孔的处理等。

纵观上述蜡像馆，他们努力使自己成为集艺术性、知识性、娱乐性于一体的群众喜闻乐见的文化场所，以高超的工艺水平，精心设计制作的各类蜡像与景观，注重运用现代高科技展示手法，并通过科学合理的经营管理和对观众的周到服务，使蜡像馆在激烈竞争的市场经济大潮中长盛不衰。他们的做法和经验为我国建立和发展蜡像馆乃至文博事业，应是不无借鉴意义的。

（本文为马英民、杨燕合作。原文刊于
《中国文物报》2001 年 10 月 12 日）

《新文化运动陈列》的策划与思考

2001年4月，北京新文化运动纪念馆正式向社会开放。纪念馆依托“永远的红楼”，系统地展示了20世纪自“五四”新文化运动到中国共产党成立风云激荡的历程。纪念馆开放一个月，观众超过5000人。参观者对《新文化运动陈列》给予了充分肯定和较高评价。笔者借此机会，谈谈《新文化运动陈列》策划过程中的一些思考。

一 把握主题，准确定位

如何确定主题，《新文化运动陈列》在这个问题上显得比较复杂。因为学术界对这段历史研究相对较少，对一些历史情况和相关问题分歧意见也较多，难以对这一运动的评价达成全面的共识。其中不少问题还属于“敏感”点，如：如何理解新文化运动是20世纪中国第一次伟大的思想解放运动，关于这一运动追求的“民主”与“科学”及其现实意义，新文化运动的历史地位及其局限性等问题，不易于把握。针对上述种种问题，我们在总体设计中，首先学习、领会江泽民总书记在北京大学一百周年校庆讲话中，对“五四”新文化运动所概括的“爱国、进步、民主、科学”的总精神，明确“研究无禁区，宣传有纪律”，坚持以正面宣传为主。同时，坚持历史唯物主义的态度，积极、慎重地吸收新的科研成果，客观地实事求是地评价和反映一些历史人物和事件，使陈列具有学术氛围并能代表新的学术水平。对新文化运动中的人物、团体、报刊、事件等，根据不同的情况，尽可能地作出客观的展示。在深入理解和正确把握新文化运动的实质和基调的同时，注意处理好几方面的关系：

一是新文化运动与“五四”运动的关系。这也是《新文化运动陈列》及纪念馆筹建中专家们格外关注的一个问题。不少专家认为，“五四”运动比新文化运动更有纪念意义。“五四”运动与中国共产党成立直接相关，并代表着青年运动的方向，也和中国青年节相一致。所以纪念馆不应称新文化运动纪念馆，而应称“五四”运动纪念馆，起码应称“五四”新文化运动纪念馆。纪念馆应主要反映“五四”运动的内容。

我们认为，“五四”运动固然极其重要，在纪念馆的陈列中也一定要有相应的地位，但它却不能因此成为纪念馆及其基本陈列的主要内容。中央批准建立新文化运动纪念馆，应该说已经确定了纪念馆的宗旨和任务。也就是说，新文化运动本身的地位和意义，要求建立一座纪念馆。其内容当然应集中表现新文化运动。《新文化运动陈列》必然要联系并相应反映“五四”运动的内容。但“五四”运动在有关中国共产党的创建史的博物馆、纪念馆及相关展陈中，已有很多、很充分的反映。如果在新文化运动纪念馆中再作为中心内容来表现，不但不符合中央的建馆精神，也会与一些大馆、专题馆的同类展陈重叠。唯有新文化运动的内容，在目前相关的博物馆、纪念馆及其展陈中，仍处于空白或薄弱环节。较之“五四”运动，新文化运动的内容更广泛而丰富。陈列的主要内容，只能是本来意义上的新文化运动。

二是新文化运动与中国共产党的创建史和中国革命史的关系。有人主张，纪念馆及其陈列应着重反映中国共产党的创建史及中国革命史才更有价值，而将新文化运动作为主要展示内容，陈列及纪念馆的意义就会大打折扣（在实际的纪念馆陈列的设计及布陈中，受这种认识影响较大，值得反思）。这也是一种片面的认识或误解。因为那样的做法很容易使陈列变成局部的或小的党史、革命史。从而使陈列既不能表现好党史、革命史这类重大题材，也会使陈列本身及纪念馆失去特色和价值。新文化运动是20世纪中国第一次伟大的思想解放运动。在经过这场伟大思想解放运动后，中国的先进知识分子冲破封建传统意识的束缚，最终选择了马克思主义，并使之与中国的工人运动相结合，创建了中国共产党。新文化运动的历史地位和意义是非常重要的，建立这一运动的纪念馆是十分必要的。对此，多年来文化界一直在强烈呼吁。这也应是中央编制办公室批准建立新文化运动纪念馆的根据所在吧！至于中国共产党的创建史和中国革命史的相关内容，陈列中自然也会联系到并作出一定反映。但其主要内容的充分反映，却不能苛求由新文化运动纪念馆这样的小馆来承担，而应以更切合这一主题的馆，如中国革命博物馆、党的一大纪念馆等去承担。

三是新文化运动与红楼、北京大学的关系。也有意见认为，《新文化运动陈列》应与红楼的历史及北京大学校史结合起来，应以与红楼相联系的人物、事件为主线，去设计陈列。毫无疑问，新文化运动与北大、与红楼，有着十分密切的联系。在《新文化运动陈列》中，对北大、对红楼的展示，不能不成为重要内容。但是，前者与后者毕竟有着重大差别。新文化运动与红楼变迁史、北大校史无论在时间、范围和所要表现的内容等方面，都是有许多区别的，不能混为一谈。为了使北大、红楼的有关内容得到更充分的表现，我们在红楼内特办了北大和红楼的专题展览。

明确纪念馆建馆宗旨，领会新文化运动的实质，正确处理一系列关系，才能较好地把握《新文化运动陈列》的主题。经过反复思考和讨论，这一主题被确定为：以马列主义、毛泽东思想、邓小平理论和“三个代表”重要思想为指导，坚持辩证唯物主义和历史唯物主义，通过陈列和旧址复原，实事求是地展示历史事件和历史人物，重点表现新文化运动的主要人物、团体、事件、报刊等内容，反映自“五四”新文化运动到中国共产党创立的波澜壮阔的历程，宣传“五四”新文化运动“爱国、进步、民主、科学”精神，对人民群众尤其是青少年进行爱国主义教育。

二　结构创新，大处落墨

主题确定之后，陈列的主线也就随之明晰起来。也就是说，整个陈列要围绕新文化运动的发生、发展而展开。但陈列的框架结构和谋篇布局，则应力求创新而突出重点。我们的做法是：

第一，打破“流水账”的格式。《新文化运动陈列》的总体设计，根据主题和内容的要求，吸取近年来的一些可行经验，注重变化，注重创新，突出重点，没有沿用单纯编年体的传统做法，而是在注重历史发展顺序的同时，基本上采用了“专题体”的框架结构。

整个陈列分为三个部分，第一部分，“辛亥革命后的中国社会”。下分两个单元：“共和制度下的社会变革”“北洋军阀的倒行逆施”。反映新文化运动得以发生、发展的背景。第二部分，“新文化运动的兴起”。这一部分通过三个单元，即“高扬民主与科学的旗帜”“提倡新道德反对旧道德”“提倡新文学反对旧文学”，全面、系统地展示本来意义上的新文化运动的方方面面。第三部分，“‘五四’运动与新文化运动的深入”。这一部分下分“‘五四’运动”“马克思主义在中国的传播”“开天辟地大事变”三个单元，是新文化运动的高潮。主要反映由新文化运动发展为“五四”运动，进而促使中国共产党诞生的史实。由上可见，《新文化运动陈列》的基本框架是：背景—新文化运动—“五四”运动。这一框架考虑到了大的历史顺序，但三部分基本上是既有内在联系、又相互并列的大的专题，而每一部分内部，更是主要以专题的方式来表现相关内容的。

第二，采用“枣核式”比例。为了使陈列能突出重点，集中表现新文化运动本身最具特质的内容，把“新文化运动”的文章做大做足，我们改变过去展陈中各部分要求平衡的传统做法，对陈列的三个部分，大胆制造“不平衡”，即采取了两头尖、中间宽的“枣核”式的布局。三部分所占比例，依次为2∶5∶3，并提出第二部分比重还可以超过1/2（实展中第三部分超过规定比例而大大膨胀，把一些应该虚的内容做得太实，是不得当的）。第一部分，要求简明扼要，说明问题即可。第二部分，则力求详尽，以达到对新文化运动“到此观止”的效果。第三部分是避实就虚，意在成为整个陈列的点睛之笔，使观众心驰神往，引发更多联想和思考：只有中国共产党，才能代表中国先进文化的前进方向，才能肩负起人民的希望。尽管在陈列中对第二部分已作了最大限度的“饱和”处理，却仍让人有意犹未尽之感。我们特在红楼内一次辟出四个展厅，专门展示“五四”新文化运动时期的报刊，并在新闻纸阅览室办了反映北大及红楼的专题展。这两个专题展无疑可以作为基本陈列的必要补充。

第三，开头力求简明。不少人认为，中国“新文化”的产生是与西学东渐相伴而来的，其起点应追溯到鸦片战争前后甚至更早。但这不仅会使运动的内容或背景向前延伸过多，使之繁枝缛节，冗长拖沓，也会使过小的展厅不堪重负，对新文化运动开端的理解也有失偏颇。新文化运动是有着特殊的含义和内容的，其发生、发展也是有着特定原因和时空的。所以，这一运动的开端，只能是辛亥革命之后。展览的开头，也只能自此时起，而不能过于繁杂。

第四，结尾必须高昂。新文化运动与新思潮的深入发展为马克思主义的传播铺平了道路，中国的先进分子经过对各种思潮的反复比较，最终选择了马克思主义，并使之与中国工人运动相结合进而产生了中国共产党——这既是新文化运动运行的客观轨迹，也是历史逻辑发展的必然归宿。也就是说，新文化运动发展到“五四”运动，进而促进马克思主义传播直至中国共产党成立，是有着内在联系的。只有在新文化运动促进马克思主义传播和中国共产党诞生后，中国人民才真正看到了光明和希望，在中国共产党的指引下，走上人民解放、民族独立和国家富强的新道路。所以，陈列的结尾只能是中国共产党的成立，其他内容都压不住。只有以这种高昂的气势收尾，才既符合史实，又提气、提神。

三 凸显特色，营造亮点

一个纪念馆及其基本陈列，必须具有突出的特色、众多的亮点，才会更有价值和生命力。北京新文化运动纪念馆作为旧址类纪念馆，其最大特色，毫无疑问，即是其依托的北京大学（简称北大）红楼。北京大学红楼建成于1918年，是当时北大的校部、图书馆和文科教室，时称文学院。

红楼建成后，北京大学校长蔡元培即迁来办公。他主张各种思想“兼容并包”，提倡新文化、新思想和学术民主，并着手以近代资产阶级教育制度为蓝本，改造封建保守的旧北大，北大开始出现清新活跃的空气。在蔡元培主持和倡导下，北大出现了一批新派教授。后来成为党的创始人的陈独秀、李大钊和新文化运动的著名人士胡适、鲁迅、刘半农、钱玄同、沈尹默等，相继来校任职、执教。同时，北大也吸引了大批先进知识青年。红楼建成的当年，青年毛泽东即来新闻纸阅览室工作。校内的革新团体和进步刊物也如雨后春笋般涌现并发展起来。新派人物和进步社团的活动使红楼成为新文化运动的主要阵地。北大、红楼的名字深深地刻在了新文化运动的历史上。所以，要营造和突出纪念馆及其基本陈列的特色，就要充分凸显北大红楼的内蕴与风采。为此，我们一方面对红楼的内外建筑、通道等进行了维修，对周围环境进行了整治和美化，尤其是精心复原了南大门、李大钊办公室、毛泽东工作过的新闻纸阅览室和鲁迅讲过课的学生大教室等（原拟复原红楼内蔡元培、陈独秀、胡适等人的办公室，学生宿舍及北大印刷厂等，因条件不具备暂未进行），这无疑为纪念馆及陈列大增光彩。与此同时，我们注重在展览中突出北大、红楼的内容，在基本陈列中，通过大量文物、图片、文字及音像资料，对有关北大及红楼的人物、团体、事件、刊物及各种活动，予以充分展示。此外，还在新闻纸阅览室办了专门介绍北大及红楼的专题展。这一切，不仅很好地表现了北京大学及红楼作为新文化运动组织指导中心和基本营垒的作用和地位，也为《新文化运动陈列》营造了背景和内容上的突出特色和亮点。

展览要靠文物说话，“以物取胜”。要办好一个展览，必须要有好的相关文物，也就是说，要有文物特色。为此，筹展人员下了很大功夫，征集、展示了一批十分珍贵的新文化运动文物。如：体现民国初年“共和”观念深入人心的日用品（茶壶、茶杯、首饰、结婚证、纪念牌等），袁世凯祭天时穿的祭服、戴的祭帽，蔡锷在护国运动中使用的指挥刀，中华民国大总统签署任命蔡元培为北大校长的委任状，蔡元培提出“兼容并包”主张的手迹，陈独秀创办的《青年杂志》，李大钊写给胡适的关于为文学革新而奋斗的信，李大钊编写的《唯物史观讲义》，刘半农编辑出版的《新文化运动著名人物》中所列陈独秀、李大钊、胡适、沈尹默、鲁迅等8人共26首白话诗手稿，周作人、沈尹默、刘半农、钱玄同等新文化运动著名人士在周作人苦雨斋的合影，反封建斗士吴虞的日记，“五四”运动胜利后北大学生送给律师的银杯以及“五四”新文化运动中的大量报刊、传单及纪念章等。这批文物被精心布置在陈列中，无疑大大提升了陈列的品位和对观众的吸引力。

营造符合陈列内容需要的特殊氛围，对于表现陈列主题是非常必要的。这也可称为陈列的氛围特色吧。在新文化运动陈列中，我们特别注意在以下方面营造特殊的氛围：一是开头。展览的开头为背景部，本来，为解决因展厅面积过小，无法单设序厅问题，原拟将序厅设计在展厅门外，使之与入口处形成一个虚拟连贯、半开放的空间，营造一种特殊的视觉冲击力以吸引观众。可惜因故未能实行。最终我们设计制作了一幅260厘米×340厘米的大型铜质浮雕，画面为包括了新文化运动诸多名人在内的群众集会的宏大场面，既简明准确点题，又着力渲染了新文化运动的雄浑气势，将观众引入特定的历史氛围。第二部分为中腹展开部。通过大量的实物、照片以及油画等艺术品、沙盘模型等，并调动种种表现手法，如超薄电视机、多媒体设备、通电玻璃、循环放映幻灯机等，力图全方位淋漓尽致地反映这一运动，使这一部分成为“新文化运动资料大全”和“新文化运动情景大观”，为观众营造一种“新文化运动到此观止”的氛围和感受。除此之外，前已述及，还在一楼增开了四个展室，专门展出“五四”新文化运动时期报刊；在新闻纸阅览室布置了北京大学和红楼的专题展览；并新辟了录像放映厅，为观众循环放映有关录像片。从而使新文化运动的内容得以更好的展现。三是结尾。展览的结尾为高潮部。展厅出口处复原了中共一大会址建筑的外立面（石库门）并摆放南湖游船模型，将《新青年》等一批铜版腐蚀画铺于展厅中轴线（后端）地面，直到一大会址复原墙前。寓意新文化思想解放运动是通向中国共产党的创立的“通道”，象征新文化运动的飞跃。四是加大陈列的科技含量，营造特定氛围，调动观众情绪。如：合理使用声光电，陈列照明为人工采光，展线基本照明采用聚光灯定点照明，充分突出和保护文物。文物柜内采用光导纤维照明技术，降低热和紫外线对文物的损害。墙面玻璃展柜采用防炫光防紫外线玻璃，降低炫光对观众视线和文物的影响。背景和文字采用大幅丝网印技术。另外，还采用了上已述及的通电玻璃、多媒体、金属腐蚀画等技术。这些无疑营造了一种特有的气氛，程度不同地增强了展示效果。

要做好一个展览，不仅要发挥其优势，还要弥补其不足，尽可能变短为长，变弱点为“亮点”。这次新文化运动陈列遇到了两大难题，其一是展厅过于狭小。陈列室长 30 米，宽 6 米，高 2.9 米。展览面积只有 180 平方米。经室内第二次空间设计，两侧展墙各留 0.4 米的消防通道，宽度就只剩 5.2 米，展厅有效使用面积也只有 150 多平方米了。要在如此有限的空间以丰富多彩的展品，展现波澜壮阔的“五四”新文化运动，按常规的空间处理方法简直是难以想象的。为了解决这一问题，我们采取了如下做法：一是展厅内基本不用传统的独立排列的展柜，将所有文物（实物）一律上墙，置于嵌入式的精致的有机玻璃龛内，不再占用地面空间。二是在展厅地面和地下做文章。如将红楼地区的巨大沙盘置于展厅地面下，地表覆以可透视并可通行的玻璃板，将《新青年》等一批铜版腐蚀画铺于展厅中轴线地面。三是展厅的隔断使用通电显影玻璃。因其具有通透性，增强了展厅开阔、明亮的感觉；又因为它能定时显示“五四”新文化运动的群众游行场面，而使陈列内空得到了艺术的体现。四是对陈列的某些部分，如北大、红楼、期刊等内容，如前所述，在基本陈列中作了必要的反映后，将其更多的部分移至红楼内作为“专题”展出，使之作为基本陈列的补充。采用上述一系列做法后，既节省了空间，也使展品得到了充分展示。陈列的第二个难题，是这个展览的展品多为书籍、报刊、文件等纸质文物，弄不好整个陈列室就会像一个书店，形式会十分单调、呆板。为了解决这个问题，活跃展厅气氛，我们大力采用了前已述及的油画、彩喷图片、铜版腐蚀画等艺术品，使用了通电玻璃、沙盘模型以及循环放映幻灯机、超薄电视机、多媒体设备等表现手段（原拟陈列三大部分要有各自的色温、色调及标识，并制作《新青年》编辑部八大编辑的工作群体蜡像，使用高科技手法如“幻影合成”表现“五四”运动中火烧赵家楼的壮观场面、展示新文化运动著名人物在红楼工作的“场景双屏同步显示”等，因时间、条件等因素所限，未能实现）。这些做法，不仅弥补了场地的不足，也为陈列营造了新的气氛，新的亮点。

（原文刊于《中国文物报》2001年7月26日、8月2日）

论社会历史类基本陈列改陈

社会历史类（含人物类）博物馆、纪念馆的基本陈列，是体现这些馆的性质、功能和任务的主要陈列。设计、制作此类陈列，需要投入很大的人力、物力、财力和花费大量时间。因而这种陈列一经推出，将会相对稳定地存在一个较长的时期。但是，这种陈列也不可能无限期地保持原状、一成不变，而要根据不断变化的情况，在展出一个时期之后，适时改陈，以适应社会和观众的需要。但在长期的计划经济年代，基本陈列的改陈却绝非易事。不少社会历史类博物馆、纪念馆的基本陈列，十几年甚至几十年也难得一变。近年来，随着国内外形势的发展，中国一些博物馆、纪念馆的社会历史类基本陈列纷纷改陈，并形成了一个改陈高潮（其他如艺术类、科技类展陈也有类似情况，不在本文探讨之列）。为什么会在如此短的时期内出现这样一个改陈潮流？在改陈中应如何认识并继承原陈列中应予肯定的成果和做法，从中挖掘和汲取丰富营养？怎样在改陈中勇于探索和创新，实现陈列理念与手法的与时俱进？本文试对上述问题略陈管见。

一　改陈潮流方兴未艾

从20世纪90年代初以来，随着国家改革开放政策的深入实行和社会主义市场经济的逐步建立，中国各项事业出现了开拓创新、与时俱进的局面。博物馆界也面临空前的机遇和挑战。正是在这一大的社会背景下，中国社会历史类博物馆的基本陈列，开始立足于时代的高度，面向现代化，面向世界，面向未来，汲取国内外先进经验，从自己的实际出发，对原有基本陈列进行改版更新，并迅速形成了改陈热潮，至今方兴未艾。回顾这次社会历史类基本陈列的改陈潮，可以看出如下特点：

第一，进展快。1991年陕西省历史博物馆改建为中国“第一座现代博物馆”，并对其基本陈列进行了大规模改陈。在随后短短的十来年时间内，上海、河南、广东、江苏等一大批省、市、区博物馆相继跟进。首都北京的抗日战争纪念馆、中国人民革命军事博物馆、首都博物馆、直到新近由中国革命博物馆和中国历史博物馆合并重新组建的中国国家博物馆等，也不甘落后，奋起直追。迄今为止，从国家级、省级，到省以下各级社会历史类博物馆、纪念馆，普遍在进行或准备进行基本陈列的改陈直到馆舍的更新，改陈大潮已在全国范围内涌起。

第二，力度大。有的馆过去也搞过一些基本陈列的改陈，但多为小修小改。而在这次改陈潮流中，各地都刻意求变、求新、求高、求精，力争在国内同类馆及陈列中创一流，领先若干年；并提出与世界接轨，跻身国际先进行列。在人、财、物上舍得投入。更新一个陈列、改建一个馆的投资往往达数百万、数千万甚至数亿元。在改陈中，新材料、新技术被大量使用。展陈设施、设备和家具、道具及相关的室内外装修、环境改造等，多采用高标准。务使陈列和馆舍及内外环境焕然一新。

第三，探索性强。这次改陈潮来势快，势头猛，人们的思想和物质准备往往不够充分。但各地勇于探索，锐意进取，敢试敢闯，不怕挫折、失败，不怕走弯路。积累了不少好的做法和经验。这些，无疑是应该肯定的。当然，改陈不应跟风赶时髦、一哄而起。而要结合自己的实际，有针对性地去进行。

第四，成果多。各地围绕基本陈列的改陈，从理念到手法，从内容到形式，从设计到制作，从材料到技术，从环境到建筑，从人本到互动，从推介到成效，全面开花。各种新成果、新进展大批涌现，层出不穷。

为什么会出现这样一个社会历史类基本陈列的改陈热潮呢？

第一，时代的呼唤。过去在计划经济条件下，博物馆主要由国家包起来，由上级领导部门管起来，“一切行动听指挥”，过着“等、靠、要”的日子。虽然不能说都生活得优哉游哉，也总能落个“撑不着，饿不死”局面，保饭碗没问题。国家实行改革开放以来，博物馆也被带进了社会主义市场经济的大潮中。不少博物馆由于一个基本陈列几十年一贯制，别说本来就是内容陈旧、形式枯燥的陈列，会越来越少有人问津；就是表现力较好的陈列，群众看过几遍后也会丧失兴趣。长期不改陈只会导致“门庭冷落车马稀”。这一现象在社会历史类博物馆表现得尤为突出。由于这些馆的原有陈列往往缺乏表现力、吸引力、竞争力，进入新的历史时期后，社会效益与经济效益更显低下，“吃国库”也已开始大打折扣，于是，举步维艰甚至难以为继的日子悄然而至，求生存、求发展的沉重课题严峻地摆在了人们的面前，博物馆界的危机意识也油然而生。不改变现状，旧陈列不改陈，将无路可走。形势所迫，穷则思变。博物馆要冲出困境，就必须适应时代和观众的要求，转变观念，闯出新路。先是要改变陈列展览的老模式、老面孔，使展陈更具吸引力、感染力和竞争力，真正贴近社会、贴近生活、贴近群众，受到广大群众的欢迎，从而提高社会效益和经济效益。在这样的时代背景下，社会历史类基本陈列出现集中、大规模改陈就成为势所难免的了。应该说，一方面，这次社会历史类基本陈列改陈潮流的出现，是几十年来计划经济向社会主义市场经济转型对博物馆展陈工作的必然要求。从另一方面看，基本陈列改陈的主客观条件，如：陈列观念的变化、新征文物的增多、陈列经验的获取，陈列新材料、新技术的应用，改陈资金的筹措，科研工作的深入等，也只有时代发展了才能随之具备和趋于成熟。也就是说，只有发展至现在的国内外形势下，才使大规模的基本陈列改陈具有了可行性，实施改陈工作才会现实地提上日程。

第二，群众的企望。博物馆及其展陈的根本功能和任务，在于向社会大众传递文化信息，满足观众学习、欣赏等多种需要。在计划经济条件下，博物馆的任务比较单纯，主要被限定在教育群众方面，人民群众来博物馆看陈列展览，主要就是为了受教育，因而上述任务也较易于完成。但随着改革开放的深入发展，人民群众的价值观念、审美意识及处世心态等发生了很大变化，除了如过去般到博物馆来看陈列、是为了接受教育外，还要求欣赏、交流、参与以及休闲、消遣、娱乐等，有的则把来博物馆看成是一种文化消费，要求提供更多的服务。加之社会上各种文化娱乐设施、渠道、方式日益增多，人们的注意力与兴奋点一再被分散，如果博物馆以不变应万变，依然故我，自然就很难再受到群众青睐。但是，如上所述，博物馆及其陈列完全是为观众服务的。只有赢得观众，才能实现自身的价值，才能生存和发展。因此，必须坚持以人为本的理念，满足观众需要。最主要的就是基本陈列必须为观众所接受、所认可、所欢迎。所以，在新的形势下，为满足群众企望而对基本陈列进行改陈就成了博物馆的当务之急。

第三，完善自身的需要。受过去计划经济时代主客观条件的限制，社会历史类基本陈列常存在一些明显的问题和不足。即使被认为完成得相当圆满，也只是代表当时的水平。随着时间的推移和人们认识的深化，陈列的缺陷或偏差也会越来越多地被发现或显露出来。之所以存在这些问题和不足，是因为，在体系上，过去受苏联模式影响较大，强调运用陈列对群众进行系统教育，陈列体系搞得很严密，常常成为“挂在墙上的教科书”。这在当时是被认可的，而且各馆大多如此，因此也出现了一些馆在体系及内容、形式上不同程度的雷同现象。这种体系逐渐暴露了许多弊病，亟待予以改变或调整。另外，随着对陈列内容研究的深入和学术水平的提高，也会不断显露陈列中的一些不足或偏颇。同时，已收集到的新的重要文物，或馆藏品中更多可以轮换的文物，需要充实、替换到陈列中去及时进行新的文物组合。在形式方面，过去主要是强调形式服从内容，形式只是装饰、“文物穿衣”，忽视艺术设计。与国外相比，中国过去的陈列普遍比较简易、粗糙、单调，缺乏新材料、新技术、新设备、新手段支持。也往往缺乏内外环境的协调一致，等等。这样的陈列只有经过适时调整、修改、更新，使这些偏颇和不足得到纠正和解决，才能重新焕发光彩。

第四，接轨世界的趋向。1983 年中国正式加入国际博物馆协会，中国博物馆走向了国际化。中国的国际交往逐渐增多，国外博物馆界最新的研究成果被源源不断地介绍到国内。中国博物馆界也通过赴国外考察、交流、学习，打开了眼界，看到了自己在诸多方面包括展陈方面与世界先进博物馆之间存在的差距，纷纷提出了与世界接轨、争当国际先进的呼声和要求。一些地方大馆在国家和当地政府支持下，相继进行了与世界接轨、赶超世界先进水平的大胆尝试，以空前的规模与力度，更新陈列与改建馆舍、改善环境，取得了喜人的成果和进展。经过各地的不懈努力，目前中国的博物馆及其展陈水平已大大缩短了与世界先进博物馆的差距，在某些方面已走在了世界的前列。

各地在基本陈列的改陈中，逐步积累了一些重要的经验。其主要内容是，基本陈列的改陈工作，除观念的转变之外，还应具备相应的软硬件支持。具体讲，一是要通过总结原陈列的优缺点，确定其是否需要改陈及改到什么程度，明确改什么，怎样改。二是对陈列内容的研究要深入，确实做到按照时代要求，客观、正确地认识相关历史问题及历史事件和人物，防止人云亦云。三是要有馆藏基础。不能做无米之炊。四是人、财、物，尤其是资金要有保证。五是要把握时机，不能“急急忙忙往前闯”，跟风赶时髦。要在主客观条件具备后，以充分的工程周期，精心设计，精心制作，精心施工，精益求精地打造精品，创立品牌。当然，改陈成功与否，还要付诸社会，交由观众评判。

同时，人们也在改陈中认识到，由于各馆情况不同，对原有陈列更新的程度和标准不宜相互攀比或搞“一刀切”，而是要根据各自的需要与可能，以不同做法进行。具体而言，基本陈列的改陈，分为个别修改、局部修改、整体修改或小、中、大改三种情况。个别修改即小改，指对陈列中某个或几个不当之处进行“打补丁”式的调整处理，弥补陈列的显著缺陷。这种修改可随时进行，是解决陈列弊病的应急措施，常常投入小而收效快。局部修改即中改，则要选准修改切入点，对原陈列从内容到形式，从文物到设施、设备等，有侧重地做较大的改动，更多地采用一些新的表现理念和手法，使之更加适合已变化了的形势与观众的要求。这种改陈花费人力、物力及时间虽然相对较多，但可操作性较强，常能取得事半功倍的成效。整体修改即大改，一般是结合博物馆性质、任务的重新定位进行，往往与新建馆舍同步开展，在注重对原陈列继承的基础上，吸收国内外先进经验，以前瞻性、权威性、经典性设计理念，将改陈目标定位于国内外最先进标准，敢于突破一些既有的条条框框，更新陈列主题和体系，大量采用新内容、新文物、新材料、新技术，以很大的人、财、物的投入，对原陈列进行全局性、根本性的更新，务使改陈后的基本陈列以全新的面貌问世。这种改陈可能会取得巨大成功，一步到位地迈进国内外先进行列，产生一鸣惊人的效应。但也可能搞得不伦不类，并造成重大的损失和浪费，因而存在很大风险。在没有充分论证及各种软硬件条件不具备，尤其是资金不易到位的情况下，进行这种大规模改陈需要格外慎重。

经过改陈，越来越多的社会历史类基本陈列旧貌换新颜，再次焕发出新的活力、张力和魅力，重新受到观众的欢迎和好评。这充分说明，历史类基本陈列只有形成一种机制，随着社会和形势的发展，适时进行不同程度的改陈，才能保持自己的勃勃生机，始终成为人民群众钟爱的文化精品。

二 改陈要立足于继承

人们对基本陈列的改陈，更多关注的往往是原陈列的陈旧、不足方面，而对继承其成功的做法和经验则重视不够。有的甚至对原陈列持一种简单否定的态度。这种认识和做法显然是非常不当的。因为任何事物的更新和发展，都必须建立在原有的基础上，否则就会成为无根之木，无源之水，其更新发展也就无从谈起。一个博物馆的社会历史类基本陈列，常常是几代人不懈努力获得的成果。有的基本陈列还经过了不止一次的修改，吸收了某些先进的做法和经验，成为有所创新而具有一定活力的作品。陈列从内容到形式，不少表现理念和手法，也都还在不同程度地放射着光彩。因此可以说，基本陈列改陈的新旧两版之间，是有着根本的共性和割不断的联系的。对此决不可采取虚无主义的态度。所以，在基本陈列改陈中，需要认真回顾、总结原陈列的得失成败和经验教训，发扬成绩，弥补不足，更上一层楼。切不可不分青红皂白，一概否定。

基本陈列改陈应从哪些方面继承呢？各馆有各自不同的情况，需要根据各自的实际去总结，去认识。继承也包括方方面面，难以一一列举，现择其大端，简述如下。

其一，坚持正确的发展方向。多年来，社会历史类博物馆及其基本陈列始终坚持从本馆的性质、功能、任务出发，为社会主义政治服务，为人民服务，坚持先进文化的发展方向，进行爱国主义和优良传统教育，传播先进文化，资政育人，为社会主义精神文明建设做出了很大贡献。这是此类基本陈列改陈必须要加以总结和发扬的最为可贵之处。社会主义国家社会历史类博物馆及其基本陈列不能超脱政治，必须讲政治，为现实政治服务。研究无禁区，宣传有纪律。这是中国的国情和中国特色社会主义所要求和决定的。但是，这种基本陈列的政治倾向性又必须与历史的真实性相结合。既坚持政治标准，又坚持科学标准，坚持实事求是和解放思想的原则，客观公正地反映历史事件和人物，坚持陈列的科学性。两者相互渗透、相互支撑、相互制约，缺一不可。正是在认识和处理政治性与科学性的关系方面，需要以往的基本陈列进行的大量实践以及积累的丰富经验，为现在的改陈提供宝贵的借鉴。

其二，坚持既有优势和特色。一个博物馆，一个基本陈列，没有自己的个性和特色就没有生命力，就难以获得好的展示效果。经过长期的探索和实践，各地各级博物馆及其基本陈列一般都已具有了自己的某种优势，创立了一定的个性和特色。如：有的陈列主题视角独特，提炼得当；有的陈列体系别出心裁，创意新颖；有的文物珍贵，组合精巧，富有表现力；

有的表现手法奇妙，采用了某些新材料、新技术，并与内外环境较为协调；有的想方设法为观众服务，受到群众好评；等等。这些成果和优势来之不易，饱含着一代代博物馆人的智慧和心血，是博物馆宝贵的财富。基本陈列改陈，要格外珍惜并致力于使其发扬光大。

其三，坚持科学的设计理念与手法。各地经过多年的实践和探索，对博物馆的特点和规律的认识日益深化。在设计、布置陈列，运用博物馆语言传递陈列信息等方面，为后人积累、提供了大量科学而实用的做法和经验，十分值得重视和借鉴。其中主要有：一是要坚持博物馆陈列的实物性原则。陈列内容和陈列艺术设计人员要把对文物的研究摆在重要位置。陈列要用文物说话，观点要通过文物和文物组合来表达。文物和文物组合是陈列的基本构成，是陈列主题的具体化和形象化。要坚持以文物说话，不能“文物不足图表补”，不能以过多的辅助展品及人为景观冲淡文物的作用。辅助材料在陈列中起着烘托主题的作用。但与文物相比，只能是起一定作用的“配角”，而不能取代实物变为“主角”，导致“喧宾夺主”。二是要科学处理陈列的内容与形式的关系。陈列形式要服务于内容，同时形式对于内容又有相对的独立性和创造性。要尊重博物馆陈列艺术设计的特有要求。陈列是工艺技术的设计成果，也是艺术创作，不是简单地“给文物穿衣”，而要把陈列看成完整的艺术作品。三是要把握好陈列的逻辑思维向形象思维的转化。内容设计作为逻辑思维的产物，还只是文字和平面的作品；只有形象思维的产物，才会成为多维、立体的作品，才会转化为博物馆特有的语言。要实现这一转化，有两个关键的环节，一为陈列布局，二为文物组合。陈列布局是陈列提纲的具体化和形象化，文物组合是陈列方案的具体化和形象化。陈列设计的一个基本任务，就是在这两个环节上实现陈列内容和陈列形式的最佳结合。四是要辩证地看待和处理陈列内容的多与少。社会历史类基本陈列，涵盖社会的方方面面，其表现内容应该是丰富多彩的。但在有限的陈列空间及一定主题的要求下，又不可能面面俱到，更不能无限加大文物密度，搞成文物资料的堆积，把陈列搞得冗长、松散、密密麻麻。这就是说，展品不能只是以多取胜，而要典型，要精。其关键在于选择。选择的范围、类型、数量应该多而广，而选择的结果却要少而精。当然，对陈列中的不同内容，也不可一概而论，重点内容，展出文物量应加大，一般内容，则应尽量减少文物。对重点珍贵文物，要舍得运用更大的空间、更多的手段去表现，而对一般文物则可相对加大密度，做到疏密有致。

其四，坚持开展陈列精品工程。关于陈列精品意识，是人们在长期实践中认识不断加深的结果，是从以往比较简易、粗放的模式渐次改进、发展的过程中逐步形成的。实践证明，只有精心设计，精心制作，精心施工的陈列，才会有更好的社会效益和经济效益。因而在陈列工作中，从设计，到制作，到施工，必须精益求精。尤其是陈列设备和陈列道具的制作质量，作为陈列工作的最后环节，至关重要，必须予以高度重视。从1997年起，全国十大陈列精品评选已连续举办了五届，这一活动大大促进了各地陈列精品工程的开展。无疑，社会历史类基本陈列改陈应大力坚持精品工程战略。

其五，坚持博采众长。社会历史类基本陈列改陈，不仅要以本馆原陈列为基础，继承、发扬其成功之处；还要走出去，博采众长，广泛学习国内外相关博物馆及其陈列的先进做法和经验。没吃过西餐，不可能做好西餐。改陈也一样，要达到国内外先进水平，就要先到国内外先进馆考察、学习一番。只有如此，才可能了解和掌握国内和世界各国相关博物馆及其陈列的发展趋势和动态，明确赶超目标。但是，向国内外先进馆学习，切忌简单模仿，照抄照搬。而要从本馆实际出发，适当地借鉴和吸收其适合本馆、本陈列的先进做法和优秀成果。不仅要博采众长，还要学会从“制高点”切入。要着眼当前本行业发展的最前沿，学习其最新的理念、手法和成果。不能见什么学什么，什么都想学一点。这种学法不仅会造成人力、物力、财力的严重不足和很大浪费，也难以学深学透。对外馆的一些做法和成果是否需要借鉴和引进，不能以本馆有没有这些东西为取舍标准，而要看其先进程度如何而定。不能今天学的东西，明天就落后。甚至刚学到的东西已经成为落后的了。而应该在条件具备的情况下敢于跨越和赶超，争做国内一流，冲向世界前列。伴随着全国博物馆基本陈列改陈热潮的兴起，近年来各馆在改陈前纷纷到国内外先进馆考察、学习，已经蔚成风气。这对改陈工作无疑是大有益处的。

其六，坚持“从失误中继承”。前车之覆，后车之鉴。过去，各馆社会历史类基本陈列存在的偏向和失误，包括在改陈工作上所走过的弯路，为今天的改陈提供了借鉴，也是难得的财富。其中尤其值得注意的问题有：在主题上重政治轻科学，在设计中重内容轻形式、重逻辑轻形象、忽视内容设计和艺术设计在工作全过程中的融合和统一、重德育功能轻美育功能，缺乏对陈列与建筑、内外环境的整体艺术设计，盲目跟风，等等。通过对产生这些偏向和失误原因的探寻和认识，有针对性地在改陈中加以克服和预防，避免再走弯路，也应是改陈工作中作好继承的应有之义。

三 改陈要勇于创新

社会历史类基本陈列改陈离不开继承，必须“站在前人的肩上”，在已有的基础上去改进、去提高、去完善。然而，最好的继承是创新。以往的改陈之所以取得成果，无不与努力创新有关。要在基本陈列改陈中创新，首先要实现人的观念的创新。这就要求人们要具有解放思想、实事求是、与时俱进的精神，根据时代与观众的需要，认清以往陈列模式的问题和不足，接受新的表现理念和手法，开拓进取，勇攀高峰，去闯出一条新路。当然，如何创新应从各馆实际出发，不可一概而论。但通观全局，改陈创新，应着重考虑如下诸方面：

第一，主题创新。主题的创新是整个陈列创新的前提。主题的创新要立足于时代高度，适应观众需要，着力对陈列主题进行提炼和深化，准确定位、定向、定调。要选准视角和切入点，合理调整内涵和外延，独辟蹊径，出奇制胜。要注重发挥本馆优势，把握重点，凸显个性，营造特色，从内容与形式的总体设计上提出具有前瞻性的奋斗目标。如北京的抗日战争纪念馆基本陈列的主题，由主要反映中共在抗战中的中流砥柱作用，经过改陈，提炼为客观、全面、深刻地反映中国人民的抗日战争，大大丰富了陈列的内涵和表现力。黑龙江瑷珲馆基本陈列经过改陈，改变全面反映瑷珲历史的做法，将镜头聚焦于中俄关系史，着重通过《瑷珲条约》的签订，反映国土破碎、人民悲恸、奋起反抗的主题，并围绕主题营造内外环境氛围，鲜明地突出了陈列的个性和特色。

第二，格局创新。能否使基本陈列乃至博物馆有一个崭新的格局，对展陈效果关系很大。各地在改陈创新中，注重在建筑的设计、环境的营造、展厅空间的分割、设施设备的配置、展品密度与节奏的把握、光线及色温色调的运用、整体艺术效果的探求等方面，巧妙构思，在陈列及博物馆的结构布局上取得了显著的进展。如广西百色起义纪念馆及其基本陈列，原设在红七军军部旧址。由于受原馆舍格局的影响，展示效果不佳。1999 年底纪念馆改建、改陈，新馆舍及基本陈列《百色风雷》，根据实际需要而设计，纪念馆迁建于百色市中心交通便利、风景优美的迎龙山公园内，园中有馆，馆寓于园；新馆的六个展厅，前五个由深灰色调的隧道相连，表现中国革命在黑暗中曲折、苦斗。第六展厅为暖色调，宽广、明亮，表现新社会的蓬勃生机。这就在总体上形成了馆园结合及“两重天”的格局。新馆及新的基本陈列完成后，大受群众欢迎。太平天国纪念馆在改陈中，通过在古建筑内重新营造空间概念，在空间运用上，该陈列处理得通透空灵，疏密有致，在古建筑内营造成了一个大气的布局效果，得到了专家和观众的好评。武汉博物馆的古代历史陈列，打破以往均衡、单一的陈列格局，将纵跨三四千年的历史内容安排在一大一小两个展厅内，并将环境艺术风格纳入陈列的整体设计之中，从而形成了一个厅紧凑丰满、一个厅疏朗耐看的格局，取得了理想的展示效果。

第三，体系创新。长期以来，中国社会历史类博物馆受苏联陈列学的影响，基本陈列大多是严密的编年体的历史学体系，全面、系统地表现历史过程，成为“挂在墙上的教科书”。这种体系不仅造成了许多馆基本陈列相关内容的司空见惯和雷同，缺乏鲜明的个性和特色，而且往往使整个陈列显得冗长、单调、沉闷，难以突出重点。还由于“编年体”要求不能断线，而馆藏文物又难免有缺项，所以只能大量使用辅助展品，以连缀、铺陈整个展线，从而大大降低了博物馆传递物化信息的特有功能。基本陈列体系的创新，就是要打破严密的历史学的编年体体系，而按照博物馆的特点和规律，创作出符合本馆性质、任务要求，立足于藏品实际，陈列内容与形式的设计有着很高自由度的富于个性、特色和表现力的陈列体系。近年来各地改陈的实践，已经创造出了多种成功范例。主要有：①“穿珠”式。如：浙江省博物馆的基本陈列《浙江七千年》，突破面面俱到的严密历史体系，只将“浙江历史上的闪光点像珍珠一样穿成一线”，“以点带线”展示历史的亮点。这种体系，既尊重了历史的整体性，也很好地体现了本土性文化的特征。②“板块”式。上海鲁迅纪念馆、上海历史博物馆、内蒙古自治区博物馆等馆在基本陈列改陈中，采用完全相对独立的专题式陈列结构，形成了并列的板块式体系。这种体系不但更集中地反映了陈列的重点内容，综合起来也仍然是完整的整体。③“头—身”式及“头—腹—尾”式。南京太平天国纪念馆、北京抗日战争纪念馆的改陈，将历史概况，先作一个非常简明的交代，形成陈列的一个“头”。然后，对陈列的主要内容分若干专题，分别集中反映，可称为

“身”。若将该两陈列中的“太平天国的影响”“抗战胜利”各自作为结束部分，则可称为“尾”，前面的“身”也可相应地称为“腹”了。④“多元式”或“系列”式。广东孙中山纪念馆通过改陈，将原来较单一的陈列改造为“孙中山故居复原陈列”“孙中山生平事迹陈列”“孙中山亲属与后裔陈列”以及“翠亨民居展示区”“翠亨农业展示区”等，成为兼具历史纪念性和民俗性的、立体的、多元化的系列展陈体系。当然，有的馆改陈，是将上述不同的体系相互结合起来，而成为各种“综合式”体系。随着改陈实践的不断摸索和深入，一定会有更多的陈列体系问世，使体系创新更加多姿多彩，更加适应不同特点的陈列需要。

第四，内容创新。历史不是任人打扮的女孩子，而是已逝去的客观事实。对历史事实，反映在展陈中可以取舍，却不能改变和创造。所谓内容的创新，一是在内容选择与调整中要体现大手笔。不能像历史教科书那样拘泥于严密的逻辑性，章、节、目面面俱到，处处顾及衔接与均衡，而是要以很高的自由度，少而精地将一些历史上最重要、最生动的内容，以很灵活的方式展示出来。如武汉博物馆的古代历史陈列敢于取舍，将以往鸿篇巨制的“连台本”大戏，改为相互呼应、短小精悍的“折子戏”，收到了理想的效果。二是在内容的选择和调整中力求贴近生活、贴近群众、贴近社会，使展示能引起观众的共鸣和兴趣。如上海鲁迅纪念馆、广东孙中山纪念馆在改陈中，不仅将原陈列内容调整得更能吸引观众，还分别增加了与鲁迅有直接接触的一大批文化名人的内容、孙中山亲属与后裔的内容，从更多的方面拉近了陈列与观众的距离。由于主客观条件的限制，人们对历史的认识是逐步深化而日益接近客观真实的。一个社会历史类基本的陈列完成后，随着时间的推移，人们对相关历史的认识会愈来愈深广，新的科研成果会不断出现。这些新的学术成果，要求人们对原陈列进行相应的充实、完善乃至更正。社会历史类基本陈列应关注新的研究信息和动态，吸收新的科研成果，代表最新的科研学术水平，使自身得到更新。

第五，文物创新。陈列的实物性，陈列通过文物说话，通过形象说话，是社会历史类基本陈列的主要特征和必须坚持的原则。要使这类基本陈列改陈产生好的效果，就必须注重在文物的选择、展示方面下功夫，实现文物创新。如何使所陈列的文物经过改陈而面目一新呢？一是要深入研究、挖掘原陈列所展示的文物蕴藏的信息内涵，并通过使重点文物更加凸显，和进行新的文物组合，进一步向观众传递更多新的信息，从而使文物发挥更大的作用。如军事博物馆在最近一次改陈前，作为该馆“知名品牌”的“功勋武器”——在解放战争时期参加过锦州战役、天津战役和开国大典的“功臣”号坦克、在抗美援朝战争中击伤击落九架美机的功勋歼击机等，虽然也曾作为展品在原陈列中展出，却按兵器分类法分门别类地陈列在相应的类别中，仅仅在说明词里“点到为止”，这就未能充分利用其本身所含的丰富的信息。通过改陈，这些“功勋武器”得到了重新组合而集中展出，在展出空间和艺术设计上也更为精当，这就大大加深了观众的印象。上海中共一大纪念馆最近的改陈，打破过去展柜、展板及展品密度、照片大小等过于均衡、划一的做法，根据展品的重要程度及其蕴含的信息特点重新组合，在展品空间的划分、衬板的配置及艺术设计上拉开若干个档次，更好地突出了重点、关键文物，成为新版基本陈列的神来之笔。二是通过展出文物的轮替，使展陈文物更新。中国一个较大的社会历史类博物馆的藏品，数量一般有数万件至数十万件。而其基本陈列展出文物，往往只有数百件至数千件。绝大多数的藏品，只能长期“埋没”在仓库里。如果将基本陈列所选用的文物，在符合陈列主题要求的前提下，有计划地予以轮换，使馆藏文物得以轮流展出，就会使观众不断保持一种新鲜感。三是征集新的文物，充实、弥补陈列的缺项和薄弱环节。由于种种原因，造成基本陈列某些内容文物不足或缺项，是社会历史类陈列的通病。在原陈列展出期间，各馆一般已针对缺项，收集了一批相关文物，改陈时可在一定程度上弥补缺陷。如仍嫌不足，就要在改陈过程中下大决心，调动一切积极因素，尝试各种方式和途径，征集相关文物。务使改版后的基本陈列所展出文物一新其面。故宫出资两千余万元，收购了一幅隋人的书法作品，充实其馆藏与陈列之不足，其做法堪为称道。

第六，艺术创新。首先要改变重内容轻形式的传统观念。不能只强调内容对形式的决定作用以及形式服务于内容，还要认识形式对于内容的反作用，而且在一定条件下形式可以决定内容。应该看到，传统的陈列逐渐不为群众所欢迎，一个重要的原因，就是展示理念与手法的陈旧、落后。抗日战争纪念馆基本陈列第三期改陈的指导思想明确提出，从某种意义上说，改陈成功与否的关键在于形式设计能否有所突破。应该说，他们的这一提法是很有见地的。

怎样才能实现形式设计或艺术设计的创新呢？各地的探索主要集中于如下各点：①注重氛围。观众参观社会历史类陈列，不一定记得住太多的事件、人物和文字，这些内容通过书刊等其他渠道也可以接触。观众来博物馆的直接目标，主要是来感受一种身临其境的历史气氛，是来感受历史。这正是此类基本陈列特有的信息传递功能及其魅力之所在。此类陈列在改陈中，应力求克服传统展示形式的不足，运用各种手段来营造特有的历史氛围，感染观众。上海鲁迅纪念馆认为："我们不期望观众记住多少内容，只希望他们感受鲁迅精神所特有的氛围。"他们通过色调色温、自控音响、个性造型等，营造了一种鲁迅精神世界的氛围，令观众参观后能留有一个长久的回味。宁夏回族自治区的西夏博物馆运用文物和多种手段，营造出游牧民族及西夏王国特有的文化氛围，展示了其神秘的兴衰历史。②注重"绝活儿"。所谓"绝活儿"，是指陈列中按照主题要求而独创的极具表现力并受观众欣赏的展示手段，包括一些高科技手段。这往往为观众带来"开了眼"的欣喜而持久难忘，取得了极好的信息传递效果。如一些馆在改陈中首创的"半景画""全景画""分专题场景化布置""影像与模型合成装置""幻影成像""全息成像""场景双屏同步显示""三维动画"以及一些艺术珍品的辅助展示等。③注重人本。在形式设计中树立一切为了吸引观众、一切为了服务观众的以人为本意识，开展人性化设计。为不同层次、不同方面、不同需要的人群，包括残障群体着想，从观众的价值观念、审美情趣出发，使展示形式真正为广大群众喜闻乐见，并尽可能适应观众尤其是青少年学生喜好动手、参与的特点，多设计一些互动项目。④注重整体。现代博物馆陈列讲求从内容到形式，从设计到制作，从室内到室外，从陈列到馆舍，从建筑到环境等，和谐一致，浑然一体。并通过实施精品战略，创立精品和品牌，取得整体效应。除上述诸点之外，不少馆在改陈及展示中还大量采用了戏剧、影视及其他艺术表现手法，取得了意想不到的效果，值得称道，本文不再详述。

综上可知，社会历史类基本陈列改陈，必须坚持继承与创新并举的原则。继承为创新奠定基础，创新在继承的前提下开拓前进。二者相辅相成，缺一不可。因此，在此类基本陈列改陈中，一定要统筹兼顾，将继承与创新紧密结合起来。只有既善于继承，又勇于创新，在继承优秀传统的基础上不断取得新的突破和进展，才能使此类基本陈列充满生机和活力，才能使陈列工作和博物馆事业适应新的时代发展趋势和广大人民群众的愿望与要求，为社会主义精神文明建设做出新的更大贡献。

（原文刊于《北京博物馆学会第四届学术会议论文集》，北京燕山出版社 2004 年 9 月版；又见《中国文物报》2003 年 11 月 24 日）

论革命历史类博物馆展陈的特点

按照通常的分类方法，中国革命历史类博物馆是指全国或地方以近代以来革命与建设历史（含事件、人物）为展示内容的博物馆（纪念馆）。这一类博物馆在中国为数众多，到20世纪末已达300余座，占全国博物馆总数的1/4强。① 如果再加上与革命历史相关的各级综合性博物馆，为数更为巨大。拥有如此众多的革命历史类及相关的博物馆，是由中国国情决定的，这既是中国文博界的一大特色，也是一大资源和财富，此类馆及其展陈（主要指代表其建馆宗旨的基本陈列和上级交办的政治性展览等）的重要作用和地位是不言而喻的。与其他类型的博物馆相比，革命历史类博物馆展陈存在着很强的特殊性和诸多特点。此类博物馆及其展陈在计划经济年代一度辉煌，为社会主义精神文明建设做出了巨大贡献，但在中国改革开放和实行社会主义市场经济后，此类馆却逐渐陷入了困境。之所以如此，肇源于主客观诸多原因，也与此类馆展陈的特点和特殊性直接相关。在改革开放和社会主义市场经济深入发展的新的历史阶段，在全面建设小康社会和大力创造社会主义先进文化的今天，需要人们对革命历史类博物馆展陈的特性、特点及其作用与影响，予以全面审视，以便从此类馆及其展陈的实际出发，顺应时代要求，探索适宜于其生存和发展的展示理念与手法。那么，此类馆展陈主要有哪些特点和特殊性呢？

特点之一，从展陈的历史看。革命历史类博物馆及其展陈与其他类型的博物馆在发展历程上有诸多不尽相同之处。

一是此类馆产生较晚。与国外近代博物馆已有200多年历史、国内的也有百年历史不同，革命历史类博物馆直到1949年新中国成立前后才开

---

① 王宏钧主编：《中国博物馆学基础》（修订本），上海古籍出版社2001年12月版，第56页。

始出现，尔后随着共和国的前进步伐而不断增多和发展。可以说，此类馆本身即是革命与建设的产物，是革命与建设成功的标志和体现，因而其展陈内容一般具有强烈的“革命—政治”色彩。

二是此类馆的展陈方式主要是20世纪五六十年代仿效苏联社会主义陈列学，强调进行全面、系统的革命历史教育，形成了教科书式的严密的展陈体系。三是在长期的计划经济时期，一方面，此类博物馆陈列坚持党性与科学性相结合，为社会主义服务，为人民服务，为现实政治服务，对广大群众进行革命传统、革命精神和社会主义、爱国主义教育，很好地发挥了社会功能，曾是深受群众欢迎和喜爱的一类博物馆。陈列的思想性、科学性、艺术性在实践摸索中也不断得到了提高。另一方面，由于中国长期“左”的指导思想的影响，尤其是在“大跃进”、“文化大革命”等极“左”时期，此类馆也曾程度不同地步入误区，直至展陈内容以阶级斗争、路线斗争为纲。四是改革开放以后，由于此类馆在主题、内容上的时代局限性，加之长期不重视艺术设计，陈列普遍比较粗糙、单调、枯燥、沉闷，缺乏新材料、新技术、新设备、新手段支持，设施简陋，内外环境往往也不够协调、优美，服务功能不完善，同时，随着时代的发展，群众的价值观、审美情趣也在不断发生变化，而社会上各种文化娱乐设施、形式、渠道迅速增多，竞争日趋激烈，政府也不再像计划经济时期那样，把博物馆完全包起来，而是一步步“断奶”，经费匮乏的困扰也日益严重。诸多因素的共同作用，使此类博物馆“门庭冷落车马稀”，不少博物馆门可罗雀，社会效益和经济效益陷入了低谷。如何摆脱举步维艰的困境，找到一条生存、发展之路，成为在社会主义市场经济条件下革命历史类博物馆及其陈列必须解决的最大难题。

特点之二，从展陈的主题看。应该说，这是此类博物馆及其陈列最具特殊性的一个环节，或许即是其奥秘、灵魂之所在。

第一，执行性。虽然革命历史类展陈最初的陈列大纲——包括主题、原则、内容等，一般是由办展人员根据对相关历史和本馆藏品的研究拟制和提出的，但在拟制过程中，办展人员必须善于运用我党要求的立场、观点、方法去认识和解决问题，要把上级精神、主流意识“吃透”，按照各级党组织（尤其是中央）的“红头文件”及其决定、相关领导人的指示，宣传、理论部门的要求，权威专家的意见，主流媒体的论述等，去理解，去贯彻、执行。只有如此，才能提出站得住脚和通得过的陈列主题。同时，陈列主题的确定过程，也是经由相关领导、专家结合陈列大纲、方案反复进行审查、论证，并由办展人员作出相应修正，直到权威机关批准的过程。当然，在陈列大纲及主题从提出到确定的整个过程中，办展人员的研究工作必须始终遵循党性与科学性相统一的原则。应该说，革命历史类博物馆及其陈列毕竟是党的宣传工具，是党的重要宣传阵地和窗口，如何宣传，理应由党来把关。陈列的主题、观点和内容，必须与党的宣传口径相一致。只有这样，此类馆及其陈列才能得到党和政府的肯定和支持。

第二，支配性。主题一旦确定下来，陈列的内容和形式设计就都要“围着主题转”。此类馆的陈列内容和形式都是由陈列主题决定和主导的。也就是说，这类陈列是“命题作文”，展示的目的是为了表现主题。在此类陈列中，不是文物决定主题，而是主题支配文物，主题决定文物的选用和征集，即根据主题的需要找文物、找展品，用各级主题及观点将文物和其他展品统率起来，再由这些展品对主题及观点予以佐证。而不是像有的类型的博物馆陈列，是由藏品决定展陈主题和内容，一切“围着文物转”。

第三，可塑性。与文物、标本、遗址等的不可改变性不同，革命历史类陈列的主题具有较大的可塑性。由于此类陈列与形势、与现实、与政治联系密切，政治局势的时过境迁，人们认识（包括主流意识和领导机关的认识）的不断转变，作为原提出和确定主题的依据，如当时的文件、决定等，也在随着时间的推移而不断显现其固有的主客观的局限性，社会和群众需求也日益呈现多样性并必然会得到文博界更多的关注，这一切，就要求并决定着此类陈列的主题不能一成不变，而必然会随着时代的发展，在视角、内涵、外延等方面进行相应调整。这就使这类陈列的主题表现出明显的可塑性。而这种主题的不断改进，就意味着其与原征集、选用的文物等展品不同程度地脱节。主题的新的内涵和外延则需要新的文物、展品来予以佐证，这也必然会造成所需文物、展品的更多调整和缺项。因此，主题的不断改进，就意味着必须补充更多相关的新文物。而实际工作表明，相关的近现代文物又是很不容易征集到位的。在这种情况下，陈列只能更多地以非文物陈列品来弥补。所以，这些非文物展品如何设计、制作、选用，就成了此类陈列的一项重大课题。同时，也就成了此类馆展示手段探索的一个重要环节。

特点之三，从展陈的体系看。此类馆及其展陈在 20 世纪五六十年代受苏联陈列学的影响很大。因为在当时世界两大阵营严峻对峙的国际形势下，作为社会主义阵营重要成员的新中国的博物馆，当然不可能学习和接受西方文博事业发达国家的办馆模式，而只能主要学习苏联社会主义陈列学，以及学习苏联等社会主义国家建设综合性的博物馆的经验等。仅20世纪50年代，中国编译、介绍的苏联和东欧社会主义国家的博物馆学和博物馆工作的文章、著作即达120余种。[①] 与此同时，中国还向苏联派出了大批留学生，系统接受其文博教育，并聘请苏联专家，来指导中国的文博工作。这些做法对中国博物馆建设和陈列展览产生了重大而深远的影响。苏联的革命陈列学批判了过去的所谓“客观主义”陈列观，主张运用陈列对群众进行唯物史观和革命精神的系统教育。其陈列体系主要采用严密的“编年体”结构，即按照历史发展的时间顺序，将陈列内容划分为几个相互衔接的时期，每个时期再按时序排列历史事件，务求大事不漏，面面俱到。从革命历史类陈列提纲看，从各部分（章）到单元（节）再到组（目），有的还往下列出重点（细目）等，基本是历史讲义的框架。然后，再按各级主题要求选取革命文物或制作辅助展品予以佐证、铺陈，从而使陈列成为变相的革命史讲义，成为“挂在墙上的教科书”。这种编年体式的陈列，虽然使陈列内容脉络清晰，照顾到了各个方面，也易于操作，在现实中也不容易出现宣传上的“不平衡”等问题，但它一方面要求整条主线不间断，不“跳跃”，从而极易造成平均使用力量，难以实现内容设计的大手笔，突出不了重点和不易营造大的看点等问题；同时，也很难做到使如此多的事件、人物的全过程都能收集到相应的文物。于是，“没有文物图表补”，或干脆以大量的文摘、语录、警句、文字说明等来替代，造成图表、文字充斥展线，加之不重视陈列的精心设计制作，造成展示形式的简易、枯燥、沉闷。此外，众多相关的馆均采用这种面面俱到的体系，也必然会造成相互之间在内容、形式上程度不同的重叠和雷同，这当然也会减弱各馆陈列的特色和个性而影响展示效果。

特点之四，从展陈的内容看。

第一，讲政治。由于革命历史类陈列内容与近现代历史，与革命、改革和建设的现实，与党和国家的方针政策，与相关领导人直至党政高

① 文化部文物局主编：《中国博物馆学概论》，文物出版社1985年版，第20页。

层领导，往往密切相关，因此，此类陈列选用哪些内容，宣传什么观点及如何宣传，一些敏感问题如何处理，等等，必然要顾及宣传效果和政治影响。也就是说，必须讲政治。换言之，也就是要运用马克思列宁主义、毛泽东思想、邓小平理论和“三个代表”重要思想的立场、观点、方法，按照现实政治的要求，在主题的主导下，去把握和进行陈列内容的设计。在陈列内容的研究中，可以百家争鸣，但最后定案必须与中央一致。研究无禁区，宣传有纪律。历史不能改变，但必须坚持党性与科学性相统一，根据政治要求对历史内容进行或强化或淡化、或突出或回避等陈列设计处理。

第二，要平衡。在陈列中哪些人物、事件该上并突出，哪些需要淡化、回避，各自达到什么程度，需要统筹兼顾，搞好平衡。有人说，在此类陈列中，“平衡是最大的政治”，或许不无道理。而在这种平衡中的人物及事件排列次序、摆放位置、出现次数、照片及说明文字字体之大小、各相关艺术设计之相互影响，等等，处理起来尤显微妙。可以说，“名次学”也成了此类陈列的一门特殊学问。

第三，找依据。陈列内容、观点的依据，像确定主题一样，也主要是以上级文件及其决定、指示、领导人讲话、权威专家意见、当事人（应有一定地位和影响）回忆录等为准的。而对于对本馆藏品的新的认识，对于不断涌现的一些学术新成果、新论断的采用，则需十分审慎。因为非如此则不易为领导、专家所认可而达致陈列提纲、方案的审查通过。由上可见，此类馆陈列的内容设计，在重视政治，重视领导、专家意见的同时，却未能更好地反映对馆藏文物的研究和学术界的新成果、新水平，与学术界的同步发展；未注重更多地表现社会文化和生活，尤其是更多地关注观众的需要，实现“三贴近”，这显然使此类陈列内容设计具有相当的改进和创新的余地。

特点之五，从展陈的文物看。与其他类型的展陈文物（标本）相比，革命历史类文物既有作为最具博物馆陈列语言特征的历史见证的共性，还具有其自身突出的特点。

第一，可替代性。由于此类展陈是“命题作文”，主题主导，不能像有些类型的陈列，馆藏文物“有什么摆什么”即可，而是主题需要什么摆什么。而在现实中馆藏文物一般很难完全满足主题的需要，有时能选用的文物很少或即便选上也不尽得当，但作为政治任务的陈列展览是必须完成的，这样，就必然会造成陈列所需文物的缺项，而只能以更多的非文物展品来替代。也就是说，此类以表现主题为目的的陈列，文物的不足或不当是可以用非文物展品予以替补的。值得提到的是，此类展陈有时文物较少甚至没有多少文物，仍能取得较好的展出效果。这也可算是此类博物馆陈列的一个奇妙之处吧！

第二，所需信息传递的指向性、间接性。革命历史类陈列的文物虽然都是按革命命题征集的革命文物，但任何文物都可能蕴含多种信息。此类文物一般也都蕴含“革命—政治”信息和其他方面的信息这样两类信息。以国家博物馆藏鸦片战争中的虎门大炮为例，它直观展示给观众的，更多的可能是其颜色、体量、材料、工艺、性能等信息，而陈列主题所要求其传递的，却是其关于抗击英国侵略军历史见证的信息。也就是说，陈列主题要求文物显示的主要是“革命—政治”方面的信息，在信息传递的需求上有很强的指向性。而实现这种信息的传递，就需要对文物的不同信息进行排他性选择。同时，此类文物之革命信息，一般是蕴含于文物背后的历史背景、故事情节之中，很难自然地由文物的表征通过视觉而直接传递给观众。而文物的其他信息，却多是直观、显性的，观众可一目了然。这就使此类信息的传递具有了间接性。上述特点决定，革命文物之革命信息，需要利用种种中介手段，如语言、文字、图片、影视、艺术、科技等手段来辅助，才能得以准确、充分、巧妙的传递。

第三，缺乏观赏性。与其他类型（如古代历史类、文化艺术类）陈列会选用大量本身具有诸多美学要素的文化艺术方面的文物，而且这些文物会将其美学信息通过其表征自然、直接地传递给观众不同，革命历史类陈列所选用的文物，多集中于外观不具多少美学要素与视觉冲击力的文件、报刊、书籍、信札等纸质载体以及在艰苦斗争年代革命者的衣着、用具、武器及敌人的刑具等，加之新中国成立后人们的一些工作、生活用品等。这样一些文物，谈不上多少艺术性和观赏性，往往给予观众“不好看”的直观感觉。当然，此类陈列所关注的，是文物的“革命—政治”信息，而这种信息又大多不能通过文物的外观直接传递，因此，文物的外观状况一般并不被办展者所重视。即使这类文物外观具有一定的观赏性，为了避免对主题信息的干扰和影响，一般也需刻意去避免显示。如展出领袖衣着，绝不是让观众去欣赏这种展品的材质之美、做工之美等，而是为了传递领袖某种品格的信息。但是，随着时代的变迁，群众的审美情趣越来越趋向关注展品的观赏性。为了使此类陈列的文物更能吸引人，使其信息更能让观众接受和理解，就需要改进展示理念与手法，使这些文物得到相应的美化或艺术化，使之具有某种适宜于其表达信息所需要的观赏性，以增强其视觉冲击力。有的贵重文物还要运用各种手法将其营造成震撼人心的看点和亮点。

特点之六，从展陈的形式看。诚然，革命历史类陈列在长期的展示实践中积累了丰富的经验。尤其是在文物、文物组合、景观复原等展示手法上，成效更为显著。但毋庸讳言，此类馆的展陈形式仍有着不少有待改进和完善之处。其一，长期以来，此类馆展陈有重内容、轻形式，将内容决定形式的概念绝对化的倾向。相较于内容设计一般要反复讨论、研究，层层审查、把关，形式设计则较少有人问津，甚至连加强陈列艺术表现的要求也曾遭到批判，这就形成了并使不少此类陈列长期维持着“展板 + 展柜”“文物（图片） + 文字”的简易模式。其二，在形式设计、制作上一般秉持粗放风格。展览设施、设备不足，多因陋就简。不重视陈列的气势、气氛和内外环境的营造，不重视新材料、新技术、新工艺、新手法的应用，缺乏科技含量。展览照明一般为难以控制的自然光线。其三，多强调说教而忽视观众的感受。服务观念不强，服务设施缺乏。由此，就难免形成单调、枯燥、沉闷的展陈形式和风格，而越来越不受观众欢迎，致使不少此类馆及其展陈一步步远离了社会和群众。因此，从此类馆及其展陈实际出发，首先并着重通过展示形式的探索和改进，搞活整个陈列展览，应是当务之急。所以，在一定意义上是否也可以说，现在需要的，是形式决定内容。这也就不难理解，为什么近年来在主客观条件具备之后，革命历史类博物馆纷纷将展示理念与手法的转型作为改革、创新的主攻方向，而掀起了探索和尝试新的展示方式的热潮。

特点之七，从展陈的环境看。此类陈列大多是和革命旧址结合在一起的。有的是在旧有建筑之外另辟展厅，还有的则是在综合性博物馆中作为一个专题或一个部分与其他展陈共同组成全馆的展示内容。作为革命旧址，其所在方位、建筑外观、布局结构等都是不可改变的。即使进行维修，也必须修旧如旧，不可人为改建或拆除。所以，在旧址建筑内办展，虽然原状复原陈列可以成为陈列的一部分，结合得好还会成为该陈列的“最大文物”和亮点。但一般讲这种旧建筑中的陈列展览，只能在既有的空间、结构、布局及内外环境条件允许的情况下实施，缺乏人文环境和生态环境的基础，以致形成展厅及馆区安保、服务及工作设施不足，有的连开放条件都不具备。而过去在旧址之外新建、改建的展馆或展厅，除国家级、省级等少数馆可以建得高大雄伟、庄严肃穆（其实此种建筑风格也多缺乏对观众的亲和力和博物馆建筑的艺术特色）之外，多数也是一些简易的建筑，或因陋就简，凑凑合合办展。这样的环境、空间条件，自然会因受到诸多限制而影响展示效果。因此，在改革开放并在主客观条件逐步具备之后，一些革命历史类博物馆尽可能地另辟场地，创造优美环境、空间和优良的服务条件，以利展示，应该是顺理成章的事。当然，也有的革命历史类陈列创新展示理念和手法，巧妙构思，在不影响旧址的情况下，在既有建筑内再造空间，美化环境，也取得了喜人的办展效果。

特点之八，从展陈“与世界接轨”看。与国内革命历史类博物馆及展陈的大量存在相比，目前国外以“革命—政治”为主题或与之相关的博物馆及陈列展览却为数不多。本来，苏联创立了社会主义博物馆展陈体系及革命陈列学，曾在原社会主义阵营各国大行其道。但东欧剧变后，这一学说在这些国家的博物馆已不再具有重要的指导意义。不无讽刺意味的是，就连创造出此类博物馆及其展陈方式的苏联即今俄罗斯，虽然仍保留了革命博物馆其名，而其陈列内容与形式均已与苏联时期有了天壤之别，“革命—政治”的色彩已不明显。建于1924年的列宁博物馆已关闭，莫斯科国立历史博物馆在陈列上也大大淡化了十月革命及其领导人的形象。至于如今仍坚持苏联陈列学的朝鲜、越南等社会主义国家的博物馆陈列，还有一些其他国家与革命相关的陈列，如德国特里尔马克思故居陈列、法国巴黎公社展览以及俄罗斯等国关于第二次世界大战包括反映纳粹集中营等内容的一些展览，由于各国情况差异巨大，可借鉴之处也较为有限。反观世界博物馆界一些著名大馆，由于这些馆是以展示文物为主，其文物没什么变化，所以这些馆长期不改陈，展示理念与手法也未必先进。如英国大英博物馆的“密集式”展示方式相当陈旧但不改陈，法国卢浮宫博物馆、俄罗斯冬宫博物馆也有类似情况。美国自然历史博物馆20世纪80年代开始展出以来，也已20多年几乎原封不动了。他们的社会历史类展陈经久不变，历久不衰，似乎并不强调陈列主题及其调整，经常处于一种“泛文化”的价值取向和“无主题”的状态，即根据馆内藏品，“有什么，摆什么”，不刻意强调对观众的宣教，而是让观众见仁见智，自己去感受，自己去理解。由上可见，与中国国内其他类型博物馆及其陈列在世界各国可学习参考者多多，并力求“与世界接轨”相比，中国革命历史类博物馆及其陈列除了有一般博物馆概念上的学习、参考意义外，在同类“对口”博物馆方面则很难说有多少足资借鉴的国外经验，更遑论“接轨”。应该说，中国革命历史类博物馆是由中国国情决定的一种特殊类型的博物馆。尽管从广义的概念上讲，仍要更多地学习国外博物馆及其展陈的先进之处，但要真正找到适宜于自己的生存、发展空间，就必须立足于中国国情，走自己的路，去探索，去尝试，去建设有中国特色的革命历史类博物馆的展示方式和艺术。

（原文刊于《中国博物馆》2005 年第 2 期）

革命历史类博物馆现代展示理念与手法管窥

中国的革命历史类博物馆及其展陈在计划经济年代一度辉煌，在对广大人民群众的思想教育中做出了巨大贡献，但在中国改革开放和实行社会主义市场经济后却逐渐陷入了困境，其陈旧的展陈方式成为制约此类博物馆继续前进、发展的“瓶颈”。近年来，各地革命历史类博物馆、纪念馆，转变观念，开拓前进，借鉴成功经验，勇于探索、尝试，在改陈改建及新馆建设中刻意求变、求新、求高、求精、求美，不拘一格，中外结合，其规模之大、力度之强、要求之严、投资之多，前所未有，努力实现展示方式的现代化，使这些馆从陈列到馆舍，一时间旧貌换新颜。事实证明，这一改革创新之举不仅使革命历史类展陈的表现力、吸引力、感染力和亲和力大为增强，也有效地提升了此类馆的竞争力和生存力。那么，此类博物馆及其展陈在探寻现代展示方式的潮流中，出现了哪些与以往不同的理念与手法呢？

纵观此类馆在展示理念与手法上的尝试与创新，应该说，根据陈列主题要求而格外重视并尽力营造陈列整体氛围，是其最为引人注目之处。按照现代展示理念，观众来参观展览，不一定能记得住太多的事件、人物及文字等，这些内容通过书刊等渠道也可接触到。观众来博物馆的直接目的，主要就是来感受身临其境的历史气氛，是来感受历史。通过置身于特定的历史氛围，在心目中生成对展示信息的深刻而长久的印象，从中达到学习知识、获得启迪乃至愉悦身心的目的。这也许正是博物馆特有的信息传递功能及其魅力之所在。革命历史类博物馆的现代展示方式，就是针对传统展陈形式之不足，致力于运用各种手段来营造整体及局部的展示氛围，从内容到形式，从展品到设施，从室内到室外，从陈列到馆舍，从建筑到环境，既和谐一致、浑然一体，又突出看点、亮点而富于变化，提升和强化陈列的整体效应。现择要分述如下。

第一，格局。现代展示理念认为，能否使博物馆陈列有一个新颖、合理、个性化的格局，对于营造整体氛围和加强整体展示效果关系很大。各地革命历史类博物馆在探寻现代展示方式的过程中，突破过去的陈列主要是从头到尾“大通道”、强调均衡对称、空间形式及色彩过于单一等传统格局，在建筑的设计、环境的渲染、展厅空间的分割和再造、设施设备的配置、展品密度与节奏的把握、光线及色温色调的运用、整体艺术效果的构思等方面，巧妙策划，既强调和谐统一，又注重起伏变化而便于观赏，在陈列及博物馆的格式、布局上取得了骄人的成就。广西百色起义纪念馆及其基本陈列，原设在比较偏远的红七军军部旧址，由于受原馆舍格局的影响，展示效果不佳。1999 年底纪念馆改建、改陈，将纪念馆迁建于百色市中心交通便利、风景秀美的迎龙山公园内，园中有馆，馆寓于园。新馆舍及基本陈列《百色风雷》根据实际需要而设计，新馆的六个展厅，前五个由深灰色调的隧道相连，寓意中国革命在黑暗中曲折、苦斗。第六展厅为暖色调，宽敞、明亮，寓意新社会的蓬勃生机与光明前景。这就在总体上形成了馆园结合及“两重天”的格局。新馆及新的基本陈列完成后，大受群众欢迎。太平天国纪念馆在改陈中，寻找古建筑与现代展示理念的结合点，通过在古建筑内重新营造空间概念并与陈列展线的空间分割、高低、疏密相调适，既通透空灵，又疏密有致，形成了宜于观众观赏的节奏和韵律，在多有局限的古建筑空间内营造了一个大气的布局效果，得到了专家和观众的好评。香港历史博物馆基本陈列《香港的故事》，其展馆的整个建筑空间都是根据陈列内容的展示要求而设计的，陈列中的大型场景如“虎门销烟”“近代香港一条街”等，既横空出世，又顾盼全篇，使陈列格局极富个性。

第二，色光。按照现代展示理念，光线与色彩的处理和运用，在陈列整体氛围的营造中占有特殊重要的位置。光线不只是为了照明，更是为了营造导引、突出、淡化、美化等艺术效果的。按照传统的做法，陈列一般是用自然光。自然光在节省经费及造成观众亲和感等方面是有利的。但这种光源自身多变而不易掌控，极易出现炫光及造成光干扰、光污染、光损害等问题，如一般文物要求光照度不能超过 50 勒克斯①，自然光照则常常高于这一限度，有时会高达 2000 勒克斯以上，对文物的损害可想而知。

---

① 勒克斯，照度单位。

人工光则易于掌控，可通过不同角度、程度、形式等的运用，营造出主题和内容所要求的各种艺术效果。此外，在文物保护方面，人工光也大大优越于天然光，光导纤维的运用则更好地解决了文物保护的问题。因此，我国的革命历史类博物馆的现代展示方式，只要条件允许，大多全部或部分使用了人工采光。有的馆还使用了自然光—人工光补偿转换设备，也不失为有益的尝试。色彩在体现陈列氛围的协调与变化方面作用巨大，运用色彩、色调、色温营造氛围已成为革命历史类博物馆现代展示方式中不可缺少的有效手段。如安徽省泾县《新四军在皖南》陈列既从特定主题要求出发，又照顾到陈列要与其所设旧址的风格相一致，大胆地将整个陈列色彩不论是地毯、展板、展柜、装饰布等，均使用了偏红的暖色调。这就使整个陈列氛围既烘托了陈列内容所反映的皖南新四军为民族独立解放浴血奋战的烽火年代的历史背景，又与陈列所设的古建筑陈氏宗祠的朱色基调相协调，体现了整体色彩和氛围之美。

第三，看点。“文如看山不喜平”，陈列亦如此。革命历史类陈列整体氛围要求，应依主题、内容、规模、风格的不同，在一个陈列展览中营造几个能引起观众高度关注和兴趣的“看点”，并在展线中形成相应的高潮，使整个陈列波澜起伏而引人入胜。这种看点如何营造呢？按照现代展示理念，首先在陈列体系上要对以往面面俱到、平铺直叙的“流水账”模式予以改进，如改用“串珠式”“板块式”“头—腹—尾式”“多元式”结构等。① 同时，要在符合主题要求的情况下，敢于取舍，真正实现大手笔，即舍得在内容、空间、手段、设备、投入等方面调动更多资源集中用于突出陈列重点。在看点营造中，如能运用恰当文物及其组合来表现当然为好。即使没有更多合适的文物，也应根据主题要求，运用各种手段，来营造出彩之处。如大型雕塑、巨幅油画、半景画、全景画、蜡像组合、多维演示、影像与模型合成，等等，力求让观众“过目不忘”。此外，对整个陈列的所有看点应统一策划，依主题需要而确定其主次和表现程度。各看点之间要相互呼应、映衬，形成高潮交替、群星拱月的整体氛围。如中国人民革命军事博物馆的《抗美援朝战争》展览，设计者调动各种手段，在整个展线上每隔10—15米，便为观众制造一个视觉或心理的“兴奋点”，使陈列高潮迭起。而将陈列的重点内容，如序厅、二次战役、上甘

① 马英民：《探索创新与时俱进》，《中国文物报》2003年10月24日第5版。

岭战役、武器缴获台、凯旋门等，均摆放在展厅中轴线上，使之更为强化和突出，成为展览的一系列更大的高潮。陈列的中心主题区则为中国人民志愿军英雄群雕和上悬三圈不锈钢雕塑和平鸽的大型景观，寓意“最可爱的人用生命和鲜血换来了和平”，集中体现展览的主题，将整个陈列推向巅峰。此展览为该馆赢得了社会效益与经济效益双丰收，并被评为全国十大精品陈列之一。

第四，序厅。现代展示理念认为，序厅展示效果是观众对陈列的“第一印象”，是整个陈列的点睛之笔，其成败直接关系到能否引发观众的参观兴趣和欲望。从一开始就“抓住观众”，对整个陈列成功与否起着举足轻重的作用。有人认为，序厅效果的分量与整个展厅陈列相比是“三七开”，还有人甚至认为好的序厅效果是整个陈列成功的“一半”，人们无不在陈列序厅的设计上费尽心机、奇思妙想、匠心独运，以求神来之笔。根据这种理念，一是强调序厅的展示是整个陈列的缩影和升华，是对陈列主题的集中反映和凸显，代表着整个陈列乃至博物馆的形象，因而要营造特有的陈列气势和气氛，在总体氛围上为整个陈列定下基调。二是强调序厅要有独特的建筑设计，其面积在整个展厅中要占有较大比例。在空间分割与处理上，要进行前后、左右、上下六个方向的全方位设计。同时，要运用各种手段，尤其是要敢于运用高新科技手段，将序厅营造为陈列中最为精彩的看点之一。使观众一踏入陈列之门，便产生置身于强烈的视觉冲击力和心灵震撼力的历史和艺术氛围的感受之中。三是强调序厅在风格、色彩、标识等方面与整个展厅包括前厅、尾厅、通道的设计相呼应，并与整体建筑及内外环境相协调，以加强对陈列整体氛围的营造。龙华烈士纪念馆的序厅，运用多种展示手段并举的全方位的设计理念，厅中间是大型铜质圆形雕塑《解放》；环墙是巨大的锻铜壁画《忠魂》；厅顶是动态蓝天白云的变幻天庭，象征烈士精神升华而直上重霄；整个大厅音乐回荡，既是对烈士的缅怀、赞美，也是对观众的振奋、激励，在造型、色彩、音乐、动感等方面营造出主题突出、大气凝重、意境隽永的陈列氛围，引发观众对昨天、今天、明天的遐思，进而萌生强烈的参观欲望。

第五，环境。博物馆展示环境，既包括展厅陈列内容所涵盖的空间环境，可称为内部空间形态，这是展示环境的最核心的部分；同时也包括主体建筑、功能服务设施、自然或人工绿化、馆区所创设的人文景观等外部空间形态，也可称为馆容。现代展示理念要求陈列展览与内外空间形态和谐、统一，营造陈列主题所要求的博物馆整体展示的特有氛围。为此，各地革命历史类博物馆一方面结合陈列布局精心设计展厅内的空间环境，更在条件许可的情况下，在旧址之外新建、改建展厅，不少综合性博物馆也为其中的革命历史陈列进行了相应的环境设计，以进行现代展示手法的尝试。譬如，四川省广安市邓小平故居陈列馆主建筑的坡形屋面右侧呈交替重叠、愈起愈高的状态，至中耸立出一座“丰碑”，左侧又以平缓的坡形结束，寓意邓公“三起三落”和从平凡走向伟大、又从伟大回归平凡的波澜壮阔的人生经历。沈阳“九一八”纪念馆展厅门前矗立着“残历”造型的巨大石雕，将时间定格在1931年9月18日，意在揭示不忘“九一八”国耻的主题。深圳中英街历史博物馆在馆前广场设置了中英街警示钟，使之与中英街一号界碑相互映衬，成为博物馆和中英街的一景，提醒人们牢记历史，强我中华。天津平津战役纪念馆为了渲染平津战役“胜利”的总体氛围，在展厅前的“胜利广场”入口处竖立了两根高大的花岗岩圆柱，构成“胜利门”，柱顶是当年战士“胜利者”塑像，胜利门两侧为大型花岗岩浮雕墙《欢庆胜利》，开阔的广场中央耸立着60多米高的主体造型《胜利纪念碑》，展馆左右两侧还设置了两组大型锻铜群雕《并肩战斗》和《人民支前》，这就使纪念馆外部空间形态整个沉浸于“胜利交响乐”的意境之中。南京大屠杀遇难同胞纪念馆在旧址遗骨陈列和史料基本陈列之外，在整个馆区布置了被称为“悼念广场”“祭奠广场”“墓地广场”的外部景观。悼念广场设有十字架造型的南京大屠杀时间标志牌、《倒下的300000人》大型主题抽象雕塑、《古城的灾难》大型组合雕塑及和平鸽造型等；祭奠广场有郁郁葱葱的松柏、刻有馆名的纪念石壁和用中、英、日文镌刻的《遇难者300000》石壁、印有幸存的见证人脚印的“铜版路”；墓地广场遍置鹅卵石、枯树等，在周围断壁残垣上布置了三组大型灰色石刻浮雕，区内道路两旁竖立着17块小型碑雕，用以记载南京大屠杀的主要地址、史实等。此外，在馆区内还设置了大型石雕《母亲》、遇难者名单墙、赎罪碑以及绿树、草坪等诸多景观。这样的外部空间形态充分营造了纪念馆及其陈列主题要求的“生与死”“悲与愤”的惨烈氛围。

总之，我国的革命历史类博物馆注重营造整体氛围的做法使陈列主题得到了更充分的表现，卓有成效地增强了展示的整体效应。在营造整体氛围、搞好整体设计的同时，这类馆现代展示理念与手法的着力点还集中体现于如下方面。

其一，做足文物展品文章。毫无疑义，革命历史类博物馆最有历史价值和最具博物馆特征的陈列品是文物。如何运用现代展示理念与手法，使文物展品所蕴含的信息更充分地展现出来，更好地发挥文物在展陈中的功能和作用，是近年来此类博物馆展示方式现代化中着力探索的一个重点环节。一方面，此类馆在探索中注重借鉴和继承成功的传统做法和经验，进一步增强“文物—文物组合—景观复原”的表现力。同时，强调运用现代展示理念和手法，把文物展品“伺候好”。首先，是大力发扬以往已有的“文物穿衣”的做法。即在文物的辅助材料上下功夫。文物是不可更改的，文物展品的辅助材料却是可以根据文物展示的需要而人为设计制作的。通过精心设计制作所展示文物的展屏、展台、展柜、展板、架托、镜框、衬布及各种相关道具等，突出文物的作用和地位。需要特别指出的是，这些辅助材料的加工制作已改变以往的粗放风格而强调精益求精（即使陈列中一些需要粗犷风格的内容，也已是“精益求精的粗犷”）。因为现代展示理念认为：“细节决定成败。”体育比赛的冠军比其他选手往往只强那么一点点。就是说，要把陈列打造成真正的精品和品牌，就要在所展示文物的辅助材料等细节上狠下功夫。唯其精，文物始显珍贵，始受瞩目，始易传神，陈列始能领先。在一定意义上可以说，精品陈列赢就赢在细节之精上。其次，要结合艺术品等各种非文物陈列品，并尽可能地运用新材料、新技术、新工艺，使文物得到“包装”和艺术化，以增强展示效果。对于珍贵的文物尤其是“镇馆之宝”，更要舍得下大力气予以彰显，务求通过烘托这种文物，营造出震撼人心的亮点和高潮。最后，是大力做好陈列文物的保护工作。对文物尤其是贵重文物，要尽可能地使用现代科技手段予以保护，如使用展厅和展柜的恒温恒湿、防腐、防蛀、防盗、阻燃的新材料、新技术，使用光导纤维照明等。但需要明确的是，并非每件文物都需要“穿衣戴帽”、乔装打扮一番。即使需要，其“包装”程度也会根据每一件文物在陈列中的不同作用和影响，而有所不同。有的文物还不宜包装。对于不同的文物，不能千篇一律，而要具体情况具体分析和对待，进行通盘设计和个性化处理，以使文物和陈列达至最佳展示状态。

其二，放手使用非文物展品。前已述及，革命历史类陈列展览并非以展示文物自身为目的，而主要是以展品为实证来表现陈列主题和内容的，这就导致了所需文物常常多有缺项或不当。加之，非文物展品的最大特点和优点，是完全可以以客观史实为依据，按照主题和内容的要求进行创作和制造，从而不仅可以弥补所需文物展品的空缺，而且可以从更多的方面、以不同的角度和艺术形式来表现主题和内容。因此，此类陈列就有了采用非文物陈列品的客观要求和较大空间。由于传统的展陈方式一般强调要少用、慎用"辅助展品"，虽然在陈列中也会利用非文物展品之长，为表现主题而采用少量的雕塑、绘画、复原景观和场景等，有的做法还相当经典，但总的来看这些形式与做法在陈列中所占分量一般很小而作用有限。至于面对陈列所需文物的每每严重不足，传统的展示方式在设计上则经常处于一种无奈和应付的状态，结果就使陈列出现了不少薄弱环节。现代展示理念认为，只要对表现主题有利，就不刻意限制非文物展品在陈列中的使用。其数量多少及表现形式只能依陈列的需要和效果而定。非文物展品在陈列中不仅可以被大量采用以弥补文物的不足，而且可以担当起更多空前重要的角色。在这种现代展示方式中，不仅一些传统的形式如照片、绘画、雕塑、图表、模型、沙盘、灯箱、景箱、景观、场景等，根据主题和内容的需要得到了大力改进、创新，派上了更多的用场，而且在陈列中发展出和引进了大量新的非文物展品与表现形式，如艺术性立体图表、模型与影像合成装置、电脑喷绘、蜡像艺术、半景画、全景画以及多媒体、大屏幕、多维演示等各种科技表现形式，这些非文物展品或展示形式在陈列中已分别占有一席之地并发挥出越来越大的作用。这就使原本无足轻重只能起辅助作用的非文物展品异军突起，使陈列的薄弱环节变短为长，也使陈列的表现力大为丰富和增强。现代展示理念还注意了克服以往常常对非文物展品不够重视、不讲究艺术性的不足，坚持以陈列精品的标准对此类展品进行精心设计和制作，使此类展品出现了不仅种类多、数量大而且质量高的异彩纷呈的局面，为整个陈列大增光彩。由上可见，现代展示手法已使非文物展品在陈列中的作用和地位有了空前的实质性的提高。现在革命历史类陈列一般不仅会采用大量非文物展品，而且有的非文物展品在陈列中还会独当一面，独领风骚，有的与文物展品还难分主次并相得益彰，有的竟成为陈列的最大看点而统率全局。此外，还出现了很少用或基本不用文物展品的革命历史类陈列，如上海市历史博物馆《近代上海发展历史陈列》、中国蜡像馆《中国名人陈列》、天津博物馆《画说天津百年史陈列》等。非文物展品在革命历史类陈列中地位和作用的变化，在每一个具体陈列中的体现是不同的，不可一概而论。但从总体而言，这类展品在此类陈列中很难再被简单地看成辅助展品、配角，却已是不争的事实。

其三，广泛引进科技手段。①“声、光、电”方式。“急促的电话铃声震醒了沉寂的渣滓洞。立时，渣滓洞监狱警笛长鸣，人吼狗叫，岗楼里、放风坝里轻重机枪、卡宾枪吐出了毒蛇般的火舌，枪声大作，震耳欲聋。监狱被熊熊烈火吞没，革命志士在血火中挣扎，在弹雨中怒吼……声、光、电、实景一体，将观众带到那黑色的日子。”——这是记者在歌乐山革命纪念馆半景画馆内摄下的反映 1949 年 11 月 27 日国民党保密局对革命者大屠杀的镜头。[①]“大屏幕要占到整面墙那么大，开山炮的爆炸要有惊天动地、铺天盖地之感，巨大的爆炸要一个接着一个，一个比一个大，大屏幕旋即化为十多个小屏幕，每一个小屏幕中放映的是不同的爆炸场面，这些小屏幕爆炸尚未结束，大屏幕上又出现一次完整的大爆炸场面，这一次爆炸要更加猛烈，声势更加浩大。”——这是《深圳改革开放史》陈列对蛇口开发区被称为“中国对外开放第一声开山炮”的多维影视设计。近年来，受自然、科技等类博物馆运用高科技手段进行动态陈列的启示，革命历史类博物馆陈列也打破传统静态的“展板＋展柜”“文物＋照片”的展陈模式，纷纷将声、光、电等科技手段，尤其是高新科技展示手法引进陈列设计，这已成为此类博物馆传统展陈形式现代化的一个显著标志，通常被人们称之为“声、光、电”方式。②种类繁多，成效显著。此类博物馆对科技手段的引进日益广泛，种类迅速增多，已用或拟用的科技手段和方式。如：各类机械传动设备、人工采光、自然照明向人工照明补偿转化设备、各类艺术灯箱、电动沙盘和模型、多媒体、电脑喷绘、超薄电视机、背投式放映屏、超大屏幕、通电显影玻璃、幻影成像、三维—四维动画、声光电相结合的半景画和全景画、高分子硅胶雕塑、全息成像、声配像演示、场景双屏—多屏同步演示、激光演示、可控红外技术、IMAX 演示、4D 剧场、动感影院、声控照明与声控音响、主体音响、自动追光配音图版、语音导览系统、互动式数字媒体空间、虚拟技术、仿真技术、自动控制技术、影视技术、SGI 虚拟现实（如“无形陈列”“虚拟陈列”“虚拟博物馆”），以及文物保护的防腐、防蛀、防盗、阻燃、恒

① 重庆歌乐山革命纪念馆编：《再铸红岩魂》，重庆出版社 2003 年版，第 390 页。

温恒湿、光纤照明、小环境空气净化过滤系统等新材料、新技术、新工艺、新手法。应该说，在展陈方式中引进声、光、电等科技手段并与展品相结合，使传统的展示方式发生了重大变化，一步步使陈列品“亮起来、响起来、动起来、美起来、贵起来、保起来”，使陈列展览和文物保护的成效大为提高。目前，对已较为成熟的科技手段和形式，各地革命历史类博物馆在改陈改建中已普遍应用。一些有条件的单位正致力引进高新科技，并加大原创力度，打造本馆的“绝活儿”，使之成为自身新的特色。③推进展陈形式转型。事实证明，虽然科技手段在革命历史类博物馆及其陈列中的应用大多还不尽成熟，也不乏滥用、失败的先例，目前尚处于探索过程中。但是毋庸置疑，这种方式和手段的应用，使此类陈列在信息传递中更为直观、集中、丰富、形象、生动和便捷，开始使此类陈列从静态转向动态和动静结合，有效地增强了文物和其他陈列品、景观、场景等的视觉冲击力、心灵震撼力、艺术感染力和互动亲和力，并正在成为此类博物馆陈列的新的语言和途径，推进了此类陈列展示方式由传统向现代的转型。事实证明，在革命历史类陈列中引进科技手段是有益的和必要的，是博物馆展示理念与手法的一个意义重大的创新和进步。

其四，积极借鉴其他艺术。这也是中国的革命历史类博物馆现代展示方式的一个创举。这种借鉴，体现在“内化”与“外化”两个方面。内化，是指积极参考、吸取戏剧、舞蹈、音乐、影视等艺术表现形式，将其运用到展陈中。时下，已有不少革命历史类博物馆将这些艺术表现手法引入了陈列展览，在展品装饰、版式处理以及半景画、全景画、景观、场景、背景音乐、陈列气氛以及讲解宣介等方面，取得了意想不到的良好效果，增强了展陈的表现力、吸引力、感染力。如东北烈士纪念馆基本陈列在营造“江桥抗战”“八女投江”“伪警察署”等场景及表现杨靖宇、赵一曼等英雄人物中，恰当地吸收舞美艺术表现手法，将革命现实主义与革命浪漫主义相结合，使陈列形式更为形象、生动。锦州辽沈战役纪念馆利用幻影成像、多媒体投影技术、场景复原结合舞台艺术，制作了《辽西会战》情景剧，创造了新的视觉空间。丹东抗美援朝纪念馆利用影视、舞台、科技等手法，制作了上甘岭战役、奇袭白虎团等动态场景。延安革命纪念馆首创了将陈列讲解与歌舞表演相结合的宣讲形式，使观众有了耳目一新的观感，其后，越来越多的馆采用了这一形式。外化，是指将这些艺术表现手法进一步与陈列内容结合，并将陈列搬出展厅，利用舞台综合艺术形式所进行的“陈列—报告—演出”，即通常所说的“展演”。抗日战争纪念馆编排了《抗战剧场》等几十个展演剧目，以抗战流动博物馆的新颖形式，把展览宣传覆盖面扩大到社区，在展示历史文物、图片等资料的同时，讲解员一改过去机械的讲解方式，用配乐和表演的形式为观众再现赵一曼、张思德、吉鸿昌、张自忠等抗战时期著名英烈的感人事迹，巡展近百场，社会反响强烈。重庆歌乐山革命纪念馆的红岩魂展演截止到2003年年底，已在北京、上海、广州、石家庄、杭州、长沙等全国近百个城市出演650余场，观众达750多万人次，轰动京城，火爆上海，也在全国各地引起了震撼。

其五，强调互动服务观众。最重要的是观念的转变。传统观念主要是强调博物馆及其陈列对观众的教育功能，而忽视其服务功能。如对观众的调研，在现代展示理念中是举办展陈的一个很重要的环节和依据，但在传统的办展方式中却很少考虑，对观众各层次、各群体的特点、兴趣、愿望、要求以及对以往博物馆所办展览的意见等，都若明若暗，不甚了了。对观众在陈列中的学习与咨询、查阅与传递、餐饮与购物、休闲与娱乐等环节均较为漠视。这自然会导致博物馆与群众的逐渐疏远。现代展示理念注重人本主义，强调树立一切为了吸引观众、一切为了服务观众的意识。因此，在博物馆及其陈列的各个环节都要体现人性化的关怀。在陈列设计中，应遵照“三贴近”的原则，尽可能地从观众的价值观念、审美情趣出发，从陈列内容到展示方式切实为广大群众喜闻乐见，并适应观众尤其是为数巨大的青少年学生喜好动手、参与的特点，在陈列中多设计一些互动项目，使观众在操作中增添兴趣，加深印象。同时，完善服务设施，改善参观环境，让观众在娱乐休闲中增长知识、接受教育。此外，加强对陈列的宣传推介也是拉近博物馆及陈列与群众的距离的重要一环。

其六，相应改进内容设计。一方面，是改变以往在陈列设计中将内容决定形式的概念绝对化的做法。展示形式的巨大变化，使展示内容不可能依然故我，原封不动，而必然要发生相应的变化和改进。也就是说，内容与形式是辩证的关系，不能抽象地背诵“内容决定形式，形式服务内容”的哲学公式，而应在主题的统一要求下依不同情况由二者相互决定和影响。多年来，主要讲内容决定形式，进而忽视艺术设计，造成了陈列展示理论与实践的薄弱和滞后，甚至已成为此类陈列能否继续前进的“瓶颈”。要正视和解决这个难题，就要敢于从实际出发，在目前此类陈列展示方式现代化潮流中，以形式决定内容的理念来通盘考虑陈列设计问题。另一方面，现代展示理念要求陈列内容的相应改进，不只是个别环节的、枝节的、技术性的方面，而且要着眼于整体的、重点的、实质方面并与之相互呼应。为此，尽管陈列内容已较为成熟和稳定，也应在陈列内容框架的构思、切入点的选择、内涵的敲定、新成果的吸收、重点的突出等方面重新予以审视和整合，如序厅及各大看点的内容设计，以人为本、"三贴近""互动性"等原则在陈列内容中的反映，科技及其他表现手段的要求在内容设计中的体现等。一句话，就是要在展示方式现代化的带动下，实现新的时代此类陈列内容与形式的高度的有机结合、协调和统一。

通过展示方式的探索与改进，使一大批革命历史类博物馆及其陈列走出低谷，面貌焕然一新，重新受到观众的欢迎和喜爱。这充分证明，此类博物馆展示方式的现代化不仅是需要的，也是可行的，具有客观必然性。当然，也有的馆改陈后仍然未能扭转颓势或只有"新馆效应"，应引起高度重视。应弄清楚究竟是改陈方法不当还是宣传推介不到位，找准症结，有针对性地解决问题。总之，革命历史类博物馆只要从本馆实际和自身特点出发，勇于探索，不断总结，开拓前进，就能更好地把握博物馆展示的特点和规律，不断在既有成功经验的基础上，创新展示理念与手法，开拓出此类馆及其陈列更为广阔的生存和发展空间。

（原文刊于《中国文物报》2005 年 8 月 26 日）

革命历史类博物馆展示方式科学发展浅议

中国的革命历史类博物馆及其展陈在计划经济年代一度辉煌，为社会主义精神文明建设做出了巨大贡献，但此类馆及其展陈在中国改革开放和实行社会主义市场经济后却逐渐陷入了困境，其陈旧的展陈方式严重制约了此类博物馆继续前进和发展。近年来，此类馆及其展陈顺应时代要求，努力开拓进取，不断推陈出新，大胆探索现代展示理念与手法，掀起了革命历史类博物馆展示方式现代化的潮流。这种在展陈艺术上的创新和发展，是无可非议的，也是应予理解和支持的。但是，探索创新既需要激情和勇气，也需要冷静和理智。既要敢试敢闯，也不能乱打乱冲，而要坚持科学发展观，不断总结经验教训，将借鉴与创新结合起来，正确处理各方面的矛盾和关系，从国情、馆情出发，着力打造具有个性和特色的精品和品牌，寻找一条适宜于此类馆及其展陈的生存、发展之路。为此，在这种展示方式现代化的探索中，需要特别注意处理好如下关系和矛盾：

第一，展示方式与时代要求的关系。

首先，时代要求影响和决定着此类馆陈列展示方式。事实证明，革命历史类博物馆的陈列展览与其所处的时代是密切呼应的。时代不同，陈列的主题、内容和形式都会出现程度不同的区别和差异。博物馆的任何展示理念与手法，都是在当时时代的需要并可能的情况下形成与发展的，都是时代的产物。在长期的计划经济年代，产生并延续了此类馆传统的展示方式。这种方式与当时的社会需要是大体一致的。改革开放后，随着形势的变化发展和人们认识的转变，旧的展陈形式越来越不适应社会和群众的需要，时代呼唤新的展示方式的出现，从而引发了此类馆展示形式现代化的潮流。革命历史类博物馆及其陈列应当与时俱进，转变观念，适时在陈列内容与形式上改革、创新，不断实现展示方式的现代化。

其次，此类馆近年来展示方式的现代化适逢其时。如果说在改革开放前提出此类馆展示手段的现代化问题，就只能成为脱离实际的空想。只有到了改革开放深入发展的今天，才使这种展示方式的现代化具有了现实的可行性。国家经济持续高速发展，为这种现代化改革提供了资金等物质保障。科学技术的日新月异，为展示方式的创新提供了材料、技术支持。国内外一些其他类型的博物馆（如科技类、自然科学类）以新的展示方式和手段捷足先登，为此类馆的革新提供了参考和借鉴。尤其是人们随着时代发展而不断转变观念，才出现了社会和群众要求展陈形式改革的呼声，展示方式现代化工作也才会被现实地提上日程，并在越来越多的馆取得成果和进展。一言以蔽之，是时代的发展和呼唤，使此类馆展示理念与手法的现代化具有了客观必然性。

最后，展示方式现代化潮流方兴未艾。由于近年来此类馆展示方式改革、创新势头很猛，而且持续发展，从而引发了一些关于这种搞法是否“太张扬了”和“走偏了”“过头了”的议论。对此究竟应如何评估和把握呢？应该说，展示方式现代化的做法在全国各地、各博物馆的发展是很不平衡的，有些馆的做法确实也未必成功或者可以说是走了弯路，有的还存在盲目攀比、过多过滥的“刮风”现象等。但从总体看，其发展方向毫无疑问是应该予以肯定的，同时也还不能认为已经过了头，而是还很不够。因为形势在发展，科学在发展，人民群众的文化需求、欣赏水平也在不断提高，博物馆及其展示形式也必然会随之发展，此类馆的展示理念与手法现代化开展时间还不长，充其量也还只是处于起步阶段，无论在广度上、深度上也都还有很大的探索空间，所以，这种改革和创新必然会继续进行下去。国家文物局单霁翔局长最近曾就“改进展示手段，增加科技含量”问题提出了如下要求，对澄清人们的认识应该是很有帮助的：“要紧跟时代，借助一切现代科学技术的最新成果，积极尝试新材料、新工艺和新技术在博物馆陈列展览中的应用，增强陈列展览的动态感，以及展品与观众的互动性，从而提升陈列展览的吸引力和艺术感染力。”①

第二，借鉴与创新的关系。

一是要充分肯定并继承本馆传统展陈形式方面的成功做法和经验。不能认为过去的东西都一无是处，都不行，对传统的东西搞“一风吹”。其

① 单霁翔：《中国博物馆的现状与发展》，载《北京博物馆学会第四届学术会议论文集》，北京燕山出版社2004年版，第8页。

实，传统方式与现代方式并没有什么严格的界限。以往的不少做法也是在不断总结经验的基础上逐步有所改进和创新的结果，一些重要方面至今也还是科学合理而符合现代展示理念的。譬如：如何正确选择和确定主题，如何使陈列的党性与科学性有机统一，如何创造和保持本馆优势和特色，如何突出文物及充分运用“文物—文物组合—景观复原”等形式来表现内容、反映观点，等等。现代展示方式并非无源之水，可以随心所欲地凭空想象，而是以原有展示方式为基础，使之有所改进、提高和完善。因此，革命历史类博物馆陈列方式的现代化，一定要建立在借鉴、继承的基础上，首先要对本馆以往的展示做法和经验进行认真的回顾和总结，使其成功之处进一步发扬光大，而避免其不足和失误再次发生。

二是对其他馆现代展示方式方面的成功做法可实行“拿来主义”。对于当前各地革命历史类乃至其他类型的博物馆已经成熟的新理念、新手法，只要适合本馆需要，尽可实行“拿来主义”，博采众家之长。人家能用的好东西，自己为什么不能用？同时，还要力求能从一些“制高点”切入，即起点要高，尽可能选用一些最新、最先进的东西。不能见什么学什么，学一些已不先进或不甚先进的东西，造成一开始就落后的局面。当然，对一些不成熟、不理想的做法，还是以慎用、少用为宜。

三是要强调原创精神。即将“拿来主义”与本馆具体情况结合起来，开发自己独特的东西，创出“绝活儿”，打造个性和特色，须知，一个馆，一个陈列，如果没有个性和特色，就不会有多大看头，当然也就不会有很强的生命力。

第三，现代展示理念与手法的成效与风险的关系。

首先，坚持改革创新才有出路。应该肯定，近年来革命历史类博物馆在展示理念与手法方面的创新探索是很有意义的，不少馆已经取得了显著成果和进展，重新焕发了勃勃生机和活力，社会效益和经济效益得到迅速提升，这已是不争的事实。这也充分证明，革命历史类博物馆进行展示方式的现代化不仅是必要的，而且是可能的，应该积极推进这种改革和创新。面对近年来此类馆展示方式现代化的潮流，也引发了人们的一些忧虑和议论，如认为这种搞法是花里胡哨、眼花缭乱、不伦不类、喧宾夺主，不是博物馆语言，再搞下去也就不是博物馆了，等等。诚然，这种现代展示理念与手法同传统做法的差异似乎越来越大，但这与是否属于博物馆语言却不是一回事。因为就像社会语言会随着时代的发展而不断发展变化一样，博物馆语言也是需要不断丰富、更新和发展的，尤其是具有很强特殊性的革命历史类博物馆更是如此。反之，如果只是墨守成规、因循守旧，完全用当初的一套语言和模式“以不变应万变”，此类馆就难免会脱离群众和社会，也就无法生存和发展，就会被历史所遗弃和淘汰。

其次，正确对待挫折和失误。不可否认，一些馆在探索和尝试中走过弯路，存在失误，有过挫折和失败，这也是在所难免和情有可原的。要允许失败，允许“交学费”，大不了从头再来。关键是要及时总结经验教训，发扬成绩，纠正并尽量避免失误，继续前进，而不能因噎废食，半途而废，更不能因此而否定探索和创新。有人主张，现代展示手法不可没有，也不可太多，要适度。这在理论上没有错，是成立的。但怎样才算适度，就不仅仅是理论问题，而主要是靠实践来回答的问题了。也就是说，只能结合本馆、本陈列的具体情况，如展厅规模、陈列风格、文物多寡、经费筹措、观众定位等，到实践中找答案，并最终得到广大观众认可。只要效果好，就应该肯定。而不能事先主观、硬性地作出“一刀切”的规定和要求。

再次，谨慎从事，量力而行。应该看到，我国的革命历史类博物馆近年来兴起的展示方式现代化潮流本身尚处于摸索过程中，成效与风险并存。目前各馆勇于探索，敢闯敢试，精神可嘉，是应予以充分肯定的。但既要热情高涨，也要冷静理智。在展示方式的改革创新中，一定要准确把握自己的馆情，认真研究，周密安排，作出科学合理的计划，采取妥善可行的措施，务求每一个新的理念、方法的采用都是本馆、本陈列在既有条件下的最佳选择，决不可盲目跟风、攀比而导致无谓的失误，毕竟建设一座新馆，设计、制作一个新的陈列或陈列改版诚非易事，无论时间、经费、影响都非同小可。无端浪费纳税人的金钱和国家的资源是吃罪不起的。

最后，学会推销自己。有的馆按新的理念和手法改陈后仍效果不佳，除需要进一步改进和提高陈列设计外，还要学会对陈列的宣传、“炒作”，学会对陈列——这一特殊文化产品的推销。要深入研究陈列广告的设计和传播方式，大力利用广播、电视、报刊、车站、街道、公交车等作广告。此外，还应强化与社会群众的联系，建立“基金会”“博物馆之友”及“志愿者”等组织，并像戏剧界培养戏迷一样，培养博物馆观众。须知，“酒好不怕巷子深”的观念已经不适宜时代要求了。

第四，主题与文物的关系。

一方面，主题决定文物。如前所述，革命历史类陈列的目的是为了表现主题，实现社会功能。文物为表现主题服务，即以文物来见证、反映陈列内容和观点。因此，要根据陈列主题需要去选用、征集文物，并随着主题的调整而重新组织、增减、轮换文物。另一方面，文物对主题也不是完全被动的。一旦陈列的主题、内容确定后，陈列设计为了反映这种主题和内容，也要致力于研究、选择、展示相关文物，“围着文物转”。陈列设计人员一定要熟悉本馆文物，对那些典型的、珍贵的以及大体量的、有可视性的文物，尤其是“镇馆之宝”，一定要了然于心。要把更多的重要文物恰如其分地派上用场，发挥作用。同时，要注意文物展品与其他展品的配合。值得特别提出的是，一个基本陈列或大型临时性展览一般可用几百件至几千件文物，而较大的馆一般有数万件乃至更多的文物藏品。也就是说，此类展陈所用文物，只是这些馆文物藏品中很少的一部分，更大量的文物却长期“沉睡”在库房里。为了使更多的文物有展示的机会，陈列设计人员应尽可能地根据社会、群众的需要，从本馆文物藏品实际状况出发，去挖掘、发现、选择符合上级要求的不同内容和角度的展陈主题，举办各种专题展览。这是革命历史类博物馆近年来正在兴起的一类展览。这类展览主题较为宽泛，一般以社会文化、民众生活等为主，政治色彩不浓，却与观众亲和力较强，因而大受社会青睐，应是有着广阔发展前景的一类展览。此类展览体现了办展人员更大的主动性、创造性和依据馆藏文物选定陈列主题的艺术和水平。从这种意义上说，这种展览似也可以看作是此类馆“文物决定主题”的一类展览。

第五，文物展品与非文物展品的关系。

事实证明，这两类陈列品对于革命历史类陈列来说都是不可或缺的。两者之间相互依赖、相辅相成、相得益彰，共同为表现陈列主题服务。至于一个陈列对这两类展品各用多少为宜，却不能主观人为地规定比例，而应从实际出发，根据陈列需要和现实可能而定。但这并不是说文物展品在此类陈列中的重要性降低了。相反，文物展品作为不可再生的“历史见证物”和博物馆特有的物化信息传递载体，其重要价值是不言而喻的。从观众方面来看也是如此。作为观众来说，来看展览当然要看文物。如果文物不足，其他展品再多，观众也难免会觉得“真东西太少”“太空”而留下遗憾。因此，在陈列中要尽可能地多使用文物，突出文物，尤其要突出珍贵文物，要想方设法使“镇馆之宝”大放异彩，真正使陈列的文物展品又多又好看。而对于非文物展品，则要改变过去特别强调少用、慎用的观念，如果文物不足而陈列又需要，就要敢于放手使用非文物展品。因为此类陈列的目的，无非是为了充分表现陈列主题或观点。与其文物展品空缺或用之不当，就不如代之以更为合适的非文物展品。只有如此，才能更好地实现展陈目的。在这里，没有必要人为地硬性区分两类展品何者为主角，何者为配角。有时为了达到更好的展示效果，还需发挥非文物展品的长处和优势，将其营造为陈列的亮点。总之，两类展品在此类陈列中只有相互配合，互为补充，才会更好地满足表现陈列主题和内容的需要。

第六，文物展品的主题信息与其他信息的关系。

首先，是要善于识别和提取文物所蕴含的为陈列主题所要求的信息即主题信息。文物是主题信息与其他信息的共同载体。在陈列中，应根据主题和内容的要求，区分两类不同信息并着力提取、传递主题信息。中国人民革命军事博物馆在最近一次改陈前的原陈列中，曾将在解放战争时期参加过锦州战役、天津战役和开国大典的“功臣”号坦克、在抗美援朝战争中击伤击落九架美机的功勋歼击机等，只是按兵器分类法分门别类地陈列在相应的兵器类别中，仅仅在说明词里“点到为止”。这样，传递给观众的就只能是一般性的兵器信息，而作为“功勋武器”的主题信息却被忽略了。

其次，是要采取各种积极必要的方式和手法，使主题信息得到充分反映。而不能如其他一些类型的陈列那样，只主张“让文物说话”“不著一字，尽得风流”。诚然，让文物说话并没有错，问题在于不是让文物说什么话都行，而是要让其说陈列主题需要说的话。再以上述军事博物馆“功勋武器”为例，通过改陈，这些功勋坦克、飞机等得到了重新组合而集中展出，在展出空间和艺术设计上也更为精到，从而充分反映了主题信息，陈列取得了成功。因此，为了更好地传递主题信息，就要运用各种手段、尤其是现代展示手段，使文物信息的传递得到或突出、或回避、或加强、或淡化的处理。当然，这并不意味着可以对文物任意剪裁和改变，相反，文物是不可更改的，否则就失去了历史真实性及其本身存在的价值。

最后，对于其他信息要具体情况具体分析，不可一笔抹杀。如有的信息会干扰、分散、冲淡主题信息，转移、降低观众对主题信息的兴趣和注意力，对这方面的信息应尽可能地予以淡化、回避。而有时两类信息却不尽排斥，有的信息与主题信息还存在一定的良性互动关系，即主题信息见证革命性—政治性，其他信息则可在客观性、艺术性、观赏性等方面起作用，吸引观众，让观众在欣赏中学到知识，受到教育。如延安革命纪念馆陈列的毛泽东诗词《沁园春·雪》手迹，作为珍贵的革命文物，其首要的价值，当然在于其所见证和反映的革命的信息，亦即其陈列的主题信息。但同时，这一文物也呈现了毛泽东令人叹服的文学造诣、书法艺术的信息（该馆以幻灯的形式将手迹放大映射于整个墙面，其气势更为感人）。尽管文学美、书法美未必与革命主题有直接的关系，但观众在对毛泽东文学、艺术之美的欣赏中，也会领略毛泽东的革命情怀和雄才大略，进而理解诗词内容、背景而获得革命历史的感受，其主题信息自然也就随之传递给了观众。

第七，陈列内容与陈列氛围的关系。

应该说，由于历史的局限，革命历史类博物馆传统展陈形式对陈列氛围的营造是不够重视的。有的馆几乎谈不上有什么营造氛围的做法和设施，陈列展览常常十分简陋。这当然会直接影响展示的效果。按照现代展示理念，营造与陈列内容相呼应的整体及局部氛围具有十分重要的作用和意义，有的馆甚至将其重要性看得不亚于陈列内容本身。上海鲁迅博物馆认为："我们不期望观众记住多少内容，只希望他们感受鲁迅精神所特有的氛围。"[①] 这无疑是很有见地的经验之谈。各地革命历史类博物馆在营造氛围中巧妙构思、别出心裁，在格局、色光、看点、序厅、环境等方面既独辟蹊径，又统筹安排，使陈列氛围协调统一而富于变化，既遵循博物馆语言的原则和规律，又突出个性和特色，使观众在参观陈列中获得"如临其境、如历其事、如睹其人、如闻其声"的感受，而留下长久的回味，这显然是展陈的重大成功。这种理念和做法理应予以充分肯定和大力发扬。

第八，教育功能与服务功能的关系。

中国的革命历史类博物馆是我们党和政府思想教育的阵地和课堂，肩负着通过陈列展览对广大人民群众进行爱国主义、革命传统和社会主义教育的重要使命，坚持对观众发挥教育功能是此类馆理所当然和义不容辞的责任和义务。多年来，这一社会功能受到此类馆的高度重视，在进行社会

---

① 上海鲁迅纪念馆编：《上海鲁迅纪念馆》，上海人民美术出版社 2000 年 1 月版，第47 页。

和群众的思想教育方面功不可没。但是，随着形势的发展和群众需求的增加，过去那种只能“我摆你看”“我讲你听”的展陈宣教形式已经很不够了，而要更多地考虑如何运用人性化的教育理念和方法。换言之，就是要在对观众进行教育的同时，更多地考虑观众的情感和需要，更多地考虑为观众服务。长期以来，博物馆为观众服务的功能与教育功能相比，形成了巨大的反差，也就是说，此类博物馆在服务功能方面是很不尽如人意的。这种状况反过来也会日益严重地影响教育功能的更好发挥。因此，大力加强和发挥服务功能是目前此类博物馆的当务之急。国际博协主席雅克·佩罗特（Jacques Perot）指出：“博物馆应以‘以人为本’为宗旨，应将有助于人的发展和愉悦作为主要任务，坚持为社会和社会发展服务。”① 当然，此类博物馆的两大社会功能并非是孤立的和相互排斥的，而是需要在新的形势下将两者更紧密地结合起来，“陈列展览不仅要贴近群众，更应体现以人为本的精神，注重营造高雅的人文环境和优美的生态环境，完善服务设施，强化服务意识，提高服务质量，把优美的参观环境、高质量的陈列展览和良好的服务奉献给观众，使人民群众在休闲娱乐中得到教育和启迪”。②

最近，中共中央提出要大力加强红色旅游建设，这集中体现了我们党和政府对革命历史类博物馆的关心和支持，也为此类馆各项事业的发展提供了良好的机遇，当然也对陈列展览工作提出了更高的要求。应该说，革命历史类博物馆目前又迎来了一个大发展的高潮时期。只要抓住机遇，迎接挑战，开拓创新，扎实工作，革命历史类博物馆及其陈列展览就一定会与其他类型的博物馆一起，为创造社会主义先进文化做出更大贡献。

（原文刊于《博物馆馆长论坛论文集》，美意世界出版社 2005 年 11 月版）

---

① 王宏钧主编：《中国博物馆学基础》（修订本），上海古籍出版社 2001 年 12 月版，第 6 页。

② 单霁翔：《中国博物馆的现状与发展》，载《北京博物馆学会第四届学术会议论文集》，北京燕山出版社 2004 年 9 月版，第 8 页。

论全球化背景下中国国家博物馆保护和传承民族文化的社会使命

进入21世纪，映入人们眼帘的一道蔚为壮观的风景线，便是从20世纪80年代加速发展起来的全球经济一体化的大潮。这一世界潮流以不可阻遏之势奔涌向前，推动人类文明进入了全球化和信息化的新时代。所谓全球化，虽然有种种诠释而不尽一致，但归根结底，无非是要经过各民族国家的交流、互动而实现共同的繁荣和发展。世界的日益全球化，将各国的社会、经济、政治、文化前所未有地紧密联系在一起，使整个世界变成了一个“地球村”。在世界全球化进程中，民族文化处于何种状况与地位？居于中国博物馆行业显要位置的中国国家博物馆，在保护和传承民族文化中应扮演什么角色、发挥何种作用？为了履行保护和传承民族文化这一光荣而神圣的社会使命，中国国家博物馆应秉持何种理念与实施哪些举措？无疑，上述问题久已引人注目。本文试发浅议，以就教于国内外学者。

一　保护和传承民族文化是全球化对中国国家博物馆的必然要求

民族文化，是指世界各民族在其历史发展过程中创造和发展起来的具有本民族特点的物质文化和精神文化。民族文化是民族国家或地域赖以培育民众文化素质，强化文化认同，增强民族凝聚力，进而激发民族创造力和竞争力并提升持续发展能力的重要资源。中华民族有着五千年光辉灿烂的文明史，中华文化源远流长，博大精深。中华文化是促进中华民族文化认同的根本途径，是进行爱国主义教育、革命传统教育和理想信念教育的极为宝贵的文化资源，是中华民族自立于世界民族之林和实现民族振兴的强大精神支柱和自信力的源泉。中华文化是中华民族必须精心守护的精神家园。

全球化对于民族文化而言，是一把双刃剑。它带给人们的，一方面，是各国间人员、信息、知识与经贸往来的空前频繁。无可置疑，这对推动人类社会和世界文明的进步是大有裨益的，当然也会推进世界各国文化之间的交流与互动。另一方面，由于世界各民族国家经济、文化发展的不平衡，使世界民族文化呈现为强势文化和弱势文化。作为西方发达国家的强势文化在全球化过程中不断向世界各地扩张，在与各国文化交流的同时，也必然产生相互竞争和碰撞。其结果，西方强势文化总是最大的赢家。由于全球化，欧美文化以各种方式输出到世界各地并风靡一时。全球化进程甚至使世界文化有“一体化”“同质化”“单一化”之虞。然而这样的后果必然会破坏世界文化的多样性，使丰富多彩的民族文化走向凋零和消失，也必然会削弱人类历史积累起来的文化资源和创新能力。然而不容曲解的是，全球化并非排斥、消灭各国民族文化、本土文化，相反，全球化需要多样化，需要本土化，需要世界各国民族文化的“和而不同”“美美与共”。应该说，全球化是以地域文化、本土化、多元化为基础的全球化，只有各国不同的地域文化、本土文化共同走向世界，百花齐放，多姿多彩，争奇斗艳，才是真正意义上的全球化。世界文化的同质化、单一化，只能使世界文化全球化进程趋于消亡。要改变世界文化全球化中这种单一化趋势，关键在于有效保护、传承各国民族文化，提高其生存力、竞争力，确保其在世界的应有地位并发展壮大。当然，保护和传承民族文化也不是使其一成不变、故步自封，而是要在吸收其他文化长处的基础上，使之不断实现自我更新与发展。

中华文化是世界文化百花园中一朵放射着耀眼光芒的奇葩，在文化全球化中有着不可取代的地位与作用。可以毫不夸张地说，没有中华文化的充分参与和展现，就谈不上真正的文化全球化。因此，全球化需要中华文化，中华文化也需要更广泛深入地走向世界。保护、传承中华民族文化，是时代提出的要求，也是全球化的必然结果。同时，由于中国目前仍是一个经济相对落后的发展中国家，中华文化在全球化进程中仍在受到强势文化的激烈竞争、冲击与排斥，因此，寻找有效保护中华民族文化遗产的途径，以应对市场化的中国和全球化的世界，是当前中国文化建设的当务之急。

博物馆肩负着收藏、研究、展示人类历史进程中具有重要价值的文化与自然物证的使命，汇聚了民族文化、本土文化的精华。博物馆的一项基本功能，就是促进国家、民族或地区的文化认同，成为民族情感与精神寄托的场所和联结传统与现代的桥梁，从而增强民族、国家的凝聚力、召唤力和创造力，支持民族国家的生存和发展。这就使博物馆在保护民族文化传统、维护文化的多样性方面，发挥着至为重要而不可替代的独特作用。民族国家要保护和传承民族文化，需要博物馆，尤其需要作为博物馆核心与中坚的中国国家博物馆。全球化在呼唤，呼唤对民族文化的更为坚定有效的保护和传承，呼唤着中国国家博物馆。

正是为了与具有五千年悠久历史、灿烂文化的文明古国地位相匹配，与日新月异的社会主义建设和不断上升的世界大国形象相称，与全球化下更好地传承、保护民族文化的要求相适应，我们党和政府作出了建立一座具有世界一流水平的综合性国家博物馆的决策。中国国家博物馆千呼万唤始出来。新千年伊始，2003 年 2 月，中国国家博物馆在经过多年酝酿和准备之后，终于在中国革命博物馆和中国历史博物馆已有的基础上，正式挂牌成立。中国国家博物馆从成立之日起，就义无反顾地肩负起了保护与传承中华民族文化的重任。

二　在全球化进程中保护和传承民族文化是中国国家博物馆责无旁贷的社会使命

中国国家博物馆的建立适应了时代和全球化的需要，义不容辞、责无旁贷地肩负起保护与传承中华民族文化的社会使命。中国国家博物馆履行这一神圣职责，具有充足的基础和条件，也面临着各种机遇和挑战。

中国国家博物馆虽然成立未久，但作为其前身的原中国革命博物馆和原中国历史博物馆（1969—1983 年，中国革命博物馆和中国历史博物馆曾合并为中国革命、历史博物馆），在保护和传承民族文化中却已走过了很长的历程，取得了显著的成就，积累了丰富的经验。中国历史博物馆是新中国成立之后建立起来的国家标志性文化设施。其前身是于 1912 年筹备、1926 年正式开馆的国立历史博物馆（1949 年更名为国立北京历史博物馆）。至中国国家博物馆成立，该馆藏品已达 30 余万件。1959 年，该馆正式定名为中国历史博物馆，并与中国革命博物馆一起迁往天安门广场东侧的新建馆址。同时，推出《中国通史陈列》，第一次较为全面、系统地展示了古代中华民族的历史与文化。这一陈列与其后举办的诸多展览一起，为增强中华民族文化认同感与民族自豪感，让世界了解中国悠久历史和灿烂文化起到了十分重要的作用。

中国革命博物馆是新中国最先筹划建设的全国唯一的一座全面、系统反映1840年以来中国近现代历史和文化的国家级博物馆。其前身中央革命博物馆筹备处成立于1950年3月，1959年被正式定名为中国革命博物馆，并迁入天安门广场东侧的新馆址。该馆收藏中国近现代革命和建设的历史文物20余万件，照片16万余张，艺术品800余件，其中包括一批传世珍品。50多年来，该馆以《中国革命史陈列》《近代中国陈列》《波澜壮阔50年》等大批陈列展览，宣传中国革命和社会主义建设以及改革开放的历史，向人民群众进行爱国主义、社会主义和革命传统教育，在建设社会主义先进文化中取得了优异的成就。

中国国家博物馆是在上述两馆已有的基础上建成的，现有建筑面积6.5万平方米，展厅面积2万平方米，文物65万余件及数量可观的资料、照片、艺术品等。每年举办及引进国内外展览数十个，出国（境）办展多个，年接待观众100余万人次，目前是一座历史与艺术为主的博物馆。国家博物馆将通过改建扩建，使其收藏与展览等业务工作以历史纵坐标为主线，并沿着历史发展轨迹拓展横坐标，即拓展业务领域，逐步发展为内容更为丰富的综合性博物馆。

与全国同类博物馆相比，中国国家博物馆在保护与传承民族文化方面有着无可比拟的优越性。一是建筑。中国国家博物馆地处首都北京中心的天安门广场东侧，馆舍为国庆十周年首都十大标志性建筑之一，长期以来是博物馆界的象征和骄傲。目前正准备对馆舍实施大规模改扩建工程，使之更好地适应国家博物馆的需要。二是藏品。现收藏文物不仅数量大，而且系统而珍贵，藏品时限涵盖中华文化从古至今上下五千年，地域涉及整个中华大地，文物门类比较齐全，藏品具有很强的典型性和代表意义，后母戊鼎等许多珍贵文物不仅是镇馆之宝，也堪称国之重器，同时，积累了丰富的文物保管经验。三是学术研究较为深入，学术活动活跃，学术成果丰硕，馆里的“水、陆、空”现代化考古及馆办《中国历史文物》《近代中国与文物》等刊物在学术界颇有影响。其四，国内外联系广泛。与国内一些大馆及国外的大英博物馆、日本国立博物馆、意大利国家博物馆等建立了长期合作关系。五是有一支数量较大、经验丰富、学术水平高的专业人才队伍。

全球化下的中国国家博物馆面临着多方面的机遇。其一，国家经过二十多年改革开放，国力已大为提升，这就为中国国家博物馆的建立和发展提供了必要的经济前提。其二，由于民众生活水平不断提高，首都及一些重要城市年人均收入已达到中等发达国家水平（2555 美元），根据以往规律，这将会有更多的人把文化消费的目标转向博物馆。其三，全球化下民族特色展览备受欢迎。中国地大物博，民族众多，历史悠久，各民族文化绚丽多姿，这就为向世界展示中华文化提供了丰富的内容。其四，全球化下交流合作的机会增多。由于全球化、信息化的影响，国内外博物馆之间的交流日趋频繁活跃，有了更多的合作机会，十分有利于中华文化的广为传播，同时也将有更多的机会引进国外文化。总之，中国国家博物馆生逢其时，必将不负时代之重托，为保护、传播中华文化发挥应有的作用。

全球化在为中国国家博物馆的发展带来机遇的同时，也提出了挑战。这主要表现在，现有馆舍空间严重不足，设施设备老化。馆藏量与世界大馆相比还有相当差距。欧美大馆藏品多在数千万件甚至过亿件。如法国自然博物馆一馆标本为 8000 万件，美国史密森博物院藏品为 1.1 亿件，等等。同时，这些大馆除收藏本国文物外，还收藏其他国家的大量实物及艺术品。相对而言，中国国家博物馆藏品只有 60 余万件，而且不仅基本限于本国，还有不少重大缺项。如近代中国经济、文化、教育、科技、民族方面的藏品就十分欠缺。在展陈方面，内容还较为单一，形式比较沉闷，与观众沟通较少，已与新形势下参访者尤其是年轻人的审美情趣存在较大距离。在服务方面，硬件设备和服务方式等也尚有较大改进空间。在目前国内外文化界、博物馆界竞争日趋激烈的情况下，现在的中国国家博物馆在不少硬件和软件上已相形见绌。当然，关键还在于观念的转变。中国国家博物馆只有善于抓住机遇，应对挑战，扬长避短，急起直追，才能在全球化的进程中，为民族文化的保护和传承做出更大的贡献。

三 探寻保护和传承民族文化的有效途径与方式是中国国家博物馆不懈追求的目标

面对汹涌而来的全球化浪潮，中国国家博物馆以何种思路与举措，更有效地履行保护和传承民族文化这一神圣职责呢？在中国国家博物馆成立之际，文化部部长孙家正曾为中国国家博物馆的定位提出四个“相称”，即要把改扩建后的中国国家博物馆，建成与我们这样一个政治、经济、文化大国地位相称，与中华民族悠久文明相称，与蓬勃发展的中国现代化事业相称，与广大人民群众日益增长的文化需求相称的具有国际先进水平的国家级博物馆。中国国家博物馆也已明确提出，该馆的建设要坚持四个“立馆”，即以藏品立馆、业务立馆、学术立馆、人才立馆。也已明确将“国内领先、国际一流”确定为总的奋斗目标。为达此目标，中国国家博物馆在理念上需要注重四个“坚持”。

一是坚持“系统”与“全面”。唯有中国国家博物馆，肩负着系统、全面征集、研究、保管和展示中华民族数千年优秀历史文化、100余年革命传统文化和当代社会主义先进文化的使命，中国国家博物馆是充分展示中华民族文化的主窗口，是实现文化认同的有力工具和重要阵地。只有在保护和传承民族文化中坚持“系统”和“全面”，国家博物馆才能找准定位，扮好角色，发挥应有的作用。二是坚持继承与创新。中国国家博物馆（含原革博、历博）曾长期处于中国博物馆界的领军地位，以往的历史可圈可点。在新的全球化形势下，要焕发往日的光彩，既要认真总结、继承和发扬过去的成功经验，同时，又必须与时俱进，努力探索，大胆创新，开拓进取。只有创新，才能更好地继承和发展。三是坚持人本与服务。中国国家博物馆新馆建设要在环境、建筑、设施设备等方面坚持以人为本和“三贴近”原则。中国国家博物馆的展陈要让观众喜闻乐见并吸引更多观众参与、互动。要通过优质的服务，使参访者感到舒适和愉悦，从而寓教于乐。此外，国家博物馆还要充分显示其国家礼仪之地的功能。四是坚持交流与合作。中国国家博物馆在全球化进程中要成为“三个平台”，即对外展示中华文明的平台，由国内外各大博物馆展示各自文化的平台，同时也是中国与世界学者研究博物馆文化和中华文化及与世界文化交流的平台。在具体目标上，国家博物馆的着力点有以下几点。

第一，馆舍。没有好的舞台，就不可能演出好的剧目；没有现代化馆舍，博物馆各项事业就无法高标准、高效率地开展。当前（指文章发表之时），中国国家博物馆的首要任务，是搞好新馆的改扩建工程，国家已决定投资近30亿元，力争在2009年即新中国成立60周年之际或稍晚的时间内将新馆建成开馆。预计新馆建筑面积将由现在的6.5万平方米、展厅面积2万平方米，扩大至建筑面积22万平方米，展厅面积7万平方米，设施设备将更为现代化并充分考虑加强服务设施的建设，环境将更为优美，将更好地为参访者提供优雅、舒适、便捷、有效的服务。要使改扩建后的中国国家博物馆既现代化，又人性化，既是展示中华文化并与世界文化交流的基本场所，也是国家举行重大国事活动的礼仪之地，又是群众休闲、娱乐进行文化消费的上佳选择。

第二，馆藏。丰富而系统的藏品是博物馆保护与传承民族文化的基础，也是中国国家博物馆永远的追求。目前中国国家博物馆馆藏不足百万件且缺项较多，与世界著名博物馆差距较大，应通过国家立法及征集、收购、借展、交换等方式，努力改变这种状况。同时也将通过长期合作的形式，请国内乃至国外大馆来馆长期展示其馆藏。如故宫有上百万件藏品，但其展示空间、条件均有限，中国国家博物馆即可以充裕的空间与条件，与故宫长期合作办展，实现双赢。同时，中国国家博物馆要进一步实现藏品保护的现代化。

第三，展陈。中国国家博物馆作为展示民族文化的主窗口，将全面、系统地展示从远古至当代中华民族的辉煌历程与文化，展现中国革命、建设和改革开放的历史和成就。在联通过去、现在和未来的基础上，使民众增强文化认同感、民族自豪感和民族凝聚力。同时，加强与世界各国的文化交流，展示人类共同的文化财富，增进各国人民的相互了解。陈列展览从内容到形式将注重继承和创新，并改进和加强宣传手段，吸引广大群众尤其是青年人、未成年人参与和互动。中国国家博物馆的陈列展览将包括以下五个环节。

一是基本陈列。将以《古代中国》《近代中国》《当代中国》三个基本陈列，向国内外公众系统、全面地展示中华民族五千年的悠久历史与辉煌文化，弘扬优秀的民族传统以及中国共产党和人民在五四运动以来形成的革命文化传统以及新中国的光辉历程与成就。

二是常设专题展览。这类展览是对基本陈列的补充、丰富和扩展。即在本馆既有馆藏和加强文物征集的基础上，举办中国自古以来举凡陶瓷、青铜器、铁器、玉器、木器、漆器、兵器、钱币、服装、书信、书法、绘画、老照片、邮票、蜡像以及民族、民俗、国情等多种类型的数十个历史、艺术类的滚动式常设专题展览，以更充分地反映博大精深的中华文化和民族精神。

三是常设国内交流展。以较大展览面积为国内重要博物馆（纪念馆）设立常设展厅，为其在首都提供一个展示馆藏与展示当地文化的平台，使中国国家博物馆对中华民族文化的展示更加充分和丰富多彩，也为首都观众提供一个了解地方历史与文化的窗口或机会，同时，中国国家博物馆的相关展览也要到各地巡回展出。

四是常设国际交流展。通过与国外著名博物馆长期合作互设展厅，各自在对方博物馆长期轮换举办展览。既为世界各国文化来中国展示提供一个平台或窗口，为中国人民了解世界文化提供一个机会，同时，也将中华民族文化更广泛地推向国外，向世界展示中华文化。这项工作已在卓有成效地进行当中。

五是临时展览。包括根据国家需要而承办或配合重大纪念活动而举办的各种特展，以及与海内外博物馆（纪念馆）、文物考古部门及艺术家、收藏家等个人合作举办的各类短期展览，还有为鼓励与沟通社会各界文物捐赠者而不定期地轮换展示捐赠文物展览等。这将是国家博物馆每年举办的大量的灵活多样和生动活泼的时效性很强的一类展览。

第四，学术。提高学术研究水平是搞好博物馆业务工作、更好地保护与宣传中华文化的保证。中国国家博物馆将通过承担科研课题、举办高质量的学术刊物、召开国际国内各类学术会议、承担国内外馆际交流合作及信息网络联系、接受国内外研究生和访问学者从事研究与交流等途径，使中国国家博物馆成为博物馆文化、中华民族文化以及世界各国优秀文化的全国和世界级的研究中心。

第五，人才。人才资源是搞好博物馆建设和保护、传承中华民族文化的首要资源。要在全球化进程中充分发挥中国国家博物馆保护和传承民族文化的功能，关键在于必须拥有高素质的数量可观的相关专业人才。要通过培养与引进，造就一支具有现代意识的一流的专家、学者及管理人才队伍，尤其要注重培养符合全球化要求的博物馆专业人才，如懂得博物馆学、熟悉国际博物馆规则、文理兼通、精通外语等人才。常言说，“有了梧桐树，才能引来金凤凰”，随着中国国家博物馆改扩建工程的完成与各项工作卓有成效地开展，必将吸引更多的各类专业人才来中国国家博物馆效力，共同推动中国国家博物馆实现“国内先进，国际一流”的世界综合性大馆的目标，为保护和传承中华民族灿烂文化，促进世界文化交流做出无愧于时代和人民的贡献。

（本文为2006年9月17日作者在“2006北京国际博物馆馆长论坛”所作的主题报告）

试谈《近代中国》基本陈列的设计问题

刚才，中国国家博物馆有关领导已对我们这次会议的召开作了总的指示和要求。由于《近代中国》基本陈列筹办工作一直由我主持，为了便于各位专家发言和讨论，我首先对有关情况作一些介绍和说明。

可能人们会问，中国国家博物馆改扩建工程尚未启动，为什么现在就召开这样一次陈列形式设计的论证会呢？这一方面是起因于基建施工的需要，该工程要求将陈列展览的内容和形式设计与基建工作一并考虑，结合起来进行施工。同时，也是由于我们的陈列内容设计已取得阶段性成果，陈列大纲论证已通过，我们也希望内容设计与形式设计尽早结合，这样才能为更好地进行形式设计提供较为充裕的时间和余地。实践证明，陈列的形式设计与内容设计结合得越早，效果越好。作为中国国家博物馆如此重大的陈列项目，形式设计理应进行充分的论证，避免走弯路，从一开始就听取专家的意见实属必要。况且从现在的时间来看，这一项目进行形式设计已算不上多早了。因为陈列中必不可少的一些重要形式设计项目创作周期较长，必须及早确定并着手进行——如一些重点绘画、雕塑、沙盘、模型及影视、多媒体软件等项目，否则就难以出精品。当然，陈列的形式设计已在进行，稍后中国国家博物馆办展人员将就本陈列的形式设计向会议作专门介绍。但我们的这次会议总的来说是一次务虚会，主要研讨陈列的形式设计的思想、原则和要求，研讨陈列的总的布局、风格、氛围、效果及其个性、特点等，主要是概念设计，提出大的思路。当然，也可以对陈列各部分的艺术特点与表现原则、展示手法进行说明。下面我就结合中国国家博物馆《近代中国》基本陈列的有关情况谈几点意见：

第一，首先介绍一下我们的新馆基建及展陈情况，重点讲一下《近代中国》陈列的基本概况。我们的基建施工大约将在今年 7 月开始，至 2007 年底完工，2008 年 8 月北京奥运会开幕前新馆开馆。中国国家博物馆将往东扩建110米；同时，将原馆内的两个花园和两个天井院改建为建筑面积；整个建筑地下加两层，楼顶加一层，建筑面积由现在的6.5万平方米，扩大至近18万平方米。新馆展陈将分为5个系列，即：基本陈列（常设展览）3个、专题展览16个、捐赠品展览4个、国际交流展览13个和临时展览若干个，总共40个左右。《近代中国》陈列为三个基本陈列（《古代中国》《近代中国》《当代中国》）之一，将与《古代中国》陈列一起，设于新馆大楼第四层（最高层），面积4600平方米（展厅分配情况稍后由基建办人员介绍并见附图）。这次陈列预计展品总量约2500件（套），其中，文物实物展品约1500件（套），历史图片约500张，辅助展品约500件（套）。这次陈列的经费预算为5500万元，平均每平方米万元以上，这在国内展陈中应是高标准的。总之，这次陈列的要求就是要达到“国内先进，国际一流”的目标。

第二，关于《近代中国》的内容设计问题。《近代中国》基本陈列内容大纲经多次研讨、论证，已得到中共中央党史研究室、中共中央文献研究室、中国社会科学院近代史所等部门权威专家肯定。这一大纲主要体现了如下特点：①系统、全面。大纲反映了整个中国近代社会演进的全过程，范围极为宽广，内涵极其丰富，在中国博物馆界仅此一家。②革命范式。主线为革命史尤其是中共领导的新民主主义革命史，主要反映中国人民反帝反封建斗争。因为这是中国近代社会最显著和最根本的特征，舍此不能从实质上反映这一时期的历史（不同于古代史，可以比较规范地按朝代反映其政治、经济、文化、社会、对外关系等），所以，大纲着力突出了这方面的内容。③加强对社会全貌的反映，恰当地处理了这一时期中国社会发展中政治、革命内容与经济、文化、社会生活等内容的关系。既然陈列要全方位地反映中国近代社会，就不可能只是革命史、政治史的内容，还要反映社会的方方面面。所以，陈列大纲在突出中国人民反帝反封建斗争这一主线的同时，对近代以来中国社会的经济、文化、社会生活等内容作了更多的反映。这些方面恰是以往同类展陈的欠缺之处，这也难免给设计工作带来很多新的问题和困难。但唯有如此，才会使陈列内容更客观、更充实、更全面，也才会使陈列的艺术形式更加丰富多彩，使《近代中国》的陈列更加名副其实。这些都贯彻到陈列内容大纲设计之中了。所以，陈列的形式设计需要吃透大纲精神，把握指导思想，用主题统率全局，支配全部展品，据以确定陈列的恰当的总的以及各局部的风格、氛围和效果。

第三，关于《近代中国》的形式设计问题。我感到有几点是很值得深入探讨的：一是如何继承和发扬本馆传统的优势和特色的问题。可能各位专家比较清楚，过去中国革命博物馆的几版基本陈列都体现了恢宏、庄严、厚重的风格，在陈列形式方面有着不少成功的做法和经验，如运用“文物—文物组合—景观复原”等形式来表现内容、反映观点等，应予以保持和发扬。二是如何体现革命历史类陈列特点的问题。陈列展览是分不同类型的，如艺术类、器物类、自然科技类、社会历史类。不同类型的陈列展览对其内容和形式的设计也有着不同的要求。革命历史类陈列设计的一个根本特点，就是主题决定内容和形式。也就是说，陈列不单是为了表现文物实物，不是为了表现展品，而是为了反映主题。这就要求，一方面，要根据陈列的主题和内容，遴选和征集文物，由这些历史见证物来反映内容；另一方面，由于种种原因，相关的文物往往不足或缺项，这样，就必须用非文物展品作为补充。所以，非文物展品在革命史类展陈中有其特定地位。这就要求革命史类陈列必须在辅助展品如艺术展品、科技展品、场景景观等方面有所加重，并加强氛围及观众参与互动等项目的设计。三是如何吸收新的展示理念与手法的问题。由于社会的发展，人们的审美取向、欣赏情趣都在变化，过去简易、单调、呆板、沉闷的展陈风格已不受观众欢迎。由于革命史类陈列文物的可视性、观赏性不足，所以处境更加艰难。因此，近年来博物馆界尤其是革命史类博物馆掀起了运用新理念、新手法改陈的潮流，并取得了显著的效果。这种新的理念和手法主要是更加注重展陈的艺术性、趣味性、观赏性的增强，陈列氛围和看点的营造，高新科技手段的应用，光环境与声环境的改进，建筑与环境一体化艺术设计，观众的参与和互动，以及加强人性化举措与服务，等等。这些理念与手法是有可取之处的。我们很希望在陈列的氛围与看点、序厅设计、展厅布局、参观路线、参观环境、采光与色调、陈列设备与用具、文物保护与安全、对观众的互动与服务等方面，能听到专家们的宝贵意见。

第四，关于会议的开法（略）。

（本文节选自作者2005年5月在主持中国国家博物馆《近代中国》基本陈列形式设计论证会上的讲话）

理念　实践　机遇

——中国博物馆陈列展览的现状与前瞻

培训班已近尾声了。在一个来月的时间里，大家已就博物馆馆长如何进行领导和管理的方方面面的问题作了研讨，想必收获颇丰。但既为省级博物馆馆长，对作为博物馆主要业务和中心环节的陈列展览的现状和趋势，还是需要有一个更为全面、深入的了解和把握的。感谢国家文物局和南开大学给予我们这样一个学习交流的机会，今天，就由我和大家一起来探讨中国博物馆陈列展览的现状和发展趋势问题。我先抛砖引玉，准备分四个方面来谈些意见和想法，即中国博物馆陈列展览的理念、实践、问题与展望。因为这个题目很大，讲起来难免挂一漏万，肯定也会有不少不当之处，我就姑妄言之，也请大家姑妄听之！不过，题目大也有大的好处，不容易跑题。因为我工作在中国国家博物馆（原中国革命博物馆），所以在表述中将主要以社会历史、革命史类博物馆展陈为例。

新中国成立以来的中国博物馆的陈列展览，可以分为两个大的时期。20 世纪 70 年代之前，中国长期处于计划经济年代。在此期间的中国博物馆（含纪念馆、陈列馆等）及其陈列展览，一方面，按照“三性二务”（三性：科研性、教育性、收藏性；二务：为科研服务、为人民服务）方针，取得了不少成绩和经验，为社会主义精神文明建设做出了巨大贡献；另一方面，陈列展览基本是“文物（图片）+文字”“展板+展柜”，形成了从内容到形式的简朴、粗放、单调的模式。随着时代发展，人民群众文化需求提高，文化及娱乐形式增多，这样的展陈就显得陈旧、沉闷、枯燥而难以吸引观众了。加之博物馆经费上的“等、靠、要”机制，使博物馆缺乏生机和活力而陷于困境。

从 20 世纪 70 年代末中国实行改革开放 20 多年来，中国越来越多的博物馆及其陈列展览与时俱进，改革创新，从此峰回路转，柳暗花明，渐入佳境，形成了中国博物馆事业发展的第三次高潮（第一次：20 世纪 30 年代，中国的博物馆发展到 77 座；第二次：由新中国成立之初 20 多座，到“一五”时期达到 72 座）。在这 20 多年间，又发生了数个与博物馆陈列展览密切相关的事件或潮流。一个是从 80 年代以来“全球化”加速发展，至今已 20 多年。我曾写过一篇《全球化背景下中国国家博物馆保护和传承民族文化的社会使命》，专门论述这方面的问题，大家不妨一阅。一个是 20 世纪 90 年代初从陕西省博物馆兴起的各级博物馆改建、新建和陈列展览举办、改陈热潮，至今已有 10 多年。目前，省、市、区级博物馆这方面的工作已基本完成。为数可观的博物馆甚至又在进行或准备进行第二轮改陈改建。再一个是从 1997 年开展博物馆陈列展览精品工程以来也已十年，其间，每两年评选一次的“十大精品”陈列展览，至今已评选 6 届，参评 220 个，评上十大精品的有 60 个，特别奖 3 个，以及多个单项奖。近年来，我们党和政府还大力提倡和支持“红色旅游”。此外，国际博物馆协会和中国博物馆协会在此期间也连续举办了几届博物馆博览会（简称“博博会”）。上述事件和潮流，对中国博物馆及其陈列展览产生了程度不同的影响。

与此同时，随着国家经济、社会、文化的全面发展，中国博物馆界的地位不断提高，各级政府对博物馆及陈列展览的资金投入加大。与计划经济年代建馆及办展投资通常不过数万元、数十万元不可同日而语的是，如今的一些博物馆尤其是一批省市级大馆新建、改扩建及其陈列展览，投资往往少则几百上千万元，多至上亿、数亿、十几亿、数十亿元，如首都博物馆新馆及其陈列展览，原计划投入 12 亿元，后又追加至 15 亿元；中国国家博物馆仅改扩建工程即计划投入 26.2 亿元。文博界专业人才在快速增多，一些院校和科研单位毕业的硕士、博士、博士后人员已较多地选择了文博界。到 2003 年，文博系统高级职称人员已达 2200 余人。博物馆藏品数量扩充，目前藏品总量已达 1200 余万件（一说 2000 万件）。学术研究活跃，《中国文物报》《中国博物馆》及一大批报刊、书籍应运而生，各种相关学术会议不断召开，有力地推动了新的理念与实践的实行。不少博物馆勇于探索，敢试敢闯，通过建立新馆或老馆改建、改陈，以及举办各种临时展览，使中国博物馆陈列展览在总体上从理念到实际，从数量到质量，从内容到形式，从主题到体系，从手法到设备，从材料到技术，从馆舍到环境，从功能到效益，均发生了迅速而深刻的变化，取得了空前的进展。许多博物馆及其展陈旧貌换新颜而大受群众欢迎和好评。改革开放之初的1978年，中国有博物馆349座，目前已达2300余座。其中，仅文物系统的博物馆就有1500余座，展览面积达186万平方米，每年举办各类陈列展览9000余个，接待国内外观众约1.8亿人次。每年中国还有数十个展览亮相海外及港澳台地区，观众一般达千万以上。当然，在取得巨大成就和进展的同时，也应客观地看到，中国的博物馆和陈列展览仍有诸多不适应社会和观众要求之处，仍有为数不少的馆及其陈列展览还处于困境之中，需要努力改进和提高。

一 中国博物馆陈列展览的理念

改革开放20多年来，在从计划经济向社会主义市场经济转型过程中，在一系列重大相关事件与潮流的影响和推动下，中国的博物馆人解放思想、勇于实践、探索创新、与时俱进，对博物馆陈列展在继承既有优势的基础上，致力求变，求新，求高，求精，中国的博物馆及其陈列展览变化之巨大、进展之卓著、成果之丰硕，是前所未有的。中国一些省级大馆的陈列、历届所评的一些十大精品陈列，其水平之高、效果之佳，不仅已远远超过国内以往举办的陈列展览，甚至与世界著名博物馆的展陈相比也不逊色。不久前著名美籍华裔科学家杨振宁在参观南京博物院新建展馆陈列后，挥笔题词："世界一流。"在此期间所发生的种种变化中，最大莫过于对博物馆举办陈列展览认识、观念上的提高和进步。应该说，正是在这些新的理念的指导和影响下，中国博物馆的陈列展览才"忽如一夜春风来，千树万树梨花开"，出现了迅猛的发展和变化。现试对这些新的认识和理念略作梳理，择其要者，简述如下。

（一）改革与创新

这一理念为什么会产生和不断加强呢？不言而喻，一是时代要求。举国上下改革开放大潮奔涌向前，社会主义市场经济逐步建立，观众价值观、审美观不断变化，博物馆及其展陈旧模式陷于困境，使博物馆人感悟到穷则思变，必须通过改革，勇闯新路。当然，改革创新是在继承的基础上进行的，不是简单地否定过去，而是在开拓进取中将以往好的做法、经验和成果发扬光大，在此基础上勇开新局。延安革命纪念馆及其陈列展览过去闻名遐迩，但由于展示模式陈旧，改革开放后观众越来越少了。为解决这个问题，他们跑了国内外19个馆，参观学习，打开了眼界，决心跳出老的套路，改陈创新。该馆以新的理念和手法对原基本陈列进行了全新的策划和设计，新的基本陈列推出后果然重新受到观众欢迎。二是主客观条件的具备。随着改革开放的推进和国内外交流的开展，国家经济持续增长，人们的观念也不断随之改变，这就为博物馆新建和改扩建及展陈的新办和改陈准备了应有的条件。计划经济年代，博物馆及其展陈长期因陋就简，建一个馆，办一个陈列展览几十万元、上百万元就了不起了。从20世纪90年代以来的十多年间，已新建、改扩建各级博物馆近80座，有的正在准备进行。省、市级馆投资一般过亿元，甚至更多；举办一个大型陈列展览投资一般也在几百万元、几千万元，甚至上亿元、数亿元之巨。这在过去是不可想象的。三是勇于在实践中探索，闯出了新路。博物馆界及其陈列展览从20世纪90年代初以来开始尝试改革，探索进取，对陈列展览的各个方面和环节勇于创新，取得了意想不到的成果。从陕西省博物馆率先改革起，到上海、河南、南京等馆的奋起直追，出现了一个接一个的样板和范本，新馆、新展的效果显而易见，从而兴起了博物馆及陈列展览改建改陈的热潮。从山穷水尽到柳暗花明，不少馆及其展陈的面貌变得焕然一新从而成为公众参访热点。北京自然博物馆原基本陈列过去曾长期受到观众好评，但随着改革开放的发展，其基本陈列的单调、沉闷的陈旧模式使之日益脱离了观众。该馆领导和办展人员改变观念，学习国内外先进经验，以现代展示理念和手法重新设计制作了该馆的基本陈列。但鉴于原基本陈列长期以来的巨大影响及部分专家的意见，馆里仍予以保留。这就导致该馆出现了同一主题和内容而展示方式迥异的新旧两个基本陈列鲜明对比的景象：一边是新基本陈列，观者如潮，络绎不绝；另一边是原基本陈列，人迹罕至，门可罗雀。首都博物馆也是如此，过去在国子监旧址的原陈列展览内容和形式陈旧、呆板，观众寥寥；如今在长安街建成新馆并以新的理念与手法推出新的陈列展览后，观众每天达数千人，持续“高温不退”。由上可知，这种“眼见为实”的展示效应对人们的观念产生了强烈的冲击和触动，反过来也予改革创新理念以有力支持。

（二）个性与特色

可以毫不夸张地说，过去中国博物馆陈列展览的一大通病，就是缺乏个性，国外学苏联，国内学原“革历博”。如社会历史类陈列，古代就是“以阶级斗争为纲”“五种社会形态”；近代以来，就是几次战争时期，模式重叠、雷同。自然、科技类展览数量不多，也大多雷同，手法单调，缺乏特色。改革开放以来，尤其是在市场大潮冲击下，人们开始认识到，一个馆，一个陈列展览，如果没有个性，就没有竞争力，就没有存在的依据，就难以生存和发展，因而开始注重在展陈主题、展示内容与形式上突出个性和特色。要体现个性和特色，不少博物馆着力在陈列展览中推出了自己展品、展示上的“绝活儿”。譬如：中国国家博物馆的后母戊鼎、陕西的秦始皇兵马俑、湖南的马王堆女尸、新疆的美女干尸、湖北的曾侯乙编钟、河北的中山靖王金缕玉衣、四川的三星堆青铜面具、金沙金饰太阳神鸟、西藏的宗教展品（还有台湾地区专门的宗教博物馆），等等。由于不少馆有大致相同的展品，如“恐龙骨架”，北京、天津、上海、云南、内蒙古以及四川自贡等许多馆均有展出，这当然就需要突出展示各自的特色。在展示手法上，不少馆匠心独运，力求创造独有的展示效应。如中国人民抗日战争纪念馆首创半景画、辽沈战役纪念馆最早尝试全景画、上海龙华烈士馆的幻影成像、南京博物院的“天人感应”、河南省博物院的出土古乐器演奏、首都博物馆的4D影院、西柏坡纪念馆的电报通道、南京大屠杀死难同胞纪念馆的“五大广场”，等等。要有自己原创、独创的东西，就不能照抄照搬。对此，我不妨讲一下关于中国国家博物馆展陈特点的问题。有人说：“国家博物馆展陈的最大特点就是没有特点。”这种说法当然不对！但中国国家博物馆与某些行业、地域、时期、类型及文物标本（含遗址、遗迹等）特征显著的博物馆、纪念馆不同，它是我国唯一一座全方位涵盖全国整个历史的综合性博物馆，要形成中国国家博物馆陈列展览的个性与特色确实不易。中国国家博物馆目前正在改扩建施工。新馆建成后，中国国家博物馆应用什么思路和举措办好自己的陈列展览呢？我认为，在理念上应坚持：系统与全面，继承与创新，交流与共享，人本与服务。在做法上，可以搞成五个系列或平台：基本陈列（3个——古代中国、近代中国、当代中国）、常设专题展览（30余个）、常设国内交流展（滚动）、常设国际交流展（滚动）、临时展览（含不定期轮换的捐赠文物展）。这些展陈既要从总体上达到全面、系统、经典、权威，又要在各个具体的展陈中各展异彩、独树一帜，真正达到“国内先进，国际一流”的标准。当然，这些目标很难一步到位，还要经过更多的研究、论证和在实践中探索，但只要一以贯之，坚持不懈，自己的风格和特色自然也会水到渠成。这听起来似乎有一种“高、大、全”的味道，但作为一种追求的目标，一种致力实现的个性和特色总还是不可少的吧！

（三）形实与互定

以往的观念认为，博物馆陈列展览的内容决定、支配形式，形式服从、服务于内容。将提倡艺术设计、增强可视性批判为资产阶级思想。改革开放以来经过激烈争论，人们开始逐步取得共识，即：内容与形式辩证统一，相互渗透，相互协调，相互决定，共同服务于主题。如不少新的形式要求相关内容与之相适应。当然，长期以来，展陈形式设计不受重视，成为博物馆“重灾区”，是博物馆陈列展览发展的“瓶颈”。要提升博物馆展示水平，就要由此突破。当前，中国陈列展览出现重大改观，从某种角度看，主要是形式设计的加强和创新使然。

（四）氛围与起伏

博物馆陈列展览必须注重观众感受。上海鲁迅纪念馆认为：“我们不期望观众记住多少内容，只希望他们感受鲁迅精神所特有的氛围。”他们通过色调色温、自控音响与光线、个性造型等种种手段，营造了一种鲁迅精神世界的氛围，令观众参观后能留有一个长久的回味。宁夏回族自治区西夏博物馆运用文物和多种手段，营造出游牧民族及西夏王国特有的文化氛围，展示了其神秘的兴衰历史。应该说，根据陈列主题要求而格外重视并尽力营造陈列氛围，尤其是致力通过格局、色光、看点、环境、序（尾）厅等的巧妙构思，营造整体及局部的展示氛围，强化展示效应，是最重要的现代展示理念之一。观众来参观展览，不一定记得住太多的事件、人物及文字等，这些内容通过书刊、音像等其他渠道也可接触。观众来博物馆的直接目的，主要就是获取身临其境的感受。通过置身于特定的氛围，在心目中生成对展示信息的深刻而长久的印象，从中达到学习知识、获得启迪以及愉悦身心的目的。这也正是博物馆特有的信息传递功能及其魅力所在。

“文如看山不喜平”，陈列展览亦如此。博物馆展陈必须依类型、主题、内容、规模、风格的不同，在展厅营造几个能引起观众高度关注和兴趣的“看点”，并在展线上形成相应的高潮，使整个展线波澜起伏而引人入胜。此外，对整个陈列的所有看点应统一策划，依主题需要而确定其主次及表现程度。各看点之间要相互呼应、映衬，形成高潮交替、群星拱斗的整体氛围。如中国人民革命军事博物馆的《抗美援朝战争》展览，设计者运用各种手段，在整个展线上每隔10—15米，便为观众制造一个视觉或心理的“兴奋点”，使陈列高潮迭起。而将陈列的重点内容，如序厅、二次战役、上甘岭战役、武器缴获台、凯旋门等，均摆放在展厅中轴线上，使之更为强化和突出，成为展览的一系列更大的高潮。陈列的中心主题区则为中国人民志愿军英雄群雕和上悬三圈不锈钢雕塑和平鸽的大型景观，寓意“最可爱的人用生命和鲜血换来了和平”，集中体现展览主题，将整个陈列推向了巅峰。此展览为该馆赢得了社会效益与经济效益双丰收，并被评为全国十大精品陈列之一。

（五）精品与争先

过去，由于对形式设计、艺术设计要求不高，展陈往往因陋就简，比较简单、粗糙。随着时代发展和社会、观众文化需要和审美水平的提高，过于粗放和简朴的展陈已难以为社会公众认可，而要求博物馆提供更为精美的产品。1998年以来开展的博物馆陈列展览精品工程，推动了展陈水平的提高。现在，精品意识已深入人心，精心设计，精心制作，精心施工，已成为大家的共识。好展览不只是靠钱堆出来的，有的陈列展览花钱不多，也能成为精品。与此相连，人们的竞争意识也在增强，不少馆在时刻关注着国内外动态，提出争创“国内先进，世界一流”博物馆，提出让本馆陈列若干年不落后的要求。国家文物局组织十大精品评选，有力地推动了精品工程的开展和争先创优意识的提高。

（六）推介与营销

新形势下，各种文化场所和活动日益增多，宣传媒介丰富多样，对观众的竞争也日趋激烈，观众及其兴奋点被一再分流。博物馆及其展陈再不能“酒好不怕巷子深”。否则，再好的展陈，也难以吸引更多的观众，而更好地实现社会功能。所以，必须加大宣传推介的力度。只有加强宣传推介，才能更多地吸引观众，实现社会、经济两个效益。在计划经济年代，博物馆谈不上什么经营，一般是“等、靠、要”，饿不死，撑不着。在社会主义市场经济条件下，博物馆费用相当部分要靠自己创收解决。中国国家博物馆、上海博物馆每年需创收 3000 万元，才能正常运作。有的单位如北京故宫博物院、陕西兵马俑博物馆等收入巨大，日子当然就好过。目前，国家在经费上对各级博物馆还不至于“断奶”（国外很多博物馆是自负盈亏的，国内民办博物馆基本也是如此），但应有这种心理准备。博物馆及其陈列虽不以营利为目的，但也不可排除经济效益。否则，日子将不会好过，也不会具有强大的竞争力和生命力，当然也不利于博物馆及其陈列展览的生存和发展。

（七）交流与合作

改革开放以前，主要是一些上级大馆指导帮助下级小馆，一般馆际交流不多。改革开放、全球化及评“十大精品陈列”“博博会”等促进了博物馆及陈列展览的交流。一些新建、改扩建馆新的展陈理念、手法、设施、设备的出现，起到了示范作用，人们争相参访，带动了馆际交流的开展。时代要求博物馆“链接”和形成“展览超市”，而这就必须由各相关博物馆和展陈参与并合作。从各博物馆实际看，一方面，由于相当多的馆资源有限（即使大馆也有其缺项或不足之处），在文物、艺术品、设施设备、人才及经验等方面，迫切需要交流合作，特别是在过去文物比较容易征集、调拨，现在已很难做到的情况下。另一方面，是不少馆的大量资源经常处于闲置状态。如一些大馆的馆藏利用率不到 1%。而一些馆的闲置资源恰恰是另一些馆展陈所需。所以，只有实行调剂有无或优势互补、强强联合，整合馆际展陈资源，实现资源共享，才能办出更多、更高水准的展陈，也才能达到互利双赢、多赢的效果。比如：2002 年中国革命博物馆曾举办“中国的世界遗产展”，通过组织全国各遗产地几十家博物馆共同筹办，利用各馆资源，系统、全面、异彩纷呈地表现出中国的世界遗产的全貌，为观众奉献了一个丰盛的文化大餐。在引进或推出国（境）外展陈方面也是如此，由于其借展、包装、运输、保险、组织等程序非常复杂，费用往往也相当高昂，单独由一个馆承担常是难以承受之重。而几家博物馆合办，分工协作，则会分担减负而事半功倍。值得注意的是，在当前的交流合作中也出现了一些问题和困扰，如文物保护问题（有的馆担心文物流通多了易损坏而不愿交流）、展陈条件问题（如很多馆缺乏恒温恒湿等设备导致不宜珍贵展品的展出）、组织运作问题、经济利益问题等，需要在尝试和摸索中不断加以解决。

（八）人本与服务

以人为本的执政理念是党和国家坚持科学发展观、构建社会主义和谐社会的核心价值取向。以人为本也已成为中国博物馆及其陈列展览的根本指导原则。这与国际博物馆界的人本思想的共识和潮流也是相互呼应和一致的。近来中共中央结合我国博物馆实际，又提出“三贴近”（即贴近实际、贴近生活、贴近群众）的原则，使以人为本的思想得到更加深入的贯彻。在这方面，虽然过去提出的博物馆的“三性二务”也有“为广大人民群众服务”的要求，但在实际中却是强调教育功能过多，在更多、更好地为观众服务方面做得是很不够的。博物馆及其陈列展览要以人为本，在展陈方面就要从选题到主题，从内容到形式，都要以广大民众的愿望和要求为依归，使展陈不仅具有思想性、科学性、艺术性，还要有趣味性、观赏性、参与互动性，并通过大量人性化设施和举措，使观众对博物馆及其展陈感到亲和，到博物馆参访感到舒适、愉悦，并积极参与、互动、反馈，从而也从中获取更多收益。观众是上帝，是衣食父母。博物馆为社会公众提供精神产品是其不容推卸的责任，观众来博物馆参访、学习、休闲、娱乐是公民应有的“文化消费”权利。需要注意的是，如何正确认识和对待政府、权威部门、主流意识与以人为本的关系。有人认为博物馆及其展陈就是向政府负责，向领导负责，向专家负责；否则，就通不过，就没有钱，事情就不好办。其实，这是一种误解。当然，在现实中，要想领导重视，就要先“重视”领导，不取得领导的重视和支持，一切难办！有的省搞“跑步（部）前（钱）进”，也许有其道理。我认为不能把两方面对立起来。因为，各级领导何尝不是办事情“以人为本”的？从某种角度看，政府给钱，恰是“看在观众的分上”。关键在于，在文博、展陈方面如何具体去为观众服务，这是只有行家才能说清楚的事。所以，作为博物馆人，作为馆长，必须善于用这一点说服领导，与领导沟通和取得共识，而在博物馆建设和举办展陈中得以实现。这就是我们的责任和工作艺术。

二　中国博物馆陈列展览的实践

在上述理念或理论指导下，中国博物馆陈列展览水平迅速提升，在陈列展览实践中取得了显著成功和进步。其主要表现如下。

（一）选题趋广，炼题得当

应该明确博物馆展陈必须具有鲜明的主题。对此国内外文博界长期以来是有很大争论的。何为展陈主题？展陈主题不是展陈的“主线”、主要内容或主要问题，而是展陈举办者的意图。为什么展陈要有主题？没有主题或主题不当，展陈就失去了灵魂，就缺乏个性和特色，就没有存在的依据，就难以达到办展的目的，只能成为失败的展陈。由于陈列展览是人们有意识、有目的的创作行为的结果，人们自然会赋予其应有的主题。同一内容的展陈可以因举办者不同而有所不同，无非是举办者在视角、层面、内涵、切入点、风格等方面各有侧重及差异而已，并不影响主题的体现。某些展陈所谓让观众“见仁见智”“无主题”“纯客观”，其实在一定意义上也是一种主题，即办展者有意识地通过展示某些展品，提供相关信息，以引发观众在相关方面的关注、体验、感受和认知，从而达到办展目的，而非全无逻辑的展品堆积或胡摆乱放。博物馆初始阶段多采用“宝库式”展览，看似漫无目的，“有什么展什么”，其实是收藏人通过展示其某些“宝物”，在让观众感知世界无奇不有的同时，也显示其见识、富有、地位、品行，体现其审美情趣、价值取向等，从而实现其办展意图与愿望。可见，真正无主题的展陈是没有的。办展者的责任和水平恰恰在于：如何使展陈的主题更鲜明、更集中、更深刻、更科学。正是在如何正确选择展题和提炼主题方面，中国博物馆界近年来取得了长足的进步。

在拓展选题范围方面，过去数量最多的社会历史类展陈，主要是以阶级斗争史、革命史、党史为主线的大致相仿的展示模式，主题范围很窄。自然、科学、艺术类展陈数量少，展示形式也相当单调。改革开放以来，以展示自然、科学、艺术为主题的展陈已较多地推出。中国科技馆 1988 年建立，其展陈很受社会尤其是青少年的欢迎，由于原馆各种局限性较大，现正筹建新馆。北京天文馆新馆 2004 年落成，其展示理念与手法有许多突破。天津自然博物馆自筹经费，两年内设计制作专题展览 40 余个，在全国率先推出“展览超市”，而且两个效益俱佳。在此期间，各类专业展览也接连问世，如恐龙、昆虫、丝绸、茶叶、药材、自来水、紫檀、煤炭、铁道、航空航天，等等。据统计，到 2003 年，中国自然科学类博物馆已达 799 座，到 2004 年提供展览近万个，观众达 1.5 亿人次。社会历史类展陈除继续做好政治性主题外，在文化（包括现代文学、书画、戏曲、电影、邮票、钱币、消防、城市规划、警察、动漫、机器人，等等）、教育、民族、民俗、人物、社会生活等方面的展陈也大量涌现。尤其是有些选题，打破了禁忌，取得较好的展示效果。如山东台儿庄大捷（表现国民党正面战场）陈列、辽宁大帅府（不仅表现张学良，也表现张作霖）陈列、吉林伪满皇宫陈列、安徽李鸿章生平陈列、北京海淀灾难陈列、广东性文化展（有人提出：陋俗不应成为展陈“雷区”——当然也不能成为庸俗黄色主题）等。这些做法使博物馆展陈选题范围空前拓宽。

在陈列展览主题的研究、提炼和创新方面，各馆努力改变过去重叠、雷同和模式化的状况，注重使主题趋于精准而突出个性。主要是立足于时代高度，适应观众需要，着力对展陈主题进行深化，准确定性、定位、定向、定调，选准视角和切入点，合理调整内涵和外延，独辟蹊径，出奇制胜。不少馆特别注重结合本馆优势，把握重点，凸显个性，营造特色，如突出展陈的时代特色、地域特色、文化特色、风格特色等，从内容与形式的总体设计上提出前瞻性奋斗目标。中国人民革命军事博物馆最新推出的三个基本陈列被评为十大精品，其显著特点就在于将主题提炼得更为集中，与党史、革命史相区别，突出了一个“军”字，军事色彩更浓了。北京抗日战争纪念馆基本陈列的主题，由主要反映中共在抗战中的中流砥柱作用，经过改陈，拓展为客观、全面、深刻地反映全国人民的抗日战争，丰富了陈列的内涵和表现力。去年，再次根据中央精神改陈，突出反映中共的领导，有了新的提高。黑龙江瑷珲馆基本陈列经过改陈，改变了过去全面反映瑷珲历史的做法，将镜头聚焦于中俄关系史，着重通过《瑷珲条约》的签订，反映国土破碎、人民悲恸、奋起反抗的主题，并围绕主题营造内外环境氛围，使陈列的个性更为鲜明。北京新文化运动纪念馆的基本陈列，以反映新文化运动为主，与五四运动史、党建史既相联系又相区别，较准确地为自己定了位。中国国家博物馆引进的《香港百年展》原展更多地反映了英国殖民统治以来城市的建设和成就，主题偏颇。经调整、修改，使这一展览突出表现香港自古以来就是中国的领土、人民群众百年来在城市建设中的作用（不再出现“总督”）、中国传统文化的作用和影响、香港回归祖国等内容，使展览主题得到了充实和升华。

应该指出的是，一个展陈要突出主题，突出个性，就要特别注重展览的命名即标题。展标对于表现展览主题，具有画龙点睛的作用，切不可疏忽大意。四川省博物馆馆长高大伦曾说“展标体现了一个馆的智慧和水准”，是不无道理的。一些好的展标堪称难得一见的神来之笔。例如：原中国革命博物馆纪念中国共产党建党 80 周年展命名为《肩负人民的希望》，四川省博物馆历史文物展定名为《巴蜀寻根》，包头博物馆内蒙古古代岩画陈列命名为《石破天惊》，河北省博物馆长城展命名为《华夏脊梁》，该省西柏坡纪念馆基本陈列定名为《新中国从这里走来》、山西省博物馆基本陈列定名为《晋魂》，河南洛阳博物馆基本陈列定名为《永恒的文明》，四川广安邓小平纪念馆基本陈列定名为《我是中国人民的儿子》，吉林省伪满皇宫基本陈列定名为《从皇帝到公民》，等等。当然，有些馆的展陈以白描的手法命名展标，效果也相当不错。如：《浙江七千年》《马王堆汉墓》《温州人》《今日深圳》等，关键是要反复推敲，最佳选择，务求展标有个性，有内涵，醒目，上口易记，准确、充分、生动、巧妙地反映主题。

（二）体系多元，格局求变

博物馆陈列展览要不要体系？回答是肯定的。因为博物馆陈列展览是博物馆办展人员的作品，是有确定而鲜明的主题的。要实现主题，就需要在展陈内容与形式上遵循相应的逻辑，有一个合理的框架结构。只有如此，才能将各类展品按办展要求组合在既定的空间内。即使西方早期的“圣所式”（神迹式）与“宝库式”（仓库式）陈列，以及今天的自然生态展示，仍然也是有体系的，只是其表现类型不同而已。当然，展陈有体系却不能模式化。恰恰在这一点上，中国博物馆陈列是有着长期固守苏联模式的深刻教训的。该种模式的弊端在于，将陈列搞成“挂在墙上的教科书”，成为面面俱到的“流水账”，缺乏重点、个性和特色。如社会历史类展陈，其结构大多是严密的“时序式”编年体历史学体系，全面、系统地表现历史过程。这种体系不仅造成许多馆基本陈列相关内容的司空见惯和雷同，而且往往使整个陈列冗长、琐碎、平淡、沉闷。还由于时序式体系不能“断线”，而馆藏文物又难免有缺项，所以只能大量使用文摘、图表等辅助展品，以连缀、铺陈整个展线，从而大大降低了博物馆传递物化信息的特有功能，降低了可视性。因此，改革开放以来博物馆改陈办展面临陈列体系创新的艰巨任务。所谓陈列体系创新，就是指打破拘泥于严密的历史的或逻辑的面面俱到的体系，按照博物馆及陈列展览的特点和规律，创作出符合本馆及其展陈的性质、任务要求，立足于藏品实际，陈列内容与形式的设计有着很高自由度的富于个性、特色和表现力的陈列体系。

近年来，中国博物馆在展陈体系创新中已显示出重大改观。如在社会历史类展陈方面，除某些展陈仍在沿用时序式体系并经过改进取得较好展示效果外，各地改陈的实践已在体系创新中创造出了多种成功的范例。主要有：①“穿珠”式。浙江省博物馆的基本陈列《浙江七千年》，突破了面面俱到的严密编年体历史体系，只将“浙江历史上的闪光点像珍珠一样穿成一线”，“以点带线”展示历史的亮点。这种体系，既尊重了历史的整体性，也很好地体现了本土性文化的特征。②“板块”式或“专题”式。上海鲁迅纪念馆、上海历史博物馆、韶山毛泽东纪念馆、内蒙古自治区博物馆、天津自然博物馆等馆在基本陈列改陈中，采用相对独立的专题式陈列结构，形成了并列的板块式体系。这种体系不但更集中地反映了陈列的重点内容，综合起来也仍然是完整的整体。③“纵横”式。即将时序（纵）与专题（横）相结合，在总的整体内容上按时序划分为不同阶段，在每个阶段内再以若干专题表现其具体内容，成为一种纵横结合的体系。中国革命博物馆举办的《肩负人民的希望》，既通过划分几个大的阶段系统展示中国共产党 80 年来发展、壮大的历史轨迹，又通过每个阶段罗列的若干专题（要求大事不漏、重点突出），表现中国共产党领导革命、建设与改革开放的光辉业绩，使展览获得很大成功。④“集群”式。山西省博物馆基本陈列《晋魂》，撷取山西五千年历史文化长河中七个闪光点作为独立专题，并以历史脉络贯通为一体，形成外断内连、散点透视的陈列风格。在陈列中坚持“以物带史”，即在展示珍贵文物时，着力揭示文物背后的社会历史面貌与背景，形成一种闪光点的“集群”，从而形成了特有的“集群”式体系。⑤“头—身”式及“头—腹—尾”式（枣核式）。南京太平天国纪念馆、北京抗日战争纪念馆的改陈，将历史概况，先作一个非常简明的交代，形成陈列的一个“头”。然后，对陈列的主要内容分若干专题，分别集中反映，可称“身”。若将以上两个陈列中的“太平天国的影响” “抗战胜利”各自作为结束部分，则可称为“尾”，前面的“身”也可相应地称为“腹”了。这样，就形成了两头小、中间大的“头—腹—尾”式或“枣核式”体系。⑥“多元”式或

“系列”式。广东孙中山纪念馆通过改陈，将原来较单一的陈列改造为“孙中山故居复原陈列”“孙中山生平事迹陈列”“孙中山亲属与后裔陈列”以及“翠亨民居展示区”“翠亨农业展示区”等，成为兼具历史纪念性和民俗性的、立体的、多元化的系列展陈体系。当然，有的馆改陈，是将上述不同的体系相互结合而成为各种“综合式”体系的。随着改陈实践的不断摸索和深入，一定会有更多的陈列体系问世，使体系创新更加多姿多彩，更加适应不同类型、不同特点的展陈需要。

关于展陈格局，现代展示理念认为，能否使博物馆展陈有一个新颖、合理、个性化的格局，对于营造展陈整体氛围和加强整体展示效果关系很大。各地博物馆在探寻现代展示方式的过程中，刻意求新求变，突破过去陈列主要是从头到尾“大通道”、强调均衡对称、空间形式及色彩过于单一等传统格局，在建筑的设计、环境的渲染、展厅空间的分割和再造、设施设备的配置、展品密度与节奏的把握、光线及色温色调的运用、整体艺术效果的构思等方面，巧妙策划，既强调和谐统一，又注重起伏变化而便于观赏，在陈列及博物馆的风格、布局上取得了骄人的成就。广西百色起义纪念馆及其基本陈列，原设在比较偏远的红七军军部旧址，由于受原馆舍格局影响，展示效果不佳。1999 年底纪念馆改建、改陈，将纪念馆迁建于百色市中心交通便利、风景秀美的迎龙山公园内，园中有馆，馆寓于园。新馆舍及基本陈列《百色风雷》根据实际需要而设计，新馆的六个展厅，前五个由深灰色调的隧道相连，寓意中国革命在黑暗中曲折、苦斗。第六展厅为暖色调，宽敞、明亮，寓意新社会的蓬勃生机与光明前景。这就在总体上形成了馆园结合及“两重天”的格局。新馆及新的基本陈列完成后，很受群众欢迎。南京太平天国纪念馆在改陈中，寻找古建筑与现代展示理念的结合点，通过在古建筑内重新营造空间概念并与陈列展线的空间分割、高低、疏密相调适，既通透空灵，又疏密有致，形成了宜于观众观赏的节奏和韵律，在多有局限的古建筑空间内营造了一个大气的布局效果，得到了专家和观众的好评。武汉博物馆的古代历史陈列，打破以往均衡、单一的陈列格局，将纵跨三四千年的历史内容安排在一大一小两个展厅内，并将环境艺术风格纳入陈列的整体设计之中，从而形成一个厅紧凑丰满、一个厅疏朗耐看的格局，取得了理想的展示效果。香港历史博物馆基本陈列《香港的故事》，其展馆的整个建筑空间都是根据陈列内容展示要求而设计的，陈列中的大型场景如“虎门销烟”“近代香港一条街”等，既横空出世，又顾盼全篇，使陈列格局极富个性。

（三）内容清新，看点突出

关于展陈内容，一是一大批展陈在内容选择与调整中体现出大手笔。这些展陈不再像历史教科书那样拘泥于严密的历史逻辑性，章、节、目面面俱到，处处顾及衔接与均衡，而是以很高的自由度，少而精地将一些历史上最重要、最生动的内容，以博物馆语言集中予以展示。如武汉博物馆的古代历史陈列敢于取舍，将以往鸿篇巨制的“连台本”大戏，改为相互呼应、短小精悍的“折子戏”，收到了理想的效果。山西《晋魂》《浙江七千年》在内容上均能删繁就简，剪除枝蔓，体现出大手笔。二是在内容的选择和调整中力求贴近实际，贴近生活，贴近群众，使展示能引起观众的共鸣和兴趣。如上海鲁迅纪念馆、广东孙中山纪念馆在改陈中，不仅将原陈列内容调整得更能吸引观众，还分别增加了与鲁迅有直接接触的一大批文化名人的内容、孙中山亲属与后裔的内容，从更多的方面拉近了陈列与观众的距离。当然，在展陈中增加观众参与、互动的内容，更是落实“三贴近”的有效手法。三是由于主客观条件的限制，人们对历史的认识是逐步深化而日益接近客观真实的。一个社会历史类基本陈列完成后，会相对稳定地展出若干年。随着时间的推移，人们对相关历史的认知会愈来愈深广，新的科研成果也会不断出现。这些新的学术成果，要求人们对原陈列进行相应的充实、完善乃至更正。不少馆高度重视有关陈列内容新的研究信息和动态，吸收新的科研成果，及时进行改陈，使陈列内容代表最新的科研学术水平，也使陈列自身得到了更新。

关于展陈看点。博物馆陈列展览与著作论文不同，不单是通过严密的文字逻辑来表现主题，更要通过空间、展线、展品、景观、氛围，通过物化的语言和感官的感受，通过直观视觉艺术，传递信息，表现主题，实现社会功能。所以，陈列展览必须“好看”，必须有起伏和高潮，必须有看点、亮点，才能加深观众印象。为了营造看点、亮点，各地博物馆按照现代展示理念，首先在陈列体系上对以往面面俱到、平铺直叙的“流水账”模式勇于突破。同时，在符合主题要求的情况下，大胆取舍，真正实现大手笔，即舍得在内容、空间、手法、设备、投入等方面调动更多资源集中用于突出陈列重点，营造展陈看点。在看点营造中，既注重更多地结合相关文物及其组合予以表现，也根据主题要求，运用各种手段，营造出彩之处。如大型雕塑、巨幅油画、半景画、全景画、蜡像组合、多维演示、影像与模型合成等，力求让观众“过目不忘”。河北西柏坡纪念馆《新中国从这里走来》陈列就通过序厅大型群雕、三大战役半景画、电报长廊和“两个务必”浮雕墙等营造了四大看点，很好地增强了展示效果。

（四）手法翻新，展示多彩

博物馆展陈的展示手法经过20多年探索、发展，已与原来的简易、单调状况不可同日而语，甚至已被人们区分为传统手法与现代手法两种概念。这些发展，一方面，表现在大力改进和发展传统展示手法，加强文物及其复制品、文物组合、图片、艺术品、原状陈列（景观复原）以及沙盘、模型、灯箱、图表、背景墙等展示形式。如对相关展墙、展柜、展板、道具及其他辅助展品进行主题化、立体化、层次化、艺术化的设计和处理；对图片加以叠加、虚化、加棕、上色等；对图表进行加色、立体、造型处理等；对文字及其说明牌的材料、造型、色彩进行艺术设计等。另一方面，是在上述基础上，突出发展或创造了更多的展示手法，其中主要有：①美术手法。主要指雕塑、绘画、工艺品、各类艺术造型等适应时代要求的创新之作。如半景画、全景画、锻铜画、丝织编织画、挂毯画、大规模主题雕塑和造型、巨幅浮雕、蜡像，等等，在重大展陈尤其是在其序厅（前厅）、尾厅、展陈内容的重点部位以及环境设计中，上述艺术手法成为展示形式的优先考虑。②科技手法（下一问题专述，此略）。③影视手法。指展厅内电视、视屏等放映点、各类图像播放与其他展示手法的组合、背景音乐等。如丹东抗美援朝纪念馆利用影视、舞台、科技等手法，制作了上甘岭战役、奇袭白虎团等动态场景，观众很感兴趣。锦州辽沈战役纪念馆利用幻影成像、多媒体投影技术结合场景复原，制作了《辽西会战》情景剧，创造了新的视觉空间。④舞美手法。指通过设计展厅的舞台美术效果，增强展陈对观众的吸引力。如军事博物馆的纪念长征展在过草地、雪山场景中，巧妙运用舞台艺术中的“下雨”“降雪”等技术，使这一场景视觉冲击力增强。东北烈士纪念馆基本陈列在营造“江桥抗战”“八女投江”“伪警察署”等场景及表现杨靖宇、赵一曼等英雄人物中，恰当地吸取舞美艺术表现手法，将革命现实主义与革命浪漫主义相结合，使陈列形式更为生动感人。⑤展演手法。延安革命纪念馆首创讲解结合歌唱、表演的展陈讲解方式，不少馆纷纷跟进。中国人民抗日战争纪念馆编排了《抗战剧场》等几十个展演剧目，以抗战流动博物馆的新颖形式，把展览宣传覆盖面扩大到社区，在展示历史文物、图片等资料的同时，讲解员用配乐和表演的形式为观众再现赵一曼、张思德、吉鸿昌、张自忠等抗战时期著名英烈的感人事迹，巡展近百场，社会反响强烈。重庆歌乐山革命纪念馆的红岩魂展演截至 2003 年年底，已在北京、上海、广州、石家庄、杭州、长沙等全国近百个城市演出 650 余场，观众达 750 多万人次，轰动京城，火爆上海，也在全国各地引起震撼，取得了显著的社会效益和经济效益。⑥互动手法。各地博物馆从观众需要出发，在展陈中设计了大量吸引观众参与、互动的内容或项目，受到普遍欢迎。如中国造币博物馆的造币过程演示，观众可全程参与并得到纪念品，使观众印象深刻。科技类博物馆在这方面更是尽显所长，不少馆已成为观众尤其是青少年动手操作、亲身体验而流连不舍的乐园。⑦多向手法。观众参观博物馆展陈的路线，按传统的方式一般为顺时针单一方向，不逆行或走“回头路”。近年来一些馆的陈列展览在空间分割和展线方面，也在尝试突破旧的模式，既参考国外经验，更从展陈实际出发，从宜于观众参观出发，在可能的情况下将观众路线由单向设计为多向，即一些展陈或展示内容不强调展线的方向性，观众对陈列内容可随意选择参观。如将观众参观路线设计为主辅式、点线式（“长藤结瓜”）、放射式、超市式等，使观众可方便地自行安排参观路线。上海博物馆新馆共设 12 个专题陈列室，陈列青铜器、陶瓷、书画、玉器、少数民族工艺品等珍贵文物，观众在展厅内可自由地多向走动参观欣赏。⑧“一体化”手法，或称全方位展示手法。是指近年来兴起的博物馆室内外空间形态按展陈主题要求而统一设计的展示手法。在这种展示方式中，从博物馆展厅展陈的空间设计，到博物馆藏品库房、公共空间、办公空间以及内外建筑、环境空间等，都力图结合展陈主题，统一设计为一个内外和谐统一的展示整体。如四川的金沙博物馆，其宽阔的外部园林区、博物馆内外建筑、巨大的遗迹展示区和博物馆展厅内陈列，均以遗址出土的太阳神鸟及金器、玉器、青铜器、乌木等标志性要素贯穿，成为一体化的整体展示。这也使金沙博物馆成为主题公园式博物馆，受到国内外同行关注。当然，在各地博物馆展陈实践中，上述手法往往不是单独、孤立存在的，而是从各地实际情况和条件出发而综合运用的，从中也产生了各地博物馆展陈不同程度的综合展示手法。

（五）高新科技，广泛应用

近年来，受自然、科技等类博物馆运用高科技手段进行动态展示的启示，社会历史类博物馆展陈打破传统静态的“展板＋展柜”“文物＋照片”的简易模式，纷纷将声、光、电等科技手段，尤其是高新科技展示手法引入陈列设计。这已成为博物馆展陈形式现代化的一个显著标志，通常被人们称之为“声、光、电”方式。各馆对科技手段的引进日益广泛，种类迅速增多，已用或拟用的科技手段和方式如：各类机械传动设备，自然照明向人工照明补偿转化设备，人工采光，各类艺术灯箱，电动沙盘和模型，电脑喷绘，电子翻书，超薄电视，背投式放映屏，超大屏幕，双面视屏，通电显影玻璃，幻影成像，3D—4D动画，声、光、电相结合的半景画和全景画，高分子硅胶雕塑，全息成像，声配像演示，场景双屏—多屏同步演示，激光演示，可控红外技术，IMAX演示，动感及味觉、触觉影院，声控照明与声控音响，主体音响，自动追光配音图版，语音、视频导览系统，互动式数字媒体空间，仿真技术，自动控制技术，SGI虚拟现实（如“无形陈列”“虚拟陈列”“虚拟博物馆”等），以及文物保护的防腐、防蛀、防盗、阻燃、恒温恒湿、光纤照明、小环境空气净化过滤系统、墙面地面新型天然及人工合成材料等新材料、新技术、新工艺、新手法。应该说，在展陈方式中，在突出展示文物（标本）—实物的前提下，引进声、光、电等科技手段及各种新材料、新工艺、新技术，使传统的展示方式发生了重大改变，使陈列品根据需要而“亮起来、响起来、动起来、美起来、贵起来、保起来”，使陈列展览和文物保护的效果得到大幅度提升。目前，对较为成熟的科技手段和形式，各地博物馆在改陈改建中已纷纷采用。一些有条件的馆正致力于引进高新科技，并加大原创力度，打造本馆的“绝活儿”，使之成为自身新的特色。由上可知，这种科技方式和手段的应用，使博物馆展陈在信息传递中更为直观、集中、丰富、形象、生动、强烈和便捷，开始使陈列从静态转向动态和动静结合，有效地增强了文物和其他陈列品、景观、场景等的视觉冲击力、心灵震撼力、艺术感染力和互动亲和力，并正在成为博物馆新的陈列语言，推进了陈列展示方式由传统向现代的转型。事实证明，在陈列展览中适当引进科技手段是有益的和必要的，是博物馆展示理念与手法的一个意义重大的创新和进步，也已成为陈列展览十大精品评选的一个重要条件。

（六）内外环境，和谐统一

博物馆展示环境，既指展厅陈列内容所涵盖的展厅空间环境，可称为内部空间形态，这是展示环境的最核心的部分；同时也包括博物馆主体建筑、功能服务设施、自然或人工绿化、馆区所创设的人文景观等外部空间形态，也可称为馆容。现代展示理念要求陈列展览与内外空间形态和谐、统一，营造陈列主题所要求的博物馆整体展示的特有氛围。为此，各地博物馆一方面结合陈列布局精心设计展厅内部的空间环境，同时，在条件许可的情况下，在展厅之外包括建筑本身精心地进行环境设计。如北京自然博物馆大门外，几只硕大的恐龙雕塑格外引人注目，与馆内陈列相呼应。首都博物馆、上海博物馆、河南博物院、湖南博物馆等，在建筑上都吸取了历史文化的代表性元素。四川广安邓小平故居陈列馆主建筑的坡形屋面右侧呈交替重叠、愈起愈高的状态，至中耸立出一座“丰碑”，左侧又以平缓的坡形结束，寓意邓小平“三起三落”和从平凡走向伟大、又从伟大回归平凡的波澜壮阔的人生经历。沈阳“九一八”纪念馆展厅门前矗立着“残历”造型的巨大石雕，将时间定格在1931年9月18日，意在揭示不忘“九一八”国耻的主题。天津平津战役纪念馆为了渲染平津战役“胜利”的总体氛围，在展厅前的“胜利广场”入口处竖立了两根高大的花岗岩圆柱，构成“胜利门”，柱顶是当年战士“胜利者”塑像，胜利门两侧为大型花岗岩浮雕墙《欢庆胜利》，开阔的广场中央耸立着60多米高的主体造型《胜利纪念碑》，展馆左右两侧还设置了两组大型锻铜群雕《并肩战斗》和《人民支前》，这就使纪念馆外部空间形态整个沉浸于“胜利交响乐”的意境之中。南京大屠杀遇难同胞纪念馆在旧址遗骨陈列和史料基本陈列之外，在整个馆区布置了被称为“悼念广场”“祭奠广场”“墓地广场”等外部景观。悼念广场设有十字架造型的南京大屠杀时间标志牌、《倒下的300000人》大型主题抽象雕塑、《古城的灾难》大型组合雕塑及和平鸽造型等；祭奠广场有郁郁葱葱的松柏、刻有馆名的纪念石壁和用中、英、日文镌刻的《遇难者300000》石壁、印有幸存的见证人脚印的“铜版路”；墓地广场遍置鹅卵石、枯树等，在周围断壁残垣上布置了三组大型灰色石刻浮雕，区内道路两旁竖立着17块小型碑雕，用以记载南京大屠杀的主要地址、史实等。此外，在馆区内还设置了大型石雕《母亲》、遇难者名单墙、赎罪碑以及绿树、草坪等诸多景观。这样的外部空间形态充分营造了纪念馆及其陈列主题要求的“生与死”“悲与愤”的惨烈氛围。

（七）研究拓展，宣传加强

研究与宣传是办好博物馆展陈的重要环节和有力保障，近年来已广受各博物馆重视，并出现了一些新的做法和特点。在展陈研究方面，一是研究范围扩大。各馆在加强本馆专业领域与博物馆学研究的基础上，越来越多地结合研究与展陈相关的学科，如美学、生理学、心理学、社会学、行为学、建筑学、声学、光学、生态学、信息学、统计学、营销学、广告学等，打开了眼界，提高了办展格调。二是研究内容深化。对展陈的研究不再局限于有关“内容与形式的关系”等宏观命题，而是对展陈如何精准策划、设计，对展陈的主题、体系、展品、布展、宣传、服务，对展厅的空间分割、格局、展线、序（尾）厅、看点、氛围、环境、文保等问题进行专门的探讨。如对展厅“十条线”［展线——主线、辅线（大件展品线），观众参观路线，文字（标识）线，文物（标本）——实物线、图片线、艺术品线，多媒体——影视演示线，景观——场景线，采光——照明线，安检——消防线等］及其相互关系如何和谐、统一的研究，对展厅“声环境”“光环境”及处理其污染问题的研究等。三是博物馆研究与社会学术界研究相结合，及时吸收新成果，使展陈内容体现最新学术水平。四是各级文博领导机关、学术团体及不少博物馆、纪念馆，通过组织大量学术研讨会、论证会、培训班等，以及刊发、出版大批有关博物馆展示的理论文章、著作，如编辑出版《博物馆展览：策划、设计与实施》《博物馆观察：博物馆展示宣传与社会服务工作调查研究》《中国博物馆陈列精品图解》《全球化下的中国博物馆》等多部著作和一系列相关论文对博物馆展陈理论研究进行指导和推进。

在展陈宣传方面，除大力加强讲解人员队伍建设及改善展陈讲解设备外，一是对重要展陈，尤其是基本陈列的宣传时间趋于持久。过去展陈宣传主要是展前的新闻发布、开展仪式等，展陈开幕后便波澜不兴了。近来不少馆展陈在开展后仍利用各种形式持续宣传。如利用节假日、纪念日、“博物馆日”等相关的时间节点，不断形成展陈宣传的小高潮。二是宣传形式更为丰富。既注重有效利用广播、电视、报刊、书籍、纪念品等传统形式，还着力采用诸如声像、广告、网络及吸引观众参与、互动的新颖形式。一些馆将展陈广告做到市区主要街道、公交车站、各种车辆、飞机、轮船上。有的馆则结合展陈主旨，对博物馆内外建筑、环境及公共空间进行整体的艺术设计、造型，使博物馆外观本身成为很好的广告。中国国家博物馆的《中华百年风云》和《中国的世界遗产》都组织了全国青少年参加的知识竞赛，还上中央电视台进行决赛、发奖，影响颇大。三是宣传投入力度加大。很多馆在报刊、广播电视及出版图集、光盘、建设网站等方面舍得投入，取得了理想的宣传效果。当然，各馆的投入要视各自的情况和条件而定，量力而行。四是宣传组织日益加强。如上所述，各级文博领导机关及学术团体对博物馆展陈的宣传、交流、沟通给予了强有力的支持，并组织了大量相关活动，如展陈交流会、“博博会”、精品陈列评选及学术研讨会等，刊登、出版了大批相关论著。值得指出的是，我们党和政府的宣传、文化等权威部门、权威人士也经常参与博物馆展陈工作，并对这一工作给予支持、指导。上述举措成为博物馆展陈宣传工作深入、持续发展的强大动力。

（八）资源共享，优势互补

改革开放以来，由于观念的改变和实际需要，各博物馆陈列展览的交流与合作日益加强，交流合作的方式和途径也越来越多且富有成效，逐步走向资源共享、优势互补的良性循环之路。其一，展品的借展与复制（仿制）。由于展陈的需要，文物征集的困难和“调拨失灵”，各馆办展的展品缺项更多地转到向兄弟馆借展或复制、仿制，这就使相关馆之间的关系空前密切起来。这种方式也成为各馆展陈交流合作最为经常的重要方式。到目前，每年各馆借展与复制、仿制展品包括文物、图片、艺术品（雕塑、绘画、模型）等种类繁多，数量已相当可观，一大批相关展陈因此得以推出并增色。当然，需要明确的是，借展非“调拨”，更非赠送，借用展品一定要切实保管好、按规定付费并准时归还；复制、仿制展品要付费并在展出说明中注明原件收藏处。如现在有多家博物馆、纪念馆展出朱德在井冈山挑粮用过的扁担，到底哪家是原件？观众真假难辨。油画《开国大典》是中国国家博物馆藏品，但其他博物馆、纪念馆展出的复制、仿制品并未作说明。其二，巡展与引展。各馆之间实现展陈互通有无的更高方式是“整体打包”，即实行展陈的相互引进和巡回展出。天津自然博物馆推出的“展览超市”，同时向国内外提供40多个专题展览，两年时间内在全国23个省市100多个展点展出，观众达40多万人。中国国家博物馆每年引进及外出办展三四十个，观众上千万人，并与英国、美国、意大利、日本、澳大利亚等国签订了长期相互办展协议；该馆“边疆文明”“世界文明”系列展，引进国内外大批博物馆参展，至今仍在持续进行。重庆的“红岩魂”在全国的展演也成为各相关馆合作的成功范例。其三，多展“链接”。一些同类博物馆的展陈，互补性很强，相互的“链接”形成了一个有机的展览群体，是一些博物馆进行展陈合作的一个重要方式。如抗日战争类纪念馆、三大战役纪念馆、开国领袖纪念馆、将帅纪念馆、京城名人纪念馆等。在“红色旅游”线路上，不仅有关博物馆展陈相互“链接”，甚至与文博系统之外的一些文化、旅游景点也进行合作，形成了一个更大更丰富多彩的文化展示群体。其四，共同办展。两家或多家博物馆在相关展陈中利用各自资源，倾力合作，共同办展，实现双赢、多赢，无疑是各馆展陈交流合作的最高方式。近年来这种合作方式的规模不仅日益频繁，而且似有越办越大之势。如在中国国家博物馆展出的新中国文物50年成就展、中国的世界遗产展，在湖南省博物馆举办的《走向盛唐》展，国家文物局组织的几个大型出国（境）展等，参展馆少则几家，多则十几家、数十家。其五，是注重与国（境）外的交流与合作。不少馆实现了与国（境）外博物馆的学术交流和合作办展。有的馆还与国外先进馆互派访问学者、实习生等。有的馆则聘请了外籍专家来馆当常年顾问。一些馆还通过招标，由国外展览公司来办展。如首都博物馆、邓小平纪念馆，由世界知名的美国RAA公司来办展，取得了意想不到的效果。

为了实现交流合作、资源共享，各级文博管理机关、学术团体均采取措施，做出了各种努力，发挥着十分重要的组织、指导作用。如国家文物局和中国博物馆学会组织了为数众多的学术会议、培训班以及举办评选展陈十大精品、博物馆博览会、展览交流洽谈会等与博物馆展陈相关的交流、合作活动，并多次组织多家博物馆参加大型展览，还通过《中国文物报》《中国博物馆》等报刊，加强宣传、沟通，有力地推动了各馆展陈的合作与交流。

三 中国博物馆陈列展览的问题

经过了20多年的改革开放，一方面，如上所述，中国博物馆及其陈列展览已今非昔比，取得了令世人瞩目的进展。另一方面，全国的博物馆及其展陈，搞得好的，社会效益、经济效益俱佳的，却仍占少数（这些馆主要集中在省级以上大馆、重点馆、经济条件好的地区的一些馆及“领导格外重视”的馆等）。数量众多的馆尤其是中小馆仍步履维艰。不少馆除在观念上开拓创新精神不够，应与时俱进、锐意进取外，在陈列展览上还存在以下问题：

（一）选题类型仍偏少，范围较窄

纵观当前博物馆陈列展览，仍以政治类、历史类居多。自然、科技、艺术、民族民俗、时尚等类型较少。2003 年，中国自然科学类博物馆已达 799 座，其中，达到建设标准的只有 22 座，展览体系大多仍较刻板。展陈选题类型的增加和展陈内容的拓宽，是实现博物馆及其陈列展览功能和满足不断增长的社会大众愿望的需要。要做好这一点，就要做好民调。国外一些著名博物馆及其展陈主要出于经济效益的考虑，对观众调查很重视、很经常、很规范，有一些专门机构在常年持续做这方面的工作。但我们的民调工作还很不够，还缺乏规范的观众调查的机构和机制。近来文博界“三贴近”的呼声很高，但似乎雷声大，雨点小，一些展览仍缺乏观赏性、服务性，观众参与和互动内容也很少，结果观众稀少，成了乏人问津的“垃圾展览”。

（二）对文物展品有所忽视

目前有一种倾向，一些馆在陈列展览上偏重于艺术、科技、“声、光、电”等表现形式，而对文物标本，对长期以来积累的展示文物和文物组合、景观复原等成功做法和经验却重视不够。文物是无可替代的历史见证，是最具实质意义和代表性的博物馆语言要素，也是最具张力的展览信息实体。参观一个展览，观众往往只是为了看到或记住某几件或某一件珍贵文物而慕名前来。在展陈中缺乏文物或文物展示不充分、不出彩，陈列展览就会失去本性，就会空洞、苍白，仅此而言展览就已经大半失败了。

（三）在高新科技等现代展示形式上的两种不良倾向

一是因循守旧，甚至“逢新（手法）必反”。这种落伍于时代的展陈注定是缺乏发展前景的。二是盲目攀比、跟风。不仅造成浪费，而且成了新的条条框框而束缚了个性。如：见人家搞半景画、全景画、幻影成像、蜡像等，不少馆也都跟着搞，结果搞掉了陈列展览的展示特色，出现了新的雷同。

（四）建筑—环境不符合陈列展览要求

在这方面的主要问题，一是长期以来博物馆的建筑—环境，与其陈列展览往往是脱节的。许多博物馆建得高高大大、庄严肃穆，一派“大衙门”形象，而办展只能在既定空间内“削足适履”，观众参访也缺乏亲和感；按现代博物馆展示理念，两者要相互呼应、内外和谐，甚至展厅内外空间形态要形成“一体化”整体展示风格，使博物馆建筑和环境在位置、结构、材质、色调、标志、装饰、设备及相关艺术设计等方面，适合展览的要求。国外开放式展览、整体式展览与展览超市（各博物馆及展陈相互“链接”）等形式，使建筑—环境—展陈融为一体的做法值得学习。同时，博物馆建筑与环境要更适合观众参访、休闲、娱乐，目前很多馆还做得很不够。

（五）在经济效益上的两种不正确做法

一种是反对陈列展览有经济效益，仍是“等、靠、要”，日子过得很艰辛。另一种则是把经济效益放在首位，提出“为了活命，必须挣钱”。我们需要的是坚持博物馆公益事业的性质和方向不能变，但也不能忽视市场经营和经济效益。

（六）理论研究滞后，盲目性较大

由于曾长期受苏联陈列理论的指导和影响，中国陈列展览重思想性，轻艺术性、观赏性、趣味性；重教育，轻服务；搞意识形态挂帅，教科书式展览。冲破这一局限后，目前正处于摸索适合中国博物馆及其展陈特色的新路，尚缺乏成熟、系统、实用的理论指导。

此外，宣传推介还不够。合作办展还应加强。还存在与展览密切相关的如专门人才缺乏、经费投入不足、设施设备陈旧、体制机制不顺等问题，需要在今后的展陈实践中不断认识和解决。

四　中国博物馆陈列展览前瞻

中国博物馆及其陈列展览的前进道路上还有着各种问题和困难，但更存在着许多有利因素和条件，面临着空前的发展机遇。经过20余年的改革开放，中国的经济实力已大幅度提升，人民生活条件已大为改善。根据一些经济社会发达国家的发展规律，人均GDP超过2555美元，社会消费就会由主要解决温饱转向文化需求，社会公众就会更多地走进博物馆。目前，中国已有许多城市达到了这一标准，更多的城市也在向这一标准迅速接近。社会公众的文化需求将会成为中国文博事业发展的强大推动力。同时，我们党和政府对社会文化建设也越来越重视，对博物馆建设投入的力度在加大，对博物馆“红色旅游”也给予了有力支持。在目前全球化背景下，中国博物馆进入了第三次发展高潮，已经积累了在新的形势下建馆、办展较为丰富的经验。博物馆人从观念到实践都在与时俱进。这一切，就使中国博物馆及其陈列展览事业进入了快速、可持续发展期。展望中国博物馆展陈的未来，前景看好，充满希望。只要我们沿着正确的方向前进，利用有利条件，克服不利因素，中国的博物馆及展陈事业就一定会兴旺发达，走向世界前列。其进步和发展将主要体现在如下方面。

（一）展陈将更加注重以人为本

由于以人为本是党的科学发展观、建构社会主义和谐社会的核心价值，这就要求博物馆及其陈列展览必须贯彻这一原则，体现“三贴近”。同时，人文关怀、人性化，既是时代要求，也是全球化背景下世界博物馆界的普遍共识，是与国际接轨的基本环节和内容。所以，以人为本是中国博物馆陈列展览的长期指导原则。博物馆展陈坚持以人为本将体现于各个环节、各个方面，包括通过持续、科学、规范的观众调查，及时、全面地了解社会公众对博物馆及其展陈的愿望和要求，并以此为依据，结合党和国家的方针政策，选择展陈项目与提炼展陈主题、设计展陈内容与形式、加强宣传与服务、优化设施与环境、吸引观众参与与互动，等等。总之，就是使人们对博物馆及其展陈的参访，不仅得到收获，而且成为身心舒适、愉悦的体验过程。

（二）文物标本展品的地位将更加凸显

文物标本展品是自然与社会、物质文明与精神文明遗存的真实见证，是最具博物馆信息特征的展品，是博物馆语言的基本要素。一个展陈的文物标本展品的展示状况如何，是该展陈成功与否的关键标志。所以，做好突出展示文物标本（包括文献、原版图片、原声磁带等）的文章，是解决日后展陈问题的重中之重。怎样才能更好地凸显文物标本展品在展陈中的地位和作用呢？首先，必须保证文物标本展品在展陈展品总量中的“绝对多数”。这就是说，与其他辅助展品相比，展陈的文物标本展品数量要多，比重要大。也可以说，陈列展览的展品应主要是文物标本展品。文物标本展品要能“搭起架子”，即撑得起整个展线，不能有太多缺项；要力保在重点内容、重大看点上不缺少应有的文物标本展品。其次，是要更多地展出代表性、典型性强的珍贵的文物标本展品。要有在当地乃至国内外公认的极具价值的“镇展之宝”“镇馆之宝”。再次，要在准确、充分传递文物标本信息上下功夫。我们知道，展品是信息的载体，而展品蕴含的信息往往是丰富多样的，无论是文物展品还是非文物展品无不如此。选用何种文物展品及传递什么信息、如何传递这些信息，是由展陈主题及其内容需要决定的。因此，必须根据展陈要求从博物馆文物标本藏品中精心选择展品并精心设计其展示形式，使展出的文物标本展品信息传递符合展陈要求。最后，是要通过各种手法，使文物标本展品具有乃至增强观赏性，让观众爱看并乐于接受其传递的信息。

（三）展示形式将更具观赏性

中国以往的展陈曾存在缺乏艺术性、可视性、观赏性、趣味性的弊端。近年来一些馆虽有所改进，但很多馆的状况尚未根本改观或进步不大。所以，今后陈列展览在观赏性方面必将得到大力加强。所谓观赏性，就是指展品给予观众的一种令人激动、愉悦的视觉感受，即展示的展品要“好看”。但是，一个展陈的展品并不一定都是好看而具有观赏性的。如何才能使展陈更多地具有观赏性呢？根本的一条，就是要使展陈传递的信息符合参访者的价值观念、审美取向和情趣。这就要求陈列展览一方面要更充分地发挥艺术品等具有更多观赏要素的展品的作用。另一方面，则需要通过各种手法，使较少观赏要素的展品获得或增强观赏性。这些手法及其展示效果包括：①贵重。即突出显示展品的重要价值，使观众感觉是

"稀世珍品，难得一见"，从而产生一睹为快的冲动。如金缕玉衣、曾侯乙编钟、佛指舍利等。②神秘。从观众的"探宝"心理出发，通过一些展品对某些自然、历史现象的"揭谜"效应，使观众产生观赏兴趣。如马王堆造物、三星堆造物、兵马俑、秘色瓷、美女干尸等出土文物。③益智。使观众尤其是青少年群体可以获得渴求的知识。这种方式，科技、自然类博物馆展陈可大显身手。④崇敬。充分展示一些历史名人的文物，使观众慕名而来观赏，观之则肃然起敬。以上侧重迎合观众心理因素的需求。⑤组合。将相关展品依一定主题及艺术要求进行排列造型，使之在结构、外观、气势等方面形成或增强观赏要素。⑥照明。通过光线设计，营造特有的光环境，导向、突出、艺术化看点展品。⑦色彩。利用展品本身及背景色彩，增强展品的美感。⑧音响。通过鸟鸣、水流、风雨、车轮、射击、爆炸以及器乐、歌曲等各种背景音乐，营造特有的声环境，吸引观众参访。⑨装饰。通过设计不同展品的背景、衬垫、托架、展板、展柜、展台、展墙及道具等辅助展品，给"文物穿衣"，对相关展品予以烘托、美化。⑩场景。使文物与景观复原或人工场景相结合，如上甘岭的"弹片土"、台儿庄的"弹孔墙"等，使文物展品宜于观赏。⑪动态。实践证明，移动、转动、震动等动态展品、场景，更易受观众关注。⑫情节。根据展品自身、流传及观赏信息和特点而"编故事"，增强展品的趣味性而使观众乐于观赏。⑬遗址。遗址本身即是超大型文物，其他展品应与遗址结合，使之具有遗址背景，形成一个超大文物群（组合），使观众更乐于置身其中观赏。如故宫、金沙遗址，革命遗址等。⑭环境。根据展陈需要对建筑、环境进行"一体化"设计，使环境对展陈发挥宣传、诱导、烘托、美化作用，吸引观众参观。⑮参与。一些展品在符合文保要求的情况下，可让观众"零距离接近"并进行互动。如敲编钟（电脑控制）、钻地道（文物在地道内），织布、制陶、操控多媒体等。⑯服务。优良的服务会大大激发观众的参观热情。以上形式多要通过文字、图表以及专业人员的讲解、展演、操作等手法结合进行，而在实际展陈中，展品的观赏性一般也要通过各种方式的综合运用才能实现。

（四）科技含量将更高

由于社会公众对博物馆展陈参访特别是对其观赏性的要求越来越高；加之科技飞速发展，新材料、新工艺、新技术层出不穷；国家经济条件也日益向好，对博物馆投入的力度不断加大，这一切势必会推动博物馆尝试把更多的科技手段运用于展陈实践。随着时间的推移，博物馆运用科技手法的经验也会越来越丰富，从而使这些做法取得更佳效果。要使用好科技手段，关键是把握好一个度，不是有钱什么都上，而是力求使这些手法恰如其分、恰到好处。同时，应主要使用成熟技术，避免走弯路，造成浪费。如 IMAX 造价很高，据说全球只有一家公司能做，中国大概也只有北京电影博物馆一家应用，这是不能简单攀比的。当然，也要不断创新，不只是照搬照抄，要形成个性，形成自己的“绝活儿”。只有这样，才会各显其能，争奇斗艳，使科技手段大放异彩。

（五）精品意识将更加深入人心

由于过去比较简易、单调、粗糙的展陈风格已越来越不受观众欢迎，在社会和文博界对观众的竞争越来越激烈的形势下，博物馆展陈只有靠精品、品牌，才能更多地赢得观众，才能更好地实现自己的社会功能和效益，因而，打造精品逐渐成为人们的共识。国家文物局提出的精品工程、品牌战略和陈列展览十大精品评比活动有力地推动和影响了人们精品意识、竞争意识的形成和加强。“胜在细节论”“冠军论”（即所谓冠军水平只是比别人高“一点点”）、“厨师论”（即同样的食材会因厨师的技艺不同而做成优劣不同的菜肴）等观念，已被人们普遍接受。目前，博物馆及展陈设计公司已形成数量可观的高水准的设计队伍，积累了精心设计、精心制作、精心施工较为丰富的做法和经验、标准和样板，这些因素决定着中国博物馆陈列展览将日益精益求精，以精取胜。

（六）市场运作机制将更趋成形

中国博物馆属非营利的公益性事业，有很多免费参观的规定，有的馆（如浙江省博物馆、中国丝绸博物馆等）甚至已全部免费开放。但是，直到目前，大多数馆的经费问题仍未能得到很好的解决，不少馆仍未“脱困”。即使经费解决较好的一些馆，也存在一个持续发展、更上一层楼的问题。造成这一困境的因素很多，其中一个重要原因，就是缺乏市场观念和运作、陈列展览经济效益不佳所致。因此，尽快形成博物馆展陈产品成熟的市场运作机制将是一个必然的发展趋势。国际上很多重要的博物馆及其陈列展览完全是市场化运作，自负盈亏的。中国的博物馆及其展陈向市场机制转轨，也是与国际接轨的需要。要使博物馆及其展陈进入市场（有的馆认为早已被推向市场了），就要既了解自己的产品—陈列展览，又要了解消费者—观众。必须分析观众市场和培育观众市场，把握商机与做好市场调查，做到“适销对路”；并按照市场机制，做好各个环节的工作。如展览经费问题，在政府拨款、社会支持（赞助）不易解决的情况下，是否也可实行贷款、集资的方法解决呢？吉林省伪满皇宫博物院改扩建工程及陈列展览的经费，首创贷款9000万元的先例。南京博物院新建的艺术楼与其展陈费用是用集资的方式解决的。这种承担投资收益和风险的市场运作方式，在博物馆界引起了不小的震动，一些馆开始跟进。与此同时，通过多种形式和渠道，推介展览，如举办展览超市、聘请博物馆之友、举办各种吸引群众的公益活动（如相关的知识写作绘画竞赛、访谈会、展演会、开幕酒会等）、与市场化运作经验丰富的策划公司、旅游公司合作等，也是不可疏忽的重要环节，尤其是博物馆与宣传媒体的全方位合作，更是亟待解决的问题。博物馆及其展陈是否舍得为此投入，是达成展陈市场效果的关键。加拿大维多利亚博物馆把全部展览经费的1/3用于宣传，取得了超乎想象的经济效益。该市共有居民32万人，他们举办一个大型展览的观众常能超过百万人次，这当然是由于其宣传效果甚佳，吸引了更多的外地人前来参访所致。他们办一个展览的收益一般逾100万加元（折合700多万元人民币）。在中国陕西省法门寺博物馆，有法门寺出土藏品2000多件，差不多件件都是异常珍贵的文物，包括世所仅存的佛指舍利，但来博物馆的观众却不多，而一墙之隔的法门寺游客反而经常人山人海，这是不是跟宣传、诱导及其他影响有关呢！所以，在市场经济条件下，不仅要靠陈列展览好，还要靠宣传好。在这方面恰是我们一直以来相当薄弱的环节。如中国陈列展览通过媒体来参访的观众只占总人数的16.7%。因此，我们以后的陈列展览必将学会与最佳传媒合作，共同策划，明确双方的责、权、利，舍得为展览宣传投资，敢于拿出几十万元乃至更多份额，取得媒体某个时段的若干版面及进行“饱和宣传”，让新闻媒体在一个时段（如半年、全年）或在一个展览项目开幕前后进行“全程跟踪报道”，通过现场直播、实地采访及网络宣传等，不断形成宣传热点，才能吸引更多的参访者。

（七）合作交流将更为频繁有效

目前，中国博物馆之间展陈合作交流已呈日益加强之势。可以相信，今后的合作交流将更为频繁有效。这主要是由于社会公众需要更多更好的展览，单靠一家博物馆一般来说是难以独自做到的，尤其是中小博物馆。如今文物、标本征集难（据了解，现在连博物馆采集化石等标本也不可随便进行了），而拍卖、收购价格又越涨越贵。故宫博物院收购半张晋代书法作品2200万元。保利集团收购三件圆明园兽首文物3700万元。但是，不少馆尤其是大馆藏品利用率却很低，需要更多地通过合作办展来实现文物的价值。同时，各馆从藏品到经验，各有所长，可以相互取长补短，或强强联手，优势互补，实现双赢或多赢。在20世纪80年代以来的国际化大潮推动下，世界各国之间的交流也越来越频繁，各国博物馆界同样如此。而要引进国（境）外展览或出国（境）办展，也必须合作。此外，各级文物局、博协等机关团体将会发挥巨大作用，对国内外相关人员、藏品、学术、技术等资源进行计划、组织和整合。国家和省、市一些有条件的大馆，除相互交流合作外，也应对中小馆更多地给予帮助指导。通过各种渠道和形式的合作交流，必将会使中国博物馆陈列展览获得更快的发展。

（八）理论研究将更加深入和成熟

总的看，中国博物馆的陈列理论滞后。这是因为，原来主要是按苏联的模式办展。到改革开放，一些传统的做法不灵了，于是，除了自己摸索外，也学习了不少其他国家的东西。但这种学习较杂，也较浮浅，探索也还很不够，还存在许多盲目性、分歧和争论，还没有形成更成熟、系统的科学理论用于对实际的指导。这是由计划经济社会向社会主义市场经济社会转型期的特征。展陈实践呼唤理论。要使中国博物馆陈列展览水平提高，必须加强理论研究并使之更密切地与实际相结合。因此，未来中国博物馆的陈列展览理论研究，将形成科学而成熟的理论体系来指导博物馆展陈业务。在此过程中，将对陈列展览各环节的相关理论问题进行更深入而系统的研究。如：关于陈列展览的宗旨与使命问题，关于展陈理念与实践问题，关于展陈与策划，与投入，与观众，与社会，与政府，与专家，与选题，与体系，与体例，与内容，与形式，与展品，与文物（标本），与艺术，与科技，与文字，与语言，与看点，与氛围，与设备，与布陈，与环境，与建筑，与信息，与宣传，与教育，与参与，与互动，与服务，与休闲，与经营，与管理，与人才，与改制，与转型，与交流，与合作等问题。学术活动将更为活跃。报刊、书籍、网络、信息将更充分地发挥作用。有关部门或组织，如各级文博主管和研究部门，各文物、博物馆学会、研究团体等，将加强计划和组织，推进相关理论问题的研究和整理，使之更好地指导实践。需要特别指出的是，在指导博物馆展陈业务中，必须处理好展陈理论与“主流意识”的关系问题。一方面，对主流意识，不可以“长官意志”而一概排斥，因为这种“官方意识”与博物馆意识是有着“以人为本”的共同基础的，在一些方面双方还有互补效应；要看到一些理论、文化权威部门在视野、经验、政治等方面的优势。另一方面，对这种官方意识当中不适宜博物馆及其展陈要求的因素，要通过努力做沟通、化解工作，达成各方的广泛共识。事实证明，主流意识也不是一成不变的。只有这样，才能使正确的博物馆理论更好地发挥作用，使博物馆展陈业务及各项工作能够顺利推进。而做好这方面的工作恰恰是博物馆展陈举办者尤其是作为馆长的同行们的职责所在。

此外，毫无疑义，与上述进展同步，和博物馆及其展陈相关的文物征集、建筑、环境、人才及体制机制等方面，也将会不断改进和提高。当然，关键还在于观念的转变和进步。这些就不一一详述了。

综上所述，中国博物馆陈列展览进步快速，成就显著，问题不少，前景光明。只要我们不断更新观念，继承创新，开拓进取，就一定能够使博物馆陈列展览水平不断跨上新的台阶，在创造社会主义先进文化，构建社会主义和谐社会中做出应有的更大贡献。

（本文为作者2006年11月在国家文物局和南开大学联合举办的“全国省级博物馆馆长培训班”上的演讲）

加拿大博物馆的理念与实践

2005年10月30日至11月13日，在加拿大驻华使馆的邀请和组织下，我参加中国博物馆馆长代表团（简称代表团）赴加拿大访问。其间，代表团对加拿大国家文明博物馆、皇家安大略博物馆、蒙特利尔科学中心等近20家博物馆、美术馆、文化中心及相关公司进行了参观考察，多次出席报告会、座谈会、演示会及展览开幕式，多视角、多侧面较深入地了解了加拿大同业在博物馆领域的理念、实践及各项进展，努力从中寻找中加双方可能交流合作的资源与机会。虽然来去匆匆，走马观花，认识未深，但由于这次出访目的明确，参访人员层次高，行程安排合理周密，参访重点突出，加方同行大力支持和协助，使代表团不仅能够顺利参访，各方面收效也较大，圆满地完成了出访任务。通过此次考察访问，总的感觉，是加拿大博物馆实力相当雄厚，业务队伍强，办馆、办展理念前卫，实践经验丰富，藏品量较大而有特色，文物保管规范、精当，陈列展示设计富有创意，手法新颖，展陈绩效显著，设施设备科技含量高，有较强的与世界各国进行文化合作的愿望和较多的合作经历，有与中方合作的意向和基础。虽然由于加拿大国家历史较短，合作资源受到一定限制，办馆、办展理念与做法也未必都适宜于中国，但总体来看，应有较多的交流合作资源和机会。

一　关于加拿大博物馆的理念

此次访问给我们印象最深的，应该是加拿大博物馆界的办馆、办展理念。其中不乏可资中国博物馆界借鉴之处。主要有以下几点。

第一，主张以观众意愿决定办馆、办展方向。加拿大不少馆强调博物馆要深深植根于民众的土壤，要让每一位居民都把博物馆当成自己的，让博物馆成为民众休闲、参与、思考的地方。要通过相关公司，定期和专门进行民众关于博物馆的宏观和分类意见调查，全面、及时地了解和掌握民众对博物馆的兴趣、意愿和预期，并以此为依据，建设博物馆和举办展览。

第二，支持实行博物馆藏品收集、保管、研究、展示“一条龙”作业。一些馆认为，将文物、库房分工到专家“包干”，实行“一条龙”作业，即分管文物的专家既负责自己所属领域文物的征集、研究、维护、复制等工作，还要提出这些文物的展示方案，这种做法能够更充分地保护和利用文物。

第三，强调办展要尊重和听取科研人员的意见。加拿大不少馆提出，由于科研人员更了解民众意愿，而博物馆的藏品也往往是由这些专家长期分工负责保管和研究，他们策划的展览更切合社会和受众需要，所以，举办展览应由这些专家提出展览主题、大纲及相关展览意见，馆方一般应予尊重和采纳。

第四，提出举办展览“理念优先”原则。加拿大一些馆认为，博物馆举办展览，确定展览理念（主题）是最重要的。要理念优先，而不是展品优先。要以理念统率展览，统率展品，而不是以藏品决定理念。展览理念一旦确定，有藏品支持当然最好，藏品不足，也要通过更多地收集藏品和借助其他展示方式办好展览。

第五，注重展示方式的创新与多样化。加拿大一些馆提出，博物馆展示方式要以现代文明的发展为基础，以人文到科技跨学科的多样化表现手法，充分传递展品信息和表现展示理念，并营造人性化的内外环境和氛围，使来博物馆的人享受轻松、舒适的参访体验。

第六，要求博物馆文化和社区文化融合。加拿大有的馆提出，博物馆及其研究人员要尽量和社区合作。博物馆要表达社区文化，博物馆文化要与社区文化结合并能够代表社区文化。博物馆不能只有自己的声音，还要更多地让社区居民来参与和发表见解，与社区居民共同制订展览方案，并由社区提供相关展品。

第七，体认博物馆经营自负盈亏机制。加拿大博物馆一般认为，在经费筹措上除努力争取政府支持及社会赞助外，主要应通过市场化运作创收来解决。要将博物馆及其展览推向旅游市场，举办展览要以精确的市场调查为依据，并进行强力宣传推介，最大限度地吸引国内外观众来馆参访、消费，获取良好的经济效益。

第八，希望与世界各种文化交流合作。加拿大是移民国家，其文化具有多元性与很强的开放性，不少博物馆表示了与国外同行合作的强烈愿望，有的馆已有较多的合作经验（包括与中国的合作），有的馆提出出国展览可免费提供展品。

二 关于加拿大博物馆的实践

加拿大博物馆具有开创、探索精神，在办馆办展实践中取得了显著的成就和丰富的经验。其主要做法有如下几点。

第一，环境、建筑富有特色。加拿大博物馆除具备一般博物馆环境优美、建筑精良、各类软硬件设施配套齐备外，还有着如下特色：一是突出个性。不少加拿大博物馆着力显示不同地域、不同风格、不同文化内涵的特点。如博物馆建筑外观有的以原住民图腾面部形象造型，有的建筑外观酷似山谷、梯田，有的结合遗址将展厅完全建于地下，等等。二是整体感强。一些加拿大博物馆对环境、内外建筑进行了“整体设计”和“整体布展”，使整个博物馆成为和谐统一的内外环境中的“整体展览”。三是多馆“链接”。有的城市在特定区域集中建起一批博物馆、美术馆及文化中心，并将这种博物馆群“链接”，使之系列化，以营造博物馆文化的大环境，形成文化内涵更为丰富多元的“超大博物馆”效应，吸引更多的有不同兴趣爱好的观众。四是注重人本。加拿大博物馆遵从人本主义宗旨，不少馆内外建筑均有大量的服务性设施设备，形成了人性化的人文环境和参访空间。

第二，藏品保管规范精当。①库房建筑结构合理。很多馆从通道到库房，合理解决了各类藏品尤其是大型、珍贵藏品的搬运、存放问题。如大型叉车可直接开进升降梯、仓库和展厅。②库房设施设备先进。如适宜各类藏品取放、保存的以现代材料与技术制作的规范统一的架、柜、囊、匣；精密的拍摄、消毒、检测、修复、温湿控制及安全设备等。③藏品分类及存放、搬运方式科学精当。不少珍贵、易损藏品与其固定托架等保护装置实行“整体”存放和搬运。④管理科学规范。加拿大博物馆不仅对藏品出入库及存取、检测、修复等有着严格的规定和要求，有的馆还实行了专家对藏品的收集、保管、研究、展示“一条龙”的“包干”制度，有的馆还实行所有文物库房对外展示制度。

第三，科技运用广泛、合理。加拿大科学技术相当发达，一直以来，为适应提升博物馆及展陈的功能和表现力的需要，加拿大博物馆越来越多地运用了新材料、新技术和新的设施设备。其做法：一是博物馆建设的各个环节不断采用了科技新成果。如场馆建筑、维护的材料、设备，藏品保管、检测、修复系统，展示手法的加强、改进，信息的收集、传递及办公设备的更新等。值得一提的是，人们一般认为不大使用人为手法的文物展、钱币展、“办案”展及其他一些历史类展览，在这里也较多地采用了科技手法，如表现加拿大远古历史冰川纪的大型场景：广阔的原野霎时间乌云翻滚，电闪雷鸣，风雨大作，滴水成冰，猛犸象咆哮嘶鸣……就运用了大量科技手法，极具震撼力。此场景也被称为“镇馆之宝”并作为该馆标志。二是某些专门的博物馆和展览，大量集中运用了科技手法。如科技馆、儿童馆、文化中心和一些关于自然、探险、科幻等题材的展览，更是通过种种人们意想不到的装置、设备和手法，极力营造展览和演示的奇异效果。三是推出了一批博物馆界的高新科技。如 3D—4D 影院、文物修复前后资料存储—比较系统、文物入藏消毒系统、快速成型系统、高性能拍摄设备，等等，在世界当代科技中堪称先进。如快速成型机，任何物体都可以通过该机的数据扫描，实现三维演示。其扫描数据精确至1/40000英寸，演示可以缩放、旋转、去色等，而且这一系统正在由表层扫描向CT 型断面扫描发展。此外，加拿大博物馆在运用科技手法中，还注意了使之与场馆、展览内容、文物及其他展示手法，如景观、场景等的密切、巧妙结合，以实现最佳展示效果。

第四，展示手法富有创意。一是场馆、展厅一体化。不少馆对展厅、通道、前厅、休息厅和其他共享空间以及外建筑、环境等，进行了整体化的统一设计，并布置相应的文物、艺术品和场景、造型及各种宣介品，有的还包括藏品库房的公开展示，使整个博物馆成为浑然一体的一个“整体展览”。二是内容展示场景化。有的馆的陈列展览基本上或大部分以景观复原或人工场景的形式来表现，将各种文物及文物组合有机地融入场景中进行展出。如渥太华文明博物馆的基本陈列，就是将文物结合于淘金作坊、矿洞、农场、车间、现代街道等场景，来表现加拿大历史的。三是科技运用时代化。加拿大博物馆展示手法具有很强的时代性，新材料、新技术、新设备在展览中得到广泛、合理的应用，声、光、电在效果、氛围营造中显示了良好的作用。在它们的展览中出现的激光动画、温控结冰及许多与观众互动的设备、技术，当属本行业世界高新科技之列。四是藏品参观开放化。有的博物馆提出“所有藏品都向公众开放”，实行文物库房包括文物专家研究室都公开对外展示。这成为加方博物馆展览一道独特的风景。五是观众参访人性化。加拿大博物馆普遍注重努力拉近观众与博物馆及展览的距离，强调举办展览要符合民众预期，提倡博物馆与社区结合，尽可能地吸引观众参与，尽量使展览与观众互动，如使展览与表演相结合，开展相关庆祝活动，组织观众（儿童）针对展览进行创作、座谈、讲座，并采用了大量人性化设施，使观众能轻松、舒适地参访博物馆和展览。

第五，科研队伍实力强大。加拿大博物馆界拥有一支学历高资历深富有经验而敬业的专业队伍，办有大量刊物、网站，经常开展各种调研、会议等学术活动，学术成果丰硕。博物馆还与大学及研究机构合作，不少大学知名教授是博物馆的志愿者，博物馆建设及展览能更多地汲取他们的意见。博物馆界科学研究的广泛深入开展，为办馆办展奠定了厚实的学术基础。

第六，市场机制趋于成熟。加拿大博物馆所需经费除政府给予一定支持和争取社会捐助（捐助单位可以相应抵税、免税）外，主要是依靠本馆通过陈列展览及经营服务等创收，实行自负盈亏。为此，博物馆被推向旅游市场，实行市场化运作，取得了理想的社会效益和经济效益，有效地解决了经费问题。其一，是搞好市场调查。即对计划举办的展览项目进行观众状况的周密调查，并以此为根据，对项目投入、票价、收益等进行精准测算，以决定展览项目是否上马。其二，是按受众预期进行展览内容、形式的设计，并注重人性化因素，务求展览符合观众的兴趣、愿望。其三，是通过各种渠道和形式对展览进行强力宣传推介。如在报纸、旅游杂志、广播电台、电视台、巴士、飞机上作广告等，有的还把广告作到了国外。对一些重要展览还专门制作网站，开发电脑游戏。有的馆展览宣传的经费达到举办该展览总经费的1/2。其四，开展系列配套经营服务活动。如会议、讲座、典礼、餐饮等，座谈会也根据游客、学校、家庭等不同类型分别举办。晚上还可以安排儿童在博物馆过夜。同时，还建立了相关博物馆之间的配合、合作关系，构建博物馆群“大市场”。上述做法收效显著。加拿大首都渥太华的居民为100万人，该市国家文明博物馆每年的参访量却达130万人次。维多利亚市皇家英国哥伦比亚博物馆举办的一个埃及展览，通过大力宣介，该市32万人中有30万人前来参访，并引来了美国、欧洲等大批外国观众，使该展的参访量达到了100多万人次，净创收140多万加元（相当于人民币近千万元）。加拿大博物馆除一些具有特殊意义的展览，赔钱也必须办好之外，大多数展览能程度不同地创收，从而使办展办馆的经费问题得到了解决。

三 关于中加两国博物馆界的交流合作

中加两国国情、文化背景不同，办馆办展的理念与条件也存在较大差异，但两国博物馆界有较强的合作意愿和经验，合作交流资源也相对丰富，双方应能创造更多的合作交流机会。

第一，互办展览。加拿大在原住民历史、当代艺术，以及社会生活和文化、科技等展览主题方面，展品充足，展示设备、手段先进，具备向中方提供展览项目的较理想资源。而中国历史文物极为丰富，在其他社会文化艺术方面也很有特色，且全国各地包括港、澳、台地区均各有所长，可为加方提供较多的展览资源。

第二，引进技术、设备。加拿大博物馆在藏品的保管、运输、修复、复制，展览的设计、制作，信息的收集、储存、传导，以及博物馆建筑的设计、施工、管理等方面，都具备较强的技术资源和人力资源，不少方面居于世界前列，可为中方引进或租用。

第三，人员培训。在这次访问中，加拿大一些馆表示有意接收中方相关人员去其馆工作，使之在业务实践中得到培训。中方可有选择有重点地派遣专业人员短期（一年、半年或数月）赴加工作学习，提高业务素质和水平。

第四，学术交流。可定期相互通报文物工作和办展计划，交换刊物、书报、音像资料等学术信息，联合举办研讨会、报告会、演示会等学术会议，有计划地组织馆长及专业人员互相考察访问。

（原文刊于《中国博物馆》2006年第3期）

论博物馆展陈的观赏性

改革开放以来，不少博物馆为解决陈列展览观赏性不足而影响展出效果问题进行了思考和探索。博物馆展陈是否需要观赏性？什么是展陈的观赏性？展陈的观赏性有哪些特点？怎样适度营造展陈的观赏性？如何使展陈的观赏性与时俱进等一系列相关问题日益受到人们的关注。应该说，博物馆陈列展览需要观赏性，加强展陈的观赏性，已成为业内人士的共识。国家文物局局长单霁翔先生就曾明确指出："博物馆应在深入研究文物内涵的基础上，积极探索观众的接受能力、欣赏习惯，从便于群众理解、接受和欣赏的角度，把专业性、学术性和知识性、趣味性、观赏性有机结合起来，使不同文化层次的观众都能各得其所。"① 国家文物局组织的每两年一次的全国十大陈列精品评选，也将观赏性作为入选标准之一。这说明，展陈的观赏性问题已成为当前博物馆展陈必须认真面对和着力解决的问题。

一　陈列展览为什么要有观赏性?

陈列展览为什么必须要有观赏性呢？

第一，与时俱进的要求。在中国传统的展陈理念与实践中，一般是强调思想性、学术性、知识性等，观赏性问题长期得不到重视而很少提及。有时甚至将其置于被排斥、被批判的地位，将观赏性与思想性等对立起来，认为观赏性是华而不实、花里胡哨、哗众取宠，是不健康的资产阶级的低级趣味。至今恐怕仍有人对此心存疑虑。这种心态无疑大大妨碍了人

① 单霁翔：《中国博物馆的现状与发展》，载《北京博物馆学会第四届学术会议论文集》，北京燕山出版社 2004 年 9 月版，第 8 页。

们对展陈观赏性的认识和营造。但也应看到，在以往长期的计划经济年代，这个问题似乎影响并不大，因为人们对缺乏观赏性的展陈照看不误。随着改革开放的发展，各种视觉艺术形式和渠道日益丰富多样，对观众眼球的争夺也日趋激烈，简易、单调、沉闷、枯燥的展陈形式就变得越来越难以被公众接受了。这种历史的欠账是需要偿还的。当然，现在也具备了营造展陈观赏性的主客观条件，人们的眼界已经打开，发现外面的世界很精彩，新材料、新技术、新工艺层出不穷，为观赏性与时俱进提供了无限的发展前景。时代的脚步使博物馆展陈不断增强观赏性成为一种必然的趋势。

第二，以人为本的要求。博物馆的陈列展览是为大众服务的，理应老少咸宜，雅俗共赏。要真正了解公众的企望和需求，了解参访者的审美取向、价值观念，从而通过展陈实现公众的参访目的。观众究竟是抱着什么样的心态走进博物馆的呢？事实表明，公众参观博物馆展陈的欲望，主要出于如下心理：一是好奇。很多观众参观博物馆，是出于一种探秘、猎奇的心态，要亲眼看到陈列展品的珍奇，洞察博物馆的神秘。二是慕名。对于博物馆及其名人、名器、名迹展陈，观众经常蜂拥而至。甚至单为一个博物馆或展陈的名称，不少人也会产生参访的冲动。如人流涌动的故宫、长城、秦始皇兵马俑博物馆、埃及木乃伊展、大英博物馆、某些历史名人展、某些书画展等，为数众多的观众并非在刻意了解其内容、意义之后才采取行动，而是慕名而往，但求一饱眼福。三是求知。对于处在学习阶段的人群来说，博物馆是一个重要的汲取知识的场所和渠道。众多的青少年往往在博物馆、纪念馆、科技馆、天文馆流连忘返，学习大量课本上学不到的东西。博物馆也被称为公民教育的“第二课堂”。但以往为观众提供的学习形式过于呆板而逐渐不为观众所欢迎。人们乐于接受的是交流互动的新鲜方式。四是寻趣。无可讳言，随着时代的发展，不少观众来博物馆已越来越多地转向了趣味性，企望通过更多的视觉冲击等感官刺激，寻找好看、好玩的东西，达到休闲、消遣、娱乐的目的。除上述之外，也还会有抱着其他愿望或多种目的的兼而有之踏进博物馆的。由上可知，观众走进博物馆，是要一睹为快，看个究竟，主要是需要“看好”。所以，陈列展览的筹办必须以观众需求为依归，站在观众的角度来审视和解决观赏性问题，替观众尤其是青少年着想，而不是一味玩深沉，让博物馆成为象牙塔或只是成为一些专家、学者的神圣殿堂。

第三，理想展效的要求。陈列展览是供人们参观的视觉作品，要达成理想的展示效果，要求这些作品好看，是不言而喻的应有之义。由于展品既有观赏性的一面，又有思想性、学术性、知识性等非观赏性的一面，按照展示艺术本身的要求，这两个方面，即展品的观赏性与思想性、学术性、知识性等，是密不可分、相辅相成、相得益彰甚至相互转化的关系。这不仅在艺术类的展陈中表现得尤为突出，即使在一般的展陈中也概莫能外。这是因为，观赏性信息所形成的强烈的视觉冲击力，会对观众产生“先声夺人”的效果，从而引起观众参观的兴趣，激发其参观欲望，并使这一行为持续进行。观众在参观进程中，就会进一步接受其他信息。在大量、不断地接受思想性等其他信息中，观赏性对参观者仍会发挥调节情绪、缓解疲劳、增强印象等积极作用，提升观众参观的效果。反过来，陈列展览深刻的思想性、丰富的知识性、高超的艺术性等又会使其观赏性得到丰富、深化与升华。毛泽东说过，感觉到的东西人们不一定理解它，只有理解了的东西才能更好地感觉它。视觉也如此，只有基于对展陈内容的深刻理解，观众才不但会觉得展览好看、爱看，更会感到耐看、值得看。这自然就会使展陈信息传播功效得到更好的实现。

二　如何认识展陈观赏性

（一）展陈观赏性的含义

什么是展陈的观赏性？顾名思义，当然是指陈列展览“好看”、宜于参观欣赏的一种效应。如果进一步思考，人们就不难发现，展陈的观赏性有着十分丰富的内涵。因为这种观赏性形成的过程，一般包含三个环节。

第一是展品。就是组成展览的文物、标本、原版图片（以下简称文物）以及各类艺术品、辅助展品等，必须具有能引起观众兴奋的观赏要素。所谓观赏要素，是指展品承载的经过视觉刺激能引起受体兴奋的信息。尽管每一件展品都蕴含着多种信息，但并非其所有的信息都能成为有效刺激感官而使参访者兴奋的观赏要素，都会引起观众的关注和兴趣。这就意味着，如果展览主要是由缺乏观赏要素的展品组成，展览就必然会缺乏观赏性，也就难以受到观众青睐。

第二是中介。所谓中介是指许多展品的观赏信息并不都是可以直接传递给参访者的，而是要经过一些中间的相应方式、渠道、手段、过程等，才能使观众获得这些信息。这种中介是联系展陈与观众的桥梁，不仅能够传递观赏信息，而且能在信息传递中增强并营造观赏要素。没有这种中介，信息载体（展品）与信息受众（参访者）就容易脱节，展览的观赏性也就难以实现。要使展览及其展品具有更强的观赏性，中介就成为关键的环节。

第三是观众。观赏性是指观众参访展陈所产生的一种反应，一种接受展品某种信息后所激发出的愉悦和兴奋，也是某种参访欲望的满足或参访目的的实现。展览有没有观赏性及其观赏性强弱，必须、也只有经过观众，才能得到检验和评价。换言之，观众对展览的观赏性具有最终的发言权和评判权。观众数量、观众认知度、观众的体验和感受，理所当然地成为衡量展陈的观赏性最直接、最明确的标志。

综上所述，展陈的观赏性是否可以定义为：展陈设计者经过特定的手法和方式，将展陈及展品蕴含的强烈视觉信息传递给参访者，刺激受体使之兴奋并引发和满足其参访欲望的一种效应。

（二）展陈观赏性的特点

第一，观赏要素的确定性。观赏要素是展品的一种属性，是不容否定的客观存在。比如展品鲜艳的色彩、巧妙的造型、奇异的结构、珍稀的质地、贵重的价值、先进的工艺，等等。展陈选用的藏品或创作的展品是否具有观赏性，主要看其观赏要素的有无或丰富与否。

第二，观赏信息传递的双重性。展品观赏信息的传递并非都是一目了然、一览无余的，而有显性与隐性、直接与间接之分。有的观赏信息可以由展品表征直观地展示给观众。如颜色、状态、造型，有的却需要通过中介予以传递，如内在结构、比重性质、珍贵价值、演变历史等。这就形成了展品观赏性传递的双重特性。也就是说，除了直观展示展品的显性观赏要素外，还应挖掘、传递展品潜在的隐性观赏信息。

第三，受体反映的差异性。由于参访者个体人生阅历、文化修养、审美情趣、参访目的不同，其所获得的参访体验包括对观赏性的感受也会不尽一致，甚至大相径庭。要通过进行及时、充分和不同类别的观众调查，准确把握因时、因地、因人而异的参观效果，努力实现大多数观众尤其是青少年的参访愿望和要求。

第四，观赏信息含量的可控性。一件展品乃至一个展览，其观赏信息的含量不是一成不变的。一个展览的展品观赏信息不足，可以通过对展品观赏要素的强化或附加，并创作增加观赏信息丰富的展品，使之得到改善。同理，对于展览或展品中不必要的过于抢眼的信息，也可采取淡化处理的办法，减弱或消除其对展陈内容所需信息的冲击。

（三）把握展陈观赏性需要处理好几个关系

第一，观赏性与思想性等方面的关系。展览陈列需要观赏性，但绝不是为了观赏而观赏，而是通过观赏性，更好地表现思想性、知识性、艺术性等，贯彻展陈的主题，绿叶托红花。绝不可割裂观赏性与思想性两方面的关系，更不能本末倒置、喧宾夺主。所以，展陈的观赏性必须把握好一个度，恰如其分，而不能无节制地搞视觉轰炸。

第二，对观众满足与引导的关系。要坚持“三贴近”原则，一方面，真正了解群众的审美价值取向，使陈列展览为广大群众尤其是青少年学生喜爱和欢迎。另一方面，又必须顾及观众的愿望与要求不尽相同，陈列展览不可能使人人满意，想看什么就展示什么，而是要加强对观众的培养和引导，坚持以积极健康的格调，提供高品位的精神食粮，不断提升公众昂扬向上的精神情趣和观赏水准。

第三，艺术表现与客观真实的关系。展陈的文物、标本是不可改变的，而展陈的观赏要素却是可以根据主题需要进行调整和增减的，特别是可以按照内容要求进行人为创作。但是，这种对展览观赏性的调控，尤其是艺术展品的创作，绝不能只顾主观需要而改变客观事实和违背历史，搞张冠李戴、移花接木、抑此扬彼。因为那样的作品观赏性再强，也是没有意义的，甚至会带来很大的消极作用。必须坚持艺术表现的真实性，即一切艺术创作要以客观事实为依据。

第四，观众的主动欣赏与被动欣赏的关系。过去的做法，是博物馆将陈列展览提供给观众，观众只能被动地学习、观赏。现代理念则强调在更好地向观众展示的同时，也要在条件允许的情况下，更多地吸引参访者参与，实现与观众互动。事实证明，观众越是近距离接触展品和进行操作，就越有助于观众加深对展品的观察和欣赏。

第五，当前与未来的关系。任何展陈形式都是当时当地具体主客观条件下的产物。营造展陈观赏性，要善于继承现有成果，努力利用成熟的技术、工艺、材料及手法，防止走弯路。同时，又不可因循守旧或照抄照搬，而必须与时俱进。只有以前瞻性理念，求新、创新、更新，才能使展陈观赏性具有更强的生命力。

三　怎样营造展陈观赏性

展陈观赏性的营造，需要在文物展品、非文物展品和观赏信息传递中介三个方面下功夫。

（一）文物展品观赏性的营造

文物是自然界和人类社会发展的见证物，其最根本的价值是反映客观和历史的真实。文物是不可再生的（文物复制品不是文物，在展陈中可视同文物），也是不可改变的。但是，文物却存在观赏要素丰富与否及其观赏信息是否易于传递的区别。要使展陈文物具有观赏性，就要优先选用观赏要素丰富的文物。对其显性观赏要素，予以充分直接展示；对其隐性观赏要素，应尽力挖掘。对于观赏要素缺乏的文物展品，则要通过种种手法，增强和赋予其观赏性。

第一，个体文物。陈列展览是由一件件展品共同组成的。如何使出现于展陈中的每一件文物均具有必需的观赏要素，是解决展陈观赏性的最基本的问题。要解决这一问题，首先，要对每件文物展品给予最佳效果的陈列定位，设计最利于其展示的空间位置。可以镶嵌于展墙、展板上或容纳于展柜中，也可以悬浮于空中、摆放于地面或布置于地下。要确保每件文物在高度、间隔、角度、状态及与其他展品的呼应等方面均恰到好处。其次，是“文物穿衣”。即精心设计制作辅助性的展具、道具等。如展墙、展板、展柜、展台、展架、衬托、背景、照明及相关道具，将文物“包装”起来，使之亮丽登场。最后，是将传统展示方式与现代科技手法相结合，使文物观赏信息的传递更顺畅、更充分和更具艺术性。

第二，组合文物，或称文物组合。就是由两件以上的文物相互结合，组成一个新的文物体。这样一个新的文物组合体也可以看作一个新的“再生文物”。这个文物组合体除可采用个体文物营造观赏性的一般做法外，还具有了新的特殊的表现手法。因为尽管组成这个组合体的每一件单个文物是不能随意改变的，但是这些单个文物如何组合却是可以按照人的主观创意进行的。因此，展陈设计者就可将若干件文物按照主题化、层次化、艺术化、个性化的要求，相互联结在一起，使之出现新的体形、结构、色彩、质地等，并从中补充、加大观赏要素，从而使之具有更强的视觉冲击力。原版图片在展示中为平面特征所局限，但其可视性也是可以调控的。除优先选用美观图片外，还可通过缩放、虚化、叠加、拼接、加棕(黑白片)、着色等艺术化处理，增强其观赏性。目前流行的喷绘技术更是把图片展示的观赏性推向了一个新的高度。

第三，文物流。单个的文物及组合文物相互衔接，由点到线到面延伸下去，就会形成一个立体的文物流。文物流所营造的观赏性不仅在于组成这个流的每一件文物和文物组合所展示的观赏要素，还在于在这个文物流中，会形成一个个不同层次、互相呼应的重点、亮点、看点。文物流中展品要按照整体布局的要求，既疏密有致，高潮迭起，又全局协调，浑然一体，有起伏，有节奏，有韵律，高潮、平潮、低潮交互出现，围绕总高潮将展陈一步步推向深入。

（二）非文物展品观赏性的营造

与文物展品本身一成不变、不可再生不同，非文物展品是可以创作和修改的。人们完全可以根据陈列展览内容的需要，创作增加及修改此类展品，并在创作和修改中营造出所需要的观赏性。这也是为什么在文物观赏性差的展陈中一定要增加非文物展品的缘故。当然，展出非文物展品并不仅仅是为了增强观赏性，主要还在于展陈内容的需要。营造非文物展品的观赏性，一是选准形式。非文物展品种类繁多，表现形式千姿百态，如绘画、雕塑、布景箱、图片、沙盘、模型、蜡像、幻影成像、全息成像、半景画、全景画、大型场景等，这些形式大多蕴含着丰富的观赏要素。但不同形式的作品，其观赏性的强弱、侧重、特色以及适用的条件和要求也是各不相同的。应在深入研究展陈内容的基础上，准确选择最适当的表现形式。二是配合文物。不能将文物展品与非文物展品对立起来或截然分开。非文物展品与文物展品相结合，真实性与观赏性相得益彰，展陈内容的表现才会更充分，观赏性也会在真实可信的感受中升华。如油画《开国大典》观赏性很强，画中的麦克风等又以实物展出，画、物组合，观众对隆重的开国庆典场面的观感自然就会更加强烈。一般情况下，非文物展品应配合、突出文物展品，不宜过于突出自身。但也不可一概而论，在展陈的某些环节，也可以非文物展品为主，如序厅群雕、展厅大型景观。三是参考舞美。戏剧舞台美术以及影视艺术具有很强的观赏性。非文物展品的观赏性营造可有选择地吸收这类艺术形式，丰富自身的表现力。四是结合科技。尽管声、光、电等科技手段在博物馆展陈中已有普遍的应用，但其与非文物展品的结合却使博物馆展陈观赏性出现了空前的飞跃和进步。由于科技手段与新材料、新技术、新工艺的应用，博物馆展陈的信息传递更为直接、快捷、便利、集中、形象、生动，并由传统的静态展示转向动静结合，全面、有效地增强了展陈的视觉冲击力。科技的进步是永无止境的。随着科技的不断进步，展陈观赏性前景将越来越广阔。五是精益求精。非文物展品虽然有观赏性强的优点，但其真实性、可信度却远不如文物展品，处理不好，还会喧宾夺主，甚至会产生“造假”之嫌，严重影响展出效果。所以，非文物展品的创作、使用一定要十分慎重，一般应掌握少而精、画龙点睛的原则，决不可粗制滥用。要以精取胜，使每一件非文物展品都成为精美的传世之作。

（三）信息传递中介观赏性的营造

传递展品观赏信息的中介及其观赏性，是完全由展陈举办者设计、制作和把握的。中介的观赏性是配合展品的观赏性并为之服务的，决不能游离于展品之外去平分秋色。创造展陈信息传递中介并使之具有所需要的观赏性，应着力把握如下几点。

其一，营造展陈氛围。公众参观陈列展览，是为了寻找一种体验，寻求一种身临其境的感受。因此，营造展陈主题要求的特有氛围至关重要。营造展陈氛围，首先，展厅内氛围的营造。要结合展陈内容，对展厅空间进行别出心裁的分割和格局设计，使整个展厅既通透疏朗，又柳暗花明。展陈的序厅或开头是观众的第一印象，对吸引观众参观关系极大，务必使其成为整个展陈的点睛之笔。展厅展线要便于观众参观，又要富于变化，可曲径通幽，可齐头并进，也可放射状联通等。展厅内照明和色彩及其色温、色调，会产生强烈的视觉效果和感染力，对展厅氛围营造有直接的重要影响，要根据展陈内容和利于观众参观的需要，恰当地予以运用。其次，与展陈相关的通道、休息室、大厅等其他公共空间乃至整个博物馆建筑和环境，均与营造展陈氛围和观众观赏相关，需要参照展陈主题，做出相应的设计、布置和建造，使“展品—展陈—建筑—环境”呈现统一的整体展示氛围。

其二，改进传递手段。一是文字、图表的艺术化。展陈的各层文字说明是展品和展陈的导引和灵魂，图表使大量信息一目了然，使展陈内容表达简明扼要，文字及图表是展陈最重要的中介手段。然而过去的做法，是文字图表过多而变化很少，非常缺乏观赏性，对展示效果影响很大。现代展示理念提倡文字、图表的艺术化，力图在布局、规格、色彩、造型等方面既有统一，又富于变化，平面与立体、静态与动态交相为用，形成不同的层次和形态，并在材料、工艺方面勇于创新，从而有效增强可视性。二是丰富展具、道具的观赏要素。作为中介的展具、道具等一般会与展品和展陈内容紧密地融合为一体。要增强展品和展陈的观赏性，丰富展具、道具的观赏要素就十分必要。如展墙、展板可进行与文物相关的底色、背景图、粘贴辅料、形成多层次立体“主题展板”的艺术设计，以更好地烘托、渲染文物、标本、图片。展柜要力求针对文物量身打造，让每个柜内设计富有特色。三是巧妙运用现代手法。在展陈中利用科技手段让文物“亮起来，响起来，动起来，精起来，贵起来，保起来”，对提升观赏性效果显著。

其三，延伸展示渠道。一是将传统的讲解与表演、展演等强烈的视觉艺术相结合。如以歌舞表演、情景剧展演、古乐演出、“大篷车”等形式，将展陈从展厅搬上舞台和广场，以更强烈的艺术形式呈现给观众。二是将观赏展陈与休闲娱乐相结合。博物馆优美的展陈，加之优雅的环境，优良的服务，上佳的休闲、娱乐条件，对于增强展陈的观赏效果大有裨益。三是将馆内宣传与馆外宣传相结合。要使展陈更多更好地供群众观赏，必须加大宣传力度。在做好宣讲员讲解、图册资料光盘发放、网站传播、环境展示等馆内宣传的同时，要更多地利用馆外宣传，扩大博物馆展陈及展品的知名度。如利用电视、报纸、杂志等制造“新闻点”“跟踪报道”，将广告做到公交车、街道、车站、地铁、商场等，使博物馆—展陈—展品形象随时随地可见，从而获得公众更多的关注，使更多的人能“慕名”走进博物馆，观赏陈列展览。

（原文刊于《中国博物馆》2008 年第 2 期）

体味博物馆陈列设计艺术的真髓

——《鼎力铸史——侵华日军南京大屠杀遇难同胞纪念馆陈列设计艺术》序

在长春的一个会上，成山同志告知我，他最近又写了一部关于陈列艺术方面的书稿，并嘱我为其作序。我甚感可喜可贺，便不揣浅陋，欣然从命。但也着实让我感到有些惊讶：一个时期以来，成山同志太忙了。作为馆长，他主抓馆改扩建工程和筹办新馆展陈，千头万绪，直到半年多前才大功告成。新馆建成后恰逢免费开放的新形势，诸多新任务、新问题铺天盖地而来，他仍然应接不暇，忙得不可开交。这样的境况，还如何顾得上去思考、去钻研、去撰写这种大部头的专著呢？没想到他居然在如此繁忙的最近半年时间里完成了著述。可能更让我惊讶的还在读过书稿之后。我们知道，成山同志负责的侵华日军南京大屠杀遇难同胞纪念馆新馆陈列展览取得了很大成功。但是，成山同志撰写此书，并非一般的工作回顾或总结，也不是陈列展览各种做法及经验体会的简单陈述，而是已完全从一般操作层面的案例述说与写照中跳出来，提炼、升华为一种理性采认，由陈列艺术的切入点，对该馆陈列展览进行系统、全面、精准、独到的审视、剖析和阐发，从而在一定程度上揭示了博物馆陈列艺术的特点和内在规律性。书稿思路清晰，立论坚实，新意迭出，推理严谨，材料丰富，文笔生动，堪称一部针对我国目前纪念馆乃至整个博物馆界研究新情况、新特点、新问题的理论与实际密切结合的具有相当学术价值和分量的力作。成山同志并非艺术专业科班出身，为什么对艺术的审视却别具慧眼，能完成如此高质量、高水准的专业著作呢？仔细想来，似也不难理解。因为成山同志称得上是文博界的一位有心人，用心人，尽心人。他早年曾从事新闻报道工作，打下了较为深厚的文字功底。当馆长一干十七年，摸爬跌打，他从不辞辛劳，从中也深深体味到了博物馆学问的真髓。他善于学习，乐于交流，考察国内外博物馆达数百家之多而博采众家之长。他潜心钻研文博学术，多年来笔耕不辍，成果颇丰。尤其是对陈列艺术，他格外关注并着力探究。如此锲而不舍，终于心得日深，厚积薄发而拿出大作品来，也就不足为怪了。

我们知道，博物馆陈列艺术是一门十分复杂的综合艺术体系。这门艺术的创作，既要遵从一般艺术规律，又要依循博物馆—纪念馆展陈艺术创作的特殊规律，要在陈列展览既定主题、内容、空间、实物等要求和制约下进行。要搞好此类创作，一是要懂艺术，了解相关艺术的过去和现在。二是要懂博物馆，要对展陈内容烂熟于心，并懂得内容设计与形式设计的相应结合。还要懂得与时俱进，要随着时代的发展和人们审美取向的变化，促进陈列艺术在继承的基础上不断改进和完善。可以毫不夸张地说，这些方面也许正是成山同志及其所在馆的强项。正因为如此，他们取得骄人的成就和进展也就理所当然了。成山同志的书稿从本馆实际出发，论及展陈设计艺术的方方面面，尤其不惜着墨于该馆开拓、创新之处，从而增强了该书的启迪与借鉴意义。兹试择数端，共赏于同行。

第一，是提升主题。书中特别阐明，该馆展陈的指导思想，不是停留在一般的强调“牢记历史，谴责战争”的层面，而是进一步倡导“珍爱和平，开创未来”，从而使主题得到升华。展陈的内容和艺术设计，在充分展示侵略战争的野蛮、残酷、灾难，揭露、控诉、谴责战争和屠杀罪行的同时，更通过一系列艺术形式，告诫、警示人类防止和远离战争，追求持久的和平。如纪念馆进门处的“和平大钟”，高达 30 米的主题雕塑“和平女神”，宏大的和平广场等。新馆扩建新增面积中，有 2/3 用于展示和平内容。这些艺术设计有效地提升、弘扬了主题。

第二，是创新格局。在总体布局上，书稿介绍了该馆突破一般纪念馆只重展厅设计的局限，而采取展厅展览、遗址展陈、环境展示并重的理念和方式，并将这三大部分分别上升为该馆独特的展厅陈列艺术、外展区陈列艺术、遗址陈列艺术，使之围绕统一主题，相互映衬，相互补充，相得益彰，实现了展陈艺术设计总体格局上的突破和创新。

第三，是彰显文物。“让文物（含原版图片、文献等）唱主角”是该馆展陈艺术设计的又一大特色。文物是最具代表性的博物馆语言，是无可替代的客观真实的见证。如何选用和展示文物是博物馆展陈艺术的核心问题。该馆这次展出文物 3300 余件，图片 3500 余幅，全都进行了精当的个性化、艺术化处理，收到了理想的效果。该馆采用的仓储式、裸露式、前台式文物陈列和史料服务让观众耳目一新。其基本陈列的尾厅装有数万份各类证人个性化档案的巨大档案墙，高 12 米、长 20 米，给参访者以强烈的心灵震撼。遗址可以说是博物馆最大的文物。该馆把展示遗址看作全部展陈的基本构成之一，按照陈列艺术的要求进行了别出心裁的设计。书中单设章节对遗址陈列艺术进行分门别类的介绍和评述，如遇难者遗骨展厅陈列、“万人坑”陈列、新发掘遗骨坑陈列等。该馆基本陈列第二部分在建筑施工过程中，意外发现了多具遇难者遗骨。为此，设计者重新调整了陈列格局。由于恰巧遗骨所在位置与建筑顶部的吊装通道相契合，于是设计者将展厅的上下两层联通，将原人工采光改为利用自然光，使天光从锥形顶窗直接照射到展厅中央下方的遗骨坑上，形成一束虚幻空灵的光带，被取名为“苍天有眼”，寓意逝者冤魂得以昭雪而重见天日。在全封闭人工照明的展厅中将自然光运用得如此绝妙，实为神来之笔。

第四，是巧用科技。该馆展陈巧妙地使用了声、光、电等现代科技手法，如用高科技手段，依据遇难者家属提供的相关信息绘制遇难者遗像；运用 130 多部影视作品，使照片、文物陈列方式实现了动静结合；采用新的数码技术创造新的展示效果，等等。但他们使用科技手法，不是为科技而科技，而是强调这些手法必须符合陈列艺术的需要，必须适度，要恰如其分、恰到好处。

第五，是呼应首尾。序厅是整个陈列的门面和标志，不仅为整个展陈定调，也是观众对展陈的第一印象，序厅展示的效果如何对于吸引观众参访至关重要。尾厅要对整个展陈画上一个圆满的句号，是强化、升华观众参访印象并留下深远回味、充分发挥展陈功效的关键环节。书中对该馆极具个性的序厅、尾厅设计艺术作了详细交代。如基本陈列的设计，首先由前厅、通道以音像、光线、色彩及场景逐渐转暗的过渡氛围，“渐进式”将观众引入序厅。序厅设计“简约、空旷、寓意深刻”（中国博物馆学会陈列艺术委员会主任赵春贵语），迎面墙体上镶嵌在江水中的汉白玉花环，随着悠扬的钟声，每隔 12 秒，就会相继出现一位遇难者的照片。寓意在南京大屠杀期间，六个星期 30 万同胞遇难，即每隔 12 秒钟，就有一个生命消失。两侧墙上刻有遇难者名录。序厅的顶部、地面，配以残破的城墙背景、点点星火及长明灯，营造出浓重的悼念气氛。而在尾厅中，则设计了每隔 12 秒钟，就会有一滴水从高空落下，侧面墙上贴有遇难者遗像的一个灯会同时亮起来然后再熄灭，寓意人的生命的宝贵，谴责屠杀的罪恶。这样以两个“12 秒”首尾呼应，自然会给观众留下完整、深刻而强烈的印象。

第六，是完美环境。与一些馆不重视环境氛围不同，该馆从“外展区陈列艺术”的高度，对展厅外的周围环境进行了全面的艺术化布置和处理，使之趋于完美。书中也以较大篇幅介绍了这些艺术形式。主要有：用“广场艺术”构建宏大的空间契合严肃的历史主题，如墓地广场、悼念广场、史料陈列厅（广场）、祭场及冥思厅、集会广场、和平公园（广场）等。用有创意的雕塑群体抒发感人的艺术魅力，其中，大型组合雕塑“古城的灾难”、立雕“母亲的召唤”“胜利”雕塑、和平女神雕塑等非常引人注目。用各种形式的“墙”组合成一面面历史的“回音壁”，如灾难墙、残垣断壁墙、遇难同胞名单墙、诗碑墙、高大独特的场馆围墙等。用竖碑的艺术手法记录和展示历史，如：标志碑、纪念碑、无字碑、赎罪碑、奠基碑等，这些特定空间艺术形式广泛而得体的运用，大大拓展和丰富了展陈艺术的空间内涵和表现力。

成山同志书中所论该馆陈列展览艺术，当然不限于上述各点。相信有兴趣的读者自会研读其详，恕不一一赘述。

最后我还要提及一笔的，是成山同志解决写作时间的做法——“晨练”。搞研究、搞写作没有大量时间不行，可到哪儿去找呢？成山同志坚持早上写作，可能更有其合理性，尤其是人过中年之后。试想一天劳顿下来，到晚上往往也就疲惫不堪了，再挑灯夜战写东西恐怕就不大好办了，反而是一夜休息过后，清晨起来，出发上班之前，拿出一两个钟点写写东西比较现实。因为这段时间头脑清醒不说，一般干扰也少，确实有利于写作。成山同志能在“晨练”中聚沙成塔，写出大东西来，当也所言不虚。想在业务、学术方面多读一点和多写一点，但苦于无暇顾及的同仁，不妨也来试试看。

2008 年国庆前夕于北京

（原文刊于《鼎力铸史——侵华日军南京大屠杀遇难同胞纪念馆陈列设计艺术》，南京出版社 2008 年 11 月版）

再现中华民族复兴的壮伟画卷

——大型主题展览《复兴之路》从军博到国博

2007年10月，由中共中央宣传部等单位主办、中国国家博物馆和中国人民革命军事博物馆承办的《复兴之路》大型主题展览在中国人民革命军事博物馆开幕。至今，在社会上已引起广泛而强烈的反响。今年，根据中央指示，该展将经过“大改”，作为基本陈列迁入新建成的中国国家博物馆，在新中国成立60周年之际与国内外观众见面。《复兴之路》从中国人民革命军事博物馆到中国国家博物馆，从主题展览到基本陈列，经历了怎样的策划与打造，取得了哪些进展与体认，本文试略作评介，以就教于同行。

一 庄重受命 初战告捷

中央决定在新的形势下举办《复兴之路》大型主题展览，题材重要，内容重要，时机重要，是一项十分光荣而艰巨的政治任务。展览筹办时间紧、任务重、要求高，尤其是如何运用展览的形式表现宏大的政治主题，是对博物馆及各级领导的严峻考验和挑战。为使展览如期推出，以中共中央宣传部、中国国家博物馆为代表的主办、承办单位及全体办展人员全力以赴，倾注了大量心血，充分发挥聪明才智，使这一展览首获成功。

（一）主题恢宏 使命艰巨

1840年鸦片战争以来的中国近现代史，是中华民族由屈辱、抗争，到觉醒、探索、奋斗而走向振兴的历史。在中国共产党的领导下，中国人民推翻压在头上的“三座大山”，建立新中国，确立了社会主义基本制度，并通过改革开放建设中国特色社会主义，使古老的中国重新焕发出青春活力，中华民族走上了伟大复兴的康庄大道。中国人民的巨大成就举世瞩目。中华民族的美好未来光辉灿烂。为了对干部、群众特别是青少年进行爱国主义教育、民族精神和时代精神教育，巩固马克思主义的指导地位，打牢亿万人民团结奋斗的思想基础；同时，也是为了回答长期以来，尤其是20世纪八九十年代东欧剧变以来，国内外形形色色的思潮及敌对势力对马克思主义、共产党、社会主义制度的种种质疑和非难，中央决定在新形势下举办一个反映中国人民探索、奋斗历程的大型主题展览——《复兴之路》。

2007年3月，中共中央宣传部召开各相关单位协调会，传达中央指示，下达举办《复兴之路》大型主题展览的任务，并确定展览于当年10月中共十七大开幕前正式向社会开放。会议宣布中共中央宣传部、中共中央文献研究室、中共中央党史研究室、国家发展和改革委员会、文化部、财政部、中国人民解放军总政治部、中共北京市委为主办单位。鉴于中国国家博物馆多年来在举办政治性大型展陈方面的优势，这一展览本拟在中国国家博物馆举办。但中国国家博物馆馆舍正在进行改扩建施工，暂不具备展陈条件，遂决定改用中国人民革命军事博物馆场地，由中国国家博物馆、中国人民革命军事博物馆共同作为承办单位。并明确待中国国家博物馆改扩建工程完成后，展览即从中国人民革命军事博物馆迁入中国国家博物馆作为国家博物馆基本陈列永久展出。此外，还委托清华美院承担展览的设计制作任务，由中央电视台负责展览电视片的摄制工作。同时，成立了以中共中央宣传部领导为组长，各主办、承办单位领导为成员的展览筹备工作领导小组及办公室。

不言而喻，举办这一大型主题展览是一项非常艰巨的任务。

第一，展览主题极其宏大。展览主题要求全面展示自鸦片战争至今160余年来中国人民为实现民族复兴不懈探索追求的历程，揭示历史和人民为什么和怎样选择了马克思主义、中国共产党、社会主义道路，教育人民群众牢记屈辱历史，不忘探索艰辛，坚信美好未来，创造新的辉煌，以此进一步巩固全党全国各族人民团结奋斗的共同思想基础，在中国共产党领导下，坚持走中国特色社会主义道路，实现中华民族伟大复兴。如此重大的主题由一个展览来体现，其难度之大可想而知。

第二，展览内容极为繁多。展览时限跨越整个近现代史，内容覆盖政治、经济、军事、文化、外交、社会等方方面面，从思想到实践，从领袖到民众，从中国到世界，无所不包。在内容及形式设计上将很难把握。当然，如此广泛的内容也对展品选用造成了很大困难。

第三，展览与现实联系极为密切。展览不仅要反映近代以来的重要人物、重大事件、重大活动、重大抉择、重大成就，反映我们党和国家的重要路线、方针、政策，还会遇到许多敏感的、有争议的以及曲折、挫折等负面的内容或问题，而这些内容和问题与现实息息相关，政治性、政策性很强，在表述、提法、评价上稍有不慎，就会造成不良影响。这自然也对展览提出了更高的要求。此外，展览还遇到了场地严重不足（只有3500平方米）、筹备时间过紧（只有半年多一点）等困难。总之，如何完成这一光荣的政治任务，确实是一次严峻考验。

（二）特别措施　非常效率

由于这一展览任务之重、要求之高、时间之紧迫超乎想象，展览领导小组大力采取措施，保证筹展工作高速运作。

一是责成中国国家博物馆和中国人民革命军事博物馆及形式设计公司尽速完成展览大纲（含展览方案）和形式设计版式稿（含效果图）的起草工作。如此重大题材，通常完成这些初稿的拟制、设计、论证一般不会少于半年以上的时间。但这次中共中央宣传部要求必须在4月底前（后延至“五一”节后）即只有一个多月的时间内完成！中国国家博物馆火速成立了展览项目组并作了紧急动员，通过组织筹展人员学习相关文件、资料，请专家作报告等，尽快领会展览主题，在最短时间内进入展览大纲及版式稿的拟制工作日程。在此过程中，还多次邀请中共中央党史研究室、中共中央文献研究室、中国社会科学院近代史所、中国人民大学、北京师范大学、中共中央党校等国内教学、科研单位的一流专家，召开论证会或征求意见。与此同时，展览项目组对本馆文物、图片各十余万件进行全面核查、遴选，并遵照展览领导小组指示，对中国人民革命军事博物馆及全国相关博物馆、纪念馆的有关文物和新华社的图片进行补充征集及借展、复制。其间，项目组规定全体人员不得请假，放弃双休日及“三八”节、“五一”长假等节假日休息。经常日夜加班“连轴转”，有的同志带病工作，多次推迟住院，精神十分感人。经过一个多月的连续作战，五易其稿，一鼓作气完成了展览大纲、方案和版式稿、效果图的起草任务，按时报送中共中央宣传部和展览领导小组审查。

二是成立固定、封闭的专门审改班子，“一竿子插到底”，进行展览大纲、方案和版式稿等的修改和报审工作。在从5月起到展览开放近半年时间内，中共中央宣传部及各主办单位领导、专家与中国国家博物馆项目组、设计公司一起，组成固定的展览大纲审查、修改班子，用集中、封闭的方式，对展览的全部文字和每一件文物、每一幅图片、每一处景观、每一部电视片进行审查和修改，务求准确无误而恰到好处。经常是白天审，晚上改。对重点内容，往往连续审改多遍多天，以达成共识。在定稿上报送审后，又按照中央和上级意见进一步修改，直到展览开幕。

三是展厅布展施工实行“边设计、边施工、边审查、边修改”的“一条龙”作业。如此大型展览布展施工，工期一般需要半年左右的时间。而这次《复兴之路》展览，由于展览大纲及版式稿等迟至8月尚未定稿，距展览开幕只剩一个来月的时间了，而且即使定稿后仍要继续修改，因此，展览审改班子决定，8月下旬公司施工队伍进入展厅，使展厅施工与审改工作同步进行，边干边接受审查边修改。直到展览开幕前一天，施工任务才告完成。

（三）首获成功　好评如潮

经过展览审改班子和全体办展人员的共同努力，展览大纲和版式稿经反复讨论修改于7月完成第三稿，报送中共中央宣传部并中央宣传思想工作领导小组审查。上述领导机关均召开专门会议，听取展览领导小组汇报，对展览大纲和版式稿进行讨论并提出重要修改意见。8月，展览大纲及版式稿经再次修改定稿后上报中央并政治局各常委，中央明确表示了对展览大纲及版式稿的肯定并作出重要修改指示。9月底、10月初，展厅布展施工臻于完成。展览领导小组及各主办单位、承办单位领导审看后表示满意。10月9日，李长春、陈至立等中央和上级领导来到布展施工现场审看展览，对展览表示满意并给予高度评价。李长春说：在这么短的时间里，把这个大型展览摆出来，很不容易。从现场来看，感到展览很感人。展览回答了中国人民怎样选择马克思主义、怎样选择中国共产党、怎样选择社会主义道路的问题，可以说是一个成功的展览。随后，在再次进行“小改”后。中央批准展览向社会开放。

2007年10月13日——中共十七大召开前夕，《复兴之路》大型主题展览在中国人民革命军事博物馆隆重开幕。也为中共的十七大献了礼

（中央领导原拟出席展览开幕式，因十七大召开在即，而未能实现）。整个展出面积3650平方米，展线长510米，分为主展线和辅助展线。展览共展出文物630件（套），其中70件属于国家一级文物；图片760张，图表26个、文摘40个、油画7幅、雕塑5座、大型景观6个、电视片7部，触摸屏8台，投影11个，整个展览严肃厚重，恢宏大气，充分体现了展览主题。

展览开幕后，受到人民群众的热烈欢迎。首日开放观众即达15373人。到“中改”前三个多月的时间内，观众留言达31700余条。截至2009年3月，一年半时间观众已达600余万人。观者如潮，好评如潮。许多观众表示，通过参观展览，对中华民族在屈辱中抗争的历史，特别是对在中国共产党领导下不屈不挠、探索复兴的艰难历程有了深刻体会。中共中央宣传部、中国人民革命军事博物馆特出版《心声》专集，记录下观众爱党颂国、思考感悟、立志明誓、展望祝愿的肺腑之言。许多单位还把展览作为学习中共十七大精神的重要教材，组织全体党员、群众参观学习。全国不少省市纷纷要求前去巡展。香港特区领导参观后深受感动，坚持要求让展览赴香港展出。现中国国家博物馆正协助香港历史博物馆筹办一个类似展览，将于今年国庆节前正式推出。总之，在中央和中共中央宣传部等上级部门的领导和指导下，中国国家博物馆、中国人民革命军事博物馆等单位通力合作，全体筹展人员日夜奋战，终于使《复兴之路》大型主题展览初战告捷。也为该展日后迁入中国国家博物馆奠定了坚实基础，积累了重要经验。

二 军博启示 务求准确

要办好中央确定的重大政治题材的主题展览，一方面必须准确贯彻中央精神，另一方面又必须准确反映历史真实，二者缺一不可。筹展人员的责任，就在于将二者有机而艺术地结合起来，中国人民革命军事博物馆《复兴之路》大型主题展览正是在二者的结合上下足了功夫。从把握展览的主题、原则、体系结构、风格，到展览的基本环节，始终将准确领会中央精神与准确表现史实相统一，实现了展览的目的。显然，这也应是在中国人民革命军事博物馆成功办展的重要启示。

（一）明确主题 把握原则

要正确领会和执行中共中央指示，成功筹办《复兴之路》大型主题展览，其前提是准确理解和把握展览的主题和原则。而这也正是中共中央特别强调和要求的。中共中央明确提出，这次主题展览的指导思想是：坚持以马克思列宁主义、毛泽东思想、邓小平理论和“三个代表”重要思想为指导，深入贯彻落实科学发展观，通过回顾一百多年来陷入半殖民地半封建社会深渊的中国各阶层人民在屈辱和苦难中奋起抗争，为实现民族复兴进行种种探索，特别是中国共产党领导各族人民争取民族独立人民解放、国家富强人民幸福的光辉历程，展示盛世中华团结和谐的繁荣景象，引导人们了解国史国情，了解中国共产党的奋斗史、创业史、改革开放史，深刻揭示历史和人民为什么和怎样选择了马克思主义，选择了中国共产党，选择了社会主义道路，使中华民族以崭新的姿态屹立于世界的东方。充分认识只有马克思主义才是指引中华民族实现伟大民族复兴的科学的世界观和方法论，只有中国共产党才能领导和团结全国各族人民不断取得中华民族伟大复兴的胜利，只有中国特色的社会主义道路才是实现中华民族伟大复兴的康庄大道。激励广大干部、群众紧密团结在以胡锦涛为总书记的党中央周围，为全面建设小康社会、实现中华民族伟大复兴继续努力奋斗。

为了贯彻展览的指导思想，中共中央还特别提出了这次办展的四项原则和要求：第一，把握主线。展览反映的是民族复兴的主题，探索奋斗是主线。整个展览要以历史编年为线索，对布局结构进行统筹安排，充分反映中华民族同仇敌忾、和衷共济、发愤图强的生动历史，用事实说明“三个选择”。第二，突出重点。展览不能简单地罗列史实，要着重围绕重要人物、重大事件、重大抉择、重大活动和重大成就，集中反映近代以来，中国各阶层人民为民族复兴进行种种探索，特别是中国共产党领导各族人民不懈奋斗，实现民族独立人民解放、国家繁荣富强和人民共同富裕的光辉历程。第三，着眼世界。中华民族追求复兴的过程，始终与世界历史进程紧密相连。展览要在立足中国国情的基础上，把民族复兴放在世界大背景中来审视，展示中国发展对人类文明的重要贡献。第四，正确导向。注意政治性、政策性、准确性、权威性。对重大事件、重大活动、重要人物的评介，严格遵循中央有关文件精神和已有历史结论，避免出现大大小小的偏差以免误导观众。

我们贯彻中共中央精神，围绕展览主题，遵循办展原则，使展览筹备工作和大纲、方案设计保持了正确方向，并妥善处理了各种相关问题，从而保证了筹展工作的顺利推进。

（二）创新布局 自成体系

陈列展览要准确表现不同的主题，必然要求不同的结构和体系。由于《复兴之路》大型主题展览反映的不是一般的近现代史，而是中华民族追求复兴的过程，所以在展览内容和展厅空间的谋篇布局上，势必会有自己的个性和特色。该展设计人员放开手脚，大胆尝试，按照探索奋斗的主线，既注重史学界公认的历史分期，又不为既定分期所限；既注重总体框架及基本内容的历史时序，又着力对重大内容作专题式的深度揭示；既注重史学学术要求，又着力结合运用展览的特殊展示形式予以表现。从而形成了这一展览有别于一般史学及相关展陈的独特体系。整个展览的总体框架共划分为七个方面：序厅加上五个主体部分和展望。每个主体部分之下又分为若干单元，单元之下再分为若干组，形成一个既相互独立、又相互联系的有机整体，创立了自身的展示体系。其具体架构是：

序厅——主要展示展览的意义和概要。

第一部分——中国沦为半殖民地半封建社会。分为“鸦片战争前的世界和中国”“帝国主义列强对中国的侵略”“中国人民的抗争和觉醒”三个单元。主要展示鸦片战争以来，列强入侵，中国陷入半殖民地半封建社会深渊，中国人民在屈辱和苦难中觉醒、奋起。

第二部分——探求救亡图存的道路。分为“早期救国道路的不同探索”“辛亥革命推翻封建帝制”“中华民族的新希望”三个单元。主要展示先进的中国人历尽千辛万苦，向西方寻求救国真理，但理想总是不能实现，包括辛亥革命在内的种种努力都没有成功。十月革命后，中国的先进分子找到马克思列宁主义，建立了中国共产党，中国人民的斗争才走上科学社会主义指引的胜利发展道路。

第三部分——中国共产党肩负起民族独立人民解放历史重任。分为“开天辟地的大事变”“探索中国革命新道路”“全民抗战的中流砥柱”“为新中国而奋斗”四个单元。主要展示在新民主主义革命时期，以毛泽东为代表的中国共产党人紧紧依靠和紧密团结全国各族人民，推翻“三座大山”的压迫，实现民族独立和人民解放，建立了人民当家做主的新中国。

第四部分——建设社会主义新中国。分为“中国人民站起来了”“确立社会主义基本制度”“社会主义建设在探索中曲折发展”“国际地位提高与国际环境改善”四个单元。主要展示在社会主义革命和建设时期，以毛泽东为核心的第一代中共中央领导集体，团结带领全国各族人民，确立社会主义基本制度，在一穷二白的基础上建立独立的比较完整的工业体系和国民经济体系，使古老的中国以崭新的姿态屹立于世界的东方。

第五部分——走中国特色社会主义道路。分为“开创社会主义建设新道路”“开创改革开放现代化建设新局面”“开创全面建设小康社会新篇章”三个单元。主要展示在改革开放和社会主义现代化建设时期，以邓小平为核心的第二代中共中央领导集体，解放思想，实事求是，作出把我们党和国家的工作中心转移到经济建设上来、实行改革开放的历史性决策，确立社会主义初级阶段基本路线，提出现代化建设“三步走”发展战略，创立邓小平理论，开创了中国特色社会主义道路。以江泽民为核心的第三代中共中央领导集体，开拓创新、与时俱进，确立建立社会主义市场经济体制的改革目标，制定中国共产党在社会主义初级阶段基本纲领，提出“三个代表”重要思想，实现了人民生活从温饱到小康的历史性跨越，全面开创了改革开放和现代化建设新局面。以胡锦涛为总书记的中共中央领导集体，立党为公，执政为民。把握当今世界和当代中国发展大势，求真务实，抓住机遇，开拓进取，提出科学发展观等重大战略思想，促进社会和谐，实现经济社会又好又快发展，开创了全面建设小康社会新篇章。在中国共产党领导下，中华民族伟大复兴的宏伟目标一定能够实现。

展望——主要展示民族复兴的光辉未来。

由上可知，展览以特有的视角、结构、脉络、内容和形式而自成体系。这一体系系统、准确、深刻地反映了中华民族百多年来风云激荡、气壮山河的探索奋斗历程，回答了历史和人民为什么和怎样选择了马克思主义、选择了中国共产党、选择了社会主义道路，从而以客观真实的历史事实，对复兴之路的主题作出准确而充分的反映和诠释。

（三）基本环节　准确无误

要不折不扣地贯彻中央精神，实事求是地反映历史，实现办展目的，不但要有明确的主题、原则，个性化的体系和布局，还必须准确把握和处置展览的各个重要环节，这也是在中国人民革命军事博物馆成功办展的可圈可点之处。

其一，立准主题。主题是展陈的灵魂，一个陈列展览能否举办成功，关键在于能否正确确定和理解、贯彻主题，将主题立准。《复兴之路》大型主题展览的主题是中共中央确定的，十分正确、鲜明而深刻，但如何运用这一主题统领整个展览，使内容和形式一以贯之地紧扣主题展开，却并非易事。在展览提纲和方案拟制之初，筹展人员遇到的最大困惑，就是跳不出中共党史、革命史、近现代史的套路，找不到“复兴”主题的感觉。有的领导、专家在讨论大纲时，认为仍是中共党史、革命史、近现代史的翻版，甚至直指“未破题”。面对这一难关，筹展人员一是通过集中专门学习、领会中共中央指示和有关文件、文献和资料，分析复兴主题的视角、内涵、外延、范围、侧重、特点和风格等，加深对主题的理解和把握。二是通过思辨和比较研究，从理论上弄清中华民族复兴史与中共党史、革命史、近现代史的联系与区别。不可否认，复兴史与中共党史、革命史、近现代史的确有着很大共性，如时间跨度、演进过程多有重叠，一些重要事件、人物大体一致，表现两者内容的博物馆藏品基本相同等，尤其是二者都要反映马克思主义、中国共产党、社会主义建设和改革开放等重要内容，如果在展览设计中不能对二者作出准确辨析和相应处置，必然难以突出复兴主题。因此，必须着重弄清二者的区别，如两者所反映的主体及主线不同、基本内容及重点不同、展示结构及体系不同等。当然，在时间跨度、阶段划分、展示切入点以及展品选用等方面二者也有明显区别。通过比较和区分，进一步认识和把握了复兴主题的实质。三是从实际操作上，即在展览内容与形式的设计中敢于取舍。符合复兴主题的就取，否则就舍。如中国近代以来诸多战争、灾害、社会变迁及党派斗争等，因与中华民族探索、奋斗的主题关系不大而不多作反映。如国共内战尽量少上，反右派斗争不作表现，十年“文化大革命”只上一张图片等。而对与主题关系密切的内容，尽管有的还颇具争议，以往类似展览不大反映，这次展览却作了较多表现。如清末新政、各阶层救国主张、“第三条道路”等。通过这些努力，更好地理解和贯彻了展览的主题。

其二，摸准脉搏。《复兴之路》作为大型政治性展览，在设计中必然会涉及许多与现实联系紧密而影响敏感的内容和问题。对于这样一些内容和问题的处理，办展人员善尽职责，充分地发表自己的意见，但这些内容和问题的处置不应该也不可能都由办展人员自行决定，而必须要遵循上级直至中共中央的态度、指示和要求行事。因此，及时与上级乃至中共中央沟通，实现下情上传和上情下达，准确地了解上级和中共中央的态度和意图，就成为成功办展必不可少的重要环节。好在中共中央宣传部等领导机关直接组织和参与了这次展览筹办工作，为筹展工作提供了与上级和中共中央联系的“直通车”，创造了难得的有利条件，也成为这次办展的一大优势，同时，作为办展人员在这次展览设计过程中，也始终坚持认真学习文件，切实领会上级和中共中央精神；不自以为是、固执己见，尊重、服从中共中央宣传部等领导机关的指示和指导；遇到拿不准的问题及时上报请示。从而使这次大型展览没有出现任何政治问题。

其三，选准展品。筹办展览的基础是展品，尤其是文物展品。《复兴之路》展览主题宏大，展览内容包括方方面面。这就使该展一方面，展品需求量很大。虽然中国国家博物馆藏品丰富，相关文物、图片各达十余万件，但要达到展览内容展示要求，仍会有不少缺项，需要从中国人民革命军事博物馆及各地相关博物馆、纪念馆复制或借展。另一方面，中国人民革命军事博物馆展厅的空间、展线明显不足，文保方面也不能满足要求，使一些大件、珍贵文物不宜展出，这就对展品及文物的选用造成了很大困难。因此，展品的准确选用必须遵循适用性和“少而精”的原则，并坚持以下做法：①系统性。根据展厅情况确定文物、图片等展品总量。因为选用展品数量有限，首先要保证选用重点内容的文物、图片，以撑起整个展线——“搭起架子”，使文物等展品不断线。如缺项，必须征集或创作艺术品。②典型性。由于可选用文物等展品数量很大，而所选用展品数量相对很小，所以必须经过反复比较和筛选，选出最具代表性的展品。这次展览所用文物，差不多件件都是珍品。如虎门抗英大炮、李大钊被害的绞刑架、开国典礼用过的礼炮、“神五”载人航天的返回舱等，并借展、购买了一批精美的文物、图片。比较遗憾的是，由于展厅条件所限，实物展品数量总体偏少，复制品较多，图片过于突出。这些问题只能留待移入中国国家博物馆时一并解决。③观赏性。博物馆展陈是视觉艺术，必须注重展品的观赏性，陈列展览要坚持将观赏要素的多少作为文物选用的重要标准，政治类展陈更是如此。这次《复兴之路》展览强调了所选展品的观赏性，对表现展览内容大有助益。

其四，摆准看点。从主题和内容需要出发，结合展厅空间、结构特点和展品实际，营造展览的各级看点并形成一个有机整体，是中国人民革命军事博物馆展览设计中的又一成功做法。展陈信息传递不宜平铺直叙，而应有重点，有亮点，有看点。展线要低潮、平潮、高潮互见，既高潮迭起，又要围绕总高潮逐浪推进。与各级高潮相呼应，在展陈中要通过各种展示手段包括声、光、电等科技手段的运用，营造看点。但是，看点并非越多、越高档越好，关键是需要整体平衡，将看点“摆准”，而不能各部分表现畸轻畸重。为此，中国人民革命军事博物馆展览的做法，一是将看点分级。即在确定整个展览看点数量的基础上，依据展览内容的要求和特点，通盘考虑，将看点分为若干个级别，使之各得其所，各自发挥相应的效果。如一级看点“序厅—尾厅”“武昌起义”“中共一大”“开国大典”“两弹一星”“‘神五’飞天”等，是展示的焦点。二是注重看点的个性和不同风格。如中共一大的神圣肃穆、开国大典的恢宏大气、两弹一星的动人心弦等。三是注重新的表现手法的选用，包括一些科技及创新手段的应用。如序厅天幕的由暗到明，示意图与录像结合的帝国主义在华划分势力范围图、以互动形式显示的抗日根据地示意图，以声、光、电综合手段演示的两弹一星景观等。为了表现毛泽东、邓小平、江泽民、胡锦涛和人民群众在一起，在尊重史实的基础上，展示设计运用虚化、叠加、剪接、加棕等手法，作出场面热烈、内容丰富的大型合成图片，效果十分感人。

其五，炼准文字。展览文字对于表现主题、传递信息、感染观众有着至关重要的作用，必须经过反复锤炼，达至精准。《复兴之路》展览文字切当、凝练、华美，是该展获得成功的一个重要条件和特色。在《复兴之路》展览审改中，中共中央宣传部等主办单位的领导和专家显示了高超的文字功底，使该展文字大为增色。一是重要断语斩钉截铁，鲜明确切。如展览各层标题、前言、各单元说明文字，重要人物、事件、政策、方针等的评价，敏感、争议及负面内容的处理和反映等。由于中共中央宣传部等领导机关对相关政策及精神非常谙熟，修改起来得心应手，字字有根，使文字无可挑剔。如对以邓小平、江泽民为核心的第二代、第三代和以胡锦涛为总书记的中央领导集体，划分为三个阶段即三个单元，单元标题依次为：“开创社会主义建设新道路”“开创改革开放现代化建设新局面”“开创全面建设小康社会新篇章”，三个“开创”、三个“新”，用得何其精当！二是所有文字千锤百炼，一字难易。有时为了一句话、一个词，甚至为是否用“的”“了”等字或一个标点符号，也会展开热烈争论，以求最佳语效。三是注重艺术风格，不少文字，文采飞扬。如一些主题展墙和景观、沙盘的标题：“落后挨打——中华民族历史的耻辱”“星火燎原——开辟中国革命新道路”“车轮滚滚——人民群众支援解放大军”“两弹一星——中华民族的骄傲和自豪”“载人航天——实现中华民族飞天梦想”等。将极丰富、艰深的内涵变得简明、鲜活、亲和，使观众极易受到感染。

三 国博思路 再展华彩

根据中共中央指示，《复兴之路》大型主题展览作为庆祝新中国成立60周年重要活动，要提前一年由中国人民革命军事博物馆迁入中国国家博物馆，并成为中国国家博物馆基本陈列永久展出。而如何做到青出于蓝而胜于蓝，让中华民族复兴之路的壮伟画卷展示得更加震撼人心、绚丽多姿而再度绽放异彩，就成为中国国家博物馆倾力追寻的目标。

（一）提前迁移 意义非凡

2008年1月，李长春、陈至立等中央和上级领导到中国国家博物馆视察指导工作，李长春强调指出：《复兴之路》展览如期在中国人民革命军事博物馆开展，感到很高兴，现在《复兴之路》展览在中国人民革命军事博物馆，通过几个月展出，收到了良好的社会效益，参观人员络绎不绝。中央确定新中国成立60周年前夕要把《复兴之路》经过“大改”移到中国国家博物馆展出，并作为中国国家博物馆的永久陈列。这个意义很大，希望中国国家博物馆把《复兴之路》陈列作为一个重大政治任务来完成。

本来，在中国国家博物馆举办《复兴之路》大型主题展览是中共中央既定安排。中共中央在下达这一任务之初，就已明确提出，展览在中国人民革命军事博物馆展出几年后，待中国国家博物馆新馆改扩建工程完成即迁入中国国家博物馆。为此，中共中央和上级领导对展览提出了“三改”计划，即：小改，在中国人民革命军事博物馆开展前完成。中改：按照中共十七大精神及有关意见，择机实施（已完成）。大改：待2010年中国国家博物馆施工完成，再按照中央和上级指示精神以及中国国家博物馆办展要求对原展进行全面调整和修改后迁入中国国家博物馆作为基本陈列并永久展出。2008年，李长春代表中央所作的指示，更提出将《复兴之路》展览提前至2009年国庆前从中国人民革命军事博物馆移至中国国家博物馆，并提出了更高要求，意义非同一般。首先，这充分说明，中共中央对在中国人民革命军事博物馆举办该展的内容和形式给予肯定，对该展的展出效果表示满意，表明该展是一个成功之作。同时，也反映出中共中央看到了该展的一些不足之处，因而要求提前迁移，并通过进一步改进、完善和提高后作为中国国家博物馆的基本陈列，尽早更好地发挥其作用和影响。其次，《复兴之路》展览提前迁入中国国家博物馆，无疑体现了中央和上级领导对中国国家博物馆的信任和厚望。中国国家博物馆（前身为中国革命博物馆和中国历史博物馆）地处首都北京的中心——天安门广场东侧，作为国家最高级别的博物馆，在展览队伍、藏品、经验、影响、馆址等方面具有显著的优势，承担重大政治性主题展陈责无旁贷。长期以来，曾多次成功举办此类大展。当然，作为中国国家博物馆新馆第一个基本陈列，自然会引起广大社会公众和国内外博物馆界的高度关注。首次面对国内外观众，如何体现中国国家博物馆的实力、形象、水平和风格，不能不说是对中国国家博物馆的重大考验。再次，中共中央确定把中国国家博物馆《复兴之路》基本陈列作为新中国成立60周年重大活动的组成部分，体现了中共中央对这一陈列的高度重视和期待。这一陈列的成功开展，必将向国庆献上一份厚礼。当然，提前在中国国家博物馆推出这一陈列的最根本的意义，还在于其主题的极端重要性。中央希望通过提前迁移，使其更加适应当前形势的需要，使更多的人更快、更好地接受教育。

由于提前迁移，中国国家博物馆改扩建工程必须赶工期，提前一年完成所用展厅的施工任务。同样，中国国家博物馆基本陈列筹展时限也相应缩短一年而只有一年多的时间，作为国家级博物馆也将非常紧张。中国国家博物馆领导、员工面对困难和挑战，再次以高度的政治使命感和高昂的政治热情，义无反顾地肩负起《复兴之路》展览“大改”和迁移的光荣政治任务。

（二）确定思路　继承发展

将中国人民革命军事博物馆主题展览迁入中国国家博物馆作为基本陈列，要不要修改？如何修改？确曾成为困扰中国国家博物馆的两大难题。因为这一展览在中国人民革命军事博物馆展出，从内容到形式均已通过专家、中共中央宣传部等权威部门直至中央的审查批准，展览推出后又广受观众好评，相当成功，因而，似已不便再作多少改动。于是，有的专家也提出："中国人民革命军事博物馆展览已经很不错了，搬过来就是了。""不要再改了！何必费力不讨好呢？"确实，由于中国人民革命军事博物馆展览无论内容还是形式，实际上已经基本解决了关于中华民族复兴主题的所有重要问题，展出效果之佳超乎预期，即便是将这一展览"原封不动"地迁入中国国家博物馆，似也无可指摘。然而，这样的做法不仅是不可取的，也是不可能的。这是由于，其一，中共中央要求该展迁入中国国家博物馆要进行"大改"。本来，中共中央的既定计划就是中国人民革命军事博物馆展览要在"大改"之后迁入中国国家博物馆，作为基本陈列永久展出。2008 年李长春在视察中国国家博物馆时也再次强调：《复兴之路》展览迁入国博要经过"大改"，要进一步充实与主题有关的中国国家博物馆藏品，进一步向社会和国际上征集相关藏品，要使展览方案"更为理想"。随后，中共中央又对中国国家博物馆《复兴之路》基本陈列修改提出了新的更高要求——回答六个"为什么"：为什么必须坚持马克思主义在意识形态领域的指导地位，而不能搞指导思想的多元化；为什么只有社会主义才能救中国，只有中国特色社会主义才能发展中国，而不能搞民主社会主义和资本主义；为什么必须坚持人民代表大会制度，而不能搞"三权分立"；为什么必须坚持中国共产党领导的多党合作和政治协商制度，而不能搞西方的多党制；为什么必须坚持以公有制为主体、多种所有制经济共同发展的基本经济制度，而不能搞私有化或"纯而又纯"的公有制；为什么必须坚持改革开放不动摇，而不能走回头路。这充分说明，中共中央的态度和要求，是《复兴之路》展览由中国人民革命军事博物馆迁入中国国家博物馆必须"大改"，必须改好。其二，原展是在中共十七大之前开幕的，虽然按照大会精神进行了中期修改，但毕竟深度、力度有限。随着学习中国共产党的十七大精神、深入贯彻落实科学发展观，就使进一步以中共十七大精神和科学发展观指导《复兴之路》内容和形式设计的问题日益突出，如怎样统筹反映经济、政治、文化、社会建设内容，突出以人为本和人民群众及基层活动内容，加重文化建设及“两大一新”内容等方面，确需着力按照中共十七大精神作通篇性改进和加强。其三，中国人民革命军事博物馆展览原本存在一些不尽如人意之处，急需改进和提高。此外，该展迁入中国国家博物馆，陈列内容下限延长。原展下限为2007年10月中共十七大，中国国家博物馆基本陈列下限为2009年10月新中国成立60周年，相差虽只有两年时间，但在此期间我国发生了一系列重大事件，如：深入学习贯彻科学发展观、举办奥运会、“神七”发射与探月工程、汶川地震与抗震救灾、应对全球金融风暴、新中国成立60周年大庆等，按照展览前略后详的风格，这些内容不能不予以相应表现。此外，中国国家博物馆展厅面积、展线长度较中国人民革命军事博物馆增加一倍，展厅结构变化也很大，由原一层楼变为两层。中国国家博物馆展陈条件更加优越，展陈标准也更为提高。这一切，无不要求中国国家博物馆陈列较之中国人民革命军事博物馆展览必须要有显著改观。再者，同一选题的展览已在中国人民革命军事博物馆展出两年，如果国庆60周年中国国家博物馆推出的第一个陈列了无新意，广大观众也是不会买账的。

针对中国人民革命军事博物馆展览进中国国家博物馆“要不要修改”“如何修改”的问题，中国国家博物馆《复兴之路》筹展人员通过认真学习、讨论，很快统一了认识。一致认为必须按中共中央指示“大改”、改好。其基本准则，一是继承，二是发展。首先，必须以中国人民革命军事博物馆原展为基础，继承和发扬其成功做法和经验。根据上级领导和展览领导小组的指示，明确该展进中国国家博物馆要坚持“五不变”，即：主题不变、主线不变、框架不变、基本内容和形式不变、风格不变。经过讨论，进一步具体化为：展览分为序厅、五个主体部分、展望不变；前言、结束语、单元说明文字原则上不变；原展品及其说明文字大体不变，主要看点的设置基本不变等。同时，结合中共中央和上级指示精神以及各方面意见，中国国家博物馆项目组决定对中国人民革命军事博物馆展览从内容到形式、从理念到手法在可能的范围内进行系统的核定、调整和修改，以“不变”求“变”，以“变”体现“不变”。针对原展不足，结合中国国家博物馆实际和优势，通过全面进行充实、改进、完善、提高，实现“大改”。通过“大改”，使陈列面目一新，“更为理想”。最终，确定这次修改的总的思路是：以中共十七大精神、中共中央领导和上级有关指示为指导，深入贯彻落实科学发展观，继承和发扬原中国人民革命军事博物馆展览的成功做法和经验，发挥中国国家博物馆优势，对整个展览从内容到形式进行全面审视和修改。坚持以人为本，强化博物馆语言，提高精品意识，着力增强陈列的历史厚重感、民众主体感和文化丰富感，向国庆60周年献厚礼，教育广大群众更加坚定地高举中国特色社会主义伟大旗帜，坚持中国特色社会主义理论体系，在中国共产党的带领下，坚定不移地走中国特色社会主义道路，努力实现中华民族的伟大复兴。

（三）以长取胜　更上层楼

根据《复兴之路》展迁入中国国家博物馆总的修改思路，中国国家博物馆筹办人员对原展的优缺点进行了认真的回顾和总结，结合本馆实际，发挥优势，以长取胜，在中国国家博物馆基本陈列的设计中，对原展进行了全面的调整和修改，着重突出和加强了如下五个方面。

第一，以物取胜。《复兴之路》展览在中国人民革命军事博物馆展出后，不少专家在充分予以肯定的同时，也指出了其中的一些问题和缺点，认为该展最大的不足在于博物馆语言特征不够突出。有的还直称其为“临展”“图片展”。所谓博物馆语言特征，其主要形态就是“物以言志”，即通过实物主要指文物，以博物馆特有的立体展示艺术来表现内容。为什么中国人民革命军事博物馆展会出现这样的缺陷即实物展示不足呢？究其原因，一是展厅条件所限，文物数量不能过多且珍贵及大件文物也不便更多展出。另外，则是主办该展的中央机关更重视的是文字、图片、表格等展示形式，对文物的展示缺乏足够理解和重视。应该说，文物展示之所以成为博物馆展陈最主要的语言特征，是由于文物是博物馆展陈信息传递的基本载体，文物所承载的信息最大程度地反映着其所产生的事物的客观真实，最具见证力、说服力，因而是博物馆展陈最具价值和魅力的信息载体。因此，博物馆展陈必须将文物及其展示作为最基本的信息传输的方式和手段。为了解决上述问题，中国国家博物馆在《复兴之路》基本陈列的设计中，着力从以下三方面入手：一是扩充数量。将文物由原展的600余件增多至现在的1100余件，图片也相应增加，尤其是新增加了一大批珍贵及大体量的文物。如：反映世界资本主义最初发展的英国工业革命时期的织袜机、表现清王朝皇权专制统治的皇帝宝座、见证帝国主义分子掠夺中国文物的《五牛图》、表现中国资本主义初期发展的粗纱机及子弹装配机，表现洋务运动失败的北洋舰队旗舰定远舰的铁锚、见证解放军渡江作战的木船、新中国制造的第一辆解放牌汽车、见证中国举办奥运会盛大开幕式的大型道具——缶、表现中国人民战胜汶川特大地震灾害的第一支救援队的队旗和防护服、见证探月工程的嫦娥一号发射任务书，等等。二是充分展示。文物要准确、充分、巧妙地传递其所承载的信息，不但靠数量，更要靠艺术地展示。在既定的展厅空间内，并非展品、文物数量越多越好，相反，需要根据展览内容、展厅结构、文物特性，限定文物和展品总量，不能太多、太满、太挤，让观众喘不过气来。而要使展线疏密有致，有节奏，有韵律，有起伏，高潮迭起，突出看点，才会给人以艺术享受而感染观众。在《复兴之路》基本陈列的设计中，筹展人员发扬中国国家博物馆多年来注重文物的传统优势，潜心研究、设计、探索单体文物、多件文物组合体及文物流的表现形式及效果，赋予文物、文物组合、文物流以生命，让其活起来，流起来，舞起来，使整个展线成为生机勃勃的有机的艺术整体。三是注重结合。主要是将文物与景观等其他展示手段有机地结合起来，更直观、更生动地展示文物，使“景观为文物服务”成为中国国家博物馆特点。如：将抗英大炮与声、光、电的背景画相结合，将解放军的大船与渡江作战的景观相结合，将开国大典使用的扩音器以及《开国大典》油画（经典作品，已具有文物性质）与天安门城楼景观相结合、并切换播出毛泽东真人真声的纪录片，将“神舟”载人航天返回舱、宇航服等实物与浩瀚缥缈的苍穹景观相结合等，留给观众更深的印象。

第二，以雅取胜。中国人民革命军事博物馆展览从整体看尚嫌粗糙。同时，由于该展不能解决长期展出的温、湿度等文物保护要求，一些纸、布、丝、木等质地的文物及艺术品原件就不宜展出，这也难免影响了展览的艺术品位。中国国家博物馆新馆展厅设施设备优良，完全有条件解决上述问题。中国国家博物馆在这次基本陈列设计中，一是要求提高陈列整体的艺术品位。在陈列的整体格局、空间分割、展品展示、展具及光线、色彩等设计方面，努力提高其艺术性。二是适当增加艺术品数量。不但增加馆藏的《开国大典》（中国人民革命军事博物馆展为复制件）《延安的火炬》《转战陕北》《运筹帷幄》等经典作品，并请中央美术学院、鲁迅美术学院、四川美术学院等著名艺术家创作《脊梁》《大清王朝》《苦难的中国人》《武昌起义》《血肉长城》《艰苦创业》等油画、雕塑作品。新增雕塑（含原雕、浮雕等）8座，绘画10幅（含新创作3幅）及多处半景画、背景图等。三是内外环境的艺术化氛围。注重展示氛围的恰当营造和一些重要景点的艺术设计。

第三，以情取胜。按照中共十七大精神，广大人民群众参访博物馆展陈，不仅是博物馆为了宣传教育观众，更是社会公众拥有享用文化成果的权利。因此，举办展陈一定要以人为本，以广大观众的愿望为依归，努力为观众服务，使观众乘兴而来，满意而归。原中国人民革命军事博物馆的展览在这一点上还有较大差距，有的观众也提出了服务方面的意见。为了克服这一不足，中国国家博物馆基本陈列一是从内容上，针对原展表现领导层面较多、反映基层民众内容较少的情况，在陈列中新增或加强表现人民群众尤其是英模先进事迹的内容，拉近陈列与观众的距离，并适度增加展览的知识性、趣味性、观赏性，尽量让群众喜闻乐见。二是从形式上，为观众创造适宜参观的内外空间和环境，注重人性化设计，设置休息空间与设施及无障碍通道等。并通过吸引观众积极参与互动活动，如可操作的多媒体、置身其中的“通过式景观”，“借景”与真实的天安门合影等，提升观众参观兴趣。三是加强为观众服务。如在培训好讲解员的同时，增设语音导览、提供图集等宣传、学习材料。做好安检、存包、咨询、餐饮、购物（尤其是特色纪念品）及休闲等服务。总之，要通过优美的陈列，优雅的环境，优良的服务，感动观众并认真听取观众意见，根据观众要求改进陈列和服务工作。

第四，以详取胜。《复兴之路》主题展览内容极其丰富，但中国人民革命军事博物馆展厅面积不足，展品数量大受限制。这就使展览的许多重要内容无法展开，展示只能以内容骨架为主，不少观点只是文字点到为止，缺乏具体、生动的情节和展品配合，这难免使展览显得有些干巴、苍白。中国国家博物馆基本陈列的展厅面积为5930平方米、展线长1240米，较中国人民革命军事博物馆均增加一倍左右，展示设施设备将十分优良，这就为更好地展示提供了大为有利的条件。中国国家博物馆改陈将大大充实、完善陈列内容，将一些重点内容具体化、层次化、生活化，并通过展品，让观众了解其中真实的“故事”，以情节感动观众。使展览有血有肉，更加丰满。对于一些重点、亮点的内容，将舍得给予更大空间，并运用多种手段，充分展现其内涵，为观众留下更深的印象。

第五，以精取胜。中国人民革命军事博物馆展览由于时间十分仓促，展厅一直施工到展览开幕，不少做法自然难以精到。一些专家参观后也指出，该展是一种“临展的感觉”。但作为国内外备受关注的国家博物馆的基本陈列，对其最基本的要求，就是一定要成为精品。陈列设计、制作、施工必须精细、精良、精美。为此，中国国家博物馆要求筹展人员一定要树立精品意识，建设精品工程。一是在陈列内容的设计上，要将中国人民革命军事博物馆展览“一字难易”的做法和风格发扬光大，既保证陈列内容准确无误，更要求语言表述凝练、华美。二是在展示形式上，要坚持精心设计，精心制作，精心施工，要在材料、工艺、技术上下功夫。三是要求既注重宏观，更注重微观，要靠细节取胜。在注重文物、图片等展品展示的同时，要十分注重辅助展品、展具、道具的展示。要精心设计制作展墙、展板，使之主题化、立体化、层次化、个性化、艺术化。要精心设计展柜，不但展柜本身的材料、技术、工艺要好，还特别要根据内容需要，着力搞好柜内设计，务使其中的托、架、衬及灯光、色彩等更为精致、精美，营造出“别有洞天”的效果。

目前，中国国家博物馆基本陈列筹展工作和建筑工程正紧锣密鼓地进行，陈列大纲已上报中共中央宣传部通过，陈列版式稿已报送中共中央宣传部和中央审查。根据筹展日程安排，5月，中国人民革命军事博物馆展览将圆满完成展出任务而撤展。同时，中国国家博物馆新馆展厅将在5月完工并交付筹展人员进入展厅施工布展。可以期待，2009年国庆推出的中国国家博物馆基本陈列——《复兴之路》，一定会焕然一新，更加精彩。

（原文刊于《中国博物馆》2009年第1期）

简谈《复兴之路》基本陈列讲解培训问题

同学们从不同的院校，作为志愿者和国博讲解人员一道参加《复兴之路》基本陈列讲解培训班，首先，欢迎各位同学来到中国国家博物馆。本来，中国国家博物馆社教部对这次讲解培训工作已作了周到的安排，请了多位领导、专家来讲课。我由于一直在主持《复兴之路》的筹办工作，最近的布陈工程非常紧张，这次的培训工作很难抽时间参加。但社教部领导坚持要我来讲一讲，不来应该也说不过去吧！当然，我也想和同学们早一点见见面，作一些直接沟通和探讨。所以，今天我还是应约来参加这个讲座。因为在培训中相关的具体内容大家都会听到，所以，我今天谈的题目就大一点，宽泛一点，宏观一点。题目就叫作《谈谈〈复兴之路〉基本陈列讲解培训问题》。准备就以下三个方面的问题谈一些想法和意见：第一，如何认识陈列展览。第二，如何把握《复兴之路》。第三，如何做好讲解工作。

第一，如何认识陈列展览。关于博物馆陈列的定义，在《中国博物馆学基础》中是这样表述的：“在一定空间内，以文物标本为基础，配合适当辅助展品，按照一定的主题、序列和艺术形式组合成的，进行直观教育、传播文化科学信息和提供审美欣赏的展品群体。”陈列与展览没有什么本质的区别，主要是陈列展期长、要求标准更高，展览展期短、更为灵活多样。有时我们可以把陈列展览概括简称为“陈列”或“展览”，也可以合称为“陈展”或“展陈”。而基本陈列是指体现一个馆性质和任务的主要陈列。《复兴之路》就是国家博物馆的基本陈列。关于陈列展览，可以从三个方面来认识：

首先，展品组合系列。我们知道，陈列是由展品组成的，陈列就是展示展品，主要是文物标本展品。所以，要了解陈列，首先需要了解展品及其组合。怎样理解陈列的展品呢？马克思从一个商品理论开始构建经济学大厦，我们也可以由一个展品理论来开始构建陈列学的大厦！因为，像商品包含了经济学的各种要素一样，展品也具有陈列学的各种要素。比如：一件展品、尤其是珍贵文物标本如何在展线上正确定位是很难的，它的最佳空间位置从理论上讲只应有一个，这就需要布展人员结合陈列内容和展厅实况，通过认真、反复、多方面的思考去探寻、去试验、去确定。再者，展品应在展台裸展，还是要置于龛内、柜内，甚至在空中、地下？它自身需要怎样的姿态？用什么背景及色彩？配以何种光环境、声环境？怎样与其他展品组合及与全局呼应？还有，如用展柜，展柜材质、外观如何确定？柜内用什么展座、托、垫、衬以及道具、照明？如何进行文物保护，等等，涉及陈列的方方面面。在展线中两件以上的展品更紧密地联系起来展示，被称为展品组合。这种组合体是展品布陈人员再创作的结果。新的展品组合不仅使展品在体量、外观上发生改变，增强其气势与可视性，形成新的展示形象；而且弥补了单个展品信息量不足的缺陷，使其内涵更丰富，重点更突出，从而大大增强了展品的张力和表现力，更能充分表现陈列的重要内容，更易于形成展示的亮点和看点。展线上的单体展品、组合展品相互连接，就形成了展品流。陈列的展品不是简单地罗列或堆砌，而是一个疏密有致、有起伏、有节奏、有韵律、有高潮的流动的完美的艺术整体。陈列展品按办展要求组成展品流，就是赋予这些展品以生命和情感，让它活起来、动起来，使参观者与之共舞，从而达到办展的目的。

其次，信息传输平台。从信息理论的角度来看博物馆展陈，展品就是信息的载体，展陈就是博物馆方式的信息收集、处理、传输、接收及反馈的平台。展陈所表现的境况反映着曾出现过的信息的“信源”，展厅和展线是信息传输的通道，观众则是接收及反馈信息的受体即信宿。陈列展览首先要忠于“信源”，客观、准确、全面地反映曾出现过的相关事物及其运动规律。所谓“信源”，不能简单地理解为展陈的展品或文物标本，而是这些展品所反映、再现的曾存在过的事物或现象。只有对“信源”，即产生相关信息的自然或人类社会有了正确、深入的认识，才能通过展陈，对这种原始“信源”进行简化、整合，使之成为“展厅信源”，并科学、准确、合理、艺术地再现原始“信源”。其次，是要掌控信道。这就是说，一个陈展需要信息总量适度、信息构成协调、信息传递得法、信息氛围相宜，使各类信息的传递恰如其分，恰到好处。最后，是陈列展览必须贴近信宿。这就是要坚持以人为本。展前，要从广大群众的愿望和要求出发，确定展陈的选题和主题。展中，要努力营造适宜观众参观、互动，精心为观众服务的条件和氛围。展后，要认真收集和听取观众反馈的意见，使展陈得到相应的改进和完善。

最后，意义沟通模式。陈列展览是博物馆工作者主动创造活动的产物。一个展陈推出后，观众会欣赏珍贵、精美的展品，体验特有的意境和氛围，并最终实现策展人与参访者心灵的沟通。陈列展览是沟通策展者与社会公众的渠道和桥梁。通过陈列展览的沟通，使参访者与策展者达成共识：认同事实和知识的客观正确，认同事实和知识的推导过程和逻辑判断的科学合理，认同展陈的价值判断和情感取向、目的取向，从而实现办展意图，实现博物馆的社会功能。

第二，如何把握《复兴之路》。关于对《复兴之路》基本陈列的认识，我已在《中国博物馆》发表过一篇文章，大家不妨看看。这次培训班也还会有专家来专门讲这个题目，所以，今天我只是对一些基本方面点到为止。本陈列意义非同一般，是中央直接交办的重大政治任务，是中国国家确定的向国庆60周年献礼的项目，是中国国家博物馆新馆建成后开馆第一个基本陈列。另外，由于这几年我馆搞施工没有展厅，我们曾在中国人民革命军事博物馆先期举办了这一陈列并已展出两年，在社会上引起强烈反响，取得了很大成功。现在中共中央要求将该展经过大改后作为基本陈列迁入新建成的中国国家博物馆，其要求自然要高得多。因此，这次陈列筹办工作得到了中共中央和各级领导的高度重视和各方普遍关注。如何理解和表述这一基本陈列，责任重大。我认为要做好《复兴之路》基本陈列的讲解工作，需要从以下三个方面着手。

首先，明确主题。明确陈列主题是正确理解和表述陈列的前提。要明确这一陈列的主题，就是要深刻认识只有中国共产党才能领导中华民族实现伟大复兴的历史事实，将着眼点放在“复兴”上。所以，这一陈列与中共党史、革命史、现代史既有广泛联系，又有重要区别，不同的选题表现的主题各有侧重。这次陈列的主题要求通过展示1840年鸦片战争至今160多年来，中国人民为实现民族复兴不懈探索追求的历程，揭示历史和人民为什么和怎样选择了马克思主义、选择了中国共产党、选择了社会主义道路、选择了改革开放，教育人民群众牢记屈辱历史，不忘艰辛探索，坚信美好未来，创造新的辉煌，为实现中华民族伟大复兴继续努力奋斗。

过去，一般都是中共党史、革命史的思路，这就需要精准思辨和理解其与复兴史的异同，从而把握陈列在展示内容上的侧重和取舍。

其次，弄懂展品。弄懂展品、尤其是文物展品，是正确把握和表述陈列的基础。如何弄懂这一陈列的展品呢？一是了解展品总量及其构成，尤其是文物—实物展品。我们知道，举办一个陈列展览，展品过多或过少都会影响展示效果。因为观众在特定的时空条件下，接受信息总量是有一定限度的；空间艺术也要求陈列展品不可过多或过少。一般展厅1000平方米以布置展品300—500件（套）为宜。这次陈列展厅面积约6000平方米，展出文物—实物1280余件（套），历史图片870余幅，雕塑、绘画等艺术品31件（原藏品19件，新创作12件）。同时，相应展出了数量相当的辅助展品，如文摘、图表、沙盘、模型、场景、景观以及电视、多媒体等科技展品。展品总量约2400余件（套），应是符合展陈量度要求的。二是了解展品的重点是珍贵文物及重要艺术品。应该明确，陈列主要是靠这些珍贵的具有代表性的文物—实物“搭架子”撑起来的。这次陈列的文物—实物展品中，一级文物有400余件（套），需要认真了解和记取；特别是其中的一些极具典型性、堪称镇馆之宝的文物，更需要仔细品读，牢记于心。如：虎门抗英大炮，三元里抗英三星旗，太平天国天王玉玺，八国联军分区占领北京图，清廷退位诏书，李大钊等革命志士就义的绞刑架，渡江战役的“渡江先锋船”，开国大典的第一面国旗、礼炮，毛泽东宣布新中国成立时用过的麦克风，新中国成立时的中央人民政府牌匾，等等。但需要特别说明的是，我馆的文物评级时间较早，之后征集的大量实物尚未评级，其中许多是非常珍贵的。如：新中国建设的各种“第一”实物，上甘岭战役的弹片土，“两弹一星”相关实物，神舟五号飞船返回舱，南极科考实物，港澳回归实物，北京奥运会实物，抗震救灾实物，我们党和国家领导人的用品，改革开放文献，外国领导人赠给中国领导人的礼品，等等。此外，这次陈列还第一次展出了新征集到的英国工业革命时期的织袜机、20世纪初的子弹装配机、首次月球探测工程全月球影像图等一批重要实物，并借展故宫的清朝皇帝宝座、中国人民革命军事博物馆的北洋水师“镇远”舰铁锚等，应予以关注。在艺术品方面，原藏品油画《延安的火炬》、油画《转战陕北》、油画《开国大典》、雕塑《运筹帷幄》等可以说无一不是经典作品。新作品多为著名艺术家所创，如田奎玉等的雕塑《为了中华民族的伟大复兴》、李向群的雕塑《苦难的中国人民》、叶毓山的雕塑《血肉长城》、李福来等的油画《大清王朝的专制统治》等，都十分具有艺术感染力。三是要认识陈列的文物组合。这次陈列展示除努力做好单件展品、尤其是重要单件文物的展示外，同时在文物的组合展示上也下足了功夫。在展线上随处可见精心设计的文物、艺术品、辅助展品形式多样的展品组合。特别是按照陈列内容突出重点的要求，在陈列的每个“部分”，着力布置了数个大型专题展品组合，形成了该部分的重要看点。这无疑也是这次陈列的一大成功之处，需要我们特别关注。

最后，了解手法。了解手法是正确理解和表述陈列的关键。我们知道，展陈不是将展品随意摆放在展厅内，而是经过办展人员精心设计、精心制作、精心施工及进行优质服务保障的艺术作品。要正确解读陈列，就要弄清陈列设计与展示的理念和手法、个性和特点、看点和亮点。一是，要清楚这次陈列有什么特点。有一种说法：“中国国家博物馆的陈列最大的特点就是没有特点。”这种说法显然是不对的。虽然中国国家博物馆的展陈要照顾全面，反映全国，不能像一些地方或行业博物馆展陈那样，着重反映某地区、某行业、某侧面的事物，容易形成并突出各自的特点；但中国国家博物馆的展陈要求更系统、更准确、更合理、更精美、更经典、更权威——这不就是重要的个性和特点吗！当然，具体到这次陈列，因为原在中国人民革命军事博物馆展出时，鉴于此陈列为中央交办的重要政治任务，主题宏大，内容繁多，我们特别强调了以“准”取胜的特点——立准主题、摸准脉搏、选准展品、炼准文字、摆准看点；并在自成体系、创新格局、手法多样等方面形成了自己的重要特点。那么，现在中国国家博物馆在中国人民革命军事博物馆展出的基础上经过“大改”后再次推出，陈列又有什么新的个性与特点呢？我认为，这主要体现在我们在这次改陈中提出的五个“取胜”上。即：与中国人民革命军事博物馆的展出相比，我们更加注重和突出“以物取胜”（文物—实物更多更精）“以雅取胜”（增加珍贵艺术品并提高陈列的整体艺术品位）“以详取胜”（对一些重要内容以更大空间展开）“以情取胜”（展示更注重以情节、故事及服务感人）“以精取胜”（确保陈列成为精品工程）。这就是说，由于中国国家博物馆展厅较中国人民革命军事博物馆展厅增大了近一倍，条件好了，文物多了，展品精了，手法细了，环境美了，就使现在的陈列不仅弥补了在中国人民革命军事博物馆展示时的一些缺陷和不足，而且得到了更大的提升和发展。二是，要注重这次陈列的看点、亮点。看点、亮点是办展人员着意营造的陈列的最为传神之笔，是陈列的“眼睛”。这次陈列看点多多。首先是序厅、尾厅和五大部分的代表性看点，如：由田奎玉等创作的大型高浮雕《古代灿烂》《今日辉煌》，占满序厅整个墙壁约360平方米，气势恢宏，行云流水；中心主雕《为了中华民族的伟大复兴》以五星红旗造型，傲然挺立，大气庄重，与壁画浮雕相互呼应，浑然一体，使整个序厅极具视觉冲击力和艺术震撼力；展厅内的看点如“上海租界”“虎门抗英”“武昌起义”“共产党成立”“红军长征”“抗战胜利”“渡江战役”“开国大典”“港澳回归”“抗震救灾”“航天成就”等等，均具有很强的艺术感染力。同时，还有大量不同层次的看点、亮点，使陈列展线波浪起伏，高潮迭起，形成了一个疏密有致、有节奏、有韵律的有机的艺术整体。三是，要看陈列为了取得更佳展示效果及营造看点、亮点，采用了哪些具体展示手法和形式。这次陈列的展示形式和手法丰富多样，异彩纷呈。如展品专题组合、景观复原、模拟场景、观众参与互动以及适当的科技手法，等等。除对通常采用的展墙、展板、展柜、展架等展具进行艺术化处理外，还大量使用了模型、沙盘、灯箱、图表以及多种科技表现形式，有的运用了高新科技展示，恰当地采用了音像组合、电子翻书、零距离接触屏、高清全息投影以及各种多媒体演示等，如展现航天员出仓的精彩瞬间，就用了多种高新科技手段予以表现。还有就是关于陈列空间形态与陈列氛围的营造，这点也是需要大家能有所关注和体会的。如光线、色彩、音响的设计，光环境、声环境的营造及光污染、声污染的防治，展厅内外空间形态的变化和过渡，休闲、服务设施的安排等。关于展厅空间形态与特定格局，人们一般是着眼于展厅的展线及其关系，这主要是指展厅的主线、辅线、图片线、文物—实物线、艺术品线、景观—场景线、音像展品线、灯光照明线、观众参观及休闲、互动路线以及安保消防线等，观察和体会这多条线路是如何在展厅内实现有机结合，形成和谐统一的整体的。了解这些方面对做好陈列讲解是很有好处的。

第三，如何做好讲解工作。我认为，要做一名合格的博物馆讲解人员，切实把陈列展览讲解好，宣传好，其要求是很高的。作为优秀的讲解员，要学会做好“三种人”：一是做好社会人；二是做好博物馆人；三是做好讲解人。

首先，关于做好社会人。就是说，作为博物馆讲解人员，我们先是一名社会公民。必须遵纪守法，树立正确的人生观、价值观、荣辱观，培养高尚的道德情操，致力于为人民、为社会做贡献。只有这样，我们才能有正确的方向和前进的动力，去肩负起一份社会责任，去努力做好自己承担的工作。这是我们做好讲解工作的基础。关于如何做一名好的社会公民，已经有很多的渠道为我们提供了可以学习的标准、方法和典范，故不赘述。

其次，关于做好博物馆人。博物馆是公益事业。博物馆有包括讲解、宣教工作在内的许多专业工作。博物馆的每一项专业工作对知识的覆盖面都很广。走进博物馆，就意味着我们要从一名社会人成长为一名从事博物馆工作、成为一名从事博物馆专门业务的人。这是一个很大的转变。怎样才能完成这个转变，由一名普通的社会人成长为一名合格的博物馆工作人员、尤其是包括讲解人员在内的专业工作人员呢？这当然需要经过一个持续的努力和多方面学习的过程。如何圆满地完成这一过程，是有多种方法和经验可资参照的。我感到在这个过程中，有八个字十分重要，愿提出来与大家共勉。这八个字就是：挚爱、博学、慎思、勤勉。这就是说，来到博物馆，就要热爱博物馆，而且要一直爱下去，这份感情是必不可少的，否则，是干不好博物馆工作的。同时，博物馆工作不像一般科研教学单位，学科相对单纯；博物馆姓博，博物馆学不但自身涵盖的知识面很广，而且与众多学科紧密相连。所以，从事博物馆工作、尤其是博物馆专业人员必须善于学习、广泛学习。大家以后会慢慢体会到，要做好博物馆专业的工作，应该学习的知识太多了。我们必须不断地丰富自己的知识内涵，改变知识结构，使自己的学识真正渊博起来。当然，这种广学旁记，并不影响坚持自己的专攻方向。相反，在博物馆，只有具备广博的知识，才能在自己的专业方向上走得更远。博物馆工作不仅艰巨，往往也比较繁杂、琐碎，这就要求我们既要过细地做好每一件具体工作，也不能只陷于事务堆中，还要善于总结和思索，将感性认识不断提升为理性认识，提炼出对一些事物运动特点和规律的认识来。这样，我们对博物馆的贡献才会更大。当然，上述这一切都离不开坚持不懈的努力和付出，离不开拼搏和奋斗。古人曾说："博学之，审问之，慎思之。明辨之，笃行之。"确是至理名言。

最后，关于做好讲解人。如何做一名博物馆讲解人员，我虽然没有专门做过这项工作，但我对这项工作的接触也算不少，也非常关注和欣赏。在我看来，要做一个优秀的讲解人员，不仅应是一个好的社会人员和一个好的博物馆人员，而且更有着这项工作自身的特殊标准和要求。如仪表形象、语言表达、知识功底、品质修养等（在国外，博物馆讲解人员更多的是由一些知名专家、学者来充当的）。《复兴之路》在中国人民革命军事博物馆展出时，讲解员经过了反复挑选。我们这次讲解员的产生也是费了很大周折的。

应该说，博物馆讲解服务是一种十分复杂的劳动过程。人们把这种劳动概括为三个方面：其一是体力劳动。在讲解中，讲解人员要走很多路，讲很多话，做很多动作，与很多人交流、互动，甚至要唱歌、跳舞、演示等。这种长时间的讲解工作，确实耗费体力，很辛苦、很累人。其二是智力劳动。要讲解好展陈必须大量查阅资料，要记忆，要背诵，要思考，要发挥，要答疑解惑，要学习很多相关的知识，这种精力的付出和耗费也是很大的。其三是情绪劳动。即情绪资源的耗费。这一点也许一般人是不易理解的。就是说在讲解服务过程中，为最大限度地满足观众情绪体验的要求，促进讲解信息的正确传递，必须合理调动、调整、控制、表达与讲解内容相契合的情绪资源过程。应该说这是很难把握的一个方面。弄不好就会出现情绪调控错位、失度。如表情呆板、语气处理简单、肢体动作僵硬或过分夸张、“过渡”不当、讲解缺乏整体和谐与美感等。作为一名展陈讲解人员，必须时刻把握自己情绪的饱满程度、语态、语气、情绪调动的积极程度、情绪基调与讲解内容的契合度、情绪转化流畅度、情绪表现的整体和谐度等，并注重情绪调控技巧，情绪表达的个性化以及艺术禀赋、应急反应等。由上可知，博物馆陈列讲解工作绝不是一件轻而易举、可以简单从事的工作，而是要下大功夫、苦功夫、巧功夫去认真对待并持之以恒，才会逐步成长为一名合格的讲解人员。

最后几句话。希望大家能尽快地进入状态，在努力学习做好一个社会人的同时，更要努力学习做好一个博物馆人，特别是要努力学习做好一个博物馆展陈的讲解人。当前，就是要全力以赴做好《复兴之路》基本陈列的讲解工作。通过讲解，了解讲解服务，认识陈列展览，认识博物馆，学到知识，提高素养，并一步步走向自己的人生目标，实现自己的人生理想。我相信，大家一定能做到，一定能做好！

（本文为作者2009年7月27日在中国国家博物馆《复兴之路》基本陈列讲解员培训班上所作的演讲）

浅谈藏品大规模搬迁中的安全保护

——以中国国家博物馆为例

近年来，中国各级博物馆新建和改扩建工程很多，国内外博物馆藏品—展陈交流活动也日益频繁，大批量藏品的搬迁、运输工作迅速增加。做好藏品大规模搬迁中的安全保护工作，是博物馆发展和交流的一项重要内容。中国国家博物馆（简称国博）在2007年全面启动改扩建工程前夕，动员、组织全馆干部职工、特别是藏品保管部门专业工作人员，连续奋战两个多月，进行全部馆藏品的搬迁工作，平均每天搬迁藏品1万件，共运输藏品370余车次、4900余箱，未出现藏品遗失、损坏等问题，顺利实现了全馆62万余件藏品大搬迁。其间，也对藏品大规模搬迁中的安全保护工作进行了有益的探索。对此，本文略作介绍，以就教于同仁。

一　藏品安全、顺利大搬迁需要周密、充分的前期准备工作

中国国家博物馆顺利实现藏品大规模安全搬迁，一个重要原因，就在于其搬迁之前进行了周密而充分的准备工作。中国国家博物馆藏品搬迁准备工作开展早，时间长，在正式进行搬迁之前两年左右即已开始，各项准备工作进行得井然有序，富有成效。全面、扎实的搬迁准备工作的开展，为后来的藏品包装、运输、交接等工作创造了良好的前提条件。

一是人员方面。国家下达中国国家博物馆改扩建工程任务、中国国家博物馆藏品确定全部搬迁后，博物馆和藏品保管部门逐级进行了动员，党团、工会也积极开展思想工作，使干部、职工很快了解任务，认清意义，明确责任，既看到优势和有利条件，也敢于面对问题和困难，以高度的责任感满怀信心地投入藏品大搬迁工作中。为了集中力量搞好搬迁，博物馆

和藏品保管部门成立了统一的藏品搬迁指挥机构和项目组，藏品保管部门采取果断措施，打破原有科室界限，在各科室维持正常工作的前提下，安排更多的人员加入搬迁工作中来。与此同时，馆领导要求其他部门伸出援手，支持藏品保管部门的搬迁工作。各部门除积极与藏品保管部门搞好配合、密切协作外，我馆的社会教育部、文物保护科技部、展览部、后勤管理服务处等部门还派出人员，直接到藏品保管部门，参加藏品的包装、运输工作，保证了藏品搬迁工作的人力需要。

二是物质方面。藏品搬迁物质准备是一项十分细致、繁杂的工作。要做好这项工作，首先要对全馆藏品进行一次彻底的清点核查。然后，针对不同门类、性质的藏品制定精确、详细的包装、运输预案，根据藏品的不同状况确定具体的不同要求的包装和运输方法。如：藏品的包装箱，装书画的箱子要用长方形的，便于卷轴的存放；而装铜器的箱子一般为方形；特殊藏品的外包装则要量体裁衣，专门设计制作。此外，还要设计制作一批规格不同的藏品周转箱。与解决外包装同理，内包装也要因不同藏品的形状而制作不同的囊匣、托垫及填充物等。同时，还要研究、解决包装、运输、交接所用内外包装材料，包装封条、搬运工具以及账目、单据、表格等。当然，在此期间，藏品搬迁的新库房选址问题，包括库内承重问题、温湿度问题、漏水问题的处理，迁入藏品的摆放及安防、消防设备的安装，以及搬迁经费预算的编制和上报等，也要一并解决。

三是与馆内外各相关部门和单位的沟通方面。藏品搬迁任务下达后，在馆领导的统一指挥下，全馆各项工作以藏品搬迁为中心，作出了全面部署和安排。藏品保管部门分别与馆办公室、保卫处、后勤处、财务处等部门沟通，共同商定藏品运输预案、安全保卫预案、拟制经费预算、以及藏品运输公司的考察和招标等。之后，藏品保管部门还要与藏品运输中标公司作进一步的沟通和商讨，相互配合做好搬迁的各种准备工作。在此期间，藏品保管部门和馆办公室、保卫处还要适时与上级机关及相关部门、单位报告、联系，以便及早作出计划和安排，争取工作的主动。由于与上级及相关部门沟通及时，联系密切，使藏品搬迁各项准备工作得以有条不紊的顺利进行。

正是充分、周密的前期准备工作，为中国国家博物馆实现藏品大规模安全、顺利搬迁奠定了坚实的基础。

二　藏品安全、顺利大搬迁需要包装、运输、交接各环节科学、合理、严谨操作

中国国家博物馆藏品数量巨大，藏品状况极为复杂，不仅分为金、银、铜、铁、纸、棉、毛、麻、丝、漆、木、牙、骨等数十个门类，而且有大批极为珍贵的文物藏品，如古朴厚重的青铜器司母戊方鼎、精美绝伦的青铜器四羊方尊、形神兼备的唐三彩骆驼乐舞俑、稀世珍宝金缕玉衣等，无不价值连城。不少藏品不仅是镇馆之宝，也称得上是镇国之宝。同时，也有为数众多的特大、特重、特复杂的特殊藏品，此类藏品仅近现代部分的就有300多件。一些特殊藏品直到这次搬迁时，有的还深埋地下，有的牢嵌墙内，有的迁移还受公安部门管制。这种状况显然使得这次藏品的大搬迁工作面临严峻的挑战。只有在包装、搬运、交接的每一个步骤、每一道程序时刻坚持科学、合理、严谨操作，才可能使藏品大规模安全搬迁成为现实。实践表明，中国国家博物馆藏品大搬迁得以顺利完成，其关键环节正在于全体工作人员一丝不苟地遵循操作程序，并充分发挥聪明才智，解决了所遇到的各种难题。

一是全面执行既有的与藏品搬迁相关的规章制度和操作规程。中国国家博物馆是一座有着近百年历史的大馆，长期以来，形成了一整套行之有效的藏品出入库及搬动、运输等相关规章制度和操作要求，积累了丰富的经验。这次全馆藏品大搬迁任务下达后，馆藏品部门首先强调，所有工作人员必须严格遵守馆及部门一切与藏品有关的规章制度，按操作规程办事。如藏品库房钥匙管理制度，人员出入库房制度，工作人员上岗、离岗的规定和要求，藏品包装的规定和要求，藏品装箱、出库、装车、出馆及交接制度，等等。对藏品的包装，要求按照藏品的特点操作，其内外包装材料要“对号入座”。针对不同的对象，外包装选用了纸、木、铁等材料，内包装则选用了绵纸、塑料、囊匣、锦盒等材料以及棉垫、气垫膜等不同的铺垫材料和适当的填充物。如：书画类藏品不宜用塑料材料包装，因为此类包装材料湿气不易蒸发，藏品日久易生霉变。小骨针、小骨簇的包装，需要先用绵纸把它们包起来，之后在绵纸上贴签标号，然后把它们装进囊匣。囊匣里要垫上小棉垫，垫子的厚薄要适合，太薄会磕碰文物，太厚则不稳定。把囊匣贴签标号后再装进文物箱，文物箱同样要贴签标

号。文物箱装箱要求也要因不同的藏品而异，所装藏品要上轻下重，大小排匀，四周塞紧，每箱文物注明编号、件数，易磕、易碎藏品要特别注明。藏品搬运要按先易后难的原则循序进行。藏品搬运前要先对文物仔细观察，摸准文物的“脾气”，采取合理的取放方式，不能手持文物的柄、梁、耳等部位，而一般要用双手捧住文物的下腹部，轻拿轻放。使用藏品周转箱更要注意装入和取出的操作规定，严格交接程序。在此过程中，还要准确填写各类表格，如：《文物装箱清单》《文物装车清单》和藏品出入库、藏品上下车交接手续，藏品账目、票据及登记、统计、签名等。每天还要按规定小结、汇报，发现问题，及时研究解决，并逐日写出工作日志备查。

二是根据搬迁工作实际情况不断提出新的规定、办法和要求。这次藏品搬迁工作规模浩大，情况复杂，新问题、新困难层出不穷。要顺利完成搬迁任务，不仅要严格遵循原有的规章制度和操作规程，还必须针对新特点、新情况、新问题及时提出新的解决办法，作出新的规定和要求，才能保证搬迁工作按计划进行。为了更好地了解情况，主动开展工作，及时发现问题和解决问题，保管部门接受藏品搬迁任务后，立即层层落实责任制，签订责任书，从部门领导到藏品室主任直到各库房保管员，对其分工和责任逐级作出明确规定和要求。部门领导统筹全局，藏品室主任负责各库藏品包装、搬运、协调工作，各库房保管员负责各自库房藏品搬运的全面工作。此外，还指定了登录员、协理员、安全检查员等，登录员负责将保管员提供的藏品号录入文物装箱清单，再将保管员提供的箱、柜号录入文物运输清单；协理员负责协助保管员装箱与装车工作；安全检查员则要检查每个箱柜、车辆及腾空后的库房，尤其是对需要多次使用的搬运藏品的周转箱，每次使用后要反复仔细检查，以防细小藏品遗落其中。在藏品大搬迁中，藏品保管部门对一些特殊藏品的包装、搬运，及时找出办法，明确相应的规定和要求，防止了各类问题的发生。对于一些极其珍贵和特大、特重及非常难以运输的藏品，保管部门要求包装、搬运前必须请专家论证，有的还必须请有文物包装资质的专业公司对藏品进行特殊保护性包装；藏品运输必须通过公开招标，选用有文物运输资质和经验的运输公司，公司人员、车辆及运输器械（起重机、铲车、叉车、板车、滑板、撬杠等）必须符合文物运输的要求，运输车辆应有减震箱式货车、加长板车和低板车；藏品运输必须要有专业的文物管理人员和安全保卫人员乃至武装人员全程押运；藏品运抵新库房安放就位必须准备适宜的支撑物、铺垫物等。中国国家博物馆的特殊藏品数量多，运输难度大。有的平时很少移动甚至从未搬动过。如：开国大典天安门上挂过的大红灯笼，直径达2.7米，且不可折叠，在天安门城楼挂了46年后又在中国国家博物馆存放了11年，包在灯笼上的红丝绸薄如蝉翼，已非常脆弱，且不能与笼体分离，搬运难度可想而知。新中国第一根国旗杆及其护栏，到大搬迁时其根部还深埋地下，用钢筋混凝土牢牢地固定于中国国家博物馆西门庭院内，不仅从地下挖出不易，而且钢质旗杆高20多米，不可分断，多块花岗岩护栏也异常沉重，如何将旗杆、护栏按文物要求安全取出并包装、运输，也是一大难题。特大、特重、特复杂的载人航天“神舟”五号飞船返回舱，直径2.5米，高2.8米，重2.8吨，从材料到技术，都是国家和军方保密的尖端科研成果，它的搬迁不但要符合一般藏品包装、搬运的安全规定和要求，而且还必须报请有关军事机关同意和协助，并武装押运。中国国家博物馆保管的大量枪支、弹药等武器藏品，属公安部门管制物品，这批藏品的迁移必须履行非常严格而烦琐的手续及武装押运，等等。面对各种特殊问题，藏品保管部门经过专家论证及与搬运公司反复讨论和多次实验后，逐一提出了量身打造的搬运方案，并相应作出规定和要求，依靠群策群力，解决了这些特殊藏品的搬运难题。

三是发挥人的主观能动性。在整个藏品大搬迁的过程中，中国国家博物馆的工作人员发挥了极大的积极性、创造性，不仅严格遵循相关制度、规定和要求，并且以高度的责任心、聪明才智和奉献精神，不断克服困难，将藏品搬迁工作推向前进。如在搬迁大型陶瓷高温彩釉浮雕壁画《血肉长城》时，工作人员遇到了前所未有的困难。这幅巨型浮雕为著名画家侯一民所作，高4.5米，长17米，本来做的是永久性安装，浮雕整个镶嵌在展厅的墙壁上。其安装工序极为复杂，钢筋网架，混凝土浇筑，浮雕与墙壁已浑然一体，难解难分。保管部门经过专家论证，制定出“蚂蚁啃骨头”的特有办法和程序，将浮雕划分为678块，组织保管专业人员运用各种手段和工具，坚持日夜奋战15天，有的人多次受伤仍不离开岗位，终于将浮雕一块一块完好地从墙上切割、剥离出来。而后，再做好内外包装，按次序编号装箱，安全运抵新库房。在这次搬迁的近现代藏品中，有一件大型牙雕“跃进龙舟”，连展架长1.5米，高0.7米，重130多公斤。这件艺术品雕刻极为精致，不少处细如发丝，且都能轻轻摇摆，稍有震动，即可能折损。保管专业人员只好几个人坚持在车上将其牢牢抱住，以减少震动，确保安全运输。有一次，新库房一个叠放的藏品箱发生倾斜，眼看就要倒塌，在这千钧一发之际，两位保管人员立即奋不顾身地冲上去，用背部顶住箱子，其中一人因用力过猛胳膊脱臼，坚持忍着剧痛，硬是共同将200多公斤的箱子顶了回去，排除了险情，保证了文物的安全。在这次中国国家博物馆藏品大搬迁过程中，工作人员顾全大局、吃苦耐劳、无私奉献的动人事迹不胜枚举，他们以实实在在的努力和行动，为实现中国国家博物馆藏品的安全大搬迁做出了自己特有的贡献。

三　藏品安全、顺利大搬迁需要参与各方通力协作

中国国家博物馆藏品大规模搬迁，是以藏品保管部门为主、馆内外诸多部门和单位共同承担的一项重大任务，无疑是一项十分复杂、艰巨的系统工程。博物馆及藏品保管部门通过大量过细的组织、沟通、协调工作，使参与各方密切协同，统一行动，通力合作，形成了推进藏品大搬迁工作安全、顺利运行的强大合力。

其一，是藏品保管部门统一调配内设各科室人员并接纳安排其他部门人员加入藏品的搬迁工作。中国国家博物馆藏品保管部门下设征集室、登编室、藏品室、图片室、摄影室、地图室等科室，分别承担着不同的工作任务。一般情况下，藏品搬迁工作主要是由藏品室及库房人员来完成的。由于此次藏品搬迁任务非比寻常，所以，从搬迁工作一开始，藏品保管部门就要求各科室以搬迁工作为中心，全力支持和配合藏品室的工作，所有人员统一调配。在藏品搬迁期间，各科室在完成本职工作的同时，抽调了大批人员参加到藏品搬迁工作中，支持了搬迁工作的开展。尽管保管部门全力以赴投入搬迁工作，但由于这次藏品大搬迁任务工作量过于巨大，要如期完成任务仅靠藏品保管部门人力仍嫌单薄。经过馆搬迁领导小组统一调配，从展览部、社会教育部、科技保护部、后勤处等部门抽调了一大批人员直接到藏品保管部，参加搬迁工作。但这批人员大多未从事过藏品保管专业的工作，馆领导要求他们必须听从保管专业人员的指挥和安排，与保管专业人员紧密配合，搞好藏品搬运工作。经过保管专业人员的指导和帮助，这批人员很快了解并严格遵循文物藏品搬运规程，做到了安全、规范操作。上述举措使藏品搬迁工作力量大大加强，进度大为加快。

其二，是藏品保管部门与本馆各相关部门联合攻关。中国国家博物馆领导明确要求，全馆上下要“一切以文物搬迁为重”，统一指挥，统一协调，集全馆之力，攻文物搬迁之关。我馆不仅制订了科学周密的文物搬迁计划和方案，还全面组织了藏品承运公司招标、藏品搬迁经费预算编报、文物包装运输、场地准备、安保措施落实等各项工作的开展。安全保卫处在藏品搬迁过程中负有重大责任。他们不但要参与整个搬迁计划的拟定及藏品承运公司的招标工作，制订藏品搬迁期间新、老库区的安全保卫方案，负责在此期间新、老库区的安全值守并对藏品运输逐车押运，还要与北京市的多个相关部门协调、落实有关藏品的安全运输问题。后勤处负责购置、保障藏品搬迁设备及用品，负责美术作品数十个庞大画架及空调系统在老库的拆卸及在新库的安装，以及负责一批大型机械类文物（如粗纱机、汽车、拖拉机等）的拆卸、安装等。由于搬迁工作开始后，馆里还有《国际礼品展》《全国工艺美术大师作品展》等一批展览在展出，参展藏品需要按计划在短时间内完成撤展和内外包装并移至指定库区，再统一运往新库区。为此，保管部门还要与展览部门合作，共同完成这些展览的撤展及藏品搬迁的任务。同时，在对一些特殊藏品的拆卸、包装和搬运方面，保管部门工作人员也需要得到展览部门的技术支持。除上述部门外，在藏品搬迁过程中，办公室、财务处、社教部、文物科技保护部等部门以及新库区物业管理部门，也都从不同方面参与了有关工作。藏品保管部门通过与上述部门协同作战，统一行动，有力地推动了搬迁工作的开展。

其三，是中国国家博物馆与藏品承运公司密切协作。在确定藏品承运公司之前，中国国家博物馆根据藏品搬迁需要，提出招标条件，并事先对一批投标公司做了考察、摸底工作。确定中标公司后，中国国家博物馆及藏品保管部门很快与公司沟通，通过共同实地考察、论证，共同商定搬运计划和预案，并对珍贵及特殊藏品的运输逐件研究，有的反复协商、多次论证，务求形成最佳运输方案。在藏品的运输过程中，保管专业工作人员与公司搬运人员密切配合，规范操作，及时处理工作中出现的各种情况，排除不利因素的干扰。中国国家博物馆及藏品保管部门与藏品承运公司保持密切关系和良好的合作，成为搬迁工作顺利进行不可或缺的重要环节。

最后，是中国国家博物馆与政府部门的沟通与协调。中国国家博物馆要按照“提前期”的规定，将藏品搬迁有关事项及时向中共中央和文化部、国家文物局、北京市政府等上级领导机关及相关部门请示、报批、报备，取得政府及相关部门的关心、重视和支持。中国国家博物馆及原藏品库区地处天安门广场东侧，新库区则在北京市顺义地区。对新、老库区所在地政府及相关的公安、消防、交管等部门，以及国家大型活动管委会、天安门地区管委会、枪支武器迁移管委会以及相关的军事部门、武警部队等，中国国家博物馆都要一一联系、沟通和协调，努力争取得到支持和配合。在此基础上，中国国家博物馆还要与上述有关部门共同商讨藏品搬迁计划，研究、确定搬迁时间、路线，以及保持相互联系通畅并设专人值守、共同应对突发情况。为防万一，中国国家博物馆的这次藏品大搬迁，全部由警车开道、武装押运，一路绿灯，严格保密。这些措施为藏品的大规模安全运输创造了良好的外部环境和条件。

总之，通过中国国家博物馆及藏品保管部门的沟通和协调工作，中国国家博物馆与上级领导机关以及馆内外众多相关部门和单位的通力协作，以强大的合力推进了藏品的安全搬迁、顺利运作，从而保证了中国国家博物馆藏品大搬迁这部大型“交响乐”成为一次有声有色的成功演出。

（原文刊于《继承　发展　保护　管理——北京博物馆学会保管专业十年学术研讨纪念集》，北京燕山出版社2010年10月版）

关于《中国博物馆》改版的意见

《中国博物馆》杂志创刊十多年来，对文博事业的发展起到了重要的引导和促进作用，产生了较大的影响，已成为博物馆工作者案头必备读物，其成绩是显而易见的。但毋庸讳言，刊物本身还有某些问题和缺陷，还存在一定的局限性。这次博物馆学会作出杂志改版的决议，很有必要。编辑部拟出的栏目大纲及说明，给人以耳目一新的感觉，考虑得系统、全面、周到，有创意，有新意，有特色，有时代感，适应了文博界理论与实践的需要，体现了科学发展、与时俱进的精神。总的来说，我是赞成和肯定的。现提几点不成熟的意见仅供参考：

第一，关于刊物的定位。

办好杂志首先要确定办刊的宗旨、原则和要求，为刊物定好位。必须明确本刊是学术性刊物，还是工作指导性刊物；是主要面向本行业的专业性刊物，还是面向社会群众的普及性读物。这是刊物选题及确定自己风格的基本依据。此外，也要考虑刊物的开本、版面设计、页码、规格、发行周期等，在这些方面似乎还不够明确。鉴于博物馆学会还有一个工作指导性的刊物《中国博物馆通讯》，建议《中国博物馆》办成文博界代表国家最高水平的学术刊物，以此定位确定了自己的个性和特色。也希望这次确定了自己的特色、风格后，要一以贯之地坚持下去。以后可以有改进，但不能大改，不能老是变来变去，弄得面目全非，否则读者就不会认可了。

第二，关于栏目设置。

首先，关于现有栏目的看法。现在的栏目划分，可能有点过于烦琐，感到重点不够突出。同时，有些相互间也有所重复，可以合并。有的栏目在标准与角度上也许不太合适。还有就是排列顺序也可再调整一下。具体意见是。

政策解读——这方面的内容不应该太多，学术性也不会太强。现在作为杂志的第一栏目打头太显眼。此外，一些政策性规定也不必过多讨论、研究，而应由权力职能部门出面发布或解释，其他人可能也不便过多解读。下面主要是执行问题。当然，关于执行政策的经验、体会文章还是可以发一点的。此栏目也不宜作为常设栏目，可视情况设置，也可并入其他栏目或改变名称。

博物馆介绍——学术性不强，普及性内容。可用作封里、封底，不作为栏目。

精品展陈——个案不易展开学术研究。可改为展陈研究，扩大研究范围，提升研究层次。

博物馆研究与实践——此栏目为杂志的核心内容，应着重安排好。现标题似太宽泛，可否改为“专题研究”？也可不用这层标题，而直接选用本栏内的标题。至于现在列出的标题，我的意见是：“调研报告”——由于调研报告的篇幅、风格、学术性等不一定适合杂志要求，科研课题成果最好以论文而不是以资料的形式发表。“理论探索”——主要应是博物馆宏观建设方面的研究，应注意与其他方面的研究相互区分，其他研究也是理论。“文博讲坛”——可不设栏目，讲稿往往学术性不强、篇幅长、形式沉闷且易重复，可通过书籍、教材及办讲座、培训班等渠道解决；相关专家可以论文、访谈等形式发表专稿或专题研究，当然杂志也可就重大内容组织“专家论坛”或笔会。“藏品研究”“考古发现展示”（不加“展示”，以防重复）——是基本栏目，应突出这块内容。“文物保护”——可单列，也可并入“藏品研究”。“博物馆与公众”——可改为“观众研究”，此栏目也很重要，因为归根结底，博物馆是为社会公众服务的，广大观众的愿望和要求是博物馆一切工作的依据。“数字技术”“博物馆建筑”“博物馆经营”“馆史研究”——此类标题以及未列出的诸如“博物馆管理”“博物馆人才”“博物馆传播”等，可作为不固定的备选栏目灵活掌握，以“专题研究”的形式出现。

“国外博物馆动态”——栏目可用。但可不加“动态”。另外，中国港、澳、台博物馆如何放？是否扩展到国外，改为“国（境）外博物馆”。

“博物馆资讯”——栏目可用。但考虑物周期比较长，还有《中国博物馆通讯》可及时披露相关消息，故意义不大。当然，刊登一点时效性不强的诸如文博界会议、事件、活动信息及书讯等也是可以的。

建议：一是对原有栏目作一些调整。二是可增设一些栏目。如：可用“本刊特（专）稿”发布重要稿件，用“专题研究”涵盖核心内容。还可增设“人物访谈”（“专家论坛”“馆长论坛”“人物研究”等）“研究综述”“学术争鸣”“书评”“读者来信”“志愿者之家”等活跃刊物、增强特色。三是建议突出“藏品研究”（特别是珍贵文物研究）“展陈研究”（含“精品展陈”）、“考古发现”“宣传和服务研究”等栏目，设为固定栏目，着力办出个性和特色。其他栏目则可作为不固定栏目根据刊物每期内容灵活选用。

第三，关于编者、作者、读者。

首先，作为本专业最高层级的刊物，其编辑人员水平应相当高。在学历、专业理论及工作经验方面应有严格的要求。编辑人员应善于组织和确定每期刊物的主题及组稿、约稿、审稿，应专职做杂志的编辑工作。当然，杂志社要对编辑人员进行必要的考核和培训，要让他们更多地接触实际，出席会议，更多地与有关方面人员交流，开阔视野，不断提高业务素质和编辑水平。

其次，要保证刊物的质量和水平，必然也会对作者提出很高的要求。这就决定了刊物必须有基本作者队伍。这支队伍不可能太大，主要作者有几十位就不错了。至于一般作者，当然越广泛越好。编辑部要加强同主要作者的联系，如发贺年卡、开茶话会、座谈会、笔会、论文评选等，巩固作者队伍。此外，也要做好发现、培养更多作者的工作。

最后，读者是由刊物的定位所决定的。但也要通过宣传、组织、加强联系等多种渠道，形成更大的读者群，充分扩大刊物的发行量。同时，要多倾听读者意见，通过设置《读者来信》等栏目吸引读者的关注和参与。

第四，关于编委会职责及运作方式。

这次编委会会议开得很好。希望编委会不要徒有形式，更不能将编委只当成一种名誉，而应有明确的职责和运作方式。如编委会定期或不定期讨论、决定有关刊物发展的重大编辑事项；编委及时听取并反映各方面对刊物的意见和建议，提供或推荐优秀稿件（最低每年应有一篇），还要承担审阅稿件及参加重要稿件的研究讨论等。

（本文为作者 2009 年被聘为《中国博物馆》杂志顾问、编委后，在杂志社组织的第一次编委会上的发言）

试谈成功举办陈列展览的几个问题

到了鲁迅美术学院这个如此神圣的艺术殿堂，我们主要是来学习的。当然，也难得有这样一个交流、探讨的机会。今天，我主要想讲一讲如何办好博物馆陈列展览的问题。大家知道，博物馆展陈是头绪繁多的系统工程，是由庞大的集体共同创造的作品；而博物馆陈列学是一门包罗众多学科相关内容广博范畴的学科，三言两语很难说清楚。我只是根据我们的工作实践，仅就博物馆成功举办陈列展览需要高度关注的几个问题谈一些看法。

一　举办展陈离不开艺术

博物馆界与艺术界历来有着密切的联系，双方可以说是天然的朋友。从博物馆方面看，博物馆的藏品—展品中的一大类即是艺术品；博物馆展陈的一大类即为艺术展；甚至博物馆中的一大类即是美术馆、艺术馆。每一座博物馆（从室内空间形态到室外空间形态）、博物馆所有陈列展览，都要经过精心的艺术设计，都可以看作是一种特有的艺术品。博物馆一般不仅有专门的艺术设计部门或人员，而且其中一些人在艺术界还颇有名气。由此可知，博物馆与艺术界是不可分离的，博物馆陈列即是精心地进行艺术创作的艺术品。

反观艺术界，多年来，众多的艺术家参与了对博物馆及其展陈艺术设计的研讨和指导工作，不少艺术家还为博物馆捐赠或创作了作品，大量艺术品为博物馆收藏及用于展览。如我们中国国家博物馆就收藏有古今中外艺术家的数量可观的传世之作。与此同时，大批艺术人才进入博物馆，成为博物馆的一员，在博物馆舞台上一显身手。近年来，政府规定，博物馆的展陈设计、施工项目达到一定经费数额必须招标，这就由原来艺术界帮助博物馆进行艺术设计和创作，变为艺术界同仁成立的一些公司走上前台，通过投标、中标，直接承担起博物馆展陈设计制作及施工任务，承担起博物馆展陈布展工程，为艺术界与博物馆界的合作创造了新的空间和形式。中国国家博物馆与鲁迅美术学院的往来与合作已有较长的历史。这次中国国家博物馆与鲁迅美术学院再次合作，鲁迅美术学院为中国国家博物馆新馆《复兴之路》基本陈列承担了多项美术设计任务，必将为这一陈列艺术品位的提升做出重要贡献。

实践证明，博物馆与艺术界不可分离，你中有我，我中有你。博物馆展陈只有与艺术紧密结合，才能使陈列展览绽放出更加璀璨的艺术光彩而广受公众欢迎；陈列展览也才能取得良好的展出效果，实现博物馆美育功能。

二　举办展陈要把握基本步骤

筹办陈列展览是一个程序复杂的系统工程，其大小环节不下数十项。但作为其基本步骤，主要可划分为相互衔接并有所重叠、交叉的四大环节，即：拟制文本；征选展品；布展施工；宣教服务。当然，在这四大基本步骤开始之前，还有一系列准备工作是必不可少的，也是展陈筹办工作的前提。如：展陈项目的立项（包括选题、论证、报批等），申请经费，安排场地，制订工作计划及制度规定，明确工期、展期等。关键还在于人，在于组织项目领导机构及工作团队，选调、培训办展人员及讲解人员、安保服务人员等，通过动员、学习、培训、考察等，使办展人员（包括之后的施工人员、讲解人员、安保服务人员等）认识展陈的意义、内容、进度、问题、要求等，特别是树立正确的办展意识，如：社会意识、公众意识、时代意识、进取意识、创新意识、竞争意识、精品意识、节俭意识、文保意识、人本意识、服务意识等。不言而喻，只有充分、过细地做好了各种准备工作，展陈筹办才会顺利、高效地推进。现对办展的四大步骤及其要点简述如下：

第一，拟制文本。需把握的要点是：①主题。展陈立项后，首先要反复锤炼确定展陈主题，明确主题的内涵、外延、范围、重点、视角等，同时，对展陈的类型、规模、标准、风格、场地、设施等，特别是对展陈的基本观众要准确定位，并将展陈的指导思想贯彻于整个办展过程。②框架。根据展陈主题、展厅空间结构、藏品状况以及办展原则和要求等，确定展陈框架和布局，确定展陈体系（如采用时序性还是专题性等），拟制展陈提纲（即大纲，不列展品及其说明）。在反复研讨确认展陈提纲可以成立后，再拟制展陈方案（包括全部展品说明及相关形式设计提示）。这样分两步走，先定框架“大盘子”，可避免方案走大的弯路。③内容。展陈提纲确定后，即可进行展陈内容设计。一是“打点”，相关大事，“打”准“打”全，不可遗漏。二是根据主题，分清主次，突出重点，不可等同对待。三是积极吸收新成果，反映新进展。四是妥善处理一些热点、争议、前沿、敏感、负面等问题。五是文字表述力求准确、简明、呼应、平衡。要下功夫提炼展标和部分、单元、组三级标题。④形式。形式设计与内容设计要尽早结合起来进行，并相应提出形式设计、尤其是展陈的格局、看点、氛围及重要展品特别是珍贵文物标本的展示手法的设计理念、思路与创意，完成内容与形式初步结合的书面文稿——版式稿及效果图等。⑤报批。大纲、方案和版式稿经论证、修改后以上报稿的形式报送领导机关审批，并按上级的指示精神修改，成为终审稿。终审稿要力求达到上级、专家和办展方都满意。

展陈文本是一展之本，要成功办展首先要在拟制展陈文本上做足、做好文章，务求准确到位，精益求精。展陈文本要注重体例规范，文字简练，突出展陈个性与特色，体现博物馆语言风格。

第二，征选展品。拟制展陈文本、方案、需要列出表现展陈内容的全部文物标本及艺术品等辅助展品。展陈文本定稿后（当然，即使定稿后也还需要修改），就要按照文本要求提供文物标本等展品。如何得到展陈所需的展品呢？①遴选。每个博物馆都有一定数量的藏品。有的馆藏量巨大，如中国国家博物馆藏品现有100余万件。要按照展陈文本的要求，挑选适合展陈的最具代表性、最典型的展品。②征集。馆藏品往往不能全部满足展陈需要，这就要通过各种渠道大力征集部分相关展品。新征集展品一般更为观众关注。③创作。每个展陈一般都要创作一批专门的艺术品以及沙盘、模型、场景、景观、多媒体等辅助展品。要为这些展品的创作留下足够的时间。④借展。与相关博物馆通过合作与资源共享等方式，进行藏品借展，以补充本馆展品之不足。⑤复制。对一些无法解决的非常重要的文物标本艺术品等展品，也可通过与相关馆合作授权，进行复制、仿制，但展出时应予以说明。

展品及其展示，是最基本的博物馆语言。只有通过鉴选、征集、创作等途径，尽最大努力满足展陈对展品、尤其是文物标本展品的要求，才能为成功办展打下坚实的基础。

第三，布展施工。其工作要点是：①工程招标。通过招标、邀标等方式确定展陈工程施工公司，并使公司设计人员与博物馆办展人员尽快结合，对中标方案进行深化设计。②现场施工。办展、施工人员按设计方案进入展厅进行空间分割与再造，设计制作展墙、展架、展柜、展板等展具，创作景观复原、人工场景、艺术作品、多媒体等辅助展品，做好照明、色彩、音响等设施设备与展厅装修工作，为布置展品做好准备。③布置展品。博物馆办展人员按操作规程从库房提取相关展品并将其按设计要求布置于展线，要着力做好文物及文物组合的布展及安保工作。④审查修改。请领导、专家现场审查并由博物馆及施工公司做出相应改进。

通过这一步骤，博物馆展陈从文字、图案的平面设计，变为展厅的立体展示，实现了质的飞跃。施工过程中要树立精品工程意识，在施工中要以创新精神反复进行再创作，恰当地运用材料、工艺、技术，精雕细刻，打造精品、品牌，并注重节俭。

第四，宣教服务。需把握的要点是：①培训讲解员。尽早选定讲解员，并在展陈方案的基础上拟制讲解稿，设置语音导览、视频导览等参观设备。讲解员要“吃透”展览的精神，能讲能答、能歌能舞，善于组织、调动观众，积极开展观众参与、互动活动。②开幕式。尽量多请一些新闻媒体和党政高层领导及各界名人出席，扩大影响。开幕式前，要开好新闻发布会。③做好后期宣教工作。展陈开幕后，要围绕展陈宣传与媒体合作做好追踪报道。要通过展陈图册及折页、宣传单、光盘、纪念品等加强宣传。要组织相关报告、讲座、展演等，并加强展陈研讨，发表、出版关于展陈的文章、书籍。要搞好网站建设，推出相应虚拟展览。如条件允许，还要开展国内外巡展。④展厅维护。做好博物馆展陈的安检、维护和文物、展品的安全保护工作，在博物馆至关重要。要完善安保设施设备，严格规章制度，及时处理各种相关事宜，确保展厅展陈安全、正常运作。⑤服务工作。要坚持以人为本，全心全意为观众服务。要通过各种人性化措施，努力解决观众参观中遇到的诸如学习、休息、餐饮、购物乃至消遣、娱乐等问题，并大力收集观众反馈的意见，据此对展陈做出修正和改进。

博物馆展陈的最终目的是被推向社会，推向公众。让观众满意，受观众欢迎是博物馆展陈的最高要求。而只有做好宣传服务，实现“三贴近”，才能使观众关注并走进博物馆，参观陈列展览并学习知识、欣赏艺术和接受教育，实现展陈和博物馆的功能与宗旨。

三 展陈成功与否的评判标准

一个展陈举办得是否成功，其优劣成败如何评判，标准有许多方面，但最主要的应看其如下四个方面：

第一，个性鲜明。个性是展陈的灵魂。没有个性展陈就没有生命力。展陈的个性主要体现在如下方面：①选题新颖，主题定位准确。②框架结构合理而自成体系，不落窠臼。③内容取舍得当，富有时代感。④展示手法形式多样，原创性强。⑤注重展陈在行业、地域、类型、展品、文字、风格、建筑环境等方面的特色。

第二，展品充实。①总量控制。展厅展品不可过密或过疏，而应疏密有致，适应观众参观需要。不同类型展陈要求可不同。社会历史类展陈一般应控制在每一千平方米500件（套）上下。②文物（标本）为主。要突出文物（标本）展品及其组合，文物（标本）展品与辅助展品搭配要适当。要注重做好遗址展示。③展品典型。展品尤其是文物（标本）展品，珍贵，“好东西多”，且好看耐看。最好有极具价值的“镇展（馆）之宝”。展品及其组合信息传达应准确、充分、讲求艺术。④注重展品尤其是文物（标本）的安全保护。

第三，看点抢眼。根据展陈主题及内容要求，打造并凸显看点，是成功办展的关键。①布点合理。整个展览要形成一个相互呼应、高潮迭起的不同层次的看点体系。在条件允许的情况下，对看点的打造要舍得在空间、手段、成本上投入。②突出重要看点。一个展陈的看点是有多种层次的，其最高层次的看点或称“一级看点”不可过多，但务必“出彩”。这类看点主要是指展陈的序厅（含前厅、过厅）—尾厅，和展览各部分重点内容的看点（一般每个部分1—3个看点）。③手法多样。看点要有高度的观赏性，看点的展示形式要异彩纷呈。打造看点的手法既要善于运用成熟技术，也要敢于尝试创新乃至独树一帜，提升看点的表现力和视觉冲击力。④突出文物（标本）及其组合。要尽可能地将具代表性的文物及其组合（也可结合辅助展品）布置成展陈的各级看点。如金沙博物馆用整个展厅的空间展示其“镇馆之宝”——只有20克重的文物“太阳神鸟”金箔及其组合，展效甚佳。

第四，氛围相宜。观众来博物馆参观展览，不仅仅是要欣赏展品、记住多少文物，更是想要寻找一种身临其境的感受。这就要求博物馆展陈应当营造相应的意境氛围。营造展示氛围，是成功办展不可缺少的艺术包装。展陈氛围的营造主要有如下几点：①格局创新，流向合理。展厅空间的分割与再造应匠心独运、曲径通幽。展陈的主、辅线，观众参观路线、看点线、照明线等应有机结合，浑然一体。②光线、色彩、音响运用得体，并有效消除声、光干扰。③建筑材料适当，工艺精良。④展陈内外空间形态协调一致。⑤服务设施设备齐全，服务优质到位。

当然，对一个展陈的成败优劣做出全面评价，除上述四个基本方面以外，还有诸如宣传教育、安全保卫、成本节约等许多方面的要求，但最终还是要看观众和社会的反响。真正成功的博物馆陈列展览，一定要获得社会广泛的认可并受到广大观众的欢迎。

（本文为作者2010年8月在沈阳鲁迅美术学院研究生班的演讲）

博物馆展陈信息论

博物馆陈列展览的基本功能在于正确汇集与传递信息。从某种意义上讲，博物馆展陈其实就是一个信息平台，一个博物馆方式的信息收集、处理、传输、接收、反馈过程。所以，可以把博物馆展陈归于信息科学范畴，以信息论指导其理论与实践。信息论对于博物馆展陈研究的意义是无可置疑的，但一篇文章不可能对其相关内容均能展开深入探讨，更不可能按照信息科学的理论和方法，对博物馆展陈信息的信息总量、各类信息比重、信道容量、信息熵、信息保真度等予以透彻论述、精准推演和测算，而只能就其概念、构成和特性、操控等基本问题，略陈管见，至于信息科学在陈列展览之外的博物馆计算机网络、数字博物馆、博物馆办公自动化等方面的应用，则不在本文论述之列。

一　从信息科学的角度审视博物馆陈列展览

什么是信息论？简言之，信息论就是研究信息产生、处理、计量、传输等一般规律的科学。即研究什么是信息，信息从何而来，信息如何测算，如何经过“编码”“译码”等加工处理工作，使信息转换为需要的形式并传输给受众，发挥信息的功效。换言之，信息论就是通过研究产生信息的“信源”、传输信息的“信道”、接收信息的“信宿”及三者的关系，揭示信息的产生、获取、存储、处理、传输、接收、利用、控制等一般规律的科学理论。信息论一般被认为是由 20 世纪 40 年代美国科学家 C. E. 申农（C. E. Shannon）发表的著名论文《通信的数学理论》所创立。之后至今半个多世纪以来，由于信息规律的普遍性，以及申农在信息理论中创造的新概念、新思路、新方法、新成果的应用，信息论在深度与广度上得到迅速发展。一方面，信息论在通信理论、电子学、计算机科学、数字影像技术、自动化技术等方面得到长足发展，使自身理论基础日臻完善。同时，人们也逐步将信息论引申到其他领域，运用这一科学理论的观点和方法来观察和诠释诸如物理学、光学、声学、化学、生物学、医学、心理学、语言学、社会学、经济学等方面的问题，使这一理论逐渐形成和发展为涵盖众多学科的更为广泛领域的信息科学即广义信息论。博物馆学及陈列展示理论和实践与信息科学密切相关。信息论在其加速发展的过程中，利用其新的概念、理论、方法及成果，加强对博物馆学及其展陈活动的研究和认识，从而进一步丰富了这一理论，成为信息科学延伸、扩展的必然趋向。

正是由于信息科学与博物馆学及其陈列展示理论联系紧密，所以，在一个较长的时期以来，人们已经开始关注并试图从信息论的角度来审视和理解博物馆及其展陈活动，着手将信息论的理论、方法应用于博物馆及其展陈的研究当中。美国学者玛蒂·保尔（Marty Paul）曾指出："博物馆为信息科学的专业工作者提供了一个独特的研究知识的积累、分析和传播的独特环境。"[①] 美国另一学者 M. 巴克兰德（M. Buckland）认为，博物馆陈列品即是信息。[②] 国际博物馆学委员会前主席、荷兰学者彼得·冯·门施（Peter Van Mensch）则更为明确地提出："博物馆学属于信息科学。"他认为："博物馆学的最主要之点在于信息。博物馆的物是信息的载体，博物馆学要研究如何对待博物馆的信息，收集哪些信息，应该保护哪些信息，保存哪些信息，以及为谁收集这些信息，如何使用这些信息等等。这些就是博物馆学最根本之点。"[③] 中国学者也已在尝试以信息理论来观察、解释博物馆的大众传播和社会教育功能。严建强以"比拟"的方式，"把博物馆活动看作是两个相联的通信过程"，即自然界和人类历史作为"发信人"，将作为其特殊电文的遗存物发送给"收信人"——博物馆，博物馆在对"电文"进行"译码、译读和解释"，即对这些遗存物进行研究整理后，再作为"发信人"以展陈等形式发送给"收信人"——社会公众，从而实现了自然界和人类历史相关信息向社会公众传播的过程。明确提出：陈列展示就是"向观众提供自然和人类社会生

① 转引自冯承柏《"博物馆信息学"札记》，《中国博物馆》2001 年第 4 期。

② http://www.bookschina.com/1940244.htm.

③ http://www.bookccc.com/j/No178969/.

活的有关信息”。[①] 有的学者认为：“受到当时流行的信息论和传播学的影响，在博物馆传播研究中引入大众传播的理论和方法。这无疑是博物馆学研究中的一个重要发展，表明博物馆学在两个方面的重要进步——对博物馆信息功能的重视和博物馆信息研究的科学化。”[②] “对于博物馆而言，展示是一种发出信息的过程；对于观众而言，博物馆的展示则可以视为是一种接收信息的场所。”[③] 宋向光在分析信息时代到来后的博物馆业务时也提出：“博物馆是信息集中的地方，如何高效地辨识、收集、确认、整理、存储和提取信息是博物馆的基本业务活动之一。”[④] 国内还有一些学者也从不同角度作出了相应论述，不再一一详列。由上可知，将信息理论引入博物馆学及展陈研究，从信息论的视角认识博物馆及其展陈活动，将陈列展览归属于信息科学，已日益成为博物馆学及陈列学界的共识。

反观博物馆之陈列展览活动，无论从其性质、内容、效能，还是其运行过程和机理，也理应属于信息科学的范畴。人们知道，博物馆展陈活动，就是通过在特定空间内按照一定主题、序列和艺术风格组合成以文物、标本为主的展品群体，为观众反映自然或社会的某些事实、现象及其规律，从而实现宣传教育、传播知识、提供欣赏的社会功能的过程。也就是说，博物馆展陈的社会功能，是通过按一定要求组成的展品群体“为观众反映自然或社会的某些事实、现象及其规律”而得以实现的。由此可知，陈列展览只能是“自然或社会的某些事实、现象及其规律”的“反映”，而并非那些事实、现象本身。那些事实、现象本身是博物馆展陈之外曾经发生过的某些真实的客观存在。那么，陈列展览为什么能够“反映”那些客观存在过的事物呢？这是因为，组成这些陈列展览的展品群体蕴含、承载、传递了那些事物的相关信息即展陈信息。我们知道，博物馆展陈中的展品群体是由文物展品（含标本等）和非文物展品（含辅助展品）组成的。文物展品作为其所反映的事物的“遗存物”，本来就是那些事物的组成部分或“子体”，自然具有或保留着“母体”即其所由产生的事物的某些形态、特征、性能等。文物展品所承载的所有信息，毫无疑义地都会成为其所反映的那些事实、现象及其规律的信息，其信息保真

---

① 严建强：《现代博物馆的使命及其判断》，《美术馆》（网络版）2002 年总第 3 期。
② 陈晰：《博物馆传播中符号编译和控制》，《中国博物馆》2005 年第 4 期。
③ 乐俏俏：《关于博物馆信息传播的新思考》，《中国博物馆》2006 年第 3 期。
④ 宋向光：《缪斯的献祭：知识，抑或信息》，《中国博物馆》2008 年第 3 期。

度可近乎百分之百。这也是为什么只有文物展品，才能最真实地反映“信源”，成为最具博物馆语言特征和说服力的最有价值的展品的缘由所在。当然，这也说明，文物已不是“信源”，已不是曾真实存在过的客观事物或现象本身，而是由“信源”产生、遗存的，承载着“信源”信息的载体。因为它们已从原来的事物、现象及其运动过程中，从彼时彼地的时空关系中脱离或抽取出来，成为残存、孤立、凝固而“没有生命”的东西了。同时，作为文物，还需要根据保管、研究和展示的需要，进行必要的整理、加工等（如活的动植物被制成标本），而不能不使之发生某些改变而不同于原状。所以，即使这些文物蕴含、承载着“信源”富有价值的信息，它们也只能屈居于“信源”的“符号”——展陈信息载体之列了。非文物展品一般并非来自“信源”，而是根据展陈需要由人工创作而成。这些展品是策展者主观创意的产物。虽然展陈信息要求非文物展品制作应以“信源”为依据，但由于制作者主客观条件的局限，这些展品所承载的信息不可能全部与“信源”符合，而必然会存在诸多的差异。其信息保真度也是难以保证的。当然，由于这些展品并非凭空产生的，而是策展人员在一定程度上吸纳“信源”相关资讯用于创作的结果。也就是说，这些展品也被赋予了“信源”的某些信息。所以，这些展品也会在不同的方面以不同的形式和角度反映“信源”。因此，这些展品也会在展陈中占有一席之地。至于这些展品反映“信源”的程度，则是由其创作过程中被赋予的“信源”资讯的多少决定的。由上可知，陈列展览所反映的博物馆展陈之外曾发生过的客观真实事物及其运动，是陈列展览的“信源”。博物馆办展人员经过策划、设计、布陈，“按照一定的主题、序列和艺术形式组合”起来的展品群体，使那些本已不存在的事实、现象在一定程度上得以“复原”“再现”，从而成为展示那些事实、现象的渠道和形式，是信息传输的信道。而通过参访展陈接受并反馈信息的观众，是展陈信息的信宿。这样，整个展陈活动就形成了一个“信源—信道—信宿”完整的信息传递链条，实现了信息传输的全过程。所以，陈列展览其实质就是相关信息的传递平台。博物馆举办的展陈活动，实际上也就是一种特定的、具有博物馆个性的信息传输过程。因此，将博物馆陈列展览纳入信息科学的范畴，以信息论指导陈列展览的理论和实践，是顺理成章、理所当然的。

将信息理论引进博物馆展陈研究与实践的意义是显而易见的。第一，从展陈理论看。毋庸讳言，中国博物馆学学科建设以及陈列展览理论研究至今尚不够深入，不够成熟。由于这一领域可归属于信息科学的范畴，因而，以信息论新的视角和成果，运用其成熟的概念、观点、方法予以审视和探讨，对本领域积累的丰富经验予以提炼和提升，必将有利于加强本领域的理论建设。尤其是对博物馆展陈的实质与机理，对展陈各环节的特点及其内在关系，对展陈的诸多重点、难点问题，从理论上作出深入的诠释和解答，进而指导展陈的策划、设计，使之更为科学合理，从而取得理想展效。第二，从展陈实践看。由于信息科学揭示了信息从产生、获取、汇集，到处理、加工、传输、控制等方面固有的特点和规律，而且由于信息理论强调分类、概率、保真、容量、测度等原则和方法，因而，使信息理论对博物馆展陈实践具有了很强的指导性、应用性和可操作性。如人们可以按照办展要求，通过测算信息量、信道容量、抗干扰系数、信息转化率、保真度等，控制信息传输及各类展品的选用和展示，使博物馆展陈活动各组成环节的运作更有依循、更为精准、更加科学合理和更为自觉。第三，从展效评估看。评估一个陈列展览的成败优劣，不仅要看举办者的主观意图及其展示了什么，更要看这一展陈的客观效果，即观众得到了什么，感受如何。虽然多年来人们曾对展陈评估及其标准进行了许多设想和探索，还开展了评选全国展陈“十大精品”等活动，但到目前为止，似乎仍未形成或建立一套博物馆展陈评估的科学、严谨的标准和方法。由于信息科学是以概率论、随机过程和数理统计等基本方法来研究信息规律的，并进一步实现了对信息及其各环节的量化研究和测度。如通过测算信息总量及各类信息量，尤其是文物信息量，了解展陈的规模及其构成是否合理。通过探讨对展陈信息特点和规律的把握和运用，检验信息传输形式得当与否。通过对信宿量、信宿实际接收信息量及所占展陈输出信息总量比例即信息转化率、信宿反馈信息量以及信息保真度等的测算，检验展陈信息传输状况优化程度，等等，从而确定一个展陈的实际展效。这无疑将使陈列展览效果的评估更为科学有据。

二　博物馆展陈信息的构成及其特性

（一）博物馆展陈信息的分类与构成

博物馆推出的每一个陈列展览的展品，少则数十件，多则数百、数千件甚至更多。加之与展陈密切相关的内外环境及其设施设备、各种服务等所形成的信息，就使展陈所承载的信息种类繁多而信息量巨大。多角度地审视和考察这些信息的分类和构成，有助于深入理解和认识博物馆展陈信息的特点、实质及其相互关系，对信息传输进行更为合理的操控以获得更好的展示效果。那么，博物馆展陈信息是如何分类构成的呢？

第一，按信息方位分。从博物馆整体空间方位看，展陈所提供的信息，可分为两大类：一类是布置于展厅内的陈列品所蕴含的信息，可称为“展品信息”。另一类是与展陈直接关联的展厅内外环境（包括空间、设施、设备、建筑、宣传、服务等）所形成的信息，可称为“氛围信息”。展品信息是博物馆展陈信息的主体，氛围信息是传输展品信息必要的条件和手段，也是不可或缺的。策展者的责任在于将二者恰当地结合起来，使展陈的信息传输达到完美的效果。

第二，按信息来源分。博物馆展陈的文物信息，来自其所由产生的事物即“信源”，是“信源”的遗存，可称为“遗存信息”。这一类信息是原来事物的客观见证，是最具博物馆展陈个性和本质特征的信息。另一类则是根据展陈需要进行人工创作所产生的信息，可称为“人工信息”或“创造信息”。文物是以往事物的遗存，限于这些遗存物复杂的流传过程以及征集、保管、研究等主客观因素的制约，其被博物馆收藏的数量必然是很有限的。这就是说，不管一座博物馆有多少藏品，均不可能满足展陈对全部信息的需要。要求文物展品对每一个展陈主题和内容都能表现得系统、全面、准确、充分而宜于观赏是不现实的。因此，需要在办展过程中进行适量的人工信息的创作予以弥补和加强。但由于这些人工信息是主观创作的产物，尽管它们可能吸收了“信源”的某些信息，仍难免会存在不同程度的失真或不实。这是此类信息应高度注意和着力解决的问题。

第三，按信息的性质分。一个展陈的全部展品及其内外环境，一般承载着十分丰富的性质不同的各种各样的信息。如一些大型综合性博物馆展陈，既展示承载自然界信息的展品，又展示承载人类社会信息的展品。在表现人类社会展品的展示中，其信息可涵盖经济、政治、军事、文化、外交、民族民俗等各相关方面的内容。博物馆展陈作为一种特殊的文化作品或现象，还会同时被赋予诸如思想性、知识性、艺术性、趣味性、观赏性、参与性、服务性等信息。策展者只有经过精心设计和整合，使不同性质的信息在不同类型、不同主题和内容的展陈中，各依其序，各有侧重，合理构成，才能办出满足不同层面广大观众需要的展陈。

第四，按信息作用分。在展陈中，不同信息对于实现办展意图有着不同的作用和价值，这是正确传输信息必须要妥善处置的。一是基本信息和辅助信息。一个陈列展览必须有一定数量的富有价值的展品做支撑，才能组成其框架和展线。这些展品不可或缺，否则展线就会被改变或间断，此类展品所提供的信息即为基本信息。而围绕、陪衬、配合此类展品的一些相关展品所提供的信息，可看作辅助信息。二是重点信息和一般信息。每个展陈都会突出重点内容，营造亮点、看点。这些组成亮点、看点的展品信息，即可看成展陈的重点信息。一些博物馆展陈以本馆的珍贵文物如“镇馆之宝”组成展陈的突出亮点，这些展品所提供的信息，可以看作重点信息中的核心信息。而展陈重点信息之外的信息则可视为一般信息。三是主题信息和其他信息。一件展品一般承载着多种信息。这些信息中符合展陈主题需要的信息，可视为主题信息。此外则是其他信息。如中国国家博物馆在中国人民革命军事博物馆举办的《复兴之路》展览中展出的镏金编钟，人们更多地注意到的可能是其造型、材质、色彩等信息。但这些信息并非该展品所传递的主题信息，其主题信息是见证帝国主义列强掠夺中国文物、对中国实行文化侵略的行为，因为这件编钟是曾被侵略者掠走后又辗转回到中国的。

第五，按信息感受分。不同的展品信息会带给观众不同的视觉冲击和心理感受，这主要是由展品的表征决定的。这些表征主要可分为：一是立体与平面。在博物馆展陈信息中，一些具有体量的器物、标本、艺术品、景观复原以及建筑、环境等“立体”展陈信息，更富有博物馆语言特征，会给予观众更深、更强烈的印象，在展陈中宜更多采用。而文字、图片、表格等一类的“平面”展陈信息，其视觉冲击力相对较弱，在展陈中不宜过多采用。二是静态与动态。中国的展陈过去基本为静态展示，近年来动态手法在不断加强。实践证明，适度的动态展示会使信息传递更为活泼生动，展陈信息传输的动静结合会收到更为理想的效果。三是有形与无形。在以往展陈以实物为主的“有形”展示的基础上，近年来展示的科技手段日益丰富，出现了大量音响、影像等声、光、电“无形”的信息传递形式。尽管这些形式中有不少受到观众喜爱，但办展者应慎用这些手段，防止喧宾夺主、哗众取宠而影响展效。

第六，按信息传播分。随着信息科学和信息传播形式的发展，博物馆的信息传输手段也在不断改进和多样化，各类展演、报告、广告、报道、书刊、音像、影视、网上数字博物馆、虚拟博物馆等大量涌现，这就使博物馆展陈信息的传输也形成了现实与虚拟的不同形式。

在上述较有代表性的展陈信息分类构成之外，办展人员为便于工作，也常会从本馆或本展陈的实际出发，对展陈信息进行一些更具个性与特色的细化分类，如文物信息还可按质地、年代、人物、事件等分类。有的则是将一些展品信息的相关要素结合起来用以分类，以更准确地为这些展品在展陈中定位。如大体量的文物重点信息，观赏性强的人工场景亮点信息，人物最新科研成果信息，等等。当然，策展人员还会高度重视收集、处理观众反馈的信息，此类信息也应视为展陈信息的相关构成内容。展陈信息经过精心处理，形成以遗存信息为主的按一定序列和审美要求组合的信息流，以适宜的方式传输给观众，使策展者的意图得以实现。

（二）博物馆展陈信息的特性

与信函、邮件、报刊、书籍、电（视）台、网络、会议、学校教学等信息及其传播相比，博物馆展陈信息有其显著的特殊性。要正确认识和处理博物馆展陈信息，首先应对此类信息的特性进行深入了解和探讨。此类信息较之一般信息究竟有一些什么样的不同之处呢？

第一，“信源”、信道、信宿的共处性。展陈信息及其传播与一般信息的重要区别，在于展陈信息的“信源”、信道、信宿三者共处于博物馆展厅这样一个统一的特定空间。一是“信源”再现于展厅。本来，展陈信息的“信源”并不在展厅之内。而是存在于博物馆举办展陈之前甚至遥远年代的某些客观事物。由于展陈的展品及其内外环境承载并传输着那些事物的信息，从而使那些事物在展厅内得以反映或“再现”。换言之，亦即原本客观存在过的“原始信源”再现为“展厅信源”。当然，展厅“信源”是策展者从某种意图出发，对所收集的原始“信源”的信息进行“译码”“编码”工作——研究、选择、整合并予以相应展示的结果。展厅“信源”承载、传输原始“信源”的信息越真实、越准确、越全面，展厅“信源”就越接近于原始“信源”。这也是博物馆追求的办展方向和目标。展厅“信源”的文物展品真实地表现着原始“信源”的固有性质和特征；体现艺术真实的艺术品也承载着原始“信源”的一定信息；严格按照原貌复原的景观及一些仿造的人工场景，也被赋予了原始“信源”

的某些信息；加之内外环境营造的符合原始“信源”要求的氛围，使展厅“信源”的可信度大大增强，甚至使观众产生如临其境、如睹其人其事的感受，从而拉近了展厅“信源”与原始“信源”的距离。当然，展厅“信源”永远不可能等同于原始“信源”。二是展厅即信道。与其他信息的信道不同，传输展陈信息的信道是以博物馆展厅作为特定载体的。我们知道，展陈一般是设于展厅内的。展陈中承载着各类相关信息的展品，是依一定序列和要求布置于展厅中的。为了将蕴含于展品中的信息按展陈要求传输出来，策展者会在展厅内巧妙分割空间，配以相应光线和色彩，采用各种表现手法和途径，营造相应的展厅内外环境氛围，达成展示效果。同时，为了更好地让观众接收信息，策展者还会在展厅内吸引观众参与互动以及开展交流、讲座、收集反馈信息等活动，并加强为观众服务。这就使展厅充分体现了作为传输展陈信息的信道作用。三是信宿在展厅接收信息。展陈信息有别于一般信息的另一个明显之处，是作为信宿的观众必须走进博物馆，走进展厅，通过直接参观展陈，观赏展品，感受氛围，并参与相关活动；才能接收并反馈信息。由于观众是千差万别的，对同一个博物馆的展陈，不同的观众观感和要求也会不尽相同。这就要求博物馆要因时、因地、因人制宜，办出受到各层次观众群体欢迎的展陈。

第二，各类信息的兼容性。博物馆每一个展陈都是由数量可观的展品即信息载体组成的，每一件展品都蕴含、承载着数量不等的信息。如一件在鸦片战争中广东虎门抗英时使用过的大炮展品，不仅传递着见证反抗侵略的信息，同时也在传递着其造型、材质、颜色、体量、形态、工艺技术、流传过程、展示背景等信息。每一个展陈都有一定数量的文物、艺术品、辅助展品及所营造的内外环境信息，加之观众现场的反馈信息，就使展陈信息种类繁多而复杂。如此大量的不同信息经过处理、加工，相互补充而有机结合，就构成了丰富多彩、各具个性的博物馆展陈。这就充分体现了博物馆展陈信息的兼容性。这种兼容性主要体现在如下三方面：其一，遗存信息与创造信息兼容。“三遗”（即遗址、遗物、遗迹）信息是博物馆展陈的基本信息，但往往不能完全满足展陈内容的展示需要，而必须增添一定数量的人工创作展品即创造信息。此类信息不仅可以补强遗存信息，更好地表现展陈内容，在某些环节如展陈的序厅中，还有其独到的作用。其二，不同性质的信息兼容。构成博物馆展陈的信息多种多样，具有各种不同性质。根据不同类型展陈及其内容、风格的要求，使不同性质的信息相互有机结合，就会调理成受观众欢迎的多姿多彩的文化大餐。其三，主题信息与其他信息兼容。一个展陈一般只有一个主题。由于展品承载的各类信息是混杂在一起的，其中符合展陈主题的信息即主题信息，在展示中应得到突出和加强，而一些偏离主题甚或与之相抵牾的信息，就需要予以淡化乃至消除处理。当然，这要根据展陈的具体情况做具体分析和对待。有些信息尽管并非主题信息，但有助于增强展陈的真实感及其艺术性、观赏性、趣味性、参与性等，使展陈更具吸引力、感染力，从而发挥了与主题信息相辅相成的作用，增强了展示效果，也应适当利用。

第三，信息接收的直观性。博物馆展陈信息的接收，主要是通过参观展陈直接的视觉刺激，使观众获得感受和体验而实现其传输过程的。首先，这一特性是由展陈信息的“信源”、信道、信宿共处于一个有限的特定空间决定的。布置一个展陈的博物馆展厅，为了适宜观众参观，面积一般为数十至数千平方米，即被限于参观者视觉可有效感知的范围内。在这样一个再现“信源”的展厅空间内，参访者需要进入现场，置身其中，穿行其间，身临其境地观赏和感受。观众对展品既可环视四周，通观全局；也可全神贯注，逐件欣赏，并可随时作出信息反馈。当然，为了更好地传递展陈信息，策展者也会使观众同时接收一些听觉、触觉、嗅觉等直感性的信息，以及开展观众参与活动、让观众零距离接触展品等。不言而喻，观众接收展陈信息主要是通过直接的视觉感知而获取的，参观展陈主要是看。其他方面的感官刺激是为了让观众更好地看，更深入、仔细地观察和欣赏，以便使观众获得更多的信息。其次，这一特性也是由展陈信息载体的特有形态决定的。作为博物馆展陈信息的载体，一类是文物展品，包括“遗物”“遗址”“遗迹”、标本、文献、原版照片等。另一类是人为创造的展品，如绘画、雕塑、沙盘、模型、复原景观、人工场景以及展墙、展柜、展板、展台、展架、道具等各种辅助展品。还有就是与展陈相关的馆舍建筑及展厅内外环境等。也就是说，这些载体主要是由实物组成的，且大多为三维立体形态，一般都具有一定的体量、造型、结构、材质、色彩、方位等可为视觉感知的外观或表征，有的还具有较强的观赏性。观众正是通过观察、欣赏这些外观和表征，感知和接收展品所传递的信息的。最后，这一特性同时也是由展陈信息特殊的传输形式决定的。博物馆展陈信息的传输，是通过展示按照某种序列和艺术形式组合起来的一定数量的展品并吸引观众参观而实现的。陈列展览主要是视觉作品或视觉艺术，策展者通过各种手段和方法，对展品的展示形式、展陈氛围进行艺术设计和营造，使之适应观众参观的生理、心理要求，并形成观众参观所需要的视觉冲击力和观赏性。尤其是对于展品非表征的不易被直观感受的潜在信息，策展人员要通过博物馆展陈手法，使之成为直观可视的信息，实现信息传输和展示效果。

第四，信息传输的可控性。一是选题控制。作为博物馆展陈信息由来的原始“信源”，其信息往往是极其芜杂而繁多的。博物馆展厅尽管可大可小，但不可能也不必要展示原始“信源”的全部信息，只能根据展陈选题和主题，有选择、有侧重地再现原始“信源”的部分相关信息。而博物馆展陈的选题及其主题，是由策展者根据现实需要和对相关“信源”的认识确定的。也就是说，展陈的题材和内容是可选择、可控制的。二是展品控制。原始“信源”是某些已然逝去的客观事物，是一成不变的。作为布设于博物馆展厅内的陈列展览即展厅“信源”，却是举办者按照选题和主题，进行主观创作的作品或产物，其承载、传输的信息完全是可以控制和调整的。一个展陈的信息总量，是由作为信息载体的展品数量及其信息传输方式决定的。策展者可根据展陈类型、展厅空间、展示要求及藏品状况等，决定和调控展品规模和信息总量。在相同的展厅空间内，不同类型、不同内容、不同风格的展陈所需要的信息量是不同的，有的需要大量信息，实施“密集型展示”，如一些兵器、货币、票证、徽章、昆虫标本等。有的则需要疏朗，如有的家具、佛像、绘画、雕塑展示。有些珍贵文物、尤其是被视为“镇馆之宝”的展品，则无论其体量大小，都应舍得给予其较大的展示空间。三是分类控制。由于展陈信息的兼容性，每一个展陈都会蕴含各种信息。组成展陈的每一件展品，也承载着各类不同的信息。这些信息在展陈信息传播中的价值和作用是不同的。策展者需要根据展陈主题及内容的要求，对各类不同性质的信息在展示中的比重和数量予以全局衡量、规划和协调，以使整个展陈的信息得到有机合理的搭配和结合，使各类展品以及每件展品传输的信息符合展陈内容的要求。一旦既有藏品所蕴含的某类信息不能满足展陈需要，就应通过人工创作赋予相关信息的展品，使此类信息得到补充和加强。四是形式控制。在展厅空间及展品总量确定的条件下，如何设计、运用展品的展示形式，对于展陈信息的传输关系很大，也是策展者责任和水平的体现。策展者要通过对每一件展品所蕴含不同信息的艺术处理，对整个展线的起伏、节奏和展示重点、亮点的设计，以及对展示氛围和环境的精心营造，使展陈信息的传输符合需要。

三　博物馆展陈信息的正确操控

根据信息论原理，博物馆展陈要实现其社会功能，就要通过正确操控展陈信息，科学、合理地汇集、传输信息。而能否真实、准确、恰当地传输展陈信息，主要取决于是否能正确认识和处理好展陈的“信源”、信道、信宿及三者关系。认知“信源”是前提，科学传输是保证，信宿需求是依归，策展者应从这三个基本方面入手，实现对博物馆展陈信息的正确操控。

第一，忠于“信源”。博物馆展陈就是相关信息载体的有序汇集和展示。而这些信息的“信源”就是展陈之前曾存在过的某些事物，展陈是这些事物经过信息简化和整合的“再现”。致力于客观、准确、全面地反映相关事物及其运动规律，为人们提供足资借鉴的信息，是博物馆展陈的作用、目的和价值所在。因此，展陈信息只有忠实于“信源”，真实而充分地反映“信源”，陈列展览才能正确传输信息，实现自己的社会功能。怎样才能使展陈信息忠实于“信源”呢？首先，策展者对“信源”要作深入研究而达致正确认知。这是举办展陈的前提和先决条件。只有正确认识“信源”才能正确反映和再现“信源”。由于“信源”是展陈之前已经发生过的事实或现象，时空的流转，主客观条件的限制，使人们对“信源”的认识存在诸多困难。这就要求办展人员不仅要继承前人既有的与“信源”相关的科研成果，并及时了解、吸收新的科研成果，更要通过博物馆特有的信息“编码—译码”工作，对大量馆藏实物进行深入、独到的研究和探索，以获取更多有关“信源”的科研信息。其次，还要通过文字、口述、音像、实地考察等其他可能的形式或途径，拓宽、加深对“信源”信息的考察和探究，以最大限度地洞察相关事物及其运动的实质，破解疑难问题，使人们对“信源”的认识逐步接近真实和全面。总之，只有通过“去伪存真，去粗存精，由此及彼，由表及里”的研究和探讨，对“信源”进行客观、深入、全面地了解和认识并能实质性把握，才会使博物馆展陈正确反映“信源”具有可能性。

在正确认识“信源”的基础上，还要处理好如下关系。

一是“信源”与展陈主题的关系。任何陈列展览都是围绕主题去策划和布置的。主题是展陈的指导思想和灵魂，偏离主题就达不到办展的预期目的。可是展陈的主题从何而来？展陈的主题与展陈所反映的“信源”又是什么关系呢？毋庸置疑，展陈的主题是不能主观臆造而强加于展陈的，而应是在对展陈所反映的“信源”的深入研究和认识的基础之上提炼而成的。脱离“信源”的主题只能是无源之水，无本之木，其展陈信息必然失真，不仅没有意义，而且会造成有害的影响。“文化大革命”时期从主观需要出发，篡改历史，搞夸大阶级斗争、路线斗争一类的主题展陈就是如此。从不同的“信源”以及对“信源”的不同视角、不同范围、不同要求出发，人们可以选择不同主题的展陈选题。当然，最终以什么主题举办展陈，还要参照办展目的及有关软硬件状况而定，如人员、藏品、场地、设备、经费，尤其要依据社会需要、公众愿望，在不同选题中确定适当的选题及其主题。而主题一旦确定，就要通过这一主题去反映其所由产生的“信源”。由上可知，从表面看，一个展陈的选题和主题是由策展者主观决定的，其实质反映的却是策展者对以往相关事物即“信源”深入研究和认识的结果。展陈主题确定后，就要致力于如何反映“信源”。由于不同的主题要求的视角、切入点、侧重、内涵、外延、风格等不同，一个“信源”可以有多个主题，但一个主题却只能有一个“信源”。展陈作为“再现”的“信源”，并非“信源”的全部信息，而是根据主题需要，选择性地展示“信源”的某些相关信息，且大多只能“点到为止”。即便如此，这种展陈也必须反映有关“信源”的全局、实质及其内在联系，而不能以偏概全，以现象掩盖本质，以偶然掩盖必然，从而最大限度地真实反映和再现“信源”。这就要求策展者必须秉持正确的立场、观点和方法，提高思想水平、研究水平和展示水平。需要说明的是，有的理论宣传部门，由于它们占有某些“信源”的更多信息，往往也能较好地理解“信源”的全局性、实质性的问题，因而提出该“信源”的选题或主题也是不足为怪的。当然，这些“权威部门”也应更多地听取博物馆专业人员的意见。

二是“信源”与展品的关系。由于主客观条件的制约，博物馆展陈作为“展厅信源”只能是原始“信源”的一个“缩影”。也就是说，这种展厅简缩版的“信源”只是在依据展陈主题，通过展品传输信息，有选择、有侧重、以点带面地展示原始“信源”。虽然展厅“信源”只是原始“信源”经过压缩的某个侧面或局部，但就展厅“信源”自身而言，却是一个符合展陈主题要求又体现博物馆特征的完整的体系，就是说其传输的信息合于逻辑而能“自圆其说”。亦即展陈的展品在特定角度和一定程度上反映着原始“信源”的实质和全貌。否则，就会出现以偏概全、歪曲事实而造成信息失真。所以，要如实反映主题选定的“信源”，展陈的展品第一要系统，第二要典型，不能有明显的缺项或弱项，才能撑起整个展陈。这就要求，文物展品不但要丰富、全面，更要具有代表性、典型性，要精心征集、鉴选、展示那些最有意义和价值的文物。同时，展陈信息传输还要求展品展示要符合博物馆的语言特征，如展品不仅要具有思想性，也应具有可视性等。而在实际工作中，要达到上述要求是十分困难的。因为文物的征集不是完全由人们的主观意愿决定和解决的，不是想征集什么就能征集到什么。有的展陈内容甚至永远也征集不到相关文物。有些文物虽然和内容相关，但这些文物承载的信息的代表性、典型性不强，不能充分、实质性地反映“信源”，展示效果自然也不会理想。这就要求展陈必须辅之以赋予“信源”信息的人工再造展品，补强缺项、弱项。当然，由于人工展品是人们主观创作的产物，不可能完全真实地反映原始“信源”和原生态的事物，应尽量慎用、少用。

三是“信源”与展陈氛围的关系。在“信源”信息保真的前提下，为配合展陈，策展者尚须按照“信源”信息传递的要求，结合展陈内外环境的特点进行设计和设置及服务，营造出烘托、配合、陪衬、美化等符合“信源”信息传递的氛围，增强观众亲临其境的感受。这对于观众更好地理解展陈内容，接受“信源”信息是十分有利和必要的。

第二，把握信道。从博物馆展陈信息传输的固有规律和特点出发，根据展陈内容需要科学、合理地展示展品，充分实现陈列展览的社会功效，是把握信道的基本内容和要求。其主要环节如下。

其一，信息总量有度。把握信道的首要环节在于展陈信息总量的控制。一个博物馆及其展厅包括环境其空间规模是一定的。而一个展陈需要多少件展品，需要什么样的展品；一件展品需要提供何种信息，提供多少信息和怎样提供，却是通过策展者的设计和处理来实现的。博物馆展陈作为信息传播的通道，就像其他任何道路一样，其通行量也是有着客观限度的。这种限度既是由既定的展示空间及相关条件决定的，也是由展陈内容及其艺术风格的特殊要求决定的。展品在展厅内不能像在仓库里一样摆放，也不是展线密度越高、信息量越大越好，展品流必须根据展陈内容和艺术要求，有疏有密，疏密有致，有起伏，有节奏、有韵律地去展示。这种限度还特别是由处于同一空间接收信息的信宿决定的。展品规模过大，信息量过多，参观时间过长，必然会引起观众的视觉疲劳而且会超越人的生理、心理承受能力，展陈效果也就会大打折扣、欲速而不达。尽管由于展陈类型、内容、要求、风格等不同，等量的展厅布置的展品数量相互可以有不同程度的区别，但实践证明，各类展陈在一定展示空间的展品即信息总量总会有一个相应的限度。如社会历史类展陈，一般以每千平方米300—500 件（套）展品为宜，超越了限度，展效就会受到影响。

其二，信息构成协调。博物馆展陈是一门综合艺术，具有信息的兼容性，承载着各种各样的信息。把握信道就要遵从博物馆展陈信息传递的特点、规律和艺术风格的要求，使各类信息构成比重得当，成为一个和谐有机的整体。当然，不同类型、主题的展陈，其各类信息的构成及其信息量的比重达致协调与和谐的标准和要求可以是有所区别的，即使在同一类展陈中，这种构成及比重也会因时因地不同而有所变通，不是千篇一律和一成不变的。策展者就是要从实际出发，科学合理地确定展陈信息的分类、比重和选择、创作标准。随着时代的变迁和社会的发展，人们的价值观、审美观也在不断变化，对博物馆展陈各类信息的需求和关注也随之在不断改变。如与过去相比，当今博物馆展陈在艺术性、观赏性、趣味性、参与性、服务性等信息方面的比重在逐渐增加。以新的和谐、协调的信息构成满足社会公众的需要是时代对博物馆人的呼唤。

其三，信息传递得法。要正确把握博物馆展陈信息，关键在于展品信息的传递要科学、准确、灵巧而恰如其分。为此，需要特别处理好如下各点：一是注重布局。由于博物馆展陈的信息传递是在“信源”、信道、信宿共处同一空间中实现的，因此，展厅格局的设计对于正确传递展陈信息和实现展陈整体艺术效果意义重大。展陈的谋篇布局既不能单调刻板、一览无遗，也不可杂乱无章、如入迷宫，而是要通过匠心独运的展厅空间的分割与再造、参观路线的顺当设计，以及从展线走向到重要文物、艺术品、景观以及设施设备的布置和配备，使展陈形成一个新颖、合理、个性化的适宜参观的格局。二是优选信息。注重对展品的选择、创作及其信息处理，按照展陈信息构成的要求征集、选择最具典型性的展品尤其是文物展品，是正确传递博物馆展陈信息的基础。在此基础上，还要通过空间分配、辅助展品、设施设备、营造氛围等手法，对展品承载的多种信息分别作强化、弱化甚至消除处理，使之符合展陈内容的需要。三是突出文物。由于文物展品承载和传递的信息是“信源”最具说服力的见证，博物馆展陈必须突出文物展品信息。要突出文物展品信息，既要注重充分展示单件文物的信息，也要在文物组合、文物流中的信息传递方面下功夫。对于价值高、体量大、观赏性强的珍贵文物，更应着力凸显。必须强调的一点是，文物展品展示一定要做好安全保护工作。四是营造看点。展陈信息传递不宜平铺直叙，而应有重点，有亮点，有看点。展线要低潮、平潮、高潮互见，既高潮迭起，又要围绕总高潮逐浪推进。与各级高潮相呼应，在展陈中要通过各种展示手段包括声、光、电等科技手段的运用，营造各级看点。一个展陈中是否有几个能引起观众高度关注和兴趣的看点，是展陈成功与否的一个显著标志。需要指出的是，在展陈看点的营造中，序厅及尾厅的设计占有十分重要的地位。由于序厅是整个展陈的基调、缩影和点睛之笔，是给予观众的第一印象，对能否引发观众的参观兴趣和欲望关系很大，因而是必须大力着墨之处。尾厅是对整个展陈的总结和展望，处理得好会使观众对展陈回味无穷并进而使认识升华，可大大提升展示效果，因而也不可寻常视之。五是开展互动。使观众与展品的接近无障碍乃至零距离，并吸引观众开展互动活动，是近年来博物馆展示形式的一大发展和热点，也是展陈信息传递的特有形式和长处。博物馆展陈应坚持“三贴近”原则，在内容与形式上注重引发参访者的共鸣，并使其积极参与其中，通过互动获得体验和沟通，加强信息的传递。

其四，信息氛围相宜。事实表明，观众参观博物馆展陈，需要在展厅内外氛围中，获得舒适、愉悦的感受和体验。只有这样，观众才能更好地观赏展品、学习知识，更乐于接受展陈信息。这也是博物馆信息传递的魅力所在。这就要求策展者必须重视创造与展陈信息传递相适宜的展厅内外氛围。①内环境。也称内部空间，指展厅陈列内容所涵盖的空间环境。不仅指展陈的整体布局及其艺术风格、空间分割与再造、展线与观众参观路线的设计、重点文物和场景的安排，也包括光线、色彩、温湿度的处理和材料、技术、工艺运用等。这是营造展示氛围的最核心的部分，是创造一个良好、舒适的参观、展出环境的主要内容。②外环境。也称外部空间，指主体建筑、功能服务设施、自然或人工绿化、馆区所创设的人文景观等。通过对外部环境进行美化、艺术化、主题化设计，使整个外部空间形态既优雅、和谐，又与展陈内容相互呼应、密切配合、浑然一体，实现展陈与环境的整体展示效应，这已成为当代博物馆展陈理念与实践的发展趋势。③注重服务。博物馆能否热情接待参访者，为观众周全服务，直接关系到观众参观情绪和展陈信息的传播效果，也是改善和优化展陈氛围的重要内容。要加强对展陈参访者的接待和服务，在使整个展陈内容和形式适宜参观的基础上，要结合展陈，健全相关的服务设施设备及有效措施。在展厅内，应注重吸引观众参与、互动，为观众提供良好的讲解、讲座、语音导览、视频导览、休息空间及设施、卫生间、残障人服务等。在展厅外，则要注重咨询、存放、安检、餐饮、购物（尤其是特色纪念品）以及娱乐、聚会、住宿等服务。总之，要真正为观众着想，做到展陈优美，环境优雅，服务优良，博物馆展陈信息传递才有可能实现最佳功效。

第三，贴近信宿。所谓贴近信宿，就是坚持以人为本的理念，使博物馆展陈选题符合观众期望，展陈内容和形式让观众喜闻乐见并能积极参与，展陈环境适宜观众参访，同时以观众反馈意见评估展效和改进展陈及服务。

博物馆展陈为什么必须要贴近信宿呢？这不但是由于博物馆及其展陈是公益性事业，为社会公众服务是其根本宗旨和社会功能，广大群众拥有享用此类文化信息的权力，同时也是党和国家向社会公众进行宣传教育的窗口和阵地。从信息论的角度看，还由于观众即信宿是展陈信息传输的终端。只有受众在数量和质量上充分接收展陈信息，展陈信息才能更好地完成自身的传输过程，实现信息传输目的。

怎样才能贴近信宿呢？一方面，在理念上要坚持以广大群众需要为依归的原则办展并贯彻始终，致力于办受社会欢迎、让观众满意的展陈，而不只是让领导、专家或自己满意即可。另一方面，在实践中，则需要做好三个步骤的工作。

①展前，要坚持依据社会公众的期待和愿望确定展陈选题即“信源”，并据以征集文物、选用及创作展品，使展陈内容和形式的设计为群众所喜爱。由于社会公众包括各类群体和个人，每一位博物馆展陈的参访者在人生阅历、文化修养、审美情趣、参访目的等方面都会有很大差别，其接受博物馆展陈信息所获得的体验和感受也会不尽一致，甚至大异其趣。因而，要使每个展陈都达到观众人人满意是不可能的。如何解决这一问题呢？首先，必须满足基本观众的要求。这是博物馆展陈和观众所具有

的个性决定的。因为博物馆及其展陈的宗旨、性质、类型、任务及主、客观条件不尽相同，因而自然会形成各自不同的观众定位，即在不同的人群中形成自己的主要观众群体即基本观众。如科技类馆观众以少年儿童为主、艺术类展陈以较高文化层次人群为主、一些专业类展陈则以关注相关专门信息的人群为主，等等。博物馆所举办的展陈首先必须要得到这一部分观众的肯定和好评，基本观众是否满意是展陈成功与否的首要标准。其次，展陈设计要着眼于“照顾多数”。这就是要从博物馆及其展陈与观众所具有的共性出发，在展陈设计可能的范围内，尽量考虑到各方面观众的需要和兴趣，合理搭配展陈的各类信息，适当增大展示的艺术性、趣味性、观赏性等普适性信息量，力求使展陈最大限度地做到雅俗共赏，老少咸宜，使各方面的观众都能从展陈中有所获益，从而吸引更多的人前来参观，扩大观众面。再次，有针对性地举办展陈。如：在综合性博物馆中增加展陈的门类，使各层面的观众能“对号入座”，各取所需，各有所得；通过更多地举办不同内容和风格的临时展览适应和满足不同层次观众的要求等。最后，注重对观众的引导和培养。举办展陈要以广大群众需要为依归，并非是观众“想看什么就展什么”。因为实际上这不但是办不到的，也是不应简单“照办”的。因为群众的要求是多种多样的。在顾及大多数群众的基本愿望和要求的同时，也不能面面俱到和迎合一些低级趣味的东西。要通过培育健康的积极向上的情趣格调，提高观众素质，增强观众共识，扩大观众面。无疑，这才是更为实质、根本和长远地满足观众需要的以人为本。

②展中，要为观众参观提供精彩展示和上佳的内外环境与服务。在展厅内，要为观众奉献展陈精品，让观众感到好看、爱看、耐看、值得看。由于观众一般是在站立或行走中观赏和接收展陈信息的，为避免或减轻观众视觉和身体的疲劳，参观路线和展品布置要符合人体科学要求，使参观者更便于活动，适宜观赏。要从观众尤其是青少年的兴趣和爱好出发，多安排一些参与、互动项目。同时，做好参观中的各项服务工作。对于展厅外的公用空间和环境，要结合主题信息进行一体化设计，并加强各方面的服务。真正使展陈达到寓教于乐的目的，让观众乘兴而来，满意而归。

③展后，注重信息反馈，做好对观众的调查和意见收集工作。博物馆展陈信息能否充分传递，博物馆社会功能究竟发挥得如何，观众拥有最终的发言权。只有通过对观众的调查，获得观众对展陈的真实观感和看法，

才能客观公正地对陈列展览的展效作出评估，也才能据此对展陈作出调整、修改并加强相应服务，使展陈得到改进和完善。进行观众调查，贵在全面、准确、及时、规范。要通过各种形式的观众调查，切时了解和把握观众接收展陈信息的数量、质量、满意度及其愿望、要求等。通过不同类别的观众调查，准确把握因时、因地、因人而异的参观效果，并加以区别对待，有针对性地改进展陈，使展陈的内容与形式都更加适应社会公众的需要并与时俱进。

综上所述，博物馆展陈理论及其活动属于信息科学。但此类信息有着与一般信息显著不同的构成和特性，这就要求博物馆策展者自觉地以信息论为指导，认识和把握陈列展览信息及其传播的特点和规律，使此类信息得以正确汇集和传输，以更好地发挥博物馆展陈的社会功能。

（原文刊于《烈士与纪念馆研究》，上海人民出版社 2009 年 8 月版）

论陈列展览的看点及其设置

博物馆陈列展览主要是经由视觉传输信息的艺术作品，因而成功办展的一个重要标准，就是要使展陈具有观赏性，要“好看”。展陈的观赏性既体现在其整体艺术品位上，更体现在承载其重点内容和信息的亮点即看点上。所谓陈列展览的看点，就是指在一个展陈中较其他地方更为引人注目、更具观赏性之处。这种亮点，看点是展陈的点睛之笔，是整个展陈的精华之所在，举办展陈务求对其看点精心设计、精心布置。本文试就陈列展览何以要精心设置看点、展陈看点设置应秉持何种理念及要求，展陈看点由何而来等问题略陈浅见。

一　陈列展览要精心设置看点

改革开放以来，陈列展览的艺术性、观赏性、趣味性已日益受到博物馆界重视。缺乏观赏性、不注重精心设置并突出看点的展陈，已难以为现今社会公众所认可和欢迎。当然，此类展陈的存在和影响是有其社会历史原因的。这是因为在新中国成立后的长期计划经济年代，中国博物馆主要是按苏联社会主义陈列学办展。在这种陈列理论指导下，展陈重内容，轻形式；强调科学性、思想性、系统性，强调德育功能，却忽视甚至排斥、批判艺术性、观赏性、趣味性，从而形成了以“文物 + 图片”“展板 + 展柜”为主要形式的简朴、粗放、单调的展陈模式。这种模式被形象地称为“挂在墙上的教科书”。这种模式在中国曾长期、普遍存在并影响至今。由于当时社会文化、信息环境和公众思想意识及其价值观、审美观所致，这种模式曾是观众可以接受甚至欢迎的。但是，改革开放后，随着国内外政治经济文化的交流和发展，以及人们观念的变化，文化、信息及娱乐形式和渠道日益增多并对群众尤其是青少年的吸引和争夺加剧，这种传统的模式就受到了巨大的冲击而日益脱离了群众。

之所以如此，除了在办展指导思想上缺乏对展陈观赏性及看点设置的正确认识外，还在于这种模式一般要求展陈内容要系统、全面，在展陈体系上多用按时序排列事物的“编年体”，因而极易形成面面俱到的“流水账”；加之展品通常是作为见证物与展陈内容一一对应，这样就难免造成展品的简单罗列和堆砌，无形中淹没了重点，使之难以突出和形成亮点、看点。当然，平心而论，这种模式的展陈也未必全无观赏性和看点。由于某些文物标本本身具有较多的观赏要素，一些艺术性展品也易惹人关注；在办展实践中，布展人员也会在诸如序厅布置、展品摆放、文物标本组合、景观复原及沙盘、模型等设计、制作中，自觉不自觉地使其具有某种观赏性乃至成为“看点”。这样的观赏性和看点在过去的年代实属难能可贵而无可非议，但与现在要求的展陈应有的精心营造的观赏性和看点相比，则相去甚远。因为这种“自然而然”形成的看点，在数量、质量上是很受限制的，也谈不上时代感、特色等。因而，这种在整体上缺乏观赏性，更缺乏精彩看点的展陈，难以赢得今天观众的青睐就是不难理解的了。当然，由于主客观条件的局限，如今设置展陈看点所秉持的理念以及看点设置的许多样式和手法，当年尚不可能做到，这是不能苛求于前人的。

由上可见，任何展陈形式只能是时代的产物，都会被打上时代的烙印，必须随着时代和社会的发展而与时俱进。如今举办展陈需要增强其观赏性，精心设置看点，这是时代发展和社会公众的愿望所决定的。

精心设置看点也是陈列展览这一特殊艺术形式所要求的。

首先，精心设置看点是展陈内容所决定的。陈列展览是内容与形式相结合的视觉艺术作品。一般而言，展陈内容要求并决定着相应的展陈形式。展陈的内容设计与其他信息传播形式如文章、书籍、影视等作品创作的共同之处，就在于这些作品都是有主题、有体系、有重点的。成功设计展陈内容的一个重要原则，就是分清主次、突出重点。由于展陈内容与展陈形式相互有机统一，这就决定了展陈内容与其他媒体信息传播形式的不同之处，即展陈内容信息不能独立传播，而是要通过展陈形式的承载，通过这种形式的特有的渠道或平台才能得以实现。也就是说，要实现展陈内容信息的传播，必须由文字变空间，由平面变立体，由内容的主题、体系、重点，转化为形式的主题、体系、重点。可是，形式的主题、体系、重点如何表现？这一特殊的艺术形式要求，必须在充分考虑展陈的类型、风格、标准、场地、展品、设备甚至经费、工期等的基础上，通过特有的手法和样式，对相关展品的展示进行相应的处理，以适度地表现展陈形式的不同重点即看点；而对展陈最主要的内容及其重点即“重中之重”的展示，则要调动展陈艺术的各种手法、采取各类方式、运用各方资源，创作出更集中、更生动、更强烈的亮点、看点。因此，设不设看点及所设看点的展示程度，必须以展陈内容的重点及其重要程度为依据。展陈看点的设置或其展示程度失当，当无反有，当有却无；当强不强，当弱不弱，就不会符合展陈内容重点及其重要程度的要求，当然也就不能使展陈内容的信息得以正确传播。换言之，展陈内容的重点及其重要程度要求设置展陈形式上的相应的看点，这些看点及其展示程度与展陈内容的重点及其重要程度必须相互一致。

其次，精心设置看点也是由展品的观赏性及其运用状况所决定的。展陈看点要求展品必须具有相应的观赏性。这就是说，一方面，组成看点的展品一定要有观赏性，让观众“爱看”；另一方面，这种观赏性又要依据看点的需要而恰如其分，不宜过强或过弱。但事实往往并非如此，而是组成看点的展品的观赏性很难与看点需要相一致。这是因为，展品是否具有和富于观赏性，是由其本身客观存在的观赏要素诸如色彩、造型、机理、材质、体量等决定的。观赏要素的有无、多寡不同，使展品分成了观赏性强、弱两大类。然而展品无论其观赏性强弱，都会依据展陈主题和内容的需要，被作为见证物“码”入展线及各级看点的相应位置。这样，由于展品的观赏性不同，就会出现两种结果：一种是看点需要更强的张力和视觉冲击力，但其所组成的展品却缺乏相应的观赏性，“不给力”，而达不到看点所要求的展示程度；另一种则是展品所要表现的内容一般，甚至并非展陈重点、看点，起码不是重要看点，但展品的观赏性很强、很“抢戏”，喧宾夺主。所以，这就要求对展陈看点必须精心设计、精心制作，科学、合理地运用和处理不同展品，以使相关展品的观赏性得以相应强化或弱化，创作出在数量和质量上均符合展陈总的主题及各级主题和内容要求的不同层次的展陈看点。

再次，精心设置看点也是办展资源的有限性所决定的。创作陈列展览这种特有的艺术作品，是办展资源相对具备后才能进行的。实践证明，按照通常的做法，博物馆举办一个展陈所能运用的人力物力等资源，包括办展人员（特别是富有经验、技术的专业人员）、馆藏、场地、经费、设备、工期等，一般都是既定的和有限的。因此，对展陈各方面的投入必须统筹兼顾、量力而行。所以，要突出的重点不可能太多，亮点、看点的设置也不可能太滥。展厅空间有限，不能一步一景，一些价格昂贵的高科技展品和设备，如声、光、电齐备的半景画、全景画、3D—4D演示等，更不能到处使用。因为那种做法既不是展陈资源所支持和允许的，也不符合展陈艺术的要求。展陈有限资源的分配只能在保证展陈整体艺术品位的基础上相对集中地运用，优先保证展陈最主要的重点、看点的需要，“好钢用在刀刃上”。只有这样，才能“少花钱，多办事”，事半功倍，使有限的资源发挥更大的效能。

二　展陈看点设置应秉持的理念及要求

“文如看山不喜平”，陈列展览亦如此。根据展陈需要设置并凸显看点，增强展陈的观赏性，是成功办展的必然要求。但是，陈列展览的看点不是凭空而来的，也不是随意拼凑的，而是办展人员精心设计和创作的结果。那么，陈列展览看点的设置要秉持何种理念、遵循哪些规则和要求呢？

第一，整体布局。就是设置展陈看点要有整体意识、全局观。这种看点设置整体意识的谋篇布局要求，一是“打点”准确。即对整个展陈乃至展厅内外空间形态、相关建筑环境及展陈资源予以通盘考虑，依据展陈类型、主题、主线、风格、标准等，按照展陈内容重点的需要，对全部看点的方位、样式、分量及其相互关系进行全局统一规划和布置，使之在展厅中准确定位，务求布点合理。二是分清层级。展陈的各个看点在全局中的地位和作用是不同的，是有着轻重、高低之分的。不同层次的看点在创作投入上也是有相应区别的。一般可将表现展陈的部分、单元、组内容重点的看点，分别称为一、二、三级看点；而序厅—尾厅及被认为代表展陈全局性的看点，则是展陈的主要看点。这种不同层级的看点相互呼应、相互依托、相互映衬，联结为一个有机的整体，使整个展线波澜起伏而引人入胜。三是突出主要看点。对展陈看点的设计、制作不能等量齐观，平均使用力量，更不能不当使用资源；而必须依据看点的层级，相应投入。所以，设置看点首先要做好一级看点，在资源方面优先给予保证。在此基础上，要着力打造一个以上集中体现展陈主题的最主要的看点。对这种涵盖全局的代表性看点的打造，要舍得在时间、空间、手段、展品、经费及其他资源上投入，使之更突出、更精彩，使整个展陈的看点形成灿若星空、群星拱月之势，从而使展陈的主题和特色得到更集中、更强烈的彰显。如中国人民革命军事博物馆的抗美援朝战争展览，设计者调动各种手段，在整个展线上每隔 10 米—15 米，便为观众制造一个视觉或心理的“兴奋点”，使陈列高潮迭起。而将陈列的重点内容，如序厅、二次战役、上甘岭战役、武器缴获台、凯旋门等，均摆放在展厅中轴线上，使之更为强化和突出，成为展览的一系列更大的高潮。展览的中心主题区则是中国人民志愿军英雄群雕和上悬三圈不锈钢雕塑和平鸽的大型景观，寓意“最可爱的人用生命和鲜血换来了和平”，集中体现展览的主题，将整个展览推向巅峰。此展为该馆赢得了社会效益与经济效益双丰收，被评为全国十大精品陈列之一。

第二，文物为主。即看点的创作应不拘一格，但必须注重博物馆最基本的语言——文物标本的展示，“用物说话”，做足文物标本的文章。创作文物标本看点：其一，是要在单件文物上下功夫。对一些价值很高的珍贵文物，尤其是“镇馆之宝”，要尽力予以充分展示。其二，是文物组合。这种组合的文物标本群体，改变了单体文物标本的结构和外观，丰富了其信息内涵和外延，增强了观赏性，灵活适应和多方表现了展示不同需要的内容，应成为文物标本看点的主要形式。如在展陈中展示一把军刀，观众也许并不注意。英国温莎堡展览将数千把军刀相组合，布满展览大厅整个一面墙壁，其宏大气势自然会使观众感到震惊。其三，是以文物标本为中心，与其他辅助展品及展示手段相结合，如艺术品、科技手法。国家博物馆《复兴之路》陈列在“虎门抗英”“渡江作战”“开国典礼”“航天探月”等主要看点中，以文物为主，将文物—实物与背景画、地面塑型、景观复原、人物雕塑等及声、光、电手法相结合，展效甚佳。无疑，这种以文物为主组合各类展品的样式，为展陈看点的创作提供了更大的空间。其四，是要充分发挥遗址（旧址）的作用和影响。遗址是最大、最有特色的不可移动文物，在空间、造型、信息承载等方面有着其他文物无可比拟的优势。将展陈与遗址相结合，观众置身其中，身临其境，就会获得更为深刻的感受和体验，遗址也成为展陈和博物馆重大看点。如西安半坡遗址陈列、广州西汉南越王墓陈列、南京太平天国陈列、东北烈士纪念馆陈列、河北西柏坡陈列以及各地名人故居陈列等。不可忽视的是，文物标本及遗址的展示必须注重科学使用和安全保护。

第三，样式纷呈。就是展陈看点的样式不能过于单调，而应丰富多彩，争奇斗艳，达到让观众有美不胜收感觉的效果。这就需要看点的创作，一是要继承发扬传统做法和经验。在看点创作中，要更多地突出文物标本及其组合，并巧妙利用诸如模型、沙盘、布景箱、绘画、雕塑、景观复原等辅助展品，增强看点的观赏性。二是要注重时代性，在展示形式上体现时代气息。这就要根据现代社会公众兴趣、爱好，改进、创新展品信息传输方式，更多地运用新颖、时尚的手法和样式创作看点，如立体图表、艺术化展具、半景画、全景画、硅胶像、实物场景以及开放展示、动态展示、科技手法、展演手法、互动手法等。三是要加大科技含量。科技的进步，给予展陈艺术的发展以巨大动力和广阔空间。在展陈看点的创作中，应根据实际需要，适当采用诸如各类机械传动装置，电子数码设备，自然照明向人工照明补偿转化设备，人工采光，电脑喷绘，电子翻书，超薄电视，超大屏幕，背投式放映屏，双面视屏，通电显影玻璃，幻影成像，全息成像，声配像演示，3D—4D（直至7D）演示，结合声、光、电的半景画、全景画及场景、景观演示，场景双屏—多屏同步演示，激光演示，IMAX演示，全景式超大屏幕环球电影、动感及味觉、触觉影院，可控红外技术，声控照明与声控音响，主体音响，自动追光配音图版，语音、视频导览系统，互动式数字媒体空间，自动控制技术，仿真技术，人工智能技术、SGI虚拟现实，以及文物保护的防腐、防蛀、防盗、阻燃、恒温恒湿、光纤照明、小环境空气净化过滤系统、墙面地面新型天然及人工合成材料，等等。既注重高新科技形式与手段的独立运用，也要更多地将科技手法与传统手法相结合，使陈列品根据需要而“亮起来、响起来、动起来、美起来、贵起来、保起来”，使博物馆展陈信息传播更为直观、集中、丰富、形象、生动、强烈和便捷，有效增强展陈尤其是看点的视觉冲击力、心灵震撼力、艺术感染力和互动亲和力。

第四，以人为本。即展陈看点的创作和设置要一切从观众愿望和需要出发、一切为了观众着想，认真了解、研究、听取观众意见，使看点更适宜观众参观和欣赏。在看点的设计、制作中，要多采用观众喜闻乐见的形式，并尽可能多地设计一些与观众互动的看点。观众参与其中，会使其感受和印象更深。此外，还应结合看点的设置加强为观众服务，将观众的参观、欣赏、休闲、娱乐等融为一体，激发观众的参观热情。

第五，注重特色。艺术没有个性和特色就没有竞争力和生命力。展陈的看点和其他艺术形式一样，也应保持不同展陈各自的个性和特色。一方面，每一个展陈都应在主题、类型、行业、地域、风格乃至展品、场地、建筑、环境（尤其是遗址）等方面，显示本馆、本展与他人的不同，形成本馆、本展的相应特色。另一方面，就是在展示样式和手法上尽量避免与其他馆及其展陈简单重复或雷同，更不能照抄照搬。要在努力继承和发扬自身以往既有的成功做法和经验的基础上，勇于创新，在条件允许的情况下，敢于尝试新的科学、材料、技术和工艺，注重原创，努力打造自己的“绝活儿”，拿出独树一帜的东西来。

此外，设计、制作展陈及其看点还要进行大力宣传，甚至炒作，不能“酒好不怕巷子深”。要对作为展陈看点尤其是主要看点的展陈中的珍贵文物标本及其各种组合、艺术品、场景景观、高新科技展品等，通过人员讲解、文字说明、广告、报刊、图书、纪念品、影视、网络等多种形式和渠道广做宣传，让更多的社会公众知晓所办展陈及其“各大看点”的精妙之处，从而慕名而来观赏展览。

三　设置展陈看点可采取的样式和手法

陈列展览需要观赏性，展陈的看点即是其观赏性的集中体现。但是，用于展陈的文物标本等展品并不一定都是好看而具有看点所需要的观赏性的。所以，也就是说，不是所有的展品都可以自然地形成展陈的看点，而是必须通过办展者的精心设计和制作，使之根据展陈需要相应具有或增强观赏性，才能成为看点。如何才能使展陈的展品具有相应的观赏性而成为看点呢？根本的一条，就是要使成为展陈看点的展品所传递的信息，符合参访者的价值观念、审美取向和情趣。这就要求看点的设置，一方面，要发挥既有艺术品等具有更多观赏要素的展品的作用；另一方面，则需要除按计划创作某些观赏性强的辅助展品外，更多地通过各种手法使缺乏观赏要素的展品获得或增强观赏性。那么，设置展陈看点需要哪些具体手法、形式及其展示效果呢？现就其主要类别分述如下。

第一，珍视。即突出显示展品的贵重价值，使观众感觉“稀世珍品，难得一见”，从而产生一睹为快的冲动。如国家博物馆的后母戊鼎、上海博物馆的《清明上河图》、河北省博物馆的金缕玉衣、湖北省博物馆的曾侯乙编钟等。

第二，探秘。从观众的“好奇”心理出发，通过一些展品对某些自然、历史现象的“揭谜”效应，使观众产生观赏兴趣。如西安秦始皇兵马俑、湖北马王堆出土女尸、四川三星堆青铜纵目面具、陕西法门寺佛指舍利及秘色瓷、南京博物院“天人感应”等。

第三，益智。针对观众尤其是青少年群体渴望获取知识的心理，更多地展示一些科普、技术装置类展品。这种方式在科技、自然类博物馆展陈看点设置中可大派用场。

第四，崇敬。充分展示一些历史名人的书画、用品等器物，使观众观之则肃然起敬。如西安碑林博物馆展示的历代书画大家作品（石刻）、南阳武侯祠岳飞书诸葛亮前、后《出师表》（石刻），毛泽东穿了几十年、打了73个补丁的睡衣、朱德在井冈山挑粮用过的扁担等。

以上数端侧重观众心理因素的需求。

第五，组合。将相关展品依一定主题及艺术要求进行排列造型，使之在形态、结构、气势等方面形成或增强观赏性。这种做法可在展陈中以“专题组合”的形式大量应用。

第六，照明。通过光线设计，营造特有的光环境，导向、突出、艺术化看点展品。

第七，色彩。利用展品本身及背景色彩，增强看点展品的美感。

第八，音响。通过鸟鸣、水流、风雨、车轮、射击、爆炸等声响和器乐、歌曲等各种背景音乐，以及专门的演奏、演出等，营造特有的声环境，吸引观众参访。

当然，上述几种做法也要防止声、光、色的滥用，以免其形成对展陈的干扰和污染。

第九，装饰。通过艺术化设计不同展品的背景、衬垫、托架、展板、展柜、展台、展墙及道具等辅助展品，使“文物穿衣”，对相关展品予以烘托、美化。

第十，场景。复原景观及创制相关情景场面，并使之与文物及声、光、电等科技手段相结合，增强文物展品的逼真感和亲和感。如中国国家博物馆藏台儿庄大战中的一块密密麻麻布满子弹射孔的“弹孔墙”、上甘岭战役中的一锹密布炸弹碎片的“弹片土”“渡江战役第一船”等，本身并没有多少观赏性，但将这些展品置于枪林弹雨效果的场景中，观众就会格外注意。

第十一，动态。实践证明，移动、转动、震动等动态展品、场景，更易受到观众关注。

第十二，情节。根据展品信息“编故事”，增强展品的趣味性而打动观众。重庆红岩革命纪念馆在展览中采用53个真实、鲜活的故事，再现曾经的历史情景，为观众津津乐道。

第十三，遗址。在遗址背景下，形成一个超大文物群，使观众获得身在其中的观赏乐趣。

第十四，环境。根据展陈需要对建筑、环境进行“一体化”设计，使环境对展陈发挥宣导、烘托、美化、警示等作用，并形成看点，吸引观众参观。如北京故宫古建筑群、南京日军大屠杀同胞纪念馆的“五大广场”、天津平津战役纪念馆的纪念广场及胜利花园、韶山毛泽东同志纪念馆门前广场高高耸立的毛泽东铜像、沈阳“九一八”纪念馆门外巨大的“残历碑”等。

第十五，参与。一些展品在符合安保要求的情况下，可让观众“零距离接近”并进行互动。如织布、制陶、撞钟、敲编钟（电脑控制）、钻地道（文物在地道内展示）、操控多媒体等。这种活动还可进一步延伸，如举办讲座、知识竞赛、观赏演出等。

第十六，服务。优良的服务会大大激发观众的参观热情。如英国蜡像馆一个展区展线很长，在高低起伏的巨大空间中设置了众多看点。该馆沿展线开设了搭载观众参观的造型夸张、轨道奇特的观赏车，使观众感觉既方便又有趣，参观意愿随之提高。

在展陈实践中，看点的样式和手法不限于上述各点。上列样式和手法的运用有时是独立的，但更多的是相互结合的。同时，这些样式要多和文字、图表以及专业人员的讲解、演示等相配套，并通过各种渠道的宣传，才能实现其最佳效果。

还需说明的是，展陈必须增强观赏性和设置看点，但看点只是展陈的一部分，展陈更多的部分并非看点而是一般展线；而看点也是按层级设置即根据展陈主题及内容不同程度的需要而展示其观赏性的，所以，在努力增强相关展品的观赏性、创作看点，尤其是着力打造主要看点的同时，也要防止出现非看点展品观赏性过强以及较低层级的看点展品观赏性“越位”的问题。为此，就要通过相应的设计和处理，淡化或消除这些展品的观赏性；甚至对一些观赏性与内容要求反差太大的展品只能忍痛割爱，不上展线。这就要求，对展陈看点之外及观赏性超越需要的展品，要相应压缩、减少观赏性强的文物标本展品、特别是艺术品的展示，尤其要在创作辅助展品时注意把握其观赏性的程度，通过空间、光线、色彩、装饰等手法，将其观赏性控制在适当的程度。这些手法多是与增强展品观赏性大致相反的手法，故不再一一列举。

综上所述，展陈看点的设置抑或是某件展品或其组合，抑或是某个景观、场景，抑或是某种科技设备装置，抑或是某种演示活动，但无论何种形式，都要让观众觉得好看、耐看、值得看而踊跃观赏。由于这种看点的吸引和影响，提振了观众参访展陈的兴趣和欲望，从而使展陈受到观众的喜爱和欢迎。所以，精心设置并凸显看点，是博物馆成功举办陈列展览的关键举措。

（原文刊于《中国博物馆》2014 年第 3 期）

附：

马英民主要著作

1.《河北近现代历史人物辞典》(合著),亚洲出版社 1991 年 6 月版。

2.《中国共产党河北省保定地区组织史资料》(主编),河北人民出版社 1992 年 6 月版。

3.《中华人民共和国国防建设发展史研究》,独著,博士学位论文,1995 年 5 月答辩通过。中国国家图书馆藏。

4.《中华人民共和国政治制度史》(合著),南开大学出版社 1998 年 6 月版。

5.《新中国五十年》(合著),北京理工大学出版社 1999 年 5 月版。

6.《中华人民共和国 50 年图集》(副主编),上海人民出版社 1999 年 9 月版。

7.《中华百年风云》(合著),少年儿童出版社 1999 年 12 月版。

8.《毛泽东》《周恩来》《刘少奇》《朱德》《陈云》《邓小平》(合著),上海教育出版社 1999 年 12 月版。

9.《中国共产党 80 年大事聚焦》(副主编),解放军出版社 2000 年 12 月版。

10.《肩负人民的希望——纪念中国共产党成立 80 周年主题展专辑》(合著),学习出版社 2001 年 7 月版。

11.《中国革命博物馆 50 年图集》(主编),海天出版社 2001 年 9 月版。

12.《中国革命博物馆 50 年论文集》(主编),海天出版社 2001 年 9 月版。

13.《中国共产党红色里程盛会要览》(副主编),解放军出版社 2002 年 6 月版。

14.《二十世纪通鉴》(第十分卷)(主编),线装书局2002年9月版。

15.《人类的瑰宝——中国的世界遗产》(主编),文物出版社2002年12月版。

16.《邓小平百年百事》(副主编),解放军出版社2004年7月版。

17.《英雄的史诗——纪念中国工农红军长征胜利70周年》(副主编),文物出版社2006年9月版。

18.《异国瑰宝传友谊》(副主编),文物出版社2006年10月版。

19.《新的伟大革命——图说中国改革开放30年》(执行主编),上海教育出版社2009年1月版。

20.《中华人民共和国历史图志》(上下卷)(副主编),上海人民出版社2009年9月版。

21.《中华人民共和国60年图集》(副主编),上海人民出版社2009年9月版。

22.《复兴之路》(执行主编),文物出版社2009年9月版。

23.《中国共产党90年图集》(上下卷)(副主编),上海人民出版社2011年6月版。

24.《见证辉煌》(上下卷)(主编),上海教育出版社2011年6月版。

25.《中华人民共和国史稿》(五卷本)(合著),人民出版社、当代中国出版社2012年9月版。

26.《历史与博物馆的耕耘》(独著),中国社会科学出版社2014年10月版。

后　记

退休后，似乎觉得也就是以休息为主了，除带好孙辈这一中心任务外，与同好下下棋，玩玩音乐，却也得大自在！悠闲中，几年时光已在不知不觉中悄然逝去。然也不时忆及过往的岁月：曾经的那份困惑、那份追寻、那份拼搏、那份坚持、那份感悟——总在萦绕心头，挥之不去！尤其是对自己流洒过更多汗水，品尝过更多艰辛和甘甜的历史与博物馆界，更是割舍不下那样一种依恋、眷念之情，终至于产生了一个念头：选编一个集子，以志不忘！

想来简单，实际做起来却颇感不易。一则要选取几十年来的一些文章及讲稿等，着实费时费力，有的还真是踪迹难寻了。再则有些文章，“此一时也，彼一时也”，时过境迁，语境已非，找到了也未必好往外拿；有的即使能拿出来也尚须用些删改、整理的功夫。尤其是所选少量的讲稿、发言等，不仅语焉不详之处不为鲜见，有的还只是一个纲，要达至出版的文字，岂非要大费周章！还有一点是始料未及的，就是现在出版社对出版物的要求已十分严谨、规范，而所选论文尤其是早年的一些作品则不免有些粗放，从文章格式到注释、数字用法等，都有不少应改进之处。譬如注释，按出版社要求须将以往的“总注”，一律改为“脚注”，且注释信息务求齐备，过去的不少习惯做法已难适用，改起来还真是不胜其烦。为此，好几次真感到不做也罢，要打退堂鼓了！经过差不多整整一年的时间，总算作成了这样一个本子，也算了却了一桩心愿吧！

在论文集选编过程中，得到了不少师友的支持和帮助。王宏钧先生是中国国家博物馆的老领导、老前辈，曾任中国博物馆学会代理事长、国际博物馆协会中国国家委员会主席。自进博物馆工作以来，我一直读王先生的两本书，一本是其主编的《中国博物馆学基础》；另一本是其所著《秋海棠叶集》——我选编论文集也应是受到该书的启示吧（在所赠《秋海棠叶集》一书中，王先生亲笔写下“英民同志教正”，足见老先生是何等的谦逊!)。平日从王先生处多有请益，这次对我的论文集出版，他很表支持，不顾高龄为论文集作序，感人至深。我的好友中国东方演艺集团原党委书记、书法艺术家黄西岭先生为本书题写了书名。中国社会科学出版社郭鹏先生，特约编辑叶建政先生及各位工作人员为本书出版付出了大量心血。张革立女士精心为本书设计了封面。中国国家博物馆同仁为本书编辑、出版给予了不少帮助。谨此一并表示谢忱!

由于文集所选文章跨越时间较长，语境多变；加之作者水平所限，书中舛误在所难免，敬请读者不吝赐教!

马英民

2014 年 10 月于北京华芳园